LAROUSSE des DÉBUTANTS

LAROUSSE
des
débutants

avec le vocabulaire du
français élémentaire

par

Michel de Toro

docteur ès lettres

(Édition refondue)

LAROUSSE . Paris

17, rue du Montparnasse

ISBN 2-03-020151-0

Jusqu'à ce jour, les éducateurs qui voulaient mettre un dictionnaire entre les mains des enfants arrêtaient le plus souvent leur choix sur des volumes de petit format et de prix modique, mais qui n'étaient que la réduction d'ouvrages établis pour des adultes. Dans de pareils dictionnaires, les définitions sont toujours très ramassées et souvent trop abstraites pour de jeunes lecteurs.

Depuis longtemps déjà, des professeurs ont formulé ces critiques; des tentatives ont été faites, sans jamais aboutir, pour établir un dictionnaire qui soit à la portée des jeunes écoliers.

Nous sommes heureux de présenter aujourd'hui un **Larousse des débutants,** conçu selon une formule nouvelle correspondant à l'attitude mentale d'un enfant de huit à onze ans devant un mot dont il ne connaît pas encore le sens. Nous lui offrons, dans une langue simple, les explications que lui donneraient son père, sa mère ou son maître. Nous lui disons par exemple : l'AUBE est la première lueur du jour qui *blanchit* le ciel; l'AURORE est la lumière *dorée* qui précède le lever du soleil; un MERLE est un oiseau à plumage noir et à bec jaune. Au mot TOURNER nous donnons : TOURNER v. Mouvoir en rond : *tourner une roue.* Changer de direction : *tourner les yeux vers... Tourner les talons,* c'est s'en aller. *Tourner casaque,* c'est changer de parti. Une *tournée,* c'est un voyage d'affaires; c'est aussi une *promenade;* c'est encore... Et nous définissons à la suite *tournant, tournedos, en un tournemain, tournesol, tournevis, tourniquet, tournis, tournoyer, tournoiement, tournure.* Nous sommes ainsi amenés à grouper les mots d'après leur sens ou leur commune racine.

Qu'on ne s'y trompe pas, nous n'avons pas eu l'intention de donner de véritables familles de mots. Mais, par le rapprochement des termes ainsi assemblés, nous amenons l'enfant à lire tout le groupe donné et nous l'initions en quelque sorte au mécanisme de la formation des mots à l'aide des préfixes et des suffixes.

Cette méthode nous amène parfois à ne pas suivre l'ordre strictement alphabétique, mais, chaque fois que nous nous en écartons, nous rappelons à leur place habituelle, avec un renvoi, le groupe dans lequel ces mots ont été étudiés et définis.

Dans le choix du vocabulaire, nous avons omis à dessein certains mots, adjectifs ou adverbes, dérivés de mots déjà définis. Nous avons écarté également les termes techniques peu usuels et les termes abstraits qui ne sont pas à la portée de l'enfant, pour ne retenir que les mots qu'il peut rencontrer dans ses lectures et ceux qu'il peut entendre dans la conversation courante. Quand il y a lieu, nous en donnons les acceptions diverses, avec exemples à l'appui, le sens propre et le sens figuré, les synonymes et les contraires, et parfois nous alertons le jeune lecteur devant tels paronymes qui prêtent à confusion. Ne confondez pas, disons-nous, *agonir* et *agoniser*, *vénéneux* et *venimeux*, etc.

Nous nous sommes également attachés à éviter les cercles vicieux, si fréquents dans les dictionnaires trop sommaires, où plusieurs mots se définissent les uns par les autres.

Du point de vue **grammatical,** nous indiquons la nature des mots selon les catégories grammaticales, les particularités des conjugaisons irrégulières, les pluriels des noms et des adjectifs qui ne suivent pas la règle générale ; enfin, chaque fois qu'elle peut présenter une difficulté, nous donnons la **prononciation** des mots, comme pour *pensum, faon, gageure...*

Quant à l'**illustration,** elle est groupée, elle aussi. Au lieu d'être dispersés avec les mots, les dessins sont rassemblés en planches se rapportant chacune à un sujet particulier : bateaux, chiens et chats, etc. L'ouvrage comprend ainsi près de 140 planches représentant environ 1 500 dessins. Tous les termes qui figurent sur ces planches sont définis dans l'ouvrage à leur ordre alphabétique et portent un renvoi à la planche sur laquelle ils sont donnés. De cette façon, non seulement chaque dessin illustre le mot auquel il se rapporte, mais la planche entière porte en elle un enseignement plus étendu, en soulignant les caractères communs des êtres et des objets représentés, aussi bien que les traits qui les différencient. C'est ainsi qu'un renvoi de CONTREVENT à la planche FENÊTRE montre d'un coup d'œil la différence entre les termes voisins, comme *imposte, volet, persienne, jalousie, mansarde, tabatière, vasistas.*

En outre, chaque lettre de l'alphabet est illustrée d'un frontispice amusant rappelant des mots commençant par cette lettre et que le jeune lecteur découvrira avec plaisir.

Ajoutons que la présentation de l'ouvrage mérite d'être signalée. En particulier, nous avons employé une typographie élégante et variée et des caractères assez gros pour ne pas fatiguer les yeux de l'enfant dans ce premier contact avec le dictionnaire.

Ainsi, grâce à son vocabulaire choisi, à ses définitions familières et claires, le **Larousse des débutants** sera, dans la série des dictionnaires manuels Larousse, une heureuse initiation à l'étude de la langue française.

LES ÉDITEURS

L'alphabet

ABRÉVIATIONS

PLANCHES HORS TEXTE
en couleurs

ILLUSTRATIONS

Les mots ne s'écrivent pas toujours comme ils se prononcent. Il y a des lettres muettes, des lettres qui ont, suivant les cas, des sons différents, et des sons qui peuvent s'écrire par des lettres différentes. Voici les plus fréquentes de ces confusions possibles :

A. Le son a, à l'initiale, peut s'écrire **ah**, comme dans **ahurir**, ou **ha**, comme dans **haricot, harpe; ab, ac, ad, af, ag, al, am, an, ap, ar, as, at**, à l'initiale, peuvent doubler la consonne, comme dans **abbaye, accompagner, additionner, attendre**, etc.

C. Le son de c devant **e, i**, ceux de **ç**, de **s**, de **sc** peuvent se confondre. **Cène** et **scène** se prononcent de la même manière; **septique** et **sceptique, acétique** et **ascétique, ça** et **sa** font de même.

Le son de c dur s'écrit aussi par **k**, comme dans **kangourou, kiosque**; par **q**, comme dans **quai**; par **ch** dans des mots savants comme **choléra, chloroforme, orchestre, orchidée**. Mais d'autres mots savants gardent le son chuintant du **ch**, comme **chimie, chirurgie**.

E. Le son é, à l'initiale, peut s'écrire **é, eh, hé**, comme dans **éther, hétéroclite**. Le son è peut également s'écrire **ei, ai, ais**, comme dans **père, paire; rêne, reine; rainette, reinette. E**, à l'initiale, suivi de **f, l, s**, double parfois ces lettres : **effacer, ellipse, essayer**.

F. Le son f s'écrit **ph** dans beaucoup de mots, surtout savants, comme **phylloxéra, pharmacie; philtre** (et **filtre**).

G et **J** servent à rendre le même son dans **geai, jais**.

H muet ne l'est pas pour l'écriture. Il faut souvent y chercher des mots comme **homologue, hache**. Mais d'autres mots qui ont l'air savant n'ont pas besoin de cet **h**, par exemple **omoplate**. Ne pas confondre les dérivés de **hypo** (en grec *sous*), comme **hypoténuse, hypothèse**, avec ceux de **hippos** (en grec *cheval*), comme **hippopotame**.

I. Le son i, à l'initiale, s'écrit parfois **hi; l, n, r, s** se doublent quelquefois après **i**, comme dans **illustre, innocent, irrésistible, issu**.

O. Le son o, à l'initiale, s'écrit souvent **ho, au, eau, hau**; par exemple : **hôtel, auberge, eau, hauteur**.

V et **W** ont le même son dans **vague, wagon**. Dans d'autres mots, d'origine anglaise, **w** garde le son de **ou : water**.

Y initial a le son de i : **yole, yatagan**. Ne pas confondre les dérivés du grec **phullon** (feuille), comme **chlorophylle**, avec ceux du grec **philos** (ami), comme **philosophe, philatéliste**.

Aéroport d'Orly, près de Paris. *Phot. Aéroport de Paris*

à prép. indique un rapport de but, de situation, de provenance, de destination, de manière : *chercher à atteindre. être à la maison, boire à une source, donner à un pauvre, dessiner à la plume.*

abaisser v. Faire descendre, mettre plus bas : *abaisser un rideau.* Humilier : *abaisser la vanité.*

abandon n. m. V. ABANDONNER.

abandonner v. Laisser : *abandonner une voiture sur la route.* Négliger : *abandonner sa tâche.* **S'abandonner,** c'est se livrer, se laisser aller : *s'abandonner à la joie.* L'action de s'abandonner s'appelle **abandon.** *Laisser à l'abandon,* c'est négliger, laisser sans soin.

abasourdir [*a-ba-zour-dir*] v. Rendre sourd par un grand bruit. Etonner. (V. ASSOURDIR.)

abat-jour n. m. Ecran qui rabat la lumière : *un abat-jour de carton* (1).

abats n. m. pl. Pattes, rognons, foie, etc., des animaux de boucherie : *le tripier vend les abats.*

On nomme **abattis** la tête, le cou, les pattes d'une volaille.

abattage, abattement n. m. V. ABATTRE.

abattis n. m. V. ABATS.

abattoir n. m. V. ABATTRE.

abattre v. Faire tomber en frappant : *abattre un adversaire.* Tuer : *abattre un bœuf.* Démolir : *abattre un mur.* Affaiblir : *abattre le courage.* **S'abattre,** tomber : *cheval qui s'abat.* Se jeter de haut sur une personne ou une chose : *l'aigle s'abat sur sa proie.* L'action d'abattre s'appelle **abattage.** L'**abattement** est le découragement. L'**abattoir** est l'endroit où l'on abat les animaux de boucherie. (V. ABATS.)

abbaye [*a-bé-î*] n. f. Nom donné à certains monastères.

abbé n. m., **abbesse** n. f. Père supérieur, mère supérieure d'une abbaye. On appelle aussi **abbé** un prêtre qui n'est ni curé ni évêque : *M. l'abbé Un Tel.*

abcès n. m. Amas de pus dans les chairs : *abcès dentaire.*

abdication n. f. Action d'**abdiquer,** c'est-à-dire de renoncer

1. V. pl. ECLAIRAGE.

reine   ouvrière   cire   essaim   ruche   alvéoles

abeilles

à une dignité : *l'abdication d'un roi, d'un empereur.*

abdomen [*ab-do-mèn*] n. m. Ventre, dans le langage médical (1).

abeille n. f. Insecte qui produit le miel et la cire.

abêtir v. Rendre bête, stupide.

abhorrer v. V. HORREUR.

abîme n. m. Gouffre profond.

abîmer v. Endommager : *abîmer un livre.* **S'abîmer,** s'enfoncer : *s'abîmer dans les flots.* Se plonger : *s'abîmer dans une rêverie.*

abject, e adj. Méprisable.

abjurer v. Renoncer à une opinion, à une religion : *Henri IV abjura le protestantisme.*

ablette n. f. Petit poisson à écailles très brillantes (2).

ablution n. f. Lavage. *Faire ses ablutions,* c'est se laver.

abnégation n. f. Grand dévouement.

aboi, aboiement n. m. V. ABOYER.

abolir v. Supprimer : *l'esclavage est aujourd'hui aboli.* **L'abolition** est l'action d'abolir : *l'abolition des privilèges.*

abolition n. f. V. ABOLIR.

abominable adj. Détestable : *une conduite abominable.*

abondamment adv., **abondant, e** adj., **abonder** v. V. ABONDANCE.

abondance n. f. Grande quantité : *avoir de tout en abondance.* Richesse : *vivre dans l'abondance.* Vin coupé d'eau. **Abonder,** c'est exister en grande quantité : *le gibier abonde en France.* Ce qui abonde est **abondant. Abondamment** signifie beaucoup.

abonnement n. m. Engagement d'utiliser un service (journal, téléphone, gaz, etc.), pendant un certain temps et pour un prix fixé d'avance. *Prendre un abonnement,* c'est **s'abonner.**

abonner v. V. ABONNEMENT.

abord n. m. Approche : *côte d'abord facile.* Accueil habituel : *un abord aimable.* **D'abord,** au premier moment, avant tout.

abordage n. m. V. ABORDER.

aborder v. Toucher terre (se dit d'un bateau) : *aborder dans une île.* Accoster un navire pour s'en emparer ; le heurter par accident. Accoster une personne : *aborder un passant.* Entreprendre : *aborder une*

1. V. pl. HOMME; 2. V. pl. POISSONS D'EAU DOUCE.

étude. L'**abordage** est l'action d'aborder un navire.

aboutir v. Arriver : *le sentier aboutit à la route*. Réussir.

aboyer [*a-boi-yé*] v. Donner de la voix (en parlant du chien). Crier après quelqu'un. (L'*y* devient un *i* devant un *e* : *il aboie*.) Le cri du chien se nomme **aboiement** ou **aboi** : *le cerf poursuivi est aux abois quand il est encerclé par les chiens qui aboient. Etre aux abois*, c'est être dans une situation désespérée.

abracadabrant, e adj. Extraordinaire, surprenant.

abrégé n. m. Petit livre qui donne les choses les plus importantes d'une étude : *un abrégé d'histoire*. On dit aussi : *un résumé*.

abréger v. Réduire, raccourcir : *abréger un récit*.

abreuver v. Faire boire un animal. Au figuré, accabler : *abreuver d'injures*. L'**abreuvoir** est le lieu où l'on abreuve le bétail.

abreuvoir n. m. V. ABREUVER.

abréviation n. f. Mot dont on n'écrit que certaines lettres pour gagner de la place, comme M. pour *Monsieur*.

abri n. m. Lieu où l'on se met à couvert. **A l'abri**, en sûreté : *être à l'abri du besoin*. **Abriter**, c'est mettre à l'abri, protéger : *abriter de la pluie, du vent*.

abricot n. m. Fruit à noyau, à peau d'un jaune-rouge (1). L'**abricotier** est l'arbre qui produit ce fruit.

abriter v. V. ABRI.

abrupt, e adj. Escarpé, rude : *un chemin abrupt*.

abrutir v. Rendre stupide, brute : *abrutir à force de coups*.

absence n. f. Etat de celui qui est absent : *s'excuser d'une absence*. Manque : *absence de renseignements*. (V. ABSENT.)

absent, e adj. Qui est hors de sa demeure, non présent.

absenter (s') v. S'éloigner momentanément.

abside n. f. Partie arrondie qui forme le fond d'une église.

absinthe n. f. Plante aromatique. Liqueur qu'on en tire.

absolu, e adj. Complet, sans conditions : *pouvoir absolu*. L'**absolutisme** est le système politique dans lequel un souverain a tous les pouvoirs.

absolution n. f. V. ABSOUDRE.

absolutisme n. m. V. ABSOLU.

absorber v. S'imbiber, pomper : *l'éponge absorbe l'eau*. Boire, manger : *absorber du lait*. Occuper : *absorber l'esprit*.

absoudre v. Déclarer innocent : *absoudre un accusé*. Pardonner : *le prêtre absout les péchés*. L'**absolution**, c'est l'action d'absoudre.

abstenir (s') v. Eviter de : *s'abstenir de parler, de manger*.

abstinence n. f. Action de se priver de certains aliments pour des raisons religieuses, médicales. (V. S'ABSTENIR.)

abstrait, e adj. Se dit du mot qui exprime une qualité et non un être réel, comme BONTÉ. (Le contraire d'abstrait est CONCRET.)

absurde adj. Contraire à la raison : *un discours absurde*.

absurdité n. f. Chose absurde.

abus n. m. Usage excessif : *l'abus du tabac est dangereux*.

abuser v. Faire abus : *abuser du vin*. Tromper : *abuser par les apparences*. (V. ABUS.)

acacia n. m. Arbre à fleurs jaunes en grappes, à bois très dur.

académicien n. m. V. ACADÉMIE.

1. V. pl. FRUITS.

académie n. f. Société d'écrivains, de savants, d'artistes. Division universitaire : *l'académie de Dijon*. Les membres d'une académie sont des **académiciens.**

acajou n. m. Arbre d'Amérique, à bois rougeâtre : *table d'acajou.*

acanthe n. f. Plante à larges feuilles découpées, utilisées comme ornement d'architecture (1).

acariâtre adj. Désagréable.

accabler v. Ecraser sous le poids : *accabler d'un fardeau.* Combler : *accabler d'honneurs.*

accalmie n. f. Calme passager.

accaparer v. Amasser une denrée pour la raréfier et faire monter son prix. Retenir pour soi : *accaparer l'attention.*

accéder. V. ACCÈS.

accélérateur n. m. Mécanisme qui permet d'accélérer un moteur : *accélérateur d'auto.*

accélérer v. t. Augmenter la vitesse : *accélérer un moteur.*

accent n. m. Elévation de la voix sur une syllabe. Prononciation : *accent gascon*. Ton : *un accent triste*. Signe sur une voyelle : *accent aigu, grave, circonflexe*. **Accentuer,** c'est appuyer sur une syllabe, marquer un accent. L'**accentuation,** c'est l'action, la manière d'accentuer.

accentuation n. f., **accentuer** v. V. ACCENT.

acceptation n. f. V. ACCEPTER.

accepter v. Consentir à recevoir, à faire : *accepter de payer*. L'**acceptation,** c'est l'action d'accepter : *l'acceptation d'un don.*

accès n. m. Abord, approche : *côte d'accès facile*. Facilité d'approcher quelqu'un : *homme d'accès difficile*. Attaque d'un mal : *accès de fièvre*. Mouvement passager : *accès de colère*. Ce qui est d'un accès facile est **accessible. Accéder,** c'est arriver, aborder.

accessible adj. V. ACCÈS.

accessit [*ak-sé-sit'*] n. m. Récompense inférieure au prix.

accessoire adj. Secondaire : *condition accessoire*. Un **accessoire,** c'est un objet qu'on utilise avec un autre : *accessoire d'automobile.*

accident n. m. Evénement fâcheux, imprévu. Chute, blessure, choc qui cause un dommage : *accident de bicyclette*. Inégalité du sol. En musique, chacun des signes servant à modifier les notes. **Accidenté** signifie : mouvementé, agité. En parlant du sol, il veut dire : inégal. **Accidentel** se dit de ce qui arrive par hasard.

accidenté, e adj., **accidentel, elle** adj. V. ACCIDENT.

acclamation n. f. Clameur, cri d'applaudissement.

acclamer v. Saluer par des acclamations : *acclamer le vainqueur.*

acclimatation n. f. V. ACCLIMATER.

acclimater v. Habituer un être vivant à un autre climat que le sien. L'**acclimatation** est l'action d'acclimater.

accolade n. f. Action d'embrasser en passant les bras autour du cou. Trait réunissant plusieurs lignes d'un écrit.

accommodant, e adj. Complaisant : *caractère accommodant.*

accommoder v. Mettre d'accord : *accommoder sa conduite à celle d'autrui*. Apprêter les

mets : *accommoder le repas.*
S'accommoder, s'arranger : *s'accommoder de tout.*

accompagnement n. m. V. AC-COMPAGNER.

accompagner v. Aller de compagnie avec : *accompagner un voyageur. Jouer l'***accompagnement** *d'un morceau,* c'est jouer les accords qui accompagnent le chant.

accomplir v. Achever : *accomplir sa tâche.* Exécuter, faire : *accomplir un effort.* **Accompli** signifie aussi parfait dans son genre : *cavalier accompli.*

accomplissement n. m. Achèvement. (V. ACCOMPLIR.)

accord n. m. Union, conformité : *vivre en bon accord.* Concordance : *l'accord du verbe avec le sujet.* Ensemble des sons musicaux qui se font entendre simultanément. Pacte, convention : *ces pays ont conclu un accord sur le prix du blé.* **D'accord,** j'en conviens, j'y consens. **Accorder,** c'est mettre d'accord : *accorder un piano;* c'est aussi accepter, consentir, admettre.

accordéon n. m. Instrument de musique portatif à soufflet (1).

accorder v. V. ACCORD.

accoster v. S'approcher de : *accoster un passant, un navire.*

accouchement n. m. V. ACCOUCHER.

accoucher v. Mettre un enfant au monde. **L'accouchement,** c'est l'action d'accoucher.

accouder (s') v. S'appuyer sur le coude : *s'accouder à sa fenêtre, sur la table.*

accoupler v. Réunir par couples : *accoupler des bœufs.*

accourir v. Venir en hâte.

accoutrement n. m. Habillement plus ou moins ridicule.

accoutumer v. Faire prendre une habitude, une coutume : *s'accoutumer à fumer.* **Accoutumé** signifie habituel : *à l'heure accoutumée.*

accréditer v. Rendre digne de crédit, de confiance. Répandre : *accréditer une nouvelle.*

accroc [*a-kro*] n. m. Déchirure.

accrochage n. m. V. ACCROCHER.

accrocher v. Suspendre à un crochet : *accrocher un habit.* Heurter une voiture. Retenir au moyen d'un crochet, d'un clou, etc. **L'accrochage,** c'est l'action d'accrocher.

accroissement n. m. Augmentation.

accroître v. Augmenter : *accroître sa fortune.*

accroupir (s') v. S'asseoir sur ses talons : *s'accroupir près du feu.*

accueil n. m. Manière de recevoir quelqu'un : *faire bon accueil à un ami.* **Accueillir,** c'est recevoir une personne, une proposition : *accueillir un visiteur.* Faire habituellement bon accueil, c'est être **accueillant.**

accueillir v. V. ACCUEIL.

acculer v. Pousser dans un lieu sans issue : *acculer dans un coin.*

accumulateur n. m., **accumulation** n. f. V. ACCUMULER.

accumuler v. t. Entasser : *accumuler des richesses.* **L'accumulation,** c'est l'action d'accumuler. Un **accumulateur** est un appareil qui emmagasine de l'électricité et la rend sous forme de courant.

accusateur adj., **accusation** n. f., **accusé, e** n. V. ACCUSER.

accuser v. Reprocher une faute, un délit : *accuser de lâcheté, de vol.* Dénoncer : *les apparences*

---

1. V. pl. MUSIQUE (*Instruments de*).

l'accusent. Ce qui accuse est **accusateur** : *signe accusateur.* L'**accusation** est l'action d'accuser : *injuste accusation.* L'**accusé** est la personne que l'on accuse : *absoudre un accusé;* c'est aussi une déclaration : *l'accusé de réception d'un colis.* Des traits **accusés** sont des traits vigoureux, accentués.

acerbe adj. Apre, rude au goût : *les fruits verts sont acerbes.* Au figuré, mordant, dur : *réponse acerbe.*

acéré, e adj. Aigu, piquant comme une pointe d'acier.

acétique adj. Nom de l'acide qui donne sa saveur au vinaigre.

acétylène n. m. Gaz servant à l'éclairage et au chauffage.

achalandé, e adj. Qui a beaucoup de chalands, de clients : *boutique bien achalandée.*

acharnement n. m. Obstination : *lutter avec acharnement.*

acharner (s') v. Maltraiter, persécuter sans arrêt : *s'acharner sur sa proie, sur un ennemi.* S'obstiner : *s'acharner à l'étude.*

achat n. m. Action d'acheter. Ce qu'on achète, emplette.

acheminer (s') v. Se diriger.

acheter v. Obtenir pour de l'argent : *acheter une maison.* (Prend un è devant une syllabe muette : *j'achèterai.*) [Voir RACHETER.]

acheteur, euse n. Qui achète.

achèvement n. m. V. ACHEVER.

achever v. Finir : *achever son travail.* Finir de tuer : *achever un animal blessé.* L'**achèvement** est la fin, l'action d'achever. On dit d'une personne, d'une chose parfaite, qu'elle est achevée.

acide adj. De saveur aigre : *fruit acide.* N. m. Corps chimique qui forme des *sels* avec d'autres corps appelés *bases* : *l'acide sulfurique donne des sulfates, l'acide azotique donne des azotates.* L'**acidité** est la qualité, la saveur de ce qui est acide. Ce qui est légèrement acide est **acidulé.**

acidité n. f., **acidulé, e** adj. V. ACIDE.

acier n. m. Métal dur et élastique, obtenu par la fusion du fer avec une faible quantité de carbone. (V. TREMPE.) Une **aciérie** est une usine où l'on fabrique l'acier.

aciérie n. f. V. ACIER.

acolyte n. m. Compagnon, aide.

acompte n. m. Paiement partiel à valoir sur une dette.

aconit n. m. Une plante très vénéneuse.

acoustique adj. Qui transmet les sons, la voix : *cornet acoustique.* N. f. Propagation du son dans un local : *mauvaise acoustique.*

acquéreur n. m. V. ACQUÉRIR.

acquérir v. Devenir possesseur en achetant : *acquérir une maison.* Obtenir : *acquérir une preuve.* (Conjuguez : *j'acquiers, tu acquiers, il acquiert, nous acquérons, vous acquérez, ils acquièrent; j'acquérais; j'acquis; j'acquerrai; j'acquerrais; que j'acquière; acquérant, acquis, acquise.*) Une **acquisition** est la chose acquise. Celui qui acquiert est un **acquéreur.**

acquiescer v. Se ranger à l'avis d'autrui.

acquisition n. f. V. ACQUÉRIR.

acquit n. m., **acquittement** n. m. V. ACQUITTER.

acquitter v. Déclarer quitte d'une dette. Déclarer innocent : *acquitter un accusé.* Payer ce qu'on doit : *acquitter des droits de douane*. **S'acquitter** *d'une obligation*, c'est la remplir. L'**acquittement** est l'action d'acquitter. L'**acquit** est une formule indiquant que l'on a reçu ce qui était dû.

âcre adj. Piquant, irritant: *goût, saveur âcre*. Ce qui est âcre a de l'**âcreté**. Au figuré, on dit **acrimonie:** *parler avec acrimonie*.

âcreté, acrimonie n. f. V. ÂCRE.

acrobate n. m. et f. Equilibriste, jongleur, danseur de corde (1).

acrobatie n. f. Art de l'acrobate. Exercice difficile : *acrobatie d'aviateur*.

acte n. m. Chose que l'on fait : *un acte de courage*. Document, écrit officiel : *acte de naissance*. Division d'une pièce de théâtre : *drame en trois actes*.

acteur n. m., **actrice** n. f. Artiste de théâtre, de cinéma (2).

actif, ive adj. Vif, laborieux : *personne très active*. Qui agit avec force : *médicament très actif*. En termes de commerce, l'**actif**, c'est ce que l'on possède; ce que l'on doit est le PASSIF. **Activer**, c'est rendre actif; c'est aussi presser, hâter : *activer un travail*. L'**activité**, c'est la puissance d'agir : *consacrer son activité au commerce;* c'est aussi la vivacité, la promptitude à agir. (V. INACTIF.)

action n. f. Effet que produit une force, une énergie : *soumettre à l'action du feu*. Mouvement : *mettre en action*. Chose que l'on fait : *une action charitable*. Témoignage, expression d'un sentiment : *action de grâces*. Part dans une société commerciale, représentée par

un titre : *action au porteur*. Le possesseur d'actions commerciales se nomme **actionnaire**.

actionnaire n. V. ACTION.

activer v., **activité** n. f. V. ACTIF.

actualité n. f. V. ACTUEL.

actuel, elle adj. Présent, de ce moment : *le cas actuel*. L'**actualité** est l'ensemble des événements actuels : *l'actualité politique, littéraire*.

adage n. m. Proverbe, maxime.

adapter v. Appliquer, fixer : *adapter un manche à un outil*. Conformer, mettre en rapport : *adapter son effort au but visé*. Modifier pour un usage différent : *adapter un roman au cinéma*.

addition n. f. Opération arithmétique qui consiste à réunir en un seul nombre les unités contenues dans plusieurs autres. Action d'ajouter : *une addition d'eau*. Note de restaurant : *payer l'addition*. **Additionner**, c'est ajouter.

additionner v. V. ADDITION.

adepte n. m. et f. Partisan d'une doctrine, d'un art, d'une secte.

adhérence n. f., **adhérent, e** adj. et n. V. ADHÉRER.

adhérer v. Etre fixé, collé : *le lierre adhère au mur*. Au figuré, s'attacher : *adhérer à un parti*. L'**adhérence** est l'état de ce qui adhère. Ce qui adhère est **adhérent** : *la peau est adhérente aux chairs*. Celui qui adhère à un groupe est un **adhérent**. Ce qui a la propriété d'adhérer est **adhésif :** *colle très adhésive*. L'**adhésion** est l'action d'adhérer.

adhésif, ive adj., **adhésion** n. f. V. ADHÉRER.

1. V. pl. CIRQUE ; 2. V. pl. CINÉMA, THÉÂTRE.

Table d'addition

Modèle d'addition

0	1	2	3	4	5	6	7	8	9	10
1	2	3	4	5	6	7	8	9	10	11
2	3	4	5	6	7	8	9	10	11	12
3	4	5	6	7	8	9	10	11	12	13
4	5	6	7	8	9	10	11	12	13	14
5	6	7	8	9	10	11	12	13	14	15
6	7	8	9	10	11	12	13	14	15	16
7	8	9	10	11	12	13	14	15	16	17
8	9	10	11	12	13	14	15	16	17	18
9	10	11	12	13	14	15	16	17	18	19
10	11	12	13	14	15	16	17	18	19	20

Retenues 1 1

243
354
865
———
Total 1462

$243 + 354 + 865 = 1462$

+ (plus)

= (égale)

---

adieu. Terme de politesse en se séparant. N. m. Paroles échangées en se quittant : *adieux touchants.*

adipeux, euse adj. Gras.

adjectif n. m. Mot qui s'ajoute au substantif pour le qualifier ou le déterminer.

adjoint, e adj. et n. Qui aide : *professeur adjoint.* N. m. Celui qui, dans une commune, assiste le maire et peut le suppléer.

adjudant n. m. Le plus élevé en grade des sous-officiers.

adjudication n. f. Action d'adjuger. Marché de travaux, de fournitures accordé au concurrent le plus avantageux.

adjuger v. Attribuer au plus offrant dans une vente aux enchères. Confier un travail à une entreprise, par adjudication. Accorder : *adjuger une récompense.*

adjurer v. Supplier : *adjurer de parler*

admettre v. Recevoir, accueillir : *admettre à un concours; admettre quelqu'un à sa table.* Accepter comme vrai : *admettre un fait.* Ce qui peut être admis est **admissible** : *un candidat qui a réussi ses épreuves écrites est admissible à l'oral.* (V. ADMISSION.)

administrateur n. m., **administratif, ive** adj. V. ADMINISTRER.

administration n. f. Action d'administrer : *l'administration d'un remède, d'une entreprise.* Ensemble des employés d'un service public. (V. ADMINISTRER.)

administrer v. Appliquer : *administrer un remède.* Donner les derniers sacrements : *administrer un malade.* Diriger : *administrer une affaire commerciale.* L'**administrateur** est celui qui administre. Ce qui est relatif à l'administration est **administratif** : *décision administrative.* (V. ADMINISTRATION.)

admirable adj., **admirateur,**

trice n., **admiratif, ive** adj.
V. ADMIRER.

admiration n. f. Etonnement
agréable devant une belle chose.

admirer v. Considérer avec admiration : *admirer un tableau*. Ce
qui cause de l'admiration est
admirable : *une conduite admirable*. Un **admirateur**, c'est
celui qui admire. Ce qui marque de l'admiration est **admiratif** : *regard admiratif*.

admissible adj. V. ADMETTRE.

admission n. f. Le fait d'être
admis : *admission d'un candidat*.

adolescence n. f. Temps qui va
de l'enfance à l'âge d'homme.

adolescent, e adj. et n. Qui
est dans l'adolescence.

adonner (s') v. Se livrer à une
occupation : *s'adonner au jeu*.

adopter v. Prendre légalement
pour enfant : *adopter un orphelin*. Prendre, choisir : *adopter
une idée*. L'action d'adopter est
l'**adoption**. La personne qui
adopte est le père **adoptif**, la
mère **adoptive**.

adoptif, ive adj., **adoption**
n. f. V. ADOPTER.

adorable adj., **adorateur,
trice** adj. et n. V. ADORER.

adoration n. f. Culte rendu à
la divinité. Grand amour :
contempler avec adoration.

adorer v. Rendre un culte à
la divinité, la prier : *adorer
une idole*. Aimer beaucoup :
adorer la musique. Ce qui est
digne d'adoration est **adorable**. La personne qui adore
est un **adorateur**, une ado-
ratrice.

adosser (s') v. S'appuyer le dos
contre : *s'adosser à un mur*.

adoucir v. Rendre plus doux :
la température s'est adoucie.

Rendre moins pénible : *adoucir une peine*.

adoucissement n. m. Action
d'adoucir, de soulager.

adresse n. f. Habileté de
celui qui est adroit : *un tour
d'adresse*. Domicile : *changer
d'adresse*. Nom et domicile du
destinataire, écrits sur une lettre, un paquet.

adresser v. Envoyer directement : *adresser une lettre à
quelqu'un. Adresser la parole
à quelqu'un*, lui parler.
S'adresser *à quelqu'un*, lui
parler, recourir à lui.

adroit, e adj. Qui a de la dextérité : *adroit de ses mains*.

aduler v. Flatter.

adulte adj. et n. Qui est entre
l'adolescence et la vieillesse.

adverbe n. m. Mot qui modifie
un verbe, un adjectif ou un
autre adverbe, comme *lentement, peu, très* : *marcher* LEN-
TEMENT; PEU *long*; TRÈS *loin*.

adversaire n. Personne contre
laquelle on lutte.

adversité n. f. Infortune.

aérer v. Donner de l'air.

aérien, enne adj. Qui se passe
dans l'air : *navigation aérienne*.

aérodrome n. m. Terrain d'aviation : *un aérodrome militaire*.

aérogare n. f. Bâtiments des
services d'un aéroport.

aéronaute n. m. Personne qui
monte en aérostat. L'**aéronautique** est ce qui a trait
à la navigation aérienne, aux
avions : *constructions aéro-
nautiques*.

aéronautique n. f. V. AÉRO-
NAUTE.

aéronef n. m. Avion ou ballon.

aéroplane n. m. Avion.

aéroport n. m. Ensemble des
installations aménagées pour
le trafic des lignes aériennes.

aéroporté, e adj. Transporté en avion : *troupes aéroportées.*

aérospatial, e adj. Ce qui est relatif à la fois à l'aéronautique et à l'astronautique : *l'industrie aérospatiale.*

aérostat n. m. Ballon.

affable adj. Aimable : *ton affable.*

affaiblir v. Rendre faible. L'**affaiblissement** est l'état de celui qui est affaibli.

affaire n. f. Ce que l'on a à faire, ce dont on s'occupe : *régler une affaire urgente.* Entreprise commerciale, industrielle ou financière : *une affaire de bonneterie.* Opération commerciale : *traiter une grosse affaire.* Procès, scandale ou crime : *juger une affaire de vol. Avoir affaire à quelqu'un,* avoir besoin de lui parler, de le voir. *C'est mon affaire,* cela ne regarde que moi. *Cela fait mon affaire,* cela me convient. *Se tirer d'affaire,* sortir d'embarras. Au pluriel, vêtements, objets usuels : *ranger ses affaires.* Activité commerciale, financière : *être dans les affaires.* Ce qui se rapporte aux intérêts du public, d'un pays, d'une personne : *le ministère des Affaires étrangères; régler ses affaires.*

affairé, e adj. Très occupé.

affaissement n. m. Etat de ce qui est affaissé.

affaisser v. Enfoncer, courber.

affamé, e adj. Qui a faim.

affectation n. f. Destination : *l'affectation d'une somme à un achat.* Etalage d'un sentiment qu'on n'éprouve pas : *affectation de bonté.*

affecter v. Destiner à un certain emploi : *affecter un employé à un service.* Faire semblant : *affecter l'indifférence.* Prendre une forme : *affecter une forme ronde.* Emouvoir : *être affecté par un chagrin.* Ce qui n'est pas naturel, qui est outré, exagéré est **affecté.**

affection n. f. Attachement, amitié : *affection filiale.* Celui qui a de l'affection, qui montre de l'affection, est **affectueux** : *fils affectueux; paroles affectueuses.* Une **affection,** c'est aussi une maladie : *affection nerveuse.* **Affectionner,** c'est aimer, avoir de l'affection : *affectionner la solitude.* Etre **affectionné,** c'est être aimé : *affectionné de tous;* c'est aussi être dévoué, attaché : *je suis votre affectionné.*

affectionner v., **affectueux, euse** adj. V. AFFECTION.

affermir v. V. FERME.

afféterie n. f. Grâce maniérée.

affichage n. m. V. AFFICHE.

affiche n. f. Annonce collée, fixée à un mur, etc. : *poser une affiche.* **Afficher,** c'est coller une affiche ; c'est aussi faire étalage : *afficher de l'indifférence.* L'action d'afficher s'appelle **affichage.**

afficher v. V. AFFICHE.

affilé, e adj. Tranchant, aiguisé : *couteau affilé.*

affirmation n. f., **affirmatif, ive** adj. V. AFFIRMER.

affirmer v. Assurer, déclarer qu'une chose est : *affirmer son innocence.* L'action d'affirmer est une **affirmation.** Ce qui affirme est **affirmatif** : *réponse affirmative.*

affliction n. f. Grand chagrin. (V. AFFLIGER.)

affliger v. Causer de l'affliction : *cette perte m'afflige.* C'est aussi frapper : *être affligé de surdité.* (V. AFFLICTION.)

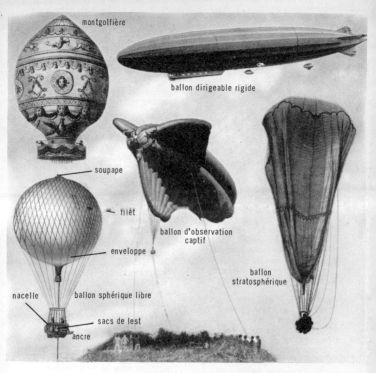

montgolfière

ballon dirigeable rigide

soupape

filet

enveloppe

ballon d'observation captif

nacelle

ballon sphérique libre

ballon stratosphérique

sacs de lest

ancre

aérostats

affluence n. f. Abondance de personnes, de choses qui arrivent : *affluence de visiteurs, de demandes*. **Affluer**, c'est arriver à flots : *le sang afflue au cœur*. Un **affluent**, c'est une rivière qui se jette dans une autre.

affluent n. m., **affluer** v. V. AFFLUENCE.

affolement n. m. V. AFFOLER.

affoler v. Rendre fou, troubler : *affoler par ses cris*. L'**affolement** est l'état d'une personne affolée.

affranchir v. Rendre libre : *esclave affranchi*. Payer le port d'une lettre : *affranchir avec un timbre-poste*. L'**affranchissement** est le prix payé pour envoyer une lettre.

affranchissement n. m. V. AFFRANCHIR.

affreux, euse adj. Très laid : *chapeau affreux*. Qui cause de l'effroi : *pousser un cri affreux*.

affront n. m. Insulte faite en face, publiquement.

affronter v. Attaquer de front : *affronter l'ennemi.* Aborder avec courage : *affronter un danger.*

affubler v. Habiller ridiculement : *affubler de haillons.*

affût n. m. Support d'un canon. Endroit où l'on guette le gibier : *se mettre à l'affût.*

affûter v. Aiguiser un outil.

afin de, afin que loc. indiquant l'intention, le but : *afin de pouvoir; afin que vous sachiez.*

agaçant, e adj., **agacement** n. m. V. AGACER.

agacer v. Irriter légèrement : *bruit qui agace les nerfs.* (Prend un ç devant a, o : *agaça, agaçons.*) L'**agacement** est une sensation désagréable, irritante. Ce qui agace est **agaçant**.

agape n. f. Familièrement, repas entre amis, entre collègues.

agaric n. m. Champignon comestible (1).

agate n. f. Roche très dure divisée en couches concentriques de couleurs variées.

âge n. m. Durée de la vie : *l'âge moyen d'un chien est de douze ans.* Temps passé depuis la naissance : *à l'âge de quinze ans.* Vieillesse: *prendre de l'âge.* Epoque : *le Moyen Age.*

âgé, e adj. Qui a tel âge : *âgé de un an.* Vieux : *homme âgé.*

agence n. f. Administration où l'on s'occupe de différentes affaires : *agence de voyages.* Bureau de l'agence. Bureau d'un agent : *agence de locations.* (V. AGENT.)

agencer v. Disposer, arranger.

agenda n. m. Carnet où l'on inscrit ce qu'on a à faire.

agenouiller (s') v. Se mettre à genoux : *s'agenouiller sur le sol.*

agent n. m. Celui qui est chargé d'une fonction : *agent de police.* Celui qui s'occupe d'une chose pour autrui : *agent d'affaires.* (V. AGENCE.)

agglomération n. f., **aggloméré** n. m. V. AGGLOMÉRER.

agglomérer v. Réunir en masse : *sable aggloméré.* Ce qui est aggloméré forme une **agglomération**; une agglomération, c'est aussi un grand groupe de maisons, une ville avec ses faubourgs : *l'agglomération lyonnaise.* Un **aggloméré**, c'est une briquette de poussière de charbon.

agglutiner v. Coller ensemble.

aggravation n. f. V. AGGRAVER.

aggraver v. Rendre plus grave : *maladie qui s'aggrave.* Une augmentation de la gravité est une **aggravation** : *une aggravation de peine.*

agile adj. Léger, souple : *agile à la course; des doigts agiles.*

agilité n. f. Légèreté, souplesse.

agir v. Exécuter une action : *il est trop tard pour agir.* Produire un effet : *médicament qui agit.* Se comporter, se conduire : *agir en honnête homme.* Intervenir : *agir auprès de quelqu'un. Il s'agit de,* il est question de.

agissement n. m. Façon d'agir.

agitation n. f. V. AGITER.

agiter v. Secouer, remuer : *le vent agite les arbres.* Troubler : *agité par la crainte.* L'**agitation** est un mouvement irrégulier ou désordonné.

agneau n. m. Le petit de la brebis : *l'agneau bêle* (2). Se dit familièrement d'une personne douce.

---

1. V. pl. CHAMPIGNONS ; 2. V. pl. FOURRURE (*Animaux à*), BÉTAIL.

agonie n. f. Derniers efforts que fait un homme, un animal, au moment de mourir. **Agoniser**, c'est être à l'agonie. L'**agonisant** est celui qui agonise. **Agonir** quelqu'un, c'est l'accabler d'injures, de reproches.

agonir v., **agoniser** v. V. AGONIE.

agrafe n. f. Petit crochet fixé au bord d'un vêtement et qui le ferme en s'accrochant dans un anneau. **Agrafer**, c'est attacher avec une agrafe.

agrafer v. V. AGRAFE.

agraire adj. Qui se rapporte aux champs : *mesures agraires*.

agrandir v. Rendre plus grand : *agrandir un dessin*. L'action d'agrandir, la chose agrandie, est un **agrandissement** (1). Un **agrandisseur** est un appareil qui sert à faire des agrandissements photographiques (2).

agrandissement n. m., **agrandisseur** n. m. V. AGRANDIR.

agréable adj. Qui plaît.

agréer v. Accepter.

agrément n. m. Consentement : *donner son agrément*. Plaisir : *avoir de l'agrément*. Qualité qui rend agréable.

agrémenter v. Orner.

agrès n. m. pl. Cordages, voiles du bateau. Appareils de gymnastique.

agresseur n. m., **agressif, ive** adj. V. AGRESSION.

agression n. f. Attaque : *agression à main armée*. Celui qui attaque est l'**agresseur**. Ce qui a un caractère d'agression est **agressif** : *ton agressif*.

agreste adj., Rustique, champêtre : *paysage agreste*.

agricole adj., **agriculteur** n. m. V. AGRICULTURE.

agriculture n. f. Art de cultiver la terre. Celui qui cultive la terre est un **agriculteur**. Ce qui a rapport à l'agriculture est **agricole** : *un ouvrier agricole*.

agronome n. V. AGRONOMIE.

agronomie n. f. Science de l'agriculture. L'**agronome** est celui qui enseigne ou pratique cette science.

aguerrir v. Habituer à la guerre : *soldat aguerri*. Au figuré, on dit aussi : *aguerrir contre le froid*.

aguets n. m. pl. Surveillance attentive de celui qui guette : *être aux aguets*.

ah! interjection qui marque la surprise, la joie.

ahurir v. Troubler, étourdir.

ahurissement n. m. Trouble, surprise, stupéfaction.

aide n. f. Secours : *venir en aide à quelqu'un*. Part qu'on prend au travail d'autrui : *une aide précieuse*. N. m. et f. Personne qui aide : *un aide dévoué*. **Aider**, c'est secourir, assister : *aider les malheureux;* c'est aussi prendre part au travail de quelqu'un : *aider à faire un problème*.

aïe! interj. de douleur.

aïeul, e n. Grand-père, grand-mère. (Au pluriel, *aïeuls;* on emploie *aïeux* pour désigner les ancêtres.)

aigle n. m. Grand oiseau de proie : *le nid de l'aigle se nomme une aire;* ses petits sont des **aiglons** (3). Au figuré, génie, homme supérieur. Une **aigle**, c'est un drapeau surmonté d'un aigle : *les aigles de Napoléon*.

aiglon n. m. V. AIGLE.

aigre adj. Acide, piquant : *vin aigre*. Au figuré, criard, aigu : *son aigre*. Ce qui est mêlé d'aigre et de doux est **aigre-doux** : *paroles aigres-douces*.

Ce qui est aigre a de l'**aigreur**.
Aigrir, c'est rendre aigre, devenir aigre : *le vinaigre est du vin aigri;* au figuré, rendre irritable, amer : *il s'est aigri en vieillissant.*

aigrette n. f. Bouquet de plumes très fines, de fils de métal garnis de pierreries.

aigreur n. f., **aigrir** v. V. AIGRE.

aigu, ë adj. Terminé en pointe. Au figuré, perçant : *cri aigu.* Vif, cuisant : *douleur aiguë.*

aiguière n. f. Vase ancien, à bec et à anse, pour mettre de l'eau (1).

aiguillage n. m. V. AIGUILLE.

aiguille n. f. Petite tige d'acier pointue et percée d'un trou, servant pour coudre. Petite tige de métal ou d'autre matière qui sert à divers usages : *aiguille de cadran* (2). Sommet pointu : *l'aiguille d'un clocher.* Portion de rail mobile pour le changement de voie des trains. **Aiguiller**, c'est manœuvrer les aiguilles des rails pour changer de voie. C'est aussi diriger : *aiguiller des recherches.* L'action d'aiguiller, c'est l'**aiguillage**.

aiguiller v. V. AIGUILLE.

aiguillon n. m. Bâton ferré pour piquer les bœufs. Dard de l'abeille et d'autres insectes. Epine de certaines plantes. **Aiguillonner**, c'est piquer avec un aiguillon; c'est aussi exciter, pousser : *la peur l'aiguillonne.*

aiguillonner v. V. AIGUILLON.

aiguiser v. Rendre aigu, tranchant : *aiguiser un couteau.*

ail n. m. Plante dont le bulbe, à odeur forte, sert comme condiment [3]. (Au pluriel, des *aulx*.)

aile n. f. Membre de l'oiseau qui lui sert pour voler. Surface plane de l'avion qui le soutient dans l'air. Garde-boue d'auto. Châssis de bois garni de toile, qui tourne avec le vent dans un moulin (4). Côté d'un bâtiment. **Ailé** signifie qui a des ailes. L'**aileron** est le bout de l'aile. L'**ailette** est une petite aile.

ailé, e adj., **aileron** n. m., **ailette** n. f. V. AILE.

ailleurs adv. En un autre endroit : *être ailleurs.* **D'ailleurs**, de plus.

aimable adj. V. AIMER.

aimant n. m. Une pierre qui attire le fer. Morceau d'acier qui a la propriété de l'aimant naturel. (V. aussi AIMER, MAGNÉTISME, ÉLECTRO-AIMANT.)

aimanter v. Donner à l'acier, au fer, la propriété de l'aimant.

aimer v. Avoir de l'amour, du goût pour quelqu'un, quelque chose. Celui qui est porté à aimer est **aimant**. La personne, la chose digne d'être aimée est **aimable**. L'**amabilité** est le caractère aimable. (V. aussi AMOUR.)

aine n. f. Pli entre la cuisse et le ventre.

aîné, e adj. Né le premier : *fils aîné.* L'**aînesse** est la qualité d'aîné, entre frères et sœurs.

aînesse n. f. V. AÎNÉ.

ainsi adv. De cette façon.

air n. m. Fluide gazeux, matière invisible, légère et sans résistance, qui nous entoure, que nous respirons. Au pluriel, l'espace au-dessus de nous : *s'élever dans les airs.* *En l'air,* sans solidité : *promesses en l'air.* Apparence : *avoir l'air jeune.* Sentiments que montre le visage : *avoir l'air triste.* Sons qui forment un chant : *l'air d'une chanson.*

1. V. pl. POTERIE; 2. V. pl. HORLOGERIE; 3. V. pl. LÉGUMES; 4. V. pl. MEUNERIE.

(V. aussi les mots commençant par AÉR...).

airain n. m. Bronze.

aire n. f. Surface plane où l'on bat le grain. Nid de l'aigle. Mesure d'une surface limitée par des lignes : *l'aire d'un triangle.* Surface de terrain : *aire de lancement d'une fusée.*

aisance n. f. Facilité dans les actes, la conduite. Fortune : *vivre dans l'aisance.*

aise n. f. Commodité : *aimer ses aises.* A l'aise, sans peine, sans se gêner. Adj. Content : *j'en suis bien aise.*

aisé, e adj. Commode, facile.

aisselle n. f. Creux du bras sous l'épaule (1).

ajonc n. m. Arbuste épineux à fleurs jaunes qui croît dans les landes.

ajourner v. Renvoyer à un autre jour : *ajourner un rendez-vous.*

ajouter v. Joindre, additionner : *ajouter de l'eau au vin.*

ajustement n. m. V. AJUSTER.

ajuster v. Appliquer, fixer parfaitement : *ajuster un couvercle.* Viser : *ajuster un lapin.* Habiller, parer.

alambic n. m. Appareil pour faire l'eau-de-vie en chauffant le vin, le marc (2).

alarme n. f. Cri, sonnerie pour avertir d'un danger : *sonner l'alarme.* Peur, frayeur. **Alarmer**, c'est donner l'alarme, effrayer.

alarmer v. V. ALARME.

albâtre n. m. Sorte de marbre blanc et tendre.

albatros n. m. Grand oiseau de mer au vol très puissant (3).

album [*al-bom'*] n. m. Livre à feuillets en blanc pour dessiner, pour fixer des dessins, des timbres-poste, etc.

albumine n. f. Substance visqueuse contenue dans le sang, le lait, le blanc de l'œuf.

alchimie n. f. Science mystérieuse qui prétendait autrefois arriver à fabriquer de l'or. L'**alchimiste** était celui qui s'occupait d'alchimie.

alchimiste n. m. V. ALCHIMIE.

alcool n. m. Liquide obtenu par la distillation du vin, de certains jus de fruits, de tubercules (pomme de terre), etc. Ce qui contient de l'alcool est al**coolisé.** Un **alcoolique** est celui qui boit beaucoup d'alcool. L'**alcoolisme** est l'abus de l'alcool.

alcoolisé, e adj., **alcoolique** adj. et n., **alcoolisme** n. m. V. ALCOOL.

alcôve n. f. Dans une chambre, enfoncement où on loge un lit.

aléatoire adj. Incertain, soumis au hasard : *succès aléatoire.*

alène n. f. Poinçon de cordonnier.

alentour adv. Autour. N. m. pl. Les environs.

alerte n. f. Alarme : *être en alerte.* Adj. Vif, agile : *un vieillard encore alerte.* **Alerter**, c'est donner l'alerte.

alerter v. V. ALERTE.

alezan, e adj. et n. Se dit d'un cheval à robe ou poil fauve.

alfa n. m. Plante d'Algérie dont on fait des nattes, des cabas.

algarade n. f. Discussion vive et inattendue, dispute.

algèbre n. f. Sorte de calcul où l'on remplace certaines grandeurs ou quantités par des lettres.

algue n. f. Plante qui vit dans l'eau de la mer ou des rivières.

aliénation n. f., **aliéné, e** n. V. ALIÉNER.

aliéner v. Céder à un autre la propriété d'une chose : *aliéner*

---

1. V. pl. HOMME; 2. V. pl. CHIMIE; 3. V. pl. PALMIPÈDES.

une terre. Rendre ennemi : *s'aliéner l'affection de quelqu'un*. L'action d'aliéner est l'**aliénation**. Un **aliéné** est un fou qui n'est plus maître de sa volonté, de ses actes. Dans ce sens, l'**aliénation**, c'est la folie.

alignement n. m. Action d'aligner. L'état de ce qui est aligné.

aligner v. Ranger en ligne.

aliment n. m. Nourriture : *des aliments sains*. Au figuré : *la lecture est un aliment de l'esprit*. Ce qui peut nourrir est **alimentaire** : *denrées alimentaires*. L'**alimentation** est l'action d'alimenter. **Alimenter**, c'est nourrir.

alimentaire adj., **alimentation** n. f., **alimenter** v. V. ALIMENT.

alinéa n. m. Phrase d'un écrit qui commence à la ligne.

aliter (s') v. Garder le lit.

allaiter v. Nourrir de son lait.

allécher v. Attirer par quelque chose d'appétissant, de séduisant.

allée n. f. Chemin bordé d'arbres. *Allées et venues*, passages, courses répétés dans tous les sens.

alléger v. Rendre plus léger.

allégorie n. f. Sorte d'allusion qui exprime une idée par une image, un être vivant, etc.

allégresse n. f. Joie très vive.

alléguer v. Prétendre.

alléluia n. m. Mot hébreu qui signifie « joie », et qu'on emploie dans certains cantiques.

allemand, e adj. et n. D'Allemagne. N. m. Langue allemande.

aller v. Se déplacer d'un endroit à un autre : *aller au pas, à cheval*. Conduire : *ce chemin va à la ville*. Avancer : *le travail ne*

va pas. S'ajuster : *habit qui va bien*. Etre sur le point de : *je vais sortir*. Se porter : *comment vas-tu?* **S'en aller**, partir, mourir. (Conjuguez : *je vais, tu vas, il va, nous allons, vous allez, ils vont; j'allais; j'allai; j'irai; j'irais; que j'aille, que nous allions; allant, allé, e.*)

alliage n. m. Mélange de métaux fondus : *le bronze est un alliage formé de cuivre et d'étain*.

alliance n. f. V. ALLIER.

allier v. Mêler, unir : *allier la force à la prudence*. **S'allier**, s'unir : *pays qui s'allient contre un autre*. Une **alliance**, c'est un mariage; c'est aussi la bague que portent les époux; c'est encore l'union entre personnes, entre pays.

alligator n. m. Crocodile d'Amérique.

allocation n. f. Somme accordée dans un but déterminé : *les allocations familiales*.

allocution n. f. Discours familier et de courte durée.

allongement n. m. V. ALLONGER.

allonger v. Rendre plus long. Tendre : *allonger le bras*. Une augmentation de longueur est un **allongement**.

allumage n. m. V. ALLUMER.

allumer v. Mettre le feu, donner de la lumière : *allumer la lampe*. L'**allumage** est l'action d'allumer; dans un moteur à explosion, c'est l'étincelle qui enflamme le mélange d'air et d'essence dans le cylindre. Une **allumette** est une petite tige de bois garnie de phosphore, qui sert à allumer. L'**allumoir** est un appareil pour allumer.

allumette n. f., **allumoir** n. m. V. ALLUMER.

allure n. f. Façon de marcher. Aspect : *avoir bonne allure.*

allusion n. f. Mot, phrase qui rappelle une chose sans la nommer.

alluvion n. f. Boues déposées par une crue.

almanach [al-ma-na] n. m. Calendrier donnant divers renseignements.

aloès n. m. Plante à suc amer (1).

alors adv. En ce temps-là. Dans ce cas-là.

alouette n. f. Petit oiseau des champs à chair estimée (2).

alourdir v. Rendre lourd.

aloyau n. m. Filet de bœuf.

alpaga n. m. Animal d'Amérique à laine fine (3). Cette laine.

alphabet n. m. Série des lettres.

alpin, e adj. Qui se rapporte aux Alpes, aux montagnes : *les plantes alpines.* L'**alpinisme** est le sport des ascensions en montagne que pratiquent les **alpinistes**.

alpinisme n. m., **alpiniste** n. V. ALPIN.

altération n. f. V. ALTÉRER.

altérer v. Abîmer : *produit qui s'altère.* Falsifier : *altérer des monnaies. Altérer la vérité,* c'est mentir. *Etre altéré,* c'est avoir soif. L'action d'altérer se nomme **altération.**

alternatif, ive adj. V. ALTERNER.

alterner v. Se succéder à tour de rôle : *les saisons alternent dans l'année.* Ce qui est alterné est **alternatif.** Une **alternative** est l'obligation de choisir entre deux choses.

altier, ière adj. Fier, hautain.

altitude n. f. Hauteur d'une montagne, d'un col, etc.

alto n. m. Nom de la plus grave des voix de femme. Sorte de grand violon.

aluminium n. m. Métal très léger ayant l'éclat de l'argent.

alvéole n. m. Cellule d'un gâteau de miel (4).

amabilité n. f. V. AIMER.

amadou n. m. Substance tirée d'un champignon et qui prend feu très facilement.

amadouer v. Gagner la confiance de quelqu'un par des amabilités.

amaigrissement n. m. Diminution de l'embonpoint.

amalgame n. m. Mélange du mercure et d'un autre métal. Au figuré, mélange : *amalgame d'idées.*

amande n. f. Fruit de l'**amandier.** Noyau de ce fruit (5).

amanite n. f. Champignon dont certaines espèces sont vénéneuses (6).

amant, e n. Qui aime : *un amant de la nature.*

amarante n. f. Plante à belles fleurs rouges (7).

amarre n. f. V. AMARRER.

amarrer v. Attacher au moyen d'un câble. Une **amarre,** c'est un câble pour amarrer.

amas n. m. Tas : *un amas de pierres.*

amasser v. Entasser.

amateur n. m. Celui qui aime, qui a du penchant pour une chose : *amateur de musique.* Celui qui pratique un art, un sport, sans en faire sa profession.

amazone n. f. Femme qui monte à cheval. Jupe pour amazone.

ambassade n. f. V. AMBASSADEUR.

ambassadeur, drice n. Celui, celle qui représente son pays auprès d'un gouvernement étranger. Le local qu'il occupe est l'**ambassade.**

ambigu, ë adj. Qui n'est pas clair : *réponse ambiguë.*

---

1. V. pl. EXOTIQUES (*Plantes*) ; 2. V. pl. OISEAUX DES CHAMPS ;
3. V. pl. CHAMEAUX ET ANIMAUX ANALOGUES ; 4. V. pl. ABEILLES ;
5. V. pl. FRUITS ; 6. V. pl. CHAMPIGNONS ; 7. V. pl. FLEURS.

ambitieux, euse adj. V. AMBI-
TION.

ambition n. f. Désir de gloire,
de fortune. Avoir de l'ambition,
c'est **ambitionner**. Celui qui
a de l'ambition est **ambitieux**.

ambitionner v. V. AMBITION.

ambre n. m. Résine durcie, d'une
teinte jaune : *collier d'ambre*.

ambroisie n. f. Mets exquis, aliment des dieux de l'Antiquité.

ambulance n. f., **ambulancier, ère** n. V. AMBULANT.

ambulant, e adj. Qui va d'un
lieu à un autre. Une **ambulance** est une voiture servant
au transport des malades et
des blessés. Un **ambulancier**,
une **ambulancière** sont des
personnes attachées au service
d'une ambulance.

âme n. f. Principe de la vie.
Esprit, sentiments : *une belle
âme*. Habitant : *ville de 20 000
âmes*. *Rendre l'âme*, mourir.

amélioration n. f. Le fait de
rendre meilleur.

améliorer v. Rendre meilleur :
sa santé s'améliore.

amen [*a-mèn*] n. m. Mot hébreu
signifiant « ainsi soit-il ».

aménager v. Disposer avec
ordre.

amende n. f. Punition qui
consiste à payer une somme
d'argent. *Faire amende honorable*, avouer ses torts.

amender v. Corriger, améliorer.

amène adj. Doux, affable : *parler d'un ton amène*.

amener v. Faire venir avec soi :
amener un ami à la maison. En
termes de marine, *amener une
voile*, la baisser.

aménité n. f. Douceur, politesse.

amer, ère adj. Rude et peu
agréable au goût. *L'onde
amère*, la mer. Pénible, dur :
paroles amères. N. m. Vin apé-

ritif de saveur amère. Ce qui
est amer a de l'**amertume**.
Une chose pénible, qui afflige,
est aussi une **amertume**.

américain, e adj. et n. De
l'Amérique.

amerrir v. Se poser sur la mer,
sur l'eau (en parlant d'un hydravion, d'une capsule spatiale).

amertume n. f. V. AMER.

améthyste n. f. Pierre précieuse
de couleur violette.

ameublement n. m. Ensemble
des meubles d'un appartement,
mobilier.

ameuter v. Soulever, exciter.

ami, e n. Personne qui est liée
à une autre par l'amitié : *se
confier à un ami*. Qui aime,
a du goût : *ami des arts*. Adj.
Amical : *voix amie*.

amiable adj. Fait en accord avec
un autre : *partage à l'amiable*.

amiante n. m. Minéral filamen-
teux qui résiste au feu.

amical, e adj. Inspiré par l'amitié : *paroles amicales*.

amidon n. m. Matière qu'on tire
de la farine des céréales :
*l'amidon délayé et cuit devient
de l'empois*.

amincir v. Rendre plus mince.

amiral n. m. Officier de marine
du grade le plus élevé.

amirauté n. f. Administration
supérieure de la marine.

amitié n. f. Affection entre deux
personnes. Au pluriel, marques
d'affection : *faire des amitiés*.
(V. AMI.)

ammoniaque n. f. Solution dans
l'eau d'un gaz de saveur âcre et
d'odeur piquante, dit aussi *gaz
ammoniac*.

amnistie n. f. Pardon général.

amoindrir v. Rendre moindre.

amollir v. Rendre mou : *la chaleur amollit la cire*.

amonceler v. Entasser . *amonceler des preuves.* (Conjuguez : *j'amoncelle; j'amoncelais.*)

amont (en), se dit de la partie d'un fleuve située du côté de la source, par rapport à un point donné : *Troyes est en amont de Paris.*

amorce n. f. Appât pour prendre le poisson. Ce qui sert à enflammer la charge d'une arme à feu. Début : *l'amorce d'un travail.* **Amorcer**, c'est garnir d'une amorce : *amorcer un hameçon;* c'est aussi commencer. (Conjuguez : *il amorça; nous amorçons.*)

amorcer v. V. AMORCE.

amortir v. Rendre moins violent, plus doux : *amortir un choc, un bruit.* Payer graduellement : *amortir une dette, un emprunt.* Un **amortisseur** est un dispositif servant à amortir un choc ou les trépidations d'une machine.

amortisseur n. m. V. AMORTIR.

amour n. m. Affection vive : *amour maternel.* Goût très vif : *l'amour des arts.* Celui qui éprouve de l'amour est **amoureux.** L'**amour-propre** est le sentiment que l'on a de sa valeur, le désir de surpasser autrui.

amoureux, euse adj. et n., **amour-propre** n. m. Voir AMOUR.

ampère n. m. Unité d'intensité des courants électriques.

amphibie adj. Qui peut vivre dans l'air et dans l'eau : *l'hippopotame est amphibie.*

amphithéâtre n. m. Chez les anciens Grecs et Romains, édifice rond avec gradins, pour les spectacles. Classe garnie de gradins.

amphore n. f. Vase antique à deux anses, de forme allongée (1).

ample adj. Large : *manteau ample.* Ce qui est ample a de l'**ampleur.**

ampleur n. f. V. AMPLE.

ampoule n. f. Petite fiole terminée en pointe : *ampoule de vaccin.* Petit globe de verre renfermant le fil d'une lampe électrique (2). Enflure formée par un liquide qui se forme sous la peau.

amputation n. f. V. AMPUTER.

amputer v. Couper un membre : *amputer un bras.* L'amputation est l'acte d'amputer.

amulette n. f. Objet auquel on attribue superstitieusement un pouvoir protecteur.

amusant, e adj., **amusement** n. m. V. AMUSER.

amuser v. Distraire : *amuser un enfant.* Occuper à des choses qui font perdre du temps : *s'amuser au lieu de travailler.* Ce qui amuse est **amusant,** c'est un **amusement.**

amygdale n. f. Petite masse charnue, en forme d'amande, de chaque côté de la gorge.

an n. m. Année. *Jour de l'an,* le premier jour de l'année. *Nouvel an,* l'année qui commence.

anagramme n. f. Mot formé par un changement dans l'ordre des lettres d'un autre mot, comme RAGE et GARE.

analogie n. f. Rapport de ressemblance. Ce qui a de l'analogie est **analogue** : *cas analogues.*

analogue adj. V. ANALOGIE.

analyse n. f. Séparation des diverses parties qui composent une substance : *l'analyse de l'eau donne deux gaz, l'oxygène*

1. V. pl. POTERIE ; 2. V. pl. ÉCLAIRAGE.

et l'hydrogène. Etude grammaticale des divers mots qui forment une phrase. Faire l'analyse d'une chose, c'est l'**analyser.** (Le contraire de l'analyse est la SYNTHÈSE.)

analyser v. V. ANALYSE.

ananas n. m. Plante des pays chauds; son fruit : *l'ananas est un gros fruit à la pulpe sucrée et savoureuse* (1).

anarchie n. f. Désordre dû à l'absence ou la faiblesse d'un gouvernement. L'**anarchisme** est une théorie qui vise à supprimer tout pouvoir politique. Le partisan de l'anarchisme est un **anarchiste.**

anarchisme n. m., **anarchiste** n. m. V. ANARCHIE.

anathème n. m. Malédiction prononcée par l'Eglise.

anatomie n. f. Etude des diverses parties d'un animal, d'une plante, faite en les disséquant, c'est-à-dire en les découpant.

ancêtres n. m. pl. Les parents, en remontant du fils au père, à l'aïeul et ainsi de suite.

anchois n. m. Petit poisson de mer que l'on mange en saumure.

ancien, enne adj. Qui existe depuis longtemps : *coutume ancienne;* qui a existé autrefois : *l'ancien empire romain;* qui a un certain âge ou qui occupe depuis plus longtemps que d'autres une fonction : *prendre conseil auprès des anciens.* Qui n'est plus en fonction : *ancien magistrat.* N. m. Personnage de l'Antiquité : *les Anciens ignoraient la machine à vapeur.* Ce qui est ancien a de l'**ancienneté.** (Le contraire est NOUVEAU.)

ancre n. f. Instrument de fer à deux crochets qu'on laisse tomber jusqu'au fond de la mer, où il s'accroche, pour fixer un bateau. Grappin que l'aéronaute jette pour faire atterrir son ballon. Pièce d'une horloge qui règle le mouvement du balancier. **Ancrer,** c'est jeter l'ancre.

andante n. m. Air musical d'un mouvement modéré.

andouille n. f. Boyau de porc rempli de morceaux de tripes.

andouiller n. m. Petite corne du cerf, du chevreuil.

andouillette n. f. Petite andouille.

âne n. m. Animal domestique dont la forme rappelle celle du cheval, mais à longues oreilles : *le cri de l'âne est un braiment, l'âne brait* (2). Familièrement, ignorant. Une **ânerie** est une grosse bêtise. L'**ânesse** est la femelle de l'âne, son petit est un **ânon;** un ânon, c'est aussi un ignorant. **Anonner,** c'est lire difficilement.

anéantir v. Réduire à néant, détruire : *anéantir une armée.* Plonger dans un abattement profond : *anéanti par la douleur.* L'état de ce qui est anéanti est l'**anéantissement.**

anéantissement n. m. V. ANÉANTIR.

anecdote n. f. Petit fait historique. Historiette, petit conte.

anémie n. f. Appauvrissement du sang. Les personnes atteintes d'anémie sont **anémiques.**

anémique adj. V. ANÉMIE.

anémone n. f. Plante à larges fleurs de couleurs variées (3).

ânerie n. f., **ânesse** n. f. V. ÂNE.

anesthésier v. Endormir à l'aide d'un médicament pour empêcher d'éprouver de la douleur.

---

1. V. pl. FRUITS; 2. V. pl. BÉTAIL; 3. V. pl. FLEURS.

anévrisme n. m. Poche formée dans la membrane d'une artère.

anfractuosité n. f. Creux profond et irrégulier : *les anfractuosités d'un rocher.*

ange n. m. Créature céleste : *les anges sont les messagers de Dieu.* Au figuré, personne très douce, très bonne : *ange de charité. Ange gardien,* ange attaché à la personne de chaque chrétien. Ce qui se rapporte aux anges est **angélique;** on le dit aussi de ce qui est très bon, très doux : *caractère angélique.* L'**angélus** est une prière; c'est aussi la sonnerie de cloches qui l'annonce.

angélique adj., **angélus** n. m. V. ANGE.

angine n. f. Inflammation de la gorge.

anglais, e adj. et n. D'Angleterre : *le peuple anglais.* N. m. Langue des Anglais.

angle n. m. Coin : *un angle d'une salle.* En géométrie, figure formée par deux droites qui se coupent : *un carré, un rectangle ont quatre angles droits. L'angle droit* est celui dont les deux côtés sont perpendiculaires l'un à l'autre; *l'angle aigu* est celui qui est plus fermé que l'angle droit; *l'angle obtus* est celui qui est plus ouvert que l'angle droit (1). Ce qui forme un angle est **angulaire** : *pierre angulaire.* Ce qui a plusieurs angles est **anguleux** : *un rocher anguleux;* on le dit aussi d'un corps maigre, d'un caractère rude.

anglicanisme n. m. Religion officielle de l'Angleterre depuis le XVIe siècle.

angoisse n. f. Inquiétude pénible devant un danger. Celui qui éprouve de l'angoisse, ce qui dénote de l'angoisse, est **angoissé** : *une voix angoissée.*

angora adj. Se dit d'une race de chèvres, de chats et de lapins à poils longs et très fins, originaires d'Angora en Turquie.

anguille n. f. Poisson d'eau douce ou de mer, à corps allongé comme celui des serpents (2).

angulaire adj., **anguleux, euse** adj. V. ANGLE.

aniline n. f. Matière colorante tirée du goudron de houille.

animal n. m. Etre vivant qui peut éprouver des sensations et se mouvoir. Au figuré, personne rude et grossière. Adjectivement, qui se rapporte à l'animal : *chaleur animale.* (Fait au pluriel ANIMAUX.)

animateur, trice n. V. ANIMATION.

animation n. f. Vivacité : *chanter avec animation.* Mouvement : *l'animation d'une ville.* **Animer,** c'est donner de la vie, du mouvement ; c'est aussi encourager : *animer au travail.* Ce qui a de la vie, du mouvement, est **animé.** En grammaire, les *êtres animés* sont les êtres vivants. Un *dessin animé* est un film formé de dessins donnant l'impression du mouvement. Un **animateur,** une **animatrice** sont ceux qui dirigent et qui donnent de l'entrain à un spectacle, à un groupe.

animer v. V. ANIMATION.

animosité n. f. Malveillance.

anis n. m. Plante odorante. Dragée faite avec la graine d'anis.

anisette n. f. V. ANIS.

annales n. f. pl. Récit historique écrit année par année.

---

1. V. pl. LIGNES ; 2. V. pl. POISSONS D'EAU DOUCE.

anneau n. m. Petit cercle de métal, de bois, etc. : *anneau de rideau*. Bague : *anneau de fiançailles*. Pl. Agrès de gymnastique. L'**annulaire** (quatrième doigt) est celui où l'on porte souvent une bague.

année n. f. Temps que met la Terre à tourner autour du Soleil. Durée de douze mois : *l'année a 365 jours; l'année bissextile* (v. ce mot) *en a 366*. Ce qui revient chaque année est **annuel**.

annexe adj. Qui s'ajoute à une chose principale et qui en dépend. La chose ainsi ajoutée est une **annexe**.

annexer v. Joindre à un tout une chose qui en dépendra : *annexer un territoire à une nation*.

anniversaire n. m. Date qui rappelle un événement arrivé à pareille époque.

annonce n. f. Avis porté à la connaissance du public : *une annonce de journal*. **Annoncer**, c'est faire savoir à quelqu'un : *annoncer sa visite;* c'est aussi faire connaître au public : *annoncer par des affiches;* prédire : *annoncer le beau temps*.

annoncer v., **Annonciation** n. f. V. ANNONCE.

annuaire n. m. Livre contenant des renseignements divers qu'on publie chaque année.

annuel, elle adj. V. ANNÉE.

annulaire n. m. V. ANNEAU.

annuler v. Déclarer nul, sans valeur : *annuler un contrat*.

anoblir v. Accorder un titre de noblesse.

anomalie n. f. Ce qui s'écarte de la normale, de l'habitude.

ânon n. m., **ânonner** v. V. ÂNE.

anonymat n. m. V. ANONYME.

anonyme adj. Sans nom d'auteur : *livre anonyme. Société anonyme*, catégorie de société commerciale ou industrielle. L'**anonymat** est l'état de ce qui est anonyme. *Garder l'anonymat*, c'est ne pas donner son nom.

anormal, e adj. Qui n'est pas régulier, qui est différent de l'ordinaire : *un bruit anormal*.

anse n. f. Partie courbée en arc par où l'on prend un vase, un panier. Petite baie, petit golfe.

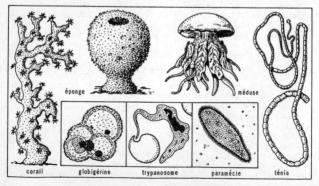

éponge — méduse — corail — globigérine — trypanosome — paramécie — ténia

animaux inférieurs

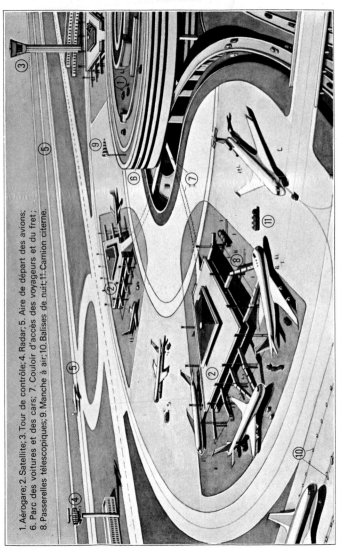

1. Aérogare; 2. Satellite; 3. Tour de contrôle; 4. Radar; 5. Aire de départ des avions; 6. Parc des voitures et des cars; 7. Couloir d'accès des voyageurs et du fret; 8. Passerelles télescopiques; 9. Manche à air; 10. Balises de nuit; 11. Camion citerne.

ASTRONAUTIQUE

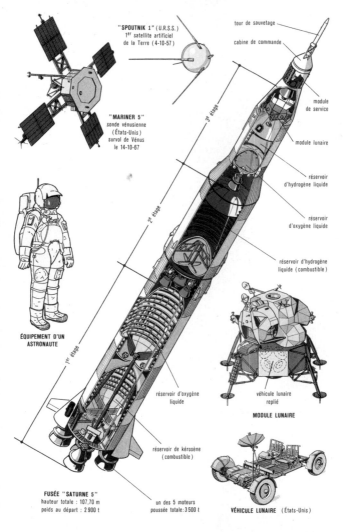

"SPOUTNIK 1" (U.R.S.S.)
1er satellite artificiel
de la Terre (4-10-57)

"MARINER 5"
sonde vénusienne
(États-Unis)
survol de Vénus
le 14-10-67

ÉQUIPEMENT D'UN
ASTRONAUTE

tour de sauvetage

cabine de commande

module
de service

module lunaire

réservoir
d'hydrogène liquide

réservoir
d'oxygène liquide

réservoir d'hydrogène
liquide (combustible)

3e étage

2e étage

1er étage

réservoir d'oxygène
liquide

réservoir de kérosène
(combustible)

véhicule lunaire
replié

MODULE LUNAIRE

FUSÉE "SATURNE 5"
hauteur totale : 107,70 m
poids au départ : 2 900 t

un des 5 moteurs
poussée totale : 3 500 t

VÉHICULE LUNAIRE (États-Unis)

antagonisme n. m. Etat de rivalité, de lutte.

antagoniste n. m. Adversaire.

antan n. m. L'année passée : *mais où sont les neiges d'antan?*

antécédent, e adj. Qui précède. N. m. pl. Les actes, la conduite de quelqu'un jusqu'à un moment donné : *avoir de bons antécédents.*

antédiluvien, enne adj. D'avant le Déluge.

antenne n. f. Perche qui soutient la voile de certains bateaux. Petite corne mobile, très sensible, sur la tête des insectes. Long câble tendu en l'air pour recevoir les ondes de T. S. F.

antérieur, e adj. Qui précède : *époque antérieure.* Qui est devant : *membres antérieurs.*

anthologie n. f. Recueil de poésies, choisies comme les fleurs d'un bouquet..

anthracite n. m. Charbon à flamme courte, sans odeur ni fumée. Adj. Couleur gris foncé : *un costume anthracite.*

anthrax n. m. Furoncle qui présente plusieurs ouvertures.

anthropoïde adj. et n. m. Se dit des grands singes qui ressemblent à l'homme (gorille, chimpanzé, etc.).

anthropologie n. f. Ensemble des sciences dont l'objet est l'étude de l'homme.

anthropométrie n. f. Technique de mesure du corps humain, dont la police se sert pour identifier les criminels.

anthropophage n. m. Mangeur de chair humaine. (V. ANTHROPOS.)

anthropos, mot grec qui signifie *homme* et qui forme divers composés : *anthropophage, anthropométrie, philanthrope, misanthrope,* etc.

antiaérien adj. Utilisé contre les avions : *canon antiaérien* (1).

antichambre n. f. Pièce qui précède un appartement.

antichar adj. Qui s'oppose à l'action des blindés : *canon antichar* (1).

anticipation n. f. V. ANTICIPER.

anticiper v. Faire une chose d'avance. L'**anticipation** est l'action d'anticiper. Un *roman d'anticipation* décrit des événements qui se déroulent dans le temps futurs.

antidote n. m. Contrepoison.

antilope n. f. Mammifère de la famille des bovidés, rappelant le cerf et la chèvre (2).

antimicrobien adj. Antiseptique.

antimoine n. m. Métal d'un blanc bleuâtre, dur et cassant.

antipape n. m. Pape élu irrégulièrement.

antipathie n. f. Eloignement qu'on éprouve à l'égard de quelqu'un, de quelque chose. Ce qui inspire l'antipathie est **antipathique** : *caractère antipathique.* (V. SYMPATHIE.)

antipathique adj. V. ANTIPATHIE.

antipode n. m. Point de la Terre à l'autre extrémité de la ligne qui passe par un point de la surface et par son centre (3).

antiquaire n. m. V. ANTIQUE.

antique adj. Très ancien : *vase antique.* Qui n'est plus à la mode. L'**antiquité** est la qualité de ce qui est antique ; on donne aussi ce nom aux temps anciens, aux peuples de ces temps-là : *les monuments de l'Antiquité;* aux objets d'art anciens : *des antiquités grecques.* Un marchand de ces objets est un **antiquaire**.

antiquité n. f. V. ANTIQUE.

---

1. V. pl. ARMES ; 2. V. pl. RUMINANTS SAUVAGES ; 3. V. pl. TERRE.

antireligieux, euse adj. Contraire à la religion.

antisémite adj. Ennemi des Juifs.

antisepsie n. f. Lutte contre les *microbes* (v. ce mot). Ce qui permet la lutte contre les microbes est **antiseptique** : *l'alcool est antiseptique.*

antiseptique adj. V. ANTISEPSIE.

antivol n. m. Dispositif de sécurité destiné à empêcher les vols.

antre n. m. Caverne. Repaire, tanière d'une bête féroce.

anus [*a-nuss*] n. m. Orifice ou trou de sortie des excréments.

anxiété n. f. Angoisse, inquiétude qui serre le cœur.

anxieux, euse adj. Qui éprouve de l'anxiété : *anxieux de savoir.*

aorte n. f. Grosse artère qui part du cœur (1).

août n. m. Huitième mois de l'année : *août a 31 jours.*

apaisement n. m. V. APAISER.

apaiser v. Calmer, ramener à un état paisible : *calmer la colère, calmer la tempête.* Ce qui apaise est un **apaisement.**

apanage n. m. Domaine que les rois de France accordaient à des membres de leur famille.

aparté n. m. Ce qu'un acteur a l'air de se dire à soi-même sur la scène.

apercevoir v. Voir soudainement : *apercevoir un danger.* Découvrir, voir de loin : *apercevoir un navire.* **S'apercevoir de, que,** remarquer. Un **aperçu,** c'est une idée superficielle et rapide : *donner un aperçu de ses projets.*

aperçu n. m. V. APERCEVOIR.

apéritif n. m. Boisson, souvent alcoolisée, prise avant le repas.

apeuré, e adj. Saisi de peur.

aphte n. m. Petite plaie blanchâtre à la bouche.

aphteux, euse adj. Qui cause des aphtes : *fièvre aphteuse.*

api n. m. Sorte de petite pomme.

apiculteur n. m. V. APICULTURE.

apiculture n. f. Art d'élever les abeilles, pratiqué par les apiculteurs. (V. ABEILLE.)

apitoiement n. m. Pitié. **Apitoyer,** c'est exciter la pitié. **S'apitoyer,** c'est être touché de pitié : *s'apitoyer sur quelqu'un.* (Conjuguez : *je m'apitoie; nous nous apitoyons.*)

apitoyer v. V. APITOIEMENT.

aplanir v. Rendre plan, uni : *aplanir une route.* Faire disparaître : *aplanir une difficulté.*

aplatir v. Rendre plat. **S'aplatir,** c'est s'abaisser.

aplomb n. m. Direction du fil à plomb. Equilibre : *perdre l'aplomb.* Assurance : *parler avec aplomb.* **D'aplomb,** en équilibre.

apocalyptique adj. Qui s'accompagne d'un grand désordre : *une fuite apocalyptique.*

apogée n. m. Point le plus élevé : *l'apogée de la puissance.*

apologie n. f. Défense d'une personne ou d'une chose : *l'apologie d'une doctrine.*

apoplexie n. f. Paralysie causée par la rupture d'une veine du cerveau.

apostasie n. f. Abandon public d'une religion, d'une opinion. **Apostasier,** c'est faire une apostasie. Celui qui apostasie est un **apostat.**

apostasier v., **apostat** n. m. V. APOSTASIE.

apostille [*a-pos-tiy*] n. f. Note en marge ou au bas d'un écrit.

apostolat n. m. V. APÔTRE.

1. V. pl. HOMME.

apostrophe n. f. Action d'apostropher quelqu'un. Signe qui marque la suppression d'une lettre. Apostropher quelqu'un, c'est s'adresser brusquement à lui pour lui demander ou lui ordonner quelque chose.

apothéose n. f. Honneurs extraordinaires décernés à quelqu'un.

apôtre n. m. Chacun des douze disciples chargés par Jésus de répandre son évangile. On appelle aussi *apôtre* celui qui se charge de répandre une doctrine : *un apôtre de la fraternité humaine.* L'**apostolat**, c'est la mission de l'apôtre, la prédication d'une doctrine.

apparaître v. Se montrer tout à coup : *le soleil apparaît derrière les nuages.* Une **apparition**, c'est une chose que l'on voit soudain ; c'est aussi un court séjour : *ne faire qu'une apparition;* c'est également un spectre, un esprit invisible qui prend une forme visible. (V. APPARENCE, DISPARAÎTRE.)

apparat n. m. Caractère pompeux : *dîner d'apparat.*

appareil n. m. Objet, instrument, machine qui sert à faire quelque chose : *appareil de photographie.* Ensemble d'organes du corps qui ont une même destination : *appareil digestif* (1). **Appareiller**, c'est, en parlant d'un bateau, partir ou se préparer à partir. L'**appareillage**, c'est le départ du bateau; c'est aussi un ensemble d'appareils : *appareillage électrique.*

appareillage n. m., **appareiller** v. V. APPAREIL.

apparence n. f. Ce qui apparaît au-dehors : *se fier aux apparences.* Extérieur d'une chose : *avoir belle apparence.* En apparence, extérieurement. Ce qui est visible est **apparent**. (V. APPARAÎTRE.)

apparition n. f. V. APPARAÎTRE.

appartement n. m. Partie de maison formant un logement de plusieurs pièces.

appartenir v. Etre à quelqu'un : *ce livre m'appartient.* Faire partie de : *appartenir à un groupe.* Etre propre à quelqu'un, à quelque chose : *la gaieté appartient à l'enfance.*

appât n. m. Ce qui sert à attirer le gibier, le poisson (2) : *mettre un appât à l'hameçon.* Au figuré, ce qui séduit : *l'appât du gain.* **Appâter**, c'est attirer avec un appât.

appâter v. V. APPÂT.

appauvrir v. Rendre pauvre.

appeau n. m. Sifflet imitant le cri des oiseaux pour les attirer.

appel n. m. V. APPELER.

appeler v. Inviter à venir, ordonner de venir : *appeler un domestique.* Donner un nom à : *appeler un fils Louis.* **S'appeler**, avoir tel ou tel nom. (Conjuguez: *j'appelle; j'appelais.*) L'**appel** est l'action d'appeler : *un brusque appel;* c'est aussi l'action de demander à un tribunal supérieur de réparer l'injustice d'un jugement.

appendice n. m. Prolongement, partie qui semble ajoutée à une autre principale. Petit cul-de-sac au bout du gros intestin. L'**appendicite** est l'inflammation de cet appendice.

appendicite n. f. V. APPENDICE.

appentis n. m. Petit bâtiment appuyé à un mur.

appesantir v. V. ALOURDIR.

appétissant, e adj. V. APPÉTIT.

appétit n. m. Vif désir de manger : *avoir un grand appétit.* Ce qui éveille l'appétit est **appétissant.**

applaudir v. Battre des mains pour approuver. L'action d'applaudir est **l'applaudissement.**

applaudissement n. m. V. APPLAUDIR.

application n. f., **applique** n. f. V. APPLIQUER.

appliquer v. Poser une chose sur une autre en la plaquant : *appliquer une étoffe sur un mur.* Au figuré : *appliquer une gifle; appliquer l'oreille pour écouter.* Faire servir une chose : *appliquer un procédé nouveau à une fabrication.* **S'appliquer,** mettre toute son attention à une chose : *s'appliquer à un travail.* Une **applique** est ce qui s'applique sur un objet pour l'orner, comme un candélabre, etc. L'**application,** c'est l'action d'appliquer, de s'appliquer.

appoint n. m. Ce qu'on ajoute pour compléter : *faire l'appoint d'une somme.*

appointements n. m. pl. Salaire fixe pour un emploi.

apport n. m. V. APPORTER.

apporter v. Venir porter : *apporter son chapeau à quelqu'un.* Fournir : *apporter des capitaux.* Par extension, causer : *apporter de la gêne.* Appliquer, employer : *apporter ses soins à.* L'**apport,** c'est ce qu'on apporte.

apposer v. Appliquer, mettre : *apposer une affiche.*

appréciable adj., **appréciation** n. f. V. APPRÉCIER.

apprécier v. Déterminer la valeur d'une chose : *apprécier*

un bijou. Faire cas de : *apprécier le mérite.* Ce qui a de la valeur est **appréciable.** L'action d'apprécier est une **appréciation.**

appréhender v. Saisir : *appréhender un voleur.* Craindre : *appréhender la mort.*

appréhension n. f. Crainte.

apprendre v. Acquérir une connaissance : *apprendre une nouvelle.* Etudier : *apprendre à lire.* Faire connaître : *apprendre un événement à quelqu'un.* Enseigner : *apprendre la danse à quelqu'un.* L'**apprenti** est celui qui apprend un métier. Le temps pendant lequel on apprend est l'**apprentissage.**

apprenti, e n., **apprentissage** n. m. V. APPRENDRE.

apprêt n. m. Préparatif : *les apprêts d'une fête.* Préparation d'un tissu pour lui donner de la fermeté, du brillant. **Apprêter,** c'est préparer; c'est aussi donner de l'apprêt à un tissu.

apprêter v. V. APPRÊT.

apprivoiser v. Habituer un animal sauvage à vivre près de l'homme. Rendre plus sociable une personne de caractère sauvage.

approbateur, trice adj., **approbation** n. f. V. APPROUVER.

approche n. f. V. APPROCHER.

approcher v. Mettre près : *approcher sa chaise du feu.* Devenir proche : *l'été approche.* Ce qui est proche, voisin, est **approchant.** Une **approximation,** c'est la détermination approchée, à peu près, d'une valeur. Ce qui est fait par approximation est **approximatif.** L'**approche** est l'action d'approcher : *fuir à l'approche du danger.* Les **appro-**

ches d'une ville sont ses environs.

approfondir v. Rendre plus profond : *approfondir un puits.* Etudier à fond : *approfondir une étude, un sujet.*

approuver v. Juger bon : *approuver un travail.* L'action d'approuver est l'**approbation.** Ce qui approuve est **approbateur.**

approvisionner v. Fournir de provisions : *approvisionner un magasin.* L'**approvisionnement** est l'action d'approvisionner.

approximatif, ive adj. **approximation** n. f. V. APPROCHER.

appui n. m. V. APPUYER.

appuyer v. Soutenir par un support : *s'appuyer sur un meuble; appuyer une échelle contre un mur.* Peser sur : *appuyer sur une pédale.* Insister : *appuyer sur un détail.* (Conjuguez : *appuie, appuyons.*) L'**appui**, c'est le soutien, ce sur quoi on appuie : *l'appui d'une fenêtre* (1). **A l'appui de,** pour appuyer.

âpre adj. Rude, désagréable : *goût âpre, voix âpre.* Violent : *ton âpre.* Avide : *âpre au gain.* Ce qui est âpre a de l'**âpreté.**

après prép. Plus loin : *la maison après la mairie.* Plus tard : *venir après un autre.* A la poursuite de : *courir après un voleur.* **D'après,** en imitant : *peindre d'après nature.*

après-demain n. m. Le jour après demain, le surlendemain.

après-midi n. m. (invariable). Partie du jour de midi au soir.

âpreté n. f. V. ÂPRE.

à propos adv. En temps et lieu convenables.

apte adj. Propre à.

aptéryx n. m. Oiseau de Nouvelle-Zélande, à ailes rudimentaires (2).

aptitude n. f. Disposition naturelle : *aptitude à courir.*

aquarelle n. f. Peinture faite avec des couleurs à l'eau.

aquarium [*a-koua-riom'*] n. m. Réservoir pour conserver des poissons vivants.

aquatique [*a-koua-tik'*] adj. Qui vit dans l'eau : *plante aquatique.*

aqueduc [*a-ke-duk*] n. m. Canal en maçonnerie pour amener l'eau.

aqueux, euse adj. Qui contient de l'eau.

aquilin, e adj. Se dit du nez courbé en bec d'aigle.

aquilon n. m. Vent du nord.

arabe adj. et n. D'Arabie. N. m. Langue des Arabes. *Chiffres arabes,* les chiffres ordinaires, 1, 2, 3, etc. Une **arabesque,** c'est un ornement de feuillages, de lignes entrelacées (3). La **gomme arabique** venait jadis de l'Arabie.

arabesque n. f., **arabique** adj. V. ARABE.

arable adj. Se dit de la terre labourable. Ce qui se rapporte au labourage s'appelle **aratoire** : *instruments aratoires.*

arachide n. f. Plante tropicale dont les fruits (cacahouètes) fournissent une huile.

arachnides n. m. pl. V. ARAIGNÉE.

araignée n. f. Petit animal à huit pattes, qui tisse des toiles pour attraper les mouches. Les **arachnides** [*a-rak-nid'*] sont de petits animaux tels que les araignées ou les scorpions.

aratoire adj. V. ARABLE.

araucaria n. m. Arbre d'Amérique de la famille du sapin.

araignée

scolopendre

scorpion

arachnides et myriapode

arbalète n. f. Arme ancienne formée d'un arc fixé sur une monture (1). L'**arbalétrier** était le soldat armé d'une arbalète.

arbalétrier n. m. V. ARBALÈTE.

arbitrage n. m., **arbitraire** adj. V. ARBITRE.

arbitre n. m. Celui qui dirige un match, qui arrange un désaccord entre deux personnes. Maître absolu : *être l'arbitre du sort de quelqu'un.* Personne qui a une grande autorité sur une chose : *arbitre de la mode. Libre arbitre,* faculté que nous avons de choisir notre conduite. Le jugement rendu par l'arbitre est un **arbitrage.** Ce qui dépend de la seule volonté de quelqu'un est **arbitraire.**

arborer v. V. ARBRE.

arbre n. m. Plante de haute taille dont la tige, ou *tronc,* fixée au sol par des racines, est chargée de branches et de feuilles à sa partie supérieure et porte des fleurs, puis des fruits. En mécanique, un *arbre* est une pièce tournante qui sert à la *transmission* (v. ce mot) d'un mouvement. Un **arbrisseau** est un petit arbre. Un **arbuste** est une plante qui a l'aspect de l'arbre, mais n'atteint qu'une petite taille et ne possède pas en général de tronc bien séparé : *le groseillier est un arbuste.* **Arborer,** c'est hisser, déployer et se dit d'un drapeau, etc.

arbrisseau n. m., **arbuste** n. m. V. ARBRE.

arc n. m. Arme formée par une tige courbée, fortement tendue par une corde, qui sert à lancer des flèches (2). Courbe que forme le haut d'une porte, d'une fenêtre. L'**arc de triomphe** est un monument qui a la forme d'une grande porte de pierre. Une **arcade** est une ouverture en arc reposant sur des colonnes et formant un passage couvert (3). L'**arc-boutant** est un arc de maçonnerie qui soutient un mur, une voûte (4). L'**arc-en-ciel** est un arc de couleurs diverses qu'on aperçoit dans le ciel après une averse. Un **archer** est un soldat armé d'un arc. Un **arceau** est un petit arc.

arcade n. f. V. ARC.

arcane n. m. Chose secrète.

arc-boutant n. m., **arceau** n. m., **arc-en-ciel** n. m. V. ARC.

archaïsme [*ar-ka-ism'*] n. m. Mot, phrase vieillis.

1, 2. V. pl. ARMES ; 3, 4. V. pl. ARCHITECTURE.

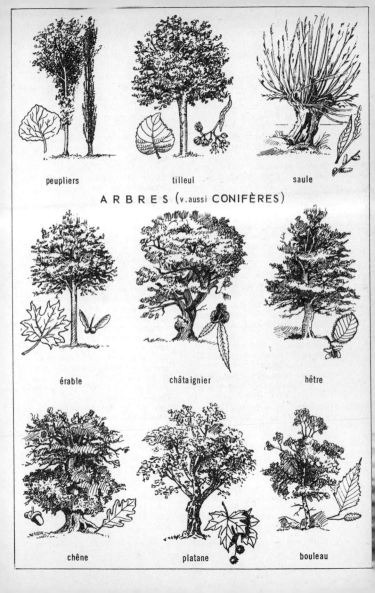

peupliers

tilleul

saule

ARBRES (v. aussi CONIFÈRES)

érable

châtaignier

hêtre

chêne

platane

bouleau

archange [*ar-kanj'*] n. m. Ange d'ordre élevé : *l'archange saint Michel.*

arche n. f. Voûte en forme d'arc (1). Grand navire que, d'après la Bible, Noé construisit pour échapper au Déluge.

archéologie [*ar-ké-o-lo-jî*] n. f. Etude des sociétés passées, des anciennes civilisations, par les ruines des monuments, les objets retrouvés grâce aux fouilles. L'**archéologue** est le savant qui s'occupe d'archéologie.

archéologue n. V. ARCHÉOLOGIE.

archer n. m. V. ARC.

archet n. m. Baguette tendue de crin pour jouer du violon (2).

archevêché n. m. V. ARCHEVÊQUE.

archevêque n. m. Evêque qui en a d'autres sous ses ordres. La demeure de l'archevêque se nomme **archevêché.**

archi, arch... (d'*archos*, mot grec signifiant *chef, principal*), préfixe qui forme des mots composés : *archange, archevêque, archiduc, archipel, architecte, monarque, patriarche,* etc.

archiduc n. m., **archiduchesse** n. f. Titres supérieurs à ceux de duc, de duchesse.

archipel n. m. Groupe d'îles (3).

archiprêtre n. m. Titre que portent certains curés.

architecte n. m. Celui qui pratique l'**architecture,** l'art de construire des édifices.

architecture n. f. V. ARCHITECTE.

archives n. f. pl. Documents anciens importants. Lieu où on les conserve.

arçon n. m. Armature de bois de la selle. *Vider les arçons,* c'est tomber de cheval. **Désarçonner,** c'est faire vider les arçons.

ardent, e adj. Brûlant : *feu ardent.* Au figuré, plein d'ardeur, actif : *ardent patriote.*

ardeur n. f. Chaleur vive. Vivacité extrême : *l'ardeur de la jeunesse.*

ardoise n. f. Pierre bleuâtre, facile à fendre en minces lames, qui sert à couvrir les maisons : *les écoliers écrivent parfois sur une tablette d'ardoise.*

ardu, e adj. Difficile à gravir : *sentier ardu.* Au figuré, difficile : *travail ardu.*

are n. m. Unité de mesure pour les champs (100 mètres carrés).

arène n. f. Piste sablée d'un cirque, d'un *amphithéâtre.* (V. ce mot.)

arête n. f. Os de poisson : *avaler une arête.* Angle formé par deux surfaces : *arête d'un toit.*

argent n. m. Métal blanc, brillant dont on fait des monnaies, de la vaisselle, etc. Monnaie de métal ou de papier : *gagner de l'argent.* Ce qui a l'éclat de l'argent est **argenté.** Argenter, c'est recouvrir d'argent : *cuivre argenté.* L'action d'argenter est l'**argenture.** La **genterie,** c'est la vaisselle d'argent. Un son métallique clair est **argentin.**

argenter v., **argenterie** n. f., **argentin, e** adj., **argenture** n. f. V. ARGENT.

argile n. f. Terre molle, grasse, appelée aussi *terre glaise :* *l'argile sert à faire des poteries, des tuiles, des briques.*

argot n. m. Autrefois, langage secret des mendiants, des malfaiteurs. Aujourd'hui, vocabulaire particulier à un groupe, à une classe sociale : *l'argot scolaire.*

cintre — ogive — niche — arcade — portique — contrefort — arc-boutant — cariatide — pilastre — colonne — corniche — frise — gargouille — fleuron — chapiteau — console — rosace — fronton — acanthe — piedestal

architecture

argument n. m. Raisonnement qui appuie une affirmation : *argument sans réplique*.

aride adj. Sec, qui ne produit rien : *sol aride*. Au figuré : *style aride*. L'**aridité** est la sécheresse.

aridité n. f. V. ARIDE.

aristocrate n. Personne de la noblesse. L'**aristocratie**, c'est la noblesse. Ce qui appartient à l'aristocratie est **aristocratique**.

aristocratie n. f., **aristocratique** adj. V. ARISTOCRATE.

arithmétique n. f. Art de calculer, de compter.

arlequin n. m. Personne déguisée qui porte un vêtement formé de pièces de diverses couleurs (1).

armateur n. m. V. ARMER.

armature n. f. V. ARMER.

arme n. f. Instrument qui sert pour attaquer ou se défendre. Au pluriel, la guerre : *le métier des armes*. *Fait d'armes*, acte de bravoure militaire. Armoiries. (V. ARMÉE, ARMER, ARMOIRIES, ARMURE.)

armée n. f. Ensemble des troupes, des soldats d'un pays : *l'armée française*.

armement n. m. V. ARMER.

armer v. Donner des armes : *armer des soldats*. Equiper un navire pour la navigation.

ARMES

massue

poignard

hache d'armes francisque

fronde

dague

hallebarde

pertuisane

lance

pique

sabre

arbalète

épée

épée (XVIIIᵉ s.)

baïonnette

carquois

cimeterre

arc flèche

javelot

yatagan

arquebuse

pistolet (de combat)

tromblon

revolver

carabine

fusil

lance-roquettes antichar

pistolet (automatique)

pistolet-mitrailleur

fusil-mitrailleur

mitrailleuse

grenade

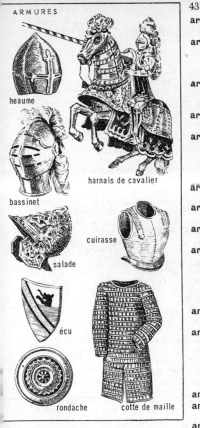

ARMURES

heaume

harnais de cavalier

bassinet

cuirasse

salade

écu

rondache   cotte de maille

Fortifier : *le ciment armé est renforcé par des tiges de fer.* L'**armement**, c'est l'ensemble des armes. L'**armateur** est celui qui arme un navire. L'**armature** est ce qui sert à soutenir les parties d'un ensemble.

armistice n. m. Arrêt des opérations de guerre avant la paix.

armoire n. f. Meuble haut, à tablettes ou à tiroirs, fermé d'une ou deux portes : *armoire à glace* (1).

armoiries n. f. pl. Ensemble des figures du *blason* (v. ce mot) d'un pays, d'une personne.

armoricain, e adj. et n. De l'Armorique, breton.

armure n. f. Vêtement d'acier que les anciens guerriers portaient pour se défendre : *l'armure comprenait le casque, la cuirasse, la cotte de mailles.*

armurier n. m. Celui qui fait ou vend des armes.

arnica n. f. Plante aromatique employée en médecine.

aromatique adj., **aromatiser** v. V. ARÔME.

arôme n. m. Parfum qui agit sur l'odorat et sur le goût : *l'arôme du café.* Ce qui a de l'arôme est **aromatique. Aromatiser,** c'est parfumer : *aromatiser une crème.*

arpège n. m. Suite rapide des notes d'un accord.

arpent n. m. Ancienne mesure valant environ un demi-hectare. **Arpenter,** c'est mesurer une terre ; c'est aussi parcourir à grandes enjambées : *arpenter une salle.*

arpenter v. V. ARPENT.

arquebuse n. f. Ancienne arme à feu portative fort lourde (2).

arquer v. Courber en arc.

arrachage, arrachement n. m. V. ARRACHER.

arracher v. Détacher ce qui tient au sol par des racines : *arracher un arbre.* Enlever avec effort ce qui tient à autre chose : *arracher une branche,* *une dent.* Obtenir avec peine : *arracher une promesse.* L'**arrachement**, c'est l'action d'arracher. On dit **arrachage** quand on parle de plantes.

arrangement n. m. V. ARRANGER.

arranger v. Mettre dans l'ordre voulu : *arranger des fleurs.* Réparer : *arranger une pendule.* Régler d'un commun accord : *arranger un procès.* L'action d'arranger est un **arrangement. S'arranger**, c'est se mettre d'accord.

arrestation n. f. V. ARRÊTER.

arrêt n. m. V. ARRÊTER.

arrêter v. Empêcher de marcher, d'avancer : *arrêter un cheval, une montre.* Se saisir de quelqu'un pour l'emprisonner : *arrêter un voleur.* Engager à son service : *arrêter un employé.* Interrompre : *arrêter une dispute.* L'action de s'arrêter est l'**arrêt** : *l'arrêt d'un train.* Un **chien d'arrêt** est celui qui s'arrête dès qu'il voit le gibier. L'**arrêt** est aussi l'emprisonnement : *maison d'arrêt;* au pluriel, c'est la punition qui interdit à un officier de sortir de chez lui. Un **arrêt**, c'est encore un jugement : *un arrêt du tribunal.* Un **arrêté**, c'est une ordonnance : *un arrêté municipal.* L'action d'arrêter quelqu'un pour l'emprisonner se nomme **arrestation.**

arrhes n. f. pl. Argent donné en gage d'une commande.

arrière adv. Derrière : *naviguer avec vent arrière; une roue arrière.* En arrière, derrière : *rester en arrière;* en retard : *être en arrière pour ses études.* N. m. Partie de derrière : *l'arrière d'un bateau.* Arrière s'emploie dans des mots composés pour indiquer ce qui est der-rière : *arrière-boutique,* pièce derrière la boutique; *arrière-garde,* dernières troupes d'une colonne en marche; il désigne aussi ce qui vient après : *arrière-saison,* la fin de l'automne; ce qui est caché sous une autre chose : *arrière-goût,* goût qui revient après avoir mangé ou bu certains aliments; *arrière-pensée,* pensée cachée alors qu'on en exprime une autre; il indique encore ce qui précède : *arrière-grand-père,* le père du grand-père ou de la grand-mère; inversement, les *arrière-petits-enfants* sont les enfants du petit-fils, de la petite-fille. (Ces mots ont le genre du mot principal; dans ce cas, *arrière* est invariable.)

arriéré, e adj. Qui est en arrière. N. m. Ce qui est en retard : *un arriéré dans les comptes.*

arrivage n. m., **arrivée** n. f. V. ARRIVER.

arriver v. Parvenir dans un lieu : *arriver chez soi.* En parlant d'un fait, s'accomplir, survenir : *il lui arrivera malheur.* L'action d'arriver, le moment d'arriver est l'**arrivée.** Un **arrivage**, c'est une arrivée de marchandises.

arrogance n. f. Hauteur blessante, méprisante : *parler avec arrogance.* Celui qui a de l'arrogance est **arrogant.**

arrogant, e adj. V. ARROGANCE.

arrondir v. Rendre rond: *arrondir une planche.* Augmenter : *arrondir son domaine.*

arrondissement n. m. Division administrative du département.

arrosage n. m. V. ARROSER.

arroser v. Mouiller en versant de l'eau en gouttes imitant la rosée : *arroser des fleurs.* Couler à travers, en parlant d'un fleuve : *la Seine arrose Paris*. L'**arrosage** est l'action d'arroser. L'**arrosoir** est un ustensile pour arroser (1). Celui qui arrose est un **arroseur**.

arsenal n. m. Magasin d'armes et de munitions. Chantier où l'on construit des navires de guerre.

arsenic n. m. Corps d'aspect métallique dont les sels sont des poisons violents.

art n. m. Manière de faire une chose selon les règles : *travailler avec art*. Profession qui demande une étude sérieuse : *l'art médical*. On appelle **beaux-arts** la peinture, la sculpture, la gravure, l'architecture, la musique. Une *œuvre d'art*, c'est un tableau, une sculpture, un objet de grande beauté. Celui qui exécute des œuvres d'art est un **artiste**; un artiste, c'est aussi un acteur de théâtre, de cinéma. Ce qui est relatif à l'art, ce qui a la beauté d'une œuvre d'art est **artistique**.

artère n. f. Conduit par où circule le sang venant du cœur. Au figuré, route, rue importante. Le sang qui passe par les artères est appelé **artériel** (2).

artériel, elle adj. V. ARTÈRE.

arthritisme [*ar-tri-tism'*] n. m. Maladie qui cause des douleurs dans les articulations.

artichaut n. m. Plante potagère dont la fleur, formée de feuilles charnues, est comestible (3).

article n. m. Division d'un texte, d'une loi, etc. Objet de commerce : *article d'épicerie*. En grammaire, petit mot qui précède le nom et le détermine comme *le, la, les, du, des, un, une*.

articulation n. f. Jointure : *l'articulation du coude*. Prononciation : *articulation nette*.

articuler v. Prononcer.

artifice n. m. Ruse, astuce. Matière inflammable qui, en brûlant, produit des effets de lumière et de couleur : *feu d'artifice*.

artificiel, elle adj. Fabriqué : *fleur artificielle*. Faux, pas naturel : *sentiments artificiels*.

artillerie n. f. Gros matériel de guerre comprenant les canons et leurs munitions. Troupes au service de ce matériel : *artillerie de marine*. Les soldats de l'artillerie sont des **artilleurs**.

artilleur n. m. V. ARTILLERIE.

artimon n. m. Voile placée en poupe d'un bateau.

artisan n. m. Celui qui exerce un métier manuel, pour son propre compte : *un ébéniste est un artisan*. Au figuré, auteur, cause d'une chose : *il est l'artisan de sa réussite*. L'**artisanat** est la condition de l'artisan.

artisanat n. m. V. ARTISAN.

artiste n., **artistique** adj. V. ART.

as n. m. Carte à jouer, dé, marqué d'une seule figure, d'un seul point : *l'as de pique*. Familièrement, personne remarquable dans son genre.

ascendant, e adj. Qui va en montant. N. m. Influence. Pl. Les parents et les grands-parents.

ascenseur n. m. V. ASCENSION I.

ascension I n. f. Action de monter, de s'élever, de grimper : *une ascension en ballon*; *l'ascension d'une montagne*. L'**ascenseur** est un appareil qui, dans un immeuble, trans-

1. V. pl. JARDINAGE; 2. V. pl. HOMME; 3. V. pl. LÉGUMES.

porte les personnes d'un étage à un autre (1).

Ascension II n. f. Montée de Jésus-Christ au ciel.

asiatique adj. De l'Asie.

asile n. m. Lieu où l'on est en sûreté : *un asile contre le danger*. (On dit aussi REFUGE.) Maison de retraite pour les vieillards. Hôpital pour les malades mentaux.

aspect n. m. Manière dont quelqu'un, quelque chose se présente à nous : *avoir un aspect souriant*.

asperge n. f. Plante potagère dont les pousses sont comestibles (2).

asperger v. Arroser légèrement : *asperger d'eau*.

aspérité n. f. Qualité de ce qui est âpre. Pointe saillante, rugueuse : *les aspérités d'un rocher*.

asphalte n. m. Sorte de bitume.

asphyxie n. f. Arrêt ou gêne de la respiration qui peut causer la mort. **Asphyxier**, c'est étouffer en gênant la respiration.

asphyxier v. V. ASPHYXIE.

aspirateur n. m., **aspiration** n. f. V. ASPIRER.

aspirer v. Attirer l'air, un liquide, etc., avec la bouche : *aspirer de la fumée*. Faire monter un liquide avec une pompe. L'*h aspiré* est celui qui ne se prononce pas et ne se lie pas avec le mot précédent, comme le *h*aricot, les *h*éros. As-pirer, c'est aussi désirer vivement : *aspirer à la gloire*. Un **aspirateur** est un appareil pour aspirer la poussière. L'**aspiration**, c'est l'action d'aspirer; c'est aussi un désir vif de quelque chose.

assaillir v. Attaquer brusquement. Celui qui assaille est l'**assaillant**. L'action d'assaillir est l'**assaut**. Un **assaut**, c'est aussi un combat d'escrime, une lutte quelconque : *un assaut de politesse*.

assainir v. Rendre sain : *assainir l'air d'un appartement*.

assaisonnement n. m. V. ASSAISONNER.

assaisonner v. Rendre savoureux un mets en y ajoutant du sel, des épices, etc. Ce qui assaisonne est l'**assaisonnement**. (On dit aussi les CONDIMENTS.)

assassin n. m. V. ASSASSINAT.

assassinat n. m. Action de tuer quelqu'un volontairement. Celui qui commet un assassinat est un **assassin. Assassiner,** c'est commettre un assassinat.

assassiner v. V. ASSASSINAT.

assaut n. m. V. ASSAILLIR.

assèchement n. m. V. ASSÉCHER.

assécher v. Priver d'eau, mettre à sec : *assécher un marais*. L'**assèchement** est l'action d'assécher.

assemblage n. m., **assemblée** n. f. V. ASSEMBLER.

assembler v. Mettre ensemble. Une **assemblée** est une réunion de personnes. Un **assemblage** est une réunion de plusieurs choses.

assener v. Appliquer un coup violent : *assener un coup de poing*.

assentiment n. m. Consentement.

asseoir v. Mettre sur un siège. Poser sur quelque chose de solide : *asseoir une statue sur son socle*. (Conjuguez : *j'assieds, tu assieds, il assied, nous asseyons, vous asseyez, ils asseyent* ou *j'assois; j'asseyais; j'assis;*

---

1. V. pl. ESCALIER; 2. V. pl. LÉGUMES.

canon (XVIIIᵉ s.)

couleuvrine

engin blindé de
reconnaissance

canon atomique américain de 280

canon (1377)

cuirassé Richelieu
tourelles quadruples

artillerie

j'assiérai ou j'assoirai; j'assié-
rais ou j'assoirais; assieds,
asseyons ou assois, assoyons;
que j'asseye ou j'assoie;
asseyent ou assoyent; assis, e.)
S'asseoir, c'est se poser sur un
siège.

assez adv. Autant qu'il faut.

assidu, e adj. Qui est toujours
présent dans un endroit, là où
il doit être : *assidu auprès de
quelqu'un, à son travail.* Celui
qui est assidu a de l'**assiduité.**

assiéger v. Faire le siège d'une
ville, l'entourer de troupes, pour
s'en emparer. Les **assiégés** su-

bissent le siège; les **assié-
geants** l'organisent.

assiette n. f. Pièce de vaisselle
où chaque convive place ses aliments : *une assiette à soupe* (1).

assimiler v. Regarder comme
semblable, comparer : *assimiler
les hommes à des animaux.*
Convertir un aliment en sa propre substance et, au figuré, faire
sienne une idée d'autrui : *assimiler une doctrine.*

assise n. f. Rang de pierres placées l'une à côté de l'autre.

1. V. pl. VAISSELLE.

Pl. **Cour d'assises,** tribunal qui juge les procès criminels.

assistance n. f., **assistant, e** n. V. ASSISTER.

assister v. Etre présent : *assister à une fête.* Seconder, aider : *assister un médecin.* Secourir : *assister les indigents.* Celui qui assiste est un **assistant.** L'**assistance** est l'action d'assister; c'est aussi l'ensemble des assistants. En cas d'accident, la **non-assistance** à personne en danger est sévèrement punie par la loi.

association n. f. Union de personnes, de choses : *une association commerciale.* **Associer,** c'est donner une part à quelqu'un dans un travail, une affaire : *s'associer pour un achat;* c'est aussi unir, réunir : *associer ses efforts.*

associer v. V. ASSOCIATION.

assombrir v. Rendre sombre.

assommer v. Abattre, tuer, en frappant avec un objet lourd. Familièrement, ennuyer. Ce qui ennuie est **assommant.**

assortiment n. m. V. ASSORTIR.

assortir v. Réunir des personnes ou des choses qui vont bien ensemble : *assortir des couleurs.* Un **assortiment,** c'est une réunion de choses du même genre : *un assortiment d'outils.*

assoupir v. Endormir à demi : *une potion qui assoupit.* L'**assoupissement** est un demi-sommeil.

assoupissement n. m. V. ASSOUPIR.

assouplir v. Rendre souple : *assouplir le cuir, le caractère.* L'**assouplissement** est l'action d'assouplir.

assourdir v. Rendre comme sourd.

assouvir v. Satisfaire pleinement : *assouvir sa faim.*

assujettir v. Soumettre, forcer à obéir : *assujettir à une règle.*

assurance n. f. V. ASSURER.

assurer v. Rendre sûr : *être assuré du succès.* Garantir contre un dommage : *assurer contre la grêle.* Affirmer : *je vous assure qu'il viendra.* L'**assurance** est la confiance : *parler avec assurance;* c'est aussi une garantie, une promesse; c'est encore un contrat qui garantit contre un risque.

astérisque n. m. Signe en forme d'étoile, dans un écrit

asthme n. m. Maladie qui cause une sorte d'étouffement.

asticot n. m. Ver de mouche qui sert d'appât pour la pêche.

astiquer v. Polir en frottant.

astrakan n. m. Fourrure d'agneau à laine frisée.

astre n. m. Corps céleste comme le soleil, la lune, les étoiles. La science qui étudie les astres est l'**astronomie.** L'**astronome** est celui qui étudie les astres. L'**astrologie** est l'art de prédire l'avenir par la position des astres.

astreindre v. Obliger, forcer : *astreindre à un travail.*

astrologie n. f. V. ASTRE.

astronaute n. V. ASTRONAUTIQUE.

astronautique n. f. Science qui a pour objet l'étude et la réalisation de la navigation interplanétaire. Un **astronaute** est un voyageur interplanétaire.

astronome n. m., **astronomie** n. f. V. ASTRE.

astuce n. f. Ruse, adresse malfaisante. Celui qui a de l'astuce est **astucieux.**

astucieux, euse adj. V. ASTUCE.

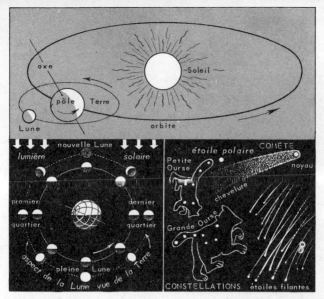

astronomie

atelier n. m. Lieu où travaillent des ouvriers, des artistes.

athée adj. et n. Celui qui pense que Dieu n'existe pas.

athlète n. V. ATHLÉTISME.

athlétisme n. m. Ensemble des sports individuels (course, sauts, etc.) auxquels se livrent les **athlètes.**

atlas n. m. Recueil de cartes géographiques.

atmosphère n. f. Couche d'air qui entoure la Terre. Poids de cet air mesuré par le *baromètre* (v. ce mot); on l'appelle aussi pression **atmosphérique.**

atome n. m. Partie de matière si petite qu'on a cru longtemps ne pas pouvoir la diviser.

atone adj. Sans expression : *regard atone.*

atout n. m. Carte de la couleur choisie comme principale au jeu.

âtre n. m. Foyer de cheminée (1).

atroce adj. Très cruel, pénible : *douleur atroce.* Une action atroce est une **atrocité.**

atrocité n. f. V. ATROCE.

atrophie n. f. Affaiblissement d'une partie du corps, qui perd peu à peu son volume.

attabler (s') v. Se mettre à table.

attache n. f., attachement n. m. V. ATTACHER.

attacher v. Lier fortement une chose à une autre. Fixer : *le lierre s'attache aux murs.* Au

1. V. pl. CHAUFFAGE.

figuré, lier, fixer : *attacher quelqu'un à un service*. Donner : *attacher de l'importance*. **Attacher,** c'est aussi intéresser : *lecture attachante*. **S'attacher,** c'est s'appliquer : *s'attacher à l'étude*. Avoir de l'affection : *s'attacher à un ami*. Une **attache** est un lien qui attache. L'**attachement,** c'est l'affection.

attaque n. f. V. ATTAQUER.

attaquer v. Porter les premiers coups à un adversaire : *attaquer l'ennemi*. Critiquer sévèrement : *attaquer un livre*. Endommager, entamer : *la rouille attaque le fer*. Commencer : *attaquer un travail*. **S'attaquer à,** c'est attaquer : *s'attaquer à plus fort que soi*. L'action d'attaquer est l'**attaque.**

attarder (s') v. Se mettre en retard.

atteindre v. Parvenir à toucher ce qui est loin de nous : *atteindre un fuyard; atteindre un livre sur un meuble*. Attaquer, troubler moralement : *ce reproche l'a atteint*. L'**atteinte** est l'action d'atteindre, le dommage ainsi causé : *se mettre hors d'atteinte*.

atteinte n. f. V. ATTEINDRE.

attelage n. m. V. ATTELER.

atteler v. (Conjuguez: *j'attelle, nous attelons; j'attelais; j'attellerai*.) Attacher un cheval, un bœuf à une voiture, une charrue. L'**attelage** est l'action d'atteler; les bêtes attelées.

attendre v. Compter sur la venue de quelqu'un, de quelque chose. Demeurer dans un endroit jusqu'à l'arrivée de quelqu'un, de quelque chose : *attendre l'autobus*. **S'attendre** à une chose, c'est compter sur elle.

L'**attente,** c'est l'action d'attendre, le temps qu'elle dure.

attendrir v. Rendre tendre : *attendrir la sévérité*. L'**attendrissement,** c'est l'émotion.

attendrissement n. m. V. ATTENDRIR.

attentat n. m. Tentative criminelle contre quelqu'un ou quelque chose : *attentat anarchiste*.

attente n. f. V. ATTENDRE.

attentif, ive adj. V. ATTENTION.

attention n. f. Application de l'esprit : *lire avec attention*. Soin, précaution : *faire attention à ne pas tomber*. Pl. Egards : *avoir des attentions pour quelqu'un*. Celui qui a de l'attention est **attentif;** celui qui est prévenant est **attentionné.**

attentionné, e adj. V. ATTENTION.

atténuer v. Rendre plus léger, adoucir : *atténuer une douleur*.

atterrer v. Accabler : *atterré par une nouvelle*.

atterrir v. Toucher terre, se dit d'un bateau, d'un ballon, d'un avion. L'action d'atterrir est l'**atterrissage.**

atterrissage n. m. V. ATTERRIR.

attester v. Rendre témoignage.

attifer v. Orner ridiculement.

attirail n. m. V. ATTIRER.

attirer v. Tirer, faire venir à soi : *l'aimant attire le fer; s'attirer une punition*. L'**attirail** est ce qu'on traîne après soi pour un usage quelconque. L'action d'attirer est l'**attraction.** L'**attrait,** c'est ce qui attire dans une personne ou une chose. Ce qui a de l'attrait est **attrayant.**

attiser v. Aviver le feu avec le tisonnier. Exciter (dispute).

attitude n. f. Position du corps. Manière d'être avec quelqu'un.

attraction n. f., **attrait** n. m.
V. ATTIRER.

attraper v. Prendre à un piège.
Arriver à saisir : *attraper au
vol.* Tromper : *te voilà bien
attrapé!*

attrayant, e adj. V. ATTIRER.

attribuer v. Assigner, donner en
partage. Considérer comme la
cause de : *attribuer quelque
chose au hasard.* Ce qui est
considéré comme propre à quelqu'un, c'est son **attribut** : *la
parole est l'attribut de l'homme.*
Un **attribut**, c'est aussi ce qui
sert de signe particulier à une
chose : *la balance est l'attribut
de la Justice.* L'**attribution**
est l'action d'attribuer.

attribut n. m., **attribution** n.
f. V. ATTRIBUER.

attrister v. Rendre triste.

attroupement n. m. Rassemblement.

au, aux art. V. A.

aubade n. f. Concert donné à
l'aube sous les fenêtres.

aubaine n. f. Profit inattendu.

aube n. f. Première lueur du
jour qui blanchit le ciel. Vêtement blanc du prêtre (1). Palette d'une roue de moulin à
eau (2).

aubépine n. f. Arbuste épineux
à petites fleurs blanches.

auberge n. f. Hôtellerie de campagne. La personne qui tient
l'auberge est l'**aubergiste**.

aubergine n. f. Plante à fruit comestible, de forme allongée (3).

aubergiste n. V. AUBERGE.

aucun, e adj. et pron. Pas un.

audace n. f. Grande hardiesse.
Celui qui a de l'audace est
audacieux.

audacieux, euse adj. V. AU-
DACE.

audience n. f. Temps fixé pour
entendre quelqu'un : *demander*

audience. Séance de tribunal.

auditeur n. m. V. AUDITION.

audition n. f. Action d'entendre : *l'audition d'un témoin.*
L'**auditeur**, l'**auditrice** est
la personne qui écoute. L'**auditoire** est l'ensemble des audi-
teurs.

auditoire n. m. V. AUDITION.

auge n. f. Cuve de pierre ou de
bois où mangent les bêtes.
Cuve de bois où le maçon prépare le plâtre (4).

augmentation n. f. V. AUGMEN-
TER.

augmenter v. Rendre plus
grand en ajoutant quelque
chose : *augmenter la valeur
d'un objet.* L'action d'augmenter, ce qu'on augmente, est
l'**augmentation**.

augure n. m. Ce qui annonce
l'avenir : *événement de bon
augure.*

auguste adj. Majestueux, qui
commande le respect.

aujourd'hui adv. En ce jour où
nous sommes.

aumône n. f. Ce qu'on donne à
un pauvre par charité. Une
aumônière, c'est une bourse
dans laquelle on mettait jadis
de l'argent pour faire l'aumône.
Un **aumônier**, c'est un prêtre
attaché à un établissement public, une troupe, etc.

aumônier n. m., **aumônière**
n. f. V. AUMÔNE.

aune n. f. Ancienne mesure de
longueur (environ 1 mètre).

auparavant adv. D'abord, avant.

auprès adv. Proche, tout à côté.

auquel pron. V. LEQUEL.

auréole n. f. Cercle lumineux
doré dont les peintres ornent la
tête des saints (5).

auriculaire adj. Relatif à
l'oreille. N. m. Le petit doigt.

---

1. V. pl. VÊTEMENTS RELIGIEUX ; 2. V. pl. MEUNERIE ; 3. V. pl. LÉGUMES ;
4. V. pl. MAÇON ; 5. V. pl. COURONNES.

aurore n. f. Lumière dorée qui précède le lever du soleil.

ausculter v. Ecouter, en appliquant l'oreille sur le dos ou la poitrine, le bruit du cœur ou de la respiration.

aussi adv. Pareillement : *aussi bon que lui*. De plus, en outre : *il sait lire et sait aussi écrire.* Egalement : *aussi long que large.*

aussitôt adv. Au moment même. *Aussitôt que*, dès que.

austère adj. Très sévère. L'**austérité**, c'est la sévérité.

austérité n. f. V. AUSTÈRE.

austral, e adj. Du sud : *pôle austral*.

australien, enne adj. et n. De l'Australie.

autant adv. En même quantité. *D'autant que*, puisque, vu que.

autel n. m. Table où l'on célèbre un office religieux.

auteur n. m. Celui qui est cause d'une chose, qui crée, qui invente une chose. Ecrivain qui fait un livre, une pièce de théâtre.

authentique adj. Certain, vrai. Garanti par une formalité de la loi : *acte authentique.*

auto n. f. Familièrement, automobile.

auto (du grec *autos*, soi-même), préfixe qui forme divers mots : *autocrate, autobus, autocar, automobile, automate, autopsie, autorail, autoroute*, etc.

autobus n. m. Dans les villes, véhicule de transport en commun (1).

autocar n. m. Autobus routier (2).

autochtone [*tok*] n. m. Originaire du pays qu'il habite.

autocrate n. m. Souverain au pouvoir sans limites. (V. AUTO.)

autodafé n. m. Acte par lequel l'Inquisition espagnole brûlait en public un hérétique.

autodrome n. m. Piste pour courses d'automobiles.

automate n. m. Machine qui imite les mouvements d'un être vivant. Ce qui se fait mécaniquement, sans être dirigé par l'homme, est **automatique**.

automatique adj. V. AUTOMATE.

automne n. m. Saison de l'année, entre l'été et l'hiver.

automobile n. f. Voiture mise en mouvement par un moteur. Le conducteur de l'automobile est l'**automobiliste**.

automotrice n. f. Voiture de chemin de fer mise en marche par un moteur. L'**autorail** est une automotrice sur pneus.

autonome adj. Dirigé par ses propres lois : *un territoire autonome*. Libre, indépendant : *un enfant très autonome*. L'**autonomie** est le fait d'être autonome.

autonomie n. f. V. AUTONOME.

autopsie n. f. Examen médical d'un cadavre.

autorail n. m. V. AUTOMOTRICE.

autorisation n. f. V. AUTORISER.

autoriser v. Accorder la permission de. L'**autorisation** est la permission.

autorité n. f. Droit, pouvoir de se faire obéir. Au pluriel, représentants du pouvoir.

autoroute n. f. Route réservée à la circulation rapide des automobiles.

autour adv. Dans l'espace qui fait le tour : *autour du lac.*

autre adj. et pron. Différent.

autrefois adv. Au temps passé.

autrement adv. D'une autre façon.

autruche n. f. Grand oiseau d'Afrique, à la course très rapide, dont les plumes servaient autrefois de parure : *l'autruche ne vole pas* (3).

1, 2. V. pl. AUTOMOBILES, VÉHICULES ; 3. V. pl. OISEAUX COUREURS.

AUTOMOBILES

camionette

camion

remorque et son tracteur
(semi-remorque)

camion citerne

autobus

autocar

1892
1898
1914
1916
1923
1951
1962
1962
1962
1962
1971
1973
1975

autrui n. m. Un autre, les autres: *respecter le bien d'autrui.*

auvent n. m. Petit toit en saillie.

auxiliaire adj. Qui aide. ÊTRE et AVOIR sont des verbes auxiliaires : ils aident à conjuguer les autres verbes.

aval (en). Se dit de la partie d'un fleuve située du côté de son embouchure par rapport à un point donné : *Rouen est en aval de Paris.*

avalanche n. f. Masse de neige détachée d'une montagne.

avaler v. Faire descendre par le gosier dans l'estomac. Familièrement, accepter, croire.

avance n. f., **avancement** n. m. V. AVANCER.

avancer v. Porter en avant : *avancer la tête.* Mettre, faire plus tôt : *avancer son départ, un paiement.* Hâter : *avancer un travail.* Aller en avant : *la troupe avance.* Etre placé en avant : *toit qui avance.* Faire des progrès : *avancer en sagesse.* Une **avance**, c'est la distance dont se devance quelqu'un : *prendre de l'avance;* c'est aussi un paiement fait plus tôt. *Faire des avances*, c'est essayer de nouer ou de renouer des relations avec quelqu'un. L'**avancement**, c'est le progrès : *l'avancement des sciences;* l'élévation en grade : *obtenir de l'avancement.*

avant prép. et adv. Plus près. Plus tôt. En avant, devant : *roue avant.* A un rang plus avancé. N. m. Partie qui est en avant : *l'avant d'un bateau.*

avantage n. m. Profit qu'on tire d'une chose. Ce qui donne quelque supériorité. **Avantager,** c'est favoriser. Ce qui produit un avantage est **avantageux.**

avant-bras n. m. Partie du bras entre le coude et le poignet (1).

avant-coureur adj. Qui annonce l'arrivée de : *signe avant-coureur.*

avant-dernier, ière adj. Qui est placé avant le dernier.

avant-hier adv., **avant-veille** n. f. Le jour avant hier.

avant-propos n. m. Introduction, présentation d'un livre, placée au début de celui-ci.

avare adj. et n. Qui aime l'argent pour l'entasser. Qui épargne une chose : *avare de son temps.* Le vice de l'avare est l'**avarice.**

avarice n. f. V. AVARE.

avarie n. f. Dommage grave qui survient à un navire ou à sa cargaison. Par extension, détérioration quelconque : *avarie de moteur.*

avec prép. En même temps, en compagnie de : *travailler avec quelqu'un.* A l'aide de : *frapper avec la main.*

avenant, e adj. Plaisant, aimable : *accueil avenant.* A l'avenant, qui est analogue.

avènement n. m. Action d'arriver au pouvoir : *l'avènement d'un roi.*

avenir n. m. Le temps à venir. Ce qui doit arriver : *prédire l'avenir.* Situation future : *avoir un bel avenir.*

aventure n. f. Evénement inattendu, surprenant. Entreprise risquée : *aimer les aventures. Dire la bonne aventure*, c'est prédire l'avenir. Ce qui est risqué est **aventureux.** Celui qui recherche les aventures est un **aventurier.**

avenue n. f. Allée d'arbres. Large rue bordée d'arbres.

averse n. f. Grosse pluie soudaine.

aversion n. f. Vif déplaisir à la vue, à la pensée de quelqu'un.

AVIONS

biplan
(Potez 50)

de tourisme
(Morane-Saulnier)

hydravion
(Lioré 246)

Marcel Dassault
(Mirage F 1)

bombardier américain B 52
avion porteur du X-15

avion à réaction X-15

Caravelle

avertir v. Prévenir : *avertir d'un danger*. L'action d'avertir est l'**avertissement**. Un **avertisseur** est un appareil qui avertit (1).

aveu n. m. V. AVOUER.

aveugle adj. et n. Privé de la vue. Qui manque de jugement : *être aveugle sur ses défauts*. Entier : *confiance aveugle*. **Aveugler**, c'est rendre aveugle. A l'**aveuglette**, à tâtons.

aviateur n. m. V. AVIATION.

aviation n. f. Navigation aérienne sur des appareils plus lourds que l'air. Celui qui pratique l'aviation est un **aviateur**.

avide adj. Qui désire vivement : *avide de gloire*. Ce désir excessif est l'**avidité**.

avilir v. Rendre vil, abaisser.

avion n. m. Appareil qui peut voler grâce à la pression de l'air sur les ailes, quand il est entraîné par un moteur (2).

aviron n. m. Rame de bateau (3).

avis n. m. Manière de voir : *à mon, à ton avis*. Conseil, avertissement : *avis prudent*.

aviser v. Apercevoir : *aviser une place inoccupée*. Avertir : *aviser d'un danger*. **S'aviser**, c'est imaginer tout d'un coup. Un **aviso** est un petit navire rapide qui portait les avis et qui,

aujourd'hui, sert à l'escorte des convois navals (3).

avocat n. m. Celui qui fait métier de plaider pour autrui.

avoine n. f. Céréale dont le grain nourrit les chevaux (4).

avoir v. Posséder : *avoir un livre*. Eprouver : *avoir faim*. Obtenir : *avoir un prix*. Mesurer : *ce mur a deux mètres de haut*. Il y a, il est, il existe. Il s'est passé (temps). [Conjuguez : *j'ai, tu as, il a, nous avons, vous avez, ils ont; j'avais; j'eus; j'aurai; j'aurais; aie, ayons; que j'aie; que j'eusse; ayant, eu.*] N. m. Ce qu'on possède.

avouer v. Reconnaître ce qu'on a fait : *avouer ses torts*. L'action d'avouer est un **aveu**. L'**avoué** est l'officier de justice qui est chargé des formalités devant les tribunaux.

avril n. m. Quatrième mois de l'année.

axe n. m. Ligne qui passe au milieu d'une chose : *l'axe d'une rue*. Pièce, tige qui passe par le milieu d'un objet et autour de laquelle il peut tourner (5).

azalée n. f. Plante d'ornement.

azote n. m. Un gaz contenu dans l'air, impropre à la respiration.

azur n. m. Couleur bleue du ciel.

azyme adj. Sans levain (pain).

azalée

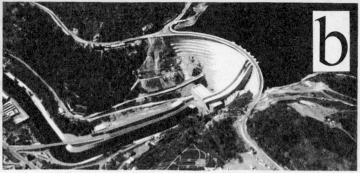

Barrage de Bort-les-Orgues (Corrèze). *Phot. Doisneau.*

baba n, m Gâteau mouillé de rhum.

babil n. m., **babillage** n. m. V. BABILLER.

babiller [*ba-bi-yé*] v. Bavarder comme les petits enfants. On appelle **babil**, **babillage**, le bavardage des enfants.

babine n. f. Lèvre pendante d'un animal.

babiole n. f. Petit jouet. Bagatelle, chose sans valeur.

bâbord n. m. Côté gauche du bateau, en regardant l'avant, quand on est sur le pont. (V. TRIBORD.)

babouche n. f. Pantoufle sans talon (1).

babouin n. m. Espèce de gros singe.

bac n. m. Grand bateau plat pour passer les rivières. Baquet, cuve.

baccalauréat n. m. Premier grade universitaire. Celui qui l'a obtenu est bachelier.

bâche n. f. Couverture de cuir ou de toile sur une voiture.

bachelier n. m. V. BACCALAURÉAT.

bacille [*ba-sil'*] n. m. Bactérie en forme de bâtonnet.

bâcler v. Fermer une porte avec une barre de bois en travers. Faire à la hâte : *bâcler ses devoirs.*

bactérie n. f. Nom donné à certains microbes.

badaud n. m. Celui qui perd son temps à regarder, à écouter.

badigeon n. m. Couleur à la colle pour peindre un mur. **Badigeonner**, c'est enduire : *badigeonner de teinture d'iode.*

badigeonner v. V. BADIGEON.

badin, e adj. Qui aime à jouer, à rire. Le **badinage** est une plaisanterie gaie. **Badiner**, c'est plaisanter agréablement.

badinage n. m., **badiner** v. V. BADIN.

bafouer v. Se moquer de quelqu'un de façon humiliante.

bafouiller v. Bredouiller.

bagage n. m. Malle, valise, paquet d'un voyageur : *des bagages lourds. Plier bagage*, c'est s'en aller, s'enfuir.

bagarre n. f. Querelle, dispute accompagnée de coups.

bagatelle n. f. Chose de très peu de valeur.

bagne n. m. Lieu où l'on enfermait les forçats.

1. V. pl. CHAUSSURES.

bagout n. m. Facilité de parler pour ne rien dire d'important.

bague n. f. Anneau pour le doigt : *l'alliance est la bague que portent les personnes mariées.*

baguette n. f. Bâton très mince : *une baguette de noisetier, des baguettes de tambour.* Pain de forme très allongée.

bah! Interjection qui marque l'étonnement, le doute.

bahut n. m. Coffre de bois. Sorte d'armoire.

baie n. f. Petit golfe : *la baie de Douarnenez* (1). Ouverture de porte, de fenêtre : *une large baie* (2). Fruit en forme de petite boule.

baignade n. f. V. BAIGNER.

baigner v. Mettre dans un bain : *se baigner dans la mer.* Mouiller : *visage baigné de larmes.* Couler à travers, arroser, en parlant d'un fleuve : *la Seine baigne Paris.* Etre plongé dans un liquide : *ses pieds baignent dans l'eau.* La **baignoire** est la cuve où l'on se baigne; c'est, au théâtre, une loge au rez-de-chaussée. Le **baigneur**, la **baigneuse** sont les personnes qui se baignent. On nomme encore **baigneur** une sorte de poupée. Une **baignade**, c'est l'action de se baigner à plusieurs, à la mer, dans une rivière, etc.; c'est aussi l'endroit où l'on se baigne. V. BAIN.)

baigneur n. m., **baignoire** n. f. V. BAIGNER.

bail [*bay'*] n. m. Location d'une maison, d'une terre, etc.

bâillement n. m. V. BÂILLER.

bâiller v. Respirer en ouvrant involontairement la bouche toute grande : *l'ennui fait bâiller.* L'action de bâiller est le **bâillement**.

bailli n. m. Ancien magistrat.

bâillon n. m. Tampon sur la bouche pour empêcher de parler.

bain n. m. Liquide où l'on se baigne : *un bain chaud.* Liquide où l'on plonge une chose : *bain de cire.* Par extension : *bain de soleil, bain de vapeur,* etc. Etablissement de bains : *aller aux bains.* On appelle **bain-marie** un vase d'eau bouillante destiné à chauffer ce qu'on y plonge. (Voir BAIGNER, BALNÉAIRE.)

baïonnette n. f. Long poignard fixé au canon du fusil (3).

baiser v. Embrasser : *baiser la main.* Un **baiser**, c'est l'action de baiser, d'embrasser.

baisse n. f. V. BAISSER.

baisser v. Faire descendre : *baisser un store.* Diminuer la hauteur : *baisser le ton.* Aller en diminuant : *le jour baisse.* La **baisse**, c'est la diminution : *baisse de prix.* (V. ABAISSER, RABAISSER.)

bajoue n. f. Joue tombante, grasse.

bal n. m. Réunion où l'on danse. (V. DANSE, BALLET.)

balade n. f. Populairement, promenade. (V. BALLADE.)

baladin n. m. Saltimbanque.

balafre n. f. Cicatrice au visage. **Balafrer,** c'est faire une balafre.

balafrer v. V. BALAFRE.

balai n. m. Faisceau de jonc, de crin, etc., emmanché, qui sert à nettoyer. (V. BALAYER.)

balance n. f. Instrument pour peser : *la balance ordinaire à deux plateaux suspendus à un fléau mobile.* **Balancer,** c'est mouvoir tantôt d'un côté, tantôt de l'autre : *balancer la jambe;* c'est aussi équilibrer : *balancer une perte par un*

---

1. V. pl. GÉOGRAPHIE; 2. V. pl. MAISON; 3. V. pl. ARMES.

gain; il signifie aussi hésiter : *balancer entre deux projets.* La **balançoire** est un siège suspendu pour se balancer. Le **balancier** est une pièce d'horloge, de machine, dont le va-et-vient règle le mouvement (1). Le **balancement** est un mouvement de va-et-vient.

balancement n. m., **balancer** v., **balancier** n. m., **balançoire** n. f. V. BALANCE.

balayage n. m. V. BALAYER.

balayer v. Nettoyer avec un balai : *balayer une salle.* Chasser : *balayer l'ennemi.* (On écrit *je balaie* et parfois *je balaye.*) Le **balayage** est l'action de balayer. Le **balayeur,** la **balayeuse** sont ceux qui balaient. Une **balayette** est un petit balai. Les ordures qu'on balaie sont des **balayures.**

balayette n. f., **balayeur, euse** n., **balayure** n. f. V. BALAYER.

balbutier v. Parler à grand-peine et avec hésitation : *les tout-petits balbutient.*

balcon n. m. Plate-forme en saillie devant une fenêtre (2). Places d'un théâtre formant un étage en saillie au-dessus de l'orchestre (3).

baldaquin n. m. Petit dais au-dessus d'un siège, d'un lit.

baleine n. f. Grand mammifère marin de l'ordre des cétacés, qui atteint une longueur de plus de 25 mètres, et qui se nourrit de plancton (4). Un **baleinier** est un navire équipé pour la pêche de gros cétacés. Une **baleinière** était l'embarcation utilisée autrefois pour la chasse à la baleine; c'est aujourd'hui une embarcation de même forme, servant de canot de bord sur les grands navires.

baleinier n. m., **baleinière** n. f. V. BALEINE.

balise n. f. Signal indiquant la route dans une rivière, un port, un aérodrome (5).

baliverne n. f. Niaiserie.

ballade n. f. Petite poésie à trois strophes, suivies d'un couplet final. (V. BALADE.)

ballast n. m. Pierres cassées : *ballast de voie ferrée.*

balle n. f. Pelote ronde, qui peut rebondir et qui sert pour

balances

bascule romaine — balance romaine — balance semi-automatique — poids — balance Roberval

1. V. pl. HORLOGERIE; 2. V. pl. MAISON; 3. V. pl. THÉÂTRE;
4. V. pl. CÉTACÉS ET PINNIPÈDES; 5. V. pl. PORT.

jouer. Projectile qu'on met dans une arme à feu portative. Gros paquet de certaines marchandises : *balle de coton.* Un **ballot** est une grosse balle de marchandises. (V. EMBALLER, DÉBALLER.)

ballet n. m. Danse de théâtre où les acteurs exécutent diverses figures d'ensemble.

ballon n. m. Grosse balle à jouer gonflée avec de l'air. Appareil formé d'une enveloppe souple gonflée d'un gaz léger et qui peut s'élever dans les airs : *un ballon dirigeable* (1). Ce qui est gonflé comme un ballon est **ballonné** : *avoir le ventre ballonné.*

ballonné, e adj. V. BALLON.

ballot n. m. V. BALLE.

balnéaire adj. Qui se rapporte aux bains : *station balnéaire.*

balourd, e adj. D'esprit lourd.

balsamine n. f. Fleur de jardin.

balustrade n. f. V. BALUSTRE.

balustre n. m. Petit pilier qui sert d'ornement : *les balustres d'un balcon.* Une **balustrade** est une série de balustres surmontés d'un appui (2).

bambin n. m. Petit enfant.

bambou n. m. Grand roseau des pays chauds, dont on fait des cannes, des meubles, etc. (3).

ban n. m. Avis donné au public par ordre du maire. Roulement de tambour pour annoncer le ban. Applaudissements prolongés et en mesure. Promesse de mariage publiée à la mairie, à l'église. Autrefois, appel que le souverain faisait à ses vassaux pour partir à la guerre. *Être mis au ban de la société*, c'est être déclaré indigne aux yeux de tous. On qualifiait jadis de **banal** un four, un moulin publics, soumis à une taxe payable au seigneur. Aujourd'hui, on nomme ainsi ce qui est sans originalité, ce qui est peu intéressant : *histoire banale.* Ce qui est banal est une **banalité.**

Bannir, c'est exiler, condamner à quitter un pays. Le **bannissement,** c'est l'action de bannir ; l'exil.

banal, e adj., **banalité** n. f. V. BAN.

banane n. f. V. BANANIER.

bananier n. m. Grande plante des pays chauds, dont les fruits ou **bananes** forment d'énormes grappes ou régimes (4).

banc n. m. Siège étroit et long (5). Masse de sable, de roches, cachée sous l'eau. Troupe nombreuse de poissons : *banc de sardines.* Masse de sable, de roches, etc., formant une grande surface plane. La **banquette** est un banc sans dossier.

bancaire adj. V. BANQUE.

bancal, e adj. A jambes tordues.

bandage n. m. Action d'assujettir avec des bandes : *le bandage d'une entorse.* Appareil pour maintenir un pansement, un organe du corps : *bandage pour hernie.* Cercle de métal ou de caoutchouc qui entoure une roue. (V. BANDE.)

bande n. f. Morceau long et étroit d'étoffe, de cuir, de papier : *bande à pansement.* Ce qui s'étend sur une surface longue et étroite : *bande de gazon.* Une **bande,** c'est aussi un groupe de plusieurs personnes : *bande d'écoliers.* Un **bandeau,** c'est une bande pour entourer la tête, pour couvrir les yeux. **Bander,** c'est lier, couvrir d'une bande ; c'est aussi tendre :

1. V. pl. AÉROSTATS ; 2. V. pl. MAISON ; 3. V. pl. EXOTIQUES (*Plantes*) ; 4. V. pl. FRUITS ; 5. V. pl. SIÈGES.

bander un arc. La **bandoulière** est une bande de cuir ou
d'étoffe pour soutenir une arme.

bandeau n. m., **bander** v.
V. BANDE.

banderole n. f. Petit drapeau
étroit et allongé (1).

bandit n. m. Individu qui vit
d'attaques à main armée. Personne malhonnête.

bandoulière n. f. V. BANDE.

banlieue n. f. Campagne, village
aux alentours d'une ville.

banne n. f. Bâche, toile tendue.

bannière n. f. Drapeau d'une
corporation, d'une confrérie
religieuse, fixé à une traverse
accrochée à la hampe (2).

bannir v., **bannissement** n. m.
V. BAN.

banque n. f. Entreprise qui reçoit des sommes d'argent en
dépôt, en prête contre intérêt,
fait le change des monnaies, etc.
Ce qui est relatif à la banque
est **bancaire** : *un compte bancaire.* A certains jeux, argent
que celui qui tient le jeu place
devant lui. Celui qui fait le
commerce de banque est un
banquier.

banqueroute n. f. Faillite d'un
commerçant causée par sa faute
et punie par la loi.

banquet n. m. Grand repas, festin.

banquette n. f. V. BANC.

banquier n. m. V. BANQUE.

banquise n. f. Banc de glace le
long des côtes, dans les régions
polaires.

baobab n. m. Très grand arbre d'Afrique (3).

baptême n. m. Sacrement de la
religion chrétienne qui consiste
à verser de l'eau sur la tête en
prononçant certains mots. Cérémonie où l'on bénit une cloche,

un navire. *Nom de baptême,*
prénom donné au baptême.

Baptiser, c'est rendre chrétien
par le baptême; c'est aussi donner un nom.

baptiser v. V. BAPTÊME.

baquet n. m. Petite cuve ronde
en bois : *baquet à lessive.*

bar n. m. Débit de boissons où
l'on boit le plus souvent debout au comptoir. Un poisson de mer estimé.

baragouiner v. Parler d'une
façon difficile à comprendre.

baraque n. f. Construction de
planches servant d'abri. Maison mal bâtie, mal tenue.

baratte n. f. Seau où l'on bat la
crème pour faire le beurre (4).

barbacane n. f. V. MEURTRIÈRE.

barbare adj. et n. Qui n'est pas
civilisé : *coutumes barbares.*
Cruel : *lutte barbare.* N. m. pl.
Les peuples non civilisés : *les
invasions des barbares.* La **barbarie**, c'est le manque de civilisation; c'est aussi la cruauté.
Un **barbarisme**, c'est une faute
de langage, un mot déformé,
comme *ormoire* pour *armoire,*
ou pris dans un sens qu'il n'a
pas, comme *conséquent* dans le
sens d'*important.*

barbarie n. f., **barbarisme**
n. m. V. BARBARE.

barbe n. f. Poils du menton et
des joues de l'homme. Poils du
museau de quelques animaux :
barbe de bouc. Chacun des filets
d'un épi, d'une plume d'oiseau.
Faire la barbe, c'est raser. Une
barbe courte est une **barbiche**.
Celui qui a de la barbe est un
barbu. Le **barbier** est celui
qui a pour métier de raser. Le
barbeau est un poisson très
estimé (5). Ce qui a des pointes
comme les barbes d'un épi est

1, 2. V. pl. DRAPEAUX ; 3. V. pl. EXOTIQUES (*Plantes*) ;
4. V. pl. FERME ; 5. V. pl. POISSONS D'EAU DOUCE.

barbelé : *fil de fer barbelé.* Un **barbet** est un chien à poil long et frisé, qui ressemble au caniche.(V.ÉBARBER, IMBERBE.)

barbeau n. m., **barbelé, e** adj., **barbiche** n. f., **barbier** n. m. V. BARBE.

barboter v. S'agiter dans l'eau en la faisant éclabousser : *le canard barbote.* Patauger dans l'eau bourbeuse. Une **barboteuse** est un vêtement d'enfant.

barboteuse n. f. V. BARBOTER.

barbouiller v. Peindre grossièrement : *barbouiller un mur.* Salir avec quelque chose : *visage barbouillé de confitures.* *Se sentir barbouillé,* c'est avoir mal au cœur. **Débarbouiller,** c'est laver le visage.

barbu, e adj. V. BARBE.

barde n. m. Chez les anciens celtes, poète et récitant qui chantait les exploits des héros. N. f. Tranche de lard pour envelopper un rôti.

barder v. Couvrir d'une armure : *un cheval bardé de fer.* Envelopper un rôti avec une barde.

barème n. m. Liste de calculs tout faits : *barème de prix de vente.*

baril n. m. Petit tonneau.

barillet n. m. Partie d'un revolver recevant les cartouches.

barioler v. Peindre de couleurs mal assorties, bigarrer.

baromètre n. m. Instrument pour mesurer la pression de l'air en un lieu.

baron, onne n. Titre de noblesse entre le chevalier et le vicomte.

baroque adj. Irrégulier, surprenant : *forme baroque, phrase baroque.*

barque n. f. Petit bateau (1).

barrage n. m. V. BARRE.

barre n. f. Pièce de bois, de métal longue et étroite : *une barre de fer.* Barrière du tribunal qui sépare les juges du public : *appeler les témoins à la barre.* Masse de sable, de roches qui gêne l'entrée d'un port, d'un fleuve. Gouvernail d'un bateau. Nom de divers appareils de gymnastique. Trait de plume : *tirer une barre.* Au pluriel, jeu de course et de poursuite entre deux camps. Un **barreau,** c'est une petite barre : *barreau d'échelle.* Dans un tribunal, c'est l'espace, séparé par une barre, où se tiennent les avocats; se dit de la profession d'avocat. **Barrer,** c'est tirer un trait de plume sur un écrit : *barrer un mot;* c'est encore fermer avec une barre, empêcher le passage : *barrer une rue;* c'est aussi diriger un bateau. Une **barrière** est un assemblage de barres, de traverses, pour fermer le passage; c'est aussi un obstacle. Un **barrage,** c'est une barrière fermant un chemin, une route, ou une digue en travers d'une rivière pour former un réservoir, une chute d'eau et permettre ainsi l'irrigation, la production d'énergie électrique, etc. Le **barreur,** c'est celui qui manœuvre le gouvernail dans une embarcation.

barreau n. m., **barrer** v., **barreur** n. m. V. BARRE.

barrette n. f. Petit bonnet de prêtre. Bonnet rouge de cardinal (2). Petite broche pour retenir les cheveux.

barricade n. f. Ouvrage de défense fait dans une rue avec des pavés, des voitures renversées, etc.

---

1. V. pl. BATEAUX ; 2. V. pl. COIFFURES RELIGIEUSES.

barrière n. f. V. BARRE.

barrique n. f. Tonneau de 200 à 250 litres environ.

baryton n. m. Chanteur à voix entre le ténor et la basse.

bas, basse adj. Peu élevé : *maison basse*. Inférieur : *la basse Seine*. Vil, méprisable : *sentiment bas. Bas âge*, première enfance. *Messe basse*, non chantée. *Voix basse*, peu forte. Adv. A une place basse : *tableau placé trop bas. A bas!*, cri d'opposition contre quelqu'un. N. m. Partie inférieure : *le bas d'une page*. Vêtement pour le pied et la jambe. N. f. La **basse** est une voix ou un instrument à sons très graves ou bas; c'est aussi le chanteur qui a cette voix. La **bassesse** est le caractère de ce qui est bas; c'est aussi une action basse. Un **basset** est un chien à pattes courtes.

basalte n. m. Roche volcanique. Ce qui est formé de basalte est **basaltique** : *une roche basaltique.*

basaltique adj. V. BASALTE.

basane n. f. Peau de mouton tannée. **Basaner**, c'est brunir, hâler : *un teint basané.*

basaner v. V. BASANE.

bas-bleu n. m. Femme écrivain très pédante.

bascule n. f. Planche mobile sur un pivot, dont un bout monte quand on appuie sur l'autre. Sorte de balançoire. Balance pour lourds fardeaux (1). **Basculer**, c'est faire un mouvement de bascule; c'est aussi tomber en perdant l'équilibre.

basculer v. V. BASCULE.

base n. f. Partie inférieure d'un corps, sur laquelle il repose. Soutien, fondement : *la base d'un raisonnement*. En chimie, c'est une substance qui, avec un acide, donne un sel : *la chaux, la potasse, la soude sont des bases*. Côté d'un triangle opposé au sommet. Lieu où sont concentrés les bâtiments, les matériels nécessaires aux opérations militaires : *base aérienne*. En astronautique, une *base de lancement* est l'endroit où sont réunies les installations nécessaires au lancement des engins spatiaux.

bas-fond n. m. Terrain plus bas que le sol qui l'entoure. Partie de la mer, d'une rivière, où l'eau est peu profonde. Couche inférieure de la société : *les bas-fonds d'une ville.*

basilique n. f. Nom donné à certaines grandes églises.

basque I adj. et n. Du pays basque : *la côte basque.*

basque II n. f. Partie d'un habit recouvrant les hanches.

bas-relief n. m. Ouvrage de sculpture dont les figures ne forment qu'une légère saillie (2).

basse-cour n. f. Partie d'une ferme où l'on élève la volaille. Cette volaille. (Pluriel, *basses-cours*.)

bassesse n. f., **basset** n. m. V. BAS.

bassin n. m. Récipient portatif rond, à bords relevés. Construction de pierre qui reçoit l'eau d'une fontaine, qui forme une pièce d'eau. Le **bassin** d'un fleuve, ce sont les pays arrosés par lui et ses *affluents* (v. ce mot). On appelle aussi **bassin** la région sous laquelle s'étend un terrain minier : *le bassin houiller du Pas-de-Calais*. Dans le corps humain, le **bassin**, ce sont les os qui forment comme une cuvette à la base du

1. V. pl. BALANCES ; 2. V. pl. SCULPTURE.

tronc (1). Un **bassin**, c'est aussi la partie d'un port où les bateaux stationnent. Une **bassine** est un récipient circulaire en métal : *bassine à confitures*. Un **bassinet** était un casque en usage au XIVᵉ s. (2). Une **bassinoire**, c'est une sorte de bassine servant à

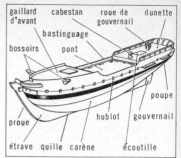

chauffer le lit. **Bassiner,** c'est chauffer avec la bassinoire.

bassine n. f., **bassiner** v., **bassinet** n. m., **bassinoire** n. f. V. BASSIN.

bastille n. f. Nom donné autrefois à certains châteaux forts.

bastingage n. m. Paroi d'un navire qui dépasse un peu le pont et empêche de tomber à l'eau (3).

bastion n. m. Ouvrage de défense formant saillant dans une fortification.

bastonnade n. f. Volée de coups de bâton.

bas-ventre n. m. Bas du ventre.

bât n. m. Selle grossière d'une bête de somme (4).

bataille n. f. Combat entre deux armées. Dispute violente. **Batailler,** c'est livrer bataille, combattre. Un **bataillon** est une subdivision d'un régiment.

batailler v., **bataillon** n. m. V. BATAILLE.

bâtard, e adj. Qui n'est pas de race pure : *chien bâtard*.

bateau n. m. Embarcation ou navire.

bateleur n. m. Saltimbanque.

batelier n. m. Celui qui conduit un bateau sur une rivière.

bat-flanc n. m. inv. Planche qu'on suspend dans les écuries

basse-cour

1. V. pl. HOMME ; 2. V. pl. ARMURES ; 3 V. pl. BATEAUX ; 4. V. pl. HARNAIS.

BATEAUX

radeau

canoé

pirogue

canot

chaloupe

barque

jonque

gondole

péniche

canot à moteur

remorqueur

batyscaphe

cargo

pétrolier

pour séparer deux chevaux l'un de l'autre.

bathyscaphe n. m. Appareil de plongée permettant d'explorer les profondeurs de la mer (1).

bâti n. m. Assemblage de pièces de bois ou de fer qui forme, qui soutient : *le bâti d'une machine*. Fil qui sert à bâtir une couture.

batifoler v. Jouer, folâtrer, faire l'enfant, s'amuser à des jeux de mains.

bâtiment n. m. V. BÂTIR.

bâtir v. Construire, édifier : *bâtir une maison*. Etablir : *bâtir un projet*. Coudre à grands points pour assembler les pièces d'un vêtement. Un **bâtiment**, c'est une construction qui sert de demeure, d'abri ; c'est également un bateau : *bâtiment marchand*. Une **bâtisse**, c'est une grande construction laide et sans goût.

bâtisse n. f. V. BÂTIR.

batiste n. f. Toile de lin fine.

bâton n. m. Morceau de bois long et mince : *s'appuyer sur un bâton; donner des coups de bâton*. Ce qui a la forme d'un bâton : *un bâton de réglisse*. *Mettre des bâtons dans les roues*, créer des empêchements. **Bâtonner**, c'est donner des coups de bâton. Un **bâtonnet**, c'est un petit bâton. Le **bâton-**

nier est le chef de l'ordre des avocats.

bâtonner v., **bâtonnet** n. m., **bâtonnier** n. m. V. BÂTON.

batraciens n. m. pl. Classe d'animaux qui comprend les grenouilles, les crapauds, etc.

battage n. m., **battant** n. m., **battement** n. m., **batterie** n. f., **batteur** n. m., **batteuse** n. f., **battoir** n. m. V. BATTRE.

battre v. Donner des coups répétés, fouetter : *battre un chien, un tapis*. Vaincre : *battre l'ennemi*. Parcourir en marchant : *battre la forêt. Battre monnaie*, la fabriquer. *Battre en retraite*, se retirer en bon ordre. L'action de battre le blé est le **battage**. Celui qui bat le blé est un **batteur** ; c'est aussi celui qui tient la batterie dans un orchestre. Une **batteuse** est une machine pour battre le blé (2). Le marteau qui pend à l'intérieur de la cloche est le **battant**. Un **battement** est une suite de coups rapides ; c'est aussi un mouvement régulier répété : *les battements du cœur* (3). Une **batterie**, c'est un groupe de canons et, en général, un groupe d'objets semblables qui doivent agir ensemble : *une batterie d'accumulateurs*. C'est aussi l'ensemble des instruments de percussion dans un orchestre. Un **battoir**

batraciens

grenouille — crapaud — triton — têtard — salamandre

1. V. pl. BATEAUX ; 2. V. pl. MOISSON ; 3. V. pl. GYMNASTIQUE.

est une palette pour battre le linge. Le sol foulé et durci par les pas est un sol **battu**. Des yeux **battus** sont des yeux cernés par la fatigue. Une **battue**, c'est une chasse faite en battant les bois pour faire fuir le gibier. (V. ABATTRE, RABATTRE, REBATTRE.)

battu, e adj. et n. f. V. BATTRE.

baudet n. m. Ane. Ignorant.

baudrier n. m. Bande de cuir en écharpe pour soutenir un sabre, une épée.

baudroie n. f. Poisson comestible à la bouche énorme (1).

baudruche n. f. Peau très fine des boyaux de bœuf, de mouton.

baume n. m. Résine odorante. (V. EMBAUMER.) Ce qui apaise.

bavard, e adj., **bavardage** n. m. V. BAVARDER.

bavarder v. Parler beaucoup sur des sujets de peu d'intérêt. Celui qui bavarde est **bavard**. Le **bavardage** est l'action de bavarder.

bave n. f. Salive, écume qui coule de la bouche. **Baver**, c'est jeter de la bave. Une **bavette**, un **bavoir**, c'est un linge qu'on attache au cou. Ce qui bave est **baveux**. Une **bavure**, c'est la tache que laisse une couleur qui dépasse le contour d'un dessin.

baver v., **bavette** n. f., **baveux, euse** adj., **bavoir** n. m., **bavure** n. f. V. BAVE.

bazar n. m. Marché couvert en Orient. Grand magasin où l'on vend toutes sortes d'objets.

bazooka n. m. Lance-roquettes antichar.

béant, e adj. Largement ouvert : *rester bouche béante*. (On dit mieux : *bouche* **bée**.)

béarnais, e adj. Du Béarn.

béat, e adj. Calme, tranquille.

La **béatitude**, c'est un bonheur parfait. **Béatifier**, c'est déclarer bienheureux quelqu'un qui a vécu saintement.

béatifier v., **béatitude** n. f. V. BÉAT.

beau, belle (bel devant une voyelle : *bel enfant*) adj. Agréable à la vue, à l'esprit : *beau visage, beaux vers*. Noble, élevé : *belle âme*. Considérable : *belle fortune. Un beau jour, un beau matin*, quand on ne s'y attendait pas. *L'échapper belle*, éviter un danger. *Il fait beau*, il fait beau temps. N. m. Ce qui est beau. *Aimer le beau*. Adv. *Avoir beau*, s'efforcer en vain : *avoir beau faire*. N. f. *La* **belle** est la partie finale au jeu. La **beauté** est la qualité de ce qui est beau. (V. EMBELLIR.)

beaucoup adv. En grand nombre.

beau-fils n. m. Mari de la fille par rapport aux parents de celle-ci. Par rapport à l'un des époux, le fils que l'autre a eu d'un précédent mariage.

beau-frère n. m. Mari de la sœur ou de la belle-sœur. Frère du mari ou de la femme.

beau-père n. m. Père de la femme ou du mari par rapport à l'autre époux. Second mari de la mère pour les enfants issus d'un premier mariage.

beaupré n. m. Mât qui sort de l'avant d'un bateau à voiles.

beauté n. f. V. BEAU.

beaux-arts n. m. pl. V. ART.

beaux-parents n. m. pl. Parents du mari ou de la femme par rapport à l'autre époux.

bébé n. m. Tout petit enfant.

bec n. m. Bout corné de la bouche des oiseaux. Familièrement, bouche. Bout de certaines choses : *bec de plume*. Partie

---

1. V. pl. POISSONS DE MER.

d'une lampe d'où jaillit la flamme : *bec de gaz* [1]. (V. BECQUÉE, BECQUETER.) Masse de pierre faisant saillie à l'extrémité d'une construction (2).

bécarre n. m. Signe musical qui ramène à son ton naturel une note modifiée par un dièse ou un bémol (3).

bécasse n. f., **bécassine** n f. Petit oiseau à long bec et à chair très appréciée (4).

bec-de-cane n. m. Sorte de serrure (5). Poignée de porte en forme de bec.

bec-de-lièvre n. m. Lèvre supérieure fendue.

béchamel n. f. Sauce à la crème.

bêche n. f. Outil de jardinage à lame plate et coupante, à long manche, pour retourner la terre (6). **Bêcher**, c'est remuer la terre à la bêche.

bêcher v. V. BÊCHE.

becquée n. f. Ce qu'un oiseau prend avec son bec.

becqueter v. Donner des coups de bec.

bedaine n. f. Gros ventre.

bédane n. m. Outil de menuisier, pour creuser des trous, des rainures dans le bois.

bedeau n. m. Employé laïque servant d'huissier dans une église.

bedon n. m. Ventre rebondi.

bedonner v. Prendre du ventre.

bée adj. f. V. BÉANT.

beffroi n. m. Tour, clocher d'où l'on sonnait l'alarme.

bégaiement n. m. V. BÉGAYER.

bégayer v. Parler avec peine, en répétant des syllabes. Commencer à parler. L'action de bégayer est le **bégaiement**. Celui qui bégaye est **bègue**.

bégonia n. m. Une plante d'ornement à beau feuillage.

bègue adj. et n. V. BÉGAYER.

béguin n. m. Sorte de coiffe, de petit bonnet.

beige adj. Couleur gris jaunâtre.

beignet n. m. Sorte de pâte frite à la poêle.

bel adj. V. BEAU

bêlement n. m. Cri du mouton, de la chèvre. **Bêler**, c'est faire entendre un bêlement.

bêler v. V. BÊLEMENT.

belette n. f. Petit mammifère carnassier : *la belette attaque les poulaillers* (7).

belge adj. et n. De Belgique.

bélier n. m. Mouton mâle (8). Ancienne machine de guerre.

bélière n. f. Anneau de montre (9).

belladone n. f. Une plante vénéneuse employée en médecine.

belle-fille n. f. Femme du fils. Par rapport à l'un des époux, la fille que l'autre a eue d'un précédent mariage.

belle-mère n. f. Mère du mari, de la femme, par rapport à l'autre époux. Seconde femme du père pour les enfants issus d'un premier mariage.

belle-sœur n. f. Femme du frère, du beau-frère ; sœur du mari ou de la femme.

belligérant, e adj. Qui fait la guerre : *nations belligérantes*.

belliqueux, euse adj. Guerrier, batailleur : *humeur belliqueuse*.

belvédère n. m. Pavillon bâti en un lieu d'où l'on jouit d'un beau point de vue.

bémol n. m. Signe qui baisse le ton d'une note musicale (10).

bénédicité n. m. Prière avant le repas, dont le premier mot est *Benedicite*. mot latin signif. « bénissez » (notre repas).

bénédictin, e n. Religieux, religieuse d'un ordre fondé par saint Benoît.

1. V. pl. ECLAIRAGE ; 2. V. pl. PONTS ; 3. V. pl. MUSIQUE (*Signes de*) ;
4. V. pl. OISEAUX DES CHAMPS ; 5. V. pl. SERRURERIE ; 6. V. pl. JARDINAGE ;
7. V. pl. FOURRURE (*Animaux à*) ; 8. V. pl. BÉTAIL ; 9. V. pl. HORLOGERIE ;
10. V. pl. MUSIQUE (*Signes de*).

bénédiction n. f. V. BÉNIR.

bénéfice n. m. Gain, profit : *réaliser de gros bénéfices.* **Bénéficier** d'une chose, c'est en tirer un bénéfice.

bénéficier v. V. BÉNÉFICE.

benêt adj. et n. Niais, nigaud.

bénévole adj. Bienveillant : *spectateur bénévole.* Qui fait un travail sans y être obligé, sans être payé : *infirmière bénévole.*

bénin, igne adj. Sans gravité : *une fièvre bénigne.* (Le contraire est **malin, maligne**.)

bénir v. Appeler sur quelqu'un, sur quelque chose la protection divine : *bénir ses enfants, bénir une église.* Souhaiter du bonheur à quelqu'un : *bénir un bienfaiteur.* (*Bénir* a deux participes passés : **béni, e** et **bénit, e** : le second se dit des choses consacrées par une cérémonie : *pain bénit, eau bénite.*) La **bénédiction** est l'action de bénir : *donner sa bénédiction.* Le **bénitier** est le vase où l'on garde l'eau bénite.

bénitier n. m. V. BÉNIR.

benjamin [*bin-ja-min*] n. m. Le plus jeune, en parlant d'un membre d'une famille.

benjoin [*bin-join*] n. m. Une résine très odorante.

benne n. f. Wagonnet dans les mines (1). Caisse basculante montée sur un camion ou suspendue à une grue.

benzine [*bin-zin*] n. f. Liquide qui provient du goudron : *la benzine sert à nettoyer.*

béquille n. f. Bâton, support muni d'une traverse dans le haut, sur lequel les infirmes s'appuient pour marcher. Poignée de porte (2).

bercail n. m. Bergerie.

berceau n. m. V. BERCER.

bercer v. Balancer pour endor-

mir : *bercer un enfant.* Amuser par des promesses, etc. : *bercer d'un vain espoir.* Un **berceau**, c'est un lit de petit enfant, qui sert à le bercer. Une **berceuse** est une chanson pour endormir les enfants.

berceuse n. f. V. BERCER.

béret n. m. Sorte de coiffure plate et ronde : *béret basque* (3).

bergamote n. f. Sorte d'orange. Bonbon à la bergamote.

berge n. f. Talus ou chemin qui borde une rivière (4).

berger, ère n. Personne qui garde les moutons aux champs. Un **berger** est aussi un chien employé à la garde des troupeaux (5). Une **bergère** est aussi un fauteuil large garni de coussins (6). La **bergerie** est l'endroit où l'on enferme les moutons. La **bergeronnette** est un petit oiseau (7).

bergerie n. f., **bergeronnette** n. f. V. BERGER.

berline n. f. Ancienne voiture à cheval à quatre roues. Automobile à quatre portes.

berlingot n. m. Sorte de caramel.

berlue n. f. Éblouissement. *Avoir la berlue,* voir tout de travers.

bermuda n. m. Short descendant jusqu'au genou.

bernard-l'ermite n. m. Crustacé qui se loge dans les coquilles d'autres animaux.

berner v. Se moquer de quelqu'un.

besace n. f. Sac à deux poches qu'on porte sur l'épaule.

besicles n. f. pl. Grosses lunettes.

besogne n. f., **besogneux, euse** adj. V. BESOIN.

besoin n. m. Manque d'une chose nécessaire : *avoir besoin d'un livre.* Pauvreté : *être dans le*

---

1. V. pl. MINES ; 2. V. pl. SERRURERIE ; 3. V. pl. COIFFURES CIVILES ;
4. V. pl. PONTS ; 5. V. pl. CHATS ET CHIENS ; 6. V. pl. SIÈGES ;
7. V. pl. OISEAUX DES CHAMPS.

bétail

besoin. Au pluriel, nécessité de rejeter la partie non utilisée de ce que nous avons mangé : *faire ses besoins*. Une **besogne**, c'est un travail quelconque : *besogne pénible*. Celui qui est dans le besoin est **besogneux**.

bestial, e adj., **bestiaux** n. m. pl., **bestiole** n. f., **bétail** n. m. V. BÊTE.

bête n. f. Animal dépourvu de raison. *Bête de somme*, animal qui porte des fardeaux. *Bête noire*, personne qu'on déteste le plus. *Etre bête*, c'est être dépourvu de raison, sot, stupide. La **bêtise**, c'est le manque d'intelligence; c'est aussi une parole, une action bête : *ne dire que des bêtises*. Ce qui tient de la bête est **bestial** : *un visage bestial*. On appelle **bestiaux**, au pluriel, les animaux domestiques : *une foire aux bestiaux*. Le **bétail**, c'est

l'ensemble des bestiaux d'une ferme, etc. Une **bestiole**, c'est une petite bête.

bêtise n. f. V. BÊTE.

béton n. m. Mélange de ciment, de gravier, d'eau et de sable employé pour bâtir : *le béton armé est du béton fortifié par une armature de barreaux de fer*.

bette n. f. Une plante potagère. La **betterave** est une sorte de bette à grosse racine dont on tire du sucre (1).

betterave n. f. V. BETTE.

beuglement n. m. Cri du bœuf, de la vache. **Beugler**, c'est pousser des beuglements; familièrement, c'est crier, chanter très fort.

beurre n. m. Substance grasse tirée du lait. **Beurrer**, c'est couvrir de beurre. Un **beurrier** est un récipient pour servir le beurre.

beurrer v., **beurrier** n. m. V. BEURRE.

1. V. pl. LÉGUMES.

bévue n. f. Erreur grossière : *commettre une bévue.*

bi, bis préfixe latin qui signifie deux, deux fois, et qui forme des mots comme *bicorne* (à deux cornes), *bicycle* (à deux roues), *bifurquer* (diviser en deux comme une fourche), *bipède* (à deux pieds), *binocle* (à deux yeux), *bisaïeul* (deux fois grand-père), *bissectrice* (qui divise en deux parties égales), *biplan, biscuit, biscornu,* etc.

biais n. m. Direction oblique : *tailler une étoffe en biais.*

bibelot n. m. Petit objet de curiosité, de luxe. Objet sans grande valeur.

biberon n. m. Petite bouteille munie d'une tétine, pour faire boire les petits enfants.

bible n. f. Recueil des saintes Ecritures des religions juive et chrétienne. Ce qui se rapporte à la Bible est **biblique** : *un personnage biblique.*

bibliothèque n. f. Collection de livres : *avoir une belle bibliothèque.* Meuble (1), salle ou établissement destiné à recevoir une collection de livres. La personne chargée de conserver les livres et de les communiquer au lecteur est **bibliothécaire.**

biblique adj. V. BIBLE.

biceps n. m. Gros muscle du bras.

biche n. f. Femelle du cerf (2).

bichonner v. Friser, parer.

bicoque n. f. Maisonnette.

bicorne n. m. Chapeau à deux cornes ou pointes. (V. BI.)

bicyclette n. f. Véhicule à deux roues, dont celle qui se trouve à l'arrière est actionnée par une chaîne entraînée par des pédales (3).

bidet n. m. Petit cheval de selle. Cuvette de toilette.

bidon n. m. Récipient de fer-blanc pour le pétrole, l'huile, etc. Gourde en fer-blanc.

bief n. m. Canal qui amène l'eau au moulin. Espace entre deux écluses d'un canal.

bielle n. f. Pièce d'une machine qui transmet un mouvement : *une bielle de locomotive.*

bien n. m. Ce qui est d'accord avec le devoir : *chercher à faire le bien et à éviter le mal.* Ce qui est agréable et utile : *médicament qui fait du bien.* Richesse ; *rechercher les biens de ce monde.* Propriété, terre : *avoir du bien au soleil.* Adv. D'accord avec le devoir, la perfection : *bien travailler.* Beaucoup : *être bien riche.* Loc. *Bien que* marque la concession : *il travaille bien qu'il soit malade.* Interj. *Eh bien!* marque l'étonnement.

bien-aimé, ée adj. Très aimé.

bien-être n. m. Satisfaction du corps, de l'esprit. Bonne situation de fortune.

bienfaisance n. f., **bienfaisant, e** adj. V. BIENFAIT.

bienfait n. m. Bien que l'on fait à autrui : *un bienfait n'est jamais perdu.* La **bienfaisance** est le penchant à la bonté, à la charité. Celui qui aime à faire le bien est **bienfaisant.** Celui qui fait du bien à quelqu'un est son **bienfaiteur.**

bienfaiteur, trice n. V. BIENFAIT.

bienheureux, euse adj. Très heureux. Qui jouit au ciel de la béatitude éternelle.

bienséance n. f. Les convenances, ce qui est le signe d'une bonne éducation.

---

1. V. pl. MOBILIER ; 2. V. pl. RUMINANTS SAUVAGES ; 3. V. pl. VÉHICULES.

bientôt adv. Dans peu de temps.

bienveillance n. f. Bonne volonté envers les autres : *parler avec bienveillance.* Celui qui a cette qualité est **bienveillant.**

bienveillant, e adj. V. BIEN-VEILLANCE.

bienvenu, e adj. Accueilli avec plaisir : *soyez le bienvenu.* N. f. Venue bien accueillie : *souhaiter la bienvenue à quelqu'un.*

bière n. f. Boisson faite avec de l'orge et du houblon. **Bière** a aussi le sens de cercueil : *mettre en bière.*

biffer v. Rayer ce qui est écrit : *biffer un mot inutile.*

bifteck n. m. Tranche de bœuf grillée ou cuite à la poêle.

bifurquer v. Se diviser en deux branches, comme une fourche : *un chemin qui bifurque.* (V. BI.)

bigame adj. et n. Marié à deux personnes en même temps.

bigarré, e adj. De couleurs variées : *fleur bigarrée.*

bigot, e adj. D'une dévotion exagérée dans les détails.

bijou n. m. Petit objet de parure en or, argent, etc. Celui qui fabrique ou vend des bijoux est un **bijoutier.** Son magasin est une **bijouterie.**

bijouterie n. f., **bijoutier, ère** n. V. BIJOU.

bilan n. m. Tableau qui compare ce qu'un commerçant possède et ce qu'il doit : *le commerçant qui ne peut pas payer ses dettes dépose son bilan au tribunal.*

bilboquet n. m. Jouet fait d'une boule percée qu'on lance en l'air et qu'on reçoit en l'enfilant sur une pointe.

bile n. f. Liquide amer, verdâtre, qui sort du foie et aide à la diges-

tion. *Se faire de la bile,* c'est être inquiet. Un caractère **bilieux** est un caractère facile à irriter.

bilieux, euse adj. V. BILE.

billard n. m. Jeu qui consiste à faire rouler des billes sur une table en les poussant avec des queues. Table pour ce jeu.

bille n. f. Petite boule servant à certains jeux : *bille de billard.* Bloc de bois non équarri.

billet n. m. Petite lettre : *billet d'invitation.* Papier, carton, qui donne certain droit : *billet de théâtre, de chemin de fer. Billet de banque,* papier mis en circulation par la Banque de France et qui sert de monnaie. *Billet à ordre,* celui par lequel on s'engage à payer une somme à une personne ou à son ordre, c'est-à-dire à une autre personne désignée sur le billet.

billot n. m. Bloc de bois pour couper la viande, etc.

bimbeloterie n. f. Ensemble de bibelots, de petits jouets.

binage n. m. V. BINER.

biner v. Labourer, remuer une seconde fois la terre. La **binette** est un outil de jardinage qui sert à biner (1). Le **binage** est l'action de biner.

binette n. f. V. BINER.

biniou n. m. Cornemuse bretonne (2).

biographie n. f. Histoire de la vie d'un personnage : *la biographie d'un savant.* (V. GRAPH...)

biologie n. f. Science des êtres vivants que pratiquent les **biologistes.**

biologiste n. V. BIOLOGIE.

bipède adj. et n. Qui a deux pieds.

biplan n. m. Avion à deux plans d'ailes, l'un sur l'autre (3). [V. BI.]

1. V. pl. JARDINAGE ; 2. V. pl. MUSIQUE (*Instruments de*) ; 3. V. pl. AVIONS.

bique n. f. Chèvre.

bis! [*biss*] Exclamation pour demander la répétition d'un morceau de chant, de musique : *crier bis!*

bis [*bi*] adj. Gris-brun : *pain bis.*

bisaïeul, e n. Arrière-grand-père, arrière-grand-mère. (Fait au pl. *bisaïeuls* et *bisaïeules.*) [V. BI.]

bisannuel, elle adj. Qui revient tous les deux ans.

bisbille n. f. Petite dispute.

biscornu, e adj. De forme irrégulière : *meuble biscornu.* Extravagant : *idée biscornue.* (V. BI.)

biscotte n. f. Tranche de pain séchée au four.

biscuit n. m. Sorte de pâtisserie : *biscuit de Savoie.* Pain cuit deux fois, qui se garde longtemps : *biscuit de mer.* Ouvrage de porcelaine non recouvert de glaçure. La **biscuiterie** est la fabrication des biscuits. (V. BI.)

biscuiterie n. f. V. BISCUIT.

bise n. f. Vent du nord très froid.

biseau n. m. Bord taillé en biais, en pente. Ce qui forme un biseau est **biseauté** : *une glace biseautée.*

biseauté, e adj. V. BISEAU.

bison n. m. Grand bœuf sauvage (1).

bissectrice n. f. Ligne droite qui coupe un angle en deux parties égales (2). [V. BI.]

bissextile adj. Se dit de l'année de 366 jours qui revient tous les quatre ans : *dans les années bissextiles, février a 29 jours.*

bistouri n. m. Couteau très fin de chirurgien.

bistre adj. D'un brun noirâtre.

bitume n. m. Sorte de goudron qui sert surtout à revêtir les chaussées et les trottoirs.

bivouac n. m. Campement d'une armée en plein air. **Bivouaquer,** c'est camper en bivouac.

bivouaquer v. V. BIVOUAC.

bizarre adj. Etrange, singulier : *caractère bizarre.* Une chose bizarre est une **bizarrerie.**

bizarrerie n. f. V. BIZARRE.

blafard, e adj. D'un blanc terne : *un visage blafard.*

blague n. f. Petit sac pour le tabac. Familièrement, mensonge : *raconter des blagues. Dire des blagues,* c'est **blaguer.**

blaguer v. V. BLAGUE.

blaireau n. m. Petit animal bas sur pattes et puant, dont les poils servent à faire des pinceaux (3). Gros pinceau de poils de blaireau pour savonner la barbe.

blâme n. m. Critique, action de désapprouver. Réprimande : *adresser un blâme.* **Blâmer,** c'est critiquer, désapprouver, gronder.

blâmer v. V. BLÂME.

blanc, che adj. De la couleur du lait, de la neige. Propre, sans tache : *des draps blancs.* Innocent : *être blanc comme neige. Papier blanc,* qui n'est pas écrit. *Nuit blanche,* celle qu'on passe sans dormir. N. m. et f. Personne de la race blanche. N. m. Couleur blanche : *le blanc est salissant.* Tissus blancs : *exposition de blanc.* Endroit laissé vide dans un écrit : *remplir les blancs d'une formule.* Partie blanche de certaines choses : *blanc d'œuf; blanc de l'œil.* Ce qui tire sur le blanc est **blanchâtre.** Une **blanche,** c'est une note de musique qui vaut une demi-ronde ou deux noires (4). La **blancheur** est la qualité

1. V. pl. RUMINANTS SAUVAGES; 2. V. pl. LIGNES; 3. V. pl. FOURRURE (*Animaux à*); 4. V. pl. MUSIQUE (*Signes de*).

de ce qui est blanc : *la blan-cheur du lis*. **Blanchir**, c'est rendre blanc, devenir blanc; c'est aussi nettoyer le linge : *blanchir une chemise*. Le **blanchissage** est l'action de blanchir et le **blanchisseur**, la **blanchisseuse**, la personne qui blanchit le linge.

blanchâtre adj., **blancheur** n. f., **blanchir** v., **blanchissage** n. m., **blanchisseur**, **euse** n. V. BLANC.

blasé, e adj. Fatigué, dégoûté d'une chose pour en avoir abusé.

blason n. m. Figures, signes qui distinguent une famille noble, une ville, etc., et qui figurent sur les écussons, des cachets, etc. (On dit aussi ARMOIRIES.)

blasphème n. m. Parole injurieuse pour la divinité, la religion. **Blasphémer**, c'est prononcer des blasphèmes.

blasphémer v. V. BLASPHÈME.

blatte n. f. Insecte nocturne, noir, appelé aussi CAFARD et CANCRELAT (1).

blé n. m. Plante céréale dont le grain sert à faire le pain (2).

blême adj. Très pâle : *teint blême*.

blesser v. V. BLESSURE.

blessure n. f. Plaie, fracture, contusion causée par un coup : *panser une blessure*. Grave peine que l'on fait à quelqu'un: *blessure d'amour-propre*. **Blesser**, c'est frapper d'un coup qui produit une blessure; c'est, au figuré, offenser : *paroles qui blessent*.

blet, ette adj. Trop mûr (fruit).

bleu, e adj. De la couleur du ciel sans nuages. N. m. Couleur bleue : *une robe d'un bleu foncé*. Ce qui tire sur le bleu très **bleuâtre** ou **bleuté**. **Bleuir**, c'est rendre bleu, deve-

nir bleu : *le froid bleuit les mains*. Le **bleuet** est une fleur bleue des champs (3).

bleuâtre adj., **bleuir** v., **bleuet** n. m., **bleuté, e** adj. V. BLEU.

blindage n. m., **blindé** n. m. V. BLINDER.

blinder v. Protéger par une enveloppe de métal : *navire blindé* (4). Le **blindage** est la cuirasse d'acier qui sert à blinder : *blindage de char de combat*. Un **blindé** est un véhicule de combat, appelé aussi « char », qui fait partie de l'*arme blindée*.

blizzard n. m. Vent glacial soufflant de la neige.

bloc n. m. Masse solide, lourde : *bloc de marbre*. Alliance : *bloc politique*. *En bloc*, ensemble : *vendre en bloc*. *A bloc*, à fond : *serrer à bloc*. Un **bloc**, un **bloc-notes** est un paquet de feuillets de papier collés par leur tranche.

blocus n. m. V. BLOQUER.

blond, e adj. De couleur entre jaune doré et châtain (cheveux).

bloquer v. Empêcher les communications d'une place forte, d'un port, d'un pays pour l'obliger à se rendre. Serrer à fond les freins d'une voiture pour l'arrêter. Arrêter : *train bloqué par la neige*. Le **blocus** est l'action de bloquer une ville, un pays : *Napoléon ordonna le blocus continental contre les Anglais*.

blottir (se) v. Se pelotonner : *se blottir dans les bras de sa mère*.

blouse n. f. Vêtement de dessus, en grosse toile, des travailleurs (5) : *blouse de paysan*. Tablier d'enfant. Corsage : *blouse de soie* (6).

---

1. V. pl. INSECTES ; 2. V. pl. CÉRÉALES ; 3. V. pl. FLEURS ; 4. V. pl. ARTILLERIE ; 5. V. pl. VÊTEMENTS MASCULINS ; 6. V. pl. VÊTEMENTS FÉMININS.

bluff [*bleuf*] n. m. Parole, action qui a pour objet de faire croire à une force, à des intentions que l'on n'a pas.

bluter v. Tamiser la farine. Le **blutage** est l'action de bluter (1).

boa n. m. Grand serpent d'Amérique (2).

bobèche n. f. Rondelle mise à un flambeau pour recevoir la cire qui coule de la bougie.

bobine n. f. Petit rouleau de bois portant du fil enroulé. Rouleau de papier, de film photographique (3). Une **bobine électrique** est une bobine de fil métallique parcouru par un courant.

bobo n. m. Mal (mot enfantin) : *avoir bobo à la main.*

bocage n. m. Paysage où les champs et les prairies sont limités par des haies épaisses et des rangées d'arbres : *le bocage est fréquent en Bretagne.*

bocal n. m. Vase de verre haut et à large col : *bocal de cerises.*

bock n. m. Verre de bière.

bœuf n. m. Ruminant domestique à cornes, de la famille des bovidés : *le bœuf sert à traîner la charrue* (4).

bohème adj. et n. m. Qui vit au jour le jour, d'expédients. N. f. L'ensemble des bohèmes.

bohémien, enne n. Nomade que l'on croyait originaire de la Bohême et qui vit de petits métiers, dit la bonne aventure, etc.

boire v. Absorber un liquide par la bouche : *boire sans soif.* S'enivrer. N. Ce qu'on boit : *le boire et le manger.* Une **boisson,** c'est un liquide qu'on boit ; c'est aussi l'habitude de boire : *aimer la boisson.* Celui qui boit est un **buveur.** Un

petit débit de boissons est une **buvette.** Le papier qui boit l'encre est du **buvard.** (Conjuguez : *je bois, tu bois, il boit, nous buvons, vous buvez, ils boivent ; je buvais ; je bus ; je boirai ; bois, buvons, buvez ; que je boive, que nous buvions ; que je busse ; buvant, bu.*) [V. BREUVAGE, ABREUVOIR, BIBERON, IMBIBER.]

bois n. m. Etendue de terrain couverte d'arbres, moins grande qu'une forêt. Matière dure qui forme les arbres : *le bois de chêne est dur.* Objet en bois : *un bois de lit.* Cornes du cerf, du chevreuil, etc. Un petit bois est un **bosquet.** Un endroit couvert d'arbres est **boisé.** La **boiserie** est un revêtement de bois sur les murs d'une chambre.

boisé, e adj., **boiserie** n. f. V. BOIS.

boisseau n. m. Mesure ancienne qui valait environ 13 litres.

boisson n. f. V. BOIRE.

boîte n. f. Récipient de bois, de carton, de métal, de formes diverses : *boîte de bonbons ; boîte à lait ; boîte aux lettres.* Ce que contient la boîte : *manger une boîte de dragées.* Le **boîtier** est la boîte de métal qui renferme le mouvement d'une montre (5).

boiter v. Marcher en penchant d'un côté plus que de l'autre. L'action de boiter est la **boiterie.** La personne qui boite est un **boiteux,** une **boiteuse.**

boiterie n. f., **boiteux, euse** adj. et n. V. BOITER.

boîtier n. m. V. BOÎTE.

bol n. m. Tasse en forme de calotte, sans anse : *boire un bol de lait* (6).

boléro n. m. Danse et air à danser espagnols. Veste courte.

1. V. pl. MEUNERIE ; 2. V. pl. SERPENTS ; 3. V. pl. PHOTOGRAPHIE ; 4. V. pl. BÉTAIL ; 5. V. pl. HORLOGERIE ; 6. V. pl. CUISINE (*Ustensiles de*), VAISSELLE.

bolet n. m. Sorte de champignon (1).

bolide n. m. Véhicule très rapide.

bombance n. f. *Faire bombance,* faire un repas très abondant.

bombarde n. f., **bombardement** n. m., **bombarder** v., **bombardier** n. m. V. BOMBE.

bombe n. f. Projectile chargé d'un explosif et muni d'un dispositif qui le fait exploser. *Bombe atomique,* bombe qui utilise l'énergie produite par la désintégration de l'atome et qui provoque d'effroyables destructions. **Bombarder,** c'est lancer des bombes, des obus sur un objectif. C'est aussi lancer des projectiles quelconques : *bombarder un passant de boules de neige.* Un **bombardement,** c'est l'action de bombarder. Un **bombardier,** c'est un avion qui lance des bombes (2). Une **bombarde** était une bouche à feu qui lançait des boulets.

bomber v. Renfler, donner une forme arrondie : *un couvercle bombé.*

bon, bonne adj. Qui aime à faire du bien : *un bon père.* Qui fait bien son devoir : *bon soldat; bon élève.* Qui est de la qualité voulue : *bon outil; un bon roman.* Qui peut servir à quelque chose : *n'être bon à rien.* D'accord avec le devoir : *une bonne conduite.* Avantageux : *une bonne affaire.* Plein, complet : *donner bonne mesure. Bon marché,* pas cher. *De bonne heure,* tôt. N. m. Billet qui permet de toucher de l'argent, etc. : *bon du Trésor.* La **bonté** est la qualité de qui est bon. Améliorer le sol par des engrais, des travaux d'irrigation, c'est **bonifier.**

bonbon n. m. Friandise confite.

bonbonne n. f. Très grosse bouteille ronde, de verre ou de grès (3).

bonbonnière n. f. Boîte à bonbons.

bond n. m. Saut brusque : *faire un bond.* **Bondir,** c'est faire un bond.

bonde n. f. Trou du tonneau. Bouchon qui ferme ce trou.

bonder v. Remplir complètement.

bondir v. V. BOND.

bonheur n. m. Etat heureux, pleine satisfaction. Contraire : MALHEUR.

bonhomie n. f. Simplicité aimable.

bonhomme n. m. Familièrement, homme : *un drôle de bonhomme.*

bonifier v. V. BON.

boniment n. m. Discours de charlatan : *boniment de camelot.*

bonjour n. m. Salut que l'on adresse dans la journée.

bonne n. f. Servante.

bonne-maman n. f. Grandmère.

bonnet n. m. Coiffure de tricot, de fourrure, sans rebords (4).

bonneterie n. f. Commerce d'articles de tricot : *bonnets, bas,* etc.

bonnetier n. m. Marchand d'articles de bonneterie.

bonsoir n. m. Salut du soir.

bonté n. f. V. BON.

bord n. m. Tour d'une surface, d'un trou : *bord d'une table, d'un puits.* Rivage : *le bord d'une rivière, de la mer.* Côté d'un bateau : *un bateau vire de bord pour recevoir le vent d'un autre côté.* Le navire lui-même : *monter à bord.* **Border,** c'est entourer, mettre le long de : *border un vêtement, allée bordée d'arbres.* Une **bordure,** c'est ce qui borde pour orner,

1. V. pl. CHAMPIGNONS ; 2. V. pl. AVIONS ; 3. V. pl. BOUTEILLES ; 4. V. pl. COIFFURES CIVILES.

pour renforcer. Le **bordage** d'un bateau, ce sont les planches, les tôles qui forment sa surface extérieure. Une **bordée**, c'est la décharge de tous les canons placés d'un côté du navire; c'est aussi l'espace que parcourt un bateau à voiles sans virer de bord : *tirer une bordée.* (V. ABORDER, DÉBORDER, REBORD, TRANSBORDER.)

bordage n. m., **bordée** n. f., **border** v. V. BORD.

bordereau n. m. Liste contenant le détail d'un compte, des pièces d'un dossier, etc.

bordure n. f. V. BORD.

boréal, e adj. Du Nord : *l'aurore boréale; l'hémisphère boréal.*

borgne adj. Qui n'a qu'un œil, ne voit que d'un œil. Familièrement : *hôtel, cabaret borgne,* qui a mauvais aspect.

borne n. f. Pierre qui marque la limite d'un champ. Se dit aussi d'une pierre plantée dans le sol, servant à divers usages : *les bornes kilométriques marquent la distance sur la route.* Ce qui marque les limites d'une chose. Au figuré, on dit : *ambition sans bornes; passer les bornes.* Ce qui a des bornes est **borné.** Au figuré, être **borné,** c'est être peu intelligent. **Borner,** c'est mettre des bornes à : *borner ses désirs.*

borner v. V. BORNE.

bosquet n. m. V. BOIS.

bosse n. f. Masse de chair en saillie sur le dos du chameau, etc. Chez l'homme, grosseur anormale sur le dos ou à la poitrine. Saillie dans une surface : *mur qui fait une bosse.* Enflure à la tête : *se faire une bosse au front.* Aptitude : *avoir la bosse du calcul.* Celui qui a une bosse

est **bossu.** Ce qui a des bosses à sa surface est **bosselé.** Une **bosselure** est une bosse faite à un objet par un coup.

bosseler v., **bossu, e** adj. et n. V. BOSSE.

bossoir n. m. Grosse pièce métallique à l'avant d'un navire et servant à la manœuvre de l'ancre (1).

bot, e adj. Se dit du pied, de la main mal formés.

botanique n. f. Science qui étudie les plantes. Adj. Qui se rapporte à cette étude.

botte n. f. Assemblage de choses semblables liées ensemble : *botte d'oignons.* Chaussure montante qui couvre la jambe. Coup de fleuret ou d'épée à l'escrime : *porter une botte.* **Botteler,** c'est mettre en bottes. **Botter,** c'est chausser de bottes : *le Chat botté.* Le **bottier** est celui qui fait des bottes. Une **bottine** est une chaussure montant à la cheville.

botteler v., **botter** v., **bottier** n. m., **bottine** n. f. V. BOTTE.

bouc n. m. Mâle de la chèvre. C'est aussi une petite barbe.

boucaner v. Fumer de la viande pour la garder. Un **boucanier** était autrefois, aux Antilles, un chasseur de bœufs sauvages. C'était aussi un pirate.

boucanier n. m. V. BOUCANER.

bouche n. f. Ouverture au bas du visage, qui sert pour manger, pour parler. Se dit aussi du cheval et d'autres animaux. Ouverture : *la bouche d'un four. Bouche à feu,* canon. Embouchure d'un fleuve : *les bouches du Rhône.* Faire la petite *bouche,* c'est faire le difficile. Une **bouchée,** c'est ce qu'on met en une fois dans la bouche; c'est aussi un petit vol-au-

1. V. pl. BATEAUX.

vent : *bouchée à la reine;* une confiserie : *bouchée au praliné.* Ce qui se rapporte à la bouche est **buccal**.

bouchée n. f. V. BOUCHE.

boucher v. Fermer une ouverture en y introduisant quelque chose : *boucher une fenêtre* (la murer), *une bouteille*. Empêcher le passage : *boucher la lumière.* Un **bouchon**, c'est ce qui sert à boucher; c'est aussi le flotteur d'une ligne de pêche, une poignée de paille tordue.

boucher n. m. Celui qui tue les bestiaux et en vend la viande. Au figuré, homme cruel. La **boucherie** est le commerce, la boutique du boucher. Au figuré, c'est un massacre, un carnage.

boucherie n. f. V. BOUCHER n. m.

bouchon n. m. V. BOUCHER v.

boucle n. f. Anneau de métal avec un ardillon ou pointe, pour serrer une courroie. Bijou pour les oreilles. Cheveux roulés. Courbe d'un fleuve. **Boucler,** c'est fermer au moyen d'une boucle : *boucler une ceinture, une valise;* c'est aussi former des boucles.

boucler v. V. BOUCLE.

bouclier n. m. Arme ancienne en forme de plaque pour se protéger contre les flèches, les coups. Plaque qui abrite les servants d'un canon.

bouddhisme n. m. Religion de l'Asie orientale fondée par Bouddha.

bouder v. Faire la moue, montrer de la mauvaise humeur. Celui qui boude est **boudeur**.

boudeur, euse adj. et n. V. BOUDER.

boudin n. m. Boyau rempli de sang et de graisse de porc, assai-

sonnés et cuits. *Ressort à boudin,* ressort roulé en spirale.

boudoir n. m. Petit salon de dame.

boue n. f. Terre, poussière détrempée par la pluie. Ce qui est plein de boue est **boueux**.

bouée n. f. Corps flottant placé comme signal sur l'eau, ou servant au sauvetage (1).

boueux, euse adj. V. BOUE.

bouffée n. f. Souffle, haleine : *bouffée de fumée.* Sensation de chaleur montant au visage.

bouffi, e adj. Enflé, gonflé : *visage bouffi.* Au figuré : *être bouffi d'orgueil.*

bouffon, onne adj. Qui fait rire par de grosses plaisanteries. N. m. Celui qui fait rire par ses farces, ses plaisanteries grossières. Une **bouffonnerie** est une plaisanterie grossière.

bouffonnerie n. f. V. BOUFFON.

bouge n. m. Maison pauvre et sale; mal famée.

bougeoir n. m. Chandelier bas (2).

bouger v. Déplacer : *bouger un lit.* Se déplacer : *bouger d'un endroit.*

bougie n. f. Chandelle de cire, de paraffine. Appareil qui produit l'étincelle qui allume un moteur.

bougonner v. Murmurer, grogner.

bouillabaisse n. f. Sorte de soupe au poisson.

bouilleur n. m. V. BOUILLIR.

bouillie n. f. V. BOUILLIR.

bouillir v. Etre en ébullition, se dit d'un liquide chauffé qui se change en vapeur en formant de grosses bulles qui l'agitent et crèvent à la surface. Au figuré, être agité par la colère, l'impatience. Un **bouillon**, c'est une grosse bulle de vapeur

1. V. pl. PORT ; 2. V. pl. ECLAIRAGE.

dans un liquide : *l'eau bout à gros bouillons;* c'est aussi un potage obtenu en faisant bouillir de l'eau, de la viande, des légumes, etc. **Bouillonner,** c'est former des bouillons : *un torrent qui bouillonne.* La **bouilloire,** la **bouillotte** sont des vases pour faire bouillir l'eau (1). La **bouillie** est une pâte de lait et de farine bouillis. **Ebouillanter,** c'est tremper dans l'eau bouillante. L'**ébullition** est l'état de ce qui bout. Ce qui bout est **bouillant.** Le **bouilli** est de la viande qui a bouilli. Le **bouilleur de cru** est celui qui distille le vin de sa récolte. (Conjuguez : *je bous, tu bous, il bout, nous bouillons, vous bouillez, ils bouillent. Je bouillais; je bouillis; je bouillirai; que je bouille; bous, bouillons; bouillant, bouilli.*)

bouilloire n. f., **bouillon** n. m., **bouillonner** v., **bouillotte** n. f. V. BOUILLIR.

boulanger, ère n. Personne qui fait et vend du pain. Le métier, la boutique du boulanger s'appellent la **boulangerie** (2).

boulangerie n. f. V. BOULANGER.

boule n. f. Corps rond dans tous les sens, qui peut rouler sur une surface plane. Une **boulette** est une petite boule de pain, de viande hachée, de papier, etc. Familièrement, c'est une sottise. Le **boulier** est un appareil composé de petites boules enfilées sur des tringles, et qui sert pour compter.

bouleau n. m. Arbre dont l'écorce, blanche, s'écaille aisément (3).

bouledogue n. m. Petit dogue à nez écrasé.

boulet n. m. Projectile de pierre ou de métal en forme de boule dont on chargeait les canons. Boule qu'on attachait au pied de certains condamnés. Jointure de la jambe du cheval, au-dessus du paturon.

boulette n. f. V. BOULE.

boulevard n. m. Large rue plantée d'arbres, souvent sur l'emplacement d'anciens remparts.

bouleversement n. m. V. BOULEVERSER.

bouleverser v. Mettre en grand désordre. Troubler violemment. Un **bouleversement** est l'action de bouleverser.

boulier n. m. V. BOULE.

boulon n. m. Ensemble constitué par une vis et l'écrou qui s'y adapte (4).

boulot, otte adj. Familièrement, gras et rond.

bouquet n. m. Assemblage de fleurs liées ensemble. Petit bois : *un bouquet d'arbres.* Parfum : *le bouquet d'un vin.* Gerbe de fusées qui termine un feu d'artifice.

bouquetière n. f. Marchande qui vend des fleurs dans les rues.

bouquetin n. m. Sorte de chèvre de montagne à très grosses cornes (5).

bouquin n. m. Familièrement, vieux livre. Le **bouquiniste** est le marchand de vieux livres.

bouquiniste n. V. BOUQUIN.

bourbe n. f. Boue épaisse. Ce qui a de la bourbe est **bourbeux.** Un **bourbier** est un lieu plein de bourbe; c'est aussi une mauvaise situation. (V. EMBOURBER.)

bourbeux, euse adj., **bourbier** n. m. V. BOURBE.

bourde n. f. Erreur, bévue.

bourdon n. m. Bâton de pèlerin. Grosse cloche. Insecte à corps gros et velu qui fait entendre

---

1. V. pl. CHAUFFAGE, CUISINE (*Ustensiles de*) ; 2. V. pl. MEUNERIE; 3. V. pl. ARBRES ; 4. V. pl. QUINCAILLERIE; 5. V. pl. RUMINANTS SAUVAGES.

un bruit sourd et ronflant. **Faux bourdon**, le mâle de l'abeille. Le **bourdonnement**, c'est un bruit sourd et continu comme celui que fait le bourdon. **Bourdonner**, c'est faire entendre un bourdonnement.

bourdonnement n. m., **bourdonner** v. V. BOURDON.

bourg n. m. Gros village. Une **bourgade** est un petit village. Le **bourgeois** était autrefois l'habitant d'un bourg, d'une ville, jouissant de privilèges spéciaux; aujourd'hui, c'est une personne de la classe moyenne ou dirigeante. Adjectivement, on le dit de ce qui appartient aux bourgeois : *idées bourgeoises*. La **bourgeoisie**, c'est l'ensemble des bourgeois. Le **bourgmestre** est le maire dans certaines villes de Suisse, de Belgique, d'Allemagne.

bourgade n. f., **bourgeois** n. m., **bourgeoisie** n. f. V. BOURG.

bourgeon n. m. Bouton, pousse d'un arbre (1). **Bourgeonner**, c'est pousser des bourgeons.

bourgeonner v. V. BOURGEON.

bourgeron n. m. Sorte de vêtement de travail.

bourgmestre n. m. V. BOURG.

bourguignon, onne adj. et n. De Bourgogne.

bourrade n. f. Poussée brutale.

bourrasque n. f. Coup de vent violent.

bourre n. f. Poil qui bourre un siège, des harnais, etc. Partie grossière de la laine, la soie. Bouchon qui maintient la poudre dans une cartouche de fusil. **Bourrer**, c'est remplir de bourre : *bourrer un coussin*. Au figuré, c'est remplir en pressant : *bourrer une valise;* faire manger beaucoup : *bourrer de soupe*. Un **bourrelet**, c'est

une bande de feutre, de caoutchouc, etc., que l'on place aux joints des fenêtres ou qui sert à amortir un choc. Le **bourrelier** est celui qui fait des harnais. La **bourrellerie** est le métier du bourrelier.

bourreau n. m. Celui qui exécute les condamnés à mort. Au figuré, homme cruel.

bourrée n. f. Une danse de l'Auvergne, du Limousin, du Berry.

bourrelet n. m., **bourrelier** n. m., **bourrellerie** n. f., **bourrer** v. V. BOURRE.

bourriche n. f. Panier à gibier (2).

bourricot n. m. Petit âne.

bourrique n. f. Ane, ânesse. Familièrement, ignorant.

bourru, e adj. Rude, d'accueil désagréable.

bourse n. f. Petit sac pour l'argent. L'argent qu'on y garde. Pension accordée à un élève pour ses études. Edifice où se font les opérations de vente et d'achat de certaines valeurs : *Bourse de commerce*. Le **boursier** est celui qui fait des opérations de Bourse; c'est également l'élève qui a une bourse. **Débourser**, c'est payer, sortir de sa bourse. **Rembourser**, c'est rendre ce que l'on doit. Le **remboursement** est l'action de rembourser.

boursier n. m. V. BOURSE.

boursouflé, e adj. Enflé, bouffi.

bousculer v. Mettre en désordre, pousser en tous sens : *bousculer les rangs ennemis*.

bouse n. f. Fiente des bœufs, etc.

boussole n. f. Aiguille aimantée (v. AIMANT), mobile sur pivot, dont une pointe se tourne toujours vers le nord.

bout n. m. Commencement ou fin d'un objet long : *les deux*

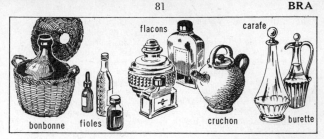

flacons — carafe

bonbonne — fioles — cruchon — burette

bouteilles

bouts d'un bâton. Partie qui termine un objet : *le bout du soulier.* Fin : *voir le bout d'un travail.* Petit morceau : *bout de bois. Savoir sur le bout du doigt,* savoir très bien. *Etre à bout,* ne plus savoir que faire; perdre patience. *A bout de,* privé de : *à bout de ressources. A bout portant,* de tout près. *Au bout de,* à la fin de.

boutade n. f. Caprice. Mot d'esprit.

boute-en-train n. m. Celui qui met les autres en gaieté.

bouteille n. f. Vase à goulot étroit, pour les liquides.

boutique n. f. Petit magasin.

boutiquier n. m. Personne qui tient boutique.

boutoir n. m. Groin de sanglier.

bouton n. m. Bourgeon d'une plante. Elevure sur la peau. Rondelle de bois, etc., pour attacher un vêtement. Ce qui a la forme d'un bouton : *bouton de porte* (1). *Bouton-d'or,* renoncule à fleurs jaunes. **Boutonner,** c'est fermer avec des boutons. La **boutonnière** est la fente où entre le bouton (2).

boutonner v., **boutonnière** n. f. V. BOUTON.

bouture n. f. Branche coupée qu'on plante en terre pour qu'elle prenne racine (3).

bouvier n. m. Celui qui garde les bœufs qui les mènent.

bouvreuil n. m. Oiseau à tête noire et ventre rouge (4).

bovidés n. m. pl. Famille de mammifères ruminants comprenant les bovins, les moutons, les chèvres, les antilopes.

bovins ou **bovinés** n. m. pl. Sous-famille des bovidés comprenant le bœuf, le buffle, le bison, etc.

boxe n. f. Action de boxer. **Boxer,** c'est se battre à coups de poing suivant certaines règles. Celui qui boxe est un **boxeur.**

boxer n. m. Chien de garde (5).

boyau n. m. Intestin d'animal. Tuyau de cuir, de caoutchouc, etc. Corde de boyau : *boyau de raquette.* Tranchée étroite et faisant de nombreux replis.

bracelet n. m. Anneau qui orne le bras.

braconnage n. m. V. BRACONNER.

braconner v. Chasser, pêcher en temps défendu ou avec des engins interdits. Le **braconnage** est l'action de braconner. Le **braconnier** est celui qui braconne.

1. V. pl. SERRURERIE; 2. V. pl. COUTURE; 3. V. pl. JARDINAGE;
4. V. pl. OISEAUX DES CHAMPS; 5. V. pl. CHATS ET CHIENS.

braconnier n. m. V. BRACON-
NER.

braguette n. f. Fente sur le devant du pantalon.

braie n. f. Culotte des Gaulois.

braillard, e adj., **braillement**
n. m. V. BRAILLER.

brailler v. Crier, chanter avec
des éclats de voix désagréables.
L'action de brailler est le
braillement. Celui qui braille
est **braillard**.

braiment n. m. Cri de l'âne.

braire v. Pousser des braiments .

braise n. f. Bois brûlé réduit en
charbon. **Braiser**, c'est cuire
sur la braise, à feu doux.

braiser v. V. BRAISE.

bramer v. Crier, en parlant du
cerf ou du daim.

brancard n. m. Civière munie de
poignées. Chacune des deux pièces de bois entre lesquelles on
attelle le cheval (1). Le **brancardier** est le porteur du brancard.

brancardier n. m. V. BRANCARD.

branchage n. m. V. BRANCHE.

branche n. f. Grosse pousse qui
se développe sur le tronc d'un
arbre. Fourche que forme ce
qui se divise en plusieurs parties : *les branches d'un fleuve*.
Chacune des *familles* descendant d'un même ancêtre : *branche cadette*. Le **branchage**, ce
sont les branches d'un arbre.
Un **branchement** est un
tuyau, un fil électrique, qui part
d'un autre. **Brancher**, c'est
établir un branchement.

branchement n. m., **brancher**
v. V. BRANCHE.

branchies n. f. pl. Ouïes d'un
poisson (2).

brandade n. f. Plat de morue.

brande n. f. Lande où poussent
les bruyères.

brandebourg n. m. Passemente-

rie, galon formant des dessins
variés et reliant les boutons de
certains vêtements.

brandir v. Agiter dans la main
avec menace : *brandir une arme.*

brandon n. m. Débris enflammé
qui s'élève d'un incendie.

branle n. m. Mouvement de va-
et-vient. *Mettre en branle*, mettre en mouvement. **Branler**,
c'est manquer de solidité : *le
plancher branle*. Ce qui branle
est **branlant**. Le **branle-bas**
est la préparation au combat
sur un navire. (V. ÉBRANLER.)

branle-bas n. m., **branler** v.
V. BRANLE.

braque n. m. Sorte de chien de
chasse (3). Au figuré, écervelé.

braquer v. Diriger vers, viser :
braquer un canon. Orienter les
roues d'une auto pour virer.

bras n. m. Membre supérieur, de
l'épaule au coude (4). Support
pour appuyer le bras, dans un
fauteuil. Branche d'un fleuve.
Portion de mer serrée entre
deux terres. *A tour de bras*,
avec force. *Saisir à bras-le-
corps*, par le milieu du corps.
A bras raccourcis, avec violence. Un **brassard** est un
ruban porté au bras. La
brasse est une mesure marine
de $1^m,62$; c'est aussi une manière de nager. Une **brassée**,
c'est ce que peuvent tenir les
deux bras : *brassée de bois*. La
brassière est une petite chemise à manches pour bébés.

brasero n. m. Récipient métallique percé de trous et rempli
de charbons ardents, destiné au
chauffage en plein air (5).

brasier n. m. Foyer ardent.

brassard n. m., **brasse** n. f.,
brassée n. f. V. BRAS.

brasser v. Fabriquer la bière.
Remuer, agiter. Entreprendre

beaucoup d'affaires. La **brasserie** est la fabrique de bière, l'établissement où l'on sert de la bière. Le **brasseur** est le fabricant de bière.

brasserie n. f. **brasseur** n. m. V. BRASSER.

brassière n. f. V. BRAS.

bravache adj., **bravade** n. f. V. BRAVE.

brave adj. Courageux. Bon, honnête : *brave homme*. Le **bravache** est un faux brave, un vantard. **Braver**, c'est défier, tenir tête. L'action de braver est une **bravade**. La **bravoure** est le courage.

braver v. V. BRAVE.

bravo! Interjection, cri d'applaudissement.

bravoure n. f. V. BRAVE.

break [*brèk*] n. m. Automobile qui s'ouvre à l'arrière par un panneau relevable.

brebis n. f. Femelle du mouton.

brèche n. f. Trou, ouverture dans un mur, une haie, etc., par où l'on peut passer. Cassure du tranchant d'un couteau. Ce qui a une brèche est **ébréché**.

bréchet n. m. Os saillant de la poitrine des oiseaux.

bredouille (être) Se dit du chasseur qui n'a rien pris.

bredouiller v. Parler si vite qu'on ne peut être compris.

bref, ève adj. Court : *bref délai*. **Brièvement**, c'est d'une façon brève. La **brièveté**, c'est la qualité de ce qui est bref. (V. ABRÉGER.)

breloque n. f. Petit bijou pendu à une chaîne, un bracelet.

brème n. f. Poisson d'eau douce (1).

bretelle n. f. Courroie pour porter le fusil, un sac. Bande de tissu pour soutenir le pantalon.

breton, onne adj. De Bretagne.

breuvage n. m. Boisson composée : *breuvage empoisonné*.

brevet n. m. Diplôme officiel donnant certains droits. **Breveter**, c'est accorder un brevet.

breveter v. V. BREVET.

bréviaire n. m. Livre de prières.

briard n. m. Gros chien de berger français (2).

bribe n. f. Parcelle, petit bout.

bric-à-brac n. m. Marchandises quelconques d'occasion.

brick n. m. Bateau à voiles à deux mâts (3).

bricolage n. m. V. BRICOLER.

bricole n. f. Petit travail. Chose sans importance. **Bricoler**, c'est travailler à des bricoles, faire de petits travaux manuels. Le **bricolage** est l'action de bricoler.

bricoler v. V. BRICOLE.

bride n. f. Chacune des courroies attachées au mors pour guider le cheval (4). Cordonnet servant de boutonnière. *A bride abattue*, très vite. *Tourner bride*, revenir sur ses pas. **Brider**, c'est mettre la bride à un cheval. (V. DÉBRIDER.)

brider v. V. BRIDE.

bridge n. m. Un jeu de cartes.

brièvement adverbe, **brièveté** n. f. V. BREF.

brigade n. f. Formation militaire réunie sous le commandement d'un général. Equipe d'ouvriers. Le **brigadier** est celui qui a le grade le moins élevé dans la cavalerie, l'artillerie, le train.

brigadier n. m. V. BRIGADE.

brigand n. m. Celui qui vole à main armée sur les routes. Le **brigandage** est l'acte du brigand.

brigandage n. m. V. BRIGAND.

briguer v. Tâcher d'obtenir, rechercher : *briguer les honneurs*.

1. V. pl. POISSONS D'EAU DOUCE ; 2. V. pl. CHATS ET CHIENS ; 3. V. pl. MARINE À VOILE ; 4. V. pl. HARNAIS.

brillant, e adj. Qui brille. Remarquable : *un orateur brillant*. N. m. Eclat : *le brillant de l'or*. Diamant taillé à facettes. **Briller**, c'est avoir de l'éclat : *le soleil brille*.

briller v. V. BRILLANT.

brimade n. f. Epreuve que les anciens imposent aux nouveaux à l'école, à la caserne; vexation inutile. **Brimer**, c'est faire subir des brimades, maltraiter.

brimborion n. m. Petit objet sans grande valeur, bibelot.

brimer v. V. BRIMADE.

brin n. m. Menue tige : *brin d'herbe*. Filament : *brin de laine*. Petit bout : *brin de paille*. Une **brindille** est une menue branche.

brindille n. f. V. BRIN.

brioche n. f. Gâteau de farine, de beurre et d'œufs.

brique n. f. Carreau de terre cuite pétrie et moulée : *mur de briques*. Une **briquette** est une petite brique de poussière de charbon. La **briqueterie** est la fabrique de briques.

briquet n. m. Petit appareil pour allumer : *briquet à essence*.

briqueterie n. f., **briquette** n. f. V. BRIQUE.

brise n. f. Petit vent frais.

brisée n. f. V. BRISER.

briser v. Rompre d'un coup violent. Fatiguer : *avoir le corps brisé*. Détruire : *briser la résistance*. Frapper un obstacle : *vagues qui brisent sur un rocher*. Rompre avec quelqu'un : *briser avec un ami*. La partie où un objet est brisé est une **brisure**. Les **brisées** sont les branches que le veneur casse pour reconnaître les endroits où une bête est passée; ce sont aussi les traces, l'exemple de quelqu'un. *Aller sur les brisées*

de quelqu'un, c'est essayer de prendre sa place.

bristol n. m. Carton fin.

brisure n. f. V. BRISER.

britannique adj. Anglais.

broc n. m. Grand vase à anse et à bec : *broc de toilette*.

brocanteur n. m. Celui qui achète et vend des marchandises d'occasion.

brocart n. m. Etoffe de soie brochée de fleurs, etc.

broche n. f. Tige de fer pour rôtir la viande. Bijou qui se fixe avec une épingle. Une **brochette** est une petite broche.

brocher v. Passer, en tissant une étoffe, des fils formant un dessin : *étoffe brochée d'or*. Coudre ensemble les cahiers d'un livre. Une **brochure**, c'est un petit livre broché peu épais. (V. EMBROCHER.)

brochet n. m. Poisson d'eau douce, très vorace et dont la bouche contient sept cents dents (1).

brochette n. f. V. BROCHE.

brochure n. f. V. BROCHER.

brodequin n. m. Chaussure lacée sur le cou-de-pied (2).

broder v. Faire des broderies. Une **broderie**, c'est un dessin en relief sur une étoffe. Le **brodeur**, la **brodeuse** sont ceux qui font des broderies.

broderie n. f., **brodeur, euse** n. V. BRODER.

broiement n. m. V. BROYER.

bronche n. f. Chacune des deux grosses branches de la trachée-artère (conduit qui amène l'air aux poumons) [3]. L'irritation des bronches est la **bronchite**.

broncher v. Faire un faux pas. Bouger : *il n'ose pas broncher*.

bronchite n. f. V. BRONCHE.

bronze n. m. Alliage de cuivre

1. V. pl. POISSONS D'EAU DOUCE; 2. V. pl. CHAUSSURES; 3. V. pl. HOMME.

fondu avec du zinc et de l'étain : *statue de bronze*.

bronzer v. Donner la couleur du bronze. Brunir, basaner (teint).

brosse n. f. Planchette garnie de petits bouquets de crins, etc., coupés, servant à nettoyer. Gros pinceau pour peindre. **Brosser**, c'est nettoyer avec la brosse ; c'est aussi peindre à la brosse : *brosser un portrait*.

brosser v. V. BROSSE.

brou n. m. Enveloppe verte de la noix. Couleur brune qu'on en retire.

brouet n. m. Sorte de bouillie.

brouette n. f. Petit chariot à une roue et à deux brancards, qu'on pousse ou qu'on tire à la main (1).

brouhaha n. m. Bruit confus.

brouillard n. m. Vapeur d'eau à la surface du sol. **Brouiller**, c'est mêler, agiter pour troubler. Au figuré, c'est troubler : *brouiller les idées;* détruire la bonne entente : *brouiller des amis*. La **brouille** est une fâcherie passagère. Celui qui aime à brouiller les choses est un **brouillon**. Un **brouillon**, c'est aussi la première forme d'un écrit que l'on corrige et qu'on recopie. (V. EMBROUILLER, DÉBROUILLER.)

brouille n. f., **brouiller** v., **brouillon** n. m. V. BROUILLARD.

broussailles n. f. pl. Plantes épineuses, entremêlées. La **brousse** est une étendue couverte d'arbustes et de broussailles, fréquente dans les régions tropicales où la saison sèche est très marquée.

brousse n. f. V. BROUSSAILLES.

brouter v. Paître l'herbe.

broyage n. m. V. BROYER.

broyer v. Ecraser, mettre en poudre : *broyer du sucre. Broyer du noir*, c'est avoir des idées tristes. L'action de broyer est le **broiement** ou le **broyage**.

bru n. f. La femme du fils.

bruine n. f. Pluie fine et froide.

bruire v. Produire un **bruissement**, c'est-à-dire un bruit faible et confus : *les feuilles bruissent*.

bruissement n. m. V. BRUIRE.

bruit n. m. Son confus, non musical : *le bruit d'une chute*. Agitation : *le bruit du monde*. Nouvelle : *un bruit qui court*. Le **bruitage** est la reconstitution, au cinéma, au théâtre, à la radio, etc., des bruits qui accompagnent l'action.

bruitage n. m. V. BRUIT.

brûlant, e adj. V. BRÛLER.

brûler v. Consumer, détruire par le feu : *brûler un papier, du gaz*. Causer une douleur, une plaie par le contact du feu, d'une chose très chaude : *se brûler la main*. Dessécher : *plante brûlée par le soleil*. Se consumer par l'action du feu : *la maison brûle*. Eprouver une vive sensation de chaleur : *les mains lui brûlent*. Désirer vivement : *brûler d'envie*. Ce qui brûle est **brûlant**. Une **brûlure** est une douleur, une plaie causée par le feu.

brûlure n. f. V. BRÛLER.

brumaire n. m. V. BRUME.

brume n. f. Brouillard épais sur la mer. Un temps couvert de brume est **brumeux**. **Brumaire** (mois des brumes), deuxième mois du calendrier républicain (22 oct.-20 nov.).

brumeux, euse adj. V. BRUME.

brun, e adj. De couleur roux jaunâtre, mêlée de noir. N. m. La couleur brune : *étoffe d'un brun*

---

1. V. pl. JARDINAGE, MAÇON.

clair. La **brune** est le moment où le jour baisse. **Brunir**, c'est donner ou prendre une teinte brune; c'est aussi rendre brillant un métal en le frottant.

brune n. f. V. BRUN.

brusque adj. Soudain, violent : *mouvement brusque*. **Brusquer**, c'est traiter de façon brusque : *brusquer tout le monde;* faire d'une manière brusque : *brusquer une affaire*. Le caractère, l'action brusque est la **brusquerie**.

brusquer v., **brusquerie** n. f. V. BRUSQUE.

brut, e adj. Non façonné, non travaillé : *matière brute*. Non raffiné : *sucre brut*. Se dit du bénéfice sans retrancher les frais, du poids d'un colis sans retrancher l'emballage. Sauvage, sans intelligence : *des manières très brutes*. Une **brute** est une personne grossière. **Brutal** se dit de ce qui est le propre de la brute; il signifie aussi violent : *mouvement brutal*. La **brutalité** est le caractère brutal. **Brutaliser**, c'est traiter de façon brutale.

brutal, e adj., **brutaliser** v., **brutalité** n. f., **brute** n. f. V. BRUT.

bruyant, e adj. Qui fait du bruit. **Bruyamment**, c'est de façon bruyante.

bruyère n. f. Arbuste à fleurettes roses, qui pousse dans les landes.

buanderie n. f. Lieu où se fait la lessive.

buccal, e adj. V. BOUCHE.

bûche n. f. Morceau de bois de chauffage. Personne stupide. Le **bûcher** est le lieu où l'on serre le bois à brûler; c'est aussi la pile de bois sur laquelle on brûle un corps : *Jeanne d'Arc périt sur un bûcher*. Le **bûcheron** est celui qui abat des arbres. **Bûcher** signifie familièrement travailler avec ardeur (comme un bûcheron).

bûcher n. m., **bûcheron** n. m. V. BÛCHE.

budget n. m. Liste détaillée des recettes et des dépenses d'un Etat, d'une administration.

buée n. f. Vapeur qui sort d'un liquide qui bout.

buffet n. m. Armoire pour ranger la vaisselle (1). Dans une fête, une réception, table garnie de mets, de vins, pour les invités. Restaurant de gare. Meuble qui renferme l'orgue.

buffle n. m. Mammifère ruminant de la famille des bovidés, voisin du bœuf (2).

building n. m. Immeuble ayant un grand nombre d'étages.

buis n. m. Arbuste à petites feuilles toujours vertes.

buisson n. m. Touffe d'arbrisseaux sauvages. Taillis, petit bois. *Faire l'école* **buissonnière**, c'est se promener au lieu d'aller en classe.

bulbe n. m. Oignon de certaines plantes : *bulbe de tulipe* (3).

bulle n. f. Petite boule d'air qui se forme dans un liquide et qui vient crever à la surface. Décret du pape, scellé de plomb. Le *papier* **bulle** est un papier jaunâtre.

bulletin n. m. Petit billet : *bulletin de vote*. Publication périodique moins importante que la revue : *le Bulletin des Lois*.

buraliste n. V. BUREAU.

bure n. f. Etoffe grossière de laine : *un manteau de bure*.

bureau n. m. Table à écrire (autrefois couverte d'une sorte de bure appelée *bureau*). Pièce,

1. V. pl. MOBILIER ; 2. V. pl. RUMINANTS SAUVAGES ; 3. V. pl. PLANTES.

salle de travail où il y a un ou plusieurs bureaux : *bureau d'avocat; les bureaux d'un ministère.* Président, secrétaires d'une assemblée : *nommer un bureau.* Nom de certains établissements publics : *bureau de poste.* **Buraliste,** personne qui tient un bureau de tabac, de poste.

burette n. f. Petit vase à goulot destiné à contenir divers liquides (1). Petit vase de métal à long bec, pour le graissage.

burin n. m. Outil pour graver. Ciseau pour tailler la pierre, les métaux. **Buriner,** c'est travailler au burin. C'est aussi marquer de rides profondes : *l'âge a buriné son visage.*

buriner v. V. BURIN.

burlesque adj. Comique, ridicule.

burnous n. m. Grand manteau de laine à capuchon et sans manches, que l'on porte dans les pays arabes. Vêtement de nourrisson, comportant une petite capuche.

buse n. f. Un oiseau de proie (2).

Au figuré, personne stupide. Tuyau : *buse d'aération.*

busquer v. Courber : *nez busqué.*

buste n. m. Partie supérieure du corps humain. Sculpture représentant un buste (3).

but n. m. Point visé : *toucher au but.* Ce qu'on cherche à obtenir. *De but en blanc,* soudain. Dans certains jeux, endroit où l'on doit lancer un ballon, une balle : *marquer un but.*

buter v. Heurter quelque chose qui arrête. Trébucher contre une saillie du sol. **Se buter,** c'est s'entêter. Un **butoir,** c'est une saillie qui arrête le mouvement d'une machine.

butin n. m. Ce qu'on enlève à l'ennemi après une victoire. **Butiner,** c'est ramasser le butin; se dit surtout de l'abeille qui récolte le *nectar* des fleurs.

butoir n. m. V. BUTER.

butor n. m. Espèce de héron, oiseau à longues jambes.

butte n. f. Petite hauteur de terrain, colline. *Etre en butte à,* c'est être exposé à.

buvard n. m., **buvette** n. f., **buveur, euse** n. V. BOIRE.

buste

1. V. pl. BOUTEILLES et CULTE (*Objets du*) ;
2. V. pl. RAPACES ; 3. V. pl. SCULPTURE.

Cité de Carcassonne. *Phot. W.-W.*

C

ça. S'emploie familièrement au lieu de CELA.

çà adv. Ici : *aller çà et là*. Marque la surprise : *ah çà, que dites-vous!*

cab n. m. Cabriolet où le cocher était assis sur un siège élevé, à l'arrière de la voiture.

cabale n. f. Chez les juifs, interprétation de la Bible, qui contiendrait un sens caché. Manœuvres secrètes, intrigues contre quelqu'un. Ensemble de ceux qui forment une cabale. **Cabalistique** signifie mystérieux.

cabalistique adj. V. CABALE.

caban n. m. Sorte de pardessus à capuchon (1).

cabane n. f. Hutte, baraque : *cabane de bûcheron*. Niche pour petits animaux : *cabane à lapins*. Un **cabanon**, c'est une petite chambre où l'on enfermait un fou furieux.

cabanon n. m. V. CABANE.

cabaret n. m. Petit débit de boissons vendues au détail.

cabaretier, ère n. Personne qui tient un cabaret.

cabas n. m. Panier en paille (2). Sac en étoffe, sans fermeture.

cabestan n. m. Treuil pour rouler un câble, pour haler les fardeaux (3).

cabillaud n. m. Morue fraîche.

cabine n. f. Petite chambre de bateau. Petite loge : *cabine téléphonique, de bains*. Local réservé dans un train au mécanicien, dans un avion au pilote. Un **cabinet**, c'est une petite chambre : *cabinet de débarras;* au pluriel, les lieux d'aisances; c'est aussi la pièce de travail de l'avocat, du médecin, etc.; l'ensemble de ceux qui travaillent avec un ministre; le ministère même.

cabinet n. m. V. CABINE.

câble n. m. Gros cordage de chanvre, surtout pour la marine. Faisceau de fils d'acier servant de cordage. Faisceau de fils de cuivre enveloppés, pour la télégraphie, la téléphonie. **Câbler,** c'est tordre plusieurs fils ou cordes ensemble; c'est aussi envoyer une dépêche par câble.

câbler v. V. CÂBLE.

1. V. pl. VÊTEMENTS MASCULINS; 2. V. pl. VANNERIE; 3. V. pl. BATEAUX, PORT.

caboche n. f. Grosse tête. Un **cabochon** est une pierre fine arrondie et polie, sans facettes.

cabochon n. m. V. CABOCHE.

cabosser v. V. BOSSELER.

cabotage n. m. Navigation le long des côtes. (Le contraire est *au long cours*.)

cabotin n. m. Mauvais acteur. Personne qui cherche à se faire remarquer.

cabrer (se) v. Se dresser sur ses pieds de derrière, en parlant d'un cheval.

cabri n. m. Chevreau.

cabriole n. f. Saut que l'on fait en se retournant sur soi-même. Cabrioler, c'est faire des cabrioles. Un **cabriolet**, c'est une voiture à cheval, légère, à deux roues et à capote; c'est aussi une automobile décapotable.

cabrioler v., **cabriolet** n. m. V. CABRIOLE.

cacahouète ou **cacahuète** n. f. Fruit de l'arachide : *des cacahouètes grillées*.

cacao n. m. Graine du **cacaoyer**, arbre originaire d'Amérique, d'où l'on extrait le beurre de cacao et la poudre de cacao, qui sert à faire le chocolat (1). Boisson faite avec de la poudre de cacao.

cacatoès n. m. Sorte de perroquet, autrefois *cacatois* (2).

cachalot n. m. Mammifère marin de l'ordre des cétacés, de mêmes dimensions que la baleine et qui vit dans les mers chaudes (3).

cache n. f. V. CACHER.

cachemire n. m. Tissu en poil de chèvre de Cachemire (pays de l'Inde) : *châle en cachemire*.

cache-nez n. m. V. CACHER.

cacher v. Mettre dans un endroit à l'abri des regards : *cacher de l'argent*. Ne pas montrer : *cacher son jeu*. Une **cache**, une **cachette**, c'est l'endroit où l'on cache. **En cachette**, c'est en secret, à la dérobée. Celui qui aime à agir en cachette est **cachottier**. Une chose faite en cachette est une **cachotterie**. Le **cache-nez** est une écharpe qui protège le cou et le bas du visage.

cachet n. m. Petit sceau (v. ce mot). Objet dont une face porte une marque en relief que l'on imprime avec de l'encre : *le cachet de la poste*. Rétribution d'un artiste pour un spectacle. Médicament présenté sous forme de comprimé : *un cachet d'aspirine*. **Cacheter**, c'est marquer d'un cachet, c'est aussi fermer une enveloppe, boucher à la cire : *bouteille cachetée*.

cacheter v. V. CACHET.

cachette n. f. V. CACHER.

cachot n. m. Cellule de prison.

cachou n. m. Gomme parfumée, brune, d'un açacia de l'Inde.

cacophonie n. f. Mélange de sons désagréables.

cactus n. m. Plante grasse épineuse des pays chauds : *haie de cactus*.

cadastre n. m. Recueil des plans des propriétés d'une région.

cadavérique adj. V. CADAVRE.

cadavre n. m. Corps d'un homme, d'un animal mort. Ce qui a rapport à un cadavre est **cadavérique**.

cadeau n. m. Présent donné pour fêter quelqu'un : *faire un cadeau*.

cadenas n. m. Petite serrure mobile passée dans deux anneaux (4).

cadence n. f. Répétition mesurée de sons, de mouvements : *mar-*

---

1. V. pl. EXOTIQUES (*Plantes*) ; 2. V. pl. GRIMPEURS ; 3. V. pl. CÉTACÉS ET PINNIPÈDES ; 4. V. pl. SERRURERIE.

cher en cadence. Ce qui marque une cadence est **cadencé** : *pas cadencé.*

cadet, ette adj. et n. Dernier né des enfants d'une famille. Qui vient après l'aîné; qui est plus jeune.

cadran n. m. Surface où sont marquées les heures d'une horloge. *Cadran solaire,* cadran sur un mur, où l'ombre d'une tige indique l'heure (1).

cadre n. m. Bordure d'une glace, d'un tableau. Limite d'un espace. L'espace ainsi délimité : *un cadre de verdure.* Limite morale : *sortir du cadre de ses obligations.* Dans l'armée, officier ou sous-officier; membre du personnel supérieur d'une entreprise. **Cadrer,** c'est être en rapport avec une chose, s'accorder avec.

cadrer v. V. CADRE.

cafard n. m. Blatte. Idées tristes, mélancoliques : *avoir le cafard.*

café n. m. Fruit du **caféier,** arbuste originaire d'Arabie (2). Infusion, boisson obtenue en versant de l'eau bouillante sur du café grillé moulu. Etablissement où l'on sert au public du café et d'autres boissons. L'appareil qui sert à préparer le café est une **cafetière** (3).

cafetière n. f. V. CAFÉ.

cage n. f. Loge garnie de barreaux pour enfermer une bête sauvage : *lion en cage.* Logette portative, en fil de fer, pour enfermer les oiseaux. Espace d'une maison où est logé l'escalier, l'ascenseur (4). Dans les mines, appareil qui sert à la montée et à la descente des mineurs, du minerai, etc.

cagneux, euse adj. Qui a les genoux tournés en dedans.

cagnotte n. f. Boîte contenant une somme d'argent accumulée par des joueurs, les membres d'une association.

cagoule n. f. Capuchon percé de trous pour les yeux et la bouche. Manteau de moine, sans manches, à capuchon (5).

cahier n. m. Assemblage de feuilles de papier cousues ensemble.

cahin-caha adv. Tant bien que mal.

cahot n. m. Secousse que subit une voiture sur un sol inégal. **Cahoter,** c'est causer des cahots.

cahoter v. V. CAHOT.

cahute n. f. Petite hutte.

caille n. f. Oiseau du genre de la perdrix, mais plus petit (6).

cailler v. Figer, coaguler : *le fromage est fait de lait caillé.* Un **caillot** est une masse de sang caillé.

caillot n. m. V. CAILLER.

caillou n. m. Petite pierre.

caïman n. m. Crocodile d'Amérique.

caisse n. f. Coffre en bois pour divers usages. Son contenu : *caisse à fleurs.* Tiroir pour l'argent. Bureau pour les paiements dans un magasin, une administration. Etablissement où l'on reçoit de l'argent en dépôt : *Caisse d'épargne.* Tambour : *grosse caisse* (7). Le **caissier** est celui qui tient la caisse. Un **caisson** est une petite caisse; c'est aussi une grande caisse en métal ou en béton armé pour faire des travaux sous l'eau; c'est enfin un creux formé par les poutres d'un plafond.

caissier, ère n., **caisson** n. m. V. CAISSE.

---

cajoler v. Flatter, caresser.

calamité n. f. Malheur de grande ampleur, catastrophe : *la famine, la guerre sont des calamités.*

calcaire adj. Qui contient de la chaux : *eau calcaire; pierre calcaire.* N. m. Roche sédimentaire.

calciner v. Changer une pierre en chaux en la chauffant. Brûler : *débris calcinés.*

calcul n. m. Opération faite sur des nombres. Au figuré, projet, combinaison : *un mauvais calcul.* **Calculer**, c'est faire des calculs; c'est aussi prendre des mesures : *calculer son temps.*

calculer v. V. CALCUL.

cale n. f. Ce qu'on glisse sous un objet pour le mettre d'aplomb. Fond de l'intérieur d'un bateau. Partie du quai qui descend en pente douce vers l'eau. **Caler**, c'est mettre une cale sous un objet; en parlant d'un moteur, c'est s'arrêter brusquement ; familièrement, c'est aussi reculer, céder.

calebasse n. f. Grosse courge qui peut servir de récipient.

calèche n. f. Voiture à cheval, découverte, à quatre roues.

caleçon n. m. Sous-vêtement masculin.

calembour n. m. Jeu de mots.

calembredaine n. f. Propos ridicule.

calendes n. f. pl. Le premier du mois chez les Romains. *Aux calendes grecques*, jamais. (Les Grecs ne comptaient pas ainsi.) Le **calendrier** est un tableau des jours, des mois d'une année.

calendrier n. m. V. CALENDE.

calepin n. m. Cahier de notes.

caler v. V. CALE.

calfater v. Boucher avec de l'étoupe les fentes d'un bateau.

calfeutrer v. Boucher les fentes des portes, etc. **Se calfeutrer**, c'est s'enfermer.

calibre n. m. Diamètre d'un tuyau, du canon d'une arme à feu. Grosseur d'un projectile : *calibre d'un obus.* Pièce servant de mesure dans un atelier.

calice n. m. Coupe où l'on verse le vin à la messe (1). Enveloppe de la fleur avant son épanouissement, qui lui sert ensuite de support (2).

calicot n. m. Une étoffe de coton. Familièrement, commis de magasin de nouveautés.

calife n. m. Souverain musulman dont le pouvoir est à la fois politique et religieux.

califourchon (à). A cheval, une jambe de chaque côté.

câlin, e adj. Doux, caressant. **Câliner**, c'est caresser doucement. La **câlinerie**, ce sont des manières câlines.

câliner v., **câlinerie** n. f. V. CÂLIN.

calleux, euse adj. A peau épaisse et dure : *main calleuse.*

calligraphie n. f. Belle écriture.

calme n. m. Absence d'agitation : *le calme de la nuit.* Tranquillité : *vivre dans le calme.* Adj. Qui est dans le calme : *mer calme.* **Calmer**, c'est rendre calme, apaiser : *calmer le vent; calmer une peine.* **Se calmer**, c'est retrouver son sang-froid.

calmer v. V. CALME.

calomniateur, trice n. V. CALOMNIE.

calomnie n. f. Accusation mensongère. **Calomnier**, c'est émettre des calomnies contre quelqu'un. Le **calomniateur** est celui qui calomnie.

calomnier v. V. CALOMNIE.

1. V. pl. CULTE (*Objets du*) ; 2. V. pl. FLEURS.

calorifère n. m. Appareil destiné à chauffer toute une maison.

calot n. m. Sorte de bonnet.

calotte n. f. Bonnet rond pour le sommet de la tête, comme celui des ecclésiastiques (1). Voûte : *la calotte des cieux.* Tape sur la tête : *donner une calotte.*

calque n. m. V. CALQUER.

calquer v. Copier un modèle sur un papier transparent ou en suivant les contours avec une pointe. Le **calque** est la copie calquée.

calumet n. m. Pipe des Indiens.

calvaire n. m. Représentation sculptée ou peinte de la scène religieuse du calvaire du Christ. Longue souffrance.

calvitie n. f. Etat de la personne chauve.

camail n. m. Pèlerine à capuchon des ecclésiastiques (2).

camarade n. m. Compagnon de travail, de chambre. Ami. La **camaraderie** est la bonne entente entre camarades.

camaraderie n. f. V. CAMARADE.

cambouis n. m. Graisse noircie d'un essieu de roue, etc.

cambrer v. Courber, arquer.

cambrioler v. Dévaliser une chambre, un appartement. Le **cambrioleur** est le voleur qui cambriole. Le **cambriolage** est l'action de cambrioler.

came n. f. Petite saillie dans un mécanisme tournant, servant à soulever une pièce.

camée n. m. Pierre fine sculptée en relief.

caméléon n. m. Espèce de lézard de couleur changeante (3).

camélia n. m. Arbuste d'ornement à fleurs blanches ou roses. Sa fleur.

camélidés n. m. pl. Famille de ruminants comprenant le chameau, le dromadaire, le lama (4).

camelot n. m. Vendeur d'objets sur la voie publique.

camembert n. m. Un fromage.

caméra n. f. Appareil cinématographique de prise de vues (5).

camion n. m. Automobile pour gros transports (6). **Camionner**, c'est transporter en camion. Le **camionnage**, c'est le transport par camion. Le **camionneur** est celui qui fait du camionnage. Une **camionnette** est un petit camion automobile (7).

camionnage n. m., **camionner** v., **camionnette** n. f., **camionneur** n. m. V. CAMION.

camisole n. f. *Camisole de force,* blouse emprisonnant les bras, utilisée pour immobiliser les malades mentaux.

camomille n. f. Plante dont la fleur donne une tisane digestive.

camoufler v. Déguiser, masquer.

camp n. m. Lieu où s'établit une armée en campagne. Lieu où l'on campe. (V. CAMPER.)

campagnard, e n. V. CAMPAGNE.

campagne n. f. Etendue de pays couverte de champs, de prés, de fermes : *vivre à la campagne.* Pays plat, découvert : *en rase campagne.* Expédition militaire : *les campagnes de Napoléon.* Entreprise de durée déterminée, ayant un but de propagande : *une campagne de publicité.* Battre la campagne, explorer le terrain, et, au figuré, perdre la tête. Le **campagnard** est l'habitant de la campagne.

campanile n. m. Clocher à jour.

campanule n. f. Plante à fleurs en forme de clochette.

campement n. m. V. CAMPER.

1. V. pl. COIFFURES RELIGIEUSES ; 2. V. pl. VÊTEMENTS RELIGIEUX ;
3. V. pl. REPTILES ; 4. V. pl. CAMÉLIDÉS ; 5. V. pl. CINÉMA ;
6. V. pl. AUTOMOBILE, VÉHICULES ; 7. V. pl. AUTOMOBILE.

camper v. Etablir un camp. S'installer passagèrement : *camper dans les bois.* **Se camper**, se placer hardiment : *se camper devant quelqu'un.* Le **campement** est l'action de camper. Les **campeurs** sont des personnes qui font du camping. **Camping** est un mot anglais qui signifie campement : *faire du camping.* (V. CAMP.)

campeur, campeuse n. V. CAMPER.

camphre n. m. Substance cristallisée, très odorante, tirée d'un laurier du Japon.

camping [*kam-pign*] n. m. V. CAMPER.

canaille n. f. Ensemble des gens considérés comme méprisables : *fréquenter la canaille.* Personne très malhonnête.

canal n. m. Conduit qui amène l'eau, etc. : *canal d'arrosage.* Rivière artificielle pour la navigation : *le canal du Loing.* Bras de mer étroit. Conduit du corps de l'homme, de l'animal : *canal digestif.*

canapé n. m. Fauteuil très large pour plusieurs personnes (1).

canard n. m. Oiseau à pieds palmés dont quelques espèces sont domestiques (2). Familièrement, fausse nouvelle. La femelle du canard est la **cane**, son petit est le **caneton**. **Canarder**, c'est tirer en se cachant dans un abri.

canari n. m. Serin originaire des îles Canaries.

cancan n. m. Médisance.

cancer n. m. Tumeur dangereuse pour le malade, due à une multiplication désordonnée de cellules.

cancre n. m. Espèce de crabe. Familièrement, mauvais élève.

cancrelat n. m. Blatte, cafard.

candélabre n. m. Chandelier à plusieurs branches (3).

candeur n. f. Simplicité. Celui qui a de la candeur est **candide**.

candi adj. Cristallisé (sucre).

candidat n. m. Aspirant à un emploi, une fonction, un titre.

candide adj. V. CANDEUR.

cane n. f., **caneton** n. m. V. CANARD.

canette n. f. Bouteille de verre épais : *canette de bière.*

canevas n. m. Grosse toile claire pour faire de la tapisserie. Fond, plan d'un ouvrage.

caniche n. m. Chien barbet à poil frisé (4).

canicule n. f. Grande chaleur.

canif n. m. Petit couteau.

canin, e adj. Qui tient du chien : *race canine.* N. f. Dent située entre les incisives et les molaires. (V. DENT.) [5].

caniveau n. m. Rigole de pierre.

canne n. f. Grand roseau. Bâton pour s'appuyer. *Canne à pêche*, roseau auquel le pêcheur fixe sa ligne (6). *Canne à sucre*, roseau dont on tire le sucre (7).

cannelé, e adj. V. CANNELURE.

cannelle n. f. Ecorce d'un laurier de l'Inde, dont la poudre est employée comme aromate.

cannelure n. f. Rainure verticale dans une colonne, etc. Ce qui porte des cannelures est **cannelé**.

canner v. Garnir un siège d'un treillis de jonc.

cannibale adj. et n. Anthropophage, mangeur de chair humaine.

canoë n. m. Pirogue légère (8).

canon I. n. m. Pièce d'artillerie pour lancer des boulets, des obus (9). Tube d'arme à feu : *canon de fusil.* Un **canonnier**, c'est un artilleur. Une **canonnière**, c'est un bateau armé de canons. **Canonner**, c'est battre à coups de canon. Une **canonnade**, c'est une suite de coups de canon.

canon II. n. m. Règle religieuse. Liste des saints, des livres religieux reconnus par l'Eglise. Ce qui est d'accord avec les canons est **canonique**. **Canoniser**, c'est mettre au nombre des saints.

cañon [*ka-nion'*] ou **canyon** n. m. Vallée très profonde, aux versants verticaux.

canoniser v., **canonique** adj. V. CANON II.

canonnade n. f., **canonner** v., **canonnier** n. m., **canonnière** n. f. V. CANON I.

canot n. m. Petit bateau sans pont : *canot de sauvetage* (1). **Canoter**, c'est se promener en canot. Le **canotage**, c'est l'action de canoter. Le **canotier** est l'amateur de canotage; c'est aussi un chapeau de paille à bords plats (2).

canotage n. m., **canoter** v., **canotier** n. m. V. CANOT.

cantaloup n. m. Sorte de melon.

cantate n. f. Poésie en musique.

cancatrice n. f. Chanteuse.

cantine n. f. Restaurant réservé au personnel d'une entreprise, aux élèves d'un établissement scolaire, etc. Petit coffre de voyage. Le **cantinier**, la **cantinière** s'occupent de la cantine.

cantinier, ère n. V. CANTINE.

cantique n. m. Chant religieux.

canton n. m. Autrefois, coin de pays, endroit. Division d'un département, d'un pays (Suisse). Portion de route. **Cantonner**, c'est installer dans un coin de pays : *cantonner des troupes*. Le **cantonnement** est l'endroit où l'on cantonne. Le **can-**

tonnier est celui qui entretient un canton de route. *Parler à la* **cantonade**, c'est, au théâtre, parler vers les coulisses à une personne invisible.

cantonade n. f., **cantonnement** n. m., **cantonner** v., **cantonnier** n. m. V. CANTON.

canule n. f. Tuyau de seringue.

caoutchouc n. m. Matière élastique tirée de certaines plantes des pays chauds. Objet, vêtement de caoutchouc.

cap n. m. Autrefois, tête. (On dit encore : *de pied en cap*, des pieds à la tête.) Proue, avant du bateau : *mettre le cap sur*. Pointe de terre avancée dans la mer (3).

capable adj. Qui peut faire une chose : *capable de travailler*.

capacité n. f. Contenance : *mesure de capacité*. Pouvoir, habileté pour faire une chose : *avoir de grandes capacités*.

caparaçon n. m. Housse qui recouvre un cheval de parade.

cape n. f. Manteau sans manches (4); chapeau melon (5).

capeline n. f. Chapeau de femme à grands bords souples.

capharnaüm n. m. Lieu où s'entassent en grand désordre de nombreux objets.

capillaire adj. Pour les cheveux : *lotion capillaire*. Fin comme un cheveu.

capilotade n. f. Sorte de ragoût. *Mettre en capilotade*, en pièces.

capitaine n. m. Celui qui est à la tête d'une troupe. Grade entre lieutenant et commandant. Celui qui commande un navire. Chef d'une équipe sportive.

capital, e adj. Principal : *question capitale*. Où il y a de la tête : *peine capitale*. N. m. Argent qui rapporte un intérêt.

---

1. V. pl. BATEAUX; 2. V. pl. COIFFURES CIVILES; 3. V. pl. GÉOGRAPHIE; 4. V. pl. VÊTEMENTS FÉMININS ET VÊTEMENTS MASCULINS; 5. V. pl. COIFFURES CIVILES.

N. f. Ville principale d'un pays. Lettre majuscule. Le **capitalisme** est un système économique dans lequel les capitaux, les usines, les machines et les terres appartiennent à des personnes privées. Le **capitaliste** est celui qui possède des capitaux, qui est partisan du système capitaliste.

capitalisme n. m., **capitaliste** n. m. V. CAPITAL.

capiteux, euse adj. Qui monte à la tête : *parfum capiteux*.

capitonner v. Rembourrer.

capitulaires n. m. pl. Anciennes ordonnances royales.

capitulation n. f. V. CAPITULER.

capituler v. Se rendre, en parlant d'une ville assiégée, d'une armée. La **capitulation** est l'action de capituler.

caporal n. m. Militaire du grade le moins élevé dans l'infanterie.

capot adj. Aux cartes, se dit du joueur qui n'a fait aucune levée. N. m. Couvercle du moteur de l'automobile.

capote n. f. Toiture pliante d'une voiture. Manteau militaire.

capoter v. i. Se renverser dessus dessous (voiture, avion).

câpre n. f. Bouton comestible du câprier, arbrisseau du Midi.

caprice n. m. Volonté, désir brusque, irréfléchi : *agir par caprice*. Fantaisie : *un caprice de la nature*. Celui qui agit par caprice est **capricieux**.

capricieux, euse adj. V. CAPRICE.

caprin, e adj. Relatif à la chèvre : *la race caprine*.

capsule n. f. Enveloppe sèche du fruit de quelques plantes : *capsule de marron*. Coiffe de métal ou de plastique qui sert à boucher les bouteilles. *Cap-*

sule spatiale, partie habitable d'un satellite artificiel.

capter v. Obtenir avec habileté : *capter l'amitié de quelqu'un*. Amener les eaux d'une source par des tuyaux, des canaux. Recueillir, saisir au passage : *capter une émission de T S. F.*

captif, ive adj. Prisonnier. *Ballon captif*, retenu par un câble.

Captiver, c'est retenir captif; au figuré, charmer, retenir : *captiver l'attention*. La **captivité** est la privation de liberté.

Capturer, c'est s'emparer de : *capturer un voleur*. L'action de capturer est la **capture**.

captiver v., **captivité** n. f., **capture** n. f., **capturer** v. V. CAPTIF.

capuchon n. m. Partie d'un manteau qui couvre la tête (1).

capucin n. m. Religieux de Saint-François.

capucine n. f. Plante dont la fleur imite un capuchon (2).

caqueter v. Bavarder, jacasser.

car conj. Parce que. N. m. Abréviation d'*autocar*.

carabine n. f. Fusil court (3).

carabinier n. m. Soldat armé d'une carabine.

caracoler v. En parlant du cheval, faire des cercles, des courbettes en marchant.

caractère n. m. Signe d'écriture. Lettre d'imprimerie : *caractère gothique*. Ce qui compose la nature d'une personne : *caractère violent*. Ce qui distingue une chose : *caractère officiel*. Fermeté, énergie : *montrer du caractère*. Portrait écrit : *les « Caractères » de La Bruyère*. **Caractériser**, c'est marquer par un signe : *maladie bien caractérisée*.

caractériser v. V. CARACTÈRE.

---

1. V. pl. COIFFURES CIVILES ; 2. V. pl. FLEURS ; 3. V. pl. ARMES.

carafe n. f. Bouteille à panse arrondie et à long col (1).

carambolage n. m. Au billard. action de toucher deux billes avec la troisième. Chocs multiples, heurts : *un carambolage d'automobiles.*

caramel n. m. Bonbon de sucre.

carapace n. f. Enveloppe dure de certains animaux (tortues, etc.).

caraque n. f. Grand navire du Moyen Age et du XVIe s. (2).

caravane n. f. Troupe de personnes voyageant ensemble : *caravane de nomades; caravane de cirque.* Roulotte de tourisme remorquée par une automobile.

caravansérail n. m. En Orient, hôtellerie pour caravanes.

caravelle n. f. Ancien navire à voiles, espagnol ou portugais.

carbone n. m. Corps simple formé de charbon pur. **Carboniser**, c'est changer en charbon : *carboniser du bois.* Le gaz **carbonique** est un composé de carbone et d'oxygène. Le **carburant** est un produit servant à alimenter un moteur à explosion : *l'essence est un carburant.* Le **carburateur** est une pièce de l'automobile où se fait le mélange d'air et d'essence.

carbonique adj., **carboniser** v., **carburant** n. m., **carburateur** n. m. V. CARBONE.

carcan n. m. Collier de fer.

carcasse n. f. Assemblage des os d'un animal.

carder v. Peigner, démêler la laine avec une carde.

cardiaque adj. Du cœur : *douleur cardiaque.* La **cardiologie** est la partie de la médecine qui traite du cœur.

cardinal, e adj. Principal : *les quatre points cardinaux sont le nord, le sud, l'est et l'ouest.* Un *nombre cardinal* est celui qui exprime la quantité : *un, vingt, etc., sont des nombres cardinaux.* N. m. Chacun des prélats qui se réunissent pour élire le pape : *les cardinaux portent une soutane rouge.* Petit oiseau à plumage rouge.

cardiologie n. f. V. CARDIAQUE.

carême n. m. Pour les catholiques, temps de pénitence, allant du mercredi des Cendres à la veille de Pâques. La **mi-carême** est le jeudi qui partage en deux le temps du carême.

carène n. f. Partie de la coque d'un navire, qui plonge dans l'eau (3).

caresse n. f. Frôlement affectueux de la main. Démonstration d'amitié. **Caresser,** c'est faire des caresses.

caret n. m. Tortue de mer (4).

cargaison n. f. Chargement d'un navire.

cargo n. m. Navire pour le transport des marchandises (5).

carguer v. Rouler les voiles d'un bateau autour des vergues.

cariatide n. f. Statue de femme ou d'homme qui soutient une corniche, un balcon (6).

caricature n. f. Portrait grotesque d'une personne (7).

carie n. f. Maladie des os, particulièrement des dents, qui les détruit peu à peu.

carillon n. m. Jeu de cloches qui donnent des sons différents. Sonnerie de cloches vive et gaie. **Carillonner,** c'est sonner des cloches en carillon; c'est aussi sonner bruyamment : *carillonner à la porte.*

1. V. pl. BOUTEILLES ; 2. V. pl. MARINE A VOILE ; 3. V. pl. BATEAUX ; 4. V. pl. REPTILES ; 5. V. pl. BATEAUX ; 6. V. pl. ARCHITECTURE ; 7. V. pl. DESSIN.

carlingue n. f. Partie de l'avion ou se tiennent le pilote et les passagers.

carmin n. m. Couleur d'un beau rouge.

carnage n. m. Massacre, tuerie de personnes, d'animaux : *le loup a fait carnage dans la bergerie.* Un **carnassier** est un animal qui se nourrit de chair. Un **carnivore** est un homme, un animal, qui mange de la chair.

carnaval n. m. Les trois jours qui précèdent le carême et qu'on célèbre par des divertissements.

carnet n. m. Petit cahier de poche.

carnivore n. m. V. CARNAGE.

carotte n. f. Plante à fleurs en parasol, à racine comestible (1).

carpe n. f. Poisson d'eau douce à chair estimée (2).

carpette n. f. Tapis non cloué.

carquois n. m. Etui à flèches (3).

carré, e adj. Qui a la forme d'un carré. N. m. Figure à quatre côtés égaux et quatre angles droits (4). Carré de terre dans un jardin : *un carré de fraises.* Produit de la multiplication d'un nombre par lui-même : *le carré de 3 est 9.* Un **carreau**, c'est un petit carré; c'est aussi une vitre de fenêtre, un petit pavé carré, une figure de jeu de cartes (petit carré rouge). **Carreler**, c'est paver en carreaux. Un **carrelage** est un sol carrelé.

carrefour n. m. Croisement de rues, de routes.

carrelage n. m., **carreler** v. V. CARREAU.

carrer (se) v. Se mettre à son aise, s'étaler sur un siège.

carrier n. m. V. CARRIÈRE I.

carrière I n. f. Endroit d'où l'on extrait la pierre : *carrière de marbre.* Celui qui travaille dans une carrière est un **carrier**.

carrière II n. f. Cours de la vie : *une carrière bien remplie.* Profession : *la carrière des armes. Donner carrière,* laisser aller librement.

carriole n. f. Petite charrette.

carrossable adj. V. CARROSSE.

carrosse n. m. Voiture à cheval, couverte, à quatre roues (5). Ce qui est **carrossable** peut être parcouru par les automobiles. Le **carrossier** est celui qui fait les voitures de luxe. La **carrosserie**, c'est l'art du carrossier; c'est aussi l'ensemble des tôles qui entourent le châssis d'un véhicule.

carrosserie n. f., **carrossier** n. m. V. CARROSSE.

carrousel n. m. Exercice de parade pour les cavaliers. Manège de chevaux de bois.

carrure n. f. Largeur du dos.

cartable n. m. Carton d'écolier.

carte n. f. Papier très épais. Petit carton portant diverses figures et servant à jouer. Billet donnant certain droit : *carte d'électeur.* Dessin géographique d'un pays, d'une région : *carte de France. Carte de visite,* carton portant le nom et l'adresse d'une personne. *Carte postale,* carte dont l'un des côtés est illustré, l'autre servant à la correspondance. *Donner carte blanche,* donner pleins pouvoirs. Le **carton** est un papier très épais et grossier; c'est aussi une boîte de carton, un grand portefeuille à dessin. Un **cartonnier** est un meuble pour serrer les cartons. **Cartonner**, c'est relier en carton.

1. V. pl. LÉGUMES ; 2. V. pl. POISSONS D'EAU DOUCE ; 3. V. pl. ARMES ; 4. V. pl. SURFACES ; 5. V. pl. VÉHICULES.

Le **carton-pâte** est de la pâte de carton pour moulages.

carter [car-tèr] n. m. Enveloppe de protection d'un mécanisme.

cartilage n. m. Matière tendre, croquante, au bout des os.

cartomancienne n. f. Femme qui prétend deviner l'avenir par les cartes.

carton n. m., **cartonnage** n. m., **cartonner** v., **cartonnier** n. m. V. CARTE.

cartouche n. m. Encadrement orné, en forme de carte à bord roulé. N. f. Tube contenant la charge d'un fusil ou d'un explosif : *cartouche de dynamite.* La **cartouchière** est un sac, une poche pour les cartouches.

cartouchière n. f. V. CARTOUCHE.

cas n. m. Evénement, ce qui arrive : *un cas prévu; cas embarrassant. Mauvais cas,* situation fâcheuse. *En tout cas,* quoi qu'il arrive. *Faire cas de,* estimer, apprécier.

casaque n. f. Sorte de veste de femme (1). Jaquette de couleur pour les jockeys.

cascade n. f. Chute d'eau.

case n. f. Petite habitation dans les pays chauds. Compartiment de meuble : *les cases d'un bureau.* Carré d'un damier, d'un tableau, d'un papier quadrillé. **Caser,** c'est placer dans un endroit : *caser dans l'armoire.* Au figuré, placer : *caser dans un emploi.* Un **casier** est un meuble à cases. Le *casier judiciaire* est le relevé des condamnations infligées à un individu.

caser v. V. CASE.

caserne n. f. Bâtiment où logent les soldats.

casier n. m. V. CASE.

casino n. m. Etablissement de jeu, de réunion dans les centres de tourisme.

casoar n. m. Grand oiseau d'Australie qui rappelle l'autruche (2).

casque n. m. Coiffure protégeant la tête, en métal, en matière plastique (3). Appareil d'écoute radiophonique ou téléphonique.

casquette n. f. Coiffure à visière (4).

cassation n. f., **casse** n. f., **cassement** n. m. V. CASSER.

casser v. Rompre, briser. Au figuré, déclarer nul : *casser un jugement.* Priver de son grade : *casser un fonctionnaire.* La **cassation** est l'annulation d'un jugement, d'un arrêt. La **casse,** c'est l'action de casser. Un **casse-cou** est un imprudent. Un **casse-tête** est une sorte de massue; c'est aussi un bruit assourdissant, un travail absorbant, un jeu de patience. Une **cassure** est l'endroit où une chose est cassée.

casserole n. f. Ustensile de cuisine en métal, à manche court et à fond plat (5).

casse-tête n. m. V. CASSER.

cassis I. [ka-siss] n. m. Groseillier à fruit noir. Liqueur qu'on en fait.

cassis II. [ka-si] n. m. Rigole en travers d'une route.

cassolette n. f. Brûle-parfums.

cassonade n. f. Sucre à demi raffiné.

cassoulet n. m. Sorte de ragoût d'oie aux haricots, dans le Midi.

cassure n. f. V. CASSER.

castagnettes n. f. pl. Plaquettes de bois, d'ivoire, qu'on fait claquer entre les doigts (6).

caste n. f. Dans l'Inde, chacune des classes de la société. Groupe de personnes qui se distingue par ses privilèges, ses mœurs.

castel n. m. Autrefois, château.

1. V. pl. VÊTEMENTS FÉMININS ET VÊTEMENTS MASCULINS ; 2. V. pl. OISEAUX COUREURS ; 3. V. pl. COIFFURES MILITAIRES ; MINE ; 4. V. pl. COIFFURES CIVILES, COIFFURES MILITAIRES ; 5. V. pl. CUISINE (*Ustensiles de*) ; 6. V. pl. MUSIQUE (*Instruments de*).

castor n. m. Rongeur qui bâtit un terrier au bord de l'eau (1). Fourrure de cet animal.

cataclysme n. m. Bouleversement de la nature dû à une inondation, à un tremblement de terre. etc.

catacombes n. f. pl. Souterrain ayant servi de sépulture.

catafalque n. m. Estrade sur laquelle on installe un cercueil.

catalepsie n. f. Mort apparente.

catalogue n. m. Liste ordonnée d'objets, de livres, etc.

cataplasme n. m. Bouillie médicinale épaisse appliquée sur la peau.

catapulte n. f. Machine de guerre qui servait à lancer des pierres.

cataracte n. f. Chute d'eau dans un fleuve : *les cataractes du Nil*. Maladie de l'œil qui perd sa transparence.

catastrophe n. f. Evénement brusque et fâcheux. Accident grave qui atteint beaucoup de personnes : *catastrophe de chemin de fer*.

catch n. m. Lutte où les concurrents peuvent pratiquer presque toutes les prises.

catéchisme n. m. Enseignement religieux élémentaire. Petit livre d'enseignement religieux.

catégorie n. f. Classe, groupe de personnes, de choses.

catégorique adj. Sans réplique.

caténaire n. f. Câble fournissant l'électricité à une locomotive.

cathédrale n. f. Grande église.

catholique adj. Se dit de l'Eglise romaine. N. Personne qui professe le catholicisme. Le **catholicisme** est la religion catholique.

catogan n. m. Tresse de cheveux noués derrière la tête.

cauchemar n. m. Rêve pénible.

caudal, e adj. De la queue : *nageoire caudale*.

cause n. f. Motif, raison : *la cause de son silence*. **A cause de**, comme résultat de.

causer I. v. Etre cause de : *causer un accident*.

causer II. v. Parler familièrement avec quelqu'un (dites : *je cause* AVEC LUI, et non *je* LUI *cause*). Une **causerie** est une conversation familière. La **causette** est une petite causerie. Celui qui aime à causer est un **causeur**.

causerie n. f.. **causette** n. f., **causeur** n. V. CAUSER.

caustique adj. Qui ronge : *liquide caustique*. Au figuré, moqueur : *mot caustique*.

cauteleux, euse adj. A la fois craintif et rusé.

cautère n. m. Ce qui brûle les chairs : *appliquer un cautère*. **Cautériser**, c'est brûler avec un cautère : *cautériser une plaie*.

cautériser v. V. CAUTÈRE.

caution n. f. Somme qu'on dépose pour garantir un engagement d'autrui. (On dit aussi **cautionnement**.) Personne qui verse caution.

cautionnement n. m. V. CAUTION.

cavalcade n. f. Défilé de cavaliers : *cavalcade de carnaval*.

cavale n. f. Jument (en poésie).

cavalerie n. f. Ensemble des troupes à cheval ou utilisant les blindés. Un **cavalier**, une **cavalière**, c'est une personne qui monte à cheval; c'est aussi celui ou celle avec qui l'on forme un couple dans une société. Un *air* cavalier, c'est un air aisé, dégagé. (V. CHEVALERIE.)

cavalier, ère n. et adj. V. CAVALERIE.

1. V. pl. FOURRURE (*Animaux à*), RONGEURS.

cave n. f. Souterrain où l'on conserve le vin, etc. Ce vin lui-même. Un **caveau** est une petite cave, une petite construction souterraine dans un cimetière. Une **cavité** est un trou, un creux : *les cavités d'un rocher*. Une **caverne**, c'est une cavité naturelle souterraine qui peut servir d'abri. Une voix **caverneuse** est une voix sourde, qui semble sortir du fond d'une caverne.

caveau n. m., **caverne** r. f., **caverneux, euse** adj. V. CAVE.

caviar n. m. Œufs d'esturgeon.

cavité n. f. V. CAVE.

ce, cet, cette adj. Qui sert à montrer, à désigner : CE *livre*, CET *enfant*, CETTE *femme*.

céans. Ici, dans cette maison.

ceci, pronom démonstratif (qui sert à désigner) : Cette chose-ci.

cécité n. f. Infirmité de l'aveugle : *être frappé de cécité*.

céder v. Laisser à quelqu'un : *céder un droit*. Abandonner la résistance : *céder à la force*. Plier sous un effort : *la planche cède sous le poids*. L'action de céder est la **cession**.

cédille n. f. Signe sous le *c* (= *ç*) qui lui donne le son de *s* (*une leçon, un reçu*).

cèdre n. m. Grand arbre à feuillage toujours vert, à branches largement étalées.

ceindre v. Entourer d'une ceinture, un bandeau, etc. La **ceinture** est une bande d'étoffe, de cuir, qui serre un vêtement à la taille; c'est aussi ce qui entoure : *chemin de fer de ceinture*. Le **ceinturon** est une ceinture de cuir pour soutenir le sabre, l'épée.

ceinturon n. m. V. CEINTURE.

cela, pronom démonstratif. Cette chose-là.

célébration n. f. V. CÉLÈBRE.

célèbre adj. Fameux, vanté, renommé : *un homme célèbre*. **Célébrer**, c'est accomplir avec solennité : *célébrer un mariage*. Vanter : *célébrer un poète*. La **célébrité** est la renommée, la réputation. La **célébration** est l'action de célébrer.

célébrité n. f. V. CÉLÈBRE.

céleri n. m. Plante qu'on mange en salade (1).

célérité n. f. Rapidité d'action. (V. ACCÉLÉRER.)

céleste adj. Du ciel. Divin.

célibataire adj. Non marié.

cellier n. m. Salle au rez-de-chaussée, qui sert de cave.

Cellophane n. f. Pellicule de cellulose transparente.

cellule n. f. Petite chambre de religieux dans un monastère, de prisonnier dans une prison. Compartiment de gâteau de miel. (V. ABEILLE.)

Celluloïd n. m. Matière qui imite l'écaille.

cellulose n. f. Matière qui constitue le bois, le coton, etc.

celui, celle, ceux pronom démonstratif : *celui qui vient*.

cénacle n. m. Salle où Jésus réunit ses disciples pour la Cène. Réunion de gens qui partagent les mêmes idées.

cendre n. f. Ce qui reste d'une chose brûlée : *cendre de bois*. Au pluriel, restes des morts : *les cendres de Napoléon*. **Cendré** signifie de couleur de cendre. Le **cendrier** est un petit plateau pour la cendre des fumeurs.

cendré, e adj., **cendrier** n. m. V. CENDRE.

Cène n. f. Dernier repas de Jésus-Christ avec ses disciples. Commémoration de ce repas.

---

1. V. pl. LÉGUMES.

cénotaphe n. m. Tombeau vide, à la mémoire d'un mort illustre.

cens n. m. Autrefois, sorte d'impôt.

censé, e adj. Considéré, réputé.

censeur n. m. V. CENSURE.

censure n. f. Blâme, critique publique. Examen d'une doctrine, d'un ouvrage par une autorité. **Censurer**, c'est blâmer, critiquer. Le **censeur** est celui qui censure.

censurer v. V. CENSURE.

cent adj. Dix fois dix. Une **centaine**, c'est cent unités. **Centenaire** signifie qui a cent ans. Un **centenaire**, c'est un centième anniversaire. **Centième** se dit de ce qui occupe le rang marqué par le numéro cent. Un **centième**, c'est chacune des cent parties égales qui forment un tout. **Centi** est un mot que l'on joint à d'autres pour désigner une centième partie. Le **centilitre**, le **centimètre** sont la centième partie du litre, du mètre. Un **centime**, c'est un centième de franc. Ce qui est cent fois plus grand est **centuple**. Le **centurion**, dans l'armée romaine, commandait à cent hommes.

centaine n. f., **centenaire** n. m. V. CENT.

centaure n. m. Etre fabuleux, moitié homme, moitié cheval.

centi, centième adj., **centilitre** n. m., **centime** n. m., **centimètre** n. m. V. CENT.

central, e adj. et n. V. CENTRE.

centre n. m. Milieu d'un rond ou cercle, d'une boule, d'une surface quelconque, etc. : *le centre d'un pays*. Ce qui est au centre est **central**. Une **centrale** est une usine productrice d'énergie : *centrale hydro-électrique*. C'est aussi une confédération de syndicats : *une centrale ouvrière*. La force **centrifuge** tend à éloigner du centre un corps qui tourne.

centrifuge adj. V. CENTRE.

cep n. m. Pied de vigne.

cépage n. m. Plant de vigne.

cèpe n. m. Un champignon comestible.

cependant adv. Pendant ce temps. Néanmoins.

céramique n. f. Art de la poterie.

cerbère n. m. Dans la mythologie, chien à trois têtes, gardien des Enfers. Gardien sévère.

cerceau n. m. V. CERCLE.

cercle n. m. Rond, surface limitée par une circonférence : *tracer un cercle* (1). Bande ronde qui entoure : *cercle de tonneau*. Réunion de personnes autour d'une chose : *faire cercle*. Lieu de réunion pour jouer, causer, lire, etc. : *aller à son cercle*. **Cercler**, c'est garnir de cercles. Un **cerceau**, c'est un cercle de bois ou de fer, c'est aussi un jouet.

cercler v. V. CERCLE.

cercueil n. m. Coffre où l'on met un mort pour l'enterrer.

céréale n. f. Plante à grains farineux en épi (blé, avoine, etc.).

cérébral, e adj. V. CERVEAU.

cérémonie n. f. Forme réglée par la coutume, pour certains actes importants : *cérémonies du culte*. Politesse excessive.

cerf n. m. Grand animal ruminant à cornes (ou bois) branchues (2). Un **cerf-volant** [*cer-vo-lan*] est un jouet que le vent enlève et qu'on retient par une ficelle.

cerfeuil n. m. Condiment ressemblant au persil.

---

1. V. pl. LIGNES, SURFACES, TERRE; 2. V. pl. RUMINANTS SAUVAGES.

blé — seigle — orge — riz

sarrasin — maïs — avoine

céréales

cerise n. f. Petit fruit rouge, charnu, à noyau (1). Le **cerisier** est l'arbre qui produit les cerises.

cerne n. m. Cercle, rond. Cercle bleuâtre autour des yeux, etc. **Cerner**, c'est entourer : *cerner une troupe.*

certain, e adj. Sûr : *chose certaine; être certain d'un fait.* Non déterminé : *certains jours.*

certes adv. Assurément.

certificat n. m. V. CERTIFIER.

certifier v. Donner comme certain. Un **certificat** est un écrit qui certifie, qui assure. La **certitude**, c'est la qualité de ce qui est certain, l'état d'esprit de celui qui est certain.

certitude n. f. V. CERTIFIER.

cerveau n. m. Masse nerveuse qui emplit le crâne, où aboutissent les nerfs et qui est le siège de l'intelligence (2). Au figuré,

esprit : *cerveau brillant.* Le **cervelet** est une masse nerveuse au bas du cerveau (3). La **cervelle** est la matière qui forme le cerveau; c'est aussi le cerveau d'un animal. Ce qui appartient au cerveau est **cérébral.**

cervelas n. m. Grosse saucisse.

cervelet n. m., **cervelle** n. f. V. CERVEAU.

césar n. m. Empereur romain.

cesser v. S'arrêter : *cesser de jouer. Sans cesse,* sans arrêt. Pendant une guerre, un **cessez-le-feu** est un arrêt des hostilités.

cessez-le-feu n. m. V. CESSER.

cession n. f. V. CÉDER.

cétacé n. m. Nom des grands animaux marins (baleine, cachalot, dauphin, etc.), qui allaitent leurs petits.

chacal n. m. Sorte de loup d'Afrique (4). [Au pluriel : *chacals.*]

chacun, e pronom. Chaque personne, chaque chose. Tout le monde : *chacun dit.*

chafouin, e adj. Sournois.

chagrin, e adj. Triste, de mauvaise humeur : *esprit chagrin.* N. m. Peine : *avoir du chagrin.* Cuir grenu. **Chagriner,** c'est causer du chagrin.

chai n. m. Cellier, magasin pour les vins, les eaux-de-vie.

chaîne n. f. Suite d'anneaux enlacés pour attacher. Suite de choses semblables : *chaîne de montagnes* (5). Suite de personnes qui se passent une chose les unes aux autres : *faire la chaîne.* Fils tendus entre lesquels passe la trame d'une étoffe. Un **chaînon,** c'est un anneau de chaîne; c'est aussi une petite chaîne.

chair n. f. Matière qui forme les

muscles, la viande : *la chair couvre les os*. Partie tendre d'un fruit. Ce qui se rapporte à la chair est **charnel**. Ce qui a beaucoup de chair est **charnu** : *fruit charnu*.

chaire n. f. Siège élevé ou tribune d'où parle un professeur, un prédicateur.

chaise n. f. Siège sans bras (1). *Chaise à porteurs*, siège couvert, fermé, porté à bras par deux hommes (2). *Chaise de poste*, ancienne voiture de voyage.

chaland I. n. m. Acheteur, client. Une boutique qui a beaucoup de clients est bien achalandée.

chaland II. n. m. Bateau plat plus petit que la péniche.

châle n. m. Carré de soie, de laine, couvrant les épaules.

chalet n. m. Maisonnette de bois des paysans suisses.

chaleur n. f. Température élevée : *la chaleur du feu, les chaleurs de l'été*. Ardeur, vivacité : *parler avec chaleur*. Ce qui a de la chaleur est **chaud** (v. ce mot). Ce qui montre de l'ardeur est **chaleureux**.

chaleureux, euse adj. V. CHALEUR.

châlit n. m. Bois de lit.

chaloupe n. f. Grand canot (3).

chalumeau n. m. Tuyau de paille. Flûte champêtre. Tuyau avec lequel on souffle sur une flamme pour la rendre plus chaude (4). Appareil donnant une flamme très chaude activée par un violent courant d'air ou d'oxygène.

chalut n. m. Sorte de filet.

chamailler (se) v. Se disputer.

chamarrer v. Couvrir d'ornements : *habit chamarré d'or*.

chambellan n. m. Officier chargé du service de la chambre d'un prince.

chambranle n. m. Encadrement de porte, de fenêtre.

chambre n. f. Pièce d'une maison. Pièce où l'on couche. Salle de réunion d'une assemblée : *Chambre des députés*. Tribunal : *chambre correctionnelle*. Une **chambre noire**, c'est une boîte généralement à soufflet, pour photographier (5). Une

cétacés et pinnipèdes

baleine — marsouin — cachalot — otarie — phoque — morse

1. V. pl. MOBILIER, SIÈGES ; 2. V. pl. VÉHICULES ; 3. V. pl. BATEAUX ; 4. V. pl. CHIMIE ; 5. V. pl. PHOTOGRAPHIE.

dromadaire

chameau

lama

alpaga

chameau et camélidés

chambrée, c'est un ensemble de personnes qui couchent dans la même chambre.

chambrée n. f. V. CHAMBRE.

champignons

chameau n. m. Animal ruminant à une ou deux bosses : *le dromadaire est un chameau de course à une bosse.*

chamois n. m. Animal ruminant à cornes, très agile (1). [Sa peau, douce, est de couleur jaune clair.]

champ n. m. Pièce de terre labourable. Grand espace découvert : *champ de foire.* Au pluriel, la campagne : *la vie des champs. Champ clos,* celui où avaient lieu les tournois. (V. CHAMPION.) *Sur-le-champ,* tout de suite. Tranche, côté étroit : *poser une planche de champ.* Ce qui se rapporte aux champs est **champêtre.**

champagne n. m. Un vin blanc mousseux fait en Champagne.

champêtre adj. V. CHAMP.

champignon n. m. Plante sans fleurs ni feuilles, dans laquelle on ne distingue ni tige ni racines : *certains champignons sont comestibles, d'autres sont vénéneux.*

champion n. m. Celui qui combattait en champ clos (V. CHAMP). Vainqueur dans une lutte sportive : *champion cycliste.* Défenseur : *champion*

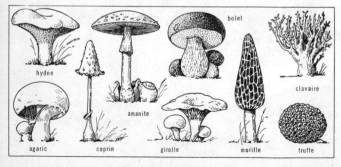

bolet

hydne

clavaire

amanite

agaric   coprin   girolle   morille   truffe

1. V. pl. RUMINANTS SAUVAGES.

de la foi. Un **championnat,**
c'est un concours sportif.

chance n. f. Manière dont une
chose peut tourner : *chance*
favorable. Bonne fortune : *avoir*
de la chance. Au pluriel, proba-
bilités : *chances de succès.*

chanceler v. Vaciller, être sur le
point de tomber.

chancelier n. m. Garde des
sceaux, ministre de la Justice.
La **chancellerie,** c'est le ministère de la Justice.

chancellerie n. f. V. CHANCE-
LIER.

chandail n. m. Tricot de laine
couvrant le torse.

chandelier n. m. V. CHANDELLE.

chandelle n. f. Mèche roulée
dans du suif, qui sert pour
éclairer. Le **chandelier** est un
support pour chandelles ou
bougies (1).

change n. m., **changement**
n. m. V. CHANGER.

changer v. Remplacer : *changer*
de toilette. Rendre, devenir différent : *changer de coiffure.* Ce
qui change est **changeant.** Un
changement, c'est l'action de
changer : *changement de route.*
Le **change,** c'est le changement : *perdre au change.* C'est
aussi l'échange, la vente de
monnaies. *Donner le change.*
c'est tromper. (V. ÉCHANGE.)

chanoine n. m. Dignitaire d'une
cathédrale. (V. CHAPITRE.)

chanson n. f. Poésie divisée en
couplets qu'on chante. Celui qui
fait des chansons est un **chansonnier.**

chansonnier n. m. V. CHANSON.

chant n. m. Suite de sons musicaux émis par la voix. Poésie de
caractère élevé, destinée à être
chantée : *chant guerrier.* **Chanter,** c'est dire sur un air musical; chanter aussi célébrer, louer :

chanter la gloire. *Faire chanter,* c'est soutirer de l'argent
sous la menace d'un scandale.
Le **chantage** est l'action de
faire chanter : *le chantage est*
un délit. Le **chanteur** est
celui qui chante. Un **chantre,**
c'est un chanteur d'église.
Chantonner, c'est chanter à
mi-voix.

chantage n. m., **chanter** v.,
chanteur n. m. V. CHANT.

chantier n. m. Grand dépôt de
bois, de charbon. Atelier à
l'air libre. Lieu de construction
pour les bateaux. Support de
bois pour le tonneau.

chantonner v., **chantre** n. m.
V. CHANT.

chaos [*ka-o*] n. m. Confusion.

chape n. f. Sorte de grand manteau d'église (2).

chapeau n. m. Coiffure à bords (3).
Le **chapelier** est celui qui fait
ou vend des chapeaux.

chapelain n. m. V. CHAPELLE.

chapelet n. m. Grains enfilés
servant à réciter des prières.

chapelier n. m. V. CHAPEAU.

chapelle n. f. Petite église. Partie d'une église pourvue d'un
autel. Le **chapelain** est le prêtre qui s'occupe d'une chapelle.

chapelure n. f. Croûte de pain
râpée pour saupoudrer un mets.

chaperon n. m. Petit toit qui
couvre un mur. Autrefois, personne âgée qui accompagnait
une jeune fille dans le monde.

chapiteau n. m. Partie supérieure d'une colonne (4).

chapitre n. m. Division d'un
livre. Assemblée de religieux,
de chanoines d'une cathédrale.
Chapitrer quelqu'un, c'est le
réprimander.

chapon n. m. Jeune coq qu'on
engraisse.

1. V. pl. ECLAIRAGE ; 2. V. pl. VÊTEMENTS RELIGIEUX ;
3. V. pl. COIFFURES CIVILES ; 4. V. pl. ARCHITECTURE.

chaque adj. Toute chose, toute personne sans exception.

char n. m. Voiture à deux roues des Anciens. Véhicule d'artillerie blindé, monté sur roues à chenille, armé de canons ou de mitrailleuses. Nom donné à certaines voitures : *char à bancs*. Un **chariot** est une voiture pour porter des fardeaux. **Charrier**, c'est transporter dans un chariot ; c'est aussi entraîner en roulant, etc. : *la rivière charrie des glaçons* Une **charrette** est une voiture de charge (1). Le **charretier** est celui qui conduit une charrette. Le **charroi**, c'est le transport par chariot. Le **charron** est celui qui fait des chariots, des charrettes.

charabia n. m. Langage obscur.

charade n. f. Sorte de devinette.

charançon n. m. Petit insecte qui ronge les grains.

charbon n. m. Combustible solide, de couleur noire, d'origine végétale, renfermant une forte proportion de carbone, utilisé comme source de chaleur et d'énergie. Un **charbonnage** est une mine de houille. Le **charbonnier** est celui qui fait, qui vend du charbon.

charcutier n. m. Celui qui prépare de la chair (cuite) de porc. La **charcuterie**, c'est la boutique du charcutier, les produits qu'il fabrique.

chardon n. m. Plante à feuilles et fleurs épineuses (2).

chardonneret n. m. Petit oiseau chanteur, à plumage brun, rouge et jaune (3).

charge n. f. Fardeau : *une lourde charge*. Obligation pénible, coûteuse : *être à la charge de quelqu'un*. Ce que peut porter un homme, un animal, une voiture : *charge de bois*. Fonctions : *les devoirs de sa charge*. Attaque militaire violente : *charge de cavalerie*. Poudre, balles qu'on met dans une arme. **Charger**, c'est mettre une charge sur : *table chargée de livres;* c'est aussi imposer une charge : *charger d'impôts;* donner l'ordre de faire une chose : *charger d'un achat;* c'est également attaquer avec violence : *charger l'ennemi;* mettre la charge dans une arme. Une lettre **chargée** est une lettre contenant des valeurs déclarées. (On dit aussi un CHARGEMENT.)

chargement n. m., **charger** v. V. CHARGE.

chariot n. m. V. CHAR.

charitable adj. V. CHARITÉ.

charité n. f. Vertu qui porte à aimer le prochain et à la raison du bien. Aumône : *faire la charité*. Celui qui montre de la charité est **charitable**.

charivari n. m. Vacarme, tapage.

charlatan n. m. Imposteur qui exploite la crédulité du public.

charmant, e adj. V. CHARME II.

charme I n. m. Arbre à bois blanc, dur et solide. Une **charmille** est une allée de charmes taillés.

charme II n. m. Enchantement magique : *rompre le charme*. Séduction : *le charme d'une voix*. **Charmer**, c'est enchanter, plaire : *musique qui charme l'oreille*. Ce qui charme est **charmant**. Celui qui charme est un **charmeur**.

charmer v., **charmeur, euse** n. V. CHARME II.

charmille n. f. V. CHARME I.

charnel, elle adj., **charnu, e** adj. V. CHAIR.

---

1. V. pl. FERME, VÉHICULES ; 2. V. pl. PLANTES SAUVAGES ; 3. V. pl. OISEAUX DES CHAMPS.

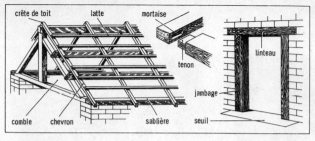

crête de toit — latte — mortaise — tenon — linteau — jambage — comble — chevron — sablière — seuil

charpente

charnière n. f. Attache formée de deux lamelles fixées sur une tige : *couvercle à charnière* (1).

charogne n. f. Cadavre d'animal en décomposition.

charpente n. f. Assemblage de bois ou de métal servant d'armature, de soutien : *la charpente d'une toiture.* **Charpenter**, c'est tailler du bois pour une charpente; c'est aussi bâtir solidement. Le **charpentier** est celui qui charpente du bois.

charpenter v., **charpentier** n. m. V. CHARPENTE.

charpie n. f. Fils de linge déchiqueté pour pansements.

charretier n. m., **charrette** n. f., **charrier** v., **charroi** n. m., **charron** n. m. V. CHAR.

charrue n. f. Machine à labourer la terre (2).

charte n. f. Autrefois, titre accordant un privilège. Loi fondamentale d'un pays, etc.

chas n. m. Trou d'aiguille.

châsse n. f. Coffret renfermant des reliques.

chasse n. f. Action de chasser. Terrain où l'on chasse : *chasse gardée.* Gibier chassé. Poursuite : *donner la chasse.* Les *avions de chasse* sont chargés de détruire les avions ennemis. **Chasser,** c'est poursuivre le gibier; c'est aussi repousser : *chasser l'ennemi;* écarter ce qui gêne : *chasser les soucis.* Le **chasseur** est celui qui chasse. Dans l'armée, c'est un soldat armé légèrement. C'est aussi un avion de chasse, un navire ou un véhicule chargés de détruire les bâtiments, les véhicules ennemis.

chasselas n. m. Sorte de raisin.

chasser v., **chasseur, euse** n. V. CHASSE.

châssis n. m. Encadrement de bois, de fer, etc., qui soutient les éléments d'un ensemble : *châssis de fenêtre.* Cadre où l'on introduit la plaque à exposer, dans un appareil photographique. Caisse vitrée pour faire pousser des plantes à l'abri du froid (3).

chaste adj. Pur d'esprit et de corps. La **chasteté**, c'est la pureté, la modestie.

chasteté n. f. V. CHASTE.

chasuble n. f. Ornement du prêtre (4).

chat, atte n. Petit animal domestique : *le chat attrape les souris* (6). Le **chat-huant** est une espèce de chouette. Un **chaton** est un petit chat.

1. V. pl. QUINCAILLERIE; 2. V. pl. CULTURE; 3. V. pl. JARDINAGE; 4. V. pl. VÊTEMENTS RELIGIEUX.

abyssin   commun   persan blanc   persan bleu   siamois

CHATS et CHIENS

braque d'Auvergne   grœnendael

◀ berger allemand   ▲ lévrier   cocker ▶

chow-chow   briard   épagneul   boxer   griffon

teckel   troupe de chiens courants   caniche

Phot. New-York Times, Beringer, Dimont, Sérafino, Roubier, Colyann, Bouchery, Sally Thompson, Rapho, Trampus, Rollet.

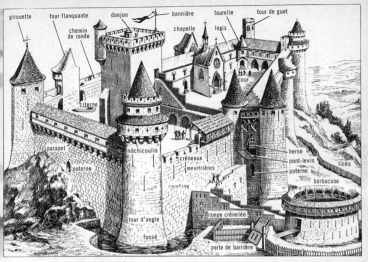

château fort

Légendes de l'illustration : girouette, tour flanquante, donjon, bannière, tourelle, tour de guet, chemin de ronde, chapelle, logis, citerne, cour, parapet, mâchicoulis, créneaux, poterne, meurtrières, herse, pont-levis, poterne, lices, courtine, barbacane, tour d'angle, rampe crénelée, fossé, porte de barrière.

châtaigne n. f. Fruit du **châtaignier** (1). Ce qui est de la couleur de la châtaigne est **châtain**.

châtain adj. V. CHÂTAIGNE.

château n. m. Jadis, demeure féodale fortifiée. Palais : *le château de Versailles*. Un **château d'eau** est un réservoir. Le **châtelain**, la **châtelaine** sont les propriétaires d'un château.

châtier v. V. PUNIR.

châtiment n. m. Punition grave.

chatoiement n. m. Reflet brillant, changeant, d'un tissu, etc.

chaton I. n. m. V. CHAT.

chaton II. n. m. Partie d'une bague où est fixée une pierre.

chatouiller v. Causer une sensation agréable ou pénible en frôlant la peau. Le **chatouillement** est l'action de chatouil-

ler. Celui qui y est sensible est **chatouilleux**.

châtrer v. Priver des organes nécessaires à la génération.

chatte n. f. V. CHAT.

chaud, e adj. Qui donne de la chaleur : *climat chaud*. Animé : *chaude dispute*. N. m. Chaleur : *avoir chaud, il fait chaud*. (V. CHAUFFER.)

chaudière n. f. Appareil destiné à chauffer de l'eau en vue de produire de l'énergie ou de répandre de la chaleur : *la chaudière du chauffage central*. Un **chaudron** est un récipient à anse destiné à aller sur le feu (2). Le **chaudronnier** est celui qui fabrique des chaudrons, des chaudières.

chaudron n. m. V. CHAUDIÈRE.

chauffage n. m. V. CHAUFFER.

chauffer v. Rendre chaud : *chauffer de l'eau*. Devenir chaud : *le bain chauffe*. Le

1. V. pl. FRUITS, ARBRES ; 2. V. pl. CUISINE (*Instruments de*).

chauffage est l'action de chauffer. Une **chaufferette** est un petit réchaud pour chauffer les pieds (1). Le **chauffeur** est celui qui entretient le feu d'une forge, d'une machine à vapeur : *chauffeur de locomotive;* c'est aussi un conducteur d'auto.

chauffeuse n. f., **chauffeur** n. m. V. CHAUFFER.

chauler v. V. CHAUX.

chaume n. m. Paille de blé, de seigle, etc. Une **chaumière**, c'est une maisonnette à toit de chaume.

chaumière n. f. V. CHAUME.

chaussée n. f. Partie de la voie publique aménagée pour la circulation.

chausser v. Mettre des chaussures. La **chaussette** est un bas qui monte à mi-jambe. Une **chaussure**, c'est ce qui se met au pied : une botte, un soulier, etc. Un **chausson**, c'est une chaussure d'étoffe.

chausses n. f. pl. Sorte de culotte ancienne.

chaussette n. f., **chausson** n. m., **chaussure** n. f. Voir CHAUSSER.

chauve adj. Sans cheveux : *tête chauve.* La **chauve-souris** est un petit mammifère dont les pattes sont réunies par une peau qui lui permet de voler (2).

chauvin, e adj. Qui a une admiration aveugle pour son pays.

chaux n. f. Matière qui constitue le marbre, la pierre à bâtir. **Chauler,** c'est répandre de la chaux pour améliorer la terre.

chavirer v. Se retourner sens dessus dessous (bateau).

chauffage

cheminée
tablette
tablier
âtre
pincettes
chenets
grille
poêle à bois
brasero
radiateur parabolique
poêle à sciure
feu continu
radiateur obscur (électr.)
radiateur à gaz
radiateur de chauffage central
chaufferette (électr.)
bouillotte (électr.)
couverture
chauffe-lit (électr.)

1. V. pl. CHAUFFAGE; 2. V. pl. INSECTIVORES.

chéchia n. f. Coiffure de certaines populations d'Afrique.

chef n. m. Celui qui dirige, qui est à la tête : *chef d'entreprise*. Une **cheftaine** est une jeune fille qui dirige un groupe de scouts. Un **chef-d'œuvre**, c'est un travail parfait. Un **chef-lieu**, c'est la ville principale d'un département, d'un arrondissement, d'un canton.

cheftaine n. f. V. CHEF.

cheikh n. m. Chef de tribu arabe.

chemin n. m. Endroit par où l'on passe pour aller d'un lieu à un autre. Partie du sol servant

chaussures

cothurne

sabot

espadrille

soulier

galoche

brodequin

sandale

mule

pantoufle

babouche

habituellement pour aller d'un lieu à un autre : *chemin pavé*. *Chemin de fer*, voie de rails sur lesquels roulent des trains. Direction : *demander son chemin*. Ce qui conduit à un résultat : *le chemin de la fortune*. **Cheminer**, c'est marcher, faire du chemin. Un **chemineau**, c'est un mendiant vagabond. Un **cheminot**, c'est un employé de chemin de fer.

chemineau n. m. V. CHEMIN.

cheminée n. f. Foyer où l'on fait du feu (1). Tuyau de sortie de la fumée d'un foyer.

cheminer v., **cheminot** n. m. V. CHEMIN.

chemise n. f. Vêtement de dessous en toile, en soie, etc. Carton pour ranger des papiers. Enveloppe d'un moteur, etc. Une **chemisette**, c'est un corsage de lingerie. Un **chemisier**, c'est une blouse de femme (2).

chemisette n. f., **chemisier** n. m. V. CHEMISE.

chenal n. m. Partie profonde, navigable, d'un port, d'une rivière.

chenapan n. m. Vaurien.

chêne n. m. Arbre dont le fruit est le gland : *l'écorce du chêne donne le tanin* (3).

chenet n. m. Support pour les bûches dans une cheminée (4).

chènevis n. m. Graine de chanvre.

chenil [*che-ni*] n. m. Lieu où on loge les chiens.

chenille n. f. Larve de papillon. Bande sans fin qui entoure les roues d'un véhicule et lui permet de rouler partout.

chenu, e adj. À cheveux blancs.

cheptel [*chèp-tèl*] n. m. Bétail, matériel d'une ferme.

1. V. pl. CHAUFFAGE, MAISON ; 2. V. pl. VÊTEMENTS FÉMININS ;
3. V. pl. ARBRES ; 4. V. pl. CHAUFFAGE.

chèque n. m. Ordre de paiement à vue par une banque.

cher, ère adj. Très aimé : *ami cher*. De prix élevé : *bijou cher*. **Chérir**, c'est aimer beaucoup : *chérir un enfant*. La **cherté** c'est la qualité de ce qui est cher, coûteux.

chercher v. S'efforcer de trouver, de faire : *chercher du travail, chercher à plaire*.

chère n. f. Qualité d'un repas : *faire bonne chère*.

chérir v., **cherté** n. f. V. CHER.

chérubin n. m. Ange. Familièrement, enfant charmant.

chétif, ive adj. Faible.

cheval n. m. Animal domestique qui sert de monture, de bête de somme et de trait (1). *A cheval*, à califourchon. Au figuré, ferme : *à cheval sur la discipline*. (V. aussi CHEVAL-VAPEUR.) Un **chevalet**, c'est un support : *chevalet de peintre*. **Chevaucher**, c'est aller à cheval. Une **chevauchée**, c'est une longue course à cheval. Ce qui est propre au cheval est **chevalin** : *la race chevaline*.

cheval-vapeur n. m. Unité de puissance utilisée pour les automobiles. (Abrégée au pluriel, cette expression, avec simplement le mot « cheval », désigne aussi un type d'automobile : *une deux-chevaux (2 CV)*.

chevalerie n. f. Institution à la fois militaire et religieuse qui imposait à ses membres le courage, la loyauté, la protection des faibles et la courtoisie envers les dames. Le **chevalier** était celui qui appartenait à la chevalerie ; c'est aujourd'hui celui qui est décoré d'un ordre honorifique. Ce qui est conforme au caractère des anciens chevaliers est **chevaleresque**.

chevalet n. m. V. CHEVAL.

chevalier n. m. V. CHEVALERIE.

chevauchée n. f., **chevaucher** v. V. CHEVAL.

chevelu, e adj., **chevelure** n. f. V. CHEVEU.

chevet n. m. Tête du lit.

cheveu n. m. Poil de la tête de l'homme. La **chevelure** est l'ensemble des cheveux. Celui qui a beaucoup de cheveux est **chevelu**.

cheville n. f. Petite tige de bois, de fer, pour boucher un trou, pour réunir deux pièces (2). Saillie que font les os au bas de la jambe (3).

chèvre n. f. Petit ruminant domestique à cornes (4). Appareil pour soulever des fardeaux. Le petit de la chèvre est le **chevreau** (5). Le **chevrier** est le gardien d'un troupeau de chèvres. **Chevroter**, c'est parler d'une voix tremblante (comme en bêlant).

chèvrefeuille n. m. Plante grimpante à fleurs odorantes (6).

chevreuil n. m. Animal ruminant sauvage, à petites cornes (7). Les **chevrotines** sont de gros plombs de chasse pour tirer le gros gibier.

chevron n. m. Chacune des poutres placées suivant la pente du toit (8). Galon en forme de V renversé, marquant l'ancienneté.

chevroter v. V. CHÈVRE.

chevrotine n. f. V. CHEVREUIL.

chez prép. Dans la maison : *chez moi*. Dans le pays de : *chez les Anglais*. Dans la personne de : *c'est une habitude chez lui*.

chic n. m. Savoir-faire. Élégance (mot familier).

---

1. V. pl. BÉTAIL ; 2. V. pl. QUINCAILLERIE ; 3. V. pl. HOMME ; 4, 5. V. pl. BÉTAIL ; 6. V. pl. FLEURS ; 7. V. pl. RUMINANTS SAUVAGES ; 8. V. pl. CHARPENTE.

chicane n. f. Difficulté qu'on crée pour retarder une affaire en justice; c'est aussi un passage en zigzag. **Chicaner,** c'est user de chicanes; c'est aussi critiquer sans motif.

chiche adj. Mesquin.

chicorée n. f. Sorte de salade dont la racine, grillée, se mêle souvent au café.

chicot n. m. Racine d'une dent cassée.

chien n. m. Animal domestique utilisé pour la chasse, pour la garde des troupeaux, des habitations (1). Pièce d'une arme à feu qui fait partir le coup.

chiendent n. m. Herbe sauvage envahissante.

chiffon n. m. Vieux morceau d'étoffe. **Chiffon de papier,** traité sans valeur. **Chiffonner,** c'est froisser comme un chiffon.

Le **chiffonnier,** c'est le ramasseur de chiffons; c'est aussi un meuble à tiroirs.

chiffre n. m. Signe qui représente un nombre : *chiffres romains* (I, V, X, etc.); *chiffres arabes* (1, 2, 3, 4, etc.). Montant, valeur : *chiffre d'affaires*. Initiales entrelacées. **Chiffrer,** c'est numéroter : *chiffrer des pages;* c'est aussi transposer un texte par un système qui en assure le secret.

chiffrer v. V. CHIFFRE.

chignole n. f. Perceuse portative, actionnée à la main ou par un moteur électrique.

chignon n. m. Cheveux noués derrière la tête.

chimère n. f. Idée fausse, imagination vaine. Ce qui n'a pas de fondement est **chimérique.**

chimie n. f. Science qui étudie la nature et les propriétés des corps simples. Ce qui appartient à la chimie est **chimique.** Le **chimiste** est celui qui s'occupe de chimie.

chimpanzé n. m. Grand singe d'Afrique, très sociable (2).

chinchilla n. m. Petit rongeur d'Amérique (3).

chinois, e adj. et n. De Chine.

chipie n. f. Femme acariâtre.

chipolata n. f. Petite saucisse.

chique n. f. Tabac qu'on mâche.

chiquenaude n. f. Coup donné en détendant un doigt plié.

chiromancie [*ki-ro-man-sî*] n.f. Prédiction de l'avenir par les lignes de la main.

chirurgical, e adj. V. CHIRURGIE.

chirurgie n. f. Partie de la médecine qui s'occupe des blessures, des fractures, des accidents qui demandent une opération manuelle. Celui qui

chimie

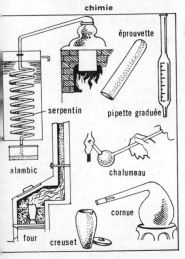

éprouvette · serpentin · pipette graduée · alambic · chalumeau · cornue · four · creuset

1. V. pl. CHATS ET CHIENS; 2. V. pl. SINGES; 3. V. pl. FOURRURE (*Animaux à*).

pratique la chirurgie est le **chirurgien**. Ce qui a trait à la chirurgie est **chirurgical**.

chlore [*klor'*] n. m. Corps gazeux de couleur verte et d'odeur suffocante. Le chlore donne avec d'autres corps des **chlorures** : *le sel marin est un chlorure de sodium*.

chloroforme [*klo-ro-form'*] n. m. Liquide obtenu par l'action du chlore sur l'alcool et qui, respiré, endort profondément et prive de sensibilité.

chlorophylle [*klo-ro-fil*] n. f. Pigment vert des végétaux, qui ne se forme qu'à la lumière.

chlorure [*klo-rur'*] n. m. V. CHLORE.

choc n. m. Coup produit par une rencontre brusque : *le choc d'une pierre contre un mur*. **Choquer**, c'est heurter, rencontrer plus ou moins violemment : *voiture qui en choque une autre*. Au figuré, c'est contrarier : *choquer l'opinion*. Ce qui choque est **choquant**.

chocolat n. m. Mélange de cacao et de sucre, de couleur brun foncé. Cette substance, cuite à l'eau ou au lait : *tasse de chocolat*.

chœur [*keur*] n. m. Groupe de personnes qui dansent ou chantent ensemble. Composition musicale à plusieurs parties qui sont chantées ensemble. Partie de l'église où l'on chante l'office. *Enfant de chœur*, enfant qui aide au service religieux. La *musique* **chorale** [*ko-ral'*] est celle qui est faite pour les chœurs. Une **chorale**, c'est une société de chanteurs. Le **choriste** [*ko-rist'*] est celui qui chante dans un chœur. Faire **chorus** [*ko-russ*], c'est répéter avec les autres.

choir v. Tomber : *laisser choir; objet qui a chu sur le sol*.

choisir v. Prendre de préférence : *choisir un camarade*. Le **choix**, c'est l'action de choisir, la possibilité de le faire; c'est aussi ce qui a été choisi.

choix n. m. V. CHOISIR.

choléra [*ko-lé-ra*] n. m. Une maladie intestinale contagieuse et grave.

chômage n. m. Arrêt dans une usine, une industrie. **Chômer**, c'est ne pas travailler les jours fériés; c'est aussi manquer de travail. Le **chômeur** est celui qui est sans travail.

chômer v., **chômeur** n. V. CHÔMAGE.

chope n. f. Verre à bière.

chopine n. f. Demi-litre.

chopper v. Faire un faux pas.

choquer v. V. CHOC.

choral, e adj., **choriste** n., **chorus** n. m. V. CHŒUR.

chorégraphie [*ko-ré-gra-fi*] n. f. Art de la danse.

chose n. f. Mot qui désigne de façon vague tout ce qui est : *le travail n'est pas toujours chose facile; quelque chose d'utile; appeler une chose par son nom*. Objet : *chose de grand prix*. Evénement : *savez-vous la chose?*

chou n. m. Plante potagère comestible (1). Pâtisserie creuse : *chou à la crème*. *Choufleur*, chou à fleurs comestibles.

chouan n. m. Insurgé de Vendée, pendant la Révolution.

choucroute n. f. Chou haché aigri dans la saumure.

chouette n. f. Un oiseau de proie nocturne (2).

chow-chow n. m. Race de chiens d'origine chinoise (3).

choyer v. Soigner tendrement.

1. V. pl. LÉGUMES; 2. V. pl. RAPACES; 3. V. pl. CHATS ET CHIENS.

chrétien, enne n., **chrétienté** n. f. V. CHRIST.

Christ [*krist'*] n. m. Jésus-Christ, le Messie Sauveur des hommes, chez les chrétiens. Figure du Christ attaché à la croix : *un christ d'ivoire*. Le **chrétien** est celui qui est baptisé et suit la religion du Christ. La **chrétienté**, c'est l'ensemble des pays chrétiens. Le **christianisme** est la religion du Christ.

chromo [*kro-mo*] n. m. Lithographie (v. ce mot) en couleurs.

chronique [*kro-nik'*] adj. Se dit d'une maladie qui se prolonge : *bronchite chronique* Une **chronique**, c'est une histoire au jour le jour; c'est aussi un article de journal sur les événements du jour. Le **chroniqueur** est celui qui écrit des chroniques de journal.

chroniqueur n. m. V. CHRONIQUE.

chronologie [*kro-no-lo-ji*] n. f. Etude des dates historiques.

chronomètre [*kro-no-mètr'*] n. m. Montre de précision.

chrysalide [*kri-za-lid'*] n. f. Chenille qui s'enferme dans un cocon pour se changer en papillon.

chrysanthème [*kri-zan-tèm'*] n. m. Plante d'ornement à fleurs de couleurs diverses (1).

chuchotement n. m. V. CHUCHOTER.

chuchoter v. Parler bas à l'oreille. Un **chuchotement** est l'action de chuchoter.

chut! interjection. Silence!

chute n. f. Action de tomber. Cours d'eau dont la masse tombe d'une certaine hauteur : *les chutes du Niagara*. Au figuré, perte de situation, de fortune, etc. : *la chute d'un roi, d'un ministère*. Faute grave : *la chute du premier homme*.

ci adv. Ici : *ci-gît* (ici repose). *Ci-dessous*, plus bas; *ci-dessus*, plus haut; *ci-contre*, en face; *ci-après*, plus loin. *Un ci-devant*, un noble, pendant la Révolution.

cible n. f. Disque que l'on vise au tir. Au figuré, but, objet.

ciboire n. m. Grande coupe à couvercle renfermant les hosties pour la communion des chrétiens (2).

ciboule n. f., **ciboulette** n. f. Plantes potagères servant de condiment.

cicatrice n. f. Marque qui reste d'une blessure, d'une plaie. **Cicatriser**, c'est fermer une plaie.

cicatriser v. V. CICATRICE.

cicerone n. m. Guide pour les étrangers dans une ville.

cidre n. m. Boisson faite avec le jus fermenté de la pomme.

ciel n. m. Espace situé au-dessus de la terre, où se meuvent les astres. Séjour de la divinité et des bienheureux. La divinité elle-même : *plaise au Ciel! A ciel ouvert*, en plein air.

cierge n. m. Grande chandelle de cire, employée pour le culte.

cigale n. f. Gros insecte qui produit un bruit monotone (3).

cigare n. m. Rouleau de feuilles de tabac que l'on fume.

cigarette n. f. Tabac haché, roulé dans du papier.

cigogne n. f. Oiseau voyageur, à long bec et à longues jambes : *la cigogne fait souvent son nid sur les cheminées d'Alsace* (4).

ciguë [*si-gu*] n. f. Plante vénéneuse. Poison extrait de cette plante.

1. V. pl. FLEURS ; 2. V. pl. CULTE (*Objets du*) ; 3. V. pl. INSECTES ;
4. V. pl. PALMIPÈDES ET ÉCHASSIERS.

cil n. m. Poil des paupières.

cilice n. m. Chemise de crin, portée par pénitence.

cime n. f. Sommet : *la cime d'une montagne.*

ciment n. m. Mélange de chaux et d'argile, employé en maçonnerie : *le ciment armé est renforcé par des tringles de fer.*

cimeterre n. m. Sabre oriental à lame recourbée (1).

cimetière n. m. Lieu où l'on enterre les morts.

cimier n. m. Ornement du sommet d'un casque.

cinéaste n. m. V. CINÉMA.

cinéma n. m. (abrév. de *cinématographe*). Art qui consiste à réaliser des films dont les images animées sont projetées sur un écran. Salle de spectacle où l'on projette des films. Un **cinéaste** est un réalisateur de films.

cinglant, e adj. V. CINGLER.

cingler v. Frapper d'un coup de fouet, etc. Naviguer vers un endroit : *cingler vers l'Ouest.* Au figuré, réprimander sévèrement. Ce qui cingle est **cinglant** : *un coup cinglant.*

cinq adj. Quatre et un.

cinquante adj. Cinq fois dix.

cinquantième adj. Qui vient après le quarante-neuvième. N. m. Chaque partie d'un tout divisé en cinquante parts égales.

cinquième adj. Qui suit le quatrième. N. m. Chacune des cinq parties égales formant un tout.

cintre n. m. Courbe d'une voûte, d'un arc (2). Ce qui forme un arc est **cintré**.

cirage n. m. V. CIRE.

circonférence n. f. Ligne courbe, plane, fermée, dont tous les points sont à égale distance du centre : *tracer une circonférence au compas* (3).

circonflexe adj. Se dit d'un accent (^) pour voyelles longues (ex. : *tête, pâte, côte*).

circonscription n. f. Division administrative, militaire.

circonspect, e adj. Prudent.

circonstance n. f. Fait particulier qui accompagne un événement, une situation : *les circonstances d'un accident.*

circuit n. m. Pourtour : *le circuit d'une ville.* Tour, trajet plus ou moins circulaire : *circuit automobile.*

circulaire adj. Rond, en forme de cercle : *salle circulaire.* N. f. Lettre commune adressée à plusieurs personnes.

circulation n. f., **circulatoire** adj. V. CIRCULER.

circuler v. Aller, venir en tous sens. Passer de main en main : *capitaux qui circulent.* Aller et venir : *circuler dans les rues.* Au figuré, se répandre : *nouvelle qui circule.* La **circulation**, c'est le mouvement de ce qui circule : *la circulation du sang* (4). Ce qui se rapporte à la circulation du sang est **circulatoire**.

cire n. f. Substance avec laquelle les abeilles construisent les rayons de leurs ruches (5). [V. ABEILLE.] Sorte de résine pour cacheter. **Cirer**, c'est enduire de cire ou d'une matière semblable : *toile cirée;* c'est aussi frotter à la cire, au cirage, pour faire briller. Le **cirage** est une pâte pour faire reluire les cuirs. Un **ciré** est un vêtement imperméable. Le **cireur** est celui qui cire : *un cireur de parquets.* Ce qui a

1. V. pl. ARMES ; 2. V. pl. ARCHITECTURE ; 3. V. pl. LIGNES ; 4. V. pl. HOMME ; 5. V. pl. ABEILLES.

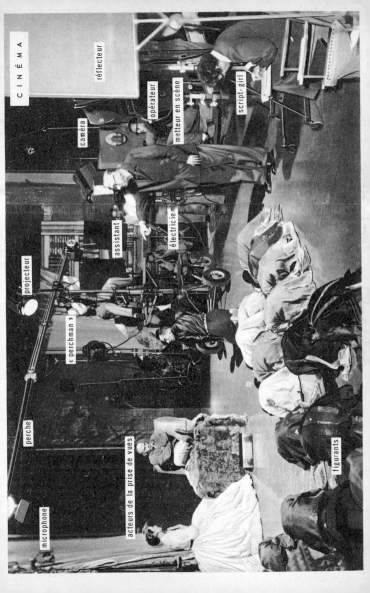

CINÉMA

réflecteur

caméra

opérateur

metteur en scène

script-girl

projecteur

assistant

électricie

« perchman »

perche

microphone

acteurs de la prise de vues

figurants

l'aspect de la cire est **cireux** : *un teint cireux*.

cirer v., **cireur** n. m., **cireux, euse** adj. V. CIRE.

cirque n. m. Enceinte ronde entourée de gradins, pour les jeux publics des anciens Romains. Théâtre en forme de cirque pour exercices d'équitation et d'acrobatie.

cisailler v. V. CISAILLES.

cisailles n. f. pl. Gros ciseaux pour couper les métaux. **Cisailler**, c'est couper avec des cisailles.

ciseau n. m. Outil coupant pour travailler le bois, la pierre, le métal (1). N. m. pl. Instrument à branches pour couper le papier, l'étoffe. **Ciseler**, c'est tra-vailler au ciseau : *ciseler du bronze*. Une **ciselure**, c'est un ouvrage ciselé.

ciseler v., **ciselure** n. f. V. CISEAU.

citadelle n. f., **citadin** n. m. V. CITÉ.

citation n. f. V. CITER.

cité n. f. Ville importante. Partie ancienne de quelques villes : *la Cité de Paris*. Le **citoyen**, c'est l'habitant d'un pays qui jouit de certains droits et est tenu à certains devoirs : *citoyen français*. Le **citadin**, c'est l'habitant d'une ville : *les citadins aiment à se promener à la campagne*. La **citadelle** est la forteresse d'une ville.

citer v. Rapporter mot à mot : *citer les paroles d'un auteur*. Désigner, indiquer : *citer des*

cirque

1. V. pl. MENUISERIE.

témoins. Ordonner de se présenter devant le juge. L'action de citer est la **citation**.

citerne n. f. Réservoir pour l'eau de pluie (1).

cithare n. f. Sorte de lyre.

citoyen n. m. V. CITÉ.

citron n. m. Fruit du **citronnier**, de couleur jaune et à jus acide (2). La **citronnade** est une boisson composée de jus de citron, d'eau et de sucre.

citronnade n. f. V. CITRON.

citrouille n. f. Courge à gros fruits comestibles.

civet n. m. Ragoût dans lequel il entre du vin, des oignons, etc. : *civet de lièvre*.

civette n. f. Petit carnassier d'Afrique, qui fournit un parfum très estimé.

civière n. f. Châssis de bois, de toile, muni de poignées pour porter des fardeaux, des blessés.

civil, e adj. Des citoyens : *droits civils*. Non militaire : *habillé en civil. Guerre civile*, entre citoyens. *Mariage civil*, à la mairie. Poli, convenable. N. m. Celui qui n'est ni soldat ni prêtre. **Civiliser**, c'est faire passer de l'état primitif à un état supérieur, sur les plans matériel, intellectuel, moral. La **civilisation**, c'est l'état d'un peuple civilisé, c'est l'action de civiliser. La **civilité**, c'est la courtoisie. **Civique** s'emploie pour *civil* du point de vue politique : *devoirs civiques*.

civilisation n. f., **civiliser** v., **civilité** n. f., **civique** adj. V. CIVIL.

claie n. f. Treillis d'osier.

clair, e adj. Lumineux, qui a de la clarté : *logement clair*. Net, distinct (son). Limpide, liquide : *eau claire*. Peu foncé :

vert clair. Peu serré (tissu). Evident : *un sens bien clair*. A **claire-voie** se dit de ce qui est à jour, peu serré. Une **clairière**, c'est un endroit sans arbres dans une forêt. La **clarté**, c'est la lumière qui rend visibles les objets; c'est aussi la transparence : *la clarté d'un liquide*. Ce qui est peu serré est **clairsemé**. Etre **clairvoyant**, c'est être perspicace, ne pas se laisser tromper. **Clarifier**, c'est rendre clair.

clairière n. f. V. CLAIR.

clairon n. m. Trompette à son clair (3). Soldat qui sonne du clairon.

claire-voie n. f., **clairsemé, e** adj., **clairvoyant, e** adj. V. CLAIR.

clameur n. f. Long cri bruyant.

clan n. m. Tribu, en Ecosse, en Irlande. Familièrement, parti.

clandestin, e adj. Secret, caché.

clapet n. m. Soupape.

clapier n. m. Loge à lapins.

clapotement n. m., **clapotis** n. m. Bruit de petites vagues qui s'entrechoquent. **Clapoter**, c'est produire un clapotis.

claque n. f. Coup du plat de la main. Troupe de gens payés pour applaudir au théâtre. Chapeau qu'on peut aplatir. **Claquer**, c'est faire un bruit sec; c'est aussi donner une claque. Le **claquement** est le bruit de ce qui claque.

claquement n. m., **claquer** v. V. CLAQUE.

clarifier v. V. CLAIR.

clarinette n. f. Instrument à vent, à bec et anche (4).

clarté n. f. V. CLAIR.

classe n. f. Catégorie de personnes qui ont les mêmes intérêts, la même condition sociale : *la classe ouvrière*.

Ensemble des jeunes soldats appelés chaque année. Elèves qui suivent chaque degré d'un cours d'études : *classe de 5e*. Cet enseignement : *faire la classe*. Salle où il se donne. **Classer,** c'est ranger par classes, par groupes. Le **classement** c'est l'action de classer, l'état de ce qui est classé. Un **classeur,** c'est un meuble pour classer des papiers. **Classique** signifie : qui se rapporte aux classes, à l'enseignement : *livres classiques;* se dit de l'Antiquité grecque et latine, jadis base de l'enseignement, des écrivains et des artistes considérés comme des modèles.

classement n. m., **classer** v., **classeur** n. m., **classique** adj. V. CLASSE.

clause n. f. Condition, disposition d'une loi, d'un traité, etc.

clavaire n. f. Champignon des bois (1).

clavecin n. m. Ancien instrument de musique à clavier et à cordes.

clavicule n. f. Petit os situé en avant de l'épaule (2).

clavier n. m. Ensemble des touches d'un instrument de musique : *clavier de piano*.

clef [*klé*] ou **clé** n. f. Petit instrument pour ouvrir et fermer une serrure (3), pour serrer ou desserrer un écrou (4). Ce qui permet de comprendre une chose : *la clef de l'énigme*. En musique, signe placé au commencement de la portée et qui détermine le nom des notes : *clef de sol* (5). *Clef de voûte*, pierre au sommet d'une voûte en arc de cercle.

clématite n. f. Plante grimpante.

clémence n. f. Vertu qui consiste à pardonner. Celui qui a de la clémence est **clément.**

clément, e adj. V. CLÉMENCE.

clerc [*klèr*] n. m. Autrefois, ecclésiastique ou savant. Aujourd'hui, employé d'une étude de notaire, d'avoué. Le **clergé** est l'ensemble des ecclésiastiques. Ce qui appartient au clergé est **clérical.**

clergé n. m., **clérical, e** adj. V. CLERC.

cliché n. m. Plaque métallique permettant d'obtenir des épreuves typographiques servant à imprimer. Image photographique négative (noir pour blanc) servant à tirer les épreuves sur papier, etc. Au figuré, chose banale.

client, e n. Celui qui confie ses intérêts à un avocat, le soin de sa santé à un médecin. Pratique d'un commerçant. La **clientèle** est l'ensemble des clients.

clientèle n. f. V. CLIENT.

cligner v. Fermer les yeux à demi. Faire signe en clignant de l'œil. **Clignoter,** c'est cligner coup sur coup. Le **clignement** est l'action de cligner. Un **clin** *d'œil*, c'est un clignement; c'est aussi un instant.

clignoter v. V. CLIGNER.

climat n. m. Ensemble des conditions atmosphériques d'un pays. La **climatologie** est la science qui décrit et explique les climats.

climatologie n. f. V. CLIMAT.

clin n. m. V. CLIGNER.

clinique n. f. Maison de santé, hôpital généralement payant.

clinquant n. m. Lamelle de métal brillant. Faux brillant.

clipper n. m. Navire à voiles de fort tonnage (6).

cliquet n. m. Petit levier qui arrête une roue dentée (7).

---

1. V. pl. CHAMPIGNONS; 2. V. pl. HOMME; 3. V. pl. SERRURERIE; 4. V. pl. QUINCAILLERIE; 5. V. pl. MUSIQUE (*Signes de*); 6. V. pl. MARINE À VOILE; 7. V. pl. MÉCANIQUE.

cliquetis n. m. Bruit d'objets entrechoqués : *cliquetis d'épées*.

cliver v. Fendre l'ardoise, etc.

cloaque n. m. Egout. Endroit sale.

clochard n. m. Personne sans domicile, qui vit de mendicité.

cloche n. f. Instrument de bronze en forme de vase renversé, qu'on fait sonner en le heurtant avec un battant attaché à l'intérieur (1). Couvercle de verre en forme de cloche : *cloche à melon*. Le **clocher** est la tour où l'on installe la cloche d'une église. Une petite cloche est une **clochette**.

clocher n. m. V. CLOCHE.

clocher v. V. BOITER. Au figuré, aller de travers : *rien ne cloche*.

cloison n. f. Séparation légère dans un bâtiment : *percer une cloison*.

cloître n. m. Galerie couverte qui entoure la cour d'un monastère. Par extension, monastère. **Cloîtrer**, c'est enfermer dans un cloître.

cloîtrer v. V. CLOÎTRE.

clopin-clopant adv. En boitant.

cloporte n. m. Petit animal à carapace articulée, qui vit dans les endroits humides (2).

cloque n. f. Ampoule à la peau.

clore v. Fermer, boucher : *bouche close*. Entourer : *clore de murs*. Terminer : *clore une discussion*. (Conjuguez : *Je clos, il clôt* [sans pluriel]; *je clorai; clos, close* [pas aux autres temps].) Un **clos**, c'est un terrain cultivé, entouré de murs. La **clôture**, c'est ce qui clôt; c'est aussi la fin d'une séance, d'une assemblée, etc.

clos n. m., **clôture** n. f. V. CLORE.

clou n. m. Pointe de métal pour fixer, pour suspendre (3). Familièrement, spectacle qui attire l'attention. Furoncle, petite tumeur. Familièrement, mont-de-piété : *mettre sa montre au clou*. **Clouer**, c'est fixer avec des clous. **Clouter**, c'est garnir de clous.

clouer v., **clouter** v. V. CLOU.

clown [*kloun'*] n. m. Paillasse, bouffon de cirque (4). Une **clownerie** est un tour, une farce de clown.

clownerie n. f. V. CLOWN.

club n. m. Société groupant des personnes ayant des intérêts communs sur les plans littéraire, politique, sportif, etc.

clystère n. m. Lavement.

coaguler v. Figer un liquide, cailler : *sang coagulé*.

coaliser (se) v. V. COALITION.

coalition n. f. Ligue d'Etats, de particuliers contre un adversaire commun. **Se coaliser**, c'est former une coalition.

coassement n. m. V. COASSER.

coasser v. Crier, en parlant des grenouilles. Le **coassement** est le cri de la grenouille. (V. CROASSEMENT.)

cobalt n. m. Métal employé dans certains alliages et pour la préparation de colorants.

cobaye [*ko-bay'*] n. m. Cochon d'Inde (5).

coca n. f. Arbrisseau du Pérou, des feuilles duquel on tire la **cocaïne**, médicament qui calme la douleur.

cocagne n. f. S'emploie dans les locutions : *pays de cocagne*, où l'on trouve tout en abondance; *mât de cocagne*, perche glissante au sommet de laquelle sont suspendus des objets à décrocher.

cocaïne n. f. V. COCA.

cocarde n. f. Petit insigne de couleur (6).

---

1. V. pl. MUSIQUE (*Instruments de*) ; 2. V. pl. CRUSTACÉS ; 3. V. pl. QUINCAILLERIE; 4. V. pl. CIRQUE ; 5. V. pl. RONGEURS ; 6. V. pl. DÉCORATIONS.

cocasse adj. Drôle : *air cocasse*.

coccinelle n. f. Petit insecte, dit aussi BÊTE À BON DIEU (1).

coche n. m. Autrefois, grande diligence. Le **cocher** est, en général, le conducteur d'une voiture à chevaux.

coche n. f. Entaille.

cochenille n. f. Insecte mexicain qui donne une couleur écarlate.

cocher n. m. V. COCHE.

cochon n. m. Animal domestique à chair appréciée, appelé aussi *porc*. Au figuré, homme malpropre. (Dans ce sens, on dit au fém. **cochonne**.) **Cochon d'Inde**, petit rongeur domestique. Une **cochonnerie**, c'est une malpropreté.

cochonnerie n. f. V. COCHON.

cocker n. m. Chien de chasse à longues oreilles tombantes (2).

coco n. m. Fruit du cocotier.

cocon n. m. Enveloppe soyeuse où s'enferment les chenilles pour se changer en papillons.

cocorico n. m. Mot forgé pour imiter le chant du coq.

cocotier n. m. Palmier qui donne les noix de coco.

cocotte n. f. Casserole en fonte (3). Poule, dans le langage enfantin. Papier plié rappelant un peu la forme d'une poule.

code n. m. Recueil des lois : *le Code civil*. Recueil de règlements : *le Code de la route*. Système convenu par lequel on transcrit un message : *code secret*.

cœur n. m. Organe creux, placé dans la poitrine, qui produit le mouvement du sang (4). La poitrine : *serrer sur son cœur*. Par extension, l'estomac : *avoir mal au cœur*. Carte à jouer marquée d'un cœur rouge. Milieu, centre : *cœur de*

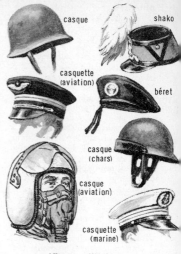

casque — shako

casquette (aviation) — béret

casque (chars)

casque (aviation)

casquette (marine)

coiffures militaires

salade (5). Ensemble de nos sentiments, de nos affections : *avoir bon cœur; ouvrir son cœur*. Courage : *avoir du cœur*. Par cœur, de mémoire. *De bon cœur*, volontiers. *A contrecœur*, contre son gré.

coffre n. m. Grande caisse : *coffre à bois*. Un **coffrage** est un assemblage destiné à maintenir le béton dans une certaine forme, jusqu'à son durcissement (6). **Coffre-fort**, coffre de métal à serrure de sûreté. Un **coffret**, c'est un petit coffre.

coffret n. m. V. COFFRE.

cognac n. m. Eau-de-vie très fine fabriquée à Cognac.

cognassier n. m. Arbre qui produit les coings.

cognée n. f. V. COGNER.

1. V. pl. INSECTES; 2. V. pl. CHATS ET CHIENS; 3. V. pl. CUISINE (*Ustensiles de*); 4. V. pl. HOMME; 5. V. pl. PLANTES; 6. V. pl. MAÇONNERIE.

coiffures civiles   **coiffures religieuses**

Labels within left illustration: chapeau mou, béret, coiffe, perruque, toque de jockey, cape ou melon, hennin, tricorne, casquette, panama, toque de cuisinier, haut-de-forme, canotier, capuchon, bonnet de coton

Labels within right illustration: barrette, calotte, cornette, chapeau d'ecclésiastique, chapeau de cardinal, tiare, mitre

cogner v. Frapper : *cogner la tête; cogner à la porte.* La **cognée,** c'est la hache du bûcheron.

cohorte n. f. Subdivision de la légion romaine. Troupe de personnes.

cohue n. f. Foule confuse.

coi, coite adj. Tranquille. *Se tenir coi,* ne rien dire.

coiffe n. f. V. COIFFER.

coiffer v. Couvrir la tête d'un chapeau, etc. Arranger les cheveux : *se coiffer avec soin.* Une **coiffe,** c'est un bonnet de paysanne. Un **coiffeur,** une **coiffeuse** sont des personnes dont le métier est de couper et d'arranger les cheveux. Une **coiffeuse,** c'est aussi une table de toilette. La **coiffure,** c'est ce qui sert à couvrir la tête; c'est aussi l'arrangement des cheveux.

coiffeur n. m., **coiffeuse** n. f., **coiffure** n. f. V. COIFFER.

coin n. m. Angle formé par deux lignes, deux surfaces qui se coupent : *les quatre coins d'un carré.* Extrémité d'un corps solide terminé par un coin : *le coin d'une table.* Endroit retiré : *coin tranquille.* Outil en forme de coin pour fendre du bois, etc. **Coincer,** c'est fixer avec des coins; c'est aussi retenir comme dans un coin.

coincer v. V. COIN.

coïncidence n. f. V. COÏNCIDER.

coïncider v. Couvrir exactement; s'ajuster : *lignes, surfaces qui coïncident.* Survenir en même temps : *faits qui coïncident*. La **coïncidence** est la rencontre de choses qui coïncident.

coing n. m. Fruit du cognassier, de couleur jaune, très parfumé, dont on fait une gelée (*cotignac*) [1].

coke n. m. Combustible obtenu par la distillation de la houille et utilisé pour la métallurgie.

col n. m. Cou. Partie d'un vêtement qui entoure le cou. Partie rétrécie d'une bouteille, etc. Passage resserré entre des montagnes. Le **collet** est le col d'un vêtement. Un **collet**, c'est encore un lacet de fil de fer pour prendre du gibier. Une **collerette** est un petit collet. **Colleter**, c'est saisir au collet. Un **collier** est un ornement de cou ; c'est aussi un cercle de cuir, etc., au cou d'un animal [2].

coléoptère n. m. Insectes dont les deux ailes supérieures (*élytres*), dures et impropres au vol, servent de protection aux ailes inférieures : *le hanneton est un coléoptère*.

colère n. f. Irritation violente. Celui qui est prompt à se mettre en colère est **coléreux**.

coléreux, euse adj. V. COLÈRE.

colibri n. m. Oiseau-mouche [3].

colifichet n. m. Ornement, parure de peu de valeur.

colimaçon n. m. Limaçon, escargot. Escalier tournant en vis.

colin n. m. Espèce de merlan.

colin-maillard n. m. Jeu où l'un des joueurs, les yeux bandés, poursuit les autres à tâtons.

colique n. f. Douleur de ventre.

colis n. m. Paquet : *colis postal*.

collaborateur, trice n., **collaboration** n. f. V. COLLABORER.

collaborer v. Travailler avec quelqu'un. L'action de collaborer est la **collaboration**. Celui qui collabore est un **collaborateur**.

collage n. m. V. COLLE.

collation n. f. Léger repas.

colle n. f. Matière gluante qui, étendue entre deux objets, les réunit fortement. Familièrement, difficulté à résoudre : *poser une colle*. L'action de coller est le **collage**. **Coller**, c'est enduire de colle, réunir, fixer avec de la colle : *coller une affiche*.

collecte n. f. Action de recueillir des dons volontaires : *collecte de vieux vêtements*. Celui qui recueille est un **collecteur**. Une **collection** est une réunion d'objets de même nature : *collection de tableaux*. **Collectionner**, c'est former une collection. Le **collectionneur** est celui qui collectionne.

collecteur n. m., **collection** n. f., **collectionner** v., **collectionneur** n. m. V. COLLECTE.

collectif, ive adj. Qui est propre à plusieurs personnes, à un groupe : *effort collectif*. Une **collectivité** est un groupe de personnes ; c'est aussi la possession en commun d'un bien : *la collectivité des terres*.

collectivité n. f. V. COLLECTIF.

collège n. m. Etablissement d'enseignement secondaire. Un **collégien** est l'élève d'un collège.

collégien n. m. V. COLLÈGE.

collègue n. m. Celui qui remplit les mêmes fonctions qu'un autre.

coller v. V. COLLE.

---

1. V. pl. FRUITS ; 2. V. pl. HARNAIS ; 3. V. pl. OISEAUX DES CHAMPS.

collerette n. f., **collet** n. m., **colleter** v., **collier** n. m. V. COL.

colline n. f. Elévation de terrain allongée, plus haute que la butte et moindre que la montagne (1).

collision n. f. Choc, rencontre de deux véhicules qui se heurtent.

collodion n. m. Sorte de colle employée en médecine et en photographie.

colloque n. m. Entretien.

colmater v. Relever un terrain bas en y déposant les boues des fleuves ou de la mer. Boucher, en parlant d'un orifice.

colombe n. f. Sorte de pigeon. Le **colombier** est le bâtiment où on loge les pigeons.

colon n. m. V. COLONIE.

côlon n. m. Partie du gros intestin.

colonel n. m. Officier qui commande un régiment.

colonial, e adj. V. COLONIE.

colonie n. f. Territoire hors du sol national, sur lequel un pays établit sa domination : *les anciennes colonies françaises*. Ensemble des personnes d'un pays vivant dans un autre pays : *la colonie française de Madrid*. Le **colon**, c'est celui qui est établi dans une colonie. Dans quelques régions, c'est le fermier. **Coloniser**, c'est établir une colonie. Ce qui se rapporte aux colonies est **colonial**.

coloniser v. V. COLONIE.

colonnade n. f. V. COLONNE.

colonne n. f. Pilier rond couronné par un chapiteau (2). Monument en forme de colonne. Troupe en rangs serrés, disposés en profondeur. Au figuré, soutien : *les colonnes d'un empire*. La **colonne vertébrale**,

c'est la chaîne d'osselets (vertèbres) qui se trouve le long du dos (3). Une **colonnade** est une série de colonnes.

colorant n. m. V. COLORER.

colorer v. Donner de la couleur. Ce qui a de la couleur est **coloré** : *teint coloré*. **Colorier**, c'est appliquer des couleurs sur : *colorier un dessin*. Le **coloriage** est l'action de colorier. Un **colorant**, c'est une matière qui colore : *colorant végétal*. Le **coloris**, c'est la couleur : *coloris brillant*.

coloriage n. m., **colorier** v., **coloris** n. m. V. COLORER.

colossal, e adj. Très grand.

colosse n. m. Statue énorme. Homme extraordinairement grand et fort.

colporter v. Faire le métier de colporteur. Au figuré, répandre une nouvelle.

colporteur n. m. Marchand ambulant.

colza n. m. Une espèce de chou dont la graine fournit de l'huile.

combat n. m. Lutte entre gens armés, entre hommes et animaux, entre animaux : *combat de gladiateurs*. **Combattre**, c'est soutenir un combat, lutter contre : *combattre l'ennemi*. Celui qui combat est un **combattant**.

combattant, e adj., **combattre** v. V. COMBAT.

combe n. f. Vallée étroite.

combien adv. Quelle quantité : *combien d'hommes?* Quel prix : *combien coûte?* A quel point : *combien je suis heureux!*

combinaison n. f. V. COMBINER.

combiner v. Assembler dans un certain ordre : *combiner des* *chiffres*. Unir des corps chimiques : *l'oxygène combiné à l'hydrogène donne de l'eau*. La **combinaison** est l'action de combiner; son résultat.

comble n. m. Ce qui tient au-dessus d'une mesure déjà pleine. Faîte d'un bâtiment (1). Au figuré, ce qui dépasse la mesure : *le comble de la sottise*. Ce qui est très plein est **comble. Combler**, c'est remplir complètement : *combler nos vœux*. Surcharger : *combler de charges*.

combler v. V. COMBLE.

combustible adj. Qui peut brûler. N. m. Matière dont on fait du feu. La **combustion**, c'est l'action de brûler.

combustion n. f. V. COMBUSTIBLE.

comédie n. f. Pièce de théâtre de caractère gai. Théâtre : *aller à la comédie*. Au figuré, dissimulation : *jouer la comédie*. Le **comédien** est l'acteur qui joue la comédie. Ce qui est relatif à la comédie, qui est drôle, risible, est **comique**.

comédien, enne n. V. COMÉDIE.

comestible adj. Propre à la nourriture. N. m. Aliment.

comète n. f. Astre errant pourvu d'une queue lumineuse (2).

comique adj. V. COMÉDIE.

comité n. m. Réunion de personnes choisies pour s'occuper d'une question, d'une affaire.

commandant n. m., **commande** n. f., **commandement** n. m. V. COMMANDER.

commander v. Ordonner. Avoir l'autorité sur. Faire une commande : *commander un livre*. Le **commandant** est celui qui commande. Dans l'armée, c'est le chef de bataillon. Le com-

mandeur est celui qui, dans la Légion d'honneur, a le grade au-dessus de l'officier. Une **commande** est une demande de marchandises; dans une machine, c'est une pièce qui transmet un mouvement. Le **commandement** est l'action de commander, l'ordre, le pouvoir de celui qui commande.

commandeur n. m. V. COMMANDER.

commanditaire n., **commandite** n. f. V. COMMANDITER.

commanditer v. Avancer des fonds dans une affaire commerciale. Le **commanditaire** est celui qui commandite. Une société en **commandite** est celle où une partie des associés se borne à fournir des fonds.

commando n. m. Petit groupe de soldats chargé d'une mission spéciale.

comme adv. De même que, autant que : *je suis comme toi*. En qualité de : *agir comme délégué*. A quel point : *comme il est bon!*

commémorer v. Rappeler au souvenir : *commémorer une date*.

commencement n. m. Début.

commencer v. Faire la première partie d'une chose : *commencer un travail*. Entrer dans sa première partie : *la séance commence*.

commensal, e n. Qui mange à la même table qu'un autre.

comment adv. De quelle manière. Pourquoi : *comment se fait-il?*

commentaire n. m. Remarque sur un texte, un événement. **Commenter**, c'est faire des commentaires.

commenter v. V. COMMENTAIRE.

commérage n. m. V. COMMÈRE.

---

1. V. pl. CHARPENTE, MAISON ; 2. V. pl. ASTRONOMIE.

commerce n. m. Négoce, opération d'achat et de vente. Ensemble des commerçants : *le haut commerce parisien.* Le **commerçant** est celui qui fait du commerce. Ce qui se rapporte au commerce est **commercial**.

commercial, e adj. V. COMMERCE.

commère n. f. Marraine, par rapport au parrain. Femme bavarde. Le **commérage** est le bavardage.

commettre v. Faire (en parlant d'un acte blâmable) : *commettre un délit.*

commis n. m. Employé. *Commis voyageur*, celui qui voyage pour visiter la clientèle.

commissaire n. m. Membre d'une commission, celui à qui l'on confie une mission : *commissaire du gouvernement.* Officier de police supérieur, chargé du maintien de l'ordre dans une ville, un quartier. *Commissaire-priseur*, celui qui fait les évaluations dans une vente aux enchères. Le **commissariat** est le bureau d'un commissaire.

commissariat n. m. V. COMMISSAIRE.

commission n. f. Charge confiée à quelqu'un. Membres choisis par une assemblée pour s'occuper d'une question : *commission du budget.* Achat ou vente pour le compte d'autrui, moyennant une remise appelée aussi **commission**. Au pluriel, les **commissions** sont les denrées, les objets de la vie courante que l'on achète chaque jour. Le **commissionnaire** est celui qui fait des commissions pour autrui.

commissionnaire n. m. V. COMMISSION.

commode adj. Qui se prête à l'usage demandé : *outil commode.* N. f. Meuble à tiroirs (1). La **commodité**, c'est la facilité de faire une chose.

commodité n. f. V. COMMODE.

commotion n. f. Brusque secousse. Au figuré, émotion soudaine.

commun, e adj. Qui est pour plusieurs ou pour tous : *puits commun.* Propre au plus grand nombre : *sens commun.* Vulgaire : *manières communes. Maison commune*, hôtel de ville. *En commun*, avec d'autres. Les **communs** d'une propriété sont les bâtiments servant aux écuries, aux cuisines, etc. La **communauté** est l'état de ce qui est commun; c'est aussi une association de religieux vivant ensemble. La **commune** est une ville, un village, administrés par un maire. Ce qui est relatif à la commune est **communal**. Les révoltés de la Commune de 1871 étaient des **communards**.

communal, e adj., **communard** n. m., **communauté** n. f., **commune** n. f. V. COMMUN.

communiant, e n. V. COMMUNION.

communication n. f. V. COMMUNIQUER.

communier v. V. COMMUNION.

communion n. f. Union dans une même croyance. Participation au sacrement de l'Eucharistie. **Communier**, c'est recevoir la communion. La personne qui communie est le **communiant**, la **communiante**.

communiquer v. Faire part : *communiquer un avis.* Etre réuni par un passage : *chambres qui communiquent.* Etre en relations avec quelqu'un. La **communication** est l'action de communiquer ; c'est aussi ce que l'on communique.

communisme n. m. Doctrine politique qui cherche à mettre en commun les usines, les terres, les biens de production, afin d'aboutir à la disparition des grandes inégalités de richesse entre les hommes. Le **communiste** est le partisan du communisme.

compact, e adj. Serré : *masse de terre compacte*. Au figuré : *une foule compacte*.

compagne n. f. V. COMPAGNIE.

compagnie n. f. Société de personnes : *joyeuse compagnie*. Société commerciale : *compagnie de navigation*. Troupe commandée par un capitaine. Bande de perdreaux, etc. *Tenir compagnie*, c'est accompagner. Le **compagnon**, la **compagne** est la personne qui vit habituellement avec une autre. Un **compagnon** se dit aussi d'un ouvrier.

compagnon n. m. V. COMPAGNIE.

comparaison n. f. V. COMPARER.

comparaître v. Se présenter à la suite d'un ordre d'appel.

comparer v. Rapprocher deux choses, deux personnes pour déterminer leurs ressemblances et leurs différences. La **comparaison**, c'est l'action de comparer.

compartiment n. m. Case d'un meuble, d'un wagon, etc.

compas n. m. Instrument de dessin à deux branches mobiles, pour tracer des cercles.

compassé, e adj. Raide, sérieux à l'excès, sans naturel.

compassion n. f., **compatible** adj. V. COMPATIR.

compatir v. Prendre part aux peines d'autrui. Celui qui compatit est **compatissant**. Ce qui s'accorde avec une autre chose est **compatible**.

compatriote n. m. Du même pays.

compenser v. Equilibrer, contrebalancer : *compenser une perte par un bénéfice*.

compère n. m. Parrain par rapport à la marraine. Celui qui est secrètement d'accord avec quelqu'un pour une supercherie.

compétence n. f. Droit de juger une affaire : *la compétence d'un tribunal*. Aptitude pour faire une chose. Celui qui a de la compétence est **compétent**.

compétition n. f. Epreuve sportive. Recherche d'un même but.

complainte n. f. Chanson populaire de ton plaintif.

complaire v. Plaire à quelqu'un en s'accommodant à ses goûts. **Se complaire**, se plaire à. La **complaisance**, c'est l'obligeance : *ayez la complaisance de ;* c'est aussi le plaisir : *regarder avec complaisance*. Celui qui a de la complaisance est **complaisant**.

complaisance n. f., **complaisant, e** adj. V. COMPLAIRE.

complément n. m. V. COMPLET.

complet, ète adj. Plein, entier. Un **complet**, c'est un vêtement dont toutes les pièces sont de la même étoffe. **Compléter**, c'est rendre complet. Le **complément**, c'est ce qui complète.

compléter v. V. COMPLET.

complexe adj. Formé d'éléments divers : *question complexe*.

complexe n. m. Ensemble d'usines concourant à une production particulière : *complexe sidérurgique*.

complication n. f. V. COMPLIQUER.

complice adj. et n. Qui prend part à un délit. La **complicité** est la participation à un délit.

complicité n. f. V. COMPLICE.

compliment n. m. Paroles flatteuses adressées à quelqu'un. Discours à l'occasion d'une fête, etc. **Complimenter**, c'est adresser un compliment.

compliquer v. Rendre confus, embrouiller. Une **complication**, c'est ce qui complique.

complot n. m. Projet concerté entre plusieurs contre quelqu'un. **Comploter**, c'est former un complot.

comporter v. Admettre : *cela ne comporte pas d'ornements.* **Se comporter**, c'est se conduire bien ou mal.

composer v. Former un tout : *les os composent le squelette.* Faire, disposer : *composer un bouquet.* Accepter un arrangement avec. Assembler les caractères typographiques. Le **compositeur** est celui qui compose de la musique, le typographe qui assemble les lettres. La **composition**, c'est l'art de disposer des éléments qui forment un tout. C'est aussi un devoir, un sujet d'examen.

compositeur n., **composition** n. f. V. COMPOSER.

compote n. f. Fruits cuits au sucre. Le **compotier** est un plat pour compotes, fruits (1).

compotier n. m. V. COMPOTE.

compréhensible adj., **compréhension** n. f. V. COMPRENDRE.

comprendre v. Saisir le sens, la nature, le motif d'une chose : *comprendre un mot.* Renfermer, contenir : *Paris comprend vingt arrondissements.* Ce qui se comprend sans peine est **compréhensible.** La **compréhension** est le fait de comprendre.

compresse n. f., **compression** n. f., **comprimé** n. m. V. COMPRIMER.

comprimer v. Presser pour diminuer le volume. Un **comprimé**, c'est une pastille médicinale. La **compression** est l'action de comprimer. Une **compresse** est un linge pour pansements, etc.

compromettre v. Mettre en péril : *compromettre sa santé.* Mettre quelqu'un dans une situation embarrassante.

compromis n. m. Transaction.

comptabilité n. f. Art de tenir les comptes. Partie d'une administration chargée des comptes. Le **comptable** est celui qui tient les comptes. (V. COMPTE.)

comptable n. m. V. COMPTABILITÉ.

comptant n. m. V. COMPTE.

compte [*kont'*] n. m. Calcul : *faire ses comptes.* Ce qui est dû : *avoir son compte.* Se rendre compte de. juger. *Tenir compte de*, prêter attention à. *Compte rendu*, récit d'un fait. *A compte*, à valoir. *A bon compte*, à bon marché. **Compter**, c'est calculer : *compter de l'argent ;* placer au nombre de : *compter parmi ses amis ;* c'est aussi avoir de l'importance : *cela ne compte pas ;* se proposer : *je compte partir. Compter sur*, c'est avoir confiance en : *comptez sur moi ;* tenir pour assuré : *compter sur une somme. Payer au comptant*, c'est payer en achetant. Un **compteur**, c'est un appareil de mesure. Un **comptoir**, c'est une table de marchand ; c'est aussi une agence commerciale.

compter v., **compteur** n. m., **comptoir** n. m. V. COMPTE.

1. V. pl. VAISSELLE.

comte, comtesse n. Titre de noblesse entre vicomte et marquis (1). Le **comté**, c'est le domaine possédé par un comte.

comté n. m. V. COMTE.

concasser v. Casser en petits morceaux : *poivre concassé*.

concave adj. Creux.

concéder v. Accorder. L'action de concéder, la chose concédée est une **concession**.

concentration n. f. V. CONCEN- TRER.

concentrer v. Réunir en un centre : *concentrer des troupes*. Faire disparaître l'eau que contient un produit : *lait concentré*. Au figuré, fixer sur un point : *concentrer sa pensée*. Dans les camps de **concentration** des millions de personnes furent exterminées pendant la Seconde Guerre mondiale.

concentrique adj. Se dit de courbes ou de surfaces qui ont un même centre.

conception n. f. V. CONCEVOIR.

concerner v. Avoir rapport à : *ceci me concerne*.

concert n. m. Séance musicale. *De concert*, d'accord. **Se concerter**, c'est se mettre d'accord.

concession n. f. V. CONCÉDER.

concevoir v. Donner naissance à un enfant. Penser à certaines réalisations possibles : *concevoir un plan de production*. La **conception,** c'est l'action de concevoir.

concierge n. m. et f. Gardien, gardienne d'une maison.

concile n. m. Réunion d'évêques qui règlent des questions religieuses. Un **conciliabule** est une réunion secrète. **Concilier**, c'est mettre d'accord. La **conciliation** est l'acte de concilier. **Se concilier**, c'est

se procurer, gagner : *se concilier des amitiés*.

conciliabule n. m.. **conciliation** n. f., **concilier** v. V. CONCILE.

concis, e adj. Bref : *style concis*.

concision n. f. Brièveté (style).

concitoyen, enne n. Personne du même pays qu'une autre.

conclave n. m. Assemblée de cardinaux pour élire un pape.

conclure v. Terminer, décider : *conclure un marché*. Tirer des conséquences : *j'en conclus que*. (Conjuguez : *je conclus, nous concluons; je concluais; je conclus; je conclurai; concluant, conclu*.) La **conclusion** est l'action de conclure.

conclusion n. f. V. CONCLURE.

concombre n. m. Plante potagère dont le fruit se mange en salade, ou confit dans du vinaigre (*cornichon*) [2].

concorde n. f. Accord, harmonie : *troubler la concorde*.

concourir v. Se diriger vers le même point : *lignes qui concourent*. S'efforcer avec d'autres d'arriver à un résultat, d'obtenir un prix, une place. Le **concours**, c'est l'action d'entrer en concurrence. Celui qui concourt est un **concurrent**. La **concurrence**, c'est la rivalité.

concret, ète adj. Qui exprime quelque chose de réel.

concurrence n. f., **concurrent, e.** V. CONCOURS.

condamnation n. f. V. CONDAM- NER.

condamner v. Prononcer une peine contre quelqu'un. Désapprouver : *condamner une doctrine*. Murer, barrer une porte, etc. La **condamnation** est l'action de condamner; c'est aussi la peine infligée.

---

condenser v. Rendre plus dense, plus épais. Rendre liquide une vapeur.

condescendance n. f. V. CON-DESCENDRE.

condescendre v. Céder par complaisance. La **condescendance**, c'est la complaisance.

condiment n. m. Assaisonnement.

condisciple n. m. Camarade d'étude.

condition n. f. Rang social : *une condition modeste*. Circonstances : *dans ces conditions*. Ce dont une chose dépend : *l'air est une condition de la vie.* *Loc A condition de, a condition que,* pourvu que.

conditionnel n. m. L'un des modes du verbe.

condoléance n. f. Témoignage de sympathie à la douleur d'autrui.

condor n. m. Grand vautour de l'Amérique du Sud (1).

condottiere n. m. Dans l'Italie médiévale, chef des mercenaires.

conducteur, trice n. V. CON-DUIRE.

conduire v. Guider, mener : *conduire un enfant*. Diriger : *conduire une voiture*. Se **conduire**, c'est agir d'une certaine façon. Un **conduit**, c'est un canal, un tuyau. La **conduite**, c'est l'action de conduire; c'est aussi la manière de se conduire : *bonne conduite;* c'est aussi un tuyau pour l'arrivée de l'eau, du gaz, etc. Le **conducteur** est celui qui conduit.

conduit, e n. V. CONDUIRE.

cône n. m. Corps solide pointu, dont la base est un cercle (2). Ce qui a la forme d'un cône est **conique**. (V. CONIFÈRES.)

confection n. f. Action de faire un ouvrage en entier. Vêtement tout fait. **Confectionner**, c'est faire, fabriquer.

confédération n. f. Union de plusieurs Etats soumis à un pouvoir commun. Ligue, association.

conférence n. f. Discours familier. Celui qui fait une conférence est un **conférencier**.

conférencier n. m. V. CONFÉRENCE.

confesse n. f. V. CONFESSER.

confesser v. Avouer. Se **confesser**, *aller à confesse,* c'est déclarer ses péchés à un prêtre pour en obtenir un pardon. Le prêtre qui confesse est le **confesseur**. La **confession**, c'est l'aveu de ses péchés fait à un prêtre; c'est aussi la déclaration publique de sa foi religieuse. Le **confessionnal** est la case où se tient le confesseur à l'église.

confesseur n. m., **confession** n. f., **confessionnal** n. m. V. CONFESSER.

confetti n. m. pl. Rondelles de papier de couleur qu'on se lance pour s'amuser.

confiance n. f. Sécurité de celui qui compte sur quelqu'un ou quelque chose. Action de s'en remettre à soi-même, sentiment de sécurité, de courage. Celui qui a confiance est **confiant**. **Confier**, c'est remettre au soin de quelqu'un : *confier une mission;* c'est aussi dire une confidence : *confier ses peines*. Se **confier**, c'est mettre sa confiance en quelqu'un, lui faire des confidences.

confiant, e adj. V. CONFIER.

confidence n. f. Secret que l'on confie : *faire des confidences*.

1. V. pl. RAPACES ; 2. V. pl. SOLIDES.

Un **confident,** c'est celui à qui l'on confie un secret.

confier v. V. CONFIANCE.

configuration n. f. Forme.

confins n. m. pl. Limites.

confire v. Garder des fruits dans du sucre, des légumes dans du vinaigre. Le **confiseur** est celui qui fait ou vend des sucreries. La **confiserie,** c'est le commerce du confiseur. Ce qui est conservé dans du sucre, du vinaigre, est **confit.** La **confiture** est un mets de fruits cuits avec du sucre.

confirmation n. f. Action de confirmer. Sacrement de l'Eglise qui confirme la grâce du baptême. **Confirmer,** c'est fortifier, affermir; c'est aussi garantir l'exactitude.

confirmer v. V. CONFIRMATION.

confiserie n. f., **confiseur** n. m. V. CONFIRE.

confisquer v. Saisir en vertu d'une loi, d'un décret.

confit, e adj., **confiture** n. f. V. CONFIRE.

conflit n. m. Lutte, combat.

confluent n. m. Point où se joignent deux cours d'eau.

confondre v. Mêler, réunir. Prendre une chose pour une autre : *confondre deux noms.* Troubler, déconcerter, humilier : *confondre son adversaire.* Causer un sentiment d'humble reconnaissance : *sa bonté me confond.* **Se confondre** *en remerciements,* remercier beaucoup. (V. CONFUS.)

conformation n. f., **conforme** adj. V. CONFORMER.

conformer v. Donner une forme, disposer. Mettre d'accord : *se conformer à une règle.* Ce qui convient, qui est d'accord, est **conforme.** La **conformation,** c'est la manière dont un corps est conformé, disposé. La **conformité,** c'est l'état de ce qui est conforme.

conformité n. f. V. CONFORME.

confort n. m. Ce qui constitue les aises de la vie. Ce qui donne du confort est **confortable.**

confortable adj. V. CONFORT.

confrère n. m. Membre d'une même corporation, profession. Une **confrérie** est une association pieuse, charitable.

confrérie n. f. V. CONFRÈRE.

confronter v. Mettre deux personnes en présence pour comparer leurs dires.

confus, e adj. Mêlé, brouillé : *bruit confus.* Honteux : *confus de son erreur.* La **confusion,** c'est l'état de ce qui est confus, désordonné; c'est aussi l'embarras, la honte.

confusion n. f. V. CONFUS.

congé n. m. Action de s'en aller, de quitter momentanément : *prendre, demander congé.* Renvoi : *donner son congé à quelqu'un.* Déclaration mettant fin à une location. Suppression de classe : *jour de congé;* de travail : *congés payés.* **Congédier,** c'est renvoyer.

congédier v. V. CONGÉ.

congeler v. Rendre solide un liquide en le refroidissant.

congestion n. f. Accumulation de sang dans les poumons, le cerveau, etc.

congratuler. V. FÉLICITER.

congre n. m. Anguille de mer.

congrégation n. f. Association de religieux.

congrès n. m. Assemblée de ministres, d'ambassadeurs. Dans certains pays, Parlement. Réunion de personnes qui délibèrent sur des études, des intérêts professionnels communs : *un congrès de médecins.*

conifère adj. et n. Se dit des arbres toujours verts dont le fruit, conique (v. CÔNE), ressemble à la pomme de pin.

conique adj. V. CÔNE.

conjecture n. f. Chose que l'on suppose : *faire des conjectures*.

conjoint n. m. Chacun des époux par rapport à l'autre.

conjonction n. f. Mot invariable qui réunit des mots ou des parties de phrase, comme *et, ou, ni, car*.

conjugaison n. f. V. CONJUGUER.

conjugal, e adj. Relatif aux liens du mariage : *amour conjugal*.

conjuguer v. Réciter ou écrire un verbe dans les différentes formes qu'il prend pour signifier les personnes et les temps. La **conjugaison** est la manière de conjuguer.

conjuration n. f. V. CONJURER.

conjurer v. Prier vivement : *conjurer de parler*. Détourner par des paroles magiques, des pratiques religieuses, etc. : *conjurer un malheur*. Préparer un complot contre quelqu'un. Une **conjuration**, c'est une conspiration. Celui qui prépare un complot est un **conjuré**.

connaissance n. f., **connaisseur** n. m. V. CONNAÎTRE.

connaître v. Avoir une idée plus ou moins nette d'une personne, d'une chose. Etre en relations avec quelqu'un. Avoir une grande pratique de : *connaître la musique*. (Conjuguez : *je connais; je connus; connaissant, connu*.) La **connaissance**, c'est l'idée qu'on a d'une personne, d'une chose; c'est aussi une personne avec laquelle on est en relations : *écrire à ses amis et connaissances;* c'est également la conscience : *tomber sans connaissance*. Au pluriel, savoir, instruction : *avoir*

conifères

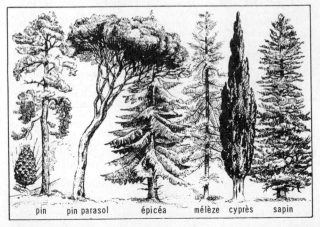

pin   pin parasol   épicéa   mélèze   cyprès   sapin

de vastes connaissances. Celui qui connaît bien une chose est un **connaisseur.**

connétable n. m. Ancienne dignité militaire en France.

conquérant n. V. CONQUÉRIR.

conquérir v. S'emparer par la force des armes : *conquérir un pays.* Gagner : *conquérir la gloire.* (Conjuguez comme *acquérir.*) Celui qui conquiert est un **conquérant.** La **conquête** est l'action de conquérir, la chose conquise.

conquête n. f. V. CONQUÉRIR.

consacrer v. Destiner au service de la divinité : *consacrer une église.* Au figuré, employer : *se consacrer à l'étude.* L'action de consacrer est la **consécration.**

conscience n. f. Connaissance du bien et du mal. Sentiment du devoir : *travailler avec conscience. Liberté de conscience,* liberté en matière religieuse. Sensation claire de ce qui nous entoure : *perdre conscience. Par acquit de conscience,* pour n'avoir rien à se reprocher. Celui qui a la conscience, la connaissance d'une chose, est **conscient.** Celui qui a le sentiment du devoir est **consciencieux.**

consciencieux, euse adj., **conscient, e** adj. V. CONSCIENCE.

conscription n. f. Désignation annuelle des jeunes soldats. Un **conscrit** est un jeune soldat.

consécration n. f. V. CONSACRER.

consécutif, ive adj. Qui se suit : *trois ans consécutifs.*

conseil n. m. Avis : *demander conseil.* Personne dont on prend conseil : *avocat conseil.* Assemblée de personnes qui étudient une question, qui dirigent un Etat, une administration, une entreprise : *conseil des ministres, d'Etat, de préfecture.*

Conseiller, c'est donner des conseils. Un **conseiller,** c'est celui qui conseille, qui fait partie d'un conseil.

conseiller v. et n. V. CONSEIL.

consentement n. m. V. CONSENTIR.

consentir v. Vouloir bien, trouver bon, accepter : *je consens à sa venue.* L'action de consentir est le **consentement.**

conséquence n. f. Suite naturelle : *la conséquence d'un fait.* Conclusion d'un raisonnement. Celui qui agit avec suite dans ses idées est **conséquent.** (Il ne faut pas dire une chose *conséquente,* pour une chose importante.) *Par conséquent,* donc.

conséquent adj. V. CONSÉQUENCE.

conservateur, trice n., **conservation** n. f., **conservatoire** n. m., **conserve** n. f. V. CONSERVER.

conserver v. Maintenir dans son état naturel : *conserver des légumes.* Garder avec soin : *conserver sa fortune.* Ne pas quitter : *conserver son chapeau.* Le **conservateur** est celui qui conserve, qui garde; en politique, c'est celui qui veut garder l'état social actuel. L'action de conserver est la **conservation.** Un **conservatoire** est une école où l'on enseigne la musique, la déclamation, la danse, etc. Une **conserve** est un produit alimentaire conservé.

considérable adj., **considération** n. f. V. CONSIDÉRER.

considérer v. Regarder attentivement, examiner : *considérer* *un fait.* Faire cas d'une personne, d'une chose. Ce qui est grand, important, est **considérable.** La **considération** est l'action de considérer; c'est aussi l'estime, le respect.

consignation n. f., **consigne** n. f. V. CONSIGNER.

consigner v. Mettre en dépôt : *consigner une somme.* Inscrire, noter : *consigner un fait.* Donner une consigne. La **consignation,** c'est ce que l'on met en dépôt. Une **consigne,** c'est un ordre à suivre; c'est aussi la punition de sortie pour un soldat, un écolier; à la gare, c'est le dépôt des bagages.

consistance n. f. Solidité, résistance. Ce qui a de la consistance est **consistant.**

consister v. Etre formé de : *en quoi consiste sa fortune?*

consœur n. f. Féminin de CONFRÈRE.

consolation n. f., **consolateur, trice** adj. V. CONSOLER.

console n. f. Saillie en forme de S, qui soutient un balcon, une corniche, etc. (1). Petite table appuyée contre un mur.

consoler v. Soulager dans le chagrin : *se consoler d'une perte.* L'action de consoler est la **consolation.** Ce qui console est **consolant, consolateur.**

consolider v. Rendre solide.

consommateur, trice n., **consommation** n. f., **consommé** n. m. V. CONSOMMER.

consommer v. Accomplir, faire complètement : *consommer la ruine de quelqu'un.* Détruire une chose par l'usage qu'on en fait : *consommer du papier, de l'électricité.* Manger, boire. La **consommation** est l'action de consommer ; c'est aussi une boisson que l'on consomme dans

un café, etc. Celui qui consomme est un **consommateur.** Un homme habile, expérimenté, est un homme **consommé.** Le **consommé** est un bouillon très fort en jus de viande.

consonne n. f. Lettre qui ne peut se prononcer qu'à l'aide d'une voyelle comme *b, c, d.*

conspirateur, trice n., **conspiration** n. f. V. CONSPIRER.

conspirer v. Comploter. Une **conspiration** est un complot. Celui qui conspire est un **conspirateur.**

conspuer v. Se mettre à plusieurs pour injurier.

constance n. f. Qualité de celui qui est ferme, ne change pas dans ses sentiments. Celui qui a de la constance est **constant.**

constant, e adj. V. CONSTANCE.

constat n. m., **constatation** n. f. V. CONSTATER.

constater v. Etablir la vérité d'un fait : *constater un décès.* Une **constatation,** c'est l'action de constater, c'est le fait qui est constaté. Un **constat,** c'est une constatation faite par huissier.

constellation n. f. Groupe d'étoiles (2).

consternation n. f. Abattement profond. **Consterner,** c'est plonger dans l'abattement.

consterner v. V. CONSTERNATION.

constipation n. f. Difficulté d'aller à la selle. **Constiper,** causer de la constipation.

constiper v. V. CONSTIPATION.

constituer v. Former la base d'une chose : *les parties qui constituent le corps humain.* Organiser : *constituer une société. Se constituer prisonnier,* se rendre. La **constitution** est l'action de constituer; c'est

1. V. pl. ARCHITECTURE ; 2. V. pl. ASTRONOMIE.

aussi ce qui constitue une chose, sa composition ; c'est encore l'ensemble des textes qui précisent la forme de gouvernement d'un pays (royauté, république, etc.), l'organisation et le fonctionnement de l'Etat. Ce qui est relatif à la constitution est **constitutionnel**. L'Assemblée **constituante** est celle qui, sous la Révolution, prépara la Constitution de la France.

constitution n. f., **constitutionnel, elle** adj., **constituant, e** adj. V. CONSTITUER.

constructeur, trice adj. et n., **construction** n. f. V. CONSTRUIRE.

construire v. Bâtir, faire suivant un plan. Ranger dans l'ordre les mots d'une phrase. La **construction** est l'action de construire, la chose construite. Celui qui construit est **constructeur**.

consul n. m. Nom de certains magistrats dans l'ancienne Rome ou sous la Révolution française. Agent chargé de représenter ses compatriotes à l'étranger. Le **consulat** est la charge de consul, sa résidence.

consulat n. m. V. CONSUL.

consultation n. f. V. CONSULTER.

consulter v. Prendre avis de quelqu'un. Chercher un renseignement : *consulter le dictionnaire*. La **consultation** est l'action de consulter.

consumer v. Détruire, en général par le feu.

contact n. m. Etat de deux corps qui se touchent.

contagieux, euse adj. V. CONTAGION.

contagion n. f. Communication d'une maladie par contact. Imitation involontaire : *la contagion du fou rire*. Ce qui se communique par contagion est **contagieux**. **Contaminer**, c'est communiquer un mal contagieux.

conte n. m. Récit d'aventures imaginaires : *conte de fées*. Récit mensonger. (V. CONTER.)

contemplation n. f. V. CONTEMPLER.

contempler v. Regarder avec attention : *contempler un paysage*. L'action de contempler est la **contemplation**.

contemporain, e adj. et n. Du même temps. Du temps actuel : *histoire contemporaine*.

contenance n. f. V. CONTENIR.

contenir v. Tenir, renfermer : *boîte qui contient des bijoux*. Retenir : *contenir sa colère*. Renfermer : *contenir dans des limites*. La **contenance**, c'est la capacité ; c'est aussi la manière de se tenir : *humble contenance*. Le **contenu**, c'est ce que renferme une boîte, un tiroir, etc.

content, e adj. Qui a ce qu'il désire, qui ne souhaite rien d'autre : *content de son sort*. Le **contentement**, c'est l'état de celui qui est content. **Contenter**, c'est rendre content : *se contenter de peu*.

contentement n. m., **contenter** v. V. CONTENT.

contenu n. m. V. CONTENIR.

conter v. Faire le récit de : *conter une histoire*. Un **conteur** est un auteur de contes.

contestation n. f., **conteste** (*sans*) loc. V. CONTESTER.

contester v. Ne pas admettre : *contester un fait*. Une **contestation**, c'est un désaccord. *Sans* **conteste**, sans contredit.

conteur n. m. V. CONTER.

contigu, ë adj. Voisin, qui touche : *maison contiguë.*

continent n. m. Chacune des grandes divisions de la Terre séparées par l'Océan (1). Ce qui se rapporte au continent est **continental.**

continental, e adj. V. CONTINENT.

contingent n. m. Part de chacun dans une répartition. Ensemble des jeunes gens convoqués le même jour pour accomplir leur service militaire.

continu, e adj. Qui forme une suite sans arrêt : *pluie continuelle,* ce qui dure sans arrêt est **continuel** : *un vacarme continuel.* La **continuation,** c'est le prolongement. La **continuité,** c'est l'état de ce qui est continu.

continuation n. f., **continuel, elle** adj. V. CONTINU.

continuer v. Ne pas s'arrêter dans une chose : *continuer une lecture.* Reprendre ce qu'on n'a pas fini : *continuer son repas.*

continuité n. f. V. CONTINU.

contorsion n. f. Geste, mouvement exagéré, ridicule.

contour n. m. Ligne qui entoure une figure. **Contourner,** c'est faire le tour de : *contourner un obstacle.*

contourner v. V. CONTOUR.

contracter v. Resserrer, diminuer le volume d'une chose en la resserrant. Prendre (une habitude, une maladie). S'engager par contrat : *contracter un bail.* La **contraction** est le resserrement.

contraction n. f. V. CONTRACTER.

contradiction n. f., **contradictoire** adj. V. CONTREDIRE.

contraindre v. Obliger à. (Se conjugue comme *craindre.*) Ce qui est gêné, peu naturel, est **contraint** : *un air contraint.* La **contrainte,** c'est la violence exercée contre quelqu'un : *agir sous la contrainte;* c'est aussi la gêne, la difficulté.

contraint, e adj. V. CONTRAINDRE.

contraire adj. Opposé. Au figuré, nuisible : *produit contraire à la santé.* Le **contraire,** c'est ce qui est opposé. **Contrarier,** c'est s'opposer à; c'est aussi causer du dépit, de l'ennui. Une **contrariété,** c'est un ennui. **Contralto** n. m. La plus grave des voix de femme.

contrarier v., **contrariété** n. f. V. CONTRAIRE.

contraste n. m. Opposition : *contraste de couleurs.* **Contraster,** c'est former un contraste avec.

contraster v. V. CONTRASTE.

contrat n. m. Accord, convention.

contravention n. f. V. CONTREVENIR.

contre préposition qui marque l'opposition : *se heurter contre un mur;* la proximité : *contre sa maison;* l'échange : *une chose contre une autre. Par contre,* en revanche.

contre... forme des mots composés indiquant une chose opposée : *contrecoup, contrepoison.*

contrebalancer v. Faire équilibre, faire contrepoids.

contrebande n. f. Introduction, dans un pays, de marchandises défendues ou dont on n'a pas payé les droits de douane. Celui qui fait de la contrebande est un **contrebandier.**

contrebandier n. m. V. CONTREBANDE.

contrebas (en). En dessous.

contrebasse n. f. Instrument de musique à archet, à sons graves. Instrument en cuivre à sons plus graves que la basse (1).

contrecarrer v. S'opposer à.

contrecœur (à). V. cœur.

contrecoup n. m. Choc qui est le résultat d'un coup.

contredire v. Dire le contraire. **Sans contredit,** sans discussion. L'action de contredire est une **contradiction.** Ce qui offre une contradiction est **contradictoire.**

contrée n. f. Région, pays.

contrefaçon n. f., **contrefacteur** n. m. V. contrefaire.

contrefaire v. Imiter : *contrefaire les gestes de quelqu'un.* Reproduire frauduleusement : *contrefaire une signature.* La **contrefaçon** est l'action de contrefaire, l'ouvrage contrefait. Ce qui est imité par contrefaçon, ce qui est difforme, est **contrefait.**

contrefort n. m. Pilier qui soutient un mur (2). Partie d'une montagne qui vient buter contre la chaîne principale.

contre-jour n. m. Faux jour : *placer un tableau à contre-jour.*

contremaître n. m. Celui qui dirige le travail d'une équipe d'ouvriers.

contrepartie n. f. Avis contraire. Ce que l'on fournit en échange d'une autre chose. Loc. *En contrepartie,* en échange.

contrepied n. m. Le contraire d'une chose, d'une idée : *prendre le contrepied d'une opinion.*

contre-plaqué n. m. Bois en feuilles minces collées ensemble.

contrepoids n. m. Poids qui en contrebalance un autre.

contrepoison n. m. Remède contre le poison.

contrescarpe n. f. Pente du mur extérieur d'une fortification.

contresens n. m. Sens contraire. Erreur dans la façon de comprendre un texte : *faire un contresens.*

contresigner v. Signer un acte après celui qui l'a rédigé.

contretemps n. m. Evénement fâcheux, imprévu. *A contretemps,* mal à propos.

contre-torpilleur n. m. Navire de guerre spécialement destiné à la lutte contre les torpilleurs.

contrevenir v. Agir contrairement à une loi, un arrêt. L'action de contrevenir est une **contravention.** Dresser une contravention, c'est la constater par écrit.

contrevent n. m. Volet de fenêtre (3).

contribuable n. V. contribuer.

contribuer v. Aider à : *contribuer au succès.* Payer sa part d'une dépense, une charge. Le **contribuable** est celui qui paie la contribution. La **contribution** est la part de quelqu'un dans une dépense commune. C'est aussi l'impôt : *contributions indirectes.*

contribution n. f. V. contribuer.

contrit, e adj. Qui se repent.

contrition n. f. Repentir.

contrôle n. m. Vérification : *soumettre au contrôle.* Poinçon de l'Etat qui garantit la matière d'un objet d'or, d'argent. **Contrôler,** c'est vérifier, examiner. Le **contrôleur** est celui qui contrôle.

contrôler v., **contrôleur, euse** n. V. contrôle.

contrordre n. m. Ordre contraire à un ordre antérieur.

1. V. pl. Musique (*Instruments de*) ; 2. V. pl. Architecture ; 3. V. pl. Fenêtres.

controverse n. f. Discussion.

contumace n. f. Situation de l'accusé en fuite : *condamner par contumace.*

contusion n. f. Meurtrissure.

convaincre v. Amener quelqu'un à reconnaître la vérité d'une chose. (Conjuguez comme *vaincre.*) La **conviction** est la croyance de celui qui est convaincu.

convalescence n. f. Passage de la maladie à la santé. Le **convalescent** est celui qui est en convalescence.

convalescent, e n. V. CONVA-LESCENCE.

convenable adj., **convenance** n. f. V. CONVENIR.

convenir v. Etre d'accord. Avouer : *convenir d'une erreur.* Plaire. Etre à propos : *il convient de se taire.* Ce qui convient, qui est modéré, bien-séant est **convenable.** La **convenance** est la commodité, l'utilité; c'est aussi la bien-séance : *respecter les convenances.*

convention n. f. Accord : *signer une convention.* Nom donné à certaines assemblées constituantes : *la Convention établit la république en France en 1792.* Ce qui résulte d'une convention est **conventionnel.** Un **conventionnel** était un membre de la Convention nationale.

conventionnel, elle adj. V. CONVENTION.

converger v. Se diriger vers un même point (lignes, chemins, etc.). Deux lignes qui convergent sont **convergentes.** (Le contraire est DIVERGENT.)

conversation n. f. Action de converser, causerie.

converser v. Causer, parler

familièrement avec quelqu'un.

conversion n. f. V. CONVERTIR.

convertir v. Changer une chose en une autre. Faire changer de parti, de religion. La **conversion,** c'est l'action de convertir, de se convertir.

convexe adj. Bombé en dehors. (Le contraire est CONCAVE.)

conviction n. f. V. CONVAINCRE.

convier v. Inviter, engager.

convive n. m. Celui qui est convié à un repas.

convocation n. f. V. CONVO-QUER.

convoi n. m. Voitures, navires qui voyagent ensemble. Train de chemin de fer. Cortège funèbre : *suivre un convoi.* **Convoyer,** c'est escorter, accompagner pour garder : *convoyer des troupes.*

convoiter v. Désirer ardemment.

convoitise n. f. Désir ardent.

convoquer v. Appeler à se réunir : *convoquer un ami.* La **convocation** est l'action de convoquer.

convoyer v. V. CONVOI.

convulsif, ive adj. V. CONVUL-SION.

convulsion n. f. Contraction violente des muscles. Agitation : *convulsion politique.* Ce qui est marqué par des convulsions est **convulsif.**

coopération n. f., **coopérative** n. f. V. COOPÉRER.

coopérer v. Travailler avec d'autres à une chose : *coopérer au succès.* La **coopération** est l'action de coopérer. Une **coopérative** est une société d'achats en commun.

coordonner v. Disposer, combiner dans l'ordre voulu.

copain n. m. *Fam.* Camarade.

copeau n. m. Parcelle de bois très mince, enlevée au rabot.

copie n. f. Reproduction d'un écrit, d'une œuvre d'art. Mise au net d'un devoir. Au figuré, imitation. **Copier**, c'est faire une copie, imiter. Celui qui fait des copies est un **copiste**.

copier v. V. COPIE.

copieux, euse adj. Abondant.

coprah n. m. Chair de la noix de coco.

coprin n. m. Sorte de champignon (1).

coq n. m. Mâle de la poule (2), du faisan. Cuisinier de navire. Un *coq-à-l'âne*, c'est un discours sans queue ni tête.

coque n. f. Enveloppe extérieure de l'œuf, de la noix. Carcasse d'un navire. Nœud de ruban.

coquelicot n. m. Plante à fleurs rouges que l'on trouve dans les champs de céréales.

coqueluche n. f. Maladie contagieuse des enfants, caractérisée par une toux convulsive.

coquet, ette adj. Qui cherche à plaire. La **coquetterie**, c'est le désir de plaire, le goût de la parure.

coquetier n. m. Petit godet creux pour manger des œufs à la coque (3).

coquetterie n. f. V. COQUET.

coquillage n. m. V. COQUILLE.

coquille n. f. Enveloppe dure des huîtres, escargots, etc. Coque de l'œuf, de la noix. Un **coquillage**, c'est un animal à coquille : *manger des coquillages;* c'est aussi sa coquille.

coquin, e n. Fripon, personne sans honneur. Familièrement, espiègle : *coquin d'enfant.*

cor n. m. Instrument de musique en forme de corne (4). Durillon au pied.

corail n. m. Support pierreux, de couleur rouge, de certains petits animaux marins : *le corail est apprécié comme parure* (5).

corbeau n. m. Grand oiseau à plumage très noir (6).

corbeille n. f. Panier large et plat (7). Son contenu : *corbeille de fleurs.*

corbillard n. m. Voiture d'enterrement.

cordage n. m. V. CORDE.

corde n. f. Assemblage de fils très forts tordus ensemble : *corde de chanvre.* Fil de boyau ou de laiton pour instruments de musique, etc. : *corde de violon, de raquette.* Fil d'un tissu : *étoffe usée jusqu'à la corde.* Un **cordeau**, c'est une petite corde pour aligner. Une **cordée** est un groupe d'alpinistes reliés les uns aux autres par une corde. Un **cordage**, c'est une grosse corde de marine, etc. Une **cordelière**, c'est un cordon, une sorte de corde ronde employée dans l'habillement, l'ameublement. **Corder**, c'est tordre en forme de corde. Un **cordon**, c'est une petite corde : *cordon de sonnette;* c'est aussi un large ruban de décoration. Un **cordonnet**, c'est un petit cordon de fil, de soie, etc.

cordial, e adj. Affectueux, qui part du cœur. Un **cordial** est une liqueur qui réconforte. La **cordialité** est le caractère cordial.

cordon n. m., **cordonnet** n. m. V. CORDE.

cordonnier n. m. Celui qui fait ou vend des chaussures.

coriace adj. Dur comme le cuir. Au figuré, entêté, tenace.

cormoran n. m. Un oiseau de mer.

corne n. f. Saillie dure et pointue sur la tête de certains animaux. Matière qui forme les

---

1. V. pl. CHAMPIGNONS ; 2. V. pl. BASSE-COUR ; 3. V. pl. VAISSELLE ;
4. V. pl. MUSIQUE (*Instruments de*) ; 5. V. pl. ANIMAUX INFÉRIEURS ;
6. V. pl. OISEAUX DES CHAMPS ; 7. V. pl. VANNERIE.

cornes. Instrument sonore d'appel en forme de corne : *corne d'auto.* Ce qui est de corne est **corné.** Ce qui a des cornes est **cornu. Corner,** c'est appeler avec la corne. (V. CORNET.)

corné, e I adj. V. CORNE.

cornée II n. f. Partie antérieure du globe oculaire, transparent et de forme arrondie.

corneille n. f. Oiseau qui ressemble au corbeau en plus petit.

cornemuse n. f. Instrument de musique à vent, fait d'une outre et de tuyaux (1).

corner v. V. CORNE.

cornet n. m. Petite corne d'appel. *Cornet à pistons,* sorte de trompette. Papier roulé en forme de corne : *cornet de dragées.* Gobelet de cuir pour agiter les dés.

cornette n. f. Coiffure de certaines religieuses (2).

corniche n. f. Ornement qui couronne un édifice (3).

cornichon n. m. Petit concombre confit dans le vinaigre.

cornu, e adj. V. CORNE.

cornue n. f. Vase de verre, de grès, etc., à long col recourbé, employé en chimie (4).

corolle n. f. Partie de la fleur formée par les *pétales* (5).

corporation n. f. Association de gens d'une même profession.

corporel, elle adj. V. CORPS.

corps [*kor*] n. m. Toute matière animale, végétale ou minérale : *corps solide, liquide ou gazeux.* Ensemble des parties matérielles qui forment l'homme et les animaux. Partie principale d'une chose : *corps d'un ouvrage.* Nom donné à divers éléments d'une armée, dotés d'une certaine indépendance. *Corps électoral,* ensemble des électeurs d'un pays. *Corps*

céleste, astre. *Corps de garde,* poste militaire. Ce qui se rapporte au corps est **corporel.** La **corpulence,** c'est la grosseur, la grandeur. Celui qui a de la corpulence est **corpulent.** Un **corpuscule** est un petit corps.

corpulence n. f., **corpulent, e** adj. V. CORPS.

correct, e adj., **correcteur** n. m., **correction** n. f., **correctionnel, elle** adj. V. CORRIGER.

correspondance n. f., **correspondant, e** adj. et n. V. CORRESPONDRE.

correspondre v. Etre en rapport, être d'accord : *sa vie correspond à ses opinions.* Communiquer : *chambres qui correspondent par un couloir; lignes de chemin de fer qui correspondent.* Echanger des lettres avec quelqu'un. L'action de correspondre est la **correspondance.** Ce qui correspond est **correspondant.** Un **correspondant** est celui qui correspond avec quelqu'un, qui veille sur un élève interne.

corridor n. m. Couloir, passage.

corriger v. Ramener à la règle, à la mesure. Marquer ou faire disparaître les fautes : *corriger un devoir.* Punir : *corriger un enfant.* Ce qui est sans faute est **correct.** La **correction** est l'action de corriger, la faute qu'on a corrigée. Le **correcteur** est celui qui corrige. Le tribunal **correctionnel** (la **correctionnelle**) est celui qui s'occupe de petits délits.

corrompre v. Gâter : *viande corrompue.* Pervertir : *homme corrompu.* Acheter par de l'argent, des faveurs, la conscience d'un juge. La **corruption** est

---

1. V. pl. MUSIQUE (*Instruments de*) ; 2. V. pl. COIFFURES RELIGIEUSES ; 3. V. pl. ARCHITECTURE, MAISON ; 4. V. pl. CHIMIE ; 5. V. pl. PLANTES.

l'action de corrompre, l'état de ce qui est corrompu.

corrosif, ive adj. Qui ronge.

corroyeur [ko-roi-yeur] n. m. Celui qui travaille les cuirs. (V. COURROIE.)

corruption n. f. V. CORROMPRE.

corsage n. m. Vêtement de femme qui couvre le buste.

corsaire n. m. Jadis, navire qui, en temps de guerre, poursuivait sur les mers les vaisseaux marchands ennemis. Marin de ce navire.

corsé, e adj. Qui a du corps, de la force : *vin corsé*.

corset n. m. Sous-vêtement baleiné pour soutenir la taille.

cortège n. m. Suite, accompagnement : *cortège funèbre*.

corvée n. f. Travail gratuit que le paysan devait à son seigneur. Travail manuel auquel sont soumis les soldats : *être de corvée*. Au figuré, travail pénible.

corvette n. f. Ancien bateau de guerre.

cosaque n. m. Soldat d'un corps de cavalerie russe du Caucase.

cosmétique n. m. Produit de toilette, pour la chevelure, etc.

cosmique adj. V. COSMOS.

cosmonaute n. m. V. COSMOS.

cosmopolite adj. Qui vit tantôt dans un pays, tantôt dans un autre.

cosmos [kosmoss'] n. m. L'Univers considéré dans son ensemble. L'espace intersidéral. Ce qui est **cosmique** est relatif à l'Univers : *les espaces cosmiques*. Un **cosmonaute** est un membre de l'équipage d'un engin spatial.

cosse n. f. Enveloppe des pois, des haricots, etc.

cossu, e adj. Riche, opulent.

costume n. m. Manière de s'habiller particulière à un pays, à une époque, etc. : *un costume breton*. Ensemble des différentes pièces d'un vêtement. **Costumer**, c'est revêtir d'un costume : *costumer en pierrot*. Le **costumier** est celui qui fait, vend des costumes.

costumer v., **costumier** n. m. V. COSTUME.

cote n. f. Part qui revient à chacun dans une dépense, un impôt. Marque, note pour classer un document, etc. Indication du prix des valeurs à la Bourse. Dimension portée sur un dessin. **Coter**, c'est marquer d'une cote; c'est aussi évaluer. **Se cotiser**, c'est payer sa part, sa **cotisation**, dans une dépense commune.

côte n. f. Os courbe de la cage de la poitrine (1). Partie saillante : *côte de melon*. Montée, pente : *côte dure*. Rivage : *côte escarpée*. Ce qui est relatif à la côte est **côtier** : *fleuve côtier*.

côté n. m. Partie droite ou gauche du corps : *côté du cœur*; d'un objet : *meuble qui penche d'un côté*. Face d'une chose : *les deux côtés d'un tissu*. Ligne qui forme une figure : *les côtés d'un triangle* (2). Opinion, parti. *A côté*, auprès.

coteau n. m. Petite colline.

côtelette n. f. Côte de mouton, de porc, etc.

coter v. V. COTE.

cothurne n. m. Chaussure des acteurs de théâtre grecs (3).

côtier, ère adj. V. CÔTE.

cotisation n. f., **cotiser** v. V. COTE.

coton n. m. Duvet des graines du cotonnier. Fil, étoffe de coton. Une **cotonnade** est une étoffe de coton. Ce qui a l'aspect du coton est **cotonneux**.

1. V. pl. HOMME; 2. V. pl. LIGNES; 3. V. pl. CHAUSSURES.

cotonnade n. f., **cotonneux** adj. V. COTON.

cottage n. m. Petite maison de campagne de genre anglais.

cotte n. f. Jupe de paysanne (1). Vêtement de travail (2). *Cotte de mailles*, vêtement de mailles d'acier des anciens guerriers (3).

cou ou **col** n. m. Partie du corps qui joint la tête aux épaules.

couard, e adj. Lâche.

couchage n. m., **couchant** n. m. V. COUCHE.

couche n. f. Lit. Linge qui enveloppe un nouveau-né. Substance étendue régulièrement sur une chose : *couche de peinture, de sable*. **Coucher**, c'est mettre au lit : *coucher un enfant;* c'est aussi étendre : *coucher sur un brancard;* inscrire : *coucher sur une liste*. **Se coucher**, c'est se mettre au lit; en parlant du soleil, se cacher derrière l'horizon. Le **couchage**, c'est la possibilité de se coucher. Le **couchant**, c'est l'Ouest, où le soleil se couche. Une **couchette**, c'est un petit lit.

coucher v., **couchette** n. f. V. COUCHE.

couci-couça loc. adv. Ni bien ni mal : *aller couci-couça*.

coucou n. m. Oiseau grimpeur dont le cri est « cou cou ». Horloge munie d'un carillon imitant le chant du coucou.

coude n. m. Angle du bras plié (4). Angle d'un mur, etc. La **coudée** était une mesure ancienne (du coude au bout des doigts). **Couder**, c'est plier en coude. **Coudoyer**, c'est heurter du coude : *coudoyer un passant*.

coudée n. f., **couder** v., **coudoyer** v. V. COUDE.

coudre v. Joindre avec du fil, de la ficelle, etc., passés au moyen d'une aiguille. (Conju-

guez : *je couds; je cousais; je cousis; je coudrai; que je couse; cousant, cousu*.) L'action de coudre est la **couture**. Le **couturier**, la **couturière** taillent et cousent les habits.

coudrier n. m. Noisetier.

couenne n. f. Peau du porc qui recouvre le lard, le jambon.

coulage n. m., **coulant** adj. et n. V. COULER.

couler v. Descendre une pente (liquide, rivière, etc.). Se répandre : *le sang coule*. Laisser échapper un liquide : *chandelle qui coule*. Aller au fond de l'eau : *bateau qui coule*. Se glisser : *se couler le long d'une corde*. Verser du métal, etc., dans un moule : *couler de la fonte*. Verser sur : *couler la lessive*. Le **coulage** est l'action de couler; c'est aussi le gaspillage. Ce qui coule, qui glisse, ce qui est aisé est **coulant** : *nœud coulant, style coulant*. Un **coulant**, c'est un anneau qui glisse sur une ceinture, etc.

couleur n. f. Sensation que produit sur la vue la lumière, suivant sa nature : *les couleurs de l'arc-en-ciel* (v. LUMIÈRE). Matière colorante : *couleurs à l'huile*. Teint : *visage haut en couleur*. Apparence : *sous couleur de*. Drapeau : *les couleurs nationales*. Parti, opinion. Chacune des quatre figures du jeu de cartes. (V. COLORER.)

couleuvre n. f. Serpent non venimeux (5).

couleuvrine n. f. Ancien petit canon (6).

coulis n. m. Jus d'un mets cuit lentement. Adj. *Vent coulis*, qui se glisse par une fente.

coulisse n. f. Rainure. Partie du théâtre derrière la scène (7). Rempli au bord d'une étoffe,

---

1. V. pl. VÊTEMENTS FÉMININS ; 2. V. pl. VÊTEMENTS MASCULINS ;
3. V. pl. ARMURES ; 4. V. pl. HOMME ; 5. V. pl. SERPENTS ;
6. V. pl. ARTILLERIE ; 7. V. pl. THÉÂTRE.

pour passer un lacet, etc. **Coulisser**, c'est glisser sur une coulisse.

couloir n. m. Passage qui réunit les pièces d'un appartement.

coup n. m. Mouvement par lequel un corps en frappe brusquement un autre : *donner un coup à la tête*. Blessure : *percé de coups*. Décharge d'arme à feu : *coup de fusil*. Mouvement brusque de l'air, des eaux : *coup de vent; coup de mer*. *Donner un coup de main*, aider. *Coup d'œil*, regard rapide. *Coup de maître*, réussite remarquable. *Coup de théâtre*, changement brusque. *Coup de grâce*, celui qui achève un blessé. *Coup d'État*, prise de pouvoir par la force. *Sur le coup*, tout de suite. *A tout coup*, à chaque fois. *Tout à coup*, soudain. *Tout d'un coup*, en une seule fois. *Coup sur coup*, sans arrêt.

coupable adj. et n. Qui a commis une faute, un crime. La **culpabilité** est la qualité de coupable.

coupage n. m. V. COUPER.

coupe I. n. f. Vase à boire plus large que profond.

coupe II. n. f. V. COUPER.

couper v. Diviser avec un couteau, des ciseaux, etc. Tailler : *couper un vêtement*. Interrompre : *couper un récit*. Mêler d'eau : *couper du vin*. Eviter un détour : *couper court*. Un **couperet**, c'est un large couteau. Le **coupeur** est celui qui coupe. Une **coupure**, c'est une division faite en coupant : un petit billet de banque. **Se couper**, c'est se faire une coupure; c'est aussi se contredire. Un **coupon**, c'est un restant de pièce d'étoffe coupée; la partie d'un titre de rente qu'on coupe

pour toucher les intérêts. La **coupe**, c'est l'action de couper, ce qui est coupé : *une coupe d'étoffe, de bois;* c'est aussi la représentation de l'intérieur d'une chose comme si on l'avait coupée : *la coupe d'un édifice* (1). Un **coupé**, c'est une voiture fermée, généralement à deux places. Le **coupage** est un mélange de vins, ou de vin et d'eau.

couperet n. m. V. COUPER.

couperose n. f. Rougeur maladive du visage.

coupeur, euse n. V. COUPER.

couple n. m. Mari et femme, fiancé et fiancée, etc. Mâle et femelle des animaux.

couplet n. m. Partie d'une chanson terminée par le refrain.

coupole n. f. Voûte ronde en forme de coupe renversée.

coupon n. m., **coupure** n. f. V. COUPER.

cour n. f. Terrain découvert, entouré de bâtiments, de murs. Nom de certains tribunaux : *cour d'appel*. Résidence d'un souverain. Entourage d'un roi, d'un prince : *la cour de Louis XIV*. Respects, soins attentifs : *faire sa cour à une dame*. **Courtiser**, c'est faire sa cour, flatter. Le **courtisan** est celui qui vit dans l'entourage d'un prince. Celui qui a une grande politesse est **courtois**. La **courtoisie** est la grande politesse.

courage n. m. Fermeté face au danger, à la douleur, aux difficultés. Celui qui a du courage est **courageux**. **Encourager**, c'est donner du courage. **Décourager**, c'est ôter le courage.

courageux, euse adj. V. COURAGE.

1. V. pl. DESSIN.

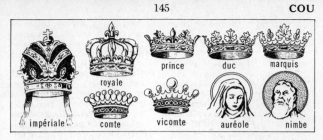

prince   duc   marquis

royale

impériale   comte   vicomte   auréole   nimbe

couronnes

courant, e adj. Qui court : *chien courant*. Habituel, qui suit son cours : *prix courant, mois courant*. Le **courant**, c'est le mouvement de ce qui coule, qui souffle, qui se déplace : *courant d'un fleuve, courant d'air, courant électrique*. (V. COURIR.) **Couramment**, c'est d'une façon habituelle ; c'est aussi, facilement : *lire couramment*.

courbature n. f. Douleur dans les membres après une fatigue.

courbe adj. Arrondi en arc : *ligne courbe* (1). **Courber**, c'est rendre courbe : *courber une branche ;* baisser (la tête, les épaules). Une **courbette**, c'est le mouvement du cheval qui se cabre un peu ; c'est aussi un salut fait en se courbant. La **courbure**, c'est l'état de ce qui est courbe.

courber v., **courbette** n. f., **courbure** n. f. V. COURBE.

coureur, euse n. V. COURIR.

courge n. f. Plante rampante à gros fruits comestibles (2). La **courgette** est le fruit de certaines courges.

courgette n. f. V. COURGE.

courir v. t. Se déplacer vite et par élans : *homme, cheval qui courent*. Poursuivre en courant : *courir après quelqu'un*. Prendre part à une course. Circuler :

bruit qui court. Parcourir : courir un danger. Être exposé à : *courir un danger*. (Conjuguez : *je cours ; je courais ; je courus ; je courrai ; que je coure ; courant, couru*.) Le **coureur** est celui qui court. (V. COURANT, COURSE.)

couronne n. f. Guirlande de fleurs, etc., qui entoure la tête. Cercle orné qu'on met sur la tête en signe de souveraineté, de noblesse ou comme récompense : *couronne ducale*. Ce qui a la forme d'une couronne. Nom de diverses monnaies. Partie visible de la dent (3). **Couronner**, c'est mettre une couronne : *couronner un roi*. Au figuré, achever : *couronner son œuvre*. Le **couronnement**, c'est l'action de couronner.

couronnement n. m., **couronner** v. V. COURONNE.

courre v. Courir. (Ne s'emploie que dans *chasse à courre :* avec des chiens courants.)

courrier n. m. Celui qui transporte les lettres, des paquets pour autrui. Correspondance transportée par le courrier. Lettres écrites ou reçues : *signer son courrier*.

courroie n. f. Bande de cuir.

1. V. pl. LIGNES ; 2. V. pl. LÉGUMES ; 3. V. pl. DENTS.

courroucer v. Mettre en courroux : *une voix courroucée.*

courroux n. m. Colère, irritation.

cours n. m. Mouvement continu des eaux : *cours d'un fleuve;* des astres : *cours de la lune.* Promenade plantée d'arbres. *Voyage au long cours,* dans des pays lointains. Suite continue : *le cours des événements.* Suite de leçons; livre qui les contient : *cours d'histoire.* Prix, valeur : *cours du blé.*

course n. f. Action de courir : *prendre sa course.* Action de parcourir : *une longue course.* Mouvement en ligne droite : *course d'un piston.* Lutte de vitesse : *course à pied.* Le **coursier,** la **coursière** sont les employés qui font les courses. Un **coursier** est un bon cheval. (V. COURIR.)

coursier n. m. V. COURSE.

court, e adj. De peu de longueur, de peu de durée : *court entretien. Tourner court,* c'est tourner brusquement. Un **court,** c'est un terrain de tennis. Un **court-bouillon** est un bouillon épicé pour cuire le poisson.

courtepointe n. f. Couverture piquée.

courtine n. m. Mur qui réunit deux tours, deux bastions, dans une fortification (1).

courtisan, e n., **courtiser** v., **courtois, e** adj., **courtoisie** n. f. V. COUR.

cousin, e n. Parent descendant du frère ou de la sœur : *le cousin germain est le fils de l'oncle ou de la tante.*

coussin n. m. Petit sac rembourré pour s'appuyer.

coût n. m. V. COÛTER.

couteau n. m. Instrument tranchant formé d'une lame et d'un manche (2). Un **coutelas** est un grand couteau. Le **coutelier** est celui qui fait ou vend des couteaux. La **coutellerie,** c'est l'industrie du coutelier.

coutelas n. m., **coutelier** n. m., **coutellerie** n. f. V. COUTEAU.

coûter v. Etre vendu, acheté pour une somme de. Demander un effort : *cette démarche me coûte. Coûte que coûte,* à tout prix. Le **coût** est le prix d'une chose. Ce qui coûte est **coûteux.**

coûteux, euse adj. V. COÛTER.

coutil n. m. Sorte de toile.

coutume n. f. Habitude : *vieille coutume.* **Accoutumer,** c'est habituer.

couture n. f., **couturier, ère** n. V. COUDRE.

couvée n. f. V. COUVER.

couvent n. m. Maison de religieux, de religieuses.

couver v. En parlant des femelles d'oiseaux, se coucher un certain temps sur leurs œufs pour les faire éclore. Se dit du feu qui brûle lentement sous la cendre. Une **couveuse,** c'est une poule qui couve; c'est aussi un appareil chauffé pour faire éclore les œufs; c'est enfin un berceau fermé et chauffé pour faciliter la survie des enfants nés prématurément. Une **couvée,** c'est un ensemble de poussins nés en même temps.

couvercle n. m., **couvert** adj., **couverture** n. f. V. COUVRIR.

couveuse n. f. V. COUVER.

couvreur n. m. V. COUVRIR.

couvrir v. Mettre une chose sur une autre pour la cacher, la protéger, l'orner : *couvrir ses épaules.* Combler; accabler : *couvrir de honte.* Vêtir : *couvrir chaudement.* Protéger : *couvrir une armée.* Excuser :

---

1. V. pl. CHÂTEAU FORT; 2. V. pl. CUISINE (*Ustensiles de*).

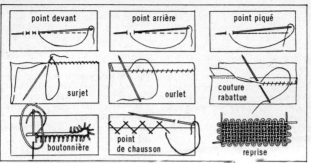

point devant • point arrière • point piqué • surjet • ourlet • couture rabattue • boutonnière • point de chausson • reprise

couture

couvrir une faute. Compenser, balancer, payer : *couvrir une dépense.* (Conjuguez : comme *ouvrir.*) Le **couvercle** est ce qui sert à couvrir. Le **couvert**, c'est le logement : *avoir le vivre et le couvert;* c'est aussi l'abri : *se mettre à couvert;* c'est également ce qui couvre la table pour le service du repas : *mettre le couvert;* c'est enfin l'ensemble de la cuiller, la fourchette et le couteau. La **couverture**, c'est ce qui couvre : *couverture de lit.* Le **couvreur** est celui qui couvre le toit des maisons. Un **couvre-chef**, c'est un chapeau, un bonnet. Le **couvre-feu**, c'était le signal qui avertissait de rentrer chez soi et d'éteindre les lumières; heure de ce signal. Interdiction de sortir des maisons après une certaine heure. Un **couvre-lit**, un **couvre-pieds**, c'est un dessus-de-lit.

coyote n. m. Animal carnassier d'Amérique, proche du loup.

crabe n. m. Crustacé marin comestible (1).

crac ! Interjection. Imitation du bruit d'un craquement.

crachat n. m., **crachement** n. m. V. CRACHER.

cracher v. Jeter hors de la bouche. Ce que l'on crache est un **crachat**. L'action de cracher est un **crachement**. Un **crachoir**, c'est un récipient pour cracher.

crachoir n. m. V. CRACHER.

craie n. f. Pierre blanche très tendre qui sert pour écrire au tableau noir. Ce qui contient de la craie est **crayeux**.

craindre v. Avoir peur de. (Conjuguez : *je crains; je craignais; je craignis; je craindrai; que je craigne, craignant, craint.*) La **crainte**, c'est la peur. Celui qui craint est **craintif**.

crainte n. f., **craintif, ive** adj. V. CRAINDRE.

cramoisi, e adj. Rouge foncé.

crampe n. f. Contraction douloureuse d'un muscle.

crampon n. m. Attache de métal pour réunir deux pièces. **Cramponner**, c'est unir avec un crampon.

cramponner v. V. CRAMPON.

1. V. pl. CRUSTACÉS.

cran n. m. Entaille à une pièce de bois, de métal, etc., pour accrocher, pour arrêter : *mettre une arme au cran d'arrêt*. Au figuré, courage, hardiesse.

crâne n. m. Enveloppe osseuse renfermant le cerveau (1). Adj. Décidé, hardi : *air crâne*. La **crânerie** est le caractère crâne. **Crâner**, c'est agir avec crânerie. Le **crâneur** est celui qui crâne.

crâner v., **crânerie** n. f., **crâneur** n. m. V. CRÂNE.

crapaud n. m. Batracien qui ressemble à une grosse grenouille, à la peau couverte de verrues (2).

crapule n. f. Individu vicieux, méprisable.

craqueler v., **craquement** n. m., **craquelure** n. f. V. CRAQUER.

craquer v. Produire un bruit sec en se brisant : *biscuit qui craque sous la dent*. Le **craquement** est le bruit de ce qui craque. **Craqueler**, c'est fendiller : *porcelaine craquelée*. Une **craquelure**, c'est une petite fente.

crasse n. f. Grande saleté : *vivre dans la crasse*. Familièrement, mauvais tour : *faire une crasse*. Ce qui est couvert de crasse est **crasseux**.

crasseux, euse adj. V. CRASSE.

cratère n. m. Bouche de volcan (3).

cravache n. f. Badine de cuir tressé qui sert de fouet au cavalier. **Cravacher**, c'est frapper avec une cravache.

cravacher v. V. CRAVACHE.

cravate n. f. Bande d'étoffe qu'on noue autour du cou ou à la hampe d'un drapeau (4).

crayeux, euse adj. V. CRAIE.

crayon n. m. Bâtonnet de matière colorante, généralement enfermé dans une tige de bois, pour écrire, pour dessiner. **Crayonner**, c'est dessiner au crayon.

créance n. f. Croyance : *donner créance à un fait*. Droit d'obtenir le paiement d'une somme : *recouvrer une créance*. Celui à qui l'on doit une somme est le **créancier**. (Le contraire est DÉBITEUR.)

créancier n. m. V. CRÉANCE.

créateur n. m., **création** n. f., **créature** n. f. V. CRÉER.

crécelle n. f. Moulinet de bois qui fait du bruit quand on le fait tourner (5).

crèche n. f. Mangeoire pour animaux. Représentation de la crèche où fut déposé l'Enfant Jésus à sa naissance. Etablissement destiné à recevoir dans la journée les petits enfants dont la mère travaille.

crédit n. m. Confiance qu'on inspire surtout en matière de paiement. Influence : *avoir du crédit auprès d'un ministre*. Délai pour payer : *vente à crédit*. Autorisation de dépenser, d'emprunter : *ouvrir un crédit*. Dans un compte, ce dont on est **créancier** (v. ce mot). [Le contraire est DÉBIT.] **Créditer**, c'est inscrire une somme au crédit de quelqu'un.

créditer v. V. CRÉDIT.

credo n. m. Premier mot du Symbole des apôtres. Croyance.

crédule adj., **crédulité** n. f. V. CROIRE.

créer v. Tirer du néant : *Dieu a créé le monde*. Faire ce qui n'existait pas auparavant : *créer une industrie*. Le **créateur** est celui qui crée. L'action de créer, la chose créée est la **création**. Un être créé est une **créature**.

crémaillère n. f. Tige de fer à crans pour accrocher une marmite dans la cheminée. Barre munie de crans pour divers usages : *chemin de fer à crémaillère*.

crématoire adj. Qui sert à brûler les corps : *four crématoire*.

crème n. f. Matière grasse du lait. Mets de lait, d'œufs et de sucre: *crème à la vanille*. Ce qui a de la crème est **crémeux**. Le **crémier** est celui qui vend de la crème, des laitages. Sa boutique est la **crémerie**.

crémerie n. f., **crémeux, euse** adj., **crémier** n. m. V. CRÈME.

crémone n. f. Espèce d'espagnolette (1).

créneau n. m. Ouverture de place en place dans un parapet (2). Ce qui a des créneaux est **crénelé**.

crénelé, e adj. V. CRÉNEAU.

créole adj. et n. Personne de race blanche née dans les pays d'outre-mer. Le **créole** est une langue parlée dans les Antilles.

crêpe n. m. Etoffe de laine ou de soie à fils frisés. Crêpe noir porté en signe de deuil. N. f. Galette mince frite à la poêle. Le **crépon** est un tissu à ondulations irrégulières. Ce qui est court et frisé est **crépu** : *cheveux crépus*.

crépi n. m. Couche de plâtre ou de mortier non lissée.

crépiter v. Pétiller : *bois qui crépite en brûlant*.

crépon n. m., **crépu, e** adj. V. CRÊPE.

crépuscule n. m. Lueur de la fin du jour.

cresson n. m. Plante comestible qui croît dans l'eau douce (3).

crétacé n. m. Une des périodes géologiques de l'ère secondaire.

crête n. f. Saillie charnue, rouge et dentelée, sur la tête des coqs, poules, etc. Sommet : *crête d'un mont, d'un mur* (4).

crétin n. m. Idiot.

cretonne n. f. Sorte de toile.

creuser v. V. CREUX.

creuset n. m. Vase de terre pour fondre un métal (5).

creux, euse adj. Qui présente un vide : *arbre creux;* un enfoncement : *chemin creux*. Au figuré : *un raisonnement creux*, qui ne repose sur rien. Un **creux**, c'est un trou, un vide, c'est aussi une partie renfoncée : *le creux de la main*. **Creuser**, c'est rendre creux; faire en creusant : *creuser un trou;* donner de l'appétit. *Se creuser la tête*, c'est se fatiguer à chercher.

crevaison n. f., **crevasse** n. f. V. CREVER.

crever v. Faire éclater : *crever un ballon*. Percer : *crever une cloque*. Fatiguer beaucoup. Mourir : *bête crevée*. Souffrir beaucoup : *crever de soif*. *Crever de rire*, rire aux éclats. La **crevaison**, c'est l'action de crever. Une **crevasse**, c'est une fente, une déchirure; c'est aussi une gerçure.

crevette n. f. Petit crustacé marin comestible : *crevette grise* (6).

cri n. m. Son perçant que lance la voix. Mots dits en criant. Voix propre à un animal : *le cri du hibou*. Plainte vive : *cri de douleur*. **Crier**, c'est pousser des cris; c'est aussi se plaindre vivement : *crier au scandale;* c'est également annoncer, publier à haute voix. Le **crieur** est celui qui annonce une chose au public. Ce qui

crie est **criant**. Une injustice
révoltante est **criante**. Celui
qui crie est **criard**. Une couleur qui choque la vue est
criarde. Criailler, c'est crier
beaucoup et désagréablement.
La **criée** est une vente publique aux enchères.

criailler v., **criant, e** adj.,
criard, e adj. V. CRI.

crible n. m. Récipient à fond
percé de trous pour trier certaines matières. **Cribler**, c'est
passer au crible; c'est aussi
percer de nombreuses blessures.

cribler v. V. CRIBLE.

cric n. m. Machine pour soulever les fardeaux.

criée n. f., **crier** v., **crieur** n. m.
V. CRI.

crime n. m. Acte très grave
contraire à la loi. Ce qui a le
caractère du crime est **criminel**. Celui qui commet un
crime est un **criminel**.

criminel, elle adj. et n.
V. CRIME.

crin n. m. Poil long et rude du
cheval. La **crinière** est l'ensemble des crins du cou d'un
cheval, d'un lion. Familièrement, c'est la chevelure. Une
crinoline, c'est une jupe de
dessous en tissu de crin ou
baleinée (1).

crinière n. f., **crinoline** n. f.
V. CRIN.

crique n. f. Petite baie.

criquet n. m. Sauterelle (2).

crise n. f. Moment très grave
dans une maladie : *crise nerveuse*. Moment grave dans la
politique, les affaires : *franchir
une crise*. (V. CRITIQUE.)

crispation n. f. V. CRISPER.

crisper v. Irriter les nerfs. Au
figuré, s'impatienter. La **crispation** est l'irritation, l'impatience.

cristal n. m. Substance minérale
qui présente des faces planes
régulièrement disposées. Particulièrement, *cristal de roche*,
cristal naturel transparent très
pur. Verre blanc très pur. Ce
qui est clair comme le cristal
est **cristallin. Cristalliser**,
c'est former des cristaux.

cristallin, e adj., **cristalliser**
v. V. CRISTAL.

critique adj. Relatif à la crise :
moment critique. La **critique**
est l'action de juger un ouvrage
littéraire ou artistique; c'est
aussi un blâme. Celui qui fait
la critique d'une œuvre est un
critique. Critiquer, c'est examiner, juger, blâmer. (V. aussi
CRISE.)

critiquer v. V. CRITIQUE.

croassement n. m. Cri du corbeau. (V. COASSEMENT.)

croc [*kro*] n. m. Instrument de
métal à pointe recourbée pour
suspendre, tirer, épandre (3).
Un **croc-en-jambe**, c'est l'action de passer sa jambe entre
celles de quelqu'un pour le renverser. (V. CROCHET.)

croche n. f. Note de musique
dont la queue porte un crochet,
et qui vaut la moitié d'une
noire (4).

crochet n. m. Petit croc. Sorte
de parenthèse [ ]. Aiguille à
pointe recourbée : *ouvrage au
crochet*. Ce qui est courbé
comme un crochet est **crochu.
Crocheter**, c'est ouvrir une
porte avec un crochet.

crocheter v., **crochu, e** adj.
V. CROCHET.

crocodile n. m. Reptile de l'Afrique et de l'Inde ressemblant à
un gigantesque lézard (5).

crocus n. m. Une plante d'ornement de la famille des iris.

croire v. Tenir pour vrai : *je*

1. V. pl. VÊTEMENTS FÉMININS; 2. V. pl. INSECTES; 3. V. pl. JARDINAGE;
4. V. pl. MUSIQUE (*Signes de*) ; 5. V. pl. REPTILES.

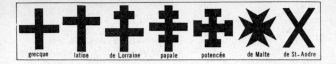

| grecque | latine | de Lorraine | papale | potencée | de Malte | de St-André |

croix

crois ce qu'il dit. Regarder comme : *croire habile.* Avoir foi, confiance : *croire à la parole de quelqu'un.* (Conjuguez : *je crois, ils croient; je croyais; je crus; je croirai; que je croie; croyant, cru.*) La **croyance,** c'est ce que l'on croit : *croyance religieuse.* Celui qui a la foi religieuse est **croyant.** Celui qui croit tout ce qu'on lui dit est **crédule.** La **crédulité** est le défaut de celui qui est crédule. (V. aussi CRÉANCE.)

croisade n. f. V. CROIX.

croisement n. m. V. CROISER.

croiser v. Disposer en croix : *croiser ses jambes.* Couper en travers : *routes qui se croisent. Se croiser les bras,* rester inactif. **Croiser,** c'est aussi parcourir la mer en tous sens pour surveiller. **Se croiser,** c'est se rencontrer. Le **croisement,** c'est l'action de croiser; c'est aussi l'endroit où deux chemins, deux routes se croisent; c'est enfin le mélange de races d'animaux. Un **croiseur** (1), c'est un navire qui croise en mer pour surveiller. Une **croisière** est un voyage de tourisme, le plus souvent par mer.

croiseur n. m., **croisière** n. f. V. CROISER.

croissance n. f., **croissant, e** adj. et n. m. V. CROÎTRE.

croître v. Devenir plus grand : *la chaleur croît.* (Conjuguez : *je croîs; je croissais; je crûs; je croîtrai; que je croisse; croissant, crû.*) La **croissance,** c'est le développement d'un être qui croît : *croissance rapide.* Le **croissant,** c'est la figure de la lune qui croît ou décroît; c'est aussi un petit pain ayant cette forme. La Turquie s'appelait l'empire du **Croissant,** parce que sur ses armoiries figure un croissant.

croix n. f. Chez les Anciens, poteau coupé par une traverse, sur lequel on clouait les condamnés à mort. Figure représentant Jésus-Christ sur une ~croix. Bijou, décoration en forme de croix (2). La **croisade** était une guerre des chrétiens contre les musulmans au moyen âge.

croquer v. Faire du bruit sous la dent. Manger une chose qui croque : *croquer du sucre.* Dessiner rapidement : *croquer une scène.* Un **croque-mitaine,** c'est un épouvantail. Le **croque-mort** est celui qui porte les morts au cimetière. Une **croquette** est une boulette de hachis ou un bonbon que l'on croque. Un **croquis,** c'est un dessin rapidement fait (3).

croquet n. m. Jeu qui consiste à faire passer des boules sous des arceaux avec un maillet.

croquette n. f. V. CROQUER.

croquis n. m. V. CROQUER.

crosse n. f. Bâton à bout recourbé. Bâton qui est signe de l'autorité de l'évêque. Partie inférieure du bois d'un fusil : *coup de crosse.*

1. V. pl. MARINE DE GUERRE; 2. V. pl. DÉCORATIONS; 3. V. pl. DESSIN.

crotale n. m. Serpent à son-
nettes.

crotte n. f. Fiente de certains
animaux : *crotte de lapin.*
Boue : *marcher dans la crotte.*
Sorte de bonbon de chocolat.
Crotter, c'est salir de boue. Le
crottin, c'est la crotte du cheval.

crotter v., **crottin** n. m.
V. CROTTE.

crouler v. Tomber en débris qui
s'entassent : *maison qui croule.*
Etre renversé : *système qui
croule.*

croup n. m. Une des formes de la
diphtérie (v. ce mot).

croupe n. f. Derrière de certains
animaux. Sommet arrondi d'une
montagne. **S'accroupir,** c'est
s'asseoir sur ses talons. A crou-
petons signifie accroupi. Le
croupion, c'est le derrière de
l'oiseau. La **croupière** est une
courroie qui passe sur la croupe
et sous la queue du cheval (1).

croupier n. m. Celui qui tient
le jeu pour le compte du banquier dans un casino, etc.

croupière n. f., **croupion** n. m.
V. CROUPE.

croupir v. Se corrompre, en parlant de l'eau. Au figuré, vivre
dans la misère, l'ignorance.

croustade n. f. Sorte de pâté.

croustiller v. V. CROÛTE.

croûte n. f. Partie extérieure
du pain, durcie par la cuisson.
Pâte cuite d'un pâté. Partie durcie de certaines choses. Familièrement, mauvais tableau. Un
croûton, c'est un morceau de
croûte, un morceau de pain
cuit. **Croustiller,** c'est croquer, comme une croûte.

croûton n. m. V. CROÛTE.

croyance n. f., **croyant, e** adj.
V. CROIRE.

cru, e adj. Qui n'est pas cuit :
viande crue. La **crudité** est
l'état de ce qui est cru.

cruauté n. f. Méchanceté de
celui qui aime à faire souffrir.
Ce qui montre de la cruauté est
cruel.

cruche n. f. Vase à anses et à
large ventre. Familièrement,
personne sotte. Un **cruchon,**
c'est une petite cruche (2).

cruchon n. m. V. CRUCHE.

crucifiement n. m. V. CRUCI-
FIER.

crucifier v. Clouer sur une croix.
Le **crucifix** est la représentation de Jésus-Christ crucifié. Le
crucifiement, ou la **crucifixion,** est l'action de crucifier.

crucifix n. m., **crucifixion** n. f.
V. CRUCIFIER.

crudité n. f. V. CRU.

crue n. f. Montée de l'eau d'une
rivière, d'un lac, après les
pluies.

cruel, elle adj. V. CRUAUTÉ.

crustacés n. m. pl. Animaux
recouverts d'une carapace (homard, crabe, etc.).

crypte n. f. Souterrain d'église.

cube n. m. Corps solide à six
faces carrées (3). En arithmétique, produit de trois nombres
égaux : $3 \times 3 \times 3 = 27$. Ce
qui a la forme d'un cube est
cubique.

cubique adj. V. CUBE.

cubitus n. m. Un des os du
bras (4).

cueillette n. f. V. CUEILLIR.

cueillir v. Détacher de leurs
tiges des fleurs ou des fruits.
(Conjuguez : *je cueille; je cueil-
lais; je cueillis; je cueillerai;
que je cueille; cueilli.*) La
cueillette, c'est la récolte.

cuillère ou **cuiller** n. f. Ustensile de table, pour

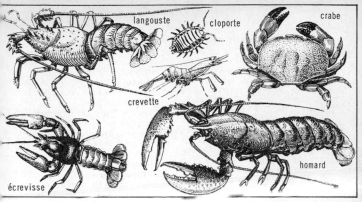

langouste — cloporte — crabe — crevette — écrevisse — homard

crustacés

ustensiles de cuisine

cocotte — marmite — chaudron — écumoire — bouillotte — entonnoir — moule — passoire — moulin à café — casserole — gril — hachoir — moulin à café électrique — pot en terre — cuiller à pot — rouleau — râpe — plat — fouet — couteau à éplucher — cafetière — terrine — fourchette — couteau à découper — bol

puiser des liquides (1). Une **cuillerée**, c'est le contenu d'une cuillère.

cuillerée n. f. V. CUILLER.

cuir n. m. Peau de certains animaux, tannée et préparée. *Cuir chevelu*, partie de la tête recouverte par les cheveux. Familièrement, faute de langage, mot écorché.

cuirasse n. f. Armure pour le dos et la poitrine (2). Revêtement d'acier d'un navire, d'un char. Un **cuirassé** est un navire blindé (3). Un **cuirassier**, c'est un cavalier portant une cuirasse.

cuirassé n. m., **cuirassier** n. m. V. CUIRASSE.

cuire v. Préparer les aliments par le feu : *cuire du pain.* Devenir cuit : *la viande cuit.* Eprouver une douleur vive (cuisante): *cela me cuit.* (Conjuguez : *je cuis; je cuisais; je cuisis; je cuirai; que je cuise; cuisant, cuit.*) [V. CUISINE.] L'action de cuire est la **cuisson**.

cuisine n. f. Lieu où l'on apprête les mets (v. p. précéd.). Art de préparer les mets. **Cuisiner**, c'est faire la cuisine. Le **cuisinier**, la **cuisinière** est la personne qui fait la cuisine. La **cuisinière**, c'est aussi le foyer de la cuisine. Ce qui se rapporte à la cuisine est **culinaire** : *art culinaire.*

cuisse n. f. Partie de la jambe, de la hanche au genou (4).

cuisson n. f. V. CUIRE.

cuistre n. m. Pédant, faux savant vaniteux et ennuyeux.

cuivre n. m. Métal de couleur rougeâtre, très apprécié.

cul n. m. Derrière, partie postérieure du corps. Fond : *un cul de bouteille.* Un **cul-de-jatte**

est celui qui est privé de ses jambes. Un **cul-de-sac**, c'est un bout de rue sans sortie, une impasse.

culbute n. f. Saut qu'on fait en tournant en l'air sur soi-même. **Culbuter**, c'est faire la culbute, renverser brusquement : *culbuter un adversaire.*

culée n. f. Massif de maçonnerie appuyé à la berge, qui soutient un pont (5).

culinaire adj. V. CUISINE.

culminant, e adj. Qui est à sa plus grande hauteur: *point culminant d'une chaîne de montagnes.*

culot n. m. Fond d'une cartouche, d'un obus, etc. Familièrement, audace, effronterie.

culotte n. f. Vêtement qui couvre les jambes jusqu'aux genoux. **Culotter**, c'est mettre une culotte; c'est aussi noircir une pipe par l'usage.

culotter v. V. CULOTTE.

culpabilité n. f. V. COUPABLE.

culte n. m. Honneur rendu à la divinité. (V. p. suiv.) Vénération : *avoir un culte pour ses parents.*

cultivateur n. m. V. CULTIVER.

cultiver v. Travailler la terre pour obtenir des récoltes. Faire pousser : *cultiver des légumes.* Au figuré, étudier : *cultiver les sciences;* entretenir des relations : *cultiver ses amis.* Le **cultivateur** est celui qui cultive la terre. La **culture** est l'action de cultiver, le terrain qu'on cultive. (V. p. suiv.) C'est aussi l'ensemble des connaissances artistiques, littéraires, scientifiques, qui caractérisent un peuple, une société : *la culture grecque.*

culture n. f. V. CULTIVER.

1. V. pl. CUISINE (*Ustensiles de*) ; 2. V. pl. ARMURES ; 3. V. pl. ARTILLERIE ; 4. V. pl. HOMME ; 5. V. pl. PONTS.

calice · patène

encensoir · ostensoir · ciboire · burettes

objets du culte

cumuler v. Exercer en même temps plusieurs emplois payés.

cupidité n. f. Avidité, convoitise.

cupule n. f. Organe enveloppant les fruits de certains arbres (chênes, hêtres, châtaigniers).

curable adj. V. CURE I.

curare n. m. Poison végétal.

curatif, ive adj. V. CURE I.

cure I. n. f. Soin, souci : *n'avoir cure de*. Traitement médical : *cure de raisins*. Ce qui peut guérir est **curable**. Ce qui guérit est **curatif**.

culture

labourage · semeur

charrue · soc

herse

charrue portée par un tracteur

rouleau

cure II. n. f. Direction spirituelle d'une paroisse. Résidence d'un curé. Le **curé** est le prêtre qui gouverne une paroisse.

curé n. m. V. CURE II.

curée n. f. Entrailles de gibier données aux chiens de chasse. Cette distribution même.

curer v. Nettoyer : *curer les ongles*. Le **cure-dents** est un instrument pour nettoyer les dents.

curieux, euse adj. Désireux de savoir. Indiscret : *enfant curieux*. Intéressant : *spectacle curieux*. La **curiosité** est le désir de voir, d'apprendre; c'est aussi une chose curieuse, rare.

curiosité n. f. V. CURIEUX.

cutané, e adj. De la peau.

cuti-réaction n. f. Test pour déterminer certaines maladies, comme la tuberculose.

cuve n. f. Grand récipient de bois, de métal, etc., pour divers usages. Une **cuvée**, c'est le contenu d'une cuve. Un **cuveau**, c'est une petite cuve. Une **cuvette**, c'est un petit bassin pour la toilette, etc.

cuvée n. f., **cuveau** n. m., **cuvette** n. f. V. CUVE.

cyclamen [*si-kla-mèn'*] n. m. Plante à jolies fleurs pourpres.

cycle n. m. Période d'un certain nombre d'années après laquelle les mêmes faits se répètent. Ensemble des véhicules du type de la bicyclette, du cyclomoteur, etc. Le **cyclisme** est le sport et l'utilisation de la bicyclette. Un **cycliste** est celui qui va à bicyclette.

cyclisme n. m., **cycliste** n. V. CYCLE.

cyclone n. m. Ouragan qui se déplace en tourbillonnant.

cygne n. m. Genre de grands oiseaux à pieds palmés et à long cou (1).

cylindre n. m. Corps arrondi en forme de rouleau (2). Tube où se meut le piston d'une machine, d'un moteur.

cylindrique adj. En forme de cylindre.

cymbale n. f. Instrument de musique formé de deux plateaux de cuivre (3).

cynique adj. Impudent, effronté. Le **cynisme** est le dédain des convenances.

cyprès n. m. Arbre résineux toujours vert, qu'on plante souvent dans les cimetières (4).

cyprin n. m. Poisson du genre carpe, notamment les petits poissons rouges des aquariums.

cytise n. m. Arbuste à fleurs jaunes en grappe.

cyclamen
Phot. Truffaut.

1. V. pl. PALMIPÈDES ET ÉCHASSIERS ; 2. V. pl. SOLIDES ;
3. V. pl. MUSIQUE (*Instruments de*) ; 4. V. pl. CONIFÈRES.

Dirigeable survolant New York. *Phot. W. W.*

dactylo ou **dactylographe** n. V. DACTYLOGRAPHIE.

dactylographie n. f. Art d'écrire à la machine en tapant avec les doigts sur un clavier. La personne qui tape à la machine est **dactylographe** ou **dactylo**.

dada n. m. Cheval, dans le parler des enfants. Familièrement, idée fixe.

dadais n. m. Jeune niais.

dague n. f. Poignard ancien (1).

dahlia n. m. Plante ornementale à très belles fleurs (2).

daigner v. Vouloir bien, accepter de : *daignez venir*.

daim n. m. Animal du genre cerf, à cornes aplaties (3).

dais n. m. Tenture dressée au-dessus d'un trône, ou qu'on porte dans les processions au-dessus d'une statue, etc.

dallage n. m. V. DALLE.

dalle n. f. Tablette de pierre pour couvrir le sol, un toit, etc. **Daller**, c'est recouvrir de dalles. Le **dallage** est le revêtement d'un sol, d'un mur, par des dalles.

daller v. V. DALLE.

dalmatique n. f. Sorte de chasuble à manches (4).

daltonisme n. m. Anomalie de la vue qui empêche de distinguer certaines couleurs.

damas n. m. Etoffe de soie à dessins tissés, qui venait jadis de Damas, en Syrie. Le linge ainsi tissé est **damassé**.

damasquiner v. Incruster des fils d'or, d'argent, dans du fer.

damassé, e adj. V. DAMAS.

dame n. f. Autrefois, femme de haut rang. Aujourd'hui, femme mariée. Figure du jeu de cartes, pièce du jeu d'échecs. Pièce pour jouer aux dames, aux échecs. Outil pour enfoncer les pavés. **Dame!**, exclamation d'affirmation, de négation. Une **dame-jeanne** est une grosse bouteille clissée, munie d'anses. Le **damier** est une planchette divisée en cases noires et blanches pour certains jeux.

damier n. m. V. DAME.

damnation n. f. V. DAMNER.

damner [*da-né*] v. Condamner aux peines de l'enfer. La **dam-**

1. V. pl. ARMES; 2. V. pl. FLEURS; 3. V. pl. RUMINANTS SAUVAGES;
4. V. pl. VÊTEMENTS RELIGIEUX.

nation est la condamnation à l'enfer.

dandin n. m. Homme niais. **Se dandiner**, c'est balancer gauchement le corps. Le **dandinement**, c'est le balancement de celui qui se dandine.

dandinement n. m., **se dandiner** v. V. DANDIN.

dandy n. m. Elégant à la mode.

danger n. m. Péril : *être en danger*. Ce qui présente du danger est **dangereux**.

dangereux, euse adj. V. DANGER.

danois, e adj. et n. Du Danemark.

dans préposition qui marque un rapport de lieu : *dans ma poche;* de temps : *dans la journée;* de manière : *être dans l'embarras*.

danse n. f. Suite de mouvements cadencés du corps au son de la musique. **Danser**, c'est se mouvoir en cadence au son de la musique. Celui qui danse est un **danseur**.

danser v., **danseur, euse** n. V. DANSE.

dard n. m. Arme de jet, bâton armé d'une pointe de fer. Aiguillon de certains insectes : *le dard de l'abeille*. **Darder**, c'est lancer comme un dard, avec force.

darder v. V. DARD.

dare-dare adverbe signifiant en hâte : *accourir dare-dare*.

dartre n. f. Plaque rouge sur la peau, qui s'écaille.

date n. f. Temps où se passe un fait, chiffre qui l'indique. **Dater**, c'est mettre une date : *dater une ·lettre;* c'est aussi être ancien : *cela date de loin*.

dater v. V. DATE.

datte n. f. Fruit du dattier, sorte de palmier (1).

daube n. f. Manière de faire cuire à l'étouffée une viande : *bœuf en daube*. **Dauber**, c'est cuire en daube; c'est, familièrement, railler, médire de quelqu'un.

dauber v. V. DAUBE.

dauphin n. m. Mammifère marin de l'ordre des cétacés. Titre que portaient les fils aînés des rois de France.

daurade n. f. Poisson de mer à reflets dorés ou argentés.

davantage adv. Plus : *boire davantage*.

davier n. m. Outil de dentiste.

de préposition marquant un point de départ : *de Paris;* la séparation : *loin des siens;* la matière : *table de bois;* la qualité : *homme de génie*. Par : *aimé de tous*. (OBSERV. *De* suivi de *le, les* s'abrège en DU, DES.)

dé n. m. Etui pour protéger le doigt en cousant. Petit cube marqué de points pour jouer.

débâcle n. f. Rupture de la glace qui couvre une rivière, un lac. Changement brusque qui amène le désordre ou la ruine.

déballage n. m. V. DÉBALLER.

déballer v. Retirer d'un emballage, d'une caisse : *déballer de la vaisselle*. Le **déballage**, c'est l'action de déballer.

débandade n. f. V. DÉBANDER.

débander (se) v. Se disperser, se mettre en désordre, en parlant d'une troupe. La **débandade**, c'est l'action de se débander.

débarbouiller v. Laver le visage.

débarcadère n. m. V. DÉBARQUER.

débarder v. Décharger un train, un bateau. Le **débardeur** est celui qui débarde.

débardeur n. m. V. DÉBARDER.

débarquement n. m. V. DÉBAR-QUER.

débarquer v. Faire sortir d'un bateau, d'un wagon. Arriver, descendre de bateau. Le **débarcadère** est l'endroit où l'on débarque. Le **débarquement** est l'action de débarquer.

débarras n. m. V. DÉBARRASSER.

débarrasser v. Enlever ce qui embarrasse. Le **débarras**, c'est le fait d'être débarrassé ; l'endroit où l'on met les objets inutiles qui embarrassent.

débat n. m. Discussion. **Débattre**, c'est discuter. **Se débattre**, c'est faire des efforts pour se dégager, résister.

débattre v. V. DÉBAT.

débauche n. f. Conduite déréglée. Un **débauché** est celui qui vit dans la débauche. **Débaucher**, c'est faire quitter son travail à un ouvrier : *débaucher un atelier;* c'est aussi détourner quelqu'un de son devoir.

débile adj. Faible. Retardé sur le plan mental. La **débilité**, c'est la faiblesse.

débilité n. f. V. DÉBILE.

débit n. m. Action de vendre au détail : *marchandise de débit facile.* Magasin de vente au détail : *débit de vins.* Liquide, gaz, etc., que fournit une source en un temps donné : *débit d'un fleuve.* Manière de parler, de lire. Dans un compte, ce qui est dû par quelqu'un. (S'oppose à CRÉDIT.) Le **débitant**, c'est celui qui débite. **Débiter**, c'est vendre au détail : *débiter du vin;* couper en petits morceaux : *débiter du bois.* Au figuré, c'est conter : *débiter des sornettes.* En comptabilité, c'est porter au débit d'un compte. Le **débiteur** est celui qui doit à son créancier.

débitant, e n., **débiter** v., **débiteur, trice** n. V. DÉBIT.

déblai n. m. V. DÉBLAYER.

déblayer v. Débarrasser de ce qui encombre. Les **déblais**, c'est ce que l'on enlève en déblayant.

déboire n. m. Déception, perte d'un espoir, d'une illusion.

déboisement n. m. V. DÉBOISER.

déboiser v. Couper du bois; abattre des forêts. Le **déboisement** est l'action de déboiser.

déboîter v. Faire sortir de ce qui emboîte : *déboîter un os.*

débonnaire adj. Doux, faible.

déborder v. Se répandre par dessus le bord : *rivière qui déborde.*

débouché n. m. V. DÉBOUCHER.

déboucher v. Ôter ce qui bouche : *déboucher une bouteille.* Sortir dans un endroit plus large : *chemin qui débouche sur une route.* Un **débouché**, c'est une issue, une sortie.

déboucler v. Défaire, desserrer une boucle.

débouler v. Rouler de haut en bas : *rochers qui déboulent.*

déboulonner v. Défaire les boulons : *déboulonner un rail.*

débourrer v. Ôter ce qui bourre: *débourrer une pipe.*

débours n. m. V. DÉBOURSER.

débourser v. V. BOURSE.

debout adv. Sur pied : *se mettre debout.* Levé, sorti du lit : *être debout de bonne heure.*

débouter v. Renvoyer un plaignant en justice lorsque sa demande n'est pas fondée.

déboutonner v. Défaire ce qui est boutonné. **Se déboutonner**, c'est parler à cœur ouvert.

débraillé, e adj. Désordonné dans ses vêtements.

débrayer v. Supprimer la liaison entre deux pièces qui se communiquent un mouvement. Cesser volontairement le travail dans une usine.

débrider v. Oter la bride : *débrider un cheval*. Ouvrir les bords trop serrés d'une plaie. *Sans débrider*, sans interruption.

débris n. m. Restes d'un objet brisé : *les débris d'un vase*.

débrouillard, e adj. V. DÉBROUILLER.

débrouiller v. Démêler ce qui est embrouillé : *débrouiller une affaire*. Se débrouiller, c'est se tirer d'affaire. Celui qui sait se débrouiller est **débrouillard**.

débusquer v. Déloger d'un endroit où l'on est embusqué, caché.

début n. m. Commencement. **Débuter**, c'est commencer. Celui qui débute est **débutant**.

débuter v. V. DÉBUT.

déca, mot grec signifiant *dix* et servant à former divers mots : DÉCAlitre, DÉCAmètre, etc.

deçà prép. De ce côté-ci : *rester en deçà* (le contraire est DELÀ).

décacheter v. Ouvrir ce qui est cacheté (lettre, bouteille).

décade n. f. Dizaine. Espace de dix jours.

décadence n. f. Etat de ce qui tombe, qui va vers la ruine.

décagramme n. m. Poids de dix grammes.

décalage n. m. V. DÉCALER.

décalcomanie n. f. V. DÉCALQUER.

décaler v. Déplacer, avancer ou reculer : *décaler un service*. L'action de décaler est le **décalage** : *le décalage de l'heure*.

décalitre n. m. Mesure de dix litres.

décalogue n. m. Les dix commandements de Dieu.

décalque n. m. V. DÉCALQUER.

décalquer v. Reporter un dessin sur un autre papier, sur une pierre, etc. Le **décalque** est l'action de décalquer. La **décalcomanie** est l'art de transporter une image sur de la porcelaine, du verre, etc.

décamètre n. m. Mesure de dix mètres.

décamper v. S'en aller en hâte.

décanter v. Changer un liquide de récipient très doucement pour le débarrasser du dépôt ou lie.

décaper v. Enlever la rouille, la saleté d'une surface de métal.

décapiter v. Couper la tête.

décapoter v. Enlever, replier la partie mobile du toit de certaines voitures.

décatir v. Oter l'apprêt d'une étoffe de laine.

décéder v. Mourir. Le **décès** est la mort.

déceler v. Indiquer, faire connaître ce qui était caché : *déceler une intrigue*.

décembre n. m. Douzième mois de l'année.

décemment adv. Avec décence.

décence n. f. Respect des convenances dans la conduite, la mise. Ce qui est conforme à la décence est **décent** : *costume décent*.

décent, e adj. V. DÉCENCE.

déception n. f., **décevant, e** adj. V. DÉCEVOIR.

décerner v. Attribuer : *décerner une récompense*.

décès n. m. V. DÉCÉDER.

décevoir v. Tromper. Ne pas répondre à un espoir : *déçu dans son attente*. Ce qui déçoit est **décevant**. La **déception**, c'est la perte d'une illusion, d'un espoir : *souffrir une déception*. Celui qui n'obtient pas ce qu'il attend est **déçu**.

déchaîner v. Donner libre cours: *déchaîner la colère*. Violent : *orage déchaîné*. **Se déchaîner,** c'est s'emporter, se mettre dans une colère violente.

décharge n. f., **déchargement** n. m. V. DÉCHARGER.

décharger v. Oter une charge : *décharger un bateau*. Au figuré, soulager : *décharger sa conscience*. Faire partir une arme à feu : *décharger un fusil*. Donner libre cours : *décharger sa colère*. La **décharge** est l'action d'enlever la charge; c'est aussi une quittance; c'est encore ce qui innocente un accusé: *témoin à décharge;* c'est enfin le lieu où l'on dépose les ordures. Le **déchargement** est l'action de décharger.

décharné, e adj. Sans chair : *os décharné*. Qui est très maigre.

déchausser v. Oter la chaussure.

déchéance n. f. V. DÉCHOIR.

déchet n. m. Ce qui est perdu dans l'utilisation d'une matière : *déchet de laine*.

déchiffrer v. Lire ce qui est écrit en langage secret, ce qui est difficile à lire, à saisir.

déchiqueter v. Déchirer en petits morceaux, mettre en lambeaux.

déchirant, e adj., **déchirement** n. m. V. DÉCHIRER.

déchirer v. Diviser un tissu, un papier, en le rompant sans le couper nettement : *déchirer un mouchoir, une lettre*. Causer une impression pénible : *déchirer les oreilles*. Tourmenter : *déchirer le cœur*. Ce qui fait beaucoup de peine est **déchirant**. Un **déchirement**, c'est l'action de déchirer; c'est aussi une grande peine. Une **déchi-**

rure, c'est une rupture faite en déchirant.

déchirure n. f. V. DÉCHIRER.

déchoir v. Tomber d'un rang, d'un état supérieur : *déchu de ses privilèges*. Faiblir : *sa santé déchoit*. La **déchéance** est l'état de ce qui est déchu. (Conjuguez : *je déchois, nous déchoyons, ils déchoient; je déchus; je décherrai; que je déchoie; déchu;* pas d'imparfait ni de part. prés.).

déci, mot signifiant *dixième* et qui, placé devant une unité, la divise par dix : *décilitre, décimètre,* etc.

décidé, e et adj. V. DÉCIDER.

décider v. Prendre la résolution de : *décider de sortir*. Amener à un résultat : *cela décidera de son sort*. **Décidé** signifie résolu : *air décidé*. Ce qui décide est **décisif**. La **décision** est l'action de décider; c'est aussi ce qu'on décide.

décigramme n. m., **décilitre** n. m. V. DÉCIMAL.

décimal, e adj. Divisé en groupes dont chacun est dix fois plus grand que celui qui le précède : *système métrique décimal*. Le **décigramme**, le **décilitre**, le **décimètre** sont des mesures valant un dixième de gramme, de litre, de mètre. **Décimer,** c'est tuer une personne sur dix : *décimer une troupe*.

décimètre n. m. V. DÉCIMAL.

décisif, ive adj., **décision** n. f. V. DÉCIDER.

déclamation n. f. V. DÉCLAMER.

déclamer v. Réciter avec solennité. La **déclamation** est l'action, l'art de déclamer.

déclaration n. f. V. DÉCLARER.

déclarer v. Faire connaître clairement : *déclarer ses intentions;*

déclarer une marchandise à la douane. Annoncer une décision : *déclarer la guerre*. **Se déclarer,** c'est se manifester : *maladie qui se déclare*. Prendre parti pour : *se déclarer pour la guerre*. La **déclaration,** c'est l'action de déclarer; c'est aussi ce qu'on déclare.

déclencher v. Faire jouer un mécanisme en lâchant un cliquet. Provoquer brusquement : *déclencher une émeute*.

déclic n. m. Crochet qui arrête ou actionne un mécanisme.

déclin n. m. V. DÉCLINER.

décliner v. Pencher vers sa fin : *décliner avec l'âge*. Ne pas accepter : *décliner un honneur*. Le **déclin,** c'est l'état de ce qui finit : *le déclin du jour*.

déclivité n. f. Pente.

décorations

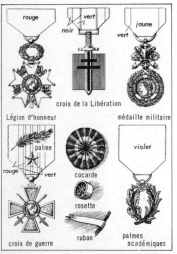

rouge — vert — noir — jaune — vert

croix de la Libération

Légion d'honneur

médaille militaire

palme — rouge — vert

cocarde

rosette

violet

croix de guerre — ruban

palmes académiques

déclouer v. Oter les clous.

décocher v. Lancer (flèche, etc.).

décoiffer v. Déranger la coiffure : *décoiffé par le vent*.

décoller v. Détacher ce qui est collé : *décoller un timbre*. Quitter le sol, en parlant d'un avion.

décolleter v. Découvrir le cou, les épaules : *corsage décolleté*.

décolorer v. Effacer la couleur.

décombres n. m. pl. Débris d'un édifice démoli.

décommander v. Annuler une commande, une invitation.

décomposer v. Séparer les éléments de ce qui est composé : *décomposer l'eau en oxygène et hydrogène*. **Se décomposer,** c'est, en parlant de viandes, etc., se corrompre. La **décomposition,** c'est l'action de décomposer, l'état de ce qui est décomposé.

décomposition n. f. V. DÉCOMPOSER.

déconcerter v. Troubler, faire perdre l'assurance.

déconfit, e adj. Déconcerté, déçu. La **déconfiture,** c'est l'impossibilité de payer ses dettes; c'est aussi l'échec total.

déconfiture n. f. V. DÉCONFIT.

déconseiller v. Conseiller de ne pas faire quelque chose.

décontenancer v. Déconcerter.

décontracter v. Faire cesser la contraction : *décontracter ses muscles*.

déconvenue n. f. Désappointement causé par un échec.

décor n. m., **décorateur** n. m., **décoratif, ive** adj., **décoration** n. f. V. DÉCORER.

décorer v. Orner, parer : *décorer une salle*. Accorder une croix, une médaille, l'insigne d'un ordre. Le **décor,** c'est ce qui sert à décorer, à orner; c'est, au théâtre, ce qui repré-

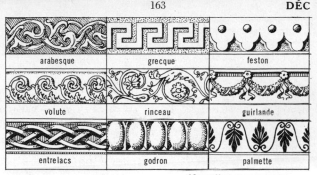

arabesque	grecque	feston
volute	rinceau	guirlande
entrelacs	godron	palmette

décoration ornementale

sente le lieu où se passe l'action d'une pièce : *changement de décor* (1). Le **décorateur** est celui qui fait des décors, qui décore des édifices. La **décoration**, c'est l'art du décorateur; c'est aussi l'insigne d'un ordre. Ce qui orne est **décoratif**.

décortiquer v. Enlever l'écorce : *décortiquer des légumes.*

découcher v. Coucher hors de chez soi.

découdre v. Défaire ce qui est cousu. Familièrement, **en découdre**, c'est en venir aux mains. (Conjuguez : *je découds; je décousais; je décousis; je découdrai; que je découse; décousant; décousu.*)

découler v. Couler peu à peu. Au figuré, résulter.

découpage n. m. V. DÉCOUPER.

découper v. Couper par morceaux. **Se découper**, c'est se détacher du fond, en parlant d'un dessin. L'action de découper est le **découpage**. Ce qu'on découpe est une **découpure**.

découpure n. f. V. DÉCOUPER.

découragement n. m. V. DÉCOURAGER.

décourager v. Oter le courage, l'espoir. Le **découragement**, c'est la perte de courage, d'espoir.

décousu, e adj. V. DÉCOUDRE. Au figuré, sans suite : *phrase décousue.*

découvert, e adj. V. DÉCOUVRIR.

découvrir v. Oter ce qui couvre : *découvrir un plat.* Trouver ce qui était caché, inconnu : *découvrir un trésor.* **Se découvrir**, c'est ôter son chapeau; c'est aussi s'éclaircir, en parlant du temps. Ce qui n'est pas couvert est **découvert** : *voiture découverte.* La **découverte**, c'est l'action de découvrir ce qui était inconnu; c'est aussi ce qu'on découvre.

décrasser v. Oter la crasse.

décrépit, e adj. Très vieux et sans forces. Le dernier terme de la vieillesse est la **décrépitude**.

décret n. m. Décision, ordonnance d'une autorité. **Décréter**, c'est ordonner par décret.

décréter v. V. DÉCRET.

décrier v. Mépriser, critiquer.

décrire v. Représenter par écrit

1. V. pl. THÉÂTRE.

ou oralement : *décrire un paysage*. Tracer une ligne : *décrire un cercle*. L'action de décrire est la **description**.

décrocher v. Détacher ce qui est accroché. Familièrement, obtenir : *décrocher un prix*.

décroissance n. f. V. DÉCROÎTRE.

décroître v. Diminuer : *ses forces décroissent*. L'action de décroître est la **décroissance**.

déçu, e adj. V. DÉCEVOIR.

décupler v. Rendre dix fois plus grand : *décupler son effort*.

dédaigner v. Ne faire aucun cas de : *dédaigner un adversaire*. Celui qui dédaigne est **dédaigneux**. Le **dédain** est le sentiment par lequel on dédaigne.

dédaigneux, euse adj., **dédain** n. m. V. DÉDAIGNER.

dédale n. m. Labyrinthe, lieu où l'on s'égare facilement.

dedans prép. Dans l'intérieur : *en dedans*. N. m. L'intérieur.

dédicace n. f. V. DÉDIER.

dédier v. Placer une église sous la protection de Dieu, d'un saint. Faire hommage d'une œuvre à une personne. La **dédicace**, c'est l'action de dédier; la formule qu'on inscrit sur un livre pour en faire hommage à quelqu'un.

dédire v. Revenir sur ce qu'on a dit : *se dédire d'une promesse*. Le **dédit**, c'est ce qu'il faut payer quand on se dédit d'un engagement.

dédit n. m. V. DÉDIRE.

dédommager v. Compenser un dommage subi.

dédoubler v. Partager en deux. *Dédoubler un train*, c'est en faire partir deux au lieu d'un, s'il y a un grand nombre de voyageurs.

déduction n. f. V. DÉDUIRE.

déduire v. Tirer une conséquence, conclure. Soustraire : *déduire les frais d'un prix de vente*. La **déduction** est l'action de déduire.

déesse n. f. Divinité du sexe féminin. Femme belle, majestueuse.

défaillance n. f. Faiblesse : *tomber en défaillance*. **Défaillir**, c'est tomber de faiblesse. (Ne se conjugue pas au présent singulier.)

défaillir v. V. DÉFAILLANCE.

défaire v. Détruire ce qui est fait. Mettre en déroute : *défaire l'ennemi*. Se débarrasser : *se défaire d'un objet*. La **défaite**, c'est la déroute.

défaite n. f. V. DÉFAIRE.

défaut n. m. Manque : *la patience me fait défaut*. Imperfection : *œuvre sans défaut*. Point faible : *défaut de la cuirasse*. Ce qui a des défauts est **défectueux**.

défaveur n. f. Perte de la faveur, de l'estime : *tomber en défaveur*. Ce qui n'est pas favorable est **défavorable**.

défavorable adj. V. DÉFAVEUR.

défection n. f. Abandon de son parti : *la défection d'un allié*.

défectueux, euse adj. Voir DÉFAUT.

défendre v. Aider, protéger contre : *défendre du froid*. Interdire : *défendre de sortir*. La **défense**, c'est l'action de défendre; c'est aussi l'interdiction : *défense de fumer;* c'est encore la dent saillante de l'éléphant, du sanglier. Le **défenseur** est celui qui défend. Ce qui sert à se défendre est **défensif** : *arme défensive*.

défense n. f., **défenseur** n. m.,

défensif, ive adj. V. DÉFEN-
DRE.

déférer v. Soumettre à un tribunal. Céder par respect : *déférer à un désir.*

déferler v. Déployer les voiles
ferlées (roulées). Se dit des
vagues qui se déroulent en nappes écumantes.

défi n. m., **défiance** n. f.
V. DÉFIER.

déficeler v. Oter la ficelle :
déficeler un paquet.

déficit n. m. Ce qui manque pour
que les recettes soient égales
aux dépenses : *un budget est en
déficit lorsque les recettes sont
inférieures aux dépenses.*

défier v. Provoquer : *défier un
ennemi.* Braver : *défier le danger.* **Se défier,** c'est se méfier.
Un **défi,** c'est une provocation.
La **défiance,** c'est la méfiance.

défigurer v. Rendre difficile à
reconnaître en changeant le
visage. Modifier, changer le
sens : *défigurer des paroles.*

défilé n. m. V. DÉFILER.

défiler v. Aller en file, en
colonne : *troupes qui défilent.*
Un **défilé,** c'est un passage
étroit où l'on passe à la file ;
c'est aussi le mouvement des
troupes qui défilent.

définir v. Dire avec précision ce
qu'est une chose : *définir un
mot.* Ce qui est terminé est
définitif. La **définition** est la
phrase, le mot qui définit.

définitif, ive adj., **définition**
n. f. V. DÉFINIR.

déflagration n. f. Combustion
brusque avec explosion.

défleurir v. Faire tomber les
fleurs : *lilas défleuris.*

déflorer v. Oter la fraîcheur, la
nouveauté.

défoncer v. Oter le fond : *tonneau défoncé.*

déformation n. f. V. DÉFORMER.

déformer v. Altérer la forme :
déformer un chapeau. La
déformation est l'action de
déformer.

défourner v. Tirer du four.

défraîchir v. Oter la fraîcheur.

défrayer v. Payer les frais de
quelqu'un : *être défrayé de tout.*
Défrayer la conversation, c'est
l'entretenir.

défricher v. Mettre en culture
un terrain resté en friche.

défriser v. Défaire la frisure.

défroque n. f. Vêtements usés
qu'on ne porte plus. Un **défroqué,** c'est celui qui abandonne
l'habit et l'état religieux.

défroqué, e n. V. DÉFROQUE.

défunt, e adj. et n. Décédé, mort.

dégagement n. m., **dégagé, e**
adj. V. DÉGAGER.

dégager v. Retirer ce qui était
mis en gage. Délivrer d'une
entrave, d'une situation difficile. Débarrasser : *dégager la
voûte.* Produire une vapeur, une
odeur : *dégager de la fumée.* Le
dégagement est l'action de
dégager. Un air **dégagé** est un
air libre, aisé.

dégainer v. Tirer une épée du
fourreau, un pistolet de son
étui.

dégarnir v. Oter ce qui garnit.

dégât n. m. Dommage, destruction.

dégel n. m. Fonte naturelle de
la glace, de la neige. **Dégeler,**
c'est fondre ce qui était gelé.

dégeler v. V. DÉGEL.

dégénérer v. Perdre les qualités
de sa race : *peuple dégénéré.*
Se changer : *dispute qui dégé-
nère en rixe.*

dégingandé, e adj. Grand et
mal équilibré dans sa démarche.

déglutition n. f. Action d'avaler.

dégonfler v. Vider ce qui est gonflé : *dégonfler un ballon.*

dégourdir v. Faire cesser l'engourdissement. Chauffer légèrement. Familièrement, faire perdre la timidité.

dégoût n. m. Répugnance pour un aliment. Répugnance pour une personne, une chose : *dégoût du monde.* **Se dégoûter**, c'est éprouver du dégoût : *se dégoûter de lire.* Ce qui dégoûte est **dégoûtant.**

dégoûter v. V. DÉGOÛT.

dégoutter v. Tomber goutte à goutte : *l'eau dégoutte du toit.*

dégradation n. f. V. DÉGRADER.

dégrader v. Priver de son grade : *dégrader un militaire.* Faire tomber très bas moralement : *l'ivresse dégrade l'homme.* Mettre en mauvais état : *dégrader un mur.* Affaiblir peu à peu : *dégrader une teinte.* La **dégradation** est l'action de dégrader.

dégraisser v. Oter la graisse : *dégraisser de la viande.* Oter une tache de graisse. Le **dégraisseur** est celui qui dégraisse, qui nettoie les étoffes.

degré n. m. Marche d'escalier. Division : *degré du thermomètre.* Echelon, moyen d'arriver : *monter par degrés.*

dégressif, ive adj. Qui va en diminuant : *un tarif dégressif suivant la distance.*

dégrever v. Décharger d'un impôt, d'une contribution.

dégringolade n. f. V. DÉGRINGOLER.

dégringoler v. Tomber en roulant. Déchoir rapidement. La **dégringolade** est l'action de dégringoler.

dégriser v. Faire cesser l'ivresse.

dégrossir v. Ebaucher, commencer à façonner.

déguenillé, e adj. Vêtu de guenilles, de haillons.

déguerpir v. Abandonner par force un lieu.

déguisement n. m. V. DÉGUISER.

déguiser v. Revêtir d'un costume qui rend difficile à reconnaître. Au figuré, cacher sous un aspect trompeur : *déguiser sa pensée.* Le **déguisement**, c'est ce qui déguise.

dégustation n. f. V. DÉGUSTER.

déguster v. Goûter, savourer. La **dégustation** est l'action de déguster.

dehors adv. A l'extérieur : *rester dehors.* N m. La partie extérieure. Apparence : *dehors trompeurs.*

déjà adv. Dès maintenant : *vous oubliez déjà.* Auparavant : *je l'ai déjà pensé.*

déjection n. f. (employé surtout au pluriel). Excréments. Matières que rejette un volcan. Un *cône de déjection* est formé par les alluvions d'un torrent.

déjeuner v. Prendre le repas du matin (petit déjeuner) ou celui de midi. N. m. Repas du midi.

déjouer v. Faire échouer : *déjouer un complot.*

delà prép. Plus loin que : *au-delà des Alpes.* **L'au-delà,** l'autre monde, la vie future.

délabré, e adj. En ruine : *bâtiment délabré.* Le **délabrement** est l'état de ce qui est délabré.

délabrement n. m. V. DÉLABRÉ.

délacer v. Défaire les lacets.

délai n. m. Temps donné pour faire une chose : *un travail exécuté dans un délai de quinze jours. Partir sans délai,* partir immédiatement.

délaisser v. Abandonner.

délassement n. m. V. DÉLASSER.

délasser v. Oter la lassitude, reposer. Le **délassement** est le repos.

délateur, trice n. Qui dénonce pour un motif méprisable. La **délation** est l'acte du délateur.

délation n. f. V. DÉLATEUR.

délaver v. Décolorer par les lavages : *un tissu délavé.*

délayer v. Dissoudre dans l'eau.

délégation n. f. V. DÉLÉGUER.

déléguer v. Envoyer quelqu'un en lui donnant le droit d'agir en notre nom : *déléguer ses pouvoirs.* La **délégation**, c'est l'action de déléguer, l'ensemble de personnes qu'on délègue.

délester v. Oter le lest, alléger.

délétère adj. Dangereux pour la santé : *un gaz délétère.*

délibération n. f. V. DÉLIBÉRER.

délibérer v. Examiner ensemble, discuter. La **délibération** est l'action de délibérer.

délicat, e adj. Agréable au goût, exquis. Très fin : *broderie délicate, parfum délicat.* Très sensible : *conscience délicate.* Frêle, faible : *santé délicate.* Embarrassant : *situation délicate.* La **délicatesse** est la qualité de ce qui est délicat.

délicatesse n. f. V. DÉLICAT.

délice n. m. Plaisir exquis. (Ce mot est du f. au pl.) Ce qui est très agréable est **délicieux**.

délicieux, euse adj. V. DÉLICE.

délié, e adj. Très menu, très fin. Au figuré, pénétrant : *un esprit délié.* Un **délié**, c'est un trait fin dans l'écriture.

délier v. Défaire de ses liens : *délier un prisonnier.* Dégager : *délier d'une promesse.*

délimiter v. Fixer les limites.

délinquant, e n. V. DÉLIT.

délire n. m. Egarement causé par la fièvre, l'ivresse. Grand enthousiasme. **Délirer**, c'est

avoir le délire. Ce qui cause du délire est **délirant** : *enthousiasme délirant.*

délirer v. V. DÉLIRE.

délit n. m. Acte commis contre la loi. *En flagrant délit,* sur le fait. Celui qui commet un délit est un **délinquant**.

délivrance n. f. V. DÉLIVRER.

délivrer v. Mettre en liberté. Débarrasser d'un souci. Remettre : *délivrer un reçu.* L'action de délivrer est la **délivrance**.

déloger v. Faire sortir d'un lieu.

déloyal, e adj. Qui manque de bonne foi. La **déloyauté** est le manque de loyauté.

déloyauté n. f. V. DÉLOYAL.

delta n. m. Embouchure d'un fleuve, de forme triangulaire, comme celle du D grec ($\triangle$) : *le delta du Nil* (1).

déluge n. m. Grande crue des eaux, qui, d'après la Bible, inonda jadis le monde. Pluie violente. Ce qui rappelle le déluge est **diluvien**.

déluré, e adj. Vif, avisé.

démagogie n. f. Politique qui flatte le peuple.

demain adv. Le jour qui suit celui où l'on est.

demande n. f. V. DEMANDER.

demander v. Dire, montrer qu'on désire une chose. Avoir besoin de : *la terre demande de la pluie.* Questionner pour savoir : *demander sa route.* Une **demande**, c'est une question : *demande indiscrète.*

démangeaison n. f. Picotement à la peau. **Démanger**, c'est causer une démangeaison.

démanger v. V. DÉMANGEAISON.

démanteler v. Démolir les murailles d'une ville forte. Au figuré, désorganiser : *démanteler un réseau d'espionnage.*

1. V. pl. GÉOGRAPHIE.

démantibuler v. Démettre la mâchoire. Démolir.

démarcation n. f. Limite : *une ligne de démarcation*.

démarche n. f. Allure : *démarche rapide*. Tentative auprès de quelqu'un : *faire des démarches*.

démarquer v. Oter la marque. Imiter en changeant un peu : *démarquer un ouvrage*.

démarrage n. m. V. DÉMARRER.

démarrer v. Partir, commencer à rouler : *auto qui démarre*. L'action de démarrer est le **démarrage**.

démasquer v. Oter le masque. *Démasquer quelqu'un*, le faire connaître tel qu'il est. Oter ce qui cache : *démasquer un projet*.

démêlé n. m. V. DÉMÊLER.

démêler v. Séparer ce qui est mêlé, notamment les cheveux. Débrouiller : *démêler une intrigue*. Un **démêlé**, c'est une dispute, une discussion. Un **démêloir**, c'est un peigne pour démêler.

démêloir n. m. V. DÉMÊLER.

démembrement n. m. V. DÉMEMBRER.

démembrer v. Diviser, morceler : *démembrer un pays*. Le **démembrement**, c'est l'action de démembrer, le partage.

déménagement n. m. V. DÉMÉNAGER.

déménager v. Transporter les meubles dans un autre logis. Le **déménagement**, c'est l'action de déménager. Le **déménageur** est celui qui fait des déménagements.

déménageur n. m. V. DÉMÉNAGER.

démence n. f. Dérangement de la raison, folie. Le **dément** est le fou, l'aliéné.

démener (se) v. Se donner beaucoup de peine.

dément, e n. V. DÉMENCE.

démenti n. m. V. DÉMENTIR.

démentir v. Contredire quelqu'un en déclarant que ce qu'il dit est faux. S'opposer à : *ses actes démentent ses paroles*. Donner un **démenti**, c'est démentir.

démesuré, e adj. Excessif.

démettre (se) v. Renoncer à un titre, à un emploi. La **démission** est l'action de se démettre : *donner sa démission*. **Démissionner**, c'est donner sa démission.

démeubler v. Dégarnir de meubles.

demeure n. f. V. DEMEURER.

demeurer v. Rester, s'arrêter : *demeurer immobile*. Habiter : *demeurer à Paris*. Continuer à être : *cela demeure obscur*. La **demeure**, c'est l'habitation : *une demeure seigneuriale*; c'est aussi le retard : *il n'y a pas péril en la demeure*. *Mettre en demeure*, c'est inviter à faire sans retard une chose. *A demeure*, c'est de façon durable.

demi, e adj. Qui est la moitié : *demi-litre*. Un *demi*, c'est une moitié. *A demi*, c'est à moitié. Un *demi-dieu*, dans l'Antiquité, était un homme considéré comme un dieu après sa mort. Le *demi-frère*, la *demi-sœur* sont le frère ou la sœur qui ne le sont que de père ou de mère. Une *demi-heure*, c'est la moitié d'une heure. La *demi-saison* est le temps entre l'été et l'hiver : *costume de demi-saison*. Une *demi-teinte*, c'est une teinte entre le clair et le foncé. *Faire demi-tour*, c'est faire la moitié d'un tour sur soi-même.

démission n. f., **démissionner** v. V. DÉMETTRE.

démobiliser v. Renvoyer les troupes qu'on avait mobilisées.

démocrate n. m. Partisan de la démocratie. La **démocratie**, c'est une forme de gouvernement dans laquelle le pouvoir vient du peuple. Ce qui appartient à la démocratie est **démocratique**.

démocratie n. f., **démocratique** adj. V. DÉMOCRATE.

démoder v. Mettre hors de mode : *chapeau démodé*.

démographie n. f. Science qui étudie les variations de la population humaine.

demoiselle n. f. Fille non mariée. Libellule (insecte).

démolir v. Défaire une construction en jetant bas ses parties. Au figuré : *démolir une réputation*. Le **démolisseur** est celui qui démolit. L'action de démolir est la **démolition**. Les **démolitions** sont les matériaux provenant de ce qu'on a démoli.

démolisseur n. m., **démolition** n. f. V. DÉMOLIR.

démon n. m. Diable. Ce qui est digne du démon, celui qui est très méchant est **démoniaque**.

démoniaque adj. V. DÉMON.

démonstrateur n. m., **démonstratif, ive** adj., **démonstration** n. f. V. DÉMONTRER.

démontage n. m. V. DÉMONTER.

démonter v. Jeter à bas du cheval : *démonter un cavalier*. Séparer les pièces d'un tout : *démonter une machine*. Déconcerter, troubler. Une mer **démontée** est une mer agitée. Le **démontage** est l'action de démonter.

démontrer v. Prouver. L'action de démontrer est la **démons-**

tration. Celui qui démontre est un **démonstrateur**. Ce qui démontre est **démonstratif**.

démoraliser v. Décourager.

démordre v. *Ne pas démordre d'une idée*, c'est ne pas y renoncer.

démouler v. Tirer du moule.

démunir v. Enlever ce dont on était muni : *démuni d'argent*.

dénaturer v. Changer la nature d'une chose : *dénaturer un fait*.

dénicher v. Enlever du nid : *dénicher des oiseaux*. Familièrement, trouver : *dénicher un logis*.

denier n. m. Ancienne petite monnaie.

denier v. Refuser d'accorder.

dénigrer v. Dire du mal de quelqu'un, le noircir.

déniveler v. Mettre à un niveau inférieur. Rendre une surface inégale : *les éboulements ont dénivelé la route*.

dénomination n. f. V. DÉNOMMER.

dénommer v. Nommer. La dénomination est le nom donné à une chose.

dénoncer v. Signaler comme coupable : *dénoncer un voleur*. La **dénonciation** est l'action de dénoncer.

dénonciation n. f. V. DÉNONCER.

dénoter v. Indiquer : *cela dénote un bon caractère*.

dénouement n. m. V. DÉNOUER.

dénouer v. Défaire un nœud. Terminer, démêler : *dénouer une intrigue*. Le **dénouement**, c'est l'action de dénouer; la solution d'une affaire : *heureux dénouement*.

denrée n. f. Marchandise, surtout comestible : *denrées périssables*.

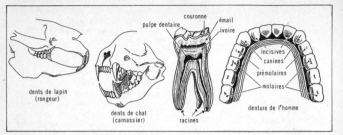

couronne

pulpe dentaire émail
ivoire

incisives
canines
prémolaires
molaires

dents de lapin
(rongeur)

dents de chat
(carnassier)

racines

denture de l'homme

dents

dense adj. Lourd par rapport à son volume : *l'or est plus dense que le fer*. Compact, épais : *un brouillard dense*. La **densité**, c'est le poids d'un corps solide ou liquide comparé à celui de l'eau.

densité n. f. V. DENSE.

dent n. f. Chacun des petits os qui garnissent la mâchoire. Pointe, découpure saillante : *dent de peigne, d'une roue*. Ce qui se rapporte aux dents est **dentaire**. **Denteler**, c'est tailler des dents : *denteler un papier*. Une **dentelle**, c'est un tissu à jour, généralement dentelé. **Denter**, c'est munir de dents. Un **dentier**, c'est un rang de fausses dents. La personne dont la profession de soigner les dents est un **dentiste**. Un **dentifrice** est un produit pour nettoyer les dents.

dentaire adj., **denteler** v., **dentelle** n. f., **denter** v., **dentier**, **dentifrice** n. m., **dentiste** n. V. DENT.

dénuder v. Mettre à nu. Dépouiller de ce qui garnit : *arbre dénudé*.

dénué, e adj. Privé, dépourvu : *dénué d'argent*. Le **dénue-**ment est le manque du nécessaire.

dénuement n. m. V. DÉNUÉ.

dépanner v. Remettre une machine en état de marche.

dépareiller v. Séparer un objet d'un ensemble : *gant dépareillé*.

déparer v. Enlaidir : *meuble qui dépare une pièce.*

départ n. m. Action de partir : *départ précipité*.

département n. m. Division du territoire français, administrée par un préfet.

dépasser v. Aller au-delà : *dépasser le but*. Etre plus long, plus large que ce qui entoure : *dépasser l'alignement*. Etre supérieur : *cela dépasse mes forces*.

dépayser v. Changer de pays, de milieu. Se trouver **dépaysé**, c'est ne pas être à l'aise dans un endroit qu'on ne connaît pas.

dépecer v. Mettre en pièces.

dépêche n. f. Télégramme.

dépêcher v. Envoyer quelqu'un faire promptement une chose. **Se dépêcher**, c'est se hâter.

dépeigner v. Décoiffer.

dépeindre v. Représenter, décrire.

dépenaillé, e adj. En loques.

dépendance n. f. V. DÉPENDRE.

dépendre v. Décrocher ce qui est pendu : *dépendre un tableau*.

Etre sous l'autorité de : *dépendre d'un chef.* Provenir : *l'effet dépend de la cause.* La **dépendance** est le fait de dépendre ; c'est aussi ce qui tient à autre chose : *les dépendances d'une maison.*

dépens n. m. pl. Frais : *payer les dépens. Aux dépens de quelqu'un,* en lui faisant supporter toute la charge d'une chose : *vivre aux dépens d'autrui.*

dépense n. f. Action de dépenser de l'argent, du temps. Argent dépensé : *reculer devant la dépense.* Endroit où l'on garde les provisions. **Dépenser,** c'est employer de l'argent, du temps, des efforts pour une chose. **Se dépenser,** c'est déployer une grande activité. Celui qui aime à dépenser est **dépensier.**

dépenser v., **dépensier** adj. V. DÉPENSE.

dépérir v. S'affaiblir : *enfant qui dépérit.*

dépêtrer (se) v. Se dégager de ce qui empêtre, qui embarrasse.

dépeuplement n. m. V. DÉPEUPLER.

dépeupler v. Dégarnir d'habitants. L'état de ce qui est dépeuplé est le **dépeuplement,** la **dépopulation.**

dépister v. Découvrir ce qui est caché : *dépister une maladie.*

dépit n. m. Mécontentement causé par l'amour-propre, la jalousie. *En dépit de,* malgré. **Dépiter,** c'est causer du dépit.

dépiter v. V. DÉPIT.

déplacement n. m. V. DÉPLACER.

déplacer v. Changer de place : *déplacer un meuble, un employé.* Le **déplacement** est l'action de déplacer. Une parole **déplacée** est une parole inconvenante.

déplaire v. Ne pas plaire. Ce qui déplaît est **déplaisant.**

déplaisant, e adj. V. DÉPLAIRE.

déplier v. Etendre ce qui est plié : *déplier un journal.*

déplisser v. Défaire les plis.

déploiement n. m. V. DÉPLOYER.

déplorable adj. V. DÉPLORER.

déplorer v. Avoir de la douleur, du regret de : *déplorer la mort d'un ami.* Trouver mauvais : *déplorer un choix.* Ce qu'on peut déplorer est **déplorable.**

déployer v. Etendre ce qui était replié ou roulé ; *déployer un drapeau.* Disposer des troupes sur un espace plus large que pour la marche. Montrer : *déployer de la ruse.* Le **déploiement** est l'action de déployer.

déplumer v. Ôter les plumes.

dépolir v. Ôter le poli.

dépopulation n. f. V. DÉPEUPLER.

déporter v. Emmener un condamné, hors de son pays, dans un lieu d'où il ne doit pas sortir. Interner dans un camp de concentration. C'est aussi dévier de sa direction : *le vent a déporté la voiture.*

déposer v. Poser ce qu'on porte. Placer pour mettre en sûreté : *déposer des fonds dans une banque.* Déposséder d'une dignité : *déposer un roi.* Faire une déposition en justice. Ce qu'on dépose est un **dépôt** ; c'est aussi ce qui reste au fond d'un liquide au repos ; c'est encore le lieu où l'on dépose. La **déposition,** c'est l'action de déposer ; c'est aussi ce que déclare un témoin au tribunal. Le **dépositaire** est celui qui reçoit un dépôt.

dépositaire n. m., **déposition** n. f. V. DÉPOSER.

déposséder v. Ôter la possession d'une chose : *un roi dépossédé.*

dépôt n. m. V. DÉPOSER.

dépotoir n. m. Endroit où l'on jette les matières provenant des vidanges, les ordures, etc.

dépouille n. f. Peau qu'un animal (serpent, ver à soie) laisse tomber à certaines époques. Peau d'un animal. Le corps après la mort. Ce qu'on prend à l'ennemi tué à la guerre. **Dépouiller**, c'est enlever la peau ; c'est aussi ôter ce qui couvre : *arbre dépouillé de feuilles;* c'est encore voler : *dépouillé par des voleurs;* priver de : *dépouillé de sa fortune.*

dépouiller v. V. DÉPOUILLE.

dépourvu, e adj. Privé : *dépourvu du nécessaire. Au dépourvu*, quand on ne s'y attend pas.

dépravation n. f. V. DÉPRAVER.

dépraver v. Pervertir. La **dépravation** est la perversité.

déprécier v. Rabaisser au-dessous de son prix : *travail déprécié.*

déprédation n. f. Acte de pillage : *commettre des déprédations.*

dépression n. f. V. DÉPRIMER.

déprimer v. Affaisser, enfoncer. Affaiblir : *malade déprimé.* La **dépression**, c'est l'état de ce qui est déprimé.

depuis prép. A partir de : *depuis hier.* **Depuis que**, depuis le temps que.

dépuratif n. m. Remède qui purifie le sang.

député n. m. Envoyé qui parle au nom d'un peuple, d'un groupement. Personne élue qui, dans une assemblée, défend les intérêts, les idées de ses électeurs.

Députer, c'est envoyer un député.

députer v. V. DÉPUTÉ.

déraciner v. Arracher une plante avec ses racines. Au figuré, arracher : *déraciner le mal.*

déraillement n. m. V. DÉRAILLER.

dérailler v. Sortir des rails : *train qui déraille.* Le **déraillement** est le fait de dérailler.

déraison n. f. Manque de raison. Ce qui est contraire à la raison est **déraisonnable**. Celui qui parle sans raison **déraisonne**.

déraisonnable adj., **déraisonner** v. V. DÉRAISON.

dérangement n. m. V. DÉRANGER.

déranger v. Déplacer ce qui était rangé. Troubler, détraquer : *déranger une pendule; déranger une habitude.* Le **dérangement** est l'action de déranger.

dérapage n. m. V. DÉRAPER.

déraper v. Glisser sur le sol, en s'écartant de la voie normale : *les automobiles peuvent déraper sur le verglas.* Le **dérapage** est l'action de déraper.

dératé, e n. *Courir comme un dératé*, c'est courir avec une grande rapidité.

dérèglement n. m. V. DÉRÉGLER.

dérégler v. Déranger ce qui était réglé : *dérégler une montre.* Ce qui est irrégulier est **déréglé.** Le **dérèglement** est le désordre.

dérider v. Faire partir les rides : *dérider le front.* Egayer, réjouir.

dérision n. f. Moquerie injurieuse : *tourner en dérision.* Une chose ridicule est **dérisoire.**

dérisoire adj. V. DÉRISION.

dérivation n. f., **dérive** n. f.
V. DÉRIVER.

dériver v. Changer le cours d'une
rivière. S'écarter de sa route
(navire, avion). Sortir d'une
chose comme de sa source. Un
mot **dérivé** est celui qui provient d'un autre (comme *manuel*, de *main*). La **dérivation**
est l'action de dériver, la façon
dont un mot dérive d'un autre.
Aller à la **dérive**, c'est dériver.

derme n. m. Couche profonde de
la peau, sous l'épiderme.

dernier, ère adj. Qui vient
après les autres, comme situation comme valeur : *le dernier
de la classe; le dernier jour du
mois*. Le plus proche dans le
passé : *l'année dernière*.

dérober v. Voler en cachette :
dérober des fruits. Cacher :
dérober à la vue. **Se dérober**,
c'est échapper à une obligation.

dérouler v. Etendre ce qui était
roulé. Etaler peu à peu.

déroute n. f. V. DÉROUTER.

dérouter v. Déconcerter : *dérouter par une observation*. Faire
changer de route : *dérouter un
navire*. La **déroute**, c'est la
fuite d'une armée en désordre.

derrière prép. Du côté opposé
au devant : *regarder derrière
soi*. Adv. : *s'asseoir derrière*.
N. m. Partie qui est derrière :
le derrière de la tête. Familièrement, partie du corps sur
laquelle on s'assied.

derviche n. m. Religieux musulman.

des contraction de *de les* : *des
enfants, des maisons*.

dès. Depuis, à partir de : *dès
maintenant*.

désabuser v. Tirer quelqu'un de
l'erreur où il est.

désaccord n. m. Manque d'accord, d'entente.

désagréable adj. Qui n'est pas
agréable : *ton désagréable*. Un
désagrément, c'est une chose
désagréable.

désagréger v. Séparer les parties qui composent un corps :
roche qui se désagrège. L'action de désagréger est la **désa-
grégation**.

désagrément n. m. V. DÉSA-
GRÉABLE.

désaltérer v. Calmer la soif.

désappointement n. m. Déception. **Désappointer**, c'est
tromper quelqu'un dans ce qu'il
attendait.

désappointer v. V. DÉSAPPOIN-
TEMENT.

désapprobation n. f. Action de
désapprouver : *marquer sa
désapprobation*.

désapprouver v. Ne pas approuver : *désapprouver une démarche*.

désarçonner v. Faire tomber un
cavalier de sa selle. Déconcerter : *désarçonner par une
réponse*.

désarmement n. m. V. DÉSAR-
MER.

désarmer v. Oter ses armes à
quelqu'un. Calmer : *désarmer
la colère*. L'action de désarmer,
de réduire l'importance des
forces armées d'un Etat, est le
désarmement.

désarroi n. m. Désordre.

désastre n. m. Grand malheur
qui ruine : *un désastre financier*. Ce qui amène un désastre
est **désastreux** : *un événement désastreux*.

désastreux, euse adj. V. DÉ-
SASTRE.

désavantage n. m. Infériorité :
se trouver en désavantage. Ce
qui porte tort : *cela tourne à
son désavantage*. Ce qui porte
tort est **désavantageux**.

désavantageux, euse adj.
V. DÉSAVANTAGE.

désavouer v. Ne pas reconnaître pour sien : *désavouer un propos.* Déclarer qu'on n'a pas autorisé ce qu'un autre a fait en notre nom : *désavouer un mandataire.*

desceller v. Arracher ce qui est scellé : *desceller une ferrure.*

descendance n. f., **descendant, e** n. V. DESCENDRE.

descendre v. Aller de haut en bas : *descendre dans la plaine.* S'étendre jusqu'en bas : *rideau qui descend jusqu'à terre.* Baisser de niveau : *la rivière descend.* Au figuré, s'abaisser : *descendre à des détails inutiles.* Avoir pour origine : *peuple qui descend des Gaulois.* Parcourir de haut en bas : *descendre l'échelle.* Porter de haut en bas : *descendre un meuble.* La **descendance** est la suite des descendants. Un **descendant**, c'est un fils, un petit-fils, un arrière-petit-fils : *un descendant des Bourbons.* La **descente**, c'est l'action de descendre; c'est aussi la pente qu'on descend; c'est encore une irruption brusque : *une descente de police.* Une *descente de lit* est un tapis devant un lit.

descente n. f. V. DESCENDRE.

description n. f. V. DÉCRIRE.

désemparer (sans). Immédiatement. Un bateau **désemparé** est celui dont les mâts, les voiles, le gouvernail sont hors de service.

désenchanter v. Faire cesser l'enchantement, le charme.

désenfler v. Dégonfler.

désennuyer v. Chasser l'ennui.

déséquilibrer v. Faire perdre l'équilibre. Un **déséquilibré**, c'est un malade mental, un fou.

désert, e adj. Qui n'a pas d'habitants : *pays désert.* Peu fréquenté : *rue déserte.* N. m. Pays aride et pas habité : *le désert du Sahara.*

déserter v. Abandonner un lieu qu'on ne devait pas quitter : *déserter son poste.* Un **déserteur** est un soldat qui quitte le service sans autorisation. La **désertion** est l'acte de déserter.

déserteur n. m., **désertion** n. f. V. DÉSERTER.

désespérer v. Ne plus espérer : *désespérer du succès.* Mettre au désespoir : *désespérer sa famille.* Le **désespoir**, c'est la perte de l'espoir; c'est aussi une grande douleur : *être au désespoir.*

désespoir n. m. V. DÉSESPÉRER.

déshabiller v. Oter les vêtements : *déshabiller un enfant.* Un **déshabillé**, c'est un vêtement d'intérieur.

désherber v. Enlever les mauvaises herbes.

déshériter v. Priver quelqu'un d'un héritage. Un **déshérité** est celui qui est privé de certains dons de la nature.

déshonneur n. m. Perte de l'honneur. **Déshonorer**, c'est priver de l'honneur.

déshonorer v. V. DÉSHONNEUR.

déshydrater v. Priver d'eau par évaporation.

désignation n. f. V. DÉSIGNER.

désigner v. Indiquer par un nom, un signe, ce dont on parle. Choisir : *désigner un successeur.* L'action de désigner est la **désignation.**

désillusion n. f. Perte de l'illusion. **Désillusionner**, c'est ôter l'illusion.

désillusionner v. V. DÉSILLUSION.

désinfecter v. Supprimer l'infection : *désinfecter une plaie.*

désintégration n. f. V. DÉSINTÉGRER.

désintégrer v. Détruire ce qui formait un tout, désagréger. La **désintégration** est l'action de désintégrer : *la désintégration des atomes.*

désintéressement n. m. V. DÉSINTÉRESSER.

désintéresser v. Payer à quelqu'un ce qu'on lui devait : *désintéresser un créancier.* Se **désintéresser**, c'est ne plus s'intéresser à une chose. Celui qui n'agit pas par intérêt est désintéressé. Le **désintéressement**, c'est l'oubli de son propre intérêt.

désinvolte adj. Qui a l'allure dégagée, libre. La **désinvolture** est l'air dégagé, libre.

désinvolture n. f. V. DÉSINVOLTE.

désir n. m. Action de désirer : *désir de gloire.* La chose désirée : *satisfaire un désir.* **Désirer**, c'est avoir envie de.

désirer v. V. DÉSIR.

désobéir v. Ne pas obéir. La **désobéissance** est l'action de désobéir. Celui qui désobéit est **désobéissant.**

désobéissance n. f., **désobéissant, e** adj. V. DÉSOBÉIR.

désœuvré, e adj. et n. Qui n'a rien à faire.

désœuvrement n. m. Etat de celui qui ne fait rien.

désolation n. f. V. DÉSOLER.

désoler v. Dévaster. Affliger profondément. La **désolation** est une grande affliction. Ce qui contrarie beaucoup est **désolant.**

désopilant, e adj. Qui fait beaucoup rire : *une histoire désopilante.*

désordonné, e adj. V. DÉSORDRE.

désordre n. m. Manque d'ordre : *papiers en désordre.* Ce qui est en désordre est **désordonné.**

désorganiser v. Déranger ce qui était organisé.

désorienté, e adj. Qui ne sait de quel côté se tourner.

désormais adv. A l'avenir.

désosser v. Oter les os : *une viande désossée.*

despote n. m. Souverain qui gouverne de façon absolue. Le **despotisme** est l'autorité du despote. Ce qui rappelle l'autorité du despote est **despotique.**

despotique adj., **despotisme** n. m. V. DESPOTE.

dessaisir (se) v. Abandonner volontairement : *se dessaisir du pouvoir, d'une lettre.*

dessécher v. Rendre sec. Mettre à sec : *dessécher un lac.*

dessein n. m. Projet, idée qu'on a de faire une chose : *avoir de mauvais desseins.*

desseller v. Oter la selle.

desserrer v. Rendre moins serré : *desserrer un écrou.*

dessert n. m. Ce qu'on sert en dernier dans un repas.

desserte n. f. Petite table servant à recevoir les plats et les couverts que l'on dessert.

desservir v. Enlever les plats de dessus la table. Faire un service de communication : *train qui dessert une banlieue.* Faire le service religieux : *desservir une chapelle.*

dessin n. m. Image tracée sur un papier, etc. : *dessin à la plume.* Ornements d'un tissu, etc. **Dessiner**, c'est tracer un dessin; c'est aussi faire ressortir : *vêtement qui dessine les formes*

portrait

caricature

silhouette

croquis

pantographe

agrandissement
au carreau

coupe

plan

élévation

perspectives

dessin

du corps. Celui qui dessine est un **dessinateur**.

dessinateur, trice n., **dessiner** v. V. DESSIN.

dessous adv. A un endroit plus bas. N. m. Face inférieure d'une chose : *le dessous de la table*. *Avoir le dessous*, être inférieur. *Par-dessous*, dessous. *Ci-dessous*, plus bas. *En dessous, au-dessous*, à la partie inférieure; au figuré, sans franchise.

dessus adv. A une place plus élevée. N. m. Partie supérieure : *le dessus d'un panier*. Avantage : *prendre le dessus sur quelqu'un*. *En dessus, au-dessus, par-dessus, ci-dessus*, plus haut, sur.

destin n. m. Puissance qui semble régler les événements : *lutter contre le destin*. Destinée, sort. La **destinée** d'une personne, c'est son sort, les conditions de vie auxquelles elle semble promise. **Destiner,** c'est décider d'avance : *se destiner à l'armée.* La **destination,** c'est ce à quoi une chose est destinée: c'est aussi l'endroit vers lequel on envoie une personne, une chose. Le **destinataire** est celui auquel on envoie quelque chose.

destinataire n. m., **destination** n. f., **destinée** n. f., **destiner** v. V. DESTIN.

destituer v. Déposséder un fonctionnaire de son emploi. Révoquer.

destructeur, trice adj., **destruction** n. f. V. DÉTRUIRE.

désuet, ète adj. Vieilli.

désunion n. f. Désaccord.

désunir v. Séparer ce qui était uni : *la désunion d'un ménage.*

détachement n. m. V. DÉTACHER.

détacher v. Délier ce qui était attaché. Ecarter : *détacher les bras du corps.* Faire ressortir : *détacher un mot.* Séparer d'un groupe : *détacher des soldats.* Eloigner : *se détacher de ce qu'on aime.* Oter les taches : *détacher un vêtement.* Le **détachement,** c'est l'état de celui qui est détaché de ce qu'il pourrait aimer; c'est aussi un groupe détaché d'une troupe.

détail n. m. Vente d'une marchandise par petites quantités. Indication des parties dont se compose un tout. Circonstance : *les détails d'une histoire.* **Détailler,** c'est diviser en parties; c'est aussi vendre, ou raconter, en détail. Le **détaillant** est le marchand qui détaille.

détailler v. V. DÉTAIL.

détartrer v. Enlever le tartre.

déteindre v. Décolorer.

dételer v. Détacher un animal attelé.

détendre v. Lâcher ce qui est tendu : *détendre un ressort.* **Se détendre,** c'est se reposer d'un effort. La **détente,** c'est la pièce qui fait partir une arme à feu; c'est aussi le repos après un effort.

détenir v. Garder une chose : *détenir le pouvoir.* Garder en prison : *détenu pour dettes.* La **détention,** c'est l'action de détenir, l'emprisonnement.

détente n. f. V. DÉTENDRE.

détention n. f. V. DÉTENIR.

détergent n. m. V. DÉTERSIF.

détériorer v. Abîmer.

détermination n. f. V. DÉTERMINER.

déterminer v. Indiquer exactement. Causer : *déterminer un succès.* Décider : *ce conseil l'a déterminé.* La **détermination** est la décision : *prendre une détermination.*

déterrer v. Sortir de terre ce qui est enterré.

détersif ou **détergent** n. m. Produit pour nettoyer.

détestable adj. V. DÉTESTER.

détester v. Avoir en horreur : *détester le mensonge.* Ce qui est mauvais est **détestable.**

détonation n. f. V. DÉTONER.

détoner v. Faire explosion. Une **détonation,** c'est un bruit d'explosion : *la détonation d'un canon.*

détour n. m. Action de s'écarter du chemin direct : *faire un détour.* Coude, tournant : *les détours d'une route.* Moyen secret de faire une chose : *chercher un détour.* **Détourner,** c'est écarter de la direction suivie : *détourner un fleuve.*

Tourner d'un autre côté : *détourner la tête*. Ecarter : *détourner un danger*. Prendre pour soi une chose confiée : *détourner de l'argent*. Le **détournement**, c'est l'action de détourner de l'argent, etc.

détournement n. m., **détourner** v. V. DÉTOUR.

détraquer v. Déranger un mécanisme : *détraquer sa montre*.

détremper v. Mouiller, imbiber d'un liquide : *terre détrempée par la pluie*. Faire perdre sa trempe à l'acier.

détresse n. f. Angoisse, affliction. Misère. Grand danger : *bateau en détresse*.

détriment n. m. Dommage : *au détriment de ses intérêts*.

détritus [*dé-tri-tuss*] n. m. Débris, résidu d'une matière qui se décompose.

détroit n. m. Bras de mer entre deux terres (1).

détromper v. Tirer de l'erreur.

détrôner v. Oter la souveraineté; chasser du trône : *détrôner un empereur*.

détrousser v. Dévaliser, voler quelqu'un en l'attaquant.

détruire v. Démolir. Ruiner entièrement : *forêt détruite par le feu*. Tuer : *détruire la vermine*. Celui qui détruit est **destructeur**. L'action de détruire est la **destruction**.

dette n. f. Ce que l'on doit : *payer une dette*.

deuil n. m. Douleur causée par la mort de quelqu'un. Vêtements portés en signe de deuil. Au figuré, tristesse.

deux adj. Un et un.

deuxième adj. Qui occupe le rang qui suit le premier.

dévaliser v. Dépouiller quelqu'un de ce qu'il porte sur lui.

dévaloriser v. Diminuer la valeur : *dévaloriser une monnaie*.

dévaluation n. f. Opération qui consiste à diminuer la valeur de la monnaie d'un Etat par rapport aux monnaies des autres pays. **Dévaluer**, c'est procéder à une dévaluation.

dévaluer v. V. DÉVALUATION.

devancer v. Arriver avant : *se laisser devancer*.

devant prép. En face, en avant : *mettre devant quelqu'un*. En avant : *passer devant*. N. m. Partie qui est devant : *le devant d'une maison*. *Prendre les devants*, partir avant quelqu'un; agir avant lui. *Au-devant*, à la rencontre. (V. DE-VANCER.) La **devanture**, c'est l'étalage placé devant un magasin.

devanture n. f. V. DEVANT.

dévastation n. f. V. DÉVASTER.

dévaster v. Ravager : *dévaster un pays*. La **dévastation**, c'est l'action de dévaster.

déveine n. f. Manque de chance.

développement n. m. V. DÉVE-LOPPER.

développer v. Etendre ce qui est roulé. Tirer de son enveloppe : *développer un paquet*. Faire croître : *la chaleur développe les plantes*. Exposer, expliquer : *développer un projet*. Faire apparaître l'image photographique dans un bain spécial. Le **développement** est l'action de développer; c'est aussi le progrès de l'économie.

devenir v. Passer d'un état à un autre.

dévêtir v. Déshabiller.

déviation n. f. Action de dévier.

dévider v. Mettre du fil en bobine, en pelote; c'est aussi dérouler. Le **dévidoir** est un instrument pour dévider (2).

---

1. V. pl. Géographie ; 2. V. pl. Pompiers.

dévier v. S'écarter de sa direction.

devin n. m., **devineresse** n. f. V. DEVINER.

deviner v. Connaître par des moyens surnaturels ce qui est caché : *deviner l'avenir*. Connaître ce qui est caché d'après des raisonnements, des suppositions : *deviner les projets de quelqu'un*. Celui qui prétend découvrir les choses à venir est un **devin**. Une **devinette** est une chose qu'on donne à deviner. La **divination**, c'est l'action, l'art de deviner.

devinette n. f. V. DEVINER.

devis n. m. Détail d'un ouvrage à exécuter, avec son prix.

dévisager v. Regarder quelqu'un au visage avec insistance.

devise n. f. Formule qui accompagne les armoiries. Petite phrase qui exprime la manière de penser, d'agir de quelqu'un. Papier-monnaie d'un pays.

deviser v. S'entretenir.

dévisser v. Oter, desserrer les vis : *dévisser un boulon*.

dévoiler v. Oter le voile qui couvre. Découvrir (un secret, etc.).

devoir v. Etre obligé de : *devoir sortir*. Avoir à payer : *devoir de l'argent*. (Conjuguez : *je dois, nous devons ; je devais ; je dus ; je devrai ; il faut que je doive, que nous devions ; devant, dû, due*.) N. m. Ce à quoi on est obligé : *les devoirs des enfants envers leurs parents*. Tâche écrite donnée à un élève : *recopier son devoir*. Au pluriel, marque de politesse : *présenter ses devoirs à quelqu'un*. Le **dû**, c'est ce qu'on doit.

dévorer v. Manger sa proie, en parlant d'un animal. Manger gloutonnement. Dissiper : *dé-vorer sa fortune*. Au figuré, tourmenter : *les soucis d'argent le dévorent*. Ce qui dévore est **dévorant** : *feu dévorant*.

dévot, e adj. Pieux ; qui montre de la dévotion. La **dévotion**, c'est l'empressement aux pratiques religieuses.

dévotion n. f. V. DÉVOT.

dévouement n. m. V. DÉVOUER.

dévouer v. Consacrer : *se dé-vouer à son pays*. Le **dévoue-ment** est le fait de se dévouer : *acte de dévouement*.

dévoyé, e adj. et n. Hors du droit chemin, de la bonne voie.

dextérité n. f. Adresse.

dia! Cri pour faire aller les chevaux à gauche.

diabète n. m. Maladie où l'on trouve du sucre dans l'urine. Celui qui en souffre est **diabé-tique.**

diabétique n. et adj. V. DIABÈTE.

diable n. m. L'esprit du mal, dans la religion chrétienne. Enfant turbulent, espiègle : *c'est un vrai petit diable. Un pauvre diable*, un malheureux. Chariot à deux roues basses pour porter des fardeaux. Mot marquant la surprise, le mécontentement : *diable de travail! Au diable vauvert* (pas *au vert*), très loin. *A la diable*, vite et mal : *tra-vail fait à la diable*. **Diable-ment**, excessivement : *diable-ment loin*. Une **diablerie**, c'est une sorcellerie, une chose mys-térieuse. Un **diablotin**, c'est un petit diable. Ce qui semble fait par le diable est **diabo-lique.**

diablerie n. f., **diablotin** n. m., **diabolique** adj. V. DIABLE.

diaconesse n. f. V. DIACRE.

diacre n. m. Ministre du culte, immédiatement au-dessous du prêtre : *le diacre aide le prêtre* à *l'autel*. Chez les protestants, une **diaconesse** est une dame de charité.

diadème n. m. Couronne royale. Ornement en forme de couronne.

diagnostic n. m. Détermination d'une maladie d'après un examen du malade.

diagonale n. f. Ligne qui unit deux sommets ou coins opposés d'un carré, d'un rectangle, etc. (1).

dialecte n. m. Forme particulière prise par une langue dans une région : *le dialecte picard*.

dialogue n. m. Conversation entre deux personnes : *dialogue animé*.

diamant n. m. Pierre précieuse transparente qui brille à la lumière avec un vif éclat. — Le diamant est du carbone très pur et très dur. On le taille pour la joaillerie en forme de BRILLANT à FACETTES nombreuses.

diamètre n. m. Ligne qui joint deux points d'un cercle en passant par son milieu ou centre (2).

diapason n. m. Petit instrument qui sert à donner le ton à un musicien, à un chanteur (3).

diaphane adj. Qui laisse passer un peu la lumière : *le verre dépoli est diaphane*.

diaphragme n. m. Muscle intérieur séparant la poitrine de l'abdomen. Petit écran percé d'un trou qui diminue l'ouverture d'un objectif photographique.

diapositive n. f. Photographie fixée sur un support transparent, destinée à être projetée sur un écran.

diarrhée n. f. Selles fréquentes et liquides.

dictateur n. m. Chef qui gouverne un pays avec un pouvoir sans limites. Son gouvernement est une **dictature**.

dictature n. f. V. DICTATEUR.

dictée n. f. Ce qu'on dicte : *une dictée facile*. **Dicter**, c'est prononcer ou lire un texte qu'un autre écrit à mesure : *dicter une lettre*; c'est aussi imposer : *dicter des conditions de paix*.

dicter v. V. DICTÉE.

diction n. f. V. DIRE.

dictionnaire n. m. Livre qui donne par ordre alphabétique les mots d'une langue, d'une science, avec leur explication : *le dictionnaire est nécessaire pour bien connaître sa langue*.

dicton n. m. Phrase passée en proverbe : *un dicton populaire*.

dièse n. m. En musique, signe qui augmente une note d'un demi-ton : *do dièse*(4).

diète I n. f. Privation d'aliments ordonnée par le médecin : *mettre un malade à la diète*.

diète II n. f. Assemblée politique où l'on discute les affaires publiques d'une nation.

Dieu n. m. Etre suprême, tout-puissant, créateur de l'Univers. (Les religions païennes de l'Antiquité adoraient plusieurs dieux et **déesses**. V. DIVIN.)

diffamation n. f. Action de dire du mal de quelqu'un en public.

différence n. f. Ce qui distingue une chose d'une autre. (Le contraire est RESSEMBLANCE.) Quantité dont une grandeur dépasse une autre : *différence de hauteur*. Ce qui présente une différence est **différent** (ne pas confondre avec un **différend**, qui est un sujet de discussion) : *des choses différentes*. **Différer**, c'est être

1. V. pl. SURFACES ; 2. V. pl. LIGNES ; 3. V. pl. MUSIQUE (*Instruments de*) ; 4. V. pl. MUSIQUE (*Signes de*).

différent; c'est aussi retarder : *différer son départ.*

différend n. m., **différent, e** adj., **différer** v. V. DIFFÉRENCE.

difficile adj. Qui n'est pas facile : *travail difficile.* Qui est peu accommodant : *caractère difficile.* Ce qui est difficile offre de la **difficulté**; une **difficulté**, c'est aussi un empêchement, ce qu'on oppose à une proposition, un projet : *faire des difficultés.*

difficulté n. f. V. DIFFICILE.

difforme adj. De forme irrégulière, laid : *un animal difforme.* Une **difformité**, c'est un défaut dans la forme. (V. INFORME.)

difformité n. f. V. DIFFORME.

diffus, e adj. Se dit de ce qui est répandu en tous sens : *une douleur diffuse; une lumière diffuse.* Au figuré, se dit de ce qui n'est pas net, clair : *bavardage diffus.* **Diffuser**, c'est répandre : *diffuser un avis.* La **diffusion** est l'action de répandre : *la diffusion d'un concert par la radio.*

diffuser v., **diffusion** n. f. V. DIFFUS.

digérer v. Transformer les aliments dans le corps pour en garder les parties nourrissantes. Au figuré, supporter : *digérer un affront.* La **digestion**, c'est l'action de digérer. Ce qui réalise ou facilite la digestion est **digestif** : *appareil digestif* (1).

digestif, ive adj., **digestion** n. f. V. DIGÉRER.

digital, e adj. En rapport avec les doigts : *empreintes digitales.* N. f. Plante vénéneuse à fleurs en doigt de gant.

digne adj. Qui mérite : *digne de punition.* Honorable. Qui a un air de gravité : *maintien digne.* La **dignité**, c'est le respect que mérite quelqu'un; c'est aussi la gravité dans les manières; c'est encore une fonction très honorable.

dignité n. f. V. DIGNE.

digue n. f. Construction destinée à retenir les vagues et les courants de la mer ou à empêcher de s'écouler les eaux d'un cours d'eau. Au figuré, obstacle.

dilapider v. V. GASPILLER.

dilatation n. f. V. DILATER.

dilater v. Augmenter la longueur, la grosseur : *la chaleur dilate les corps.* La **dilatation** est l'action de dilater.

diligence n. f. Rapidité dans l'exécution d'une chose. Ancienne voiture publique pour voyageurs (2). Celui qui agit avec diligence est **diligent**.

diligent, e adj. V. DILIGENCE.

diluer v. Délayer, étendre d'eau.

diluvien, enne adj. V. DÉLUGE.

dimanche n. m. Premier jour de la semaine. Ce qui se rapporte au dimanche est **dominical**.

dîme n. f. Ancien impôt du dixième des revenus.

dimension n. f. Chacune des trois directions dans lesquelles on peut mesurer un corps : longueur, largeur, hauteur. Mesure : *corps de grandes dimensions.*

diminuer v. Rendre plus petit. Devenir plus petit. La **diminution** est l'action de diminuer; c'est aussi un rabais : *demander une diminution.* Un **diminutif** est une forme qui diminue ou adoucit le sens d'un mot, comme CHATON, de *chat.*

diminutif n. m., **diminution** n. f. V. DIMINUER.

dinde n. f. Femelle du dindon. Familièrement, femme sotte.

---

1. V. pl. HOMME; 2. V. pl. VÉHICULES.

dindon n. m. Gros oiseau de basse-cour (1).

dîner n. m. Repas pris à la fin de la journée. Ce qu'on mange au dîner.

dîner v. Prendre le repas du soir.

diocèse n. m. Territoire soumis à l'autorité d'un évêque.

diphtérie n. f. Maladie caractérisée par la présence de membranes dans la gorge.

diplodocus n. m. Espèce, aujourd'hui disparue, d'un très grand reptile de l'Amérique.

diplomate n. m. Représentant officiel d'un pays dans un autre (ambassadeur, consul, etc.). La **diplomatie** est la science, la profession du diplomate; c'est aussi le tact dans les affaires. Ce qui se rapporte à la diplomatie est **diplomatique**.

diplomatie n. f., **diplomatique** adj. V. DIPLOMATE.

diplôme n. m. Document officiel établissant un droit. Document universitaire donnant un grade, un titre. Celui qui a un diplôme est **diplômé**.

diptère n. m. Tout insecte à deux ailes.

dire v. Faire connaître une chose par la parole ou par écrit : *dire ce qu'on pense*. Réciter : *dire sa leçon*. Ordonner, conseiller : *dire à quelqu'un de venir*. Critiquer : *trouver à dire*. (Conjuguez : *je dis, il dit, nous disons, vous dites; je disais; je dis; je dirai; que je dise; disant; dit.*) La **diction**, c'est la manière de dire : *diction rapide*. La personne qui dit est un **diseur**, une **diseuse** : *diseuse de bonne aventure*.

direct, e adj. Droit, sans détour. Sans intermédiaire : *vente directe*. Qui a lieu de père en fils : *descendance directe*.

directeur, trice n., **direction** n. f., **directoire** n. m., **dirigeable** adj. V. DIRIGER.

diriger v. Conduire, mener dans un certain sens : *diriger une voiture, une affaire*. Tourner vers : *diriger ses regards*. Le **directeur** est celui qui dirige. La **direction** est l'action de diriger; le sens dans lequel on dirige; l'ensemble des personnes qui dirigent. Un **directoire** est un conseil de personnes chargées de diriger un Etat. Ce qui peut être dirigé est **dirigeable** : *ballon dirigeable* (2).

discernement n. m. Action de discerner, et notamment de distinguer le bien du mal : *agir sans discernement*.

discerner v. Distinguer.

disciple n. m. Celui qui écoute la parole d'un maître.

discipline n. f. Ensemble de lois, de règles qui gouvernent un groupement : *la discipline militaire*. Soumission à un règlement : *esprit de discipline*. **Discipliner**, c'est habituer à la discipline.

discipliner v. V. DISCIPLINE.

discontinuer v. Cesser; ne pas être continuel.

discordant, e adj. V. DISCORDE.

discorde n. f. Division, désaccord entre les personnes. Ce qui manque d'accord est **discordant** : *cris discordants*.

discothèque n. f. Collection de disques. Etablissement dans lequel on écoute des disques.

discours n. m. Conversation, entretien. Développement d'une pensée en parlant ou par écrit : *prononcer un discours*.

discourtois, e adj. Impoli.

discrédit n. m. Perte du crédit, de la réputation.

1. V. pl. BASSE-COUR ; 2. V. pl. AÉROSTATS.

discréditer v. Faire tomber dans le discrédit.

discret, ète adj. Qui ne dit que ce qu'il convient de dire; qui sait garder un secret.

discrétion n. f. Qualité de celui qui est discret. **A discrétion**, sans condition, à volonté.

disculper (se) v. Prouver qu'on n'est pas coupable.

discussion n. f. V. DISCUTER.

discuter v. Examiner une question. Echanger des idées opposées sur un sujet. La **discussion** est l'action de discuter.

disette n. f. Manque de choses nécessaires, surtout d'aliments.

diseur, euse n. V. DIRE.

disgrâce n. f. Perte de la faveur, des bonnes grâces de quelqu'un. **Disgracier**, c'est faire tomber en disgrâce. Une personne **disgraciée** de la nature est celle qui a été mal partagée par elle dans son corps ou son esprit. Ce qui n'est pas gracieux est **disgracieux**.

disgracier v., **disgracieux, euse** adj. V. DISGRÂCE.

disjoindre v. Séparer.

dislocation n. f. V. DISLOQUER.

disloquer v. Séparer violemment les parties d'un tout : *disloquer un meuble*. Déboîter un os. La **dislocation** est l'action de disloquer, de séparer.

disparaître v. Cesser d'être visible : *le soleil disparaît à l'horizon*. Se dit d'une chose égarée, dérobée : *bijou disparu*. S'en aller brusquement. Ne plus être : *empire disparu*. La **disparition** est l'action de disparaître.

disparate adj. Qui offre une différence choquante.

disparition n. f. V. DISPARAÎTRE.

dispendieux, euse adj. Trop coûteux.

dispensaire n. m., **dispense** n. f. V. DISPENSER.

dispenser v. Autoriser à ne pas faire : *dispenser d'un travail*. Distribuer : *dispenser des bienfaits*. La **dispense** est l'autorisation de ne pas faire une chose, d'enfreindre une règle. Un **dispensaire** est un établissement de soins médicaux dont les services sont peu coûteux.

disperser v. Séparer ce qui était réuni ; *disperser une collection*. La **dispersion** est l'action de disperser.

dispersion n. f. V. DISPERSER.

disponible, dispos, e adj. V. DISPOSER.

disposer v. Arranger, établir : *disposer des fleurs*. Préparer : *disposer une chambre*. Faire ce qu'on veut d'une personne, d'une chose : *disposer d'une somme*. La **disposition**, c'est l'arrangement : *la disposition d'un logement;* c'est aussi le pouvoir de disposer de; c'est également le penchant : *disposition au travail*. Etre **dispos**, c'est être en bonne disposition de santé, de forces. Etre bien ou mal **disposé**, c'est être bien ou mal intentionné à l'égard de quelqu'un. Ce dont on peut disposer est **disponible**.

disposition n. f. V. DISPOSER.

disproportionné, e adj. Qui n'est pas en proportion, en rapport : *prix disproportionné à la valeur d'une chose*.

dispute n. f. Querelle. **Disputer**, c'est avoir une dispute; c'est aussi lutter pour la possession d'une chose : *se disputer une place*.

disputer v. V. DISPUTE.

disqualifier v. Déclarer indigne de prendre part à un concours, etc.

disque n. m. Objet rond et plat. Cercle : *le disque du Soleil.* Plaque circulaire servant à enregistrer puis à diffuser de la musique, des paroles.

dissection n. f. V. DISSÉQUER.

disséminer v. Répandre, semer.

dissension n. f. Discorde, opposition violente.

dissentiment n. m. Différence dans la manière de penser, de voir.

disséquer v. Découper un corps pour étudier sa nature. L'action de disséquer est la **dissection.**

dissertation n. f. Etude détaillée, par écrit, d'une question.

dissidence n. f. Différence d'opinion. Un **dissident** est celui qui se sépare de l'opinion de la majorité.

dissident, e n. V. DISSIDENCE.

dissimulateur, trice n., **dissimulation** n. f. V. DISSIMULER.

dissimuler v. Cacher : *dissimuler sa colère.* Celui qui dissimule est **dissimulateur.** La **dissimulation** est l'action de dissimuler, la cachotterie.

dissipation n. f. V. DISSIPER.

dissiper v. Dépenser, gaspiller : *dissiper sa fortune.* Distraire : *enfant dissipé.* La **dissipation** est l'action de dissiper, de se dissiper.

dissolution n. f. V. DISSOUDRE.

dissonance n. f. Association de sons désagréable à l'oreille.

dissoudre v. Mélanger un corps solide à un liquide de façon à le rendre lui-même liquide : *dissoudre du sucre dans l'eau.* Faire disparaître : *dissoudre une société.* (Conjuguez : *je dissous, nous dissolvons ; je dissol-*

vais ; je dissoudrai ; dissolvant, dissous, oute.) La **dissolution** est l'action de dissoudre.

dissuader v. Détourner quelqu'un d'un projet.

distance n. f. Eloignement. **Distancer,** c'est devancer, laisser derrière soi. Ce qui est éloigné est **distant.**

distancer v. V. DISTANCE.

distendre v. Tendre beaucoup : *corde distendue.*

distillation n. f. V. DISTILLER.

distiller v. Faire bouillir un liquide, puis refroidir sa vapeur pour l'obtenir à l'état pur ou pour en tirer un des produits qui le forment : *distiller du vin pour obtenir l'alcool.* La **distillation** est l'action de distiller.

distinct, e adj. Différent. Clair, net : *voix distincte.* La **distinction** est l'action de distinguer ; c'est aussi la différence : *ne pas faire de distinction ;* c'est également le bon ton, l'élégance : *parler avec distinction.* **Distinguer,** c'est reconnaître une personne ou une chose d'une autre : *distinguer deux couleurs.* **Distingué** signifie élégant, de bon ton.

distinction n. f., **distinguer** v. V. DISTINCT.

distraction n. f. Action de distraire. Etat de l'esprit distrait. Amusement. **Distraire,** c'est séparer : *distraire une somme à son profit ;* c'est aussi récréer, amuser : *se distraire en lisant.*

distraire v. V. DISTRACTION.

distribuer v. Partager entre plusieurs personnes : *distribuer des récompenses ;* entre plusieurs endroits : *distribuer par quartiers.* La **distribution** est l'action de distribuer, de partager.

distribution n. f. V. DISTRIBUER.

district n. m. Division territoriale d'un pays.

diurne adj. Qui a lieu pendant la durée d'un jour : *le mouvement diurne de la Terre*. Qui se montre le jour : *papillon diurne*.

divaguer v. Parler d'une façon déraisonnable.

divan n. m. Canapé sans dossier, garni de coussins (1).

divergent, e adj. Qui s'écarte de plus en plus en s'éloignant d'un point. Qui est opposé : *un avis divergent*. (Le contraire est CONVERGENT.)

divers, e adj. Différent. La **diversité** est le caractère de ce qui est divers : *diversité de couleurs*. La **diversion** est ce qui détourne d'une chose : *faire diversion à ses soucis*.

diversion n. f., **diversité** n. f. V. DIVERS.

divertir v. Amuser. Le **divertissement** est l'amusement. Ce qui divertit est **divertissant**.

divertissement n. m. V. DIVERTIR.

dividende n. m. V. DIVISER.

divin, e adj. De Dieu : *la divine Providence*. Extrêmement beau ou bon : *voix divine*. **Diviniser**, c'est regarder comme un dieu. La **divinité**, c'est la nature divine ; c'est aussi un des dieux du paganisme : *les divinités de l'Olympe*.

divination n. f. V. DEVINER.

diviniser v., **divinité** n. f. V. DIVIN.

diviser v. Faire plusieurs parts d'une chose. En arithmétique, trouver combien de fois un nombre (**diviseur**) est contenu dans un autre (**dividende**). Ce qu'on peut diviser est **divisible** : *nombre divisible par 3*. La **division** est l'action de diviser ; l'opération arithmétique par laquelle on divise un nombre par un autre ; en termes militaires, c'est un corps composé d'unités de toutes armes ; dans une administration, c'est un groupe de bureaux pour une même branche de services.

diviseur n. m., **divisible** adj., **division** n. f. V. DIVISER.

divorce n. m. Séparation légale de deux personnes mariées. **Divorcer**, c'est se séparer par divorce.

divorcer v. V. DIVORCE.

divulguer v. Publier, répandre une nouvelle, un secret.

dix adj. Neuf plus un. Une **dizaine**, c'est un ensemble de dix : *une dizaine de personnes*. Le **dixième** est ce qui vient par ordre après le neuvième ; c'est aussi une des parties d'un tout divisé en dix parties égales.

dixième adj., **dizaine** n. f. V. DIX.

do n. m. Une note de musique.

docile adj. Facile à instruire, à conduire : *enfant docile*. La **docilité**, c'est la soumission.

docilité n. f. V. DOCILE.

dock n. m. Bassin pour le chargement et le déchargement des bateaux dans un port. Dépôt de marchandises, magasin public, dans un port, à la douane.

docte adj. Savant.

docteur n. m. Qui enseigne en public. Qui a reçu le plus haut grade d'une faculté : *docteur en droit*. Spécialement, docteur en médecine. Un ton **doctoral** est un ton grave, prétentieux. Le **doctorat** est le grade de docteur. Une **doctoresse** est une femme qui a le diplôme de docteur en médecine.

doctoral, e adj., **doctorat** n.

---

1. V. pl. SIÈGES.

m., **doctoresse** n. f. V. DOC-
TEUR.

doctrine n. f. Ce qui est la base
de l'enseignement d'une religion,
d'une école : *doctrine littéraire*.

document n. m. Ecrit, dessin, etc., servant de preuve, d'argument : *document photographique*. Ce qui a le caractère
d'un document est **documentaire**. Un film **documentaire**
est un film d'enseignement technique. **Documenter**, c'est
fournir des documents, appuyer
sur des documents. La **documentation**, c'est un ensemble
de documents sur un fait.

documentaire adj., **documentation** n. f., **documenter** v.
V. DOCUMENT.

dodeliner v. Balancer doucement : *dodeliner de la tête*.

doge n. m. Chef de l'ancienne
république de Venise.

dogme n. m. Ce qu'il faut croire
en matière de religion : *le
dogme de la Trinité*.

dogue n. m. Chien à grosse tête
et à museau aplati.

doigt n. m. Chacun des éléments
articulés qui terminent la main
ou le pied. Mesure d'une largeur
de doigt : *un doigt de vin* (1).
Le **doigté**, c'est la manière de
poser les doigts sur un instrument de musique; c'est aussi
l'adresse. Un **doigtier**, c'est un
fourreau pour protéger un doigt
malade.

doigté n. m., **doigtier** n. m.
V. DOIGT.

doit n. m. Partie d'un compte
établissant ce qui est dû. (Le
contraire est AVOIR.)

doléances n. f. pl. Plaintes.

dolent, e adj. Triste, plaintif.

dollar [*do-lar*] n. m. Monnaie
des Etats-Unis, du Canada.

dolman n. m. Veste militaire à
brandebourgs.

dolmen [*dol-mèn*] n. m. Monument des anciens Gaulois,
grande pierre posée à plat sur
deux autres debout.

domaine n. m. Grande propriété
de campagne. Ensemble des
biens appartenant à l'Etat. Tout
ce que comprend un art, une
science : *le domaine médical*.

dôme n. m. Coupole, voûte demi-
sphérique. Au figuré : *un dôme
de verdure*.

domestication n. f., **domesticité** n. f. V. DOMESTIQUE.

domestique adj. De la maison :
travaux domestiques. Apprivoisé : *animal domestique*.
N. m. Serviteur, servante. La
domesticité est l'état de domestique, l'ensemble des domestiques. **Domestiquer**, c'est
apprivoiser un animal. La **domestication** est l'action de
domestiquer, d'apprivoiser.

domestiquer v. V. DOMESTIQUE.

domicile n. m. Maison où l'on
demeure. *A domicile*, chez quelqu'un : *se rendre à domicile*.

dolmen

dôme

1. V. pl. HOMME.

Domicilier, c'est établir le domicile, la demeure.

domicilier v. V. DOMICILE.

dominateur, trice n., **domination** n. f. V. DOMINER.

dominer v. Etre le maître : *dominer un pays.* L'emporter sur : *couleur qui domine dans un tableau.* Etre placé plus haut : *maison qui domine la vallée.* Ce qui domine est **dominateur.** La **domination,** c'est l'autorité, l'influence.

dominicain, e n. Religieux ou religieuse de l'ordre de Saint-Dominique.

dominical, e adj. Du Seigneur. Du dimanche : *repos dominical.*

domino n. m. Un jeu qui se joue avec de petits rectangles marqués de points, le gagnant étant celui qui se débarrasse le premier de ses pièces. Manteau à capuchon pour bal masqué (1).

dommage n. m. Perte, dégât. Chose fâcheuse : *quel dommage!*

dompter [*don-té*] v. Apprivoiser : *dompter un cheval.* Obliger à l'obéissance. Vaincre : *dompter une résistance.* Celui qui dompte des animaux est un **dompteur.**

dompteur n. m. V. DOMPTER.

don n. m. Ce qu'on donne : *faire un don à une société.* Qualité naturelle : *avoir le don de la musique.* (V. DONNER.) Une **donation** est un don fait par testament.

donc conjonction. Mot qui marque une conclusion : *tu as un devoir, donc tu dois le faire.* Il marque aussi la surprise : *il est donc venu!* Il renforce une question : *qu'a-t-il donc?*

donjon n. m. Grosse tour d'un château fort (2).

donner v. Remettre à quelqu'un la propriété d'une chose : *donner de l'argent.* Causer : *donner de la peine.* Déclarer que quelqu'un a quelque chose : *donner tort; quel âge lui donne-t-on?* Faire quelque chose d'agréable ou de désagréable à quelqu'un : *donner un coup, une caresse.* Fournir, procurer : *donner du travail.* Avoir vue : *la maison donne sur un jardin.* Heurter, frapper : *donner de la tête contre le mur. Se donner pour,* se faire passer pour.

dont pronom relatif. Mot de liaison signifiant DE QUI, DE QUOI, DUQUEL, etc.

dorade n. f. V. DAURADE.

dorénavant adv. Désormais.

dorer v. Couvrir d'une couche d'or : *argent doré.* Donner une teinte jaune d'or : *dorer un pâté.* Ce qui a la couleur de l'or est **doré.** La **dorure,** c'est l'or qui couvre une chose dorée : *la dorure d'un cadre.*

dorloter v. Entourer de soins : *dorloter un enfant.*

dormeur n. m. V. DORMIR.

dormir v. Etre dans le sommeil. Au figuré, *laisser dormir une affaire,* la négliger. (Conjuguez : *je dors; dormant. dormi.*) Ce qui dort, qui n'a pas d'activité est **dormant.** Une eau **dormante** est une eau qui ne coule pas. Celui qui dort est **dormeur.** Un **dortoir** est une salle où dorment beaucoup de personnes.

dorsal, e adj. V. DOS.

dortoir n. m. V. DORMIR.

dorure n. f. V. DORER.

doryphore n. m. Insecte qui ravage les pommes de terre (3).

dos n. m. Partie du corps de l'homme, des épaules à la ceinture. Face supérieure du corps d'un animal : *le dos d'un cheval*. Partie d'un vêtement qui couvre le dos. Partie d'un siège où s'appuie le dos. Envers d'une feuille de papier. Partie d'un livre opposée à la tranche. Ce qui se rapporte au dos est **dorsal** : *épine dorsale*. Le **dossier**, c'est le dos d'un siège : *dossier de fauteuil;* c'est aussi un ensemble de documents, classés dans un carton portant une inscription au dos.

dose n. f. Quantité d'un médicament prise en une fois, d'un produit mis dans un mélange. **Doser**, c'est mesurer une dose.

doser v. V. DOSE.

dossier n. m. V. DOS.

dot [*dot'*] n. f. Fortune qu'une femme apporte en se mariant. **Doter**, c'est donner une dot, un revenu. Au figuré, c'est douer, favoriser : *être bien doté par la nature*. Le **douaire**, c'est le revenu laissé à une veuve. Une **douairière**, c'est une veuve qui possède un douaire; familièrement, une vieille dame.

douaire n. m., **douairière** n. f. V. DOT.

douane n. f. Administration qui fait payer les droits sur certaines marchandises à l'entrée ou à la sortie d'un pays. Un **douanier** est un employé de la douane.

douanier n. m. V. DOUANE.

doublage n. m. V. DOUBLE.

double adj. Deux fois plus grand : *double mesure*. Formé de deux choses semblables : *rangée double*. N. m. Quantité prise deux fois : *payer le double*. Copie : *double d'un contrat*. **Doubler**, c'est rendre double, devenir double : *doubler une somme;* c'est aussi garnir d'une

doublure : *doubler une veste*. Au cinéma, c'est encore exécuter un doublage. Le **doublage** est l'action de mettre une doublure; au cinéma, c'est l'enregistrement de paroles traduisant celles d'un film étranger. La **doublure** est l'étoffe qui garnit l'intérieur d'un vêtement; au théâtre, c'est l'acteur qui en remplace un autre.

doubler v., **doublement** n. m., **doublure** n. f. V. DOUBLE.

doucement adv., **doucereux, euse** adj., **douceur** n. f. V. DOUX.

douche n. f. Jet, pluie d'eau dirigée sur le corps. Au figuré, ce qui calme l'excitation. **Doucher**, c'est donner une douche.

doucher v. V. DOUCHE.

douer v. Pourvoir d'une qualité : *doué pour le chant*. (V. DOT.)

douille n. f. Partie creuse où entre le manche d'un instrument. Enveloppe de cartouche de fusil, etc.; étui métallique contenant la poudre et fixé à la base d'un obus.

douillet, ette adj. Moelleux : *lit douillet*. Trop délicat, trop sensible à la douleur.

douleur n. f. Souffrance du corps ou de l'esprit. Ce qui cause de la douleur est **douloureux**. Une partie du corps qui a souffert reste **endolorie**.

douloureux, euse adj. V. DOULEUR.

doute n. m. Etat de l'esprit qui n'est pas certain. Soupçon : *avoir des doutes sur quelqu'un. Sans doute*, certainement. **Douter**, c'est être dans le doute : *douter d'un résultat;* c'est aussi soupçonner : *douter de quelqu'un*. Ce qui est incertain, peu sûr, est **douteux**.

douter v., **douteux, euse** adj.
V. DOUTE.

douve n. f. Fossé d'un château.

doux, douce adj. D'un goût agréable : *un plat doux*. Qui n'est pas salé : *eau douce;* pas amer : *amande douce.* Agréable à l'ouïe, à la vue, etc. : *voix douce; lumière douce.* Qui n'est pas brusque : *pente douce.* Au figuré, modéré, bienveillant : *caractère doux.* La **douceur** est la qualité de ce qui est doux. Des **douceurs** sont des sucreries, des friandises. **Doucement** signifie d'une façon douce. Ce qui a une douceur fade, une douceur hypocrite est **doucereux** : *un doucereuse.*

douzaine n. f. V. DOUZE.

douze adj. Dix et deux. Une **douzaine**, c'est douze objets de même espèce. Le **douzième** est celui qui vient par ordre après le onzième.

douzième adj. V. DOUZE.

doyen, enne n. Le plus ancien dans une compagnie, une assemblée. Dignité ecclésiastique : *doyen d'un chapitre.*

drachme n. f. Monnaie grecque.

draconien, enne adj. Très sévère, par allusion aux lois données à Athènes par Dracon.

dragage n. m. V. DRAGUE.

dragée n. f. Amande enrobée dans du sucre durci.

dragon n. m. Monstre fabuleux qui avait des ailes, des griffes et une queue de serpent. Soldat de cavalerie légère. La **dragonne** est un cordon à la poi-

dragon

gnée du sabre, qui permet de l'accrocher au bras.

dragonne n. f. V. DRAGON.

drague n. f. Machine pour nettoyer le fond des cours d'eau, etc. **Draguer**, c'est nettoyer avec la drague. Le **dragage** est l'action de draguer. Le **dragueur** est le navire qui drague : *un dragueur de mines* (1).

draguer v., **dragueur** n. m. V. DRAGUE.

drain n. m. Tuyau enterré dans le sol pour faire écouler les eaux. Tube de caoutchouc mis dans une plaie pour faire écouler le pus. **Drainer**, c'est poser des drains pour assécher le sol, etc. Le **drainage** est l'action de drainer.

drainage n. m., **drainer** v. V. DRAIN.

drakkar n. m. Bateau des Vikings (2).

dramatique adj. et n. f. Voir DRAME.

drame n. m. Pièce de théâtre où le comique est souvent mêlé au tragique. Situation grave qui amène une catastrophe. **Dramatique** se dit de ce qui est relatif au théâtre : *auteur dramatique;* de ce qui cause une vive émotion : *situation dramatique.* Une **dramatique**, c'est une émission de télévision proche du théâtre et du cinéma.

drap n. m. Etoffe de laine à tissu foulé et couvert de duvet. Chacune des deux toiles entre lesquelles on se couche dans le lit. Un **drapeau** est une pièce d'étoffe aux couleurs d'une nation, d'un parti, attachée à une hampe ou bâton. Une **draperie**, c'est une étoffe disposée à grands plis. **Draper**, c'est recouvrir d'une draperie. Le

1. V. pl. MARINE DE GUERRE; 2. V. pl. MARINE À VOILE.

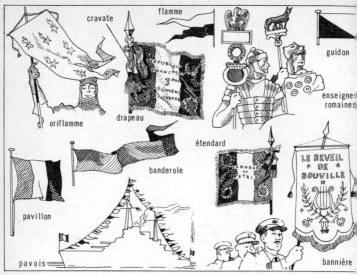

drapeaux

drapier est le fabricant, le marchand de drap.

drapeau n. m., **draper** v., **draperie** n. f., **drapier** n. m. V. DRAP.

dressage n. m. V. DRESSER.

dresser v. Lever, mettre droit. Monter, construire : *dresser un échafaudage*. Rédiger : *dresser un acte de vente*. Eduquer quelqu'un sévèrement. Habituer un animal à un travail. Un **dressoir** est une étagère à vaisselle. Le **dressage** est l'action de dresser, d'éduquer.

dressoir n. m. V. DRESSER.

drogue n. f. Médicament, produit chimique. Nom donné aux stupéfiants. **Se droguer,** c'est prendre des drogues. Le **droguiste** est le marchand de produits d'entretien, d'articles de ménage divers.

droguer (se) v., **droguiste** n. m. V. DROGUE.

droit, e adj. Qui ne présente ni courbe ni déviation : *ligne droite.* Qui se tient debout sans pencher d'un côté ni d'un autre : *droit comme un I.* Qui suit le devoir : *caractère droit.* Se dit de ce qui, par rapport à notre corps, est du côté opposé à celui du cœur : *œil droit.* N. f. Le côté droit. Ensemble de ceux qui soutiennent des opinions conservatrices. En dessin, ligne droite (1). N. m. Ensemble des lois : *étudier le droit.* Taxe à payer : *droit de douane.* Celui qui se sert surtout de la main droite est **droitier.** La **droiture** est la qualité de ce qui est droit.

1. V. pl. LIGNES.

droitier, ère adj. et n., **droi-ture** n. f. V. DROIT.

drôle adj. Plaisant, amusant : *histoire drôle*. Bizarre, étonnant : *drôle d'histoire*. N. m. Mauvais sujet, homme méprisable (fait dans ce sens au féminin **drôlesse**). La **drôlerie** est le caractère de ce qui est drôle.

drôlerie n. f., **drôlesse** n. f V. DRÔLE.

dromadaire n. m. Sorte de chameau à une seule bosse (1).

dru, e adj. Serré : *pluie drue, herbe drue.*

drugstore [*dreug-stor'*] n. m. Magasin où l'on peut consommer et ailleur toutes sortes de produits.

druide, esse n. Prêtre, prêtresse des Gaulois.

du article. Contraction de *de le.*

dû n. m. V. DEVOIR.

duc n. m. Titre de noblesse entre marquis et prince (2). *Grand duc*, oiseau de proie de la famille des chouettes (3). Ce qui appartient au duc est **ducal**. Le **duché**, c'était le territoire gouverné par un duc. La **duchesse** est la femme d'un duc.

ducal e adj., **duché** n. m., **duchesse** n. f. V. DUC.

duègne n. f. Femme âgée qui accompagne une jeune fille.

duel n. m. Combat entre deux adversaires pour une question d'honneur.

dune n. f. Colline de sable formée par le vent sur la côte (4).

dunette n. f. Partie élevée à l'arrière d'un bateau (5).

duo n. m. Morceau de musique pour deux voix, deux instruments.

dupe n. f. Personne trompée. **Duper**, c'est tromper. Une **duperie**, c'est une tromperie.

duplicata n. m. Double d'un acte, d'un écrit.

duplicité n. f. Fausseté, double jeu : *agir avec duplicité.*

duquel pronom. Contraction de *de lequel*. Fait au pluriel *desquels.*

dur, e adj. Solide, difficile à entamer : *pierre dure*. Au figuré : *cœur dur*, peu sensible, égoïste; *vie dure*, pénible; *parole dure*, trop sévère; *tête dure*, peu intelligente. *A la dure*. durement. **Durcir**, c'est rendre dur, devenir dur. L'action de durcir est le **durcissement** La **dureté**, c'est la qualité de ce qui est dur. Un **durillon**, c'est un petit cor.

durable adj. V. DURER.

durant prép. Pendant.

durcir v., **durcissement** n. m. V. DUR.

durée n. f. V. DURER.

durer v. Continuer d'être : *l'hiver dure encore*. Exister longtemps. Paraître long : *le temps me dure*. Ce qui dure longtemps est **durable**. La **durée**, c'est l'action de durer, le temps que dure une chose.

dureté n. f., **durillon** n. m. V. DUR.

duvet n. m. Plume légère des oiseaux : *duvet de cygne*. Poil léger au menton. Coton léger qui couvre un fruit.

dynamite n. f. Matière explosive très puissante. **Dynamiter**, c'est faire sauter à la dynamite.

dynamiter v. V. DYNAMITE.

dynamo n. f. Machine qui change un mouvement mécanique de rotation en courant électrique.

dynastie n. f. Suite de souverains de la même famille.

dysenterie n. f. Sorte de diarrhée très grave.

---

1. V. pl. CHAMEAU ET ANIMAUX ANALOGUES; 2. V. pl. COURONNES; 3. V. pl. RAPACES; 4. V. pl. GÉOGRAPHIE; 5. V. pl. BATEAUX.

Eglise de Pumahuasi (république Argentine). *Phot. Almasy.*

eau n. f. Liquide qui forme la pluie, les mers, les rivières. Nom de divers liquides : *eau de Cologne*. Production liquide du corps : *l'eau me vient à la bouche; être en eau*. Limpidité des pierres précieuses : *diamant d'une belle eau*. L'**eau-de-vie** est une liqueur alcoolique tirée par distillation du vin, du cidre, etc. L'**eau-forte** est l'acide qui sert à graver sur métal; c'est aussi la gravure ainsi obtenue.

ébahir v. Surprendre, étonner.

ébahissement n. m. Surprise, vif étonnement.

ébats n. m. pl. V. ÉBATTRE.

ébattre (s') v. Folâtrer. *Prendre ses ébats*, c'est s'ébattre.

ébaubir v. Etonner.

ébauche n. f. Ouvrage ébauché. Esquisse d'un ouvrage.

ébaucher v. Commencer un dessin, un tableau, un ouvrage quelconque en indiquant les grandes lignes, les masses de couleurs, etc. Un **ébauchoir**, c'est un petit couteau de bois dont se sert le sculpteur pour modeler la terre glaise.

ébène n. f. Bois noir, dur, très estimé. L'**ébénier** est l'arbre qui fournit l'ébène. L'**ébéniste** est celui qui fait des meubles en ébène et autres bois de prix. L'**ébénisterie** est l'art de l'ébéniste.

ébénier n. m., **ébéniste** n. m., **ébénisterie** n. f. V. ÉBÈNE.

éblouir v. Troubler la vue par une trop vive lumière.

éblouissement n. m. Trouble de la vue causé par une vive lumière, par une congestion, etc.

ébonite n. f. Caoutchouc durci.

éborgner v. Rendre borgne.

éboueur n. m. Employé municipal chargé d'enlever les ordures.

ébouillanter v. Tremper dans l'eau bouillante.

éboulement n. m. V. ÉBOULER.

ébouler v. Faire écrouler. **S'ébouler**, c'est s'écrouler, s'affaisser. L'**éboulement**, c'est la chute de ce qui éboule. L'**éboulis** est l'amas de matériaux éboulés.

éboulis n. m. V. ÉBOULER.

ébouriffer v. Rebrousser les cheveux, les mettre en désordre.

ébrancher v. Dépouiller un arbre de ses branches.

ébranlement n. m. V. ÉBRAN-LER.

ébranler v. Mettre en mouvement : *convoi qui s'ébranle*. Au figuré, faire chanceler : *ébranler une opinion*. L'**ébranlement**, c'est l'action d'ébranler.

ébrécher v. Faire une brèche sur le bord : *ébrécher un plat*.

ébriété n. f. Ivresse.

ébrouer (s') v. S'agiter, se secouer.

ébruiter v. Répandre un bruit : *ébruiter une nouvelle*.

ébullition n. f. État d'un liquide qui bout. Au figuré, agitation : *foule en ébullition*.

écaille n. f. Chacune des lamelles qui couvrent le corps des poissons (1). Lamelle qui se détache d'une surface. Carapace de tortue : *peigne d'écaille*. Chacune des deux parties de la coquille de l'huître, de la moule. **Ecailler**, c'est dépouiller de ses écailles : *écailler un poisson*. **S'écailler**, c'est se détacher en écailles : *tableau qui s'écaille*.

écailler v. V. ÉCAILLE.

écale n. f. Enveloppe de noix.

écarlate n. f. Couleur rouge vif.

écarquiller v. Ouvrir tout grand : *écarquiller les yeux*.

écart n. m. V. ÉCARTER.

écartelé, e adj. V. ÉCARTELER.

écarteler v. Déchirer en quartiers le corps d'un condamné en attachant un cheval à chacun de ses membres. Au figuré, celui qui est **écartelé** hésite entre deux solutions.

écartement n. m. V. ÉCARTER.

écarter v. Eloigner une chose d'une autre : *écarter les bras*. Tenir à distance : *s'écarter du feu*. Eloigner de la direction à prendre : *s'écarter de son chemin*. Au figuré : *s'écarter du devoir; s'écarter de son sujet*. Détourner : *écarter les soupçons*. L'**écart**, c'est l'action d'écarter, de s'écarter; c'est aussi le mouvement brusque de côté que fait un cheval; c'est également une variation brusque : *écart de température*. L'**écartement**, c'est l'action d'écarter, l'état de ce qui est écarté.

ecchymose [é-ki-môz'] n. f. Tache violette que produit un coup sur la peau. (Familièrement, un *bleu*.)

ecclésiastique adj. Relatif à l'Eglise : *costume ecclésiastique*. N. m. Prêtre, membre du clergé.

écervelé, e adj. Sans cervelle.

échafaud n. m. Construction en charpente sur laquelle travaillent les maçons, les peintres. Estrade sur laquelle on exécutait les condamnés à mort. Guillotine. Un **échafaudage**, c'est un échafaud de maçons, etc. (2); c'est aussi un amas de choses entassées. **Echafauder**, c'est dresser un échafaud; c'est également combiner, préparer.

échafaudage n. m., **échafauder** v. V. ÉCHAFAUD.

échalas n. m. Pieu pour soutenir la vigne.

échalote n. f. Plante potagère voisine de l'oignon.

échancrer v. Creuser, tailler le bord.

échange n. m. V. ÉCHANGER.

échanger v. Donner une chose contre une autre. L'**échange** est l'action d'échanger.

échanson n. m. Celui qui servait à boire à un grand personnage.

1. V. pl. POISSONS D'EAU DOUCE; 2. V. pl. MAÇON.

échantillon n. m. Petite quantité d'un produit pour en montrer la qualité : *échantillon de vin*.

échappatoire n. f., **échappée** n. f., **échappement** n. m. V. ÉCHAPPER.

échapper v. Fuir : *s'échapper de prison*. Se soustraire: *échapper à une corvée*. Ne pas être remarqué : *échapper aux regards*. Tomber : *échapper des mains*. Avoir oublié : *son nom m'échappe*. Une **échappatoire**, c'est un moyen de sortir d'embarras. Une **échappée**, c'est un espace libre par où l'on voit au loin. L'**échappement**, c'est le mécanisme qui règle la marche d'une pendule, d'une machine; c'est aussi l'expulsion dans l'atmosphère des gaz d'un moteur. Une **escapade**, c'est le fait de s'échapper quelque temps pour se distraire.

écharde n. f. Brin de bois rentré dans la peau.

écharpe n. f. Bande d'étoffe que l'on porte sur les épaules ou autour du cou. Bandage qui sert à soutenir une main ou un bras blessés. *Prendre en écharpe*, c'est prendre de biais.

écharper v. Mettre en pièces.

échasse n. f. Bâton portant un étrier, pour marcher à une certaine hauteur au-dessus du sol. Un **échassier** est un oiseau à longues jambes.

échassier n. m. V. ÉCHASSE.

échauffement n. m. V. ÉCHAUFFER.

échauffer v. Donner de la chaleur : *le soleil échauffe la terre*. L'**échauffement** est l'action d'échauffer.

échauffourée n. f. Bagarre.

échéance n. f., **échéant** adj. V. ÉCHOIR.

échec n. m. Insuccès : *subir un échec*. Au pluriel, jeu qui se joue à deux en faisant mouvoir sur une planchette divisée en 64 cases des pièces de valeur diverse. *Mettre en échec*, faire obstacle. L'**échiquier** est la tablette sur laquelle on joue aux échecs.

échelle n. f. Sorte d'escalier portatif formé de deux montants réunis par des traverses ou échelons. Ligne divisée en parties égales, servant à mesurer : *échelle thermométrique*. Série d'êtres, de choses, par ordre de grandeur ou de qualité : *échelle musicale; échelle sociale. Faire la courte échelle à quelqu'un*, lui faire avec les mains, le dos, les épaules un appui pour s'élever. L'**échelon**, c'est la traverse d'une échelle. **Echelonner**, c'est disposer par échelons; c'est aussi répartir : *échelonner des paiements*.

échelles

échelle de corde

échelle double

échelle à coulisse

escabeau

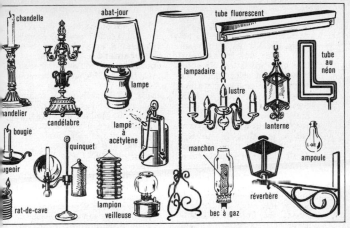

chandelle, abat-jour, tube fluorescent, lampadaire, tube au néon, lampe, lustre, lanterne, chandelier, candélabre, lampe à acétylène, bougie, quinquet, manchon, ampoule, bougeoir, rat-de-cave, lampion, veilleuse, bec à gaz, réverbère

éclairage

échelon n. m., **échelonner** v. V. ÉCHELLE.

échenilloir n. m. Instrument de jardinier pour couper les bouts de branches d'arbre envahies par les chenilles (1).

écheveau n. m. Petit faisceau de fil, etc. : *écheveau de soie.*

écheveler v. Mettre les cheveux en désordre.

échevin n. m. Magistrat municipal, dans certains pays.

échine n. f. La colonne vertébrale.

échiquier n. m. V. ÉCHEC.

écho [*é-ko*] n. m. Répétition d'un son renvoyé par un obstacle. Petite nouvelle de journal : *écho de la mode.*

échoir v. Tomber, revenir : *un héritage lui est échu.* Etre payable à une date : *billet qui échoit fin juin.* (Conjuguez : *il échoit ; il échut ; il écherra ; échéant, échu.*) *Le cas* **échéant,** si la chose se présente. L'**échéance,** c'est la date à laquelle il faut payer.

échoppe n. f. Petite boutique.

échouer v. Se dit d'un bateau qui heurte un banc de sable ou de rochers, et ne peut se dégager. Au figuré, ne pas réussir : *son projet a échoué.*

éclabousser v. Mouiller, salir en faisant jaillir de l'eau, de la boue.

éclaboussure n. f. Eau, boue, qui éclaboussent.

éclair n. m. Lumière vive et passagère produite par la foudre. Ce qui est brusque comme l'éclair : *éclair d'intelligence.* Gâteau à la crème, de forme allongée.

éclairage n. m., **éclaircie** n. f., **éclaircissement** n. m., **éclaircir** v. V. ÉCLAIRER.

éclairer v. Répandre de la clarté. Rendre clair : *éclairer une question.* Montrer le chemin à une troupe. Guider, instruire : *éclairer le peuple.* L'**éclairage,** c'est l'action d'éclairer. Une

1. V. pl. JARDINAGE.

éclaircie, c'est un découvert dans un ciel brumeux, un bois épais. **Eclaircir**, c'est rendre clair. Un **éclaircissement**, c'est une explication. Un **éclaireur** est un soldat détaché en avant d'une troupe en marche; c'est aussi un scout (dans ce sens, s'emploie aussi au féminin).

éclaireur, euse n. V. ÉCLAIRER.

éclat n. m. Morceau qui saute d'un corps dur qu'on casse. Bruit violent et soudain : *éclat de voix*. Manifestation bruyante de mécontentement : *faire un éclat*. Vive lumière : *l'éclat du soleil*. Grande beauté : *l'éclat de la jeunesse*. Ce qui a de l'éclat est **éclatant**. L'**éclatement**, c'est l'action d'éclater. **Eclater**, c'est se rompre brusquement : *pierre qui éclate;* c'est aussi produire un bruit soudain : *le tonnerre éclata*. Au figuré, c'est survenir brusquement : *scandale qui éclate;* frapper le regard par son éclat : *couleurs éclatantes*.

éclatement n. m., **éclater** v. V. ÉCLAT.

éclipse n. f. Disparition d'un astre derrière un autre : *éclipse de lune*. **Eclipser**, c'est cacher un astre en se mettant devant : *la lune peut éclipser le soleil*. Au figuré, c'est dépasser en éclat : *éclipser un rival*. **S'éclipser**, c'est disparaître.

éclipser v. V. ÉCLIPSE.

éclopé, e adj. Boiteux, estropié.

éclore v. Sortir de l'œuf (poussin). S'épanouir (fleurs). L'**éclosion**, c'est l'action d'éclore.

éclosion n. f. V. ÉCLORE.

écluse n. f. Compartiment entre deux portes mobiles, dans un canal, pour retenir ou lâcher

l'eau. L'**éclusier**, c'est celui qui fait fonctionner les écluses.

éclusier n. m. V. ÉCLUSE.

écœurement n. m. Dégoût.

écœurer v. Soulever le cœur. Causer du dégoût, de la répugnance.

école n. f. Etablissement d'enseignement. Elèves qui le fréquentent. Ensemble des disciples d'un maître. Un **écolier**, c'est un enfant qui va à l'école.

écolier, ère n. V. ÉCOLE.

éconduire v. Congédier, renvoyer.

économat n. m. V. ÉCONOME.

économe adj. Qui évite la dépense inutile. N. Personne chargée de la dépense dans une grande maison : *économe de lycée*. L'**économat**, c'est l'emploi d'économe. L'**économie**, c'est la qualité de celui qui est économe; c'est aussi ce qu'on économise, l'épargne : *une économie de temps;* c'est encore l'ensemble des activités qui concernent la production et la consommation des biens, des richesses. Ce qui est relatif à l'économie, qui coûte peu, est **économique**. **Economiser**, c'est épargner.

économie n. f., **économique** adj., **économiser** v. V. ÉCONOME.

écope n. f. Pelle en bois pour ramasser l'eau.

écorce n. f. Enveloppe extérieure d'un tronc d'arbre, de certains fruits (1). L'*écorce terrestre*, c'est la partie superficielle de la Terre.

écorcher v. Dépouiller de la peau : *écorcher un lapin*. Entamer la peau. Une **écorchure**, c'est une éraflure à la peau.

écorchure n. f. V. ÉCORCHER.

écorner v. Rompre les cornes.

---

1. V. pl. PLANTES.

Casser un coin : *écorner un meuble*. Dissiper en partie sa fortune.

écossais, e adj. D'Ecosse. Se dit d'un tissu rayé de diverses couleurs.

écosser v. Oter la cosse.

écot n. m. Ce que chacun paie dans une dépense en commun.

écoulement n. m. V. ÉCOULER.

écouler v. Vendre peu à peu. *S'écouler*, c'est couler : *liquide qui s'écoule;* se retirer lentement : *foule qui s'écoule.* Passer, en parlant du temps. *L'écoulement*, c'est l'action de s'écouler : *l'écoulement d'un liquide; d'une marchandise.*

écourter v. Rendre plus court.

écoute n. f. V. ÉCOUTER.

écouter v. S'appliquer à entendre : *écouter un bruit*. Tenir compte de : *écouter un conseil*. *S'écouter*, c'est s'occuper trop de sa santé. *Etre à l'écoute, aux écoutes,* écouter.

écoutille n. f. Trappe sur le pont d'un bateau (1).

écran n. m. Châssis pour protéger de l'ardeur du feu. Châssis tendu de toile blanche pour les projections de cinéma. L'art du cinéma : *vedette de l'écran*.

écrasement n. m. V. ÉCRASER.

écraser v. Aplatir par un choc ou une pression brusque. Surcharger : *écraser d'impôts.* *L'écrasement* est l'action d'écraser.

écrémer v. Séparer la crème du lait. Prendre le meilleur de.

écrevisse n. f. Crustacé d'eau douce, pourvu d'une carapace et de deux fortes pinces (2).

écrier (s') v. Pousser un cri.

écrin n. m. Coffret à bijoux.

écrire v. Représenter la pensée par des lettres, des signes. Rédi-

Hiéroglyphes

Gothique

ROMAIN

Italique

EGYPTIENNE

NORMANDES

Ronde

Bâtarde

Anglaise

Sténographie

écriture

ger : *écrire une lettre.* (Conjuguez : *j'écris; j'écrivais; j'écrivis; j'écrirai; écrivant, écrit.*) Un *écrit*, c'est une chose écrite. Un *écriteau*, c'est une inscription en grosses lettres, sur un carton, etc., qu'on accroche à un mur, etc. L'*écriture* est l'art d'écrire, le système de lettres employé : *écriture gothique.* L'*Ecriture sainte,* les **Saintes Ecritures,** c'est la Bible. Au pluriel, les **écritures** sont les comptes d'un commer-

1. V. pl. BATEAUX ; 2. V. pl. CRUSTACÉS.

çant. L'**écrivain** est celui qui écrit.

écrit n. m.. **écriteau** n. m., **écriture** n. f., **écrivain** n. m. V. ÉCRIRE.

écrou n. m. Pièce percée d'un trou fileté où entre une vis (1). Inscription d'un prisonnier sur le registre d'une prison. **Ecrouer**, c'est emprisonner.

écrouelles n. f. pl. V. SCROFULE.

écrouer v. V. ÉCROU.

écrouir v. Durcir un métal en le battant à froid.

écroulement n.m.V.ÉCROULER.

écrouler (s') v. Tomber avec fracas : *maison qui s'écroule*. L'**écroulement**, c'est la chute de ce qui s'écroule.

écru, e adj. A l'état naturel. *Fil écru*, qui n'a pas été lavé; *toile écrue*, qui n'a pas été blanchie.

écu n. m. Ancien bouclier (2). Armoiries peintes sur un écu. Ancienne monnaie d'argent.

écueil n. m. Rocher à fleur d'eau dangereux pour les navires. Au figuré, obstacle.

écuelle n. f. Assiette creuse de bois, de terre, de métal.

éculé, e adj. Usé, dépassé. *Une plaisanterie éculée.*

écume n. f. Mousse d'un liquide. Bave mousseuse. Au figuré, partie la plus vile d'une population. **Ecume de mer**, pierre d'un blanc-jaune dont on fait des pipes. Ce qui est couvert d'écume est **écumeux**. Une **écumoire** est une cuiller plate, à trous, pour écumer (3). **Ecumer**, c'est ôter l'écume; c'est aussi être furieux.

écumer v., **écumeux, euse** adj., **écumoire** n. f. V. ÉCUME.

écureuil n. m. Petit mammifère à queue touffue qui vit dans les arbres (4).

écurie n. f. Lieu destiné à loger les chevaux (5).

écusson n. m. Petit écu.

écuyer n. m. Celui qui servait un chevalier. Professeur d'équitation. Celui qui dresse des chevaux à divers exercices (6). [V. ÉQUESTRE, ÉQUITATION.] L'**écuyère** est la femme qui monte à cheval (7).

eczéma n. m. Une maladie de peau.

edelweiss n. m. Plante des hautes montagnes, recouverte d'un duvet blanc.

éden [*é-dèn*] n. m. Paradis terrestre. Au figuré, lieu délicieux.

édenté, e adj. Sans dents.

édicter v. Publier une loi.

édicule n. m. Petite construction, kiosque sur la voie publique.

édification n. f., **édifice** n. m. V. ÉDIFIER.

édifier v. Construire. Donner l'exemple de la vertu. L'**édification** est l'action d'édifier. Un **édifice**, c'est une construction. Ce qui édifie, qui donne le bon exemple, est **édifiant**.

édile n. m. Magistrat municipal.

édit n. m. Loi, ordonnance.

éditer v. Publier : *éditer un livre*. L'**éditeur** est celui qui édite. L'**édition** est la publication d'un livre.

éditeur n. m., **édition** n. f. V. ÉDITER.

édredon n. m. Couvre-pied garni de duvet : *un édredon piqué*.

éducateur, trice n., **éducatif, ive** adj., **éducation** n. f. V. ÉDUQUER.

édulcorer v. Sucrer un médicament. Au figuré, atténuer.

éduquer v. Elever, instruire : *éduquer un enfant*. L'**éducateur** est celui qui éduque.

---

1. V. pl. QUINCAILLERIE ; 2. V. pl. ARMURES ; 3. V. pl. CUISINE (*Ustensiles de*) ;
4. V. pl. RONGEURS ; 5. V. pl. FERME ; 6 et 7. V. pl. CIRQUE.

L'**éducation** est l'action d'éduquer. Ce qui éduque est **éducatif.**

effacement n. m. V. EFFACER.

effacer v. Enlever en frottant : *gomme à effacer.* Rayer, raturer : *effacer une ligne.* Faire disparaître, faire oublier : *effacer une faute.* **S'effacer,** c'est se tourner de côté ; c'est aussi se tenir à l'écart, s'incliner devant quelqu'un. L'**effacement,** c'est l'action d'effacer.

effarement n. m. V. FRAYEUR.

effarer v. Troubler, effrayer.

effaroucher v. Rendre farouche, effrayer, mettre en fuite.

effectif, ive adj. et n., **effectuer** v. V. EFFET.

efféminé, e adj. Qui possède des traits physiques ou moraux généralement attribués aux femmes.

effervescence n. f. Bouillonnement avec dégagement de gaz.

effet n. m. Résultat d'une cause. Action : *l'effet d'un remède.* Impression : *l'effet d'une parole.* N. m. Titre de créance payable à date fixée : *effet de commerce. En effet,* en réalité. Ce qui existe est **effectif.** L'**effectif,** c'est aussi le nombre de soldats, d'individus. **Effectivement,** c'est en effet, réellement. **Effectuer,** c'est faire : *effectuer un travail.* Ce qui produit de l'effet est **efficace.** L'**efficacité,** c'est la qualité de ce qui est efficace.

effeuiller v. Oter les feuilles.

efficace adj., **efficacité** n. f. V. EFFET.

effigie n. f. Image, portrait.

effiler v. Défaire fil à fil. Ce qui est mince et long est **effilé.**

effilocher v. Effiler.

efflanqué, e adj. Très maigre.

effleurer v. Toucher à peine.

effondrement n. m. V. EFFONDRER.

effondrer (s') v. Perdre le fond, s'enfoncer : *sol qui s'effondre.* L'**effondrement,** c'est la chute de ce qui s'effondre.

efforcer (s') v. Faire un effort : *s'efforcer de vaincre.* Un **effort,** c'est un déploiement de forces du corps ou de l'esprit : *effort de mémoire.*

effort n. m. V. EFFORCER.

effraction n. f. Bris de clôture d'un lieu habité, pour voler, etc.

effraie n. f. Espèce de chouette.

effrayer v. Causer de la frayeur, faire peur. Ce qui effraie est **effrayant** ou **effroyable.** L'**effroi** est une grande frayeur.

effréné, e adj. Sans frein : *désirs effrénés.*

effriter v. Réduire en miettes.

effroi n. m. V. EFFRAYER.

effronté, e adj. Qui n'a pas de honte. L'**effronterie,** c'est le caractère de celui qui est effronté.

effronterie n. f. V. EFFRONTÉ.

effroyable adj. V. EFFRAYER.

effusion n. f. Manifestation vive d'un sentiment : *effusion de joie.*

égal, e adj. Semblable, de même quantité ou qualité. Qui ne varie pas : *caractère égal.* Qui s'applique à tout le monde dans les mêmes conditions : *une justice égale.* **Egaler,** c'est être égal, rendre égal. **Egaliser,** c'est rendre égal ; c'est aussi niveler une surface. L'**égalité,** c'est la qualité de ce qui est égal.

égaler v., **égaliser** v., **égalité** n. f. V. ÉGAL.

égard n. m. Marque de respect : *traiter quelqu'un avec égards.*

égarement n. m. V. ÉGARER.

égarer v. Mettre hors du bon chemin : *s'égarer dans un bois.* Au figuré : *égarer par des promesses.* L'**égarement**, c'est l'action de s'égarer; c'est aussi une erreur, un dérangement d'esprit.

égayer v. Rendre gai.

églantier n. m. Rosier sauvage.

églantine n. f. Fleur d'églantier.

église n. f. Assemblée des chrétiens : *l'Eglise protestante.* Temple catholique : *église gothique.* (V. ECCLÉSIASTIQUE.)

égoïsme n. m. Vice de l'égoïste.

égoïste n. Celui qui ne pense qu'à soi.

égorger v. Couper la gorge.

égosiller (s') v. Se fatiguer le gosier en criant.

égout n. m. Conduit pour l'écoulement des eaux sales : *les égouts d'une ville.* L'**égoutier** est celui qui est chargé de l'entretien des égouts.

égoutier n. m. V. ÉGOUT.

égoutter v. Faire couler goutte à goutte un liquide : *égoutter la vaisselle, un fromage.* Un **égouttoir** est un ustensile pour égoutter.

égratigner v. Déchirer légèrement la peau. L'action d'égratigner est une **égratignure**.

égratignure n. f. V. ÉGRATIGNER.

égrener v. Détacher les grains d'un épi, d'une grappe.

eh ! interjection. Exclamation de surprise, d'admiration.

éhonté, e adj. Sans honte.

éjectable adj. V. ÉJECTER.

éjecter v. Projeter en dehors. Un siège **éjectable** est un siège d'avion qui, en cas d'accident, projette à l'extérieur le pilote muni d'un parachute.

élaborer v. Préparer par un long travail : *élaborer un plan.*

élaguer v. Retrancher les branches inutiles. Au figuré : *élaguer un discours.*

élan I. n. m. Mouvement par lequel on s'élance : *prendre son élan.*

élan II. n. m. Espèce de cerf (1).

élancement n. m. V. ÉLANCER.

élancer v. Produire des élancements. S'**élancer**, c'est se jeter, se lancer en avant : *s'élancer sur quelqu'un.* Un **élancement**, c'est une douleur aiguë et brusque. Ce qui est dégagé, mince, est **élancé** : *taille élancée.*

élargir v. Rendre plus large. Mettre en liberté un prisonnier.

élargissement n. m. Action d'élargir. Mise en liberté.

élasticité n. f. V. ÉLASTIQUE.

élastique adj. Qui change de forme sous un effort et reprend cette forme quand l'effort cesse : *le caoutchouc est élastique.* Un **élastique** est un cordon, un ruban de caoutchouc. L'**élasticité** est la qualité de ce qui est élastique.

électeur, trice n., **élection** n. f., **électoral, e** adj. V. ÉLIRE.

électricien n. m. V. ÉLECTRICITÉ.

électricité n. f. Energie ou force qui apparaît quand on frotte divers corps (ambre, résine, etc.), dans certaines réactions chimiques (piles), au passage d'une bobine de fil métallique devant un aimant (magnéto, dynamo). L'électricité accumulée produit des étincelles (éclairs); débitée sous forme de courant, elle peut alimenter des lampes, des moteurs, etc. (V. AIMANT, RADIO.) Ce qui se rapporte à l'électricité est **électrique** : *machine électrique.* Celui qui s'occupe de l'électricité est l'**électricien**.

---

1. V. pl. RUMINANTS SAUVAGES.

Electriser, c'est développer de l'électricité dans un corps: au figuré, c'est enthousiasmer. **Electrifier,** c'est appliquer l'électricité à : *électrifier un tramway.* **Electrocuter,** c'est tuer par l'action d'un courant électrique.

électrifier v., **électrique** adj., **électriser** v., **électrocuter** v. V. ÉLECTRICITÉ.

électron n. m. Très petit élément de l'atome, chargé d'électricité négative L'**électronique** est la science qui étudie les phénomènes électriques au niveau de l'électron.

électronique n. f. V. ÉLECTRON.

électrophone n. m. Appareil électrique reproduisant des sons enregistrés sur un disque.

élégance n. f. V. ÉLÉGANT.

élégant, e adj. Qui se distingue par la grâce, l'ornement : *style élégant.* L'**élégance** est la qualité de ce qui est élégant.

élégie n. f. Petit poème sur un sujet tendre et triste.

élément n. m. Chacune des choses qui, réunies, en forment une autre : *l'oxygène et l'azote sont les éléments de l'air; les mots sont les éléments de la phrase. Les quatre éléments,* chez les Anciens, l'eau, la terre, l'air, le feu. Force naturelle qui agite la terre, la mer, l'air : *les éléments déchaînés.* Milieu où vit un être : *l'air est l'élément de l'oiseau.* Au figuré, société, occupation où l'on vit : *sortir de son élément.* Principes qui sont à la base d'une science : *éléments de chimie.* Ce qui est simple est **élémentaire.**

élémentaire adj. V. ÉLÉMENT.

éléphant n. m. Mammifère à trompe, le plus gros des mammifères terrestres (1).

élevage n. m., **élévation** n. f., **élève** n. V. ÉLEVER.

élever v. Porter de bas en haut, mettre plus haut, faire monter : *élever un fardeau, la voix.* Construire : *élever un monument.* Faire naître : *élever des soupçons.* Amener un être à son complet développement physique ou moral : *élever au biberon; élever dans de beaux sentiments.* L'**élevage** est l'art d'élever des animaux domestiques. L'**élévation,** c'est l'action d'élever; à la messe, c'est le moment où le prêtre élève l'hostie ou le calice; c'est aussi le dessin d'une face d'un édifice (2). Un **élève** est celui qui reçoit les leçons d'un maître. L'**éleveur** est celui qui pratique l'élevage.

éleveur n. m. V. ÉLEVER.

éligible adj. V. ÉLIRE.

élimer v. User : *étoffe élimée.*

éliminer v. Ecarter, rejeter.

élire v. Choisir, spécialement à la suite d'un vote : *élire un député.* L'**élection** est l'action d'élire. Celui qui élit est **électeur.** Celui qui peut être élu est **éligible.** Ce qui se rapporte à l'élection est **électoral.**

élision n. f. Suppression de la voyelle finale d'un mot devant un autre mot commençant par une voyelle ou une *h* muette.

élite n. f. Choix, ce qu'il y a de meilleur : *troupe d'élite.*

élixir n. m. Médicament à base d'alcool : *élixir de longue vie.*

elle pronom personnel féminin de la troisième personne.

ellipse n. f. Courbe en forme de rond allongé (3). En grammaire, suppression d'un ou de plusieurs mots qui ne sont pas indispensables dans une phrase.

1. V. pl. PACHYDERMES; 2. V. pl. DESSIN; 3. V. pl. LIGNES.

élocution n. f. Manière de s'exprimer : *élocution facile.*

éloge n. m. Paroles par lesquelles on loue. Ce qui contient un éloge est **élogieux.**

élogieux, euse adj. V. ÉLOGE.

éloignement n. m. V. ÉLOIGNER.

éloigner v. Mettre, envoyer loin. L'**éloignement** est l'action d'éloigner, l'état de ce qui est loin.

éloquence n. f. V. ÉLOQUENT.

éloquent, e adj. Qui parle bien et facilement. L'**éloquence** est la qualité de celui qui est éloquent, l'art de parler en public.

élucider v. Eclaircir.

élucubration n. f. Ouvrage de l'esprit produit après de longs efforts.

éluder v. Eviter avec adresse.

élysée n. m. Région où, selon les Anciens, allaient les âmes des hommes vertueux. On disait aussi : *Champs Elysées.*

élytre n. m. Aile extérieure et dure des hannetons, etc.

émacié, e adj. Très maigre.

émail n. m. Vernis vitreux pour la faïence, les métaux, etc. Matière dure, brillante qui couvre la dent (1). [Pl. : *émaux.*]

émailler v. Recouvrir d'émail : *fonte émaillée.* Parsemer.

émanation n. f. V. ÉMANER.

émanciper v. Délivrer de la tutelle : *émanciper un mineur.*

émaner v. Se dégager (odeur, gaz). Ce qui émane est une **émanation.**

émarger v. Signer en marge d'un livre de comptes. Toucher un traitement.

emballage n. m., **emballeur, euse** n., **emballement** n. m. V. EMBALLER.

emballer v. Mettre des objets en balles, en caisses. S'enthousiasmer : *s'emballer pour une idée.*

L'**emballage,** c'est l'action d'emballer; c'est aussi ce qui sert à emballer. L'**emballement,** c'est l'enthousiasme. L'**emballeur** est celui qui emballe.

embarcadère n. m., **embarcation** n. f. V. EMBARQUER.

embardée n. f. Ecart brusque d'un bateau, d'une auto.

embargo n. m. Défense à un navire étranger de quitter un port. Défense de laisser circuler une marchandise : *mettre l'embargo sur les céréales.*

embarquement n. m. V. EMBARQUER.

embarquer v. Mettre dans un bateau. Au figuré, entraîner : *embarquer dans une affaire.* L'**embarquement,** c'est l'action d'embarquer. Une **embarcation,** c'est un petit bateau. Un **embarcadère,** c'est un endroit qui facilite l'embarquement (2). [V. DÉBARQUER.]

embarras n. m. Gêne : *tirer quelqu'un d'embarras.* Hésitation sur le parti à prendre : *avoir l'embarras du choix.* Désordre qui gêne la circulation : *embarras de voitures.* **Embarrasser,** c'est causer de l'embarras.

embarrasser v. V. EMBARRAS.

embaucher v. Engager un ouvrier dans un atelier, etc.

embauchoir n. m. Forme en bois pour tendre la chaussure.

embaumer v. Conserver un cadavre à l'aide d'aromates. Parfumer : *fleur qui embaume.*

embellir v. Rendre beau, orner. Devenir beau. Ce qui embellit est un **embellissement.**

embellissement n. m. V. EMBELLIR.

emblaver v. Semer une terre (se dit surtout des céréales).

1. V. pl. DENTS ; 2. V. pl. PORT.

emblée (d'). Du premier coup.

emblème n. m. Objet, signe qui représente une idée : *le lis est l'emblème de la pureté.*

emboîtage n. m. V. EMBOÎTER.

emboîter v. Encastrer une partie saillante d'une pièce dans le creux d'une autre : *os emboîtés l'un dans l'autre. Emboîter le pas,* marcher derrière; imiter. Un **emboîtage** est une reliure simple.

embolie n. f. Etat d'une veine bouchée par un caillot de sang.

embonpoint n. m. Grosseur.

emboucher v. Porter à sa bouche un **instrument de musique**. Familièrement, *mal embouché,* grossier dans ses paroles. L'**embouchure** est la partie d'un instrument de musique qu'on met dans la bouche; c'est aussi l'endroit où un cours d'eau se jette dans un autre, dans un lac, dans la mer.

embouchure n. f. V. EMBOUCHER.

embourber v. Engager dans un bourbier et, au figuré, dans une mauvaise affaire.

embout n. m. Bout ferré d'une canne, d'un parapluie.

embouteillage n. m. V. EMBOUTEILLER.

embouteiller v. Mettre en bouteilles. Gêner la circulation en bouchant un passage étroit. L'**embouteillage** est l'action d'embouteiller.

emboutir v. Repousser à froid un métal pour lui donner du relief.

embranchement n. m. Division, classe. Fourche formée par une route qui se divise en deux : *un embranchement de chemin de fer.*

embrasement n. m. V. EMBRASER.

embraser v. Mettre en feu : *charbons embrasés.* Au figuré, enflammer : *embraser les cœurs.* Un **embrasement** est un incendie.

embrassade n. f., **embrasse** n. f., **embrassement** n. m. V. EMBRASSER.

embrasser v. Serrer dans ses bras. Donner un baiser. Contenir, renfermer, saisir : *tout embrasser d'un regard.* Choisir : *embrasser une carrière.* L'action d'embrasser est une **embrassade,** un **embrassement.** Une **embrasse** est un cordon qui retient un rideau.

embrasure [*zur'*] n. f. Creux de mur où se loge une porte, une fenêtre.

embrayage n. m. V. EMBRAYER.

embrayer v. Mettre en communication un moteur avec la pièce qu'il doit mouvoir. L'**embrayage** est l'action d'embrayer; c'est aussi le mécanisme lui-même.

embrocher v. Mettre à la broche : *embrocher un poulet.* Percer d'un coup d'épée, de lance.

embrouiller v. Emmêler.

embruns n. m. pl. Pluie fine que forment les vagues en se brisant.

embryon n. m. Germe : *embryon d'une plante, d'une entreprise.*

embûche n. f. Piège : *dresser des embûches.*

embuscade n. f. Procédé qui consiste à se cacher pour attaquer un ennemi par surprise. **S'embusquer,** c'est se mettre en embuscade; c'est aussi se cacher pour éviter un danger, une corvée, etc.

embusquer (s'). V. EMBUSCADE.

éméché, e adj. Un peu ivre.

émeraude n. f. Pierre précieuse de couleur verte.

émerger v. Sortir à la surface : *rochers qui émergent à marée basse.*

émeri n. m. Pierre très dure qui sert à polir.

émerillon n. m. Sorte de faucon.

émerillonné, e adj. Gai, vif.

émérite adj. Se disait du fonctionnaire en retraite qui gardait les honneurs de son titre. Expérimenté, habile : *ouvrier émérite.*

émerveillement n. m. Admiration.

émerveiller v. Etonner, provoquer de l'admiration.

émetteur n. m. V. ÉMETTRE.

émettre v. Produire : *émettre un joli son.* Mettre en circulation : *émettre des billets de banque.* Un **émetteur** est un poste d'émission radiophonique. L'action d'émettre est l'**émission.** Un **émissaire** est quelqu'un qu'on charge d'une mission.

émeute n. f. Soulèvement populaire. Celui qui prend part à une émeute est un **émeutier.**

émeutier n. m. V. ÉMEUTE.

émietter v. Mettre en miettes.

émigrant, e n., **émigration** n. f. V. ÉMIGRER.

émigrer v. Quitter son pays pour aller s'établir dans un autre. L'**émigration** est l'action d'émigrer. Celui qui émigre est un **émigrant.**

éminence n. f. Elévation du sol. Saillie : *éminence osseuse.* Titre des cardinaux. Ce qui est élevé est **éminent.**

éminent, e adj. V. ÉMINENCE.

émir n. m. Chef arabe.

émissaire n. m., **émission** n. f. V. ÉMETTRE.

emmagasiner v. Mettre en magasin. Accumuler : *emmagasiner de la chaleur.*

emmailloter v. Mettre en maillot : *emmailloter un enfant.*

emmancher v. Mettre un manche. Au figuré, mettre en train, organiser. L'**emmanchure,** c'est l'ouverture du vêtement où se fixe la manche.

emmanchure n. f. V. EMMANCHER.

emmêler v. Mêler : *cheveux, fils emmêlés.*

emménager v. S'installer dans un nouveau logement.

emmener v. Mener avec soi dans un endroit : *emmener aux champs.*

emmitoufler v. Bien envelopper : *emmitoufler de fourrures.*

emmurer v. Enfermer dans un endroit muré : *emmurer un prisonnier.*

émoi n. m. V. ÉMOUVOIR.

émoluments n. m. pl. Traitement, salaire.

émonder v. Couper les branches inutiles. (On dit aussi ÉLAGUER.)

émotion n. f. V. ÉMOUVOIR.

émoulue, e adj. *Frais émoulu,* qui n'a pas encore perdu l'éducation reçue.

émousser v. Rendre moins coupant : *émousser des ciseaux.* Affaiblir : *courage émoussé.*

émoustiller v. Exciter la gaieté : *émoustillé par le vin.*

émouvoir v. Faire perdre le calme, troubler : *ému de pitié.* L'**émotion** est le trouble, l'agitation. L'**émoi** est le trouble causé par la crainte.

empailler v. Remplir de paille la peau d'un animal pour lui garder la forme du corps vivant.

empaler v. Transpercer d'un pieu le corps d'un supplicié.

empanacher v. Orner d'un panache : *un chapeau empanaché.*

empaqueter v. Mettre en paquet.

emparer (s') v. Se saisir de.

empâter v. Rendre pâteux.

empattement n. m. Epaisseur du pied d'un mur. Distance entre les essieux d'une voiture.

empaumer v. Prendre adroitement en main. S'emparer de l'esprit de quelqu'un, le séduire.

empêchement n. m. V. EMPÊ-CHER.

empêcher v. Mettre obstacle à : *empêcher de parler.* Embarrasser : *être bien empêché de faire une chose.* Ce qui empêche est un **empêchement.**

empeigne n. f. Dessus de soulier.

empereur n. m. V. EMPIRE.

empeser v. Apprêter avec de l'empois : *col empesé.* L'**empois** est de la colle d'amidon cuit.

empester v. Répandre une odeur pestilentielle, désagréable.

empêtrer v. Lier les pattes d'un animal. Embarrasser, gêner.

emphase n. f. Façon de parler pompeuse : *s'exprimer avec emphase.* Ce qui a de l'emphase est **emphatique** : *un ton emphatique.*

emphatique adj. V. EMPHASE.

empiècement n. m. Pièce rapportée dans le haut d'un vêtement.

empierrement n. m. Action d'empierrer.

empierrer v. Couvrir de pierres.

empiéter v. Prendre sur les terres ou les droits de quelqu'un pour augmenter ce qu'on possède.

empiffrer v. Bourrer de nourriture : *s'empiffrer de légumes.*

empiler v. Mettre en pile.

empire n. m. Autorité, domination : *avoir de l'empire sur quelqu'un.* Etat formé par une association d'autres Etats (empire d'Autriche) ou par un pays et ses colonies (empire britannique). L'**empereur** est le souverain d'un empire. (Fait au féminin **impératrice.**) Ce qui se rapporte à l'empire est **impérial.**

empirer v. Rendre, devenir pire.

empirique adj. Qui repose sur l'expérience et non sur des données scientifiques (remède, etc.).

emplacement n. m. Place, endroit.

emplâtre n. m. Médicament pâteux collé sur la peau.

emplette n. f. Petit achat.

emplir v. Rendre plein, remplir.

emploi n. m. Usage fait d'une chose. Travail, occupation à laquelle on est employé. **Employer,** c'est utiliser, se servir d'une chose, de quelqu'un. Un **employé,** c'est celui qui travaille sous les ordres de quelqu'un dans un bureau, une maison de commerce. L'**employeur** est celui qui emploie des ouvriers, des employés.

employé, e n., **employer** v., **employeur, euse** n. V. EM-PLOI.

empocher v. Mettre en poche.

empoigner v. Saisir fortement avec la main. Au figuré, émouvoir beaucoup.

empois n. m. V. EMPESER.

empoisonnement n. m. V. EM-POISONNER.

empoisonner v. Mêler du poison à une chose. Faire absorber du poison : *empoisonner un chien.* Se dit des substances dont l'absorption est dangereuse : *la ciguë empoisonne.* C'est aussi sentir mauvais. L'**empoisonnement** est l'action d'empoisonner. Celui qui

empoisonne est un **empoisonneur.** (V. POISON.)

empoisonneur n. m. V. EMPOI-
SONNER.

emportement n. m., **emporte-
pièce** n. m. V. EMPORTER.

emporter v. Porter hors d'un
endroit. Enlever : *emporter
d'assaut.* Causer la mort : *la
maladie l'a emporté.* Entraîner : *emporté par la passion.*
L'emporter sur, c'est vaincre.
S'emporter, c'est se laisser
aller à la colère; en parlant
d'un cheval, c'est ne plus obéir
au frein. **L'emportement,**
c'est l'action de s'emporter. Un
emporte-pièce, c'est un outil
pour découper une pièce d'un
seul coup.

empreindre v. Marquer en
appuyant sur une matière
molle. Au figuré, c'est marquer
profondément : *un visage
empreint de tristesse.* (Se conjugue comme *peindre.*) Une
empreinte, c'est une marque
en creux, en relief. Au figuré,
c'est une marque distinctive :
l'empreinte du génie.

empreinte n. f. V. EMPREINDRE.

empressement n. m. V. EMPRES-
SER (s').

empresser (s') v. Se hâter, se
dépêcher. Montrer de l'empressement. **L'empressement,**
c'est la hâte; c'est aussi l'ardeur à faire une chose.

emprisonnement n. m. V. EM-
PRISONNER.

emprisonner v. Mettre en prison. L'**emprisonnement,** c'est
l'action d'emprisonner.

emprunt n. m. V. EMPRUNTER.

emprunter v. Se faire prêter :
emprunter un livre. Prendre,
recevoir de : *la lune emprunte
sa lumière au soleil.* Ce qu'on
emprunte · est un **emprunt.**

Celui qui emprunte est un **emprunteur.**

emprunteur, euse n. V. EM-
PRUNTER.

émulation n. f. V. ÉMULE.

émule adj. et n. m. Qui cherche
à égaler, à surpasser autrui.
L'**émulation,** c'est le désir
d'égaler, de surpasser.

émulsion n. f. Mélange d'eau et
de substances huileuses, etc.

en prép. Dans : *vivre en France.*
Pendant : *en un an.* Indique la
manière, l'état : *en chemise, en
morceaux, en colère.* Pr. De
lui, d'elle, de là, de cela :
j'en ai parlé hier; j'en viens.

encablure n. f. Mesure, dixième
du mille marin (185 m).

encadrement n. m. Cadre.

encadrer v. Mettre dans un
cadre.

encaisse n. f. V. ENCAISSER.

encaisser v. Mettre dans une
caisse. Recevoir, faire entrer
l'argent dans sa caisse. Resserrer : *rivière, route encaissée.*
L'**encaisse,** c'est l'argent en
caisse. L'**encaisseur** est celui
qui va toucher de l'argent pour
autrui.

encaisseur n. m. V. ENCAISSER.

encan n. m. Vente aux enchères :
mettre à l'encan.

encastrer v. Faire entrer une
pièce dans une autre où elle
reste solidement fixée : *encastrer une poutre dans un mur.*

encaustique n. f. Cire délayée
dans l'essence, pour cirer.

enceinte n. f. Mur, fortifications
qui entourent un endroit, une
ville. Endroit clos, salle :
enceinte d'un tribunal.

encens n. m. Résine parfumée
qu'on brûle devant un autel.
Encenser, c'est brûler de l'encens devant un autel : au figuré,

c'est flatter : *encenser les puissants*. L'**encensoir** est le vase où l'on brûle l'encens (1).

encenser v., **encensoir** n. m. V. ENCENS.

encéphale n. m. Le cerveau.

encercler v. Entourer, former un rond autour de.

enchaînement n. m. V. ENCHAÎNER.

enchaîner v. Attacher avec des chaînes. Faire suivre (comme les anneaux d'une chaîne) : *événements qui s'enchaînent*. L'**enchaînement** est la suite de ce qui s'enchaîne.

enchantement n. m. V. ENCHANTER.

enchanter v. Mettre dans un état surnaturel par un moyen magique : *un palais enchanté*. Causer un grand plaisir : *ce livre m'enchante*. L'**enchantement** est l'état d'une personne, d'une chose enchantée. L'**enchanteur** est le magicien qui enchante. Ce qui ravit est **enchanteur**. (On dit aussi : CHARMER, RAVIR. V. ces mots.)

enchanteur n. m. V. ENCHANTER.

enchâsser v. Fixer dans une monture : *enchâsser un diamant*.

enchère n. f. V. ENCHÉRIR.

enchérir v. Rendre, devenir plus cher. Mettre une enchère dans une vente. L'**enchère** est une offre supérieure proposée dans une vente au plus offrant.

enchevêtrer v. Embrouiller, mêler: *enchevêtrer des fils*.

enclin, e adj. Incliné, porté à : *enclin au mensonge*.

enclore v. Entourer d'une clôture : *terrain enclos de murs*. Un **enclos**, c'est un terrain entouré de murs. (On dit aussi un CLOS.)

enclume n. f. Bloc d'acier sur lequel on forge les métaux (2).

encoche n. f. Entaille.

encoignure [*en-ko-gnur'*] n. f. Coin formé par deux murs d'une salle, d'une chambre.

encolure n. f. Cou d'un animal, en particulier du cheval. Largeur donnée au col d'un vêtement.

encombre n. m., **encombrement** n. m. V. ENCOMBRER.

encombrer v. Embarrasser par le grand nombre de personnes, d'objets : *rue encombrée de voitures*. L'**encombrement** est l'embarras produit par ce qui encombre. **Sans encombre**, c'est sans obstacle.

encontre (à l'). Au contraire. Contre : *aller à l'encontre de*.

encorder (s') v. S'attacher à une **cordée** d'alpinistes (v. ce mot).

encore adv. Jusqu'à présent : *il est encore là*. De nouveau : *essayer encore*. Davantage : *encore plus difficile*. (En poésie on écrit parfois ENCOR.)

encouragement n. m. V. ENCOURAGER.

encourager v. Donner du courage. Favoriser : *encourager les arts*. L'**encouragement** est l'action d'encourager; ce qui encourage.

encourir v. Mériter, attirer sur soi (une punition).

encrasser v. Couvrir de crasse.

encre n. f. Liquide coloré pour écrire, pour imprimer. **Encrer**, c'est enduire d'encre. L'**encrier** est un petit vase pour l'encre.

encrer v., **encrier** n. m. V. ENCRE.

encroûter v. Couvrir d'une croûte. Au figuré, **s'encroûter,** c'est avoir l'esprit comme

1. V. pl. CULTE (*Objets du*) ; 2. V. pl. SERRURERIE.

couvert d'une croûte d'ignorance.

encyclopédie n. f. Ouvrage qui traite de toutes les sciences, de tous les arts. Ce qui se rapporte à l'ensemble de nos connaissances est **encyclopédique** : *dictionnaire encyclopédique*.

encyclopédique adj. V. ENCYCLOPÉDIE.

endetter (s') v. Se charger de dettes.

endeuiller v. Mettre en deuil.

endiablé, e adj. Qui montre de l'ardeur, de la vivacité.

endiguer v. Retenir par une digue : *endiguer un fleuve*.

endimancher v. Revêtir d'habits de fête.

endive n. f. Sorte de chicorée (1).

endolori, e adj. Douloureux.

endommager v. Causer du dommage, abîmer : *endommager un livre*.

endormir v. Faire dormir. Ennuyer : *lecture qui endort*. Amuser pour tromper : *endormir la vigilance*. Calmer : *endormir la douleur*. **S'endormir**, c'est tomber dans le sommeil.

endosser v. Mettre sur son dos un vêtement. Prendre la responsabilité de. Signer au dos un effet de commerce pour en passer la propriété à autrui.

endroit n. m. Place particulière : *un endroit du mur*. Partie déterminée d'un livre, d'un discours. Côté par lequel on doit voir une chose (opposé à ENVERS) : *l'endroit d'un tissu. A l'endroit*, du bon côté. *A l'endroit de*, à l'égard de.

enduire v. Couvrir d'une matière liquide et épaisse : *enduire de colle*. L'**enduit**, c'est ce qui recouvre : *enduit protecteur*.

endurance n. f. V. ENDURER.

endurcir v. Rendre dur. Rendre insensible : *endurcir le cœur*.

endurer v. Supporter. L'**endurance**, c'est la patience de celui qui endure. Etre **endurant**, c'est être patient.

énergétique adj. V. ÉNERGIE.

énergie n. f. Force : *énergie musculaire; énergie de caractère*. Pouvoir que possède un corps de fournir de la chaleur, du travail : *le charbon, le pétrole et l'électricité sont les principales sources d'énergie*. Une personne qui manifeste de l'énergie est **énergique**. Les ressources **énergétiques** d'un pays sont ses ressources en énergie.

énergique adj. V. ÉNERGIE.

énergumène n. m. Homme violent.

énervement n. m. V. ÉNERVER.

énerver v. Oter la force : *énervé par la chaleur*. Agacer : *énerver par ses cris*. L'**énervement** est l'état de celui qui est énervé. Ce qui énerve est **énervant**.

enfance n. f. V. ENFANT.

enfant n. Celui qui est encore dans l'enfance. Fils, fille : *famille de six enfants*. Descendant : *les enfants d'Adam. Etre bon enfant*, c'est avoir bon caractère. L'**enfance** est la première période de la vie de l'homme; c'est aussi le commencement : *l'enfance d'un art*. **Enfanter**, c'est produire, créer. Ce qui est propre à l'enfant est **enfantin**. Un **enfantillage**, c'est une action propre à l'enfance. (V. PUÉRIL.)

enfanter v., **enfantillage** n. m., **enfantin, e** adj. V. ENFANT.

enfer n. m. Dans l'antiquité, lieu habité par les âmes des morts. Dans le christianisme, lieu de supplice éternel pour les mé-

1. V. pl. LÉGUMES.

chants. Au figuré : *sa vie est un enfer*. (V. INFERNAL.)

enfermer v. Mettre dans un lieu fermé. Emprisonner.

enferrer v. Percer d'une épée, d'une lance. **S'enferrer**, c'est se jeter sur l'arme de l'adversaire; c'est aussi s'embrouiller dans un mensonge.

enfiévrer v. Donner de la fièvre.

enfilade n. f. V. ENFILER.

enfiler v. Traverser par un fil : *enfiler une aiguille, des perles*. S'engager tout droit dans un chemin : *enfiler une rue*. Une enfilade, c'est une série de choses en file.

enfin adverbe. A la fin : *il est enfin venu*. En un mot, bref.

enflammer v. Mettre en feu : *enflammer une allumette*. Causer de l'inflammation : *blessure enflammée*.

enfler v. Emplir d'air, de gaz : *le vent enfle la voile*. Augmenter de volume, grossir. Au figuré : *enfler la voix*. Devenir enflé. **L'enflure**, c'est l'état de ce qui est enflé.

enflure n. f. V. ENFLER.

enfoncement n. m. V. ENFONCER.

enfoncer v. Pousser au fond. Briser en poussant : *enfoncer une porte*. Mettre en déroute : *enfoncer l'ennemi*. Couler au fond (bateau, etc.). **L'enfoncement**, c'est l'action d'enfoncer; c'est aussi une partie en arrière du reste : *un enfoncement du mur*.

enfouir v. Enterrer. Cacher sous un tas d'autres choses.

enfourcher v. Monter à califourchon : *enfourcher une bicyclette*.

enfourner v. Mettre au four.

enfreindre v. Ne pas obéir à une loi. (Se conjugue comme *peindre*.)

enfuir (s') v. Fuir.

enfumer v. Emplir de fumée.

engagement n. m. V. ENGAGER.

engager v. Mettre en gage : *engager sa montre*. Lier par une promesse. Attacher à son service : *engager un domestique*. Enrôler dans l'armée. Inviter, conseiller : *engager à sortir*. Commencer : *engager une partie*. Faire entrer dans : *engager dans une mauvaise affaire*. **L'engagement**, c'est l'action d'engager, la promesse qui engage; c'est aussi un court combat.

engeance n. f. Personne ou catégorie de personnes jugées méprisables : *mauvaise engeance*.

engelure n. f. Rougeur, gerçure causée par le froid.

engendrer v. Faire naître. Produire : *engendrer la tristesse*.

engin n. m. Machine, matériel de guerre : *un engin blindé*.

englober v. Réunir, grouper.

engloutir v. Avaler d'un coup. Faire disparaître dans un trou, dans l'eau, etc. L'action d'engloutir est l'**engloutissement**.

engloutissement n. m. V. ENGLOUTIR.

engluer v. Enduire de glu.

engoncer v. Enfoncer le cou dans les épaules (vêtement).

engorger v. Boucher un conduit.

engouement n. m. Passion soudaine et passagère pour une personne ou une chose. **S'engouer**, c'est se passionner pour.

engouer (s') v. V. ENGOUEMENT.

engouffrer v. Engloutir. **S'engouffrer**, c'est entrer avec violence dans un endroit.

engoulevent n. m. Oiseau à bec largement fendu (1).

---

1. V. pl. OISEAUX DES CHAMPS.

engourdir v. Rendre immobile et insensible : *engourdi par le froid*. L'**engourdissement** est l'état de celui qui est engourdi.

engourdissement n. m. V. ENGOURDIR.

engrais n. m. Fumier, produits chimiques pour rendre le sol plus fertile.

engraisser v. Rendre, devenir gras. L'**engraissement** est l'action d'engraisser, de rendre gras (bétail).

engranger v. Mettre en grange : *engranger du blé*.

engrenage n. m. Ensemble de roues dentées qui, entrant les unes dans les autres, s'entraînent mutuellement (1).

enhardir v. Rendre hardi.

énigmatique adj. V. ÉNIGME.

énigme n. f. Devinette : *trouver le mot d'une énigme*. Chose peu claire. Ce qui offre une énigme est **énigmatique**.

enivrement n. m. V. ENIVRER.

enivrer v. Rendre ivre. L'**enivrement**, c'est l'ivresse. Ce qui enivre est **enivrant**.

enjambée n. f. V. ENJAMBER.

enjamber v. Franchir un espace, un obstacle en faisant un grand pas, en passant la jambe par-dessus. Une **enjambée**, c'est un grand pas.

enjeu n. m. Argent qu'on met à une partie de jeu.

enjoindre v. Ordonner, imposer. (Se conjugue comme *craindre*.) [V. INJONCTION.]

enjôler v. Séduire par des cajoleries, des flatteries.

enjoliver v. Rendre plus joli.

enjoué, e adj. Gai, gracieux.

enjouement n. m. Gaieté gracieuse.

enlacer v. Serrer : *enlacer dans ses bras*.

enlaidir v. Rendre laid. Devenir laid.

enlèvement n. m. V. ENLEVER.

enlever v. Retirer une chose en la levant : *enlever son chapeau*. Prendre par la force : *enlever d'assaut*. Ravir : *enlever un enfant*. Oter, faire disparaître : *enlever une tache*. Obtenir avec peine : *enlever un vote*. L'**enlèvement** est l'action d'enlever.

enliser v. Enfoncer dans des sables mouvants.

enluminer v. Peindre de couleurs vives.

ennemi, e adj. et n. Qui est contraire à quelqu'un et cherche à lui nuire. Contraire à une chose : *ennemi du mensonge*. Qui est en guerre avec.

ennoblir v. Donner de la noblesse, de la dignité.

ennui n. m. Fatigue de l'esprit causée par le désœuvrement. Souci, inquiétude : *avoir des ennuis*. **Ennuyer**, c'est causer de l'ennui. Ce qui ennuie est **ennuyeux**.

ennuyer v., **ennuyeux, euse** adj. V. ENNUI.

énoncer v. Exprimer : *énoncer un proverbe*.

énorme adj. Excessivement grand. L'**énormité** est la qualité de ce qui est énorme.

énormité n. f. V. ÉNORME.

enquérir (s') v. S'informer. (Conjuguez comme *acquérir*.)

enquête n. f. Recherche d'une chose en interrogeant des témoins, etc. **Enquêter**, c'est faire une enquête : *enquêter sur un vol*. L'**enquêteur** est celui qui fait des enquêtes.

enquêter v., **enquêteur** n. m. V. ENQUÊTE.

enraciner v. Faire prendre racine. Fixer avec des racines.

---

1. V. pl. MÉCANIQUE.

enrager v. Etre furieux. Celui qui a la rage est **enragé**.

enrayer v. Retenir une roue avec un frein. Arrêter : *enrayer la maladie*. **S'enrayer**, c'est ne plus pouvoir fonctionner.

enregistrement n. m. V. ENRE-GISTRER.

enregistrer v. Inscrire sur un registre, notamment sur un registre public qui assure l'authenticité des actes. Fixer dans sa mémoire. Noter au moyen d'un appareil mécanique : *enregistrer un disque*. L'**enregistrement** est l'action d'enregistrer; c'est aussi l'administration où l'on enregistre certains actes. Un appareil qui enregistre est un **enregistreur**.

enregistreur, euse adj. et n. V. ENREGISTRER.

enrhumer v. Causer du rhume.

enrichir v. Rendre riche. Garnir de choses précieuses : *enrichir une collection*.

enrober v. Recouvrir.

enrôlement n. m. V. ENRÔLER.

enrôler v. Inscrire sur les rôles de l'armée. Faire entrer dans un parti. L'**enrôlement** est l'action d'enrôler, de s'enrôler.

enrouement n. m. Altération de la voix devenue rauque.

enrouer v. Rendre la voix rauque.

enrouler v. Rouler une chose autour d'une autre ou sur elle-même.

enrubanner v. Orner de rubans.

ensabler v. Couvrir de sable. Echouer sur le sable.

ensanglanter v. Tacher de sang.

enseigne n. f. Tableau, figure à la porte d'une auberge, d'une boutique, indiquant la nature du commerce et le nom du marchand. Etendard, drapeau (1). N. m. Autrefois, officier porte-drapeau; aujourd'hui, officier de marine au-dessous du lieutenant de vaisseau.

enseignement n. m. V. ENSEI-GNER.

enseigner v. Instruire, donner des leçons de : *enseigner l'histoire*. Indiquer : *enseigner le chemin*. L'**enseignement** est l'art d'enseigner; c'est aussi ce qu'on enseigne.

ensemble adv. En même temps qu'un autre et avec lui : *agir ensemble*. N. m. Réunion de personnes, de choses qui font un tout : un ensemble de faits. Accord : *agir avec ensemble*.

ensemencer v. Semer.

enserrer v. Renfermer.

ensevelir v. Envelopper dans un linceul. Enterrer.

ensoleillé, e adj. Baigné de soleil : *route ensoleillée*.

ensommeillé, e adj. Mal réveillé, lourd de sommeil.

ensorceler v. Jeter un sort. Séduire : *ensorceler par le chant*.

ensouple n. f. Rouleau du métier à tisser sur lequel on enroule les fils de chaîne (2).

ensuite adverbe. Après.

ensuivre (s') v. Venir après : *tout ce qui s'ensuit*. Arriver par suite de, résulter.

entaille n. f. Coupure profonde.

entailler v. Faire une entaille.

entamer v. Couper un premier morceau à : *entamer un pain*. Commencer : *entamer un ouvrage*.

entassement n. m. V. ENTAS-SER.

entasser v. Mettre en tas. Amonceler : *entasser des notes*. Un **entassement** est un tas, un amas.

entendement n. m., **entendeur** n. m. V. ENTENDRE.

1. V. pl. DRAPEAUX; 2. V. pl. TISSAGE.

entendre v. Percevoir par l'oreille : *entendre un son.* Ecouter : *entendre un témoin.* Comprendre : *il n'y entend rien.* Vouloir : *j'entends qu'on m'obéisse. Donner à entendre,* laisser croire. *S'entendre avec quelqu'un,* c'est être d'accord avec lui. L'**entendement,** c'est l'intelligence, le pouvoir de comprendre. L'**entendeur** est celui qui entend. Ce qui est convenu est **entendu.** Celui qui est capable, habile, est **entendu.** *Bien entendu,* certainement. L'**entente,** c'est le fait d'entendre; le bon accord.

entente n. f. V. ENTENDRE.

entérite n. f. Inflammation des intestins.

enterrement n. m. V. ENTER-RER.

enterrer v. Mettre en terre : *enterrer un trésor.* Mettre en terre un corps mort; inhumer. L'**enterrement,** c'est l'action d'enterrer; la cérémonie des funérailles.

en-tête n. m. Texte imprimé ou gravé en tête du papier à lettres.

entêtement n. m. V. ENTÊTER.

entêter v. Etourdir, donner un mal de tête (odeurs, etc.). **S'entêter,** c'est s'attacher avec trop de force à une idée : *s'entêter à ne pas sortir.* L'**entêtement** est l'état de celui qui s'obstine.

enthousiasme n. m. Emotion extraordinaire. Admiration vive. **Enthousiasmer,** c'est inspirer de l'enthousiasme. Celui qui a de l'enthousiasme est **enthousiaste.**

enthousiasmer v., **enthousiaste** adj. V. ENTHOUSIASME.

enticher (s') v. S'éprendre excessivement d'une personne, d'une chose.

entier, ère adj. Dont on n'a rien enlevé : *un pain entier.* Qui ne cède en rien : *caractère entier.* **Entièrement,** c'est tout à fait.

entomologie n. f. Etude des insectes.

entonner v. Commencer un air, un chant, pour donner le ton. Verser dans un tonneau. Un **entonnoir** est un ustensile pour verser les liquides dans un vase à petite ouverture (1).

entonnoir n. m. V. ENTONNER.

entorse n. f. Froissement des tendons du pied à la suite d'un effort. Atteinte portée à : *faire une entorse à la vérité.*

entortiller v. Envelopper de linges tortillés. Embarrasser.

entour n. m. *A l'entour,* aux environs. L'**entourage** est ce qui entoure; c'est aussi la société habituelle de quelqu'un. **Entourer,** c'est être autour, mettre autour : *entourer de murs.* Au figuré : *entourer de soins.*

entourage n. m., **entourer** v. V. ENTOUR.

entournure n. f. Echancrure du vêtement où se fixe la manche.

entracte n. m. Intervalle entre deux parties d'un spectacle.

entraide n. f. Aide mutuelle. **S'entraider,** c'est s'aider les uns les autres.

entrailles n. f. pl. Intestins. Sensibilité : *homme sans entrailles.*

entrain n. m. Vivacité, animation pleine de gaieté.

entraînement n. m. V. ENTRAÎNER.

entraîner v. Traîner avec soi. Pousser, exciter : *entraîner les esprits.* Exalter : *musique qui entraîne.* Préparer à un exercice : *s'entraîner à la course.* Avoir pour résultat : *entraîner des frais.* L'**entraînement,**

1. V. pl. CUISINE (*Ustensiles de*).

c'est l'action d'entraîner. L'**entraîneur** est celui qui entraîne des chevaux, des coureurs.

entraîneur n. m. V. ENTRAÎNER.

entrave n. f. Lien aux pattes d'un cheval. Obstacle.

entraver v. Mettre des entraves.

entre prép. Dans l'espace entre deux ou plusieurs personnes ou choses. Au milieu d'elles.

entrebâiller v. Entrouvrir.

entrechat n. m. Saut léger en frappant les pieds.

entrecôte n. f. Morceau de viande coupée entre deux côtes.

entrecouper v. Couper en divers endroits. Interrompre.

entrecroiser v. Croiser ensemble.

entrée n. f. Action d'entrer. Endroit par où l'on entre. Ce qu'on paie pour entrer. Mets servi au début du repas. Début : *à l'entrée de l'hiver.*

entrefaites (**sur ces**). A ce moment.

entrefilet n. m. Petit article de journal.

entrelacer v. Enlacer l'un dans l'autre : *entrelacer des rubans.* Un **entrelacs** est un ornement de moulures entrelacées (1).

entremêler v. Mêler plusieurs choses les unes dans les autres.

entremets n. m. Mets léger, sucré, servi avant le dessert.

entremetteur, euse n. V. ENTREMETTRE (s').

entremettre (**s'**) v. S'employer à régler une affaire entre deux ou plusieurs personnes. L'**entremetteur** est celui qui s'entremet. L'**entremise** est l'action de s'entremettre.

entremise n. f. V. ENTREMETTRE (s').

entrepont n. m. Espace entre deux ponts du navire.

entreposer v. V. ENTREPÔT.

entrepôt n. m. Lieu où l'on met des marchandises en dépôt. **Entreposer**, c'est mettre en entrepôt.

entreprendre v. Commencer à faire une chose. S'engager à faire un travail à certaines conditions. Celui qui entreprend hardiment est **entreprenant.** Celui qui s'engage à faire un travail à certaines conditions est un **entrepreneur.** Une **entreprise**, c'est une chose qu'on entreprend; c'est aussi une affaire industrielle ou commerciale : *chef d'entreprise.*

entrepreneur n. m., **entreprise** n. f. V. ENTREPRENDRE.

entrer v. Passer de dehors en dedans. Passer dans une situation, un emploi : *entrer dans les affaires.* Faire partie de : *mets où il entre du sucre.*

entresol n. m. Logement entre le rez-de-chaussée et le premier.

entre-temps n. m. Intervalle de temps entre deux actions.

entretenir v. Tenir en bon état. Pourvoir du nécessaire : *entretenir un enfant.* Faire durer : *entretenir le feu.* **S'entretenir**, c'est causer avec : *s'entretenir avec des amis.* L'**entretien** est l'action d'entretenir; c'est aussi ce qu'on dépense pour entretenir quelqu'un; c'est enfin une conversation.

entretien n. m. V. ENTRETENIR.

entrevoir v. Voir d'une manière confuse; apercevoir à moitié.

entrevue n. f. Rencontre concertée entre deux personnes.

entrouvrir v. Ouvrir un peu.

énumération n. f. V. ÉNUMÉRER.

énumérer v. Enoncer par ordre : *énumérer des réclamations.* L'**énumération** est l'action d'énumérer.

1. V. pl. DÉCORATION ORNEMENTALE.

envahir v. Entrer violemment dans : *envahir un pays.* L'action d'envahir est l'**envahissement.** Celui qui envahit est un **envahisseur.** Ce qui envahit est **envahissant.**

envahissement n. m., **envahisseur, euse** adj. et n. V. ENVAHIR.

enveloppe n. f. Ce qui enveloppe. Papier plié qui enveloppe une lettre. **Envelopper,** c'est couvrir une chose avec une autre; c'est aussi comprendre dans : *envelopper quelqu'un dans notre ruine :* c'est également entourer : *envelopper l'ennemi.*

envelopper v. V. ENVELOPPE.

envenimer v. Irriter, enflammer une plaie. Rendre plus violente une querelle.

envergure n. f. Largeur des ailes déployées d'un oiseau, des ailes d'un avion.

envers I. prép. A l'égard de. Vis-à-vis de : *envers et contre tous.*

envers II. n. m. Côté opposé à l'endroit. *A l'envers,* au contraire, du mauvais côté.

envi (à l'). A qui mieux mieux.

envie n. f. Désir : *avoir envie de sortir.* Désir de ce qu'un autre possède; jalousie : *dévoré par l'envie.* Petit filet de peau à la base des ongles. Tache naturelle sur la peau. **Envier,** c'est éprouver de l'envie. Celui qui envie est **envieux.**

envier v., **envieux, euse** n. V. ENVIE.

environ adv. A peu près.

environner v. Entourer, mettre autour, être autour.

environs n. m. pl. Les alentours.

envisager v. Examiner, considérer : *envisager la situation.*

envoi n. m. V. ENVOYER.

envoler (s') v. Prendre son vol. Disparaître.

envoûter v. Soumettre à un sortilège.

envoyer v. Lancer : *envoyer une balle, une gifle. Envoyer promener,* congédier rudement. L'**envoi,** c'est l'action d'envoyer; la chose envoyée. L'**envoyeur** est celui qui envoie.

envoyeur n. m. V. ENVOYER.

épagneul n. m. Chien à longs poils et à oreilles tombantes (1).

épais, aisse adj. Formé par une matière serrée : *drap épais; brume épaisse.* Se dit du liquide qui ne coule pas facilement : *encre épaisse.* Gros : *mur épais.* L'**épaisseur** est la qualité de ce qui est épais; c'est aussi la grosseur, la dimension qui s'ajoute à la longueur et à la largeur : *cloison de faible épaisseur.* **Epaissir,** c'est rendre plus épais.

épaisseur n. f., **épaissir** v. V. ÉPAIS.

épanchement n. m. V. ÉPANCHER.

épancher v. Verser un liquide : *épancher des larmes; sang épanché.* **S'épancher,** c'est se confier, ouvrir son cœur. Un **épanchement,** c'est l'action d'épancher, de s'épancher.

épandage n. m. Action de répandre sur une terre du fumier, des engrais.

épanouir v. Faire ouvrir (fleurs). Rendre joyeux : *visage épanoui.* L'**épanouissement,** c'est l'action de s'épanouir.

épanouissement n. m. V. ÉPANOUIR.

épargne n. f. Action d'épargner. Ce qu'on épargne, économies. **Epargner,** c'est amasser par économie, dépenser avec modération; c'est aussi traiter avec

---

1. V. pl. CHATS ET CHIENS.

ménagement : *épargner les vaincus;* c'est également éviter, écarter : *s'épargner des ennuis.*

épargner v. V. ÉPARGNE.

éparpiller v. Disperser.

épars, e adj. Répandu çà et là.

épatant, e adj. Se dit familièrement de quelque chose d'admirable, de très réussi : *un film épatant.* **Epater,** c'est provoquer une surprise admirative.

épaté, e adj. Aplati : *nez épaté.*

épater v. V. ÉPATANT.

épaule n. f. Haut du bras, partie où il s'unit au tronc (1). Haut de la patte de devant d'un animal. *Donner un coup d'épaule,* aider. **Epauler,** c'est appuyer contre l'épaule : *épauler une arme;* c'est aussi aider. Une **épaulette,** c'est une pièce du vêtement qui couvre l'épaule, un insigne militaire sur l'épaule.

épauler v., **épaulette** n. f. V. ÉPAULE.

épée n. f. Arme faite d'une longue lame d'acier pointue, munie d'une poignée (2). Au figuré, le métier militaire.

épeler v. Lire en séparant les lettres, les syllabes.

éperdu, e adj. Egaré par l'émotion : *éperdu de joie.*

éperlan n. m. Petit poisson de mer.

éperon n. m. Pointe, roulette dentelée fixée au talon du cavalier pour exciter sa monture. **Eperonner,** c'est piquer avec l'éperon; c'est aussi exciter.

éperonner v. V. ÉPERON.

épervier n. m. Un oiseau de proie (3). Grand filet de pêche (4).

éphèbe n. m. Chez les anciens Grecs, jeune homme.

éphémère adj. Qui ne dure qu'un jour. Qui dure peu. N. m. Insecte qui ne vit qu'un jour (5).

épi n. m. Tête d'une tige de blé, qui contient le grain (6).

épice n. f. Substance aromatique employée en cuisine. **Epicer,** c'est assaisonner d'épices. Un **épicier** est celui qui vend des épices et diverses denrées L'**épicerie** est le commerce de l'épicier.

épicéa n. m. Arbre de la famille des sapins (7).

épicer v., **épicerie** n. f., **épicier** n. m. V. ÉPICE.

épidémie n. f. Maladie qui, dans un endroit, atteint plusieurs personnes en même temps. Ce qui a le caractère de l'épidémie est **épidémique.**

épiderme n. m. Couche superficielle, extérieure, de la peau.

épier v. Observer en secret. Guetter : *épier l'ennemi.*

épieu n. m. Bâton muni d'une pointe de fer.

épigramme n. f. Petite pièce de vers moqueuse.

épilepsie n. f. Maladie marquée par des convulsions et par la perte de connaissance.

épiler v. Arracher les poils, les cheveux : *une pince à épiler.*

épilogue n. m. Conclusion. **Epiloguer,** c'est critiquer, trouver à redire à quelque chose.

épiloguer [sur] v. V. ÉPILOGUE.

épinard n. m. Plante potagère : *purée d'épinards* (8).

épine n. f. Piquant qui garnit certaines plantes. Arbrisseau épineux : *épine-vinette.* L'*épine dorsale* est la colonne vertébrale. La *moelle* **épinière** est le cordon de nerfs qui traverse l'épine dorsale. L'**épinette** était une sorte de clavecin; c'est aussi une cage pour engraisser les poulets. Ce qui a des épines est

épineux. Une *question* épineuse est une chose difficile.

épinette n. f., **épineux, euse** adj. V. ÉPINE.

épingle n. f. Petite pointe de métal pour attacher des étoffes, des papiers. Bijou en forme d'épingle. **Epingler**, c'est fixer avec des épingles.

épingler v. V. ÉPINGLE.

épinière adj. V. ÉPINE.

épinoche n. f. Petit poisson armé d'épines sur le dos (1).

épiphanie n. f. Fête de la présentation de l'enfant Jésus aux rois mages (6 janvier).

épique adj. V. ÉPOPÉE.

épiscopal, e adj., **épiscopat** n. m. V. ÉVÊQUE.

épisode n. m. Action secondaire, fait accessoire dans un roman, un poème, etc.

épistolaire adj. V. ÉPÎTRE.

épitaphe n. f. Inscription sur une pierre de tombeau.

épithète n. f. Mot qu'on ajoute à un nom pour le qualifier. Appellation : *épithète injurieuse.*

épître n. f. Autrefois, lettre. Ce qui se rapporte à la correspondance est **épistolaire**.

épizootie n. f. Maladie contagieuse qui atteint un grand nombre d'animaux ensemble.

éploré, e adj. En pleurs.

épluchage n. m. V. ÉPLUCHER.

éplucher v. Enlever ce qu'il y a d'inutile, de mauvais : *éplucher des légumes.* L'**épluchage**, c'est l'action d'éplucher. Ce qu'on enlève en épluchant est une **épluchure**.

épluchure n. f. V. ÉPLUCHER.

éponge n. f. Substance élastique et poreuse, qui forme le squelette d'une sorte d'animal marin, et qui a la propiété d'absorber les liquides et de les rejeter quand on la presse (2).

Eponger, c'est nettoyer avec une éponge. Ce qui ressemble à l'éponge est **spongieux**.

éponger v. V. ÉPONGE.

épopée n. f. Poème sur un sujet héroïque. Ce qui est propre à l'épopée est **épique**.

époque n. f. Temps marqué par un événement : *à quelle époque est-il venu?*

époumoner (s') v. Se fatiguer les poumons à force de crier.

épouser v. Prendre pour époux, pour épouse. Au figuré, s'attacher à : *épouser le parti de quelqu'un.* L'**époux**, l'**épouse** sont le mari et la femme.

épousseter v. Oter la poussière : *épousseter un meuble.* (Conjuguez comme *jeter.*)

épouvantable adj., **épouvantail** n. m. V. ÉPOUVANTE.

épouvante n. f. Grand effroi. **Epouvanter**, c'est causer de l'épouvante. Ce qui cause l'épouvante est **épouvantable**. Un **épouvantail**, c'est un mannequin pour épouvanter les oiseaux; c'est aussi un objet de terreur.

épouvanter v. V. ÉPOUVANTE.

époux, ouse n. V. ÉPOUSER.

éprendre (s') v. Eprouver de l'amour, se passionner pour : *épris de beauté.*

épreuve n. f. Action d'éprouver. Essai. Malheur : *supporter des épreuves. A toute épreuve,* capable de résister à tout. Image photographique obtenue avec un cliché. **Eprouver**, c'est soumettre à une épreuve; c'est aussi ressentir : *éprouver de la joie.* L'**éprouvette** est un tube de verre, fermé par un bout, servant aux expériences de chimie (3).

éprouver v., **éprouvette** n. f. V. ÉPREUVE.

épuisement n. m. V. ÉPUISER.

---

1. V. pl. POISSONS D'EAU DOUCE; 2. V. pl. ANIMAUX INFÉRIEURS; 3. V. pl. CHIMIE.

épuiser v. Mettre à sec un puits, une source. User, affaiblir : *épuiser la patience, les forces.* L'**épuisement** est l'action d'épuiser, l'état de ce qui est épuisé.

épuisette n. f. Petit filet de pêche (1).

épuration n. f. V. ÉPURER.

épurer v. Rendre pur. L'**épuration** est l'action d'épurer.

équarrir v. Rendre carré; tailler en carré : *équarrir un tronc d'arbre.* Dépecer un animal pour en tirer la peau, les os.

équateur [é-koua-teur] n. m. Cercle imaginaire qui fait le tour de la Terre à égale distance des deux pôles (2). Ce qui est relatif à l'équateur est **équatorial** : *le climat équatorial est caractérisé par des pluies abondantes et des températures élevées pendant toute l'année.*

équatorial, e V. ÉQUATEUR.

équerre n. f. Instrument pour tracer des angles droits (3).

équestre [é-kuèstr' ou é-kèstr'] adj. V. ÉQUITATION.

équidistant, e adj. A égale distance de deux points.

équilatéral, e adj. Dont tous les côtés sont égaux : *un triangle équilatéral.*

équilibre n. m. Etat d'un corps qui ne tombe ni ne penche d'un côté ni d'un autre : *balance en équilibre.* Etat d'un corps qui se maintient sans tomber dans une position difficile à garder : *rester en équilibre sur une jambe.* Résultat de deux forces égales et opposées : *maintenir l'équilibre entre les flottes de deux pays.* **Equilibrer**, c'est mettre en équilibre. Un **équilibriste** est celui qui fait des tours d'adresse, d'équilibre (4).

équilibrer v., **équilibriste** n. m. V. ÉQUILIBRE.

équinoxe n. m. Moment de l'année (21 mars, 21 septembre) où le jour est aussi long que la nuit.

équipage n. m. Ensemble des hommes embarqués pour le service d'un navire. Suite de chevaux, de voitures, etc., qu'une armée, un personnage en voyage, emmène à sa suite. Costume, habillement : *sortir en modeste équipage.* Une **équipe**, c'est un groupe d'ouvriers occupés au même travail, de joueurs formant un camp. Une **équipée**, c'est une folle entreprise. **Equiper**, c'est pourvoir du nécessaire à un bateau, une armée, etc. L'**équipement**, c'est. ce qui sert à équiper.

équipe n. f., **équipement** n. m., **équiper** v. V. ÉQUIPAGE.

équitable adj. V. ÉQUITÉ.

équitation n. f. Art de monter à cheval. Ce qui est relatif à l'équitation est **équestre**.

équité n. f. Esprit de justice. Ce qui est juste est **équitable**.

équivalent, e adj. De même valeur : *poids équivalents.*

équivaloir v. Etre équivalent. (Conjuguez comme *valoir*.)

équivoque adj. A double sens. Douteux : *personnage équivoque.* N. f. Sens incertain. Confusion de sens. Mot, phrase à double sens.

érable n. m. Un arbre à bois léger et solide (5).

érafler v. Ecorcher légèrement.

éraflure n. f. Ecorchure.

érailler v. Relâcher les fils d'un tissu. Erafler. Enrouer (voix).

ère n. f. Epoque à partir de laquelle on compte les années : *l'ère chrétienne a commencé à*

ascenseur
rampe
palier
cage
marches

escalier

la naissance du Christ. Epoque, temps : *une ère de prospérité.* Une *ère géologique* est une des grandes divisions de l'histoire de la Terre.

érection n. f. V. ÉRIGER.

éreinter v. Rompre les reins, fatiguer beaucoup. Critiquer durement.

ergot n. m. Ongle pointu derrière la patte du coq, du chien. Saillie à une pièce de bois, de métal.

ergoter v. Chicaner, discuter.

ériger v. Elever un monument. Etablir : *ériger en règle.* S'**ériger**, c'est se poser en : *s'ériger en censeur.* L'**érection**, c'est l'action d'ériger.

ermitage n. m. V. ERMITE.

ermite n. m. Religieux qui vit isolé, loin du monde. L'**ermitage**, c'est la demeure de l'ermite; c'est aussi une maison de campagne retirée, isolée.

éroder v. User par frottement. L'**érosion**, c'est l'usure produite sur le relief du sol par diverses causes naturelles (vents, fleuves, glace, etc.).

érosion n. f. V. ÉRODER.

errer v. Aller à l'aventure, au hasard : *errer dans les bois.* Ce qui erre est **errant** : *vie errante.* Une **erreur**, c'est l'action de se tromper, de s'éloigner de la vérité. Ce qui renferme une erreur est **erroné.**

erreur n. f., **erroné, e** adj. V. ERRER.

érudit, e adj. et n. V. ÉRUDITION.

érudition n. f. Savoir tiré surtout de la lecture de textes, de documents. Celui qui a de l'érudition est un **érudit.**

éruption n. f. Rejet de matières enflammées, de fumées et de vapeurs par la bouche d'un volcan. Apparition de boutons nombreux sur la peau : *éruption de varicelle.*

ès vieux mot signifiant *dans les :* *docteur ès lettres.*

escabeau n. m. Siège sans bras ni dossier. Petite échelle pliante (1).

escadre n. f. Partie importante de la flotte d'un pays. Une **escadrille,** c'est une petite escadre; c'est aussi un groupe d'avions. Un **escadron,** c'est une unité de l'arme blindée, de la gendarmerie analogue à la compagnie; c'est aussi une unité de l'armée de l'air.

escadrille n. f., **escadron** n. m. V. ESCADRE.

escalade n. f. Action d'escalader.

escalader v. Prendre d'assaut avec des échelles : *escalader une muraille.* Pénétrer dans un bâtiment en passant par-dessus les murs, par les fenêtres.

escale n. f. Lieu où un navire s'arrête pour prendre ou déposer des passagers, des marchandises.

escalier n. m. Suite de degrés pour monter ou descendre. (V. p. précéd.)

escalope n. f. Tranche mince de viande ou de poisson.

escamoter v. Faire disparaître un objet sans que l'on s'en aperçoive.

escampette n. f. *Prendre la poudre d'escampette*, se sauver.

escapade n. f. Action de s'échapper. Petit voyage que l'on fait pour se distraire en négligeant parfois ses obligations.

escarbille n. f. Petit morceau de charbon mal brûlé.

escarcelle n. f. Bourse pendue à la ceinture.

escargot n. m. Mollusque comestible à coquille en tire-bouchon, dit *limaçon, colimaçon* (1).

escarmouche n. f. Petit combat.

escarpe n. f. Muraille d'un fossé. Ce qui est en pente raide est **escarpé**. Un **escarpement** est une pente très raide.

escarpé, e adj., **escarpement** n. m. V. ESCARPE.

escarpin n. m. Soulier découvert à semelle mince.

escarpolette n. f. Balançoire.

escient (à bon). En sachant bien ce qu'on fait.

esclandre n. m. Scandale.

esclavage n. m. Etat d'esclave. Un **esclave** est l'homme qui appartient au maître qui l'a acheté. Par extension, c'est celui qui n'a aucune liberté.

esclave n. m. V. ESCLAVAGE.

escogriffe n. m. Homme grand et mal fait.

escompte n. m. Action d'escompter. Ce qu'on fait payer pour cette opération. **Escompter**, c'est payer un effet de commerce avant son échéance. Au figuré, c'est espérer.

escompter v. V. ESCOMPTE.

escorte n. f. Troupe, bateaux qui escortent. **Escorter**, c'est accompagner pour surveiller. Un **escorteur** est un petit navire de guerre chargé de protéger les convois (2).

escorter v., **escorteur** n. m. V. ESCORTE.

escouade n. f. Groupe de soldats commandés par un caporal. Petit groupe de personnes.

escrime n. f. Maniement de l'épée, du sabre, du fleuret. **S'escrimer,** c'est s'efforcer de.

escrimer (s') v. V. ESCRIME.

escroc n. m. Celui qui vole en trompant. **Escroquer,** c'est dérober par ruse. L'action d'escroquer est une **escroquerie**.

escroquer v., **escroquerie** n. f. V. ESCROC.

espace n. m. Vide entre deux choses : *laisser un espace entre deux mots*. Immensité sans bornes qui renferme tous les corps qui forment l'univers : soleil, étoiles, etc. Grande étendue : *espace désert*. Partie de l'espace au-dessus de nos têtes, les airs : *les avions sillonnent l'espace*. Portion de la durée : *espace de deux ans*. **Espacer,** c'est laisser un espace entre : *espacer les mots d'une ligne*.

espadon n. m. Grand poisson des mers chaudes et tempérées dont la mâchoire supérieure est allongée comme une lame d'épée.

espadrille n. f. Chaussure de toile à semelle de corde (3).

espagnol, e adj. et n. D'Espagne. N. m. La langue espagnole.

espagnolette n. f. Tringle de fer pour fermer une fenêtre (4).

espalier n. m. Rangée d'arbres fruitiers adossés à un mur (5).

1. V. pl. MOLLUSQUES ; 2. V. pl. MARINE DE GUERRE ; 3. V. pl. CHAUSSURES ; 4. V. pl. SERRURERIE ; 5. V. pl. FRUITS.

espèce n. f. Nature propre à plusieurs personnes ou choses, qui permet de les classer ensemble : *l'espèce humaine. Une espèce de,* quelque chose comme. Au pluriel, monnaies d'or, d'argent : *payer en espèces. Saintes Espèces,* pain et vin consacrés à la messe.

espérance n. f. V. ESPÉRER.

espéranto n. m. Langue internationale créée au XIXe siècle.

espérer v. Croire que ce qu'on désire arrivera. Mettre sa confiance : *espérer en Dieu.* L'**espérance**, c'est l'attente d'un bien qu'on désire ; c'est aussi l'une des vertus théologales. L'**espoir**, c'est le fait d'espérer, d'attendre.

espiègle adj. Personne gentiment malicieuse. L'**espièglerie**, c'est le caractère, l'acte de l'espiègle.

espièglerie n. f. V. ESPIÈGLE.

espion n. m. Celui qu'on a chargé d'épier. **Espionner**, c'est faire le métier d'espion. L'**espionnage**, c'est l'action d'espionner.

espionnage n. m., **espionner** v. V. ESPION.

esplanade n. f. Terrain découvert devant un édifice.

espoir n. m. V. ESPÉRER.

esprit n. m. Etre dépourvu de corps, mais capable de penser, d'agir : *les anges sont des esprits.* Fantôme, revenant : *avoir peur des esprits.* Ame, partie pensante de l'être vivant : *les découvertes de l'esprit humain.* Imagination vive : *homme d'esprit.* Caractère : *esprit chagrin.* Idées, sentiments d'un pays, d'une époque : *l'esprit moderne.* Sens, signification : *l'esprit d'une loi.* Partie qui s'évapore la première, quand on distille certains liquides : *esprit-de-vin.*

Esprit fort, incrédule. *Bel esprit,* celui qui a des prétentions à l'esprit. (V. SPIRITUEL.)

esquif n. m. Embarcation légère.

esquille n. f. Fragment d'os.

esquisse n. f. Ebauche d'un dessin. **Esquisser**, c'est faire une esquisse ; c'est aussi commencer.

esquisser v. V. ESQUISSE.

esquiver v. Eviter habilement.

essai n. m. Premier emploi fait d'une chose pour juger de sa valeur. **Essayer**, c'est faire l'essai de : *essayer un costume.* **Essayer de**, c'est tenter : *essayer de parler.* Un **essayage**, c'est l'essai d'un vêtement par le tailleur.

essaim n. m. Groupe d'abeilles vivant ensemble (1). **Essaimer**, c'est, en parlant d'un essaim, quitter une ruche trop pleine pour fonder ailleurs une autre colonie.

essaimer v. V. ESSAIM.

essayage n. m., **essayer** v. V. ESSAI.

essence n. f. Ce qui distingue surtout un être, une chose. Espèce, en parlant des arbres. Liquide obtenu en distillant certains corps : *essence de roses.* Partie la plus légère qu'on obtient en distillant le pétrole. Ce qui forme l'essence d'une chose est **essentiel**. L'**essentiel**, c'est le principal.

essentiel, elle adj. et n. m. V. ESSENCE.

essieu n. m. Pièce de la voiture dont les extrémités entrent dans le moyeu des roues.

essor n. m. Elan de l'oiseau qui s'envole.

essorer v. *Essorer un linge,* c'est le presser ou le tordre pour en faire sortir l'eau dont il est imprégné.

1. V. pl. ABEILLES.

essouffler v. Mettre hors d'haleine : *course qui essouffle*.

essuie-glace n. m., **essuie-mains** n. m. V. ESSUYER.

essuyer v. Oter le liquide qui mouille : *essuyer un verre, son front*. Oter la poussière : *essuyer les meubles*. Subir : *essuyer un affront*. Un **essuie-glace** est un dispositif destiné à essuyer le pare-brise d'une voiture brouillé par la pluie ou la neige. Un **essuie-mains** est une sorte de serviette de toilette.

est n. m. Orient, levant, partie du ciel où le soleil se lève.

estafette n. f. Courrier.

estafilade n. f. Grande coupure.

estaminet n. m. Petit café.

estampe n. f. Gravure.

estamper v. Imprimer une marque en relief, en creux.

esthétique adj. Relatif à la beauté : *sens esthétique*.

estimable adj., **estimation** n. f. V. ESTIME.

estime n. f. Bonne opinion qu'on a d'une personne ou d'une chose. **Estimer**, c'est apprécier ; c'est aussi calculer la valeur de; c'est également être d'avis, juger : *j'estime cela utile*. Ce qui mérite l'estime est **estimable**. L'**estimation** est l'action d'estimer.

estimer v. V. ESTIME.

estival, e adj. V. ÉTÉ.

estoc n. m. Longue épée.

estocade n. f. Coup d'épée.

estomac n. m. Organe en forme de sac où commence la digestion des aliments (1).

estompe n. f. Rouleau de papier, de peau, pour estomper. **Estomper**, c'est étendre avec l'estompe le crayon d'un dessin. **S'estomper**, c'est s'effacer, devenir indistinct.

estomper v. V. ESTOMPE.

estrade n. f. Plancher surélevé.

estragon n. m. Plante aromatique.

estropier v. Priver de l'usage d'un membre, par blessure, etc. Défigurer : *estropier un mot*.

estuaire n. m. Large embouchure d'un fleuve (2).

esturgeon n. m. Grand poisson dont les œufs donnent le caviar (3).

et conj. Mot servant à unir deux parties de phrase.

étable n. f. Logement pour les bestiaux (4).

établi n. m. V. ÉTABLIR.

établir v. Fonder : *établir un commerce*. Installer : *s'établir dans un pays*. L'**établissement** est l'action d'établir : *l'établissement d'une usine;* ce qui est établi : *un établissement commercial*. L'**établi**, c'est la table de travail de certains ouvriers (5).

établissement n. m. V. ÉTABLIR.

étage n. m. Chacune des parties comprises entre deux planchers dans un édifice à plusieurs divisions superposées. **Étager**, c'est disposer par étages, par rangs superposés. Une **étagère**, c'est un meuble à tablettes.

étager v., **étagère** n. f. V. ÉTAGE.

étai n. m. V. ÉTAYER.

étain n. m. Métal blanc, léger et souple. **Etamer**, c'est recouvrir d'étain : *le fer-blanc est de la tôle étamée*.

étal n. m., **étalage** n. m. V. ÉTALER.

étaler v. Disposer sur une table des marchandises à vendre. Etendre sur : *étaler du beurre sur son pain*. Exposer : *étaler son luxe*. **S'étaler**, c'est tomber de tout son long. L'**étal**, c'est la table où le boucher découpe la viande. Un **étalage,** ce sont des marchandises étalées.

étalon n. m. Cheval mâle. Modèle légal des poids, des mesures.

étamer v. V. ÉTAIN.

étamine n. f. Etoffe de laine mince. Chacun des petits filaments qui, à l'intérieur de la fleur, portent le pollen (poussière colorée) [1].

étanche adj. Qui garde les liquides qu'il contient : *tonneau étanche*. **Etancher,** c'est arrêter l'écoulement d'un liquide; c est aussi calmer la soif.

étancher v. V. ÉTANCHE.

étang n. m. Petite étendue d'eau sans écoulement.

étape n. f. Lieu où s'arrête une troupe pour passer la nuit. Distance parcourue pour y arriver : *longue étape.*

état n. m. Manière d'être : *état de santé.* Condition sociale : *prendre un état; le tiers état comprenait jadis la bourgeoisie.* Liste, inventaire : *état du personnel; état des lieux.* Nation : *les Etats-Unis. Etat civil,* condition d'une personne par rapport à sa naissance, son mariage, son décès, etc. *Affaire d'Etat,* affaire importante. *Coup d'Etat,* action politique violente contraire à la constitution d'un Etat. *L'état-major,* c'est l'ensemble des officiers qui dirigent une armée.

étau n. m. Instrument pour serrer les pièces qu'on travaille à la lime, au rabot, etc. (2).

étayer v. Soutenir à l'aide d'étais. Un **étai,** c'est une poutre qui soutient un mur, un gros câble qui soutient un mât, etc.

et cætera loc. (en abrégé *etc.*), mots latins qui signifient : et tout le reste, et ainsi de suite.

été n. m. Saison chaude entre le printemps et l'automne. Ce qui se rapporte à l'été est **estival.**

éteignoir n. m. V. ÉTEINDRE.

éteindre v. Faire cesser de brûler : *éteindre le feu;* d'éclairer : *éteindre la lampe;* de briller : *éteindre une couleur.* Calmer : *éteindre la soif.* Faire disparaître : *race qui s'éteint.* Faire cesser : *éteindre une dette.* L'**éteignoir** est un petit capuchon de métal pour éteindre les bougies. L'**extinction** est l'action d'éteindre. Un **extincteur** est un appareil qui sert à éteindre les incendies.

étendard n. m. Sorte de drapeau (3).

étendre v. Développer ce qui est plié, roulé : *étendre le bras, une nappe.* Allonger une liqueur avec de l'eau. Répandre, étaler : *étendre de la paille, de la couleur.* Coucher : *étendre un malade.* Ce qui est large, vaste, est **étendu.** L'**étendue,** c'est la surface : *l'étendue d'un domaine;* c'est aussi la durée : *l'étendue de la vie;* la grandeur : *l'étendue d'un désastre.* (V. EXTENSION.)

éternel, elle adj. Qui n'a pas eu de commencement et n'aura pas de fin. N. m. L'**Eternel,** Dieu. **Eterniser,** c'est faire durer longtemps. L'**éternité,** c'est une durée éternelle; c'est aussi la vie future.

éterniser v., **éternité** n. f. V. ÉTERNEL.

éternuement n. m. Expiration brusque et bruyante par le nez. **Eternuer,** c'est faire un éternuement.

éternuer v. V. ÉTERNUEMENT.

éther n. m. Fluide qu'on supposait jadis remplir l'espace au-delà de l'atmosphère. Liquide

---

1. V. pl. PLANTES; 2. V. pl. SERRURERIE; 3. V. pl. DRAPEAUX.

volatil obtenu en partant de l'alcool et utilisé en médecine. Ce qui se rapporte à l'éther est **éthéré** : *odeur éthérée.*

ethnie n. f. Groupement naturel d'individus ayant la même langue et la même culture. L'**ethnographie** est l'étude et la description des ethnies. L'**ethnologie** est la science qui étudie les caractères d'un peuple, d'un groupe humain.

ethnographie n. f., **ethnologie** n. f. V. ETHNIE.

étiage n. m. Le plus bas débit d'une rivière.

étinceler v. V. ÉTINCELLE.

étincelle n. f. Parcelle enflammée détachée d'un corps qui brûle. Vive lumière qui se produit au contact des corps électrisés. Au figuré : *étincelle de génie.* **Étinceler,** c'est jeter des étincelles.

étiquette n. f. Papier ou carton avec l'indication de la nature, du prix d'un objet. Cérémonial : *suivre l'étiquette.*

étirer v. Étendre, allonger.

étoffe n. f. Tissu dont on fait des vêtements. Au figuré, valeur naturelle : *avoir de l'étoffe.*

étoile n. f. Tout astre brillant à l'exception du soleil, de la lune (1). Influence attribuée aux astres sur notre sort : *né sous une bonne étoile.* Ce qui a la forme de rayons rappelant le scintillement des étoiles. *Étoile du berger,* la planète Vénus. *Étoile de mer,* animal marin en forme d'étoile (2). Ce qui a la forme d'une étoile est **étoilé.**

étoilé, e adj. V. ÉTOILE.

étole n. f. Ornement sacerdotal du prêtre (3).

étonnant, e adj., **étonnement** n. m. V. ÉTONNER.

étonner v. Frapper l'esprit par quelque chose d'inattendu. Ce qui étonne est **étonnant.** L'**étonnement,** c'est l'état de l'esprit étonné.

étouffement n. m. V. ÉTOUFFER.

étouffer v. Faire mourir en arrêtant la respiration. Eteindre en empêchant l'arrivée d'air : *étouffer de la braise.* Amortir un son : *étouffer ses pas.* Respirer avec peine. Ce qui étouffe est **étouffant.** L'**étouffement,** c'est la difficulté pour respirer.

étoupe n. f. Filasse grossière.

étourderie n. f. V. ÉTOURDIR.

étourdir v. Faire perdre l'usage des sens : *étourdir par une chute.* Fatiguer le cerveau : *bruit qui étourdit.* Ce qui étourdit est **étourdissant.** L'**étourdi** est celui qui agit sans réflexion. L'**étourdissement** est une petite perte de conscience. L'**étourderie** est le défaut de l'étourdi.

étourdissement n. m. V. ÉTOURDIR.

étourneau n. m. Le sansonnet. Familièrement, étourdi.

étrange adj. Contraire à l'usage. Surprenant. L'**étrangeté** est le caractère de ce qui est étrange.

étranger, ère adj. et n. D'un autre pays. D'une autre famille, d'un autre groupe. En dehors : *détail étranger au sujet.*

étrangeté n. f. V. ÉTRANGE.

étranglement n. m. V. ÉTRANGLER.

étrangler v. Arrêter la respiration en serrant le cou. Resserrer. L'**étranglement** est l'action d'étrangler.

étrave n. f. Pièce à l'avant de la quille d'un navire (4).

être I. v. Exister. Avoir la qualité de : *être blanc; être soldat.* Appartenir : *ceci est à*

1. V. pl. ASTRONOMIE; 2. V. pl. ANIMAUX INFÉRIEURS; 3. V. pl. VÊTEMENTS RELIGIEUX; 4. V. pl. BATEAUX.

moi. Aller : *j'ai été là-bas.* Sert
à conjuguer d'autres verbes : *je
suis tombé, tu es aimé, il s'est
assis.* (Conjuguez : *je suis, tu
es, il est, nous sommes, vous
êtes, ils sont; j'étais; je fus; je
serai; il faut que je sois, que
nous soyons; sois, soyons,
soyez, étant, été.*)

être II. n. m. Ce qui est : *les êtres
de la création.*

étreindre v. Serrer fortement.
(Conjuguez comme *craindre.*)
L'**étreinte** est l'action d'étrein-
dre, de serrer.

étreinte n. f. V. ÉTREINDRE.

étrenne n. f. Action d'étrenner.
Au pluriel, cadeau de jour de
l'an. **Etrenner,** c'est employer
une chose pour la première fois.

étrenner v. V. ÉTRENNE.

êtres ou **aîtres** n. m. pl. Disposition des différentes parties
d'une habitation.

étrier n. m. Anneau de métal où
le cavalier appuie le pied (1).

étrille n. f. Racloir de fer pour
panser les chevaux.

étriller v. Frotter à l'étrille.

étriqué, e adj. Etroit, serré.

étrivière n. f. Courroie suspen-
dant l'étrier à la selle (2).

étroit, e adj. De peu de largeur. Borné : *esprit étroit.*
Rigoureux : *obligation étroite.*
L'**étroitesse** est le défaut de ce
qui est étroit.

étude n. f. Application de l'esprit pour apprendre. Examen :
l'étude d'un projet. Bureau de
notaire, d'avoué, etc. Ouvrage
sur un sujet spécial : *étude historique.* Exercice pour s'instruire : *étude pour piano.* **Etudier,** c'est apprendre; c'est
aussi observer : *étudier les
plantes.* Celui qui étudie est un
étudiant. Celui qui aime
l'étude est **studieux.**

étudiant, e n., **étudier** v.
V. ÉTUDE.

étui n. m. Boîte de la forme de
l'objet contenu.

étuve n. f. Four pour faire sécher, pour désinfecter certaines
choses. **Etuver,** c'est chauffer
à l'étuve.

étuver v. V. ÉTUVE.

étymologie n. f. Origine d'un
mot : *étymologie latine.*

eucalyptus n. m. Arbre dont les
feuilles servent en médecine.

eucharistie n. f. Sacrement qui,
selon la doctrine catholique,
renferme le corps et le sang de
Jésus-Christ, sous les apparences du pain et du vin.

euh! interjection qui marque
l'étonnement, le doute.

eunuque n. m. Gardien de sérail.

euphonie n. f. Heureux choix
dans le son des mots.

euphorie n. f. Sentiment de bien-
être, de satisfaction.

évacuer v. Faire sortir du corps
les matières inutiles. Renvoyer
en masse : *évacuer la population.* Quitter en masse : *évacuer la ville.*

évader (s') v. S'échapper.
L'**évasion,** c'est l'action de
s'évader. Ce qui sert à échapper à une difficulté est **évasif** :
réponse évasive.

évaluation n. f. Action d'évaluer, d'estimer.

évaluer v. Déterminer la valeur.

évangélique adj., **évangéliser**
v., **évangéliste** n. m. V. ÉVAN-
GILE.

évangile n. m. Doctrine de Jésus-
Christ. Livre qui la contient.
Partie de l'Evangile lue à la
messe. Ce qui se rapporte à
l'évangile est **évangélique.**
Les auteurs des Evangiles sont
les **évangélistes. Evangé-
liser,** c'est faire connaître

1 et 2. V. pl. HARNAIS.

l'évangile, la religion du Christ.

évanouir (s') v. Disparaître sans laisser de trace. Perdre connaissance. L'**évanouissement**, c'est l'action de s'évanouir.

évanouissement n. m. V. ÉVANOUIR.

évaporer v. Changer en vapeur. Au figuré, **évaporé** veut dire étourdi.

évaser v. Elargir une ouverture.

évasif, ive adj., **évasion** n. f. V. ÉVADER.

évêché n. m. V. ÉVÊQUE.

eveil n. m. Action de s'éveiller. Alarme : *donner l'éveil*. **Eveiller**, c'est tirer du sommeil. Au figuré, c'est attirer l'attention : *éveiller des soupçons*. (V. RÉVEILLER.) Une personne **éveillée** est gaie, vive, alerte.

éveiller v. V. ÉVEIL.

événement n. m. Fait important qui arrive, qui survient. Ce qui dépend d'un événement est **éventuel**. Une **éventualité** est un fait éventuel.

éventail n. m., **éventaire** n. m. V. ÉVENTER.

éventer v. Exposer au vent, à l'air. Altérer à l'air : *vin éventé*. Flairer, découvrir par l'odeur. Un **éventail** est un écran portatif pliant pour agiter l'air et se rafraîchir le visage. L'**éventaire** est l'étalage d'un marchand ambulant.

éventrer v. Ouvrir le ventre. Crever, défoncer.

éventualité n. f., **éventuel, elle** adj. V. ÉVÉNEMENT.

évêque n. m. Chef d'un diocèse ou province ecclésiastique. L'**évêché**, c'est le diocèse, la résidence de l'évêque. Ce qui est relatif à l'évêché est **épiscopal**. L'**épiscopat**, c'est la dignité d'évêque.

évertuer (s') v. S'efforcer de.

évidence n. f. V. ÉVIDENT.

évident, e adj. Clair, visible : *vérité évidente*. L'**évidence** est la qualité de ce qui est évident. **Evidemment**, c'est de façon évidente.

évider v. Creuser.

évier n. m. Cuvette de faïence de grès ou de métal, dans laquelle on lave la vaisselle.

évincer v. Ecarter, faire renvoyer : *évincer un concurrent*.

éviter v. Chercher à ne pas rencontrer : *éviter un importun*. Echapper à : *éviter un danger*.

évoluer v. Faire des évolutions. Changer, se modifier : *idées qui évoluent*. L'**évolution**, c'est l'action d'évoluer; c'est aussi une manœuvre de troupes, de navires.

évolution n. f. V. ÉVOLUER.

évoquer v. Appeler, faire apparaître par magie : *évoquer les esprits*. Rappeler un souvenir.

ex. Petit mot qui, placé avant un autre, indique ce qu'a été une personne, une chose : *ex-ministre*.

exact, e adj. Conforme à la vérité. Ponctuel : *exact au rendez-vous*. L'**exactitude** est la qualité de ce qui est exact.

exactitude n. f. V. EXACT.

exagération n. f. V. EXAGÉRER.

exagérer v. Dépasser la mesure : *demande exagérée*. L'**exagération** est l'action d'exagérer.

exaltation n. f. Action d'exalter. **Exalter**, c'est célébrer, glorifier; c'est aussi exciter, enthousiasmer : *exalter le patriotisme*.

exalter v. V. EXALTATION.

examen [*min*] n. m. Observation attentive. Epreuve que subit un candidat. L'**examinateur** est celui qui examine.

Examiner, c'est observer; faire subir un examen.

examinateur, trice n., **examiner** v. V. EXAMEN.

exaspération n. f. Irritation.

exaspérer v. Irriter.

exaucer v. Satisfaire un vœu.

excavation n. f. Trou creusé dans le sol.

excédent n. m. Ce qui excède.

excéder v. Dépasser : *excéder une somme.* Importuner.

excellence n. f. Qualité d'excellent. Titre des ambassadeurs, ministres, etc. *Par excellence,* à un très haut degré. Ce qui est très bon est **excellent.** **Exceller,** c'est être excellent, supérieur : *exceller dans son art.*

excellent, e adj., **exceller** v. V. EXCELLENCE.

excentricité n. f. Caractère de ce qui est excentrique.

excentrique adj. Loin du centre : *quartier excentrique.* Opposé aux idées reçues : *caractère excentrique.* N. m. Disque déplacé du centre, placé sur un arbre tournant et utilisé pour la commande de certains mouvements (1).

excepter v. Laisser en dehors de : *excepter d'une obligation.* **Excepté** signifie sauf, hors : *tous, excepté lui.* L'**exception,** c'est l'action d'excepter; c'est aussi ce qui reste en dehors : *une exception à la règle.* Ce qui fait exception, qui n'est pas fréquent, est **exceptionnel.**

exception n. f., **exceptionnel, elle** adj. V. EXCEPTER.

excès n. m. Ce qui dépasse la quantité. Ce qui dépasse la mesure : *excès de travail. A l'excès,* trop. Pl. Violences : *se livrer à des excès.* Ce qui dépasse la mesure est **excessif.**

excessif, ive adj. V. EXCÈS.

excitation n. f. V. EXCITER.

exciter v. Provoquer, faire naître : *exciter la pitié.* Pousser à : *exciter à la violence.* Ce qui excite est **excitant.** L'**excitation** est l'action d'exciter; c'est aussi l'activité excessive.

exclamation n. f. Cri de joie, de surprise, etc. *Point d'exclamation,* point (!) placé après une exclamation.

exclamer (s') v. S'écrier.

exclure v. Ecarter, mettre en dehors de : *exclure d'un partage.* Ce qui exclut est **exclusif.** L'action d'exclure est l'**exclusion.**

excommunication n. f. Peine qui consiste à retrancher de la communauté de l'Eglise. **Excommunier,** c'est frapper d'excommunication.

excrément n. m. Matière rejetée hors du corps par les voies naturelles.

excroissance n. f. Tumeur.

excursion n. f. Petit voyage.

excuse n. f. Motif, raison qui excuse : *accepter des excuses.* **Excuser,** c'est disculper, pardonner. **S'excuser,** c'est présenter des excuses.

excuser v. V. EXCUSE.

exécrable adj. Très mauvais.

exécutant, e n. V. EXÉCUTER.

exécuter v. Effectuer, faire : *exécuter un travail.* Jouer : *exécuter une sonate.* Faire subir la peine de mort à un condamné. **S'exécuter,** c'est se résoudre à faire une chose. L'**exécution,** c'est l'action d'exécuter. L'**exécuteur** est celui qui exécute. L'**exécutant** est le musicien qui exécute; c'est aussi la personne qui exécute une tâche, un ordre. Le pouvoir **exécutif** est chargé de faire exécuter les lois.

exécuteur n. m., **exécutif, ive** adj., **exécution** n. f. V. EXÉCUTER.

exemplaire adj. et n. m. V. EXEMPLE.

exemple n. m. Ce qui sert de modèle. *Par exemple,* pour appuyer ce qu'on dit sur un exemple. Ce qui sert d'exemple est **exemplaire**. Un **exemplaire**, c'est chacun des livres, des illustrations qu'on imprime d'après un type unique.

exempt, e adj. Libéré d'une charge : *exempt de service.* **Exempter,** c'est libérer, dispenser : *exempter d'un impôt.* L'**exemption**, c'est un privilège qui exempte.

exercer v. Dresser, former : *exercer des soldats au tir.* Développer par la pratique : *exercer sa mémoire.* Pratiquer : *exercer la médecine.* Agir en vertu d'un droit : *exercer l'autorité.* L'**exercice** est l'action d'exercer; c'est aussi tout travail qui exerce.

exercice n. m. V. EXERCER.

exhaler v. Dégager une odeur, une vapeur. Laisser échapper un sentiment : *exhaler sa colère.*

exhausser v. Surélever.

exhiber v. Montrer, présenter : *exhiber ses papiers.* **S'exhiber,** c'est se montrer avec ostentation. Une **exhibition,** c'est l'action de s'exhiber. C'est aussi une exposition publique.

exhibition n. f. V. EXHIBER.

exhortation n. f. Encouragement.

exhorter v. Encourager.

exhumer v. Déterrer.

exigence n. f. V. EXIGER.

exiger v. Réclamer en vertu d'un droit ou par force : *exiger son dû.* Demander : *maladie qui exige du repos.* Celui qui exige est **exigeant.** L'**exigence** est le caractère de celui qui est exigeant. Ce qui peut être exigé est **exigible.**

exigible adj. V. EXIGER.

animaux exotiques

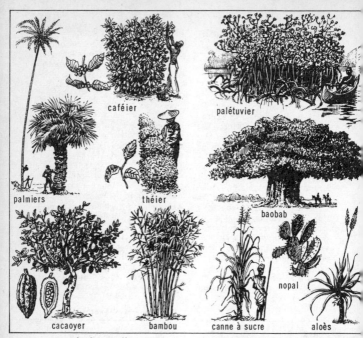

caféier

palétuvier

palmiers

théier

baobab

cacaoyer

bambou

canne à sucre

nopal

aloès

plantes exotiques

exigu, ë adj. Très petit.

exil n. m. V. EXILER.

exiler v. Chasser quelqu'un de sa patrie. L'**exil** est l'action d'exiler; c'est aussi le lieu où se réfugie l'exilé.

existence n. f. V. EXISTER.

exister v. Avoir une réalité : *ce qui n'est que dans l'imagination n'existe pas.* Vivre : *cesser d'exister.* L'**existence**, c'est la vie, l'état de ce qui existe.

exode n. m. Emigration, fuite en masse d'un peuple.

exonérer v. Dispenser d'une obligation, d'un impôt.

exorbitant, e adj. Excessif.

exorciser v. Chasser les démons par des prières. L'**exorcisme** est la cérémonie qui sert à exorciser.

exotique adj. Qui vit normalement sous un autre climat que le nôtre : *plante exotique.*

expansif, ive adj. Qui aime à s'épancher : *caractère expansif.*

expansion n. f. Développement. Au figuré, épanchement.

expatrier (s') v. Quitter sa patrie.

expectative n. f. Attente.

expectorer v. Cracher.

expédient n. m. V. EXPÉDIER.

expédier v. Envoyer : *expédier*

une lettre. Faire vite : *expédier sa tâche*. Un **expédient** est un moyen de se tirer d'affaire momentanément. L'**expéditeur** est l'envoyeur de marchandises, etc. Celui qui agit vite est **expéditif**. L'**expédition**, c'est l'action d'expédier. la chose envoyée; c'est aussi une opération militaire lointaine, une exploration, etc.; c'est enfin une copie d'acte judiciaire ou notarié.

expéditeur, trice n., **expéditif, ive** adj., **expédition** n. f., V. EXPÉDIER.

expérience n. f. Essai, épreuve. Connaissance acquise par la pratique. **Expérimenter**, c'est éprouver par l'expérience. Celui qui est instruit par l'expérience est **expérimenté**. Celui qui connaît à fond une chose est **expert**.

expérimenter v., **expert, e** adj. et n. V. EXPÉRIENCE.

expiation n. f. Châtiment, peine.

expier v. Payer sa faute par une peine, un châtiment.

expiration n. f. V. EXPIRER.

expirer v. Rejeter l'air respiré. Mourir, rendre le dernier soupir. Cesser, finir : *délai expiré*. L'**expiration**, c'est l'action d'expirer; c'est aussi la fin d'une chose.

explication n. f., **explicite** adj. V. EXPLIQUER.

expliquer v. Faire comprendre une chose : *expliquer un problème*. Rendre raison d'une chose : *expliquer sa conduite*. Une **explication**, c'est un développement destiné à expliquer; c'est aussi la raison d'une chose : *donner une explication de sa conduite*. Ce qui est clairement énoncé est **explicite**.

exploit n. m. Action remarquable. Assignation, saisie, etc., signifiée (annoncée) par huissier. **Exploiter**, c'est tirer profit de : *exploiter une mine;* c'est aussi tirer parti : *exploiter la situation;* abuser de : *exploiter la crédulité*. L'**exploitation**, c'est l'action d'exploiter; ce qu'on exploite. Celui qui fait valoir une exploitation est un **exploitant**. Celui qui exploite en abusant est un **exploiteur**.

explorateur n. m., **exploration** n. f. V. EXPLORER.

explorer v. Aller à la découverte : *explorer un pays inconnu*. Etudier, examiner. L'**exploration** est l'action d'explorer. L'**explorateur** est celui qui explore.

explosif adj. et n. m. V. EXPLOSION.

explosion n. f. Action d'éclater avec force. Un **explosif** est une substance qui fait explosion. Une *situation explosive*, c'est une situation critique, tendue.

exportateur n. m., **exportation** n. f. V. EXPORTER.

exporter v. Envoyer des produits à l'étranger pour les vendre. (Le contraire est IMPORTER.) L'**exportation** est l'action d'exporter. L'**exportateur** est celui qui exporte.

exposer v. Présenter à la vue : *exposer un tableau*. Orienter : *maison exposée au midi*. Expliquer : *exposer une idée*. Soumettre à l'action de : *exposer à l'air*. Mettre en danger. L'**exposition** est l'action d'exposer; c'est aussi une présentation de produits divers : *exposition industrielle*. Celui qui expose est un **exposant**.

Un **exposé**, c'est un compte rendu, une explication.

exposition n. f. V. EXPOSER.

exprès, esse adj. Qui exprime formellement : *défense expresse*. N. m. Messager. *Faire une chose* **exprès**, c'est la faire avec intention.

express n. m. Train rapide.

expressif, ive adj., **expression** n. f. V. EXPRIMER.

exprimer v. Faire sortir le suc en pressant : *exprimer le jus d'un citron*. Montrer, manifester : *exprimer sa joie*. L'**expression** est l'action d'exprimer; c'est aussi une phrase, une locution. Ce qui exprime vivement est **expressif**.

exproprier v. Déposséder légalement.

expulser v. Chasser d'un endroit. Rejeter. L'**expulsion** est l'action d'expulser.

exquis, e adj. Délicieux, délicat.

exsangue adj. Privé de sang.

extase n. f. Ravissement, admiration. **S'extasier**, c'est être ravi.

extension n. f. Action d'étendre. Un **extenseur** est un appareil de gymnastique qui sert à exercer les muscles (1).

exténuer v. Affaiblir beaucoup.

extérieur, e adj. Situé en dehors. N. m. Ce qui est au-dehors : *l'extérieur d'une maison*. Les pays étrangers : *le commerce avec l'extérieur*. Apparence : *extérieur modeste*.

exterminer v. Détruire, anéantir : *exterminer une race*.

externe adj. Du dehors, pour le dehors. N. Élève qui suit les classes d'un collège sans y coucher ni y manger.

extincteur n. m., **extinction** n. f. V. ÉTEINDRE.

extirper v. Arracher, déraciner.

extorquer v. Arracher par une violence morale : *extorquer un consentement, de l'argent*.

extra préfixe marquant le superlatif : *des haricots extra-fins*, ou indiquant qu'une chose est extérieure : *ce qui est extra-terrestre est en dehors de la Terre*.

extraction n. f. V. EXTRAIRE.

extraire v. Tirer dehors : *extraire une dent*. Faire sortir de : *extraire de prison*. Retirer un produit d'une substance composée : *extraire de l'alcool du vin*. Un **extrait**, c'est un produit tiré d'un autre; c'est aussi un passage tiré d'un livre, d'un acte, d'un document : *extrait de naissance*. L'action d'extraire est l'**extraction**.

extraordinaire adj. En dehors de l'usage, de la règle. Singulier, surprenant : *idées extraordinaires*. Imprévu : *dépense extraordinaire*.

extravagance n. f. V. EXTRAVAGANT.

extravagant, e adj. Qui n'a pas le sens commun : *discours extravagant*. L'**extravagance** est un acte extravagant.

extrême adj. Qui est tout à fait au bout : *extrême limite*. Excessif : *chaleur extrême*. N. m. L'opposé, le contraire : *passer d'un extrême à l'autre*. L'**extrême-onction** est un sacrement administré aux mourants. L'**extrémité**, c'est le bout, la fin; au pluriel, ce sont les pieds et les mains.

exubérance n. f. Surabondance. Vivacité d'expression.

exulter v. Déborder de joie.

ex-voto n. m. Objet qu'on suspend dans une chapelle à la suite d'un vœu.

1. V. pl. GYMNASTIQUE.

fa n. m. Quatrième note de la gamme.

fable n. f. Récit imaginaire. Récit d'où l'on tire une leçon de morale : *les fables de La Fontaine*. Sujet de raillerie : *être la fable du quartier*. La mythologie : *les dieux de la Fable*. Ce qui est incroyable est **fabuleux**. Une **fabulation**, c'est une histoire, une aventure entièrement imaginée. Le **fabuliste** est l'auteur de fables.

fabricant, e n., **fabrication** n. f. V. FABRIQUE.

fabrique n. f. Établissement industriel où l'on crée divers produits : *fabrique de drap*. **Fabriquer**, c'est faire avec des matières premières des objets utilisables. Le **fabricant** est celui qui fabrique. La **fabrication** est l'action de fabriquer.

fabriquer v. V. FABRIQUE.

fabulation n. f., **fabuleux, euse** adj., **fabuliste** n. Voir FABLE.

façade n. f. Devant d'un édifice. Au figuré, apparence.

face n. f. Visage. Partie de devant, endroit d'un objet. Tournure d'une affaire. Chacune des surfaces planes d'un *solide* (v. ce mot). Les petites faces d'un cristal, d'une pierre fine, sont des **facettes**. *Faire face*, être devant, tenir tête. *En face, face à face*, en présence.

facétie [*fa-sé-si*] n. f. Grosse plaisanterie.

facette n. f. V. FACE.

fâcher v. Faire de la peine. Mécontenter, irriter. Une **fâcherie**, c'est une dispute. Ce qui mécontente est **fâcheux**.

fâcherie n. f., **fâcheux** adj. V. FÂCHER.

Fusée « Atlas » (alt. 1 600 km).
Phot. U. S. I. S.

facile adj. Qui se fait sans peine. Accommodant, complaisant. La **facilité** est la qualité de ce qui est facile; c'est aussi la complaisance; c'est également ce qui rend facile, aisé : *facilité de paiement*. Des **facilités**, ce sont des délais accordés pour effectuer un paiement. **Faciliter**, c'est rendre facile.

facilité n. f., **faciliter** v. V. FACILE.

façon n. f. Manière dont une chose est faite : *la façon d'une robe*. Main-d'œuvre, travail :

payer cher la façon. Manière : *façon de parler. De façon que,* pour que. Un *travail à façon* est un travail exécuté sans fournir les matériaux. **Façonner,** c'est travailler une matière, lui donner une forme.

faconde n. f, Facilité à parler.

façonner v. V. FAÇON.

facteur n. m. Employé des postes qui porte le courrier. Fabricant d'instruments de musique. Elément qui contribue à un résultat : *l'ambition est un facteur de réussite.* Nombre qu'on multiplie par d'autres.

factice adj. Artificiel.

factieux, euse n. Révolté.

faction n. f. Surveillance que font les soldats. Groupes de personnes qui complotent. Le **factionnaire** est le soldat en faction.

factionnaire n. m. V. FACTION.

facture n. f. Note de marchandises vendues.

facturer v. Dresser une facture.

facultatif, ive adj. V. FACULTÉ.

faculté n. f. Pouvoir de faire ou ne pas faire. Ressources dont on dispose. Aptitude : *faculté de parler.* Les médecins : *la Faculté.* Ce qui n'est pas obligatoire est **facultatif.**

fadaise n. f. V. FADE.

fade adj. Sans saveur. Sans vivacité : *caractère fade.* Une **fadaise** est une chose sans intérêt.

fagot n. m. Faisceau de petites branches.

fagoté, e adj. *Etre mal fagoté,* c'est, familièrement, être mal habillé.

faible adj. Sans force. Médiocre : *faible valeur.* Goût : *avoir un faible pour quelque chose.* La **faiblesse,** c'est le manque de force. **Faiblir,** c'est perdre de sa force.

faiblesse n. f., **faiblir** v. Voir FAIBLE.

faïence n. f. Poterie vernissée.

faignant, e adj. V. FAINÉANT.

faille n. f. Cassure des couches géologiques.

faillir v. Manquer. Commettre une faute. La **faillite,** c'est l'état du commerçant qui cesse ses paiements. C'est aussi un échec : *la faillite d'une doctrine.* Un **failli,** c'est celui qui a fait faillite.

faillite n. f. V. FAILLIR.

faim n. f. Besoin de manger : *avoir faim.* (V. AFFAMÉ.)

fainéant, e, ou, familièrement, **faignant, e** ou **feignant, e** adj. Paresseux.

fainéantise n. f. Paresse.

faire v. Créer, produire : *l'abeille fait du miel.* Façonner, fabriquer : *faire un meuble, des confitures.* Donner, fournir : *faire un cadeau.* Commettre : *faire un faux.* Pratiquer : *faire le bien.* Chercher à paraître : *faire le brave.* Egaler : *2 et 2 font 4.* Causer : *faire de la peine.* Etre : *il fait nuit.* **Se faire,** c'est devenir : *se faire vieux.* S'habituer : *se faire à une chose.* (Conjuguez : *vous faites; je fis; je ferai;* il faut *que je fasse.*) [V. FAÇON, FAIT.]

faire-part n. m. Carte imprimée annonçant une naissance, un mariage, un décès.

faisan n. m. Grand oiseau à chair estimée et à beau plumage (1).

faisceau n. m. Réunion d'objets semblables, longs et minces, liés. Groupe de fusils debout, appuyés les uns sur les autres.

fait n. m. Action de faire : *le fait de parler.* Evénement : *fait singulier. Hauts faits,*

---

1. V. pl. OISEAUX DES CHAMPS.

exploits. *Voie de fait*, violence. *Tout à fait*, entièrement. *En fait de*, en matière de. *Aller au fait*, au principal.

faîte n. m. Sommet, partie la plus élevée : *faîte d'un édifice*.

faix n. m. Charge, fardeau.

fakir n. m. Religieux mendiant de l'Inde, qui passe pour avoir des pouvoirs magiques.

falaise n. f. Côte rocheuse à pic sur la mer (1).

fallacieux, euse adj. Trompeur.

falloir v. Etre nécessaire. *Il s'en faut de*, il manque. *Comme il faut*, bien élevé. (Conjuguez : *il faut; il fallait; il fallut; il faudra; qu'il faille; fallu*.)

falot I. n. m. Lanterne.

falot, e II. adj. Se dit d'une personne effacée, sans caractère.

falsification n. f. V. FALSIFIER.

falsifier v. Altérer pour tromper : *falsifier des documents.* La **falsification** est l'action de falsifier.

famélique adj. Affamé.

fameux, euse adj. Réputé, renommé. Excellent.

familial, e adj. et n. f. V. FAMILLE.

familiariser v., **familiarité** n. f. V. FAMILIER.

familier, ère adj. Qui est de la famille. Qui vit dans l'intimité de quelqu'un. Habituel : *lecture familière*. Familiariser, c'est rendre familier. La **familiarité**, c'est la grande intimité; au pluriel, ce sont les façons familières. (V. FAMILLE.)

famille n. f. Personnes unies par les liens de la parenté. Enfants : *famille nombreuse*. Groupe d'animaux, de plantes, ayant quelque ressemblance. Ce qui se rapporte à la famille est **familial**. (V. FAMILIER.) Une

familiale est une automobile de grandes dimensions.

famine n. f. Manque général de vivres; disette.

fanal n. m. Grosse lanterne.

fanatique adj. Porté à des excès dans son zèle pour une idée.

fanatisme n. m. Zèle fanatique.

fane n. f. Feuille des pommes de terre.

faner v. Retourner l'herbe fauchée pour la sécher plus vite. Faire perdre sa fraîcheur à une plante, etc.

fanfare n. f. Air militaire cadencé.

fanfaron n. m. Vantard.

fanfaronnade n. f. Vanterie.

fange n. f. Boue épaisse.

fangeux, euse adj. Boueux.

fanion n. m. Petit drapeau.

fantaisie n. f. Caprice de l'imagination. Désir qui sort de l'ordinaire. *Pain de fantaisie*, vendu à la pièce et non au poids.

fantasia n. f. Exercice des cavaliers arabes.

fantasmagorie n. f. Illusion d'optique qui émerveille.

fantasque adj. Bizarre.

fantassin n. m. Soldat à pied.

fantastique adj. Créé par l'imagination, qui sort du possible, du réel : *conte fantastique*.

fantoche n. m. Marionnette.

fantôme n. m. Revenant, apparition.

faon (*fan*) n. m. Petit du cerf.

farandole n. f. Danse exécutée par des danseurs en file.

faraud, e adj. Capricieuse, vantard.

farce n. f. Viande hachée qui remplit une volaille, etc. Petite pièce de théâtre bouffonne. Plaisanterie : *faire des farces*. Le **farceur** est celui qui fait des farces. **Farcir**, c'est remplir d'une farce.

1. V. pl. GÉOGRAPHIE.

farceur, euse n., **farcir** v.
V. FARCE.

fard n. m. Produit pour embellir
le teint. **Farder,** c'est mettre
un fard. Au figuré, déguiser :
farder la vérité.

fardeau n. m. Charge, poids.

farder v. V. FARD.

farfadet n. m. Lutin.

farfelu, e adj. et n. Bizarre,
drôle, un peu fou.

faribole n. f. Propos sans valeur.

farine n. f. Poudre des grains
moulus de certaines plantes. Ce
qui ressemble à la farine est
farineux.

farineux, euse adj. V. FARINE.

farouche adj. Sauvage, qui n'est
pas apprivoisé : *bête farouche.*
Violent : *haine farouche.*
(V. EFFAROUCHER.)

fascicule n. m. Cahier d'un
ouvrage publié par fragments.

fascination n. f. Action de fasciner; charme.

fasciner v. Dominer par le
regard, charmer.

fascisme n. m. Régime dictato-
rial de l'Italie (1922-1945).

faste n. m. Etalage de luxe.

fastidieux, euse adj. Ennuyeux.

fastueux, euse adj. Luxueux.

fat adj. et n. m. Sot, vaniteux.

fatal, e adj. Inévitable. Qui cause
la ruine, la mort : *coup fatal;
ambition fatale.* Le **fataliste**
est celui qui croit que tout ce
qui arrive était inévitable. La
fatalité est la force qui déci-
derait de notre sort; c'est aussi
l'inévitable. Ce qui est prévu et
inévitable est **fatidique.**

fataliste adj. et n., **fatalité** n. f.,
fatidique adj. V. FATAL.

fatigue n. f. Sensation pénible
causée par le travail, l'effort.

fatiguer v. Causer de la fatigue.

fatras n. m. Tas confus.

fatuité n. f. Sotte vanité.

faubourg n. m. Partie d'une
ville qui était située hors de son
enceinte. Ancien quartier extérieur, réuni depuis à une ville.

faucher v., **faucheur** n. m.,
faucille n. f. V. FAUX I.

faucon n. m. Oiseau de proie
jadis utilisé pour la chasse (1).
Le **fauconnier** est celui qui
élève des faucons.

fauconnier n. m. V. FAUCON.

faufiler v. Coudre à larges points.
Se **faufiler,** c'est s'introduire
adroitement.

faune I n. m. Dieu champêtre
des Anciens, à pieds de chèvre.

faune II n. f. Ensemble des animaux d'une région.

faussaire n. m., **fausser** v.
V. FAUX II.

fausset n. m. *Voix de fausset,*
voix aiguë.

fausseté n. f. V. FAUX II.

faute n. f. Manque de : *faute de
temps.* Manquement à un
devoir, aux règles d'un art, à
la prudence, etc. : *faute de dessin; se blesser par sa faute.
Sans faute,* sûrement. Ce qui
est plein de fautes est **fautif.**

fauteuil n. m. Grande chaise à
dossier et à bras (2).

fautif, ive adj. V. FAUTE.

fauve adj. Jaune roux : *teinte
fauve.* N. m. Se dit des bêtes
féroces : *dompteur de fauves.*

fauvette n. f. Oiseau chanteur à
plumage fauve (3).

faux I. n. f. Lame d'acier à long
manche pour couper les céréales, etc. (4). La **faucille** est
une petite faux courbe à
manche court (5). **Faucher,**
c'est couper à la faux. Le **faucheur** est celui qui fauche.

faux, fausse II adj. Qui n'est
pas vrai : *faux bruit.* Qui n'est

---

1. V. pl. RAPACES ; 2. V. pl. MOBILIER, SIÈGES, THÉÂTRE ;
3. V. pl. OISEAUX DES CHAMPS ; 4 et 5. V. pl. MOISSON.

pas juste : *voix fausse.* Postiche : *fausses dents.* Qui n'est pas ce qu'il semble être : *faux savant.* N. m. Ce qui n'est pas vrai. Imitation d'un acte, d'une signature, pour tromper : *faire un faux.* Le **faussaire** est celui qui fait un faux. **Fausser,** c'est détourner de la vérité, de l'exactitude. La **fausseté,** c'est le caractère de ce qui est faux ou hypocrite. (V. aussi FALSIFIER.)

faux-fuyant n. m. Prétexte pour échapper à une obligation.

faux-monnayeur n. m. Personne qui fabrique de la fausse monnaie.

faveur n. f. Avantage, protection accordée de préférence : *solliciter une faveur.* Ruban de soie étroit. *En faveur de,* au profit de. *A la faveur de,* au moyen de. **Favoriser,** c'est accorder une faveur. Ce qui favorise est **favorable.** Ce que l'on préfère est **favori.** Celui qui a la faveur de quelqu'un est son **favori.**

fauves, carnassiers

lion

tigre

panthère noire

jaguar

puma

léopard

lynx

chacal

loup

hyène

renard

favorable adj., **favori, ite** adj.
et n., **favoriser** v. V. FAVEUR.
fébrile adj. V. FIÈVRE.
fécal, e adj. Qui forme les excréments : *matières fécales.*
fécond, e adj. Fertile, productif.
Féconder, c'est rendre fécond.
La **fécondité**, c'est la propriété de produire beaucoup :
la fécondité d'une terre.
féconder v., **fécondité** n. f.
V. FÉCOND.
fécule n. f. Matière farineuse
qu'on tire de la pomme de terre.
fédéral, e adj. V. FÉDÉRATION.
fédération n. f. Groupement
d'Etats. Association de syndicats, de partis, etc. Ce qui se
rapporte à une fédération est
fédéral.
fée n. f. Etre fantastique à figure
de femme, doué d'un pouvoir

surnaturel : *conte de fées.*
Ce qui est merveilleux est
féerique.
féerique adj. V. FÉE.
feignant, e adj. V. FAINÉANT.
feindre v. Faire semblant, Une
feinte, c'est un acte pour tromper. (Conjuguez comme *craindre.*)
feinte n. f. V. FEINDRE.
fêler v. Fendre légèrement. Une
fêlure est une petite fente.
félibre n. m. Ecrivain de langue
d'oc.
félicitation n. f. Compliment.
félicité n. f. Grand bonheur.
féliciter v. Complimenter.
félin, e adj. Qui tient du chat :
caresse féline. N. m. Animal
d'une famille de carnassiers
comprenant le chat, le léopard,
le tigre, le lion, etc.
félon, onne adj. Traître.

fenêtres

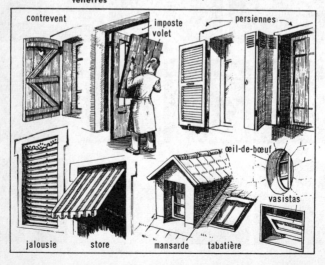

Labels in illustration: hangar, portail, grange, poulailler, niche, mare, tombereau, tarare, échelle, fermière, souris, étable, charrette, fumier, baratte, puits, seau

fêlure n. f. V. FÊLER.

femelle n. f. Animal du sexe féminin. Adj. : *souris femelle*.

féminin, e adj. Propre des femmes : *intuition féminine*. N. m. Genre féminin, forme des noms s'appliquant aux êtres femelles et à certains mots : *adjectif féminin*. La **féminité** est le caractère féminin.

féminité n. f. V. FÉMININ.

femme n. f. Être humain du sexe féminin. Epouse.

fémur n. m. Os de la cuisse (1).

fenaison n. f. Récolte des foins, temps où elle se fait.

fendiller v. V. FENDRE.

fendre v. Diviser dans le sens de la longueur : *fendre du bois*. Traverser : *fendre la foule*. (V. FENTE.) **Fendiller**, c'est fendre légèrement.

fenêtre n. f. Ouverture dans un mur, pour donner du jour, de l'air. Châssis vitré fermant cette ouverture. (V. p. précéd.)

fenouil n. m. Plante aromatique.

fente n. f. Petite ouverture mince. (V. FENDRE.)

féodal, e adj. Relatif à l'ordre social du moyen âge. La **féodalité** était le régime féodal. (V. FIEF.)

féodalité n. f. V. FÉODAL.

fer n. m. Métal d'un gris bleuâtre. Arme de fer. Outil de fer : *fer à repasser*. Au pluriel, captivité, chaînes. Le **fer-blanc** est de la tôle étamée. On appelle **ferraille** des débris de fer. **Ferrailler**, c'est se battre au sabre, à l'épée. **Ferrer**, c'est garnir de fer ; c'est aussi transmettre une secousse à un hameçon pour que le poisson s'y accroche. Ce qui contient du fer est **ferrugineux**.

fer-blanc n. m. V. FER.

férié, e adj. *Jour férié*, jour où l'on ne travaille pas.

ferme I. adj. Solide, fixe : *sol ferme*. Sans faiblesse : *ton*

1. V. pl. HOMME.

ferme. Définitif, qui ne peut plus changer : *achat ferme*. La **fermeté** est le caractère de ce qui est ferme.

ferme II. n. f. Domaine agricole donné en location. Le **fermier**, la **fermière**, c'est la personne qui loue une ferme.

ferment n. m. Substance qui produit la fermentation. La **fermentation** est la transformation d'une substance animale ou végétale sous l'action de certaines autres (levures, microbes, etc.). **Fermenter**, c'est être en fermentation.

fermentation n. f., **fermenter** v. V. FERMENT.

fermer v. Appliquer une porte, une fenêtre, un couvercle, etc., sur une ouverture. Pousser un verrou, tourner une clef, un robinet, etc., pour empêcher le passage. Rapprocher ce qui était ouvert, écarté : *fermer un livre, la bouche,* etc. Une **fermeture**, c'est ce qui ferme.

fermeté n. f. V. FERME I.

fermeture n. f. V. FERMER.

fermier, ère n. V. FERME II.

féroce adj. Sauvage et cruel. La **férocité** est le caractère féroce.

férocité n. f. V. FÉROCE.

ferraille n. f., **ferrailler** v., **ferrugineux, euse** adj., **ferrer** v. V. FER.

ferry-boat n. m. Navire transportant des wagons, des automobiles.

fertile adj. Productif : *sol fertile*. La **fertilité** est la qualité de ce qui est fertile.

fertilité n. f. V. FERTILE.

fervent, e adj. V. FERVEUR.

ferveur n. f. Ardeur pieuse. Celui qui a de la ferveur est **fervent**.

fesse n. f. Chacune des deux parties charnues formant le derrière. Une **fessée**, c'est une correction sur les fesses.

fessée n. f. V. FESSE.

festin n. m. Repas somptueux.

festival n. m. V. FÊTE.

festivité n. f. V. FÊTE.

feston n. m. Guirlande de fleurs, de feuilles (1).

festoyer v. V. FÊTE.

fête n. f. Solennité religieuse ou civile : *fête nationale*. Réjouissance publique : *fête foraine*. Festin, bal, concert, etc. *Faire fête*, bien accueillir. **Fêter**, c'est célébrer une fête, faire fête. Un **festival** est une série de représentations consacrées à un art ou à un artiste : *un festival de cinéma*. Une **festivité** est une fête quelconque. **Festoyer**, c'est fêter, surtout par des banquets.

fêter v. V. FÊTE.

fétiche n. m. Objet, animal auquel on attribue des qualités de porte-bonheur.

fétide adj. D'odeur repoussante.

fétidité n. f. Odeur fétide.

fétu n. m. Brin de paille.

feu n. m. Chaleur et lumière dues à une combustion. Incendie. Décharge d'arme à feu : *faire feu. Arme à feu,* fusil, pistolet, etc. *Bouche à feu,* canon. *Feu d'artifice,* combustion de feux colorés, de fusées, de pétards. Phare. Fanal, lanterne. Ardeur : *le feu des passions.* Combat : *aller au feu. Feu follet,* gaz inflammable à l'air, qui sort des marais. *Ne pas faire long feu,* c'est ne pas durer longtemps.

feu, e adj. Défunt : *feu la reine; la feue reine.*

feuillage n. m. V. FEUILLE.

feuille n. f. Partie plate et mince, généralement verte, qui pousse aux plantes (2). Pétale de fleur : *feuille de rose.* Chose plate et

1. V. pl. DÉCORATION ORNEMENTALE; 2. V. pl. PLANTES.

mince : *feuille d'or, de papier.*
Journal. Le **feuillage**, c'est
l'ensemble des feuilles d'un
arbre (1). Un **feuillet**, c'est
une feuille de papier. **Feuilleter**, c'est tourner les feuillets
d'un livre, etc.; c'est aussi préparer une pâte qui se lève par
feuilles minces. Un **feuilleton**,
c'est un roman publié en plusieurs fois dans un journal.

feuillet n. m., **feuilleter** v.,
feuilleton n. m. V. FEUILLE.

feutre n. m. Etoffe de laine, de
poils foulés. Chapeau de feutre : *feutre mou*. **Feutrer**,
c'est fouler, presser du poil, de
la laine. Au figuré, *des pas* **feu-
trés** sont des pas silencieux.

feutrer v. V. FEUTRE.

fève n. f. Plante potagère proche
du haricot (2).

février n. m. Second mois de
l'année (28 jours ou 29).
[V. BISSEXTILE.]

fi! Exclamation de mépris.

fiacre n. m. Voiture à cheval qui
était utilisée en ville comme un
taxis (3).

fiançailles n. f. pl. V. FIANCER.

fiancer (se) v. S'unir par une
promesse de mariage. Les **fiancés** sont ceux qui se sont promis le mariage. Les **fiançailles**
consacrent cette promesse.

fiasco n. m. Echec complet.

fibre n. f. Filament : *fibre textile.* Ce qui a des fibres est
fibreux. La **fibranne** est un
textile artificiel.

ficeler v. V. FICELLE.

ficelle n. f. Corde mince. **Ficeler**, c'est lier avec une ficelle.

fiche n. f. Pointe de bois, de
fer. Feuillet pour classer des
notes. **Ficher**, c'est faire entrer
par la pointe : *ficher un pieu;*
c'est aussi porter un renseignement sur une fiche.

fichu n. m. Pointe d'étoffe, de
dentelle, jetée sur les épaules.

fictif, ive adj. Feint, imaginaire.
Conventionnel : *valeur fictive.*
Une **fiction** est une chose fic-
tive.

fiction n. f. V. FICTIF.

fidèle adj. Qui remplit ses engagements. Honnête. Exact : *mémoire fidèle*. Attaché, dévoué :
chien fidèle. N: m. pl. Ceux qui
pratiquent une religion. La
fidélité, c'est la qualité de ce
qui est fidèle.

fidélité n. f. V. FIDÈLE.

fief n. m. Domaine qu'un seigneur accordait à un vassal
(v. ce mot).

fieffé, e adj. Atteint d'un grave
défaut : *ivrogne fieffé.*

fiel n. m. Bile.

fiente n. f. Excrément d'animal.

fier v. *Se fier à,* donner sa
confiance.

fier, ère adj. Arrogant, orgueilleux. Noble, élevé : *âme fière.*
Audacieux. Un **fier-à-bras**,
c'est un fanfaron. La **fierté** est
le caractère fier.

fierté n. f. V. FIER.

fièvre n. f. Augmentation de la
température du corps qui
accompagne certaines maladies.
Vive agitation. Ce qui est relatif à la fièvre, qui a la fièvre,
est **fiévreux** ou **fébrile**.

fiévreux, euse adj. V. FIÈVRE.

fifre n. m. Sorte de petite flûte.

figer v. Epaissir par le froid :
huile figée. Rendre immobile.

fignoler v. Arranger avec soin.

figue n. f. Fruit charnu et sucré
du figuier (4).

figurant, e n. V. FIGURE.

figure n. f. Forme visible d'un
corps. Visage. Air, contenance :
faire bonne figure. Dessin,
représentation : *des figures
d'animaux*. Dessin géométri-

1. V. pl. PLANTES ; 2. V. pl. LÉGUMES ; 3. V. pl. VÉHICULES ; 4. V. pl. FRUITS.

que : *le centre d'une figure.*
Mouvement de la danse. **Figurer,** c'est représenter; c'est aussi se trouver dans : *figurer sur une liste.* **Se figurer,** c'est s'imaginer. Le sens **figuré** d'un mot est un sens détourné de l'ordinaire, par exemple : *la lecture* NOURRIT *l'esprit.* Un **figurant** est un personnage muet dans une pièce de théâtre ou un film (1). Une **figurine,** c'est une statuette.

figurer v., **figurine** n. f. V. FIGURE.

fil n. m. Petit brin textile. Métal étiré en forme de fil : *fil de fer.* Tranchant : *le fil d'un couteau.* Suite : *perdre le fil de son discours. Fil à plomb,* fil auquel est attaché un poids. Un **filament,** c'est un petit fil. Ce qui a la forme d'un fil est **filiforme.** (V. FILER.)

filament n. m. V. FIL.

filature n. f. V. FILER.

file n. f. Rangée : *mettre en file.*

filer v. Réunir des brins textiles en un fil continu : *filer la laine.* Suivre pour guetter : *filer un voleur.* Se dit d'une lampe qui fume. La **filature,** c'est l'action de filer, l'établissement où l'on file. La **filière** est un instrument pour étirer un métal en fils; c'est aussi une suite de formalités. La **fileuse,** c'est la femme qui file le chanvre, la laine, etc. (2).

filet n. m. Tissu à fils très écartés et noués à leur croisement, qui sert pour pêcher, pour transporter certains objets, pour accrocher la nacelle au ballon (3). Partie charnue du dos du bœuf, etc. Un **filet,** c'est aussi un filament; c'est encore un petit trait; c'est enfin un mince écoulement de liquide.

fileuse n. f. V. FILER.

filial, e adj. Du fils ou de la fille : *l'amour filial.*

filière n. f. V. FILER.

filiforme adj. V. FIL.

filigrane n. m. Dessin qui se voit par transparence dans le papier.

filin n. m. Cordage d'un navire.

fille n. f. Enfant, du sexe féminin, par rapport à ses parents. Une **fillette** est une fille très jeune.

filleul, e n. Celui, celle dont on est le parrain, la marraine.

film n. m. Pellicule pour photographie, cinématographie (4). Œuvre cinématographique.

filmer v. Cinématographier.

filon n. m. Minerai enfermé entre deux couches de terrain.

filou n. m. Voleur adroit.

filouter v. Voler adroitement.

fils n. m. Enfant, du sexe masculin, par rapport à ses parents. Descendant : *les fils des Gaulois.*

filtre n. m. Matière poreuse, à travers laquelle on passe un liquide pour le clarifier. **Filtrer,** c'est faire passer par un filtre; c'est aussi laisser passer (lumière, etc.).

filtrer v. V. FILTRE.

fin I. n. f. Bout, extrémité : *la fin d'un ouvrage.* But : *poursuivre une fin. A la fin,* enfin. Ce qui termine est **final.** La **finale,** c'est la dernière syllabe d'un mot, l'épreuve qui termine une lutte sportive, etc. (V. FINIR.)

fin, e II. adj. Très petit, très menu : *sable fin.* Très mince : *fil fin.* Précieux : *pierre fine.* Excellent : *vue fine.* Rusé : *fin renard.* La **finesse,** c'est la qualité de ce qui est fin. Celui qui est rusé est **finaud.**

final, e adj. et n. V. FIN I.

1. V. pl. CINÉMA; 2. V. pl. TISSAGE; 3. V. pl. AÉROSTATS;
4. V. pl. PHOTOGRAPHIE.

finance n. f. Maniement, commerce des affaires d'argent. Monde des banquiers, des capitalistes. Au pluriel, ressources en argent d'un Etat. **Financer,** c'est faire les frais d'une entreprise. Le **financier** est celui qui s'occupe de finances.

financer v., **financier** n. m. V. FINANCE.

finaud, e adj., **finesse** n. f. V. FIN II.

finir v. Mettre fin, achever. Terminer : *finir en pointe.* Avoir une certaine fin : *finir net.* Mourir. Ce qui est achevé dans son genre est *fini* : *coquin fini.* Le fini d'un ouvrage, c'est sa perfection. Le **finissage,** la **finition** sont les dernières opérations données à un ouvrage.

finissage n. m., **finition** n. f. V. FINIR.

fiole n. f. Petit flacon (1).

fioriture n. f. Ornement.

firmament n. m. Le ciel.

firme n. f. Entreprise industrielle ou commerciale.

fisc n. m. Administration de l'Etat, qui perçoit les impôts.

fiscal, e adj. Relatif au fisc.

fission n. f. Division. *Fission nucléaire,* éclatement d'atomes.

fissure n. f. Petite fente.

fistule n. f. Ouverture qui se forme dans le corps.

fixation n. f. V. FIXE.

fixe adj. Qui ne change pas de place. Qui ne bouge pas : *regard fixe.* Qui ne change pas d'aspect, de valeur, etc. **Fixer,** c'est rendre fixe; c'est aussi regarder avec une attention soutenue; c'est également préciser : *fixer une date;* attirer : *fixer l'attention.* La **fixation** est l'action de fixer. La **fixité** est la qualité de ce qui est fixe : *fixité du regard.*

fixer v., **fixité** n. f. V. FIXE.

fjord [*fyord'*] n. m. En Norvège, vallée très profonde et encaissée, envahie par la mer.

flacon n. m. Petite bouteille (2).

flageller v. Fouetter.

flageoler v. Trembler des jambes.

flageolet I n. m. Sorte de flûte (3).

flageolet II n. m. Espèce de haricot.

flagorner v. Flatter bassement.

flagrant, e adj. Evident, incontestable.

flair n. m. Odorat du chien. Habileté pour découvrir les choses cachées.

flairer v. Sentir.

flamand, e adj. et n. De Flandre.

flamant n. m. Oiseau à longues pattes et à plumage rose (4).

flambeau n. m. Chandelier, torche. Une **flambée,** c'est un feu clair. **Flamber,** c'est passer par la flamme; c'est aussi brûler avec flamme. **Flamboyer,** c'est briller d'une vive flamme. Ce qui flamboie est **flamboyant.** L'*architecture flamboyante* est celle de la fin de l'époque gothique.

flambée n. f., **flamber** v., **flamboyer** v. V. FLAMBEAU.

flamme n. f. Gaz en feu qui se dégage d'une matière qui brûle. Feu, incendie : *maison en flammes.* Ardeur, vivacité. Sorte de drapeau (5). Une **flammèche** est une parcelle enflammée.

flammèche n. f. V. FLAMME.

flan n. m. Sorte de tarte.

flanc n. m. Partie latérale du corps. Côté d'une chose : *le flanc d'une montagne.*

flancher v. Lâcher pied, céder.

flanelle n. f. Etoffe de laine fine.

1 et 2. V. pl. BOUTEILLES ; 3. V. pl. MUSIQUE (*Instruments de*) ; 4. V. pl. PALMIPÈDES ET ÉCHASSIERS ; 5. V. pl. DRAPEAUX.

flâner v. Aller de côté et d'autre. Perdre son temps. L'action de flâner est la **flânerie**. Celui qui flâne est un **flâneur**.

flânerie n. f., **flâneur, euse** n. V. FLÂNER.

flanquer v. Défendre les flancs d'une troupe en marche. Lancer, donner avec force : *flanquer à la porte; flanquer une gifle.*

flaque n. f. Petite mare.

flash n. m. Eclair pour prise de vue photographique (1).

flasque adj. Mou, sans force.

flatter v. Caresser avec la main. Plaire : *flatter l'oreille.* Louer pour séduire : *flatter quelqu'un.* Embellir : *flatter un portrait.* La **flatterie** est la louange intéressée. Le **flatteur** est celui qui flatte.

flatterie n. f., **flatteur, euse** n. V. FLATTER.

fléau n. m. Instrument qui servait à battre les céréales pour en extraire le grain (2). Calamité, malheur public.

flèche n. f. Arme faite d'une tige de bois garnie d'une pointe de fer et qu'on lance avec un arc (3). Pointe d'un clocher.

fléchir v. Courber, plier. Céder peu à peu. Faire céder. Le **fléchissement** est l'action de fléchir. (V. FLEXIBLE.)

fléchissement n. m. V. FLÉCHIR.

flegmatique adj. Froid, calme.

flétan n. m. Poisson plat des mers froides.

flétrir v. Faire perdre sa fraîcheur à une plante. Faire honte de : *flétrir un crime.* La **flétrissure** est le déshonneur.

flétrissure n. f. V. FLÉTRIR.

fleur n. f. Partie de la plante, généralement colorée, qui forme plus tard le fruit. Dessin représentant une fleur. *A fleur de,* au niveau de. Ce qui est en fleur est **fleuri. Fleurir,** c'est pousser des fleurs; c'est aussi prospérer, réussir; c'est également orner de fleurs. Le **fleuriste** est celui qui cultive ou vend des fleurs. Un **fleuron** est un ornement en forme de fleur (4). La **floraison** est l'épanouissement de la fleur. Les **jeux floraux** sont des concours poétiques où les prix sont des fleurs. La **flore** est l'ensemble des plantes d'un pays. **Floréal** était le mois des fleurs (du 21 avril au 20 mai) du calendrier républicain.

fleuret n. m. Epée mince, sans pointe ni tranchant.

fleurir v., **fleuriste** n., **fleuron** n. m. V. FLEUR.

fleuve n. m. Grand cours d'eau qui aboutit à la mer (5). Ce qui se rapporte au fleuve est **fluvial.**

flexible adj. Qui plie; souple.

flexion n. f. Action de fléchir, de plier : *flexion des genoux* (6).

flibustier n. m. Pirate.

flirt [*fleurt'*] n. m. Action de flirter. Personne avec qui l'on flirte.

flirter [*fleur-té*] v. Avoir des relations sentimentales, amoureuses.

flocon n. m. Touffe de laine, de soie, etc. Masse légère de neige.

flonflon n. m. Refrain, couplet.

floraison n. f., **floral, e** adj., **flore** n. f., **floréal** n. m. V. FLEUR.

florin n. m. Unité monétaire des Pays-Bas.

florissant, e adj. Prospère.

flot n. m. Eau de la mer, d'un fleuve, soulevée par le vent. Marée montante. Liquide répandu : *flots de sang. Etre à*

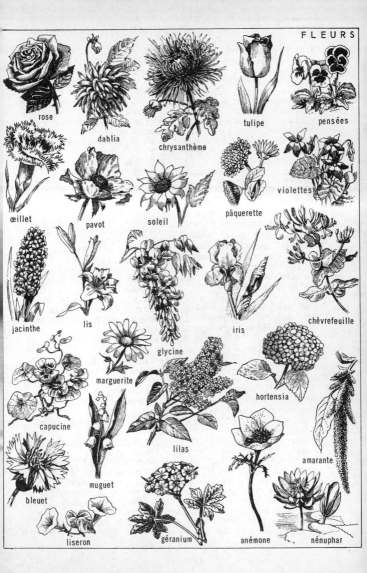

FLEURS

rose

dahlia

chrysanthème

tulipe

pensées

œillet

pavot

soleil

pâquerette

violettes

jacinthe

lis

glycine

iris

chèvrefeuille

marguerite

hortensia

capucine

lilas

amarante

bleuet

muguet

liseron

géranium

anémone

nénuphar

flot, flotter. **Flotter,** c'est être porté sur un liquide : *flotter sur l'eau.* Ondoyer : *flotter au vent.* Etre irrésolu. Ce qui flotte est **flottant.** Une **flotte,** c'est un ensemble de bateaux naviguant ensemble. Une **flottille** est une petite flotte. Le **flottement,** c'est l'indécision. Un **flotteur** est un corps léger qui flotte : *le flotteur d'une ligne de pêche* (1).

flotte n. f., **flottement** n. m., **flotter** v., **flotteur** n. m., **flottille** n. f. V. FLOT.

flou, e adj. Fondu, vaporeux.

fluctuation n. f. Variation de ce qui a des hauts et des bas.

fluet, ette adj. Mince, délicat.

fluide adj. Coulant : *huile fluide.* N. m. Corps non solide, comme les liquides, les gaz.

fluorescence n. f. Lumière qui se dégage de quelques corps.

flûte n. f. Instrument de musique, formé d'un tube percé de trous dans lequel on souffle (2). Petit pain long. Verre long et étroit. Le **flûtiste** est le joueur de flûte.

flûtiste n. m. V. FLÛTE.

fluvial, e adj. V. FLEUVE.

flux [*flu*] n. m. Marée montante. Ecoulement : *flux de larmes.*

fluxion n. f. Gonflement douloureux des gencives, de la joue.

foc n. m. Voile triangulaire à l'avant d'un bateau.

fœtus [*fé-tuss*] n. m. L'être humain dans le ventre de sa mère, après le troisième mois de la conception.

foi n. f. Fidélité à ses engagements : *respecter la foi jurée.* Croyance : *digne de foi.* Religion : *mourir pour sa foi. Bonne foi,* intention droite. *Mauvaise foi,* intention coupable. *Faire foi,* prouver. *Sans foi ni loi,* sans religion ni conscience. *Profession de foi,* déclaration de ses opinions.

foie n. m. Organe mou et rougeâtre, à droite du ventre : *le foie produit la bile* (3).

foin n. m. Herbe fauchée, séchée.

foin! Exclamation de dédain.

foire n. f. Grand marché public. Fête populaire.

fois n. f. Chacun des cas où une chose arrive : *tomber trois fois;* où une chose peut être contenue dans une autre : *trois fois plus grand. A la fois,* ensemble.

foison n. f. Abondance. *A foison,* abondamment. **Foisonner,** c'est abonder.

foisonner v. V. FOISON.

fol, folle adj. V. FOU.

folâtre adj. Gai, badin.

folâtrer v. Badiner, jouer.

folichon, onne adj. Folâtre.

folie n. f. Perte de la raison. Acte, parole extravagante : *dire des folies. A la folie,* beaucoup. (V. FOU.)

folio n. m. Feuillet de registre, de manuscrit.

folklore n. m. Ensemble des légendes, des chansons caractéristiques, des usages d'une région.

folle adj. V. FOU.

fomenter v. Susciter, encourager.

foncé, e adj. Sombre (couleur).

foncer v. Se précipiter : *foncer sur l'ennemi.* Rendre plus sombre.

foncier, ère adj. Formé par des terres : *propriété foncière.* Qui forme le fond : *qualité foncière.*

fonction n. f. Exercice d'un emploi. Action d'une machine, d'un organe du corps. Le **fonctionnaire** est l'employé d'un service public. **Fonctionner,**

1. V. pl. PÊCHE ; 2. V. pl. MUSIQUE (*Instruments de*) ; 3. V. pl. HOMME.

c'est marcher, en parlant d'une machine, d'un organe. Le **fonctionnement** est la manière dont une chose fonctionne.

fonctionnaire n., **fonctionnement** n. m., **fonctionner** v. V. FONCTION.

fond n. m. Partie la plus basse : *fond d'un puits.* Ce qui reste au fond : *fond de bouteille.* Partie la plus éloignée de l'entrée. Partie d'un tableau, d'un tissu sur laquelle se détache un dessin. Partie principale : *le fond d'une question.*

fondamental, e adj., **fondateur, trice** n., **fondation** n. f., **fondement** n. m. V. FONDER.

fonder v. Etablir les fondements d'une construction. Créer : *fonder un collège.* La **fondation**, c'est l'action de fonder. Au pluriel, c'est la maçonnerie qui sert de base à un édifice. (On dit aussi FONDEMENTS.) Le **fondement**, c'est aussi ce sur quoi s'appuie une chose : *idée sans fondement.* Ce qui est **fondamental** est très important : *une vérité fondamentale.* Celui qui fonde est le **fondateur**.

fonderie n. f. V. FONDRE.

fondre v. Rendre, devenir liquide à la chaleur : *fondre un métal.* Se dissoudre : *le sucre fond dans l'eau.* Fabriquer avec un métal fondu, coulé dans un moule : *fondre une cloche.* Mêler : *fondre les couleurs. Fondre sur,* s'abattre sur. *Fondre en larmes,* pleurer abondamment. Ce qui fond est **fondant.** Une **fonderie** est une usine où l'on fond les métaux.

fondrière n. f. Crevasse bourbeuse dans le sol.

fonds n. m. Terre, champs. Somme d'argent, capital : *fonds disponibles.* Etablissement de commerce : *fonds de mercerie.*

fontaine n. f. Eau vive qui sort du sol. Construction où l'on s'approvisionne en eau.

fonte n. f. Action de fondre : *la fonte des neiges.* Fer fondu contenant plus de carbone que l'acier. Poche fixée à la selle d'un cavalier.

fonts n. m. pl. Bassin sur lequel on tient un enfant au baptême.

football [*fout'-baul*] n. m. Jeu d'équipe, où on lance un ballon avec le pied.

for n. m. *For intérieur,* la conscience.

forain, e adj. Relatif aux foires : *fête foraine.*

forban n. m. Pirate.

forçat n. m. Homme condamné aux travaux forcés.

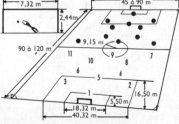

FOOTBALL

1. Gardien de but
2. Arrière droit
3. Arrière gauche
4. Demi droit
5. Arrière central
6. Demi gauche
7. Ailier droit
8. Intérieur droit
9. Avant centre
10. Intérieur gauche
11. Ailier gauche

force n. f. Puissance capable de produire un effet : *la force des bras, de la vapeur, d'une machine.* Emploi de la force pour vaincre : *obéir à la force.* Solidité : *force d'un tissu.* Qualité de l'esprit, du caractère, qui permet de faire de grandes choses : *force d'âme.* Autorité : *parler avec force.* Adresse, habileté : *être de même force au jeu. Etre en force,* en nombre. *A force de,* en répétant un effort. *A toute force,* à tout prix. *Par force,* avec violence.

forcené, e adj. Hors de soi, furieux, acharné.

forcer v. Obliger par force. Ployer, tordre, enfoncer par force : *forcer une porte.*

forer v. Percer, creuser.

forestier, ère adj. V. FORÊT.

foret n. m. Outil pour forer.

forêt n. f. Vaste étendue de terrain boisé. *Forêt vierge,* forêt non exploitée des régions équatoriales. Ce qui se rapporte à la forêt est **forestier** : *garde forestier.*

forfaire v. Manquer à : *forfaire à ses engagements.* Un **forfait** est un grand crime. Le **forfait** est un contrat par lequel on s'engage à faire une chose moyennant un certain prix.

forfait n. m. V. FORFAIRE.

forfanterie n. f. Vantardise.

forficule n. f. Perce-oreille.

forge n. f. Atelier où l'on forge les métaux (1). **Forger,** c'est travailler un métal à chaud, à coups de marteau; c'est aussi inventer : *forger une nouvelle.* Le **forgeron** est celui qui forge.

forger v., **forgeron** n. m. V. FORGE.

formaliser (se) v. S'offenser.

formalité n. f. Règle dans laquelle on doit procéder à un acte administratif, judiciaire, etc.

format n. m. Dimension d'un papier, d'un livre.

formation n. f. V. FORME.

forme n. f. Apparence extérieure : *objet de forme carrée.* Manière de se conduire, de parler : *formes polies.* Caractère d'une société : *gouvernement de forme républicaine.* Formalité : *vice de forme.* Moule : *forme de chapeau. Pour la forme,* selon l'usage. **Former,** c'est créer sous une certaine forme : *former un parti.* Façonner : *former l'esprit.* Avoir l'idée de : *former un projet.* La **formation** est l'action de former, de se former.

formel, elle adj. Net, précis.

former v. V. FORME.

formidable adj. Redoutable. Excessif : *bruit formidable.*

formulaire n. m. V. FORMULE.

formule n. f. Forme d'après laquelle on doit rédiger un acte. Manière de s'exprimer : *formule de politesse.* Représentation d'une quantité, d'un produit chimique, par des lettres, des chiffres. **Formuler,** c'est rédiger : *formuler une ordonnance;* c'est aussi exprimer : *formuler une demande.* Un **formulaire** est un recueil de formules. Un **formulaire** est un imprimé sur lequel on porte des renseignements en accomplissant certaines formalités.

formuler v. V. FORMULE.

fort, e adj. Qui a de la force : *homme fort.* Fortifié : *place forte.* Solide : *étoffe forte.* Considérable : *forte somme.* D'une odeur, d'une saveur désagréable : *beurre fort;*

---

1. V. pl. SERRURERIE.

haleine forte. Se dit des liquides chargés de certains produits : *liqueur forte* (alcoolique); *café fort*. Très instruit en une chose : *fort en histoire*. Choquant : *cela est trop fort!* Sonore : *voix forte*. Très : *c'est fort bien*. Un **fort**, c'est un poste militaire fortifié; c'est aussi une personne robuste. Le **fort** de quelqu'un, c'est ce à quoi il est habile. Une **forteresse**, c'est une place fortifiée. **Fortifier**, c'est rendre fort; c'est aussi entourer de fortifications. Une **fortification** est un ouvrage de défense militaire. Un **fortin** est un petit fort.

forteresse n. f., **fortification** n. f., **fortifier** v., **fortin** n. m. V. FORT.

fortuit, e adj. Imprévu.

fortune n. f. Chance bonne ou mauvaise : *tenter la fortune; revers de fortune*. Richesse : *grosse fortune. Faire fortune,* c'est s'enrichir. Celui qui a de la fortune est **fortuné**.

fortuné, e adj. V. FORTUNE.

forum [*fo-rom*] n. m. Place publique dans l'Antiquité romaine.

fosse n. f. Trou creusé dans le sol pour y déposer quelque chose : *fosse à fumier*. Cavité, trou : *fosses nasales*. Un **fossé**, c'est une fosse pour clore un espace, pour faire écouler des eaux, pour défendre une ville (1). Le **fossoyeur** est celui qui creuse les tombes. Une **fossette**, c'est un petit creux sur une partie du corps.

fossé n. m., **fossette** n. f. V. FOSSE.

fossile n. m. Débris d'animal, de plante, qu'on trouve dans des couches du sol très anciennes.

fossoyeur n. m. V. FOSSE.

fou ou **fol, folle** adj. Qui a perdu la raison. Contraire à la raison : *idée folle*. (V. FOLIE.) N. m. Bouffon qui servait à amuser un prince. Pièce du jeu d'échecs. Oiseau des côtes rocheuses.

fouailler v. Fouetter.

foudre n. f. Décharge électrique qui éclate dans le ciel avec une vive lumière (éclair) et un bruit violent (tonnerre). *Avoir le coup de foudre,* c'est se passionner brusquement pour quelqu'un, pour quelque chose. *Un foudre de guerre,* c'est un grand capitaine. **Foudroyer,** c'est frapper de la foudre, frapper comme la foudre.

foudroyer v. V. FOUDRE.

fouet n. m. Corde, lanière attachée à un manche, servant pour frapper. Correction donnée avec le fouet. Ustensile servant à battre les œufs, etc. (2). **Fouetter,** c'est frapper avec le fouet; c'est aussi battre (la crème, etc.).

fouetter v. V. FOUET.

fougère n. f. Plante sans fleurs, à feuilles très découpées (3).

fougue n. f. Vive ardeur. Ce qui a de la fougue est **fougueux**.

fougueux, euse adj. V. FOUGUE.

fouille n. f. V. FOUILLER.

fouiller v. Creuser la terre pour chercher. Explorer, chercher : *fouiller un bois; fouiller dans son sac*. La **fouille** est l'action de fouiller; c'est aussi le creux formé quand on fait une fouille. Le **fouillis**, c'est le désordre.

fouillis n. m. V. FOUILLE.

fouine n. f. Petit mammifère carnassier à corps mince et à museau pointu (4). **Fouiner,** c'est fouiller, chercher.

fouiner v. V. FOUINE.

foulage n. m. V. FOULER.

---

1. V. pl. CHÂTEAU FORT; 2. V. pl. CUISINE (*Ustensiles de*); 3. V. pl. PLANTES SAUVAGES; 4. V. pl. FOURRURE (*Animaux à*).

foulard n. m. Etoffe de soie légère. Mouchoir de cou.

foule n. f. Multitude de personnes, de choses. Le commun des hommes : *les idées de la foule.*

foulée n. f. V. FOULER.

fouler v. Ecraser en appuyant, en battant. Produire une foulure. Donner au drap un aspect feutré en le pressant sous des rouleaux. *Fouler aux pieds,* mépriser. Le **foulage** est l'action de fouler. La **foulée** est la distance couverte par un coureur entre deux appuis des pieds au sol. Une **foulure** est une entorse légère à la main, au pied, etc.

foulure n. f. V. FOULER.

four n. m. Ouvrage de maçonnerie, voûté, pour cuire le pain, etc. (1). Un *petit four* est une petite pâtisserie. Appareil où l'on produit des températures élevées : *four à chaux; four électrique* (2). Familièrement, échec. Une **fournaise** est un grand four; c'est aussi un feu violent. Un **fourneau** est un appareil destiné à faire du feu pour la cuisine, etc. Un **haut fourneau** est un four à haute cheminée pour fondre le minerai de fer et élaborer la fonte. Une **fournée** est la quantité de pain cuite en une fois. Le **fournil** est le four du boulanger.

fourbe adj. Trompeur.

fourberie n. f. Ruse, tromperie.

fourbir v. Nettoyer, polir.

fourbu, e adj. Fatigué par la marche (cheval, homme).

fourche n. f. Outil muni de longues dents et d'un long manche. Endroit où un chemin, une branche d'arbre se divise en deux. La **fourchette** est un ustensile de table en forme de fourche (3). Ce qui se divise comme une fourche est **fourchu.**

fourchette n. f., **fourchu, e** adj. V. FOURCHE.

fourgon n. m. Chariot long et couvert. Wagon à bagages.

fourgonner v. Familièrement, fouiller de-ci de-là.

fourmi n. f. Très petit insecte qui vit en société (4). Au figuré, picotement : *avoir des fourmis dans les bras.* La **fourmilière** est l'habitation des fourmis; au figuré, c'est un endroit très peuplé. **Fourmiller,** c'est grouiller comme des fourmis; s'agiter.

fourmilière n. f., **fourmiller** v. V. FOURMI.

fournaise n. f., **fourneau** n. m., **fournée** n. f., **fournil** n. m. V. FOUR.

fourniment n. m. Equipement.

fournir v. Pourvoir du nécessaire : *boutique bien fournie.* Livrer : *fournir des marchandises.* Produire : *fournir un effort.* Le **fournisseur** est celui qui fournit. La **fourniture** est ce que l'on fournit.

fournisseur n. m., **fourniture** n. f. V. FOURNIR.

fourrage n. m. Herbe, paille, foin, pour les bestiaux. **Fourrager,** c'est chercher en mettant du désordre. Une **fourragère** est une voiture à fourrage; c'est aussi un ornement d'uniforme.

fourrager v., **fourragère** n. f. V. FOURRAGE.

fourré n. m., **fourreau** n. m. V. FOURRER.

fourrer v. Introduire : *fourrer dans sa poche.* Doubler de fourrure : *paletot fourré.* Enfermer : *fourrer en prison.* **Se fourrer,** c'est s'introduire. Un

fourré est un endroit très épais d'un bois. Un **fourreau** est un étui pour le sabre, l'épée. Le **fourreur** est celui qui travaille, qui vend les fourrures. La **fourrière** est l'endroit où l'on garde les animaux errants, les voitures abandonnées, etc. Une **fourrure** est une peau d'animal avec son poil.

fourreur n. m. V. FOURRER.

fourrier n. m. Sous-officier qui distribue les vivres, assure le logement des soldats en campagne.

fourrière n. f., **fourrure** n. f. V. FOURRER.

fourvoyer v. Mettre dans l'erreur.

foyer n. m. Partie de la cheminée où l'on fait le feu. Point d'où part de la lumière, de la chaleur. Partie d'une machine à vapeur où brûle le combustible. Maison, famille : *retrouver son foyer*. Salle d'un théâtre où l'on se réunit aux entractes. Siège d'une maladie : *foyer d'infection.* Centre : *foyer de rébellion.* Pl. Pays natal.

fracas n. m. Bruit violent.

fracasser v. Briser avec bruit.

fraction n. f. Partie d'un tout. Nombre qui désigne une ou plusieurs parties d'un tout divisé en parties égales. **Fractionner,** c'est diviser.

fractionner v. V. FRACTION.

fracture n. f. Rupture, cassure: *fracture d'un os.* **Fracturer,** c'est casser : *fracturer un os, une porte.*

fracturer v. V. FRACTURE.

fragile adj. Qui se brise facilement. La **fragilité,** c'est le manque de solidité.

fragilité n. f. V. FRAGILE.

fragment n. m. Morceau d'un

objet brisé. Extrait d'un livre.

frai n. m. Epoque de la reproduction chez les poissons.

fraîcheur n. f., **fraîchir** v. V. FRAIS I.

frais, fraîche I. adj. Un peu froid : *brise fraîche.* Qui n'est pas fatigué : *troupes fraîches.* Qui a gardé toute sa vivacité, son éclat : *fleurs fraîches.* Récent : *nouvelle toute fraîche.* N. m. Air frais, fraîcheur : *prendre le frais.* La **fraîcheur** est la qualité de ce qui est frais. **Fraîchir,** c'est devenir frais.

frais II. n. m. pl. Dépenses : *frais de guerre. Faux frais,* dépenses imprévues. *Se mettre en frais,* dépenser plus que d'habitude. *A peu de frais,* sans peine.

fraise I n. f. Fruit charnu et parfumé du fraisier, petite plante herbacée (1). Peau qui entoure les intestins du veau. Collet plissé des costumes anciens.

fraise II n. f. Outil pour forer, pour couper. **Fraiser,** c'est se servir de cet outil. Le **fraiseur** est l'ouvrier qui utilise la fraise.

fraiser v., **fraiseur** n. m. V. FRAISE II.

framboise n. f. Fruit du framboisier (2).

framée n. f. Javelot des Francs.

franc, franque I. adj. et n. Individu d'un peuple établi en Gaule au ve siècle.

franc II. n. m. Monnaie servant d'unité en France, en Belgique, en Suisse.

franc, franche III. adj. Libre de certaines charges : *ville franche; franc de port* (affranchi) : *langage franc.* La **franchise** est la qualité de ce qui est franc. **Franco** se dit, dans le commerce, des envois faits port payé. **A la bonne franquette,** sans façon.

animaux à FOURRURE

ours

taupe

agneau

renard

lynx

mouffette

furet

belette

fouine

chinchilla

loutre

vison

martre

opossum

zibeline

castor

hermine

français, aise adj. De France.
franc-comtois, e adj. et n. De la Franche-Comté.
franchir v. Passer par-dessus un obstacle : *franchir une barrière*.
franchise n. f. V. FRANC III.
franciscain, e Religieux, religieuse de l'ordre de Saint-François-d'Assise.
franciser v. Donner une forme française : *franciser un mot*.
francisque n. f. Hache de guerre des anciens Francs (1).
franc-maçon n. m. Membre de la **franc-maçonnerie**, société d'entraide et de solidarité, jadis secrète.
franco I. V. FRANC III.
franco II. Elément tiré de *français* avec lequel on forme des mots composés : *franco-russe*, *francophile* (ami des Français), *francophone* (qui parle français), etc.
franc-tireur n. m. Soldat, combattant qui ne fait pas partie d'une armée régulière.
frange n. f. Bordure, limite.
frangipane n. f. Gâteau aux amandes.
franquette n. f. V. FRANC III.
frappe n. f. V. FRAPPER.
frapper v. Donner des coups. Faire impression sur l'esprit, le cœur. Marquer d'une empreinte : *frapper une monnaie*. Toucher par une mesure de justice, administrative, etc. : *frapper d'amende*. Refroidir un liquide : *champagne frappé*. La **frappe** est la fabrication de la monnaie ; c'est aussi l'action de taper à la machine à écrire.
frasque n. f. Extravagance de conduite.
fraternel, elle adj., **fraterniser** v., **fraternité** n. f. Voir FRÈRE.
fraude n. f. V. FRAUDER.

frauder v. Commettre une fraude. La **fraude** est l'action de tromper, surtout en matière d'impôts, de douanes. Ce qui est fait en fraude est **frauduleux**. Celui qui fraude est un **fraudeur**.
fraudeur n. et adj., **frauduleux, euse** adj. V. FRAUDE.
frayer v. Rendre praticable un chemin.
frayeur n. f. Peur soudaine.
fredaine n. f. Ecart de conduite.
fredonner v. Chanter à mi-voix.
frégate n. f. Ancien bateau de guerre à un seul pont. Oiseau des mers tropicales.
frein n. m. Appareil qui permet de ralentir ou d'arrêter le mouvement d'une machine. Ce qui retient : *le frein de la loi*. **Freiner**, c'est arrêter avec un frein.
freiner v. V. FREIN.
frelater v. Falsifier une substance en y ajoutant certains produits.
frêle adj. Fragile, faible.
frelon n. m. Grosse guêpe (2).
frémir v. Trembler de peur, de colère. Le **frémissement** est un tremblement d'émotion.
frémissement n. m. V. FRÉMIR.
frêne n. m. Arbre à bois blanc.
frénésie n. f. Emportement.
frénétique adj. Emporté, furieux : *cris frénétiques*.
fréquence n. f. V. FRÉQUENT.
fréquent, e adj. Qui arrive souvent. La **fréquence**, c'est la répétition fréquente. **Fréquenter**, c'est visiter souvent. La **fréquentation**, c'est l'action de fréquenter.
fréquentation n. f., **fréquenter** v. V. FRÉQUENT.
frère n. m. Celui qui est né des mêmes parents qu'un autre. Nom que se donnent entre eux les religieux. *Frères de lait*, l'enfant de la nourrice et le

1. V. pl. ARMES ; 2. V. pl. INSECTES.

nourrisson. *Faux frère*, traître. Ce qui se rapporte aux frères est **fraternel**. La **fraternité** est la parenté entre frères et sœurs; c'est aussi le lien qui unit les membres d'une société. **Fraterniser**, c'est se conduire avec quelqu'un comme un frère.

fresque n. f. Peinture murale. Vaste composition littéraire.

fret n. m. Cargaison d'un navire.

frétiller v. S'agiter par de petits mouvements rapides.

fretin n. m. Petits poissons.

friable adj. Facile à réduire en poussière : *terre friable*.

friand, e adj. Gourmand. Une **friandise** est une gourmandise.

friandise n. f. V. FRIAND.

fricasser v. Accommoder de la viande coupée en morceaux.

friche n. f. Terrain non cultivé.

fricot n. m. Ragoût.

friction n. f. Frottement.

frictionner v. Frotter.

frigorifier v. Conserver par le froid. *Etre frigorifié*, c'est, familièrement, avoir très froid. Un **frigorifique** est un appareil qui produit le froid.

frileux, euse adj. Sensible au froid.

frimaire n. m. V. FRIMAS.

frimas n. m. Brouillard froid. **Frimaire** était le mois des frimas (du 21 nov. au 20 déc.) dans le calendrier républicain.

frime n. f. Semblant, apparence.

frimousse n. f. Visage.

fringale n. f. Faim pressante.

fringant, e adj. Vif, alerte.

friper v. Chiffonner, gâter. Le **fripier**, c'est le marchand de vieux habits. La **friperie** est le commerce du fripier.

friperie n. f., **fripier** n. m. V. FRIPER.

fripon, onne n. Qui vole adroi-

tement. La **friponnerie** est l'acte d'un fripon.

frire v. Cuire dans l'huile ou le beurre bouillants. (Conjuguez : *je fris* (pas de pluriel); *je frirai; frit, e.*) La **friture** est l'action de frire; c'est aussi ce que l'on frit. Une **frite** est un morceau de pomme de terre frite.

frise n. f. Bande peinte ou sculptée en haut d'un mur, au-dessus d'une porte, etc. (1).

friser v. Enrouler, mettre en bouclettes les cheveux, la barbe. Etre près de : *friser la cinquantaine*. Echapper de peu : *friser la mort*. Une **frisette** est une bouclette de cheveux frisés. La **frisure** est l'action de friser.

frisette n. f. V. FRISER.

frisson n. m. Suite de petits mouvements rapides qui se produisent quand on a froid, quand on est fiévreux. **Frissonner**, c'est avoir des frissons.

frissonner v. V. FRISSON.

frisure n. f. V. FRISER.

frite n. f., **friture** n. f. V. FRIRE.

frivole adj. Vain, léger, futile : *esprit frivole*. La **frivolité** est le caractère frivole.

frivolité n. f. V. FRIVOLE.

froc n. m. Vêtement de moine (2).

froid, e adj. Sans chaleur. Sans vivacité : *caractère froid*. A *froid*, sans chauffer. Au figuré, sans passion. Le **froid** est l'absence de chaleur; la sensation qu'il fait éprouver : *avoir froid*. Au figuré, c'est la gêne : *jeter un froid dans la conversation*. La **froideur** est l'état de ce qui est froid; c'est aussi l'indifférence, le manque d'amabilité.

froideur n. f. V. FROID.

froissement n. m. V. FROISSER.

froisser v. Presser avec violence. Chiffonner : *froisser du drap*.

---

1. V. pl. ARCHITECTURE; 2. V. pl. VÊTEMENTS RELIGIEUX.

Offenser : *froisser l'opinion.* Le **froissement**, c'est l'action de froisser.

frôler v. Toucher légèrement.

fromage n. m. Lait caillé fermenté.

froment n. m. Autre nom du blé.

fronce n. f. Pli.

froncement n. m. Action de froncer, de rider, surtout en parlant des sourcils et du front.

froncer v. Plisser.

frondaison n. f. Feuillage.

fronde n. f. Arme pour lancer des pierres (1).

front n. m. Haut du visage. Expression du visage : *un front serein.* La tête : *courber le front.* Le devant : *le front d'un coteau.* Zone où des combats opposent deux armées. Organisation politique regroupant plusieurs partis. Hardiesse : *avoir le front de. Faire front,* faire face. *De front,* de face. La **frontière** est la limite entre deux Etats. Un **frontalier,** c'est celui qui habite près d'une frontière. Un **frontispice** est un titre de livre orné d'un dessin. Un **fronton,** c'est un ouvrage d'architecture au-dessus d'une entrée principale (2); c'est aussi le mur contre lequel on joue à la pelote basque.

frontalier n. m., **frontière** n. f., **frontispice** n. m., **fronton** n. m. V. FRONT.

frottement n. m. V. FROTTER.

frotter v. Passer, en appuyant, un corps sur un autre. *Se frotter à,* s'attaquer à. Le **frottement** est l'action de frotter.

frou-frou n. m. Froissement de feuilles, d'étoffes.

frousse n. f. Familièrement, peur.

fructidor n. m. Mois des fruits

(18 août-17 sept.) dans le calendrier républicain.

fructifier v., **fructueux, euse** adj., **frugal, e** adj., **frugalité** n. f. V. FRUIT.

fruit n. m. Production d'une plante qui remplace la fleur desséchée. Production : *les fruits du sol.* Résultat : *les fruits de la paix.* **Fructifier,** c'est donner des fruits. Ce qui est profitable, qui donne du fruit, est **fructueux.** Celui qui se nourrit de fruits, de mets simples, est **frugal.** La **frugalité** est la modération dans le boire et le manger. Le **fruitier** est celui qui vend des fruits.

fruitier, ère n. V. FRUIT.

frusques n. f. pl. Vieux vêtements, nippes.

fruste adj. Rude, grossier : *air fruste.*

frustrer v. Priver quelqu'un de ce qu'il attend.

fuchsia [*fuk-sia*] n. m. Plante à fleurs rouges pendantes.

fucus n. m. Algue brune très commune.

fuel n. m. Sorte de pétrole.

fugace adj. De courte durée.

fugitif, ive adj. V. FUIR.

fugue n. f. Escapade.

fuir v. S'éloigner rapidement pour éviter quelqu'un, quelque chose : *fuir le danger.* S'éloigner de : *fuir le monde.* Laisser échapper son contenu : *tonneau qui fuit.* La **fuite** est l'action de fuir; c'est aussi l'échappement d'un liquide, d'un gaz, du récipient qui le contient. Celui qui fuit, ce qui passe vite, est **fugitif** : *espoir fugitif.* Le **fuyard** est celui qui fuit devant ceux qui le poursuivent. Un front **fuyant** est un front bas, incliné en arrière.

1. V. pl. ARMES ; 2. V. pl. ARCHITECTURE.

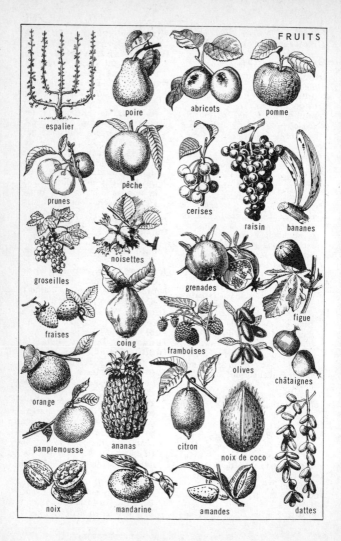

FRUITS

espalier — poire — abricots — pomme — prunes — pêche — cerises — raisin — bananes — groseilles — noisettes — grenades — figue — fraises — coing — framboises — olives — châtaignes — orange — ananas — citron — noix de coco — pamplemousse — noix — mandarine — amandes — dattes

fuite n. f. V. FUIR.

fulgurant, e adj. Qui brille comme l'éclair. Intense (douleur).

fulminer v. Eclater en menaces. Formuler avec violence une malédiction, etc.

fumée n. f. Vapeur mêlée de gaz, de suie, etc., qui s'élève des corps qui brûlent. Chose peu durable : *les fumées de la gloire.* **Fumer,** c'est produire de la fumée : *charbon qui fume;* dégager de la vapeur : *plat qui fume;* c'est aussi exposer à la fumée pour conserver : *jumer du jambon;* c'est encore brûler du tabac, etc., en aspirant la fumée. Le **fumet** est l'odeur des viandes cuites. Le **fumeur** est celui qui fume. Ce qui répand de la fumée est **fumeux.** Le **fumiste** est celui qui entretient les cheminées; au figuré, c'est un farceur. Le **fumoir** est l'endroit où l'on fume. La **fumigation,** c'est l'action de soumettre à une fumée pour un effet médical.

fumer I. v. V. FUMÉE.

fumer II. v. Ajouter du fumier. à la terre pour la rendre fertile. Le **fumier** est la litière des bestiaux mêlée à leur fiente (1).

fumet n. m., **fumeur** n. m. V. FUMÉE.

fumier n. m. V. FUMER II.

fumigation n. f. V. FUMÉE.

fumiste n. m., **fumoir** n. m. V. FUMÉE.

funambule n. Acrobate faisant des exercices sur une corde.

funèbre adj. Relatif aux funérailles : *pompes funèbres.* Triste, lugubre.

funérailles n. f. pl. Ensemble des cérémonies qui accompagnent un enterrement.

funéraire adj. Relatif aux funérailles : *monument funéraire.*

funeste adj. Malheureux, fatal, qui apporte du malheur : *une guerre funeste.*

funiculaire n. m. Chemin de fer établi sur une très forte pente, qui fonctionne à l'aide de câbles, de chaînes.

fur et à mesure (au). A mesure, successivement.

furet n. m. Petit mammifère carnassier qu'on peut dresser pour la chasse (2). **Fureter,** c'est chercher, fouiller.

fureter v. V. FURET.

fureur n. f. Grande colère. Passion : *la fureur du jeu. Faire fureur,* c'est être très à la mode.

furibond, e adj. Furieux.

furie n. f. Fureur. Au figuré, femme très irritée, violente.

furieux, euse adj. En fureur.

furoncle n. m. Petite tumeur douloureuse. La **furonculose** est une maladie qui se manifeste par des furoncles répétés.

furonculose n. f. V. FURONCLE.

furtif, ive adj. Fait en secret, en cachette.

fusain n. m. Arbrisseau à bois tendre dont on fait un charbon fin servant pour dessiner. Dessin au fusain.

fuseau n. m. Petite bobine, renflée au milieu, pour filer, pour faire de la dentelle. Ce qui est taillé en forme de fuseau est **fuselé.**

fusée n. f. Moteur servant à propulser un véhicule spatial, un satellite artificiel. Pièce de feu d'artifice qui monte dans les airs. Bout d'un essieu de voiture.

fuselage n. m. Charpente d'avion.

fuselé, e adj. V. FUSEAU.

1. V. pl. FERME; 2. V. pl. FOURRURE.

fusible adj. Qui peut être fondu.

fusil n. m. Arme à feu portative à long canon (1). Tige d'acier pour aiguiser les couteaux. **Fusiller,** c'est tuer à coups de fusil. Une **fusillade** est une décharge de coups de fusil.

fusillade n. f., **fusiller** v. V. FUSIL.

fusion n. f. Passage d'un corps solide à l'état liquide sous l'action de la chaleur. Réunion : *la fusion des partis.*

fustiger v. Fouetter.

fût n. m. Tonneau. Une **futaille** est un grand tonneau.

futaie n. f. Forêt d'arbres très élevés.

futaille n. f. V. FÛT.

futaine n. f. Une étoffe pelucheuse.

futé, e adj. Rusé, fin.

futile adj. Sans valeur, frivole.

futilité n. f. Chose futile.

futur, e adj. Qui sera dans un temps à venir : *vie future.* N. Personne qu'on doit épouser bientôt. N. m. Forme du verbe qui indique qu'une chose sera, aura lieu.

fuyard, e adj. et n., **fuyant, e** adj. V. FUIR.

fusil de chasse

Gare de triage [Phot. Bulloquet].

gabardine n. f. Manteau de lainage imperméable (1).

gabarit n. m. Modèle ou mesure de grandeur. Arceau sous lequel on fait passer des wagons ou des camions pour s'assurer que leur chargement n'est pas trop encombrant.

gabegie n. f. Gestion désordonnée.

gabelle n. f. Ancien impôt sur le sel.

gabelou n. m. Employé d'octroi.

gabier n. m. Matelot dont les tâches concernent la manœuvre du navire.

gâche n. f. Pièce creuse où entre la partie mobile d'une serrure (2).

gâcher v. Délayer du plâtre, du ciment. Faire sans soin, abîmer : *gâcher un travail, du papier*. Le **gâchis**, c'est une situation embrouillée.

gâchette n. f. Mécanisme qui fait partir un fusil, un revolver.

gâchis n. m. V. GÂCHER.

gadoue n. f. Engrais formé par des ordures. Terre détrempée.

gaffe n. f. Perche munie d'un crochet. Familièrement, maladresse. Un **gaffeur**, une **gaffeuse** sont, familièrement, des personnes qui commettent des gaffes, des maladresses.

gaffeur, euse n. V. GAFFE.

gage n. m. Ce qui garantit une dette : *donner sa montre en gage*. Témoignage, preuve : *gage d'amitié*. Au pluriel, salaire d'un domestique : *des gages élevés*.

gageure [*ga-jur'*] n. f. Chose qui surprend.

gagne-pain n. m. Travail avec lequel on gagne sa vie.

gagner v. Faire un gain. Etre vainqueur : *gagner la partie*. Obtenir du hasard : *gagner à la loterie*. Atteindre : *gagner la rive*. S'étendre : *le feu gagne*. Mériter : *gagner des louanges*.

gai, gaie adj. Qui a de la gaieté : *homme gai*. La **gaieté** est la joie, la bonne humeur.

gaieté n. f. V. GAI.

gaillard I. n. m. Extrémité du pont d'un navire (3).

gaillard, e II. adj. Vif, réjoui. D'une gaieté un peu libre. N. m. Homme vigoureux, décidé.

1. V. pl. VÊTEMENTS MASCULINS ; 2. V. pl. SERRURERIE ; 3. V. pl. BATEAUX.

gain n. m. Profit : *un gros gain.* Succès : *le gain d'une bataille.* (V. GAGNER.)

gaine n. f. Etui. Sous-vêtement féminin en tissu élastique.

gala n. m. Fête officielle, de grand apparat : *un gala à l'Opéra.*

galalithe n. f. Matière dure, tirée du lait caillé, dont on fait de petits objets : *peigne en galalithe.*

galant, e adj. Empressé auprès des dames. Aimable, gracieux. La **galanterie** est le caractère galant.

galanterie n. f. V. GALANT.

galantine n. f. Viandes coupées, servies avec leur gelée.

galaxie n. f. Immense groupement d'étoiles auquel appartient notre Soleil.

galbe n. m. Contour, profil.

gale n. f. Maladie causée par un petit parasite (v. ce mot) qui se loge sous la peau. Celui qui a la gale est **galeux.**

galéjade n. f. Histoire drôle.

galère n. f. Ancien navire à voiles et à rames (1). Au pluriel, les travaux forcés. Le **galérien** était le criminel condamné à ramer sur les galères.

galerie n. f. Pièce longue et couverte servant de passage. Salle où l'on expose des tableaux, des objets d'art. Balcon autour d'une salle de théâtre (2). Spectateurs, ceux qui regardent jouer les autres : *parler pour la galerie.* Couloir souterrain : *galerie de mine* (3).

galérien n. m. V. GALÈRE.

galet n. m. Gros caillou poli.

galetas n. m. Logement misérable.

galette n. f. Sorte de gâteau plat.

galeux, euse adj. V. GALE.

galimatias n. m. Discours peu clair, charabia.

galion n. m. Grand navire utilisé autrefois par la marine espagnole.

galle n. f. Petite boule que produit sur certaines plantes la piqûre d'un insecte.

gallicisme n. m. Façon de parler propre au français.

gallinacés n. m. pl. Groupe d'oiseaux qui comprend la poule, le paon, le dindon, le faisan, etc.

gallo-romain, e adj. Propre aux Gaulois et aux Romains.

galoche n. f. Chaussure à semelle de bois (4).

galon n. m. Ruban épais. Ruban de laine, d'or, d'argent, qui distingue les grades militaires. **Galonner,** c'est orner de galons.

galonner v. V. GALON.

galop n. m. Allure très rapide du cheval. Une **galopade** est une course au galop. **Galoper,** c'est courir au galop. Un **galopin** est un gamin effronté.

galopade n. f., **galoper** v., **galopin** n. m. V. GALOP.

galvaniser v. Couvrir un métal d'une couche de zinc. La **galvanoplastie** est une opération qui permet de recouvrir un objet d'une couche de métal au moyen d'un courant électrique.

galvanoplastie n. f. V. GALVANISER.

galvauder v. Gâter, mal employer.

gambade n. f. Bond. **Gambader,** c'est faire des gambades.

gambader v. V. GAMBADE.

gamelle n. f. Ecuelle métallique des soldats, des marins.

gamin, e n. Familièrement, enfant.

gamme n. f. Série des notes musicales disposées dans leur ordre naturel (5). Classement par degrés : *une gamme de couleurs.*

1. V. pl. MARINE À VOILE ; 2. V. pl. THÉÂTRE ; 3. V. pl. MINES ; 4. V. pl. CHAUSSURES ; 5. V. pl. MUSIQUE (*Signes de*).

ganglion n. m. Petit renflement mobile qu'on sent parfois sous la peau du cou, de l'aisselle, etc.

gangrène n. f. Décomposition d'une partie du corps, à la suite d'une plaie.

gangster n. m. Bandit.

gangue n. f. Impureté qui entoure un minerai.

ganse n. f. Cordonnet de soie.

gant n. m. Partie du vêtement qui couvre la main. *Aller comme un gant* signifie que quelque chose convient parfaitement. Le **gantelet** était le gant de fer des anciennes armures. **Ganter**, c'est mettre des gants. Le **gantier** est celui qui fait ou vend des gants.

gantelet n. m., **ganter** v., **gantier** n. m. V. GANT.

garage n. m. Endroit où l'on répare et où l'on abrite les automobiles. Un **garagiste** est celui qui tient un garage, qui répare les automobiles.

garance n. f. Plante dont la racine donne une couleur rouge.

garant, e adj., **garantie** n. f. V. GARANTIR.

garantir v. Assurer sous sa responsabilité : *garantir la qualité d'une chose*. Assurer contre un risque, un dommage : *garantir sur la vie, contre le vol*. Celui qui garantit est **garant** : *se porter garant d'une dette*. La **garantie** est l'engagement de celui qui garantit; c'est aussi le gage qui garantit.

garçon n. m. Enfant mâle. Jeune homme. Célibataire : *rester garçon*. Employé : *garçon de magasin, de bureau*. Un **garçonnet** est un jeune garçon. Une **garçonnière** est un appartement de célibataire.

garçonnet n. m., **garçonnière** n. f. V. GARÇON.

garde I. n. f. Surveillance : *faire bonne garde. Prendre garde*, faire attention. *Etre sur ses gardes*, se méfier. Troupe, soldats qui gardent. Faction : *monter la garde*. Partie d'une arme qui protège la main : *garde de sabre*. Posture de combat : *tomber en garde*. Nom de certains corps militaires : *garde républicaine*. Infirmière qui garde un malade.

garde II. n. m. Surveillant. Soldat qui fait partie d'une garde. Fonctionnaire chargé d'une surveillance : *garde forestier*. Un **garde-barrière** est la gardienne d'un passage à niveau. Le **garde-boue** est une bande de métal au-dessus des roues d'une bicyclette, d'une motocyclette. Le **garde-chasse** est celui qui surveille une chasse. Le **garde-fou** est une balustrade, un parapet de quai, de pont. Le ou la **garde-malade** est la personne qui veille un malade. Un **garde-manger** est un meuble pour garder les aliments. Un **garde-meuble** est un lieu où l'on met des meubles en dépôt. La **garde-robe** est l'ensemble des vêtements d'une personne.

gardénia n. m. Plante d'ornement à belles fleurs blanches.

garder v. Préserver : *garder un dépôt*. Surveiller : *garder un enfant*. Retenir, ne pas rendre : *garder un livre prêté*. Empêcher de fuir : *garder un prisonnier*. Protéger : *Dieu vous garde*. Rester dans : *garder la chambre*. Observer : *garder le silence. Se garder de*, éviter. Une **garderie**, c'est un établissement où l'on garde de petits enfants dans la journée. Le **gardien** est celui qui garde :

gardien de prison, de musée. Un *gardien de la paix* est un agent de police. (V. aussi ANGE GAR-DIEN.) Le **gardeur**, la **gardeuse** sont des personnes qui surveillent le bétail.

garderie n. f., **gardeur, euse** n., **gardien, enne** n. V. GAR-SER (SE).

gardian n. m. Gardien de troupeaux en Camargue.

gardon n. m. Petit poisson de rivière à chair estimée.

gare I n. f. Lieu de départ et d'arrivée des trains : *chef de gare; entrer en gare.*

gare! II interj. V. GARER.

garenne n. f. Bois, lande, etc., où les lapins abondent.

garer v. t. Ranger une voiture, une motocyclette, etc. **Se garer**, c'est se mettre à l'abri. **Gare!** est une exclamation qui invite à se mettre à l'abri.

gargariser (se) v. Se rincer la bouche en rejetant l'air. Un **gargarisme** est un liquide pour se gargariser.

gargarisme n. m. V. GARGARI-SER (SE).

gargote n. f. Mauvais restaurant.

gargouille n. f. Ornement sculpté qui termine une gouttière et dépasse le bord du toit (1). Un **gargouillement**, c'est un bruit d'eau qui coule. **Gargouiller**, c'est produire un gargouillement.

gargouillement n. m., **gargouiller** v. V. GARGOUILLE.

garnement n. m. Vaurien.

garni n. m. V. GARNIR.

garnir v. Pourvoir du nécessaire : *garnir de meubles.* Orner : *garnir un chapeau.* Un **garni**, c'est un logement qu'on loue meublé. La **garniture** est ce qui garnit.

garnison n. f. Troupes établies dans une forteresse, dans une ville; c'est aussi cette ville.

garniture n. f. V. GARNIR.

garou n. m. V. LOUP.

garrot n. m. Partie saillante au dos d'un animal.

garrotter v. Lier fortement.

gars [gâ] n. m. Garçon.

gascon, onne adj. De Gascogne.

gasoil ou **gazole** n. f. Sorte de pétrole.

gaspillage n. m. V. GASPILLER.

gaspiller v. Dépenser inutilement. Un **gaspillage** est une dépense inutile.

gastrique adj. De l'estomac.

gastronome adj. et n. Qui aime à bien manger.

gastropodes n. m. pl. Mollusques qui possèdent souvent une coquille en spirale et qui rampent, comme l'escargot, le bigorneau, etc.

gâteau n. m. Pâtisserie.

gâter v. Endommager, détériorer : *viande gâtée.* Traiter avec trop d'indulgence. La **gâterie**, c'est l'action de gâter, de soigner tendrement; c'est aussi un cadeau, une friandise.

gâterie n. f. V. GÂTER.

gâteux, euse adj. et n. Se dit très familièrement de vieillards diminués physiquement et intellectuellement.

gauche adj. Situé du côté du cœur : *bras gauche.* Au figuré, embarrassé : *attitude gauche.* N. f. Main, côté gauche. Partie de l'opinion qui désire de profondes réformes sociales. Celui qui se sert mieux de la main gauche que de la droite est **gaucher**. La **gaucherie** est la maladresse.

gaucher, ère adj., **gaucherie** n. f. V. GAUCHE.

1. V. pl. ARCHITECTURE.

gaucho n. m. Gardien de troupeaux des pampas.

gaudriole n. f. Plaisanterie un peu libre.

gaufre n. f. Pâtisserie plate cuite entre deux fers quadrillés.

gaufrette n. f. Petite gaufre.

gaule n. f. Longue perche. Canne à pêche.

gaullisme n. m. Doctrine se réclamant des idées du général de Gaulle.

gaulois, e adj. et n. De la Gaule.

gauloiserie n. f. Plaisanterie un peu libre.

gausser (se) v. Se moquer.

gavage n. m. V. GAVER.

gave n. m. Torrent des Pyrénées.

gaver v. Gorger de nourriture. Le **gavage** est l'action de gaver les animaux.

gavotte n. f. Danse ancienne.

gaz n. m. Nom donné à des substances chimiques qui, comme l'air, ne sont ni solides ni liquides : *gaz carbonique.* Ce qui est de la nature du gaz, qui contient du gaz est **gazeux :** *eau gazeuse.* **Gazéifier,** c'est faire passer un corps à l'état gazeux. Le **gazomètre** est un réservoir à gaz. Un **gazoduc** est une canalisation pour transporter le gaz à de longues distances.

gaze n. f. Une étoffe transparente.

gazéifier v. V. GAZ.

gazelle n. f. Sorte de petite antilope d'Afrique, d'Asie (1).

gazer v. Soumettre à l'action d'un gaz dangereux.

gazette n. f. Journal.

gazeux, euse adj., **gazoduc** n. m., **gazomètre** n. m. V. GAZ.

gazole n. f. V. GASOIL.

gazon n. m. Herbe courte et fine.

gazouillement ou **gazouillis**

n. m. Chant léger des oiseaux. Murmure.

geai n. m. Oiseau à plumage bigarré de brun, de bleu, de blanc : *le geai imite la parole* (2).

géant, e adj. et n. Personne, animal, plante plus grands que la taille ordinaire. Ce qui est très grand est **gigantesque.**

geindre v. Gémir, se plaindre. (Se conjugue comme *craindre.*)

gel n. m. V. GELÉE.

gélatine n. f. Produit tiré des os, de la peau des animaux, et qui fournit la colle forte.

gelée n. f. Température très basse, qui change l'eau en glace. La *gelée blanche* est de la rosée gelée. Suc de viande, de fruits, devenu solide en refroidissant : *gelée de coings.* **Geler,** c'est changer en glace; c'est aussi avoir très froid.

geler v. V. GELÉE.

gémeau n. m. Autrefois, jumeau.

gémir v. Pousser des gémissements. Un **gémissement** est un cri plaintif.

gémissement n. m. V. GÉMIR.

gemme n. f. Pierre précieuse. Adj. : *sel gemme,* sel qu'on extrait de la terre.

gencive n. f. Chair qui garnit la mâchoire autour des dents.

gendarme n. m. Soldat chargé du maintien de l'ordre intérieur. La **gendarmerie** est l'ensemble des gendarmes; c'est aussi le bâtiment où logent les gendarmes. **Se gendarmer,** c'est se mettre en colère, protester.

gendarmerie n. f. V. GENDARME.

gendre n. m. Mari de la fille, par rapport aux parents de celle-ci.

gêne n. f. Malaise, peine : *avoir de la gêne pour respirer.* Man-

---

1. V. pl. RUMINANTS SAUVAGES ; 2. V. pl. OISEAUX DES CHAMPS.

que d'argent : *vivre dans la gêne*. **Gêner**, c'est serrer, opprimer : *chaussure qui gêne;* c'est aussi embarrasser. Celui qui gêne est un **gêneur**.

généalogie n. f. Liste des ancêtres d'une personne.

gêner v. V. GÊNE.

général, e adj. Relatif à un ensemble de personnes, de choses : *l'intérêt général*. Qui commande à un ensemble d'employés : *contrôleur général*. N. m. Officier commandant une brigade, une division, une armée. La **générale** est la batterie de tambour pour rassembler les soldats; c'est aussi la femme du général. **Généraliser**, c'est rendre général : *opinion généralisée*. Le **généralissime**, c'est le général en chef. La **généralité**, c'est la plupart : *la généralité des hommes*. Des **généralités**, ce sont des idées qui ne se rapportent pas à un seul sujet.

générale n. f., **généraliser** v., **généralissime** n. m., **généralité** n. f. V. GÉNÉRAL.

générateur, trice adj. Producteur. N. m. Chaudière à vapeur.

génération n. f. Ensemble de ceux qui vivent à une époque. Fonction de la reproduction.

généreux, euse adj. Qui aime à donner. Fertile : *sol généreux*. La **générosité** est la qualité de celui qui est généreux.

générique n. m. Partie d'un film où sont indiqués les noms des acteurs, du metteur en scène, etc.

générosité n. f. V. GÉNÉREUX.

genèse n. f. Création du monde. Origine : *la genèse d'une affaire*.

genêt n. m. Arbrisseau à fleurs jaunes.

génétique n. f. Science de l'hérédité.

gêneur, euse adj. et n. V. GÊNE.

genévrier n. m. Arbuste dont le fruit sert à préparer une eau-de-vie appelée **genièvre**.

génial, e adj. V. GÉNIE.

génie n. m. Esprit qui présidait à la destinée des hommes, d'après les Anciens. Pouvoir de créer quelque chose de très original, de très important, de grande qualité : *un artiste, un inventeur de génie*. Talent, goût : *le génie des affaires*. Art d'organiser les forteresses. Le *génie civil* désigne les industries qui édifient les ponts, qui construisent les routes, les aérodromes, etc. Ce qui indique du génie est **génial**.

genièvre n. m. V. GENÉVRIER.

génisse n. f. Jeune vache.

génocide n. m. Extermination de tout un groupe humain, d'un peuple entier.

genou n. m. Articulation de la jambe et de la cuisse (1).

genre n. m. Groupe d'êtres qui se ressemblent par certains traits. Sorte : *genre de vie*. Manières : *avoir mauvais genre*. Terminaison des mots qui indique s'ils sont masculins ou féminins.

gens n. m. pl. Personnes : *les gens de bien*. Classe de personnes : *gens de lettres*. (Quand un adjectif précède *gens*, il se met au féminin : *bonnes gens*.)

gent n. f. Race : *la gent canine* (les chiens).

gentiane n. f. Plante des montagnes, utilisée pour faire une liqueur.

gentil, ille adj. Joli, gracieux. La **gentillesse** est le caractère de ce qui est gentil.

gentilhomme n. m. Homme de la noblesse.

1. V. pl. HOMME.

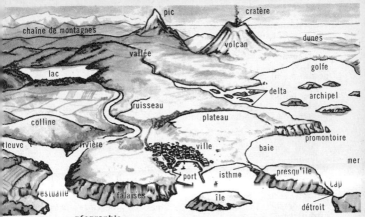

géographie

gentillesse n. f., gentiment adv. V. GENTIL.

gentleman [*djèn-tle-man'*] n. m. (mot anglais). Homme bien élevé.

génuflexion n. f. Action de fléchir le genou devant quelqu'un.

géographie n. f. Description de la surface de la Terre, du point de vue physique ou humain.

geôle [*jôl'*] n. f. Prison. Le gardien d'une prison est un geôlier.

geôlier n. m. V. GEÔLE.

géologie n. f. Etude des terrains qui forment le sous-sol.

géométrie n. f. Science qui étudie l'espace sous ses trois aspects de ligne, surface et volume. Ce qui se rapporte à la géométrie est géométrique.

géométrique adj. V. GÉOMÉTRIE.

gérance n. f. V. GÉRER.

géranium n. m. Plante d'ornement à fleurs odorantes (1).

gérant, e n. V. GÉRER.

gerbe n. f. Botte de blé, etc.,

coupé (2). Au figuré, faisceau : *gerbe d'étincelles.*

gerboise n. f. Petit rongeur ayant de longues pattes postérieures.

gercer v. Crevasser la peau.

gerçure n. f. Petite crevasse de la peau.

gérer v. Administrer pour autrui : *gérer une société.* Celui qui gère est le gérant. La gérance est l'emploi de gérant.

gerfaut n. m. Espèce de faucon.

germain, e adj. De la Germanie, allemand. Les *cousins germains* sont des fils de frères ou de sœurs.

germanique adj. V. GERMAIN.

germe n. m. Origine d'un être organisé : *le germe d'une plante.* Germer, c'est commencer à pousser, en parlant des plantes. La germination est l'action de germer. Germinal était le mois de la germination (21 mars-20 avril), dans le calendrier républicain.

germer v., germinal n. m.,

1. V. pl. FLEURS ; 2. V. pl. MOISSON.

germination n. f. V. germe.

gésier n. m. Estomac des oiseaux.

gésir v. Etre couché, étendu : *un homme gisait à terre.* **Ci-gît,** v. ci.

geste n. m. Mouvement de la main, du bras. **Gesticuler,** c'est faire des gestes nombreux

gesticuler v. V. geste.

gestion n. f. Administration, action de gérer.

geyser [*jé-zèr*] n. m. Source d'eau chaude jaillissant par intermittence.

ghetto [*gué-to*] n. m. Autrefois, quartier d'une ville où les Juifs étaient obligés de résider.

gibbon n. m. Singe à longs bras (1).

gibbosité n. f. Bosse.

gibecière n. f. Sac de peau des chasseurs, des écoliers, etc.

gibelotte n. f. Fricassée de lapin au vin blanc.

giberne n. f. Ancienne boîte à cartouches des soldats.

gibet n. m. Potence pour pendre les condamnés.

gibier n. m. L'ensemble des animaux que l'on chasse. Un endroit riche en gibier est **giboyeux.**

giboulée n. f. Pluie brusque.

giboyeux, euse adj. V. gibier.

gicler v. Jaillir en éclaboussant. Le **gicleur** est un petit tube par lequel l'essence gicle dans le carburateur d'un moteur.

gifle n. f. Coup du plat de la main sur la joue. **Gifler,** c'est donner une gifle.

gifler v. V. gifle.

gigantesque adj. V. géant.

gigogne n. f. *Table gigogne,* meuble fait de plusieurs tables qui s'emboîtent.

gigot n. m. Cuisse de mouton, d'agneau, etc. **Gigoter,** c'est remuer les jambes vivement.

gigoter v. V. gigot.

gigue n. f. Danse animée.

gilet n. m. Vêtement court, sans manches.

gin [*djinn*] n. m. Eau-de-vie de grains anglaise.

gingembre n. m. Une plante aromatique, à saveur brûlante.

girafe n. f. Grand quadrupède d'Afrique, à cou très long, au pelage marqué de grandes taches brunes (2).

girandole n. f. Chandelier à plusieurs branches.

girofle n. m. *Clou de girofle,* condiment constitué par le bouton de la fleur du **giroflier.**

giroflée n. f. Plante à fleurs jaunes ou rougeâtres très odorantes.

girolle n. f. Champignon comestible d'un beau jaune d'or (3).

girouette n. f. Plaque mobile autour d'un pivot, fixée sur un toit, qui sert à indiquer la direction du vent (4).

gisant, e adj. Couché, étendu. Un **gisant** est la statue ornant un tombeau, qui représente un personnage couché.

gisement n. m. Couche de minerai dans le sol : *gisement de fer.*

gitan, e n. Bohémien, nomade.

gîte n. m. Lieu où l'on couche habituellement : *rentrer au gîte. Gîte à la noix,* partie de la cuisse du bœuf.

givre n. m. Glace sur les arbres, les herbes, etc.

glabre adj. Sans poils, sans barbe.

glace n. f. Eau gelée. Crème sucrée et glacée. Verre épais et poli. Miroir : *se mirer dans une glace.* **Glacer,** c'est rendre solide par le froid, refroidir beaucoup; c'est aussi couvrir d'une croûte de sucre : *marron glacé;* lustrer : *glacer une*

1. V. pl. Singes ;
2. V. pl. Chameau et camélidés, Ruminants sauvages ;
3. V. pl. Champignons ; 4. V. pl. Château fort.

étoffe; c'est également intimider. Ce qui est très froid est **glacial**. Un **glacier**, c'est un amas de glace dans les vallées des hautes montagnes; c'est aussi un marchand de glaces. Ce qui est **glaciaire** concerne les glaciers, les périodes où ils s'étendaient beaucoup : *l'époque glaciaire.* Une **glacière** est un appareil pour produire le froid, la glace. Un **glacis** est un terrain en pente devant un fort. Un **glaçon** est un morceau de glace.

glacer v., **glaciaire** adj., **glacial**, e adj., **glacier** n. m., **glacière** n. f., **glacis** n. m., **glaçon** n. m. V. GLACE.

gladiateur n. m. Celui qui combattait dans le cirque romain.

glaïeul n. m. Plante à longues feuilles en lame de sabre.

glaire n. f. Blanc d'œuf cru. Humeur gluante.

glaise n. f. Terre argileuse pour faire des poteries, etc.

glaive n. m. Epée.

gland n. m. Fruit du chêne. Ornement de passementerie.

glande n. f. Petit organe en forme de boule, de grappe, qui produit certaines humeurs : *glandes salivaires* (de la salive), *lacrymales* (des larmes).

glaner v. Ramasser les épis oubliés sur le sol à la moisson. Le **glaneur**, la **glaneuse** est la personne qui glane.

glaneur, euse n. V. GLANER.

glapir v. Crier (se dit du renard, du chien). Le **glapissement** est le cri du renard, du chien.

glas n. m. Tintement de cloche pour annoncer la mort.

glauque adj. Vert bleuâtre.

glèbe n. f. La terre (vieux mot).

glissade n. f., **glissement** n. m. V. GLISSER.

glisser v. Se déplacer le long d'une surface lisse : *glisser sur l'eau, sur la glace, le long d'une corde.* Passer rapidement sur : *glisser sur des détails.* Echapper : *glisser des mains.* Introduire : *glisser une lettre sous la porte.* Une **glissière** est une rainure où glisse une porte, etc. Le **glissement**, c'est l'action de glisser. La **glissade**, c'est l'acte de se laisser glisser.

glissière n. f. V. GLISSER.

global, e adj. V. GLOBE.

globe n. m. Corps rond, boule : *le globe de l'œil.* Enveloppe de verre qui protège : *globe de lampe. Le globe terrestre,* la Terre. Un **globule** est une petite boule. Les *globules rouges* et les *globules blancs* sont les cellules du sang. Un prix **global** est un prix d'ensemble.

globule n. m. V. GLOBE.

gloire n. f. Renommée éclatante. Eclat, splendeur : *la gloire du triomphe.* Ce qui donne de la gloire est **glorieux**. Celui qui est orgueilleux, vain, est **glorieux**. **Glorifier**, c'est honorer, célébrer. La **gloriole**, c'est la vanité.

glorieux, euse adj., **glorifier** v., **gloriole** n. f. V. GLOIRE.

glossaire n. m. Dictionnaire de mots peu usités, vieillis, etc.

glossine n. f. Sorte de mouche qui transmet la maladie du sommeil.

glotte n. f. Orifice du larynx.

glouglou n. m. Bruit d'un liquide sortant d'une bouteille.

gloussement n. m. V. GLOUSSER.

glousser v. Se dit de la poule qui appelle ses petits. Le **gloussement** est le cri de la poule qui glousse.

glouton, onne adj. et n. Qui mange avec avidité. La **gloutonnerie** est le défaut du glouton.

gloutonnerie n. f. V. GLOUTON.

glu n. f. Matière très collante, tirée du houx, qui sert à prendre les oiseaux. Ce qui est collant comme la glu est **gluant**.

gluant, e adj. V. GLU.

glucides n. m. pl. Importante catégorie de substances organiques, comprenant notamment le sucre et l'amidon.

gluten [glu-tèn] n. m. Matière qui reste quand on lave la farine pour en tirer l'amidon.

glycérine n. f. Liquide épais et sucré tiré des corps gras.

glycine n. f. Plante grimpante dont les fleurs mauves forment de longues grappes (1).

gnome [ghnôm'] n. m. Nain difforme et surnaturel qu'on croyait habiter sous terre.

goal [gôl] n. m. Gardien de but, au football.

gobelet n. m. Verre sans pied, généralement en métal.

gobe-mouches n. m. V. GOBER.

gober v. Avaler sans mâcher. Familièrement, croire naïvement. Le **gobe-mouches** est un oiseau qui se nourrit d'insectes qu'il avale en volant.

godet n. m. Petit verre à boire.

godille n. f. Aviron pour manœuvrer un canot par l'arrière.

godillot n. m. Chaussure militaire. Gros soulier.

godron n. m. Ornement renflé, de forme ovale (2).

goéland n. m. Sorte de grosse mouette, oiseau de mer (3).

goélette n. f. Navire léger à deux mâts.

goémon n. m. Varech.

gogo n. m. Crédule, facile à tromper. A gogo, abondamment.

goguenard, e adj. Moqueur.

goguenardise n. f. Moquerie.

goguette (en) Gai pour avoir bu.

goinfre adj. Goulu, glouton.

goitre n. m. Grosseur qui se forme sous la gorge.

golf n. m. Jeu qui consiste à envoyer une balle dans une série de trous, dispersés sur un vaste terrain, au moyen d'une canne ou crosse appelée club.

golfe n. m. Partie de mer qui rentre dans les terres (4).

gomme n. f. Substance collante qu'on tire de certaines plantes. Bloc de caoutchouc pour effacer. **Gommer,** c'est enduire de gomme; c'est aussi effacer.

gommer v. V. GOMME.

gond n. m. Pièce de fer sur laquelle tourne une porte (5).

gondole n. f. Long bateau plat à rames, en usage à Venise (6).

gondoler (se) v. Se gonfler, se bomber. Familièrement, se tordre de rire.

gonflement n. m. Action de gonfler. Etat de ce qui est gonflé.

gonfler v. Enfler, remplir d'air, de gaz : gonfler un ballon.

gong n. m. Plaque de métal qu'on fait sonner en la frappant.

goret n. m. Jeune porc.

gorge n. f. Partie de devant du cou : couper la gorge. Gosier : crier à pleine gorge. Poitrine d'une femme. Vallée étroite, encaissée. Une **gorgée,** c'est ce qu'on peut boire en une seule fois. **Gorger,** c'est gaver de nourriture.

gorgée n. f., **gorger** v. V. GORGE.

gorgonzola n. m. Fromage italien proche du roquefort.

gorille [go-riy'] n. m. Grand singe d'Afrique (7).

1. V. pl. FLEURS ; 2. V. pl. DÉCORATION ORNEMENTALE ; 3. V. pl. PALMIPÈDES ; 4. V. pl. GÉOGRAPHIE ; 5. V. pl. QUINCAILLERIE ; 6. V. pl. BATEAUX ; 7. V. pl. SINGES.

gosier n. m. Partie intérieure de la gorge.

gosse n. Familièrement, jeune garçon, jeune fille, gamin.

gothique adj. Relatif aux Goths, ancien peuple de Germanie. Se

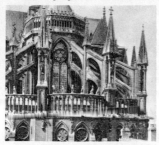

dit d'une forme d'écriture en usage en Allemagne, et d'un genre d'architecture à voûtes et à fenêtres en pointe qui s'est développé à partir du XIIe s.

gouache n. f. Peinture à l'eau gommée.

gouailler v. Railler, se moquer.

gouaillerie n. f. Moquerie.

goudron n. m. Produit tiré du bois de sapin ou de la houille, et qui sert notamment à revêtir les chaussées. **Goudronner,** c'est enduire de goudron.

gouffre n. m. Trou très profond.

goujat n. m. Homme grossier.

goujaterie n. f. Grossièreté.

goujon n. m. Petit poisson d'eau douce (1).

goulet n. m. Passage étroit entre une rade et la pleine mer : *le goulet de Brest.*

goulot n. m. Col étroit d'une bouteille, d'une cruche.

goulu, e adj. Glouton.

goupille n. f. Cheville de métal.

goupillon n. m. Tige surmontée d'une boule creuse pour ré-

pandre l'eau bénite. Brosse pour nettoyer les bouteilles.

gourd, e adj. Engourdi par le froid.

gourde n. f. Courge desséchée qui sert de bouteille.

gourdin n. m. Gros bâton.

gourmand, e adj. Qui aime à bien manger. **Gourmander,** c'est gronder. La **gourmandise** est le vice du gourmand; une **gourmandise** est une friandise.

gourmander v., **gourmandise** n. f. V. GOURMAND.

gourme n. f. Maladie de la peau atteignant surtout les enfants.

gourmé, e adj. Qui prend un air grave, pincé.

gourmet n. m. Qui se connaît en vins, qui est un fin gourmand.

gourmette n. f. Petite chaîne aux mailles aplaties.

gousse n. f. Enveloppe des graines des plantes légumineuses (haricots, pois, etc.). Partie d'une tête d'ail (2).

gousset n. m. Petite poche de gilet.

goût n. m. Sens qui distingue les saveurs. Saveur : *goût exquis.* Sentiment du beau : *avoir un goût très sûr.* **Goûter,** c'est sentir le goût de : *goûter un plat;* c'est aussi aimer : *goûter la musique.* Un **goûter** est un repas léger entre le déjeuner et le dîner.

goûter v. et n. m. V. GOÛT.

goutte n. f. Quantité d'un liquide qui tombe en forme de petite boule : *goutte de pluie.* Petite quantité de. Maladie qui se signale par des douleurs aux jointures des pieds, des mains. Celui qui est atteint de la goutte est **goutteux.** La **gouttière** est le conduit qui recueille la

1. V. pl. POISSONS D'EAU DOUCE ; 2. V. pl. PLANTES.

pluie qui tombe sur un toit (1).

goutteux, euse adj., **gouttière** n. f. V. GOUTTE.

gouvernail n. m., **gouvernante**
n. f., **gouvernement** n. m.
V. GOUVERNER.

gouverner v. Diriger un navire
avec un gouvernail. Diriger la
marche d'une affaire, d'un Etat.
Le **gouvernail** est un appareil
à l'arrière d'un bateau, d'un
avion, qui sert à le diriger (2)
Une **gouvernante** est la
femme chargée de l'éducation
d'un enfant. Le **gouvernement** est l'action de gouverner; c'est aussi l'ensemble de
ceux qui gouvernent. Un **gouverneur** est celui qui gouverne
un territoire.

gouverneur n. m. V. GOUVER-
NER.

goyave n. f. Fruit d'un arbre de
l'Amérique tropicale.

grabat n. m. Mauvais lit.

grabuge n. m. Bruit, dispute.

grâce n. f. Faveur : *accorder une
grâce.* Pardon : *la grâce d'un
condamné.* Agrément, attrait :
*danser avec grâce. Coup de
grâce,* qui achève de tuer, de
ruiner. **Gracier,** c'est faire
grâce, pardonner. Ce qui a de
la grâce est **gracieux;** gracieux signifie aussi gratuit :
donner à titre gracieux. Ce qui
est **gracile** est mince, élancé.

gracier v., **gracieux, euse** adj.,
gracile adj. V. GRÂCE.

gradation n. f. V. GRADE.

grade n. m. Degré d'autorité, de
commandement, etc.; c'est aussi
une unité d'angle. Un **gradé,**
c'est celui qui a un grade dans
l'armée. La **gradation** est le
passage d'une chose à une autre
par degrés. **Graduer,** c'est diviser par degrés, augmenter par
degrés : *graduer un effort.* Ce

qui va par degrés est **graduel.**

gradin n. m. Chacun des bancs
superposés d'un amphithéâtre,
d'un cirque (3).

graduel, elle adj., **graduer** v.
V. GRADE.

graillon n. m. Goût, odeur de
graisse brûlée.

grain n. m. Petit fruit sec et
arrondi des céréales (blé, orge,
maïs, riz, etc.). Fruit en forme
de petite boule : *grain de raisin.*
Parcelle : *grain de sable.* Inégalité de la surface d'une
chose : *le grain d'une peau.* En
termes de marine, coup de vent.
La **graine,** c'est la semence, la
partie du fruit qu'on sème. Le
grainetier est le marchand de
graines. La **grenaille** est du
métal en petits grains : *grenaille de plomb.* Un **grenier**
est la partie d'un bâtiment où
l'on garde les grains, les four-
rages, etc.; c'est aussi l'étage
d'une maison, sous les combles.

graine n. f., **grainetier** n. m.
V. GRAIN.

graisse n. f. Substance molle,
douce au toucher, fondant facilement, qu'on tire des corps
d'animaux, des plantes, des
pétroles. **Graisser,** c'est enduire de graisse. Ce qui est de
la nature de la graisse est
graisseux. (V. GRAS.)

graisser v., **graisseux, euse**
adj. V. GRAISSE.

graminacées ou **graminées**
n. f. pl. Grande famille de plantes comprenant les céréales, de
nombreuses herbes, les bambous, etc.

grammaire n. f. Science des
règles du langage parlé ou écrit.
Ce qui se rapporte à la grammaire est **grammatical.**

grammatical, e adj. V. GRAM-
MAIRE.

---

1. V. pl. MAISON ; 2. V. pl. BATEAUX ; 3. V. pl. CIRQUE.

gramme n. m. Unité du système métrique, poids d'un centimètre cube d'eau.

grand, e adj. Qui dépasse les mesures habituelles : *grand arbre*. Qui dépasse le niveau ordinaire comme importance : *grand personnage*, ou comme qualité du cœur, de l'esprit : *grand savant*. N. m. Personne adulte : *les petits et les grands*. Personne de haute noblesse : *un grand d'Espagne. En grand*, de grandeur naturelle. Dans de grandes proportions : *travailler en grand. Grand* s'emploie avec un trait d'union devant divers noms féminins : *grand-mère, ne pas faire grand-chose*. La **grandeur** est la qualité de ce qui est grand : au pluriel ce sont les honneurs. Ce qui est d'une grandeur imposante est **grandiose**. **Grandir**, c'est devenir grand, faire paraître plus grand : *enfant qui grandit*.

grandeur n. f. V. GRAND.

grandiloquence n. f. Emploi de grands mots, de phrases pompeuses, dites solennellement.

grandiose adj., **grandir** v. V. GRAND.

grand-mère n. f. Mère du père ou de la mère.

grand-messe n. f. Messe chantée.

grand-père n. m. Père du père ou de la mère.

grands-parents n. m. pl. Le grand-père et la grand-mère.

grand-voile n. f. Voile du grand mât.

grange n. f. Bâtiment où l'on garde les moissons en gerbes (1).

granite ou **granit** n. m. Une roche dure, formée de cristaux.

granulation n. f. Petit bouton sur la peau.

graphique adj. Relatif au des-

sin, à l'impression : *les arts graphiques*. N. m. Représentation d'un fait par un tracé de lignes, de courbes.

graphite n. m. Mine de plomb.

graphologie n. f. Art de reconnaître le caractère d'une personne par son écriture.

grappe n. f. Assemblage de fleurs ou de fruits sur une tige commune (raisin, groseille, etc.). **Grappiller**, c'est cueillir ce qui reste de raisin après la vendange; c'est aussi prendre par-ci par-là.

grappin n. m. Petite ancre à plusieurs crochets.

gras, asse adj. De la nature de la graisse : *corps gras*. Qui a de la graisse : *porc gras*. Sali de graisse. Les *plantes grasses* ont des feuilles épaisses et charnues. N. m. Partie grasse d'une viande.

grasseyer [*gra-sé-yé*] v. Prononcer les *r* du fond de la gorge.

grassouillet, ette adj. Un peu gras, potelé.

gratification n. f. Argent donné à quelqu'un comme récompense en plus de son traitement. **Gratifier**, c'est accorder quelque chose comme récompense.

gratifier v. V. GRATIFICATION.

gratin n. m. Mets recouvert de chapelure et cuit.

gratis [*gra-tiss*] adv. Sans payer. (V. GRATUIT.)

gratitude n. f. Reconnaissance : *exprimer sa gratitude*. (V. IN-GRAT.)

grattage n. m., **gratte-ciel** n. m. V. GRATTER.

gratter v. Frotter en raclant. Frotter légèrement avec l'ongle : *se gratter la tête*. Effacer en raclant : *gratter une inscription*. Le **grattage** est l'action

1. V. pl. FERME.

de gratter. Un **gratte-ciel** est une maison très haute (1). Un **grattoir** est un outil pour gratter.

grattoir n. m. V. GRATTER.

gratuit, e adj. Fait ou donné gratis. La **gratuité** est la qualité de ce qui est gratuit.

gratuité n. f. V. GRATUIT.

gravats n. m. pl. V. GRAVIER.

grave adj. Sérieux, important : *cas grave; homme grave.* En musique, bas : *son grave.* (V. GRAVITÉ.)

graver v. Tracer en creux ou en relief une figure, des caractères sur une matière dure : *graver sur cuivre.* Le **graveur** est l'artiste, l'artisan qui grave. La **gravure** est l'art de graver, l'ouvrage du graveur; une **gravure** est une illustration; c'est aussi un disque enregistré.

graveur n. m. V. GRAVER.

gravier n. m. Gros sable mêlé de cailloux. Les **gravats** sont des décombres de démolitions. Le **gravillon** est du menu gravier.

gravillon n. m. V. GRAVIER.

gravir v. Monter avec effort.

gravitation n. f. Force qui attire les corps les uns vers les autres en proportion de leur masse : *la chute des corps est due à la gravitation exercée par la Terre.* **Graviter**, c'est être attiré, retenu par la gravitation : *la Terre gravite autour du Soleil.*

gravité n. f. Pesanteur des corps. Caractère de celui, de ce qui est grave : *la gravité d'un juge, d'une maladie.* (V. GRAVE.)

graviter v. V. GRAVITATION.

gravure n. f. V. GRAVER.

gré n. m. Volonté : *agir de son plein gré. Bon gré, mal gré; de gré ou de force,* volontairement ou par force.

grec, ecque adj. et n. De Grèce. N. m. Langue grecque. N. f. Ornement fait de lignes droites brisées, entrelacées (2).

gredin, e n. Coquin, fripon.

gredinerie n. f. Friponnerie.

gréement n. m. Ensemble des agrès (mâts, cordages, etc.) d'un navire.

greffe I. n. m. Lieu où l'on garde les textes originaux des actes d'un tribunal. Le **greffier** est celui qui s'occupe du greffe.

greffe II. n. f. Pousse d'une plante, portant des bourgeons, qu'on fixe sur une entaille faite à une autre plante pour qu'elle s'y développe (3). **Greffer**, c'est faire une greffe.

greffer v. V. GREFFE II.

greffier n. m. V. GREFFE I.

grégaire adj. Se dit des animaux vivant en groupes, en colonies.

grège adj. Se dit de la soie, telle qu'on la tire du cocon.

grégeois adj. *Feu grégeois,* produit utilisé dans l'Antiquité, qui brûlait au contact de l'eau et incendiait les navires.

grégorien, enne adj. Se dit du chant religieux établi par le pape Grégoire Ier, et du calendrier réformé par le pape Grégoire XIII.

grêle I. adj. Long et mince : *corps grêle.* Aigu et faible : *voix grêle.*

grêle II. n. f. Gouttes de pluie qui tombent gelées en petits glaçons. **Grêler,** c'est tomber de la grêle. Le **grésil** est une grêle fine. Un **grêlon** est un grain de grêle.

grêler v., **grêlon** n. m. V. GRÊLE II.

1. V. pl. HABITATIONS; 2. V. pl. CROIX, DÉCORATION ORNEMENTALE; 3. V. pl. JARDINAGE.

grelot n. m. Petite boule métallique creuse contenant un grain de métal qui la fait sonner. **Grelotter**, c'est trembler de froid.

grelotter v. V. GRELOT.

grenade n. f. Fruit du grenadier, en forme de boule remplie de petits grains rouges serrés (1). Projectile de guerre en forme de boule, qu'on lance généralement à la main (2). Le **grenadier** est le soldat qui lance des grenades; c'est aussi l'arbre qui produit les grenades. La **grenadine** est un sirop à base de jus de grenade.

grenadier n. m., **grenadine** n. f. V. GRENADE.

grenaille n. f. V. GRAIN.

grenat n. m. Pierre précieuse d'un rouge vif. Adj. Rouge sombre.

grenier n. m. V. GRAIN.

grenouille n. f. Batracien, sans queue, à peau nue, qui vit dans les lieux humides (3).

grès n. m. Pierre formée par des grains de sable réunis par un ciment, dont on fait des pavés.

grésil n. m. V. GRÊLE.

grésiller v. Griller, racornir en brûlant.

grève I n. f. Plage de sable et de gravier.

grève II n. f. Arrêt du travail effectué par les ouvriers d'une usine, d'une profession. Celui qui se met en grève est un **gréviste**.

gréviste n. V. GRÈVE II.

gribouillage n. m. Mauvaise écriture; mauvais dessin. **Gribouiller**, c'est faire du gribouillage.

gribouille n. m. Personnage imaginaire considéré comme le type de la naïveté.

gribouiller v. V. GRIBOUILLAGE.

grief n. m. Plainte.

griffe n. f. Ongle crochu et pointu d'un animal. Petit morceau d'étoffe portant le nom d'un fournisseur. **Griffer**, c'est égratigner. Le **griffon** était un animal fabuleux, moitié aigle et moitié lion; c'est aujourd'hui un chien à poil long et rude (4). **Griffonner**, c'est écrire, dessiner à la hâte et mal.

griffer v., **griffon** n. m., **griffonner** v. V. GRIFFE.

grignoter v. Manger en rongeant. Détruire peu à peu : *grignoter un héritage.*

gri-gri n. m. Porte-bonheur.

gril n. m. Ustensile de cuisine pour cuire à feu vif (5). Une **grillade** est une viande cuite sur le gril. Le **grillage** est l'action de griller; c'est aussi une clôture en fil de fer. **Grillager**, c'est entourer d'un grillage. Une **grille**, c'est un assemblage de barreaux qui font une clôture; c'est aussi un châssis recevant le combustible d'un foyer (6); c'est encore un quadrillage de mots croisés. **Griller**, c'est fermer avec une grille : *griller une fenêtre;* c'est aussi cuire sur le gril : *griller de la viande;* c'est également dessécher en chauffant; c'est enfin désirer grandement : *griller d'envie.*

grillade n. f., **grillage** n. m., **grillager** v., **grille** n. f., **griller** v. V. GRIL.

grillon n. m. Petit insecte noir qui fait entendre un bruit de cri-cri en frottant ses ailes (7).

grimace n. f. Contorsion du visage. *Faire la grimace,* montrer son déplaisir.

grimacer v. Faire des grimaces.

grimer v. Maquiller.

grimoire n. m. Livre qui contenait des recettes de magiciens.

---

1. V. pl. FRUITS ; 2. V. pl. ARMES ; 3. V. pl. BATRACIENS ; 4. V. pl. CHATS ET CHIENS ; 5. V. pl. CUISINE (*Ustensiles de*) ; 6. V. pl. CHAUFFAGE ; 7. V. pl. INSECTES.

grimper v. Gravir en s'aidant des pieds et des mains. En parlant d'une plante, monter en s'accrochant aux objets voisins : *le lierre grimpe aux murs.* Celui qui grimpe est un **grimpeur.** Les oiseaux **grimpeurs** ont les doigts disposés pour saisir et accrocher.

grimpeur, euse adj. et n. Voir grimper.

grincement n. m. V. grincer.

grincer v. Produire un bruit désagréable en frottant : *grincer des dents.* Le **grincement** est l'action de grincer.

grincheux, euse adj. D'humeur désagréable.

gringalet n. m. Homme chétif.

griotte n. f. Sorte de cerise.

grippe n. f. Sorte de rhume assez grave. Au figuré, antipathie : *prendre quelqu'un en grippe.* Celui qui est atteint de la grippe est **grippé.**

grippe-sou n. m. Avare.

gris, e adj. D'une couleur entre noir et blanc. Sombre : *temps très gris.* A moitié ivre. N. m. Couleur grise. La **grisaille** est une peinture en tons gris. Ce qui tire sur le gris est **grisâtre.** Un **grisé,** c'est une teinte grise. **Griser,** c'est enivrer à demi.

La **griserie** est une ivresse légère. **Grisonner,** c'est devenir gris, en parlant des cheveux.

grisaille n. f., **grisâtre** adj., **griser** v., **griserie** n. f., **grisonner** v. V. GRIS.

grisou n. m. Gaz inflammable qui se dégage dans les mines de houille.

grive n. f. Un oiseau du genre du merle (1).

grivois, e adj. Libre, vulgaire : *chanson grivoise.*

grog n. m. Eau chaude sucrée, avec du rhum et du citron.

grognard, e adj. et n. m., **grognement** n. m. V. GROGNER.

grogner v. Crier, en parlant du porc. Murmurer : *enfant qui grogne.* Le **grognement** est le cri du porc; c'est aussi un murmure de mécontentement. Les soldats de la vieille garde, sous l'Empire, étaient des **grognards.** Celui qui grogne est **grognon.**

grognon, onne adj. V. GROGNER.

groin n. m. Museau du porc.

grommeler v. Se plaindre, grogner.

oiseaux grimpeurs

perroquet

cacatoès

perruche

patte
de grimpeur
(2 doigts avant
2 doigts arrière)

pic

1. V. pl. OISEAUX DES CHAMPS.

grondement n. m. V. GRONDER.

gronder v. Murmurer. Produire un bruit sourd et prolongé. Réprimander : *gronder un enfant*. Un **grondement** est un son sourd et menaçant. Une **gronderie** est une réprimande. Celui qui gronde est **grondeur**. Le **grondin** est un poisson, le rouget, qui fait entendre un grondement quand il est pris.

gronderie n. f., **grondeur, euse** adj., **grondin** n. m. V. GRONDER.

groom [*groum*] n. m. (mot anglais). Petit domestique.

gros, osse adj. Qui dépasse le volume ordinaire : *un gros homme*. Epais : *gros drap*. Important : *une grosse somme*. N. m. Le principal : *le gros de l'armée*. Commerce par grandes quantités : *le gros et le détail*. *En gros*, en grande quantité. Une **grosse**, c'est douze douzaines : *une grosse de boutons*. Expédition, copie d'un acte juridique. La **grossesse**, c'est l'état d'une femme qui attend un enfant. La **grosseur**, c'est le volume : *la grosseur d'un arbre*. Une **grosseur**, c'est aussi une enflure anormale : *une grosseur à la gorge*. **Grossir**, c'est rendre gros, devenir gros ; c'est aussi faire paraître gros : *la loupe grossit les objets*. Le **grossissement** est l'action de grossir. Le **grossiste** est le commerçant en gros.

groseille n. f. V. GROSEILLIER.

groseillier n. m. Arbrisseau qui produit la **groseille**, petit fruit rond, rouge ou blanc (1).

grosse n. f., **grossesse** n. f., **grosseur** n. f. V. GROS.

grossier, ère adj. Qui n'est pas fin : *drap grossier*. Commun : *nourriture grossière*. Rude, pas poli : *peuple grossier*. Qui indique une grande ignorance : *erreur grossière*. La **grossièreté** est le manque de finesse ; c'est aussi une parole, une action grossière.

grossièreté n. f. V. GROSSIER.

grossir v., **grossissement** n. m., **grossiste** n. V. GROS.

grotesque adj. Ridicule. bizarre.

grotte n. f. Creux dans le roc, parfois très vaste.

grouillement n. m. V. GROUILLER.

grouiller v. S'agiter d'une façon désordonnée en parlant d'une foule de personnes, d'animaux. Familièrement, remuer. Un **grouillement** est une agitation confuse.

groupe n. m. Ensemble de personnes ou de choses réunies : *un groupe de voyageurs, de plantes*. Le **groupement**, c'est une réunion de personnes ou de choses groupées : *un groupement politique*. **Grouper**, c'est mettre en groupe.

groupement n. m., **grouper** v. V. GROUPE.

gruau n. m. Grain de blé, etc., incomplètement moulu.

grue n. f. Grand oiseau à longues jambes (2). Machine pour soulever de lourds fardeaux (3).

gruger v. Tromper quelqu'un en affaires, le voler.

grumeau n. m. Petite portion de matière agglomérée : *grumeau de farine*.

gruyère n. m. Un fromage sec préparé par la cuisson.

guano n. m. Engrais d'excréments d'oiseaux de mer.

gué n. m. Endroit où l'on peut passer une rivière sans nager.

guenille n. f. Chiffon, haillon.

guenon n. f. Femelle du singe.

1. V. pl. FRUITS ; 2. V. pl. PALMIPÈDES ; 3. V. pl. PORT.

guêpe n. f. Insecte qui ressemble à l'abeille (1). Un **guêpier** est un nid de guêpes.

guêpier n. m. V. GUÊPE.

guère adv. Avec une négation, peu : *je n'ai guère d'argent*.

guéret n. m. Terre labourée mais non ensemencée.

guéridon n. m. Petite table, généralement ronde (2).

guérilla n. f. Guerre de partisans (combattants n'appartenant pas à une armée régulière).

guérir v. Délivrer d'un mal. Recouvrer la santé. La **guérison**, c'est la suppression d'un mal. Un **guérisseur** est celui qui soigne sans être médecin.

guérison n. f., **guérisseur, euse** n. V. GUÉRIR.

guérite n. f. Loge pour abriter une sentinelle.

guerre n. f. Lutte à main armée entre deux peuples. Au figuré, lutte quelconque : *faire la guerre à l'alcoolisme*. *De bonne guerre*, loyal. *De guerre lasse*, après une longue résistance. *Nom de guerre*, faux nom. Ce qui est relatif à la guerre est **guerrier**. Un **guerrier** est un militaire, un soldat. **Guerroyer**, c'est faire la guerre.

guerrier n. m., **guerroyer** v. V. GUERRE.

guet n. m., **guet-apens** n. m. V. GUETTER.

guêtre n. f. Vêtement qui couvre le bas de la jambe.

guetter v. Epier, surveiller patiemment pour surprendre, pour profiter de : *guetter un voleur; guetter l'occasion*. Le **guet** est l'action de guetter. Un **guet-apens** est une embûche dressée pour voler, pour tuer. Le **guetteur** est celui qui guette.

guetteur n. m. V. GUETTER.

gueule n. f. Bouche des animaux. Ouverture d'un four, etc.

gueux, euse n. Mendiant. Coquin.

gui I n. m. Plante qui vit en parasite sur le tronc de certains arbres : *le gui du chêne était une plante sacrée pour les Gaulois* (3).

gui II n. m. Sorte de perche horizontale appartenant au gréement d'un voilier.

guichet n. m. Petite porte dans une grande. Petite ouverture dans une porte, dans un mur. Le **guichetier** est l'employé qui est en rapport avec le public dans une banque, à la poste, etc.

guichetier n. m. V. GUICHET.

guide n. m. Celui qui accompagne pour montrer le chemin. Celui qui dirige : *un guide éclairé*. Livre qui sert à diriger : *guide de voyage*. N. f. Lanière de cuir, fixée au mors, qui sert à diriger un cheval (4). **Guider**, c'est accompagner pour montrer le chemin; c'est aussi diriger. Un **guidon** est un petit drapeau (5); c'est aussi une saillie sur le canon du fusil pour guider le tireur; c'est encore la barre qui permet de conduire un cycle.

guigne n. f. Sorte de cerise douce. Familièrement, mauvaise chance.

guigner v. Regarder du coin de l'œil quelque chose que l'on convoite.

guignol n. m. Sorte de marionnette qu'on fait mouvoir en glissant les doigts dans sa tête et ses bras.

guignon n. m. Guigne, malchance.

1. V. pl. INSECTES; 2. V. pl. MOBILIER; 3. V. pl. PLANTES SAUVAGES; 4. V. pl. HARNAIS; 5. V. pl. DRAPEAUX.

GYMNASTIQUE

EXERCICE RESPIRATOIRE

EXERCICES VERTÉBRAUX THORACIQUES

extension forcée

petite hyperextension

exercices dorsaux, bras levés
extension   hyperextension

mains appuyées au mur
la poitrine poussée
vers le bas

MUSCULATION DORSALE

flexion avant du tronc

45°

debout

assis

petites poussées des bras
vers l'arrière

MUSCULATION ABDOMINALE

pédalage

extension alternative des jambes

45°

pieds tenus, le corps en arrière

petits battements rapides
de faible amplitude

guillemet n. m. Dans un texte, petit crochet double qui se met au début («) et à la fin (») d'une citation.

guilleret, ette adj. Vif et gai.

guillochage ou **guillochis** n. m. Ornement de traits gravés entrelacés. **Guillocher**, c'est orner d'un guillochis.

guillotine n. f. Machine pour décapiter les condamnés à mort. Une *fenêtre à guillotine* s'ouvre en coulissant verticalement.

guillotiner v. Décapiter à l'aide de la guillotine.

guimauve n. f. *Pâte de guimauve,* sorte de confiserie.

guimbarde n. f. Mauvaise voiture.

guimpe n. f. Chemisette très légère qui se porte avec une robe décolletée.

guindé, e adj. Affecté, prétentieux : *prendre un air guindé.*

guinée n. f. Ancienne monnaie d'or anglaise.

guingois (de). De travers.

guinguette n. f. Cabaret de banlieue.

guipure n. f. Sorte de dentelle.

guirlande n. f. Cordon ornemental composé de fleurs, de feuillage (1).

guise n. f. Manière : *agir à sa guise. En guise de,* au lieu de.

guitare n. f. Instrument de musique à cordes qu'on pince avec les doigts (2). Le **guitariste** est celui qui joue de la guitare.

gutta-percha n. f. Une substance gommeuse élastique.

guttural, e adj. Qui vient du fond de la gorge : *son guttural.*

gymnase n. m. Etablissement où l'on enseigne la gymnastique. Lycée, en Allemagne, en Suisse. Le **gymnaste** est celui qui fait de la gymnastique. La **gymnastique** est l'art d'exercer, de fortifier le corps par divers exercices physiques.

gypaète n. m. Grand oiseau rapace des montagnes.

gypse n. m. Pierre à plâtre.

ha! [*h* asp.] Exclamation marquant la surprise, le rire.

habile adj. Qui réussit dans ce qu'il fait : *habile ouvrier*. L'**habileté**, c'est l'adresse, la qualité de celui qui est habile.

habileté n. f. V. HABILE.

habilité, e adj. Qui a le droit légal de faire quelque chose : *être habilité à signer un traité.*

habillement n. m. V. HABILLER.

habiller v. Vêtir, mettre des vêtements : *habiller un enfant*. L'**habillement**, c'est l'action d'habiller; c'est aussi le costume : *un bel habillement*.

habit n. m. Vêtement, costume : *habit de cérémonie* (1); *habit religieux*. (V. HABILLER.)

habitable adj., **habitant, e** n., **habitat** n. m., **habitation** n. f. V. HABITER.

habiter v. Demeurer : *habiter un pays, une maison, dans une maison*. L'endroit où l'on peut habiter est **habitable**. L'**habitant** est celui qui habite dans un lieu : *les habitants d'une ville*. L'**habitat**, c'est l'endroit géographique où vit telle plante,
tel animal : *la jungle est l'habitat du tigre;* c'est aussi tout ce qui concerne la résidence de l'homme : *l'habitat rural*. L'**habitation** est la construction où l'on habite.

habitude n. f. Manière d'être, d'agir, qui est ordinaire à une personne : *prendre une bonne habitude*. **Habituer**, c'est faire prendre une habitude : *habituer à boire*. Ce qui est une habitude est **habituel**.

habituel, elle adj., **habituer** v. V. HABITUDE.

hâblerie [*h* asp.] n. f. Bavardage plein de vantardise. Un **hâbleur** est un vantard.

hâbleur n. m. V. HÂBLERIE.

hache [*h* asp.] n. f. Outil servant à fendre le bois (2). La **hache d'armes** est une arme ancienne (3). **Hacher**, c'est couper en petits morceaux : *hacher de la viande*. Une **hachette** est une petite hache. Le **hachis** est un mets de viande hachée. Un **hachoir** est un couperet pour hacher (4). Les **hachures** sont les traits qui indiquent les ombres d'un dessin.

1. V. pl. VÊTEMENTS MASCULINS ; 2. V. pl. MENUISERIE ; 3. V. pl. ARMES ; 4. V. pl. CUISINE (*Ustensiles de*).

Habitations. 1. Ferme (*Phot. Van Agtmaal*) ; 2. Château (*Phot. Jidébé*) ; 3. Hôtel particulier (*Phot. Neurdein*) ; 4. Villa (*Phot. Debretagne*) ; 5. Gratte-ciel (*Phot. U. S. I. S.*) ; 6. Groupe d'immeubles (*Phot. Almasy*).

hacher v., **hachette** n. f., **hachis** n. m. V. HACHE.

hachich n. m. Plante dont la feuille constitue une drogue.

hachoir n. m., **hachure** n. f. V. HACHE.

hagard, e [h asp.] adj. Farouche, effrayé : *yeux hagards.*

haie [h asp.] n. f. Clôture d'arbustes entrelacés. Rangée de personnes : *faire la haie.*

haïe! [h asp.] Cri du charretier pour faire avancer son cheval.

haillon [h asp.] n. m. Vêtement en lambeaux.

haine [h asp.] n, f, Très vif ressentiment, mauvais vouloir envers quelqu'un. Horreur : *avoir la haine du vice.* Ce qui est inspiré par la haine est **haineux** : *regard haineux.* **Haïr**, c'est avoir en haine : *haïr le mensonge.* (On prononce *ha-i* sauf dans *je hais, tu hais, il hait; hais.*) Ce qui mérite la haine est **haïssable.**

haineux, euse adj. V. HAINE.

haïr v., **haïssable** adj. V. HAINE.

halage n. m. V. HALER.

hâle [h asp.] n. m. Brunissement de la peau par le soleil.

haleine n. f. Air qui sort des poumons. Faculté de respirer : *perdre haleine. Reprendre haleine,* c'est s'arrêter pour se reposer. *Tenir en haleine,* c'est ne pas laisser tomber l'attention de quelqu'un.

haler v. Tirer avec une corde : *haler un bateau.* Le **halage** est l'action de haler.

haleter v. Respirer avec essoufflement.

hall [*hol,* h asp.] n. m. Mot anglais signifiant *grande salle.*

hallali n. m. Sonnerie annonçant que le cerf est aux abois. (V. ABOYER.)

halle [h asp.] n. f. Grand marché couvert.

hallebarde [h asp.] n. f. Arme ancienne comprenant un fer pointu et une sorte de hache (1).

hallucination n. f. Illusion qui fait voir, sentir une chose qui n'existe pas.

halo [h asp.] n. m. Cercle lumineux qui entoure parfois le soleil, la lune.

halte [h asp.] n. f. Arrêt pendant une marche. Petite gare. *Faire halte,* s'arrêter. *Halte-là!,* ordre de s'arrêter.

haltère n. m. Instrument de gymnastique formé de deux boules de fer réunies par une barre.

hamac [h asp.] n. m. Couchette de toile ou de filet, suspendue à deux crochets, dans les bateaux, etc.

hameau [h asp.] n. m. Groupe de maisons situées en dehors de l'agglomération principale d'une commune.

hameçon n. m. Petit crochet pointu pour la pêche (2).

hampe [h asp.] n. f. Manche d'un drapeau.

hamster [h asp.] n. m. Petit rongeur parfois élevé comme animal d'appartement.

han! [h asp.] n. m. Cri sourd de celui qui fait un effort.

hanche [h asp.] n. f. Partie du corps où la jambe s'unit au tronc. [Ne pas confondre avec l'ANCHE d'un instrument de musique.]

handball [h asp.] n. m. Sport d'équipe qui se joue avec un ballon rond, uniquement avec les mains.

handicap [h asp.] n. m. Epreuve sportive où l'on avantage certains concurrents pour égaliser les chances. **Handicaper,** c'est

1. V. pl. ARMES ; 2. V. pl. PÊCHE.

désavantager quelqu'un dans ce qu'il entreprend. Un **handicapé**, c'est une personne qu'une blessure ou une maladie a diminué physiquement.

handicapé, e n., **handicaper** v. V. HANDICAP.

hangar [*h* asp.] n. m. Grand abri servant à divers usages (1).

hanneton [*h* asp.] n. m. Gros insecte coléoptère (v. ce mot) dont la larve, ou *ver blanc*, dévore les racines des plantes (2).

hanter [*h* asp.] v. Fréquenter : *dis-moi qui tu hantes, je te dirai qui tu es*. Une maison **hantée** est une maison où l'on croit qu'il y a des revenants. *Être hanté*, c'est ne pas pouvoir se délivrer d'une pensée : *être hanté par un souvenir*. Une **hantise** est une idée qui hante.

hantise n. f. V. HANTER.

happer [*h* asp.] v. Saisir brusquement avec la gueule, le bec.

hara-kiri [*h* asp.] n. m. Au Japon, suicide effectué en s'ouvrant le ventre.

harangue n. f. Discours.

haras [*h* asp.] n. m. Etablissement où l'on élève des chevaux.

harasser [*h* asp.] v. Fatiguer beaucoup.

harceler [*h* asp.] v. Attaquer, importuner sans arrêt.

harde [*h* asp.] n. f. Troupe de bêtes sauvages.

hardes [*h* asp.] n. f. pl. Vêtements très usagés.

hardi, e [*h* asp.] adj. Qui n'a pas peur. Effronté. La **hardiesse** est le caractère hardi.

hardiesse n. f. V. HARDI.

harem [*h* asp.] n. m. Logement des femmes chez les musulmans.

hareng [*h* asp.] n. m. Un poisson de mer. *Hareng saur*, hareng fumé (3).

hargneux, euse [*h* asp.] adj. D'humeur désagréable : *enfant hargneux*. La **hargne**, c'est la mauvaise humeur, l'irritation.

haricot I [*h* asp.] n. m. Légumineuse comestible (4).

haricot II [*h* asp.] n. m. Le *haricot de mouton* est un ragoût de mouton.

haridelle [*h* asp.] n. f. Mauvais cheval très maigre.

harmonie n. f. Réunion agréable de sons. Accord : *l'harmonie règne dans cette famille*. Orchestre composé uniquement d'instruments à vent. Ce qui a de l'harmonie est **harmonieux**. L'**harmonium** est une sorte de petit orgue.

harmonieux, euse adj. **harmonium** n. m. V. HARMONIE.

harnachement n. m., **harnacher** v. V. HARNAIS.

harnais [*h* asp.] n. m. Ensemble des pièces qui servent à équiper un cheval de selle, de trait. **Harnacher**, c'est mettre le harnais. Le **harnachement**, c'est aussi le harnais.

haro [*h* asp.] n. m. Cri d'indignation contre quelqu'un.

harpagon n. m. Avare [du nom d'un personnage de *l'Avare* de Molière].

harpe [*h* asp.] n. f. Grand instrument de musique à cordes (5).

harpie [*h* asp.] n. f. Monstre fabuleux. Femme très méchante.

harpon [*h* asp.] n. m. Dard emmanché, pour la pêche au gros poisson. **Harponner**, c'est accrocher avec le harpon.

harponner v. V. HARPON.

hasard [*h* asp.] n. m. Chance bonne ou mauvaise. Risque. *A tout hasard*, quoi qu'il arrive. Ce qui est risqué est **hasardeux**. **Hasarder**, c'est risquer, aventurer.

1. V. pl. FERME; 2. V. pl. INSECTES; 3. V. pl. POISSONS DE MER; 4. V. pl. LÉGUMES; 5. V. pl. MUSIQUE (*Instruments de*).

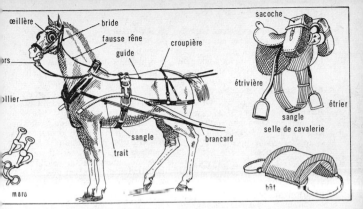

harnais

hasarder v., hasardeux, euse adj. V. HASARD.

hâte [h asp.] n. f. Empressement, vivacité. Hâter, c'est presser. Ce qui vient tôt est hâtif : *fruit hâtif.*

hâter v., hâtif, ive adj. V. HÂTE.

hauban [h asp.] n. m. Cordage qui maintient un mât.

haubert n. m. Tunique de mailles d'acier des armures anciennes.

hausse n. f., haussement n. m. V. HAUSSER.

hausser [h asp.] v. Rendre plus haut : *hausser un mur.* Elever : *hausser la voix.* Augmenter : *les prix ont haussé. Hausser les épaules,* les soulever brusquement en signe de mépris. La hausse, c'est l'augmentation de prix, etc. : *la hausse du blé.* Le haussement, c'est l'action de hausser.

haut, e [h asp.] adj. Elevé : *haute montagne.* Relevé : *aller la tête haute.* Fort : *à haute voix.* Supérieur, de grande valeur : *une haute conscience.* Le *Très-Haut,* Dieu. *Haute mer,* pleine mer. N. m. Sommet : *le haut d'un arbre.* Hauteur : *20 m de haut. En haut, là-haut,* en un lieu plus élevé. La hauteur est la qualité de ce qui est haut; c'est aussi la dimension d'une chose mesurée du bas au sommet : *la hauteur d'un arbre;* c'est également une butte, une colline, un endroit élevé du terrain. Au figuré, c'est la beauté, la grandeur des sentiments : *hauteur d'âme.* Celui qui est hautain est plein d'arrogance, d'orgueil. Le haut-de-chausses était autrefois la culotte. Un haut-de-forme était un chapeau cylindrique (1). Un haut-le-cœur est une nausée. Un haut-le-corps est un mouvement qui soulève brusquement le corps. Un haut-parleur est un appareil qui augmente l'intensité du son à la radio, dans une réunion publique, etc.

hautain, e adj., hauteur n. f. V. HAUT.

1. V. pl. COIFFURES CIVILES.

hautbois [*h* asp.] n. m. Instrument de musique en bois, à trous et à clefs (1).

havane [*h* asp.] n. m. Cigare de La Havane. Adj. Couleur marron clair : *toile havane.*

hâve [*h* asp.] adj. Pâle, maigre.

hâvre [*h* asp.] n. m. Port.

havresac [*h* asp.] n. m. Sac de soldat, qui se porte sur le dos.

hé! [*h* asp.] Interjection pour appeler, pour marquer la surprise, l'intérêt.

heaume [*h* asp.] n. m. Casque des hommes d'armes, au moyen âge (2).

hebdomadaire adj. De chaque semaine : *journal hebdomadaire.*

héberger v. Loger.

hébété, e adj. Stupide.

hébètement n. m. Stupidité.

hébraïque adj. V. HÉBREU.

hébreu adj. m. Juif. Ce qui se rapporte aux Hébreux est **hébraïque** : *langue hébraïque.*

hécatombe n. f. Sacrifice de cent bœufs, chez les Anciens. Tuerie.

hectare n. m. Surface de cent ares (10 000 mètres carrés).

hecto, mot grec qui signifie *cent* et qui entre dans la formation de divers mots : HECTOgramme, HECTOlitre, HECTOmètre, etc.

hégémonie n. f. Domination d'une puissance, d'une ville sur d'autres.

hein! [*h* asp.] Interjection de surprise, d'interrogation.

hélas! Interjection de plainte.

héler [*h* asp.] v. Appeler en criant : *héler un chauffeur.*

hélice n. f. Courbe en forme de tire-bouchon. Appareil tournant, à palettes courbes, qui sert à faire avancer les bateaux, les avions.

hélicoptère n. m. Avion qui peut s'élever verticalement en l'air grâce à l'action d'une ou plusieurs hélices horizontales.

hélio, mot grec qui signifie *soleil* et qui entre dans la formation de mots composés, comme HÉLIOgravure (gravure par la photographie), HÉLIOthérapie (traitement médical par la lumière du soleil), etc.

héliotrope n. m. Plante à fleurs odorantes qui se tournent constamment vers le soleil.

hélium n. m. Gaz rare de l'atmosphère.

hellène adj. et n. Grec.

helvétique adj. De Suisse.

hem! [*h* asp.] Interjection pour appeler, pour exprimer le doute.

hémi, mot grec qui signifie *demi* et qui forme des mots composés, comme HÉMIcycle, HÉMIsphère, etc.

hémicycle n. m. Amphithéâtre en hémicycle.

hémiplégie n. f. Paralysie de la moitié du corps.

hémisphère n. m. Moitié de sphère, demi-boule. Chacune des moitiés de la Terre, au nord et au sud de l'équateur : *l'hémisphère boréal* (au nord) *et l'hémisphère austral* (au sud) [3].

hémo, mot d'origine grecque, signifiant *sang*, et qui sert à former divers mots composés : HÉMOglobine (pigment des globules rouges du sang), HÉMOptysie (crachement de sang), HÉMOrragie (perte de sang).

hennin [*h* asp.] n. m. Coiffure haute et conique des femmes au Moyen Age (4).

hennir [*h* asp.] v. Pousser des hennissements. Le **hennissement** est le cri du cheval.

hennissement n. m. V. HENNIR.

1. V. pl. MUSIQUE (*Instruments de*) ; 2. V. pl. ARMURES ; 3. V. pl. TERRE ; 4. V. pl. COIFFURES CIVILES.

hépatique adj. Du foie.

héraldique adj. Relatif au blason, aux armoiries.

héraut [*h* asp.] n. m. Celui qui était chargé de porter des messages, de faire des proclamations.

herbacé, e adj., **herbage** n. m. V. HERBE.

herbe n. f. Plante à tige mince et molle. *En herbe*, non encore mûr et, au figuré, en espérance : *poète en herbe*. Ce qui a l'apparence de l'herbe est **herbacé**. Un **herbage** est un pâturage. Un **herbier** est une collection de plantes desséchées. Un **herbivore** est un animal qui se nourrit d'herbe. **Herboriser**, c'est recueillir des plantes pour les étudier. L'**herboriste** est le marchand de plantes médicinales.

herbier n. m., **herbivore** adj., **herboriser** v., **herboriste** n. m. V. HERBE.

hercule n. m. Homme très robuste.

herculéen, enne adj. Qui demande la force d'un hercule : *travail herculéen*.

hère [*h* asp.] n. m. Pauvre homme.

héréditaire adj. Qui se passe par héritage : *titre héréditaire*.

hérédité n. f. Ensemble des qualités ou des défauts qu'on hérite de ses parents.

hérésie n. f. Doctrine condamnée par l'Eglise. Opinion contraire aux idées courantes : *hérésie scientifique*. Ce qui tient de l'hérésie est **hérétique**.

hérétique adj. V. HÉRÉSIE.

hérisser [*h* asp.] v. Dresser les cheveux, les poils. Garnir de pointes : *hérisser de clous*. Au figuré : *hérissé de difficultés*. Le **hérisson** est un petit mam-

mifère au corps couvert de piquants : *le hérisson détruit un grand nombre d'animaux nuisibles* (1).

hérisson n. m. V. HÉRISSER.

héritage n. m. Biens qui passent après la mort de quelqu'un à sa famille ou à des personnes désignées par *testament* (v. ce mot). Ce qu'on a reçu de ses ancêtres : *un héritage de gloire*. **Hériter**, c'est recueillir un héritage, une succession. L'**héritier** est celui qui hérite.

hériter v., **héritier, ère** n. V. HÉRITAGE.

hermétique adj. Parfaitement fermé : *bouchage hermétique*. Difficile à comprendre : *texte hermétique*.

hermine n. f. Petit quadrupède à fourrure très blanche en hiver (2).

hernie [*h* asp.] n. f. Grosseur produite par un organe qui a quitté accidentellement son emplacement normal : *réduire une hernie*.

héroïne n. f., **héroïque** adj., **héroïsme** n. m. V. HÉROS.

héron n. m. Oiseau à longues pattes et à long bec, qui se nourrit surtout de poissons (3).

héros [*h* asp., muette dans les dérivés de *héros*] n. m. Demi-dieu de l'antiquité. Qui se distingue par ses exploits, son courage, son dévouement. Qui joue le principal rôle dans une pièce de théâtre, un roman, etc. Une **héroïne** est une femme qui agit en héros. L'**héroïsme** est ce qui est propre au héros. Ce qui tient du héros, qui montre de l'héroïsme, est **héroïque**.

herpès n. m. Une maladie de la peau.

herse [*h* asp.] n. f. Instrument d'agriculture, grille armée de

1. V. pl. INSECTIVORES ; 2. V. pl. FOURRURE (*Animaux à*) ; 3. V. pl. PALMIPÈDES.

pointes pour aplanir le sol labouré (1). Grille qui fermait l'entrée d'un château fort (2). **Herser,** c'est passer la herse.

herser v. V. HERSE.

hésitation n. f. Action d'hésiter. **Hésiter,** c'est être indécis.

hésiter v. V. HÉSITATION.

hétéroclite adj. Fait de parties très diverses, qui ne vont pas ensemble : *une construction hétéroclite.*

hétérodoxe adj. Contraire à une doctrine généralement admise.

hétérogène adj. De nature différente : *objets hétérogènes.*

hêtre [*h* asp.] n. m. Grand arbre à écorce grisâtre, dont le fruit est la faine (3).

heu! [*h* asp.] Interjection de doute, de surprise.

heure n. f. La vingt-quatrième partie du jour : *travailler une heure.* Moment du jour indiqué par le soleil, par une pendule : *demander l'heure.* Moment de faire une chose : *l'heure du dîner. Tout à l'heure,* dans un moment. *A toute heure,* toujours. *De bonne heure,* tôt. *A la bonne heure,* c'est bien. (V. HORAIRE.)

heureusement adv. V. HEUREUX.

heureux, euse adj. Qui a du bonheur. Qui donne du bonheur : *un jour heureux.* Favorisé par le sort : *un joueur heureux.* Qui annonce le succès : *être né sous une heureuse étoile.* Qui réussit bien : *un coup heureux.* **Heureusement,** c'est avec bonheur.

heurt [*h* asp.] n. m. Coup, choc. **Heurter,** c'est frapper, choquer : *heurter un mur;* c'est aussi contrarier : *heurter des sentiments.* Un **heurtoir** est

un marteau de porte ; c'est aussi un butoir de voie ferrée.

heurter v., **heurtoir** n. m. V. HEURT.

hévéa n. m. Arbre dont on tire le caoutchouc.

hexa, mot grec qui signifie *six* et qui entre dans la formation de mots composés : HEXA*gone* (figure géométrique à six angles et six côtés), etc. (4).

hiatus n. m. Discontinuité, interruption entre deux faits.

hibernation n. f. V. HIBERNER.

hiberner v. Passer l'hiver engourdi (se dit d'animaux). [V. HIVERNER.] L'**hibernation** est le fait d'hiberner.

hibou [*h* asp.] n. m. Oiseau de proie nocturne (5).

hic n. m. Difficulté, point difficile d'une chose : *voilà le hic.*

hidalgo n. m. Noble espagnol.

hideux, euse adj. Très laid.

hier adv. Le jour avant celui où l'on se trouve.

hiérarchie [*h* asp.] n. f. Ordre de dépendance, d'autorité : *la hiérarchie militaire.* Classification quelconque par rang. Ce qui se rapporte à la hiérarchie est **hiérarchique.**

hiérarchique adj. V. HIÉRARCHIE.

hiératique adj. *Attitude hiératique,* façon d'être figée, majestueuse.

hiéroglyphe n. m. Dessin qui servait d'écriture aux anciens Egyptiens.

hilarant, e adj., **hilare** adj. V. HILARITÉ.

hilarité n. f. Explosion de rires. Ce qui fait rire est **hilarant.** Celui qui rit est **hilare.**

hindou, e adj. et n. De l'Inde.

hippique adj. Relatif au cheval : *sport hippique.* Un **hippodrome** est un terrain pour

1. V. pl. CULTURE ; 2. V. pl. CHÂTEAU FORT ; 3. V. pl. ARBRES ; 4. V. pl. SURFACES ; 5. V. pl. RAPACES.

courses de chevaux. **Hippomobile**, se dit d'une voiture traînée par des chevaux. Une boucherie **hippophagique** est une boucherie chevaline.

hippocampe n. m. Petit poisson marin dont la tête rappelle celle du cheval.

hippodrome n. m., **hippomobile** adj., **hippophagique** adj. V. HIPPIQUE.

hippopotame n. m. Gros mammifère qui vit dans les grands fleuves d'Afrique (1).

hirondelle n. f. Oiseau à longues ailes et à queue fourchue, qui vit dans les régions tempérées pendant la belle saison : *l'hirondelle dévore un grand nombre d'insectes* (2).

hirsute adj. Hérissé.

hispanique adj. De l'Espagne.

hisser [*h* asp.] v. Elever, faire monter : *hisser un drapeau.*

histoire n. f. Récit des événements passés : *l'histoire ancienne.* Récit des faits d'une époque, de la vie d'un homme : *histoire de France.* Description des animaux, des plantes d'un pays : *histoire naturelle.* Conte, récit d'aventures : *histoire drôle.* *Faire des histoires,* faire des façons, des embarras. Celui qui écrit l'histoire est un **historien.** Une **historiette** est une petite histoire. Ce qui se rapporte à l'histoire, qui est vrai comme l'histoire est **historique.**

historié, e adj. Orné d'images, de vignettes : *manuscrit historié.*

historien n. m., **historiette** n. f., **historique** adj. V. HISTOIRE.

histrion n. m. Médiocre comédien.

hiver n. m. La plus froide des saisons (du 22 décembre au 21 mars). **Hiverner,** c'est passer l'hiver dans un endroit. (V. aussi HIBERNER.) L'**hivernage,** c'est l'action d'hiverner, l'endroit où l'on hiverne; c'est aussi la saison des pluies dans les pays tropicaux.

hivernage n. m., **hiverner** v. V. HIVER.

ho! [*h* asp.] Interjection d'appel, d'étonnement.

hobereau [*h* asp.] n. m. Gentilhomme campagnard.

hochement n. m. V. HOCHER.

hochequeue n. m. V. HOCHER.

hocher [*h* asp.] v. Secouer. Remuer : *hocher la tête.* Le **hochement** est l'action de hocher. Le **hochequeue,** c'est la bergeronnette. Un **hochet** est un jouet à grelots.

hochet [*h* asp.] n. m. V. HOCHER.

hockey [*h* asp.] n. m. Jeu d'équipe où l'on pousse une balle avec des crosses.

holà! [*h* asp.] Interjection pour appeler, pour arrêter.

hollande [*h* asp.] n. m. Un fromage à croûte rouge.

holocauste n. m. Sacrifice religieux où la victime était brûlée. Au figuré, offrande, sacrifice.

homard [*h* asp.] n. m. Grand *crustacé* (v. ce mot) marin à chair très estimée (3).

home [*h* asp.] n. m. Mot anglais désignant la maison, la famille : *un home agréable.*

homéopathie n. f. Traitement médical où l'on utilise certains produits à petites doses.

homérique adj. Qui rappelle les héros d'Homère.

h o m i c i d e n. m. Meurtrier. Action de tuer un homme.

hommage n. m. Devoir que le vassal était tenu de rendre à son suzerain. Marque de respect : *présenter ses hommages.*

1. V. pl. PACHYDERMES; 2. V. pl. OISEAUX DES CHAMPS; 3. V. pl. CRUSTACÉS.

HOM

homme n. m. Etre animé, doué de raison : *l'homme est le roi de la création.* Spécialement, être humain du sexe masculin. Cet être quand il a atteint toute sa croissance : *devenir homme.* Soldat, ouvrier : *armée de 100 000 hommes.* Etre humain considéré du point de vue moral : *brave homme. Homme de lettres,* écrivain. *Homme de loi,* magistrat. *Homme du monde,* celui qui appartient à un milieu distingué, où les manières sont raffinées. Un **homme-grenouille** est muni d'un appareil qui lui permet de nager et de travailler sous l'eau. Un **homme-sandwich** porte deux panneaux publicitaires, sur le dos et sur le ventre.

homogène adj. Formé de parties de même nature ou très unies.

homologuer v. Approuver, reconnaître conforme à certains règlements.

homonyme n. m. Mot qui se prononce comme un autre d'un sens différent: PIN, PAIN, PEINT *sont homonymes, ainsi que* COUSIN *(insecte) et* COUSIN *(parent).*

honnête adj. Qui a le respect du devoir, du bien d'autrui : *un caissier honnête.* Poli, courtois. Convenable : *récompense honnête.* L'**honnêteté** est la qualité de ce qui est honnête.

honnêteté n. f. V. HONNÊTE.

honneur n. m. Dignité morale qui attire l'estime d'autrui. Réputation : *attaquer l'honneur de quelqu'un.* Estime, respect. Distinction, dignité : *aspirer aux honneurs. Parole d'honneur,* promesse faite sur l'honneur. *Champ d'honneur,* champ

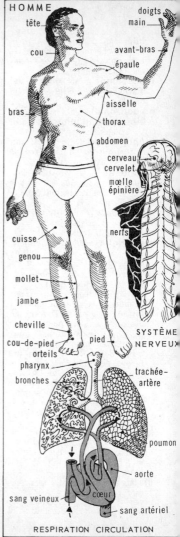

HOMME

tête — doigts — main — cou — avant-bras — épaule — bras — aisselle — thorax — abdomen — cerveau — cervelet — moelle épinière — nerfs — cuisse — genou — mollet — jambe — cheville — cou-de-pied — orteils — pied — pharynx — bronches — trachée-artère — poumon — aorte — cœur — sang veineux — sang artériel

SYSTÈME NERVEUX

RESPIRATION CIRCULATION

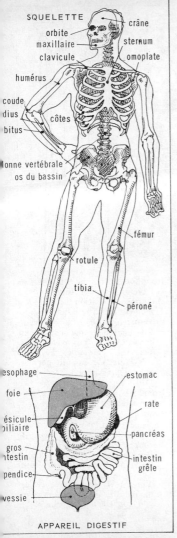

SQUELETTE

crâne
orbite
maxillaire
clavicule
humérus
coude
dius
bitus
côtes
onne vertébrale
os du bassin
sternum
omoplate
fémur
rotule
tibia
péroné

esophage
foie
ésicule
piliaire
gros
ntestin
ppendice
vessie
estomac
rate
pancréas
intestin
grêle

APPAREIL DIGESTIF

de bataille. *Affaire d'honneur,* duel. *Garçon, demoiselle d'honneur,* jeunes gens qui accompagnent les époux à la cérémonie du mariage. *Honneurs funèbres,* funérailles. Ce qui fait honneur est **honorable.** Ce qui prouve de l'honneur est **honorifique.** Celui qui porte un titre sans en exercer les fonctions est **honoraire.** Les **honoraires** sont la rétribution des professions libérales : *les honoraires d'un médecin.* **Honorer,** c'est rendre honneur; c'est aussi accorder une faveur.

honnir [*h* asp.] v. Couvrir de honte : *honni soit qui mal y pense.*

honorable adj., **honoraire** adj. et n. m. pl. **honorer** v., **honorifique** adj. V. HONNEUR.

honte [*h* asp.] n. f. Déshonneur, perte de l'honneur. Sentiment de confusion : *avoir honte de parler.* Ce qui cause de la honte, celui qui éprouve de la honte est **honteux** : *commettre une action honteuse; être honteux d'un échec.*

honteux, euse adj. V. HONTE.

hop! Interjection pour encourager, pour exciter.

hôpital n. m. Etablissement où l'on effectue tous les soins médicaux ou chirurgicaux.

hoquet [*h* asp.] n. m. Contraction brusque et répétée au creux de l'estomac, accompagnée d'un bruit spécial.

horaire adj. Relatif à l'heure. N. m. Tableau indiquant les heures auxquelles a lieu une chose : *horaire des trains.*

horde [*h* asp.] n. f. Troupe, bande indisciplinée : *horde de brigands.*

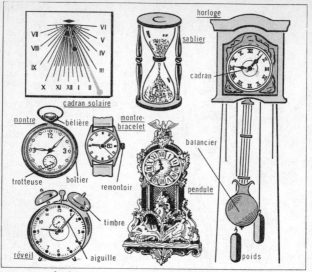

horlogerie

horion [*h* asp.] n. m. Coup violent.

horizon n. m. Ligne qui semble unir le ciel à la terre dans un paysage. Au figuré, étendue plus ou moins grande de l'intelligence, de l'activité; de l'esprit : *l'horizon des connaissances*. Une **horizontale** est une ligne perpendiculaire à la verticale (1). La surface d'un liquide au repos est **horizontale**.

horizontal, e adj. V. HORIZON.

horloge n. f. Machine qui marque les heures. L'**horloger** est celui qui fait, qui répare les horloges. L'**horlogerie** est l'art, le magasin de l'horloger.

horloger n. m., horlogerie n. f. V. HORLOGE.

hormis adv. Excepté.

horoscope n. m. Présage sur l'avenir d'une personne, étudié d'après la position des astres au moment de sa naissance.

horreur n. f. Effroi, vive frayeur. Vif déplaisir que cause une chose. Action ou parole grossière ou blâmable. Personne très laide. Ce qui fait horreur, qui est très mauvais, est **horrible**.

horrible adj. V. HORREUR.

horripiler v. Irriter.

hors [*h* asp.] En dehors, à l'extérieur. Sauf, excepté : *tout, hors cela*. Sorti de : *hors de danger*. *Hors de soi*, très agité. *Hors ligne*, exceptionnel, excellent. Les **hors-d'œuvre** sont les menus mets servis au début d'un repas. Un **hors-la-loi** est un bandit. Un **hors-texte** est une illustration imprimée sur une page spéciale, en dehors du texte, dans un livre.

hortensia n. m. Plante à fleurs en boules blanches, bleues ou roses (1).

horticole adj. Relatif aux jardins. L'**horticulteur** est celui qui cultive les fleurs et les arbres constituant les jardins. L'**horticulture** est l'art de l'horticulteur.

horticulteur n. m., **horticulture** n. f. V. HORTICOLE.

hospice n. m. Maison où l'on reçoit les orphelins, les infirmes, les vieillards.

hospitalier, ère adj., **hospitaliser** v V HOSPITALITÉ.

hospitalité n. f. Logement gratuit accordé par charité, par politesse. Celui qui donne facilement l'hospitalité, ce qui est accueillant, est **hospitalier**. Ce qui n'est pas accueillant est **inhospitalier**. Ce qui se rapporte aux hospices, aux hôpitaux, est également **hospitalier**. **H o s p i t a l i s e r,** c'est admettre dans un hôpital.

hostie n. f. Pain mince, sans levain, que le prêtre consacre à la messe.

hostile adj. Ennemi.

hostilité n. f. Sentiment d'inimitié, d'opposition très vive. Au pluriel, acte de guerre : *ouvrir les hostilités.*

hôte, hôtesse n. Qui donne l'hospitalité. Qui reçoit l'hospitalité. Une *hôtesse de l'air* veille au confort des passagers dans un avion. Habitant : *les hôtes de la forêt.*

hôtel n. m. Maison particulière (2). Edifice où est installé un service public : *hôtel de ville.* Maison meublée pour voyageurs. Un *hôtel particulier* est une belle habitation occupée par une seule famille. Un **hôtel-Dieu** est le nom donné parfois à un hôpital. L'**hôtelier** est celui qui tient un hôtel, une auberge. L'**hôtellerie** est la profession d'hôtelier; c'est aussi une auberge.

hotte [*h* asp.] n. f. Panier qu'on porte sur le dos (3). Partie inférieure d'une cheminée, de forme évasée.

hou ! Interjection de menace, de moquerie : *hou, le vilain!*

houblon [*h* asp.] n. m. Plante dont la fleur sert à donner son goût particulier à la bière.

houe [*h* asp.] n. f. Pioche à fer très large (4).

houille [*h* asp.] n. f. Sorte de charbon. *Houille blanche,* force tirée des chutes d'eau. Ce qui est relatif à la houille est **houiller**. Une **houillère** est une mine de houille.

houiller, ère adj., **houillère** n. f. V. HOUILLE.

houle [*h* asp.] n. f. Ondulation de la mer. Au figuré, agitation. La mer agitée par la houle est **houleuse**.

houlette n. f. Bâton de berger. *Etre sous la houlette de quelqu'un,* c'est être soumis à son autorité.

houleux, euse adj. V. HOULE.

houppe [*h* asp.] n. f. Touffe de cheveux, brins de laine, de duvet, etc., réunis en boule.

houppelande [*h* asp.] n. f. Manteau ancien très large (5).

hourra ! [*h* asp.] Cri d'acclamation : *pousser des hourras.*

houspiller [*h* asp.] v. Malmener.

housse [*h* asp.] n. f. Enveloppe d'étoffe : *housse de fauteuil.*

houx [*h* asp.] n. m. Arbuste toujours vert, à feuilles armées de

1. V. pl. FLEURS; 2. V. pl. HABITATIONS; 3. V. pl. VANNERIE;
4. V. pl. JARDINAGE; 5. V. pl. VÊTEMENTS MASCULINS.

piquants et à petits fruits rouges (1).

hovercraft n. m. (mot angl.). Véhicule se déplaçant sur l'eau porté par un coussin d'air (2).

hublot [*h* asp.] n. m. Petite fenêtre ronde dans un bateau.

huche [*h* asp.] n. f. Coffre à pain, dans les campagnes.

hue! [*h* asp.] Cri pour faire avancer un cheval.

huée [*h* asp.] n. f. Cri de blâme, de menace : *les huées de la foule.*

huguenot [*h* asp.] n. m. Protestant calviniste.

huile n. f. Liquide gras tiré de diverses plantes (olive, colza, etc.), de matières animales (foie de morue), de produits minéraux (pétrole). **Huiler,** c'est graisser avec de l'huile. Ce qui est gras comme l'huile est **huileux.**

huis n. m. Porte. *A huis clos,* sans admettre le public : *jugement à huis clos.*

huissier n. m. Celui qui est chargé d'introduire des visiteurs. Celui qui fait le service des séances d'un tribunal, etc. Officier chargé de faire savoir aux intéressés les jugements de justice.

huit [*h* asp.] adj. Sept plus un. Une **huitaine,** c'est la réunion de huit choses. Le **huitième** est celui qui vient en ordre après le septième.

huître n. f. Mollusque marin comestible dont quelques espèces fournissent les perles (3).

hum! [*h* asp.] Interjection de doute, d'impatience.

humain, e adj. De l'homme : *corps humain.* Le *genre humain,* l'ensemble des hommes. Bon, secourable : *se montrer humain.*

N. m. pl. Les hommes. **Humaniser,** c'est rendre humain, adoucir. L'**humanité,** c'est la nature humaine; c'est aussi le genre humain; c'est encore la bonté, l'amabilité : *traiter avec humanité.* (V. HOMME.) Ce qui est **humanitaire** concerne les intérêts et les droits de l'humanité tout entière.

humble adj. Qui s'abaisse volontairement : *être humble devant les puissants.* Qui est d'une condition inférieure : *humble origine.* **Humilier,** c'est rendre humble: c'est aussi abaisser, mortifier, rendre confus : *humilier l'orgueil.* Ce qui humilie est **humiliant.** L'**humiliation** est l'action d'humilier; c'est également un affront. L'**humilité** est le caractère humble.

humecter v. V. HUMIDE.

humer [*h* asp.] v. Respirer, sentir : *humer l'air.*

humérus n. m. Gros os du bras, de l'épaule au coude (4).

humeur n. f. Liquide plus ou moins épais qui se forme dans le corps (sang, bile, etc.). Caractère : *humeur gaie.*

humide adj. Chargé de liquide ou de vapeur : *temps humide.* **Humidifier, humecter,** c'est rendre humide. L'**humidité** est l'état de ce qui est humide.

humiliation n. f., **humilier** v., **humilité** n. f. V. HUMBLE.

humoriste n. m., **humoristique** adj. V. HUMOUR.

humour n. m. Raillerie malicieuse sous un air sérieux. L'**humoriste** est celui qui a de l'humour. Ce qui contient de l'humour est **humoristique.**

humus n. m. Terreau, terre produite par les débris de plantes pourries.

1. V. pl. PLANTES SAUVAGES; 2. V. pl. VÉHICULES; 3. V. pl. MOLLUSQUES; 4. V. pl. HOMME.

hune [*h* asp.] n. f. Plate-forme de guet, fixée à un mât de bateau.

huppe [*h* asp.] n. f. Touffe de plumes, de cheveux sur la tête d'un oiseau, d'un homme. Un personnage **huppé**, c'est un homme de haute condition.

hure [*h* asp.] n. f. Tête de sanglier.

hurlement [*h* asp.] n. m. Long cri du loup, du chien. Cri aigu. **Hurler**, c'est pousser des hurlements.

hurler v. V. HURLEMENT.

hurluberlu n. m. Etourdi.

hussard [*h* asp.] n. m. Soldat de cavalerie légère.

hutin [*h* asp.] adj. m. Entêté (vieilli) : *Louis X le Hutin.*

hutte [*h* asp.] n. f. Petite cabane : *hutte d'Esquimaux.*

hybride adj. Se dit d'un animal ou d'une plante résultant d'un croisement.

hydne n. m. Champignon comestible à chapeau jaunâtre, appelé aussi PIED-DE-MOUTON (1).

hydr..., hydro, particule d'origine grecque, signifiant *eau,* qui forme des mots composés.

hydraulique adj. Relatif à l'eau : *pompe hydraulique.*

hydravion n. m. Avion à flotteurs qui peut se poser sur l'eau (2).

hydre n. f. Monstre fabuleux à sept têtes, tué par Hercule.

hydroélectricité n. f. Energie électrique produite par des barrages sur les cours d'eau.

hydrogène n. m. Gaz léger qui, avec l'oxygène, produit l'eau.

hydroglisseur n. m. Bateau propulsé par une hélice aérienne.

hydrographie n. f. Etude des cours d'eau. Ensemble des cours d'eau d'une région.

hydromel n. m. Boisson à base de miel.

hydrophile adj. Qui absorbe l'eau : *coton hydrophile.*

hydrothérapie n. f. Traitement médical par l'eau.

hyène n. f. Mammifère carnassier d'Asie et d'Afrique, au pelage tacheté de brun (3).

hygiène n. f. Partie de la médecine qui enseigne à conserver la santé. Ce qui a trait à l'hygiène est **hygiénique.**

hymen [*i-mèn*] n. m. Poétiquement, le mariage.

hymne n. m. Cantique en l'honneur de la divinité. Chant national. Au féminin, cantique religieux en latin.

hyperbole n. f. Expression exagérée. Ce qui tient de l'hyperbole est **hyperbolique** : *louange hyperbolique.*

hypnotiser v. Faire tomber dans un sommeil artificiel. L'**hypnotiseur** est celui qui hypnotise. S'**hypnotiser** sur une chose, c'est ne penser qu'à cette chose au détriment de tout le reste.

hypocrisie n. f. Vice de l'hypocrite. L'**hypocrite** est celui qui se donne des airs de piété, de vertu.

hypothèque n. f. Droit que possède un créancier sur un immeuble que lui donne comme garantie son débiteur.

hypothèse n. f. Supposition. Ce qui est supposé, douteux, incertain, est **hypothétique.**

hystérie n. f. Une maladie mentale.

---

1. V. pl. CHAMPIGNONS; 2. V. pl. AVIONS; 3. V. pl. FAUVES, CARNASSIERS.

Imprimerie : machine rotative. *Phot. Larousse.*

ibérique adj. Relatif à l'Espagne (autrefois Ibérie).

ibis [*i-biss*] n. m. Oiseau d'Egypte, blanc, à tête et queue noires, à longues jambes et long bec (1).

iceberg [*is'-bèrgh*] n. m. Grand bloc de glace flottant sur la mer, formé en bordure des régions polaires continentales.

ici adv. Dans le lieu où nous sommes. En ce moment : *d'ici à demain*. *Ici-bas*, en ce monde.

icône n. f. Image religieuse peinte, chez les Russes et les Grecs.

ictère n. m. Sorte de jaunisse.

idéal, e adj., **idéaliser** v., **idéalisme** n. m. V. IDÉE.

idée n. f. Pensée, chose que nous nous représentons dans notre esprit : *l'idée du beau*. Manière de voir, de comprendre : *idées politiques*. Intention : *changer d'idée*. *Idée fixe*, dont on n'arrive pas à se débarrasser. *Avoir de la suite dans les idées,* c'est être persévérant. Ce que nous ne pouvons imaginer qu'imparfaitement est **idéal**. L'idéal, c'est la plus grande perfection que nous puissions imaginer.

Idéaliser, c'est donner un caractère idéal : *l'artiste idéalise souvent son modèle*. L'**idéalisme** est la recherche de l'idéal dans l'art.

idem, mot latin qui signifie : de même, également.

identifier v. V. IDENTIQUE.

identique adj. Tout à fait le même, tout à fait pareil : *objets identiques*. L'**identité** est le caractère de ce qui est identique; c'est aussi le fait qu'une personne est celle qu'elle prétend être : *pièces d'identité*. **Identifier,** c'est déclarer identique; c'est aussi préciser la nature de quelque chose : *identifier une roche*.

identité n. f. V. IDENTIQUE.

idéologue n. m. Celui qui se laisse guider par les idées plutôt que par les faits; rêveur.

idiome n. m. Langage. Un **idiotisme** est une tournure propre à un idiome.

idiot, e adj. Stupide, sans intelligence. L'**idiotie** est le manque d'intelligence.

idiotie n. f. V. IDIOT.

idiotisme n. m. V. IDIOME.

1. V. pl. PALMIPÈDES.

idolâtre adj., **idolâtrie** n. f., **idolâtrer** v. V. IDOLE.

idole n. f. Figure qui représente une divinité. Personne que l'on aime d'une sorte de culte. L'**idolâtre** est celui qui adore les idoles. **Idolâtrer**, c'est aimer avec passion. L'**idolâtrie** est l'adoration des idoles; c'est aussi un amour passionné.

idylle n. f. Amour tendre.

if n. m. Arbre élancé, à feuillage toujours vert : *on plante souvent des ifs dans les cimetières.*

igloo [*igloo*] n. m. Hutte que les Esquimaux édifient avec des blocs de neige.

igname n. f. Plante des pays chauds dont on consomme les tubercules.

ignare adj. Très ignorant.

ignifuger v. V. IGNITION.

ignition [*igh-ni-sion*] n. f. Etat d'un corps qui brûle : *charbon en ignition.* **Ignifuger**, c'est rendre incapable de brûler : *étoffe ignifugée.*

ignoble adj. Bas, vil, repoussant : *conduite ignoble.*

ignominie n. f. Affront, honte.

ignorance n. f. Etat de celui qui est ignorant. L'**ignorant** est celui qui ne sait rien ou qui ne sait pas une chose. **Ignorer**, c'est ne pas savoir.

ignorant, e adj., **ignorer** v. V. IGNORANCE.

iguane n. m. Reptile d'Amérique, sorte de grand lézard (1).

il pronom personnel de la troisième personne. (Au pluriel ILS.)

île n. f. Espace de terre entouré d'eau de tous côtés : *la Corse est une île* (2). Un **îlot** est une petite île; c'est aussi un pâté de maisons.

illégal, e adj. Contraire à la loi. Qui n'est pas légal.

illégalité n. f. Acte illégal.

illégitime adj. Qui ne s'appuie pas sur un droit.

illettré, e adj. et n. Qui ne sait ni lire ni écrire.

illicite adj. Interdit par la loi.

illico adv. Mot latin signifiant sur-le-champ : *partir illico.*

illimité, e adj. Sans limites.

illisible adj. Difficile à lire.

illumination n. f. V. ILLUMINER.

illuminer v. Eclairer. L'**illumination** est l'action d'illuminer; c'est aussi un ensemble de lumières décoratives.

illusion n. f. Erreur de nos sens qui nous fait prendre une apparence pour une réalité : *illusion d'optique;* espoirs vains : *se nourrir d'illusions.* **Illusionner**, c'est produire une illusion. Un **illusionniste** exécute des tours, des expériences qui semblent inexplicables. (Syn. PRESTIDIGITATEUR.) Ce qui est illusoire est trompeur.

illusionner v., **illusoire** adj. V. ILLUSION.

illustration n. f. V. ILLUSTRE.

illustre adj. Célèbre : *écrivain illustre.* **Illustrer**, c'est rendre illustre : *illustrer son nom;* c'est aussi orner de dessins : *illustrer un livre.* Une **illustration**, c'est un dessin, une image de livre. Un **illustré**, c'est un petit journal contenant de nombreux dessins.

illustrer v. V. ILLUSTRE.

îlot n. m. V. ÎLE.

image n. f. Apparence visible d'une personne, d'une chose : *voir son image dans une glace.* Dessin, peinture, statue représentant une divinité, un saint. Estampe, gravure : *livre d'images.* Ce qui représente quelque chose : *l'image de la guerre.* Mot ou tournure de phrase

1. V. pl. REPTILES ; 2. V. pl. GÉOGRAPHIE.

qui renforce une idée : *style plein d'images*. Un style chargé d'images est **imagé**.

imagé, e adj., **imagerie** n. f. V. IMAGE.

imaginaire adj., **imagination** n. f. V. IMAGINER.

imaginer v. Se représenter une chose par la pensée : *imaginer une scène*. Inventer : *imaginer une machine*. Penser, croire : *s'imaginer qu'on est malade*. Ce qui n'est pas réel, qui n'existe que dans l'imagination est **imaginaire**. L'**imagination** est le pouvoir d'imaginer; c'est aussi la chose imaginée : *une folle imagination*.

imbattable adj. Qui ne peut être battu, surpassé.

imbécile n. m. Faible d'esprit, sot, stupide. L'**imbécillité** est la faiblesse d'esprit, la sottise.

imbécillité n. f. V. IMBÉCILE.

imberbe adj. Sans barbe.

imbiber v. Tremper en faisant pénétrer beaucoup de liquide : *imbiber d'eau une éponge*.

imbriqué, e adj. Disposé comme les briques d'un mur.

imbroglio [*in-bro-lio*] n. m. Confusion, embrouillement.

imbu, e adj. Pénétré, rempli : *imbu de préjugés*.

imbuvable adj. Qui est mauvais à boire.

imitateur, trice n., **imitation** n. f. V. IMITER.

imiter v. Copier ce qu'un autre fait; prendre pour modèle. L'**imitation** est l'action d'imiter. Celui qui imite est un **imitateur**.

immaculé, e adj. Sans tache : *une nappe immaculée*.

immanquable [*in-man-kabl'*] adj. Que l'on ne peut manquer.

immatériel, elle adj. Qui n'est

pas matériel : *les esprits sont des êtres immatériels*.

immatriculer v. Inscrire sur un registre public le numéro d'une automobile, les caractéristiques d'un produit industriel, etc. L'**immatriculation**, c'est l'action d'immatriculer.

immédiat, e adj. Qui a lieu sans délai : *soulagement immédiat*.

immense adj. Sans bornes, sans mesure : *le firmament est immense*. Très grand : *immense fortune*. L'**immensité** est le caractère de ce qui est immense.

immensité n. f. V. IMMENSE.

immerger v. Plonger complètement dans un liquide.

immérité, e adj. Non mérité.

immeuble n. m. Propriété qui n'est pas transportable (terres, maisons, etc.) [1].

immigration n. f. Action d'entrer dans un pays étranger pour s'y établir (V. ÉMIGRER.)

imminent, e adj. Qui menace : *un danger imminent*.

immiscer (s') v. Se mêler.

immobile adj. Qui ne se meut pas, qui ne bouge pas : *rester immobile*. **Immobiliser**, c'est rendre immobile. L'**immobilité** est l'état de celui qui est immobile.

immobilier, ère adj. Formé de biens immeubles : *fortune immobilière*.

immobiliser v., **immobilité** n. f. V. IMMOBILE.

immodéré, e adj. Qui dépasse la mesure, qui n'est pas modéré.

immolation n. f. Sacrifice.

immoler v. Faire périr dans un sacrifice.

immonde adj. Très sale. Les **immondices**, ce sont les ordures.

immoral, e adj. Qui n'est pas moral : *conduite immorale*.

1. V. pl. HABITATIONS.

immoralité n. f. Manque de moralité, caractère immoral.

immortaliser v., **immortalité** n. f. V. IMMORTEL.

immortel, elle adj. Qui ne peut mourir. Digne d'un long souvenir : *gloire immortelle*. N.m. Familièrement, académicien N. f. Plante à petites fleurs jaunes qui ne se fanent pas. L'**immortalité**, c'est la qualité d'immortel.

immuable adj. Qui ne change pas.

immuniser v. Mettre à l'abri de certaines maladies : *la vaccine immunise contre la variole*. L'**immunité** est le droit pour certaines personnes d'échapper à certaines obligations; c'est aussi le fait d'échapper à certaines maladies.

immunité n. f. V. IMMUNISER.

impact n. m. Collision de deux ou plusieurs corps.

impair, e adj. Se dit d'un nombre qui n'est pas divisible exactement par deux, comme 3, 5, 7, 9, 11, etc. Familièrement, maladresse.

impalpable adj. Très fin : *poussière impalpable*.

impardonnable adj. Qu'on ne peut pardonner.

imparfait, e adj. Incomplet. Qui a des défauts : *ouvrage imparfait*. L'**imparfait** est le temps du verbe qui indique qu'une action s'est passée en même temps qu'une autre également passée : *il parlait quand je suis entré*. L'**imperfection** est le défaut de ce qui est imparfait.

impartial, e adj. Sans parti pris : *juge impartial*.

impartialité n. f. Caractère impartial.

impasse n. f. Ruelle sans issue.

impassible adj. Qui se montre insensible à la douleur.

impatience n. f. V. IMPATIENT.

impatient, e adj. Qui manque de patience : *enfant impatient*. **Impatienter**, c'est faire perdre patience : *bruit qui impatiente*. L'**impatience** est le manque de patience.

impatienter v. V. IMPATIENT.

impayable adj. Familièrement, très drôle.

impeccable adj. Sans défaut : *conduite impeccable*.

impénétrable adj. Qui ne peut être pénétré, traversé : *forêt impénétrable*. Inexplicable : *mystère impénétrable*.

impénitent, e adj. Endurci dans le péché, dans une habitude.

impensable adj. Qu'on ne peut envisager.

impératif, ive adj. Qui commande : *un ton impératif*. L'**impératif** est un temps du verbe qui exprime un ordre, une prière : *viens, venez*.

impératrice n. f. Femme d'un empereur. Souveraine d'un empire.

imperceptible adj. Qui échappe à nos sens, à notre attention : *bruit imperceptible*.

imperfection n. f. V. IMPARFAIT.

impérial, e adj. Relatif à un empire. Celui qui est partisan d'un empire, qui cherche à étendre l'autorité de son pays sur d'autres pays est **impérialiste**. Celui qui commande en maître, ce qui est irrésistible est **impérieux** : *besoin impérieux*.

impérissable adj. Qui ne peut périr : *souvenir impérissable*.

imperméable adj. Qui ne peut être traversé par l'eau. N. m. Vêtement contre la pluie.

impersonnel, elle adj. Qui manque d'originalité.

impertinence n. f. V. IMPERTI-
NENT.

impertinent, e adj. Qui ne convient pas, déplacé. Insolent :
ton impertinent. L'**impertinence**, c'est le caractère de ce
qui est impertinent.

imperturbable adj. Que rien ne
peut troubler : *calme imperturbable.*

impétueux, euse adj. Violent,
rapide : *vent impétueux.* Au
figuré, emporté : *caractère impétueux.*

impie adj. Sans religion. L'**impiété** est le mépris des choses
de la religion.

impiété n. f. V. IMPIE.

impitoyable adj. Sans pitié :
vengeance impitoyable.

implacable adj. Qui ne peut être
apaisé : *haine implacable.*

implanter v. Etablir : *implanter
un usage.*

implicite adj. V. IMPLIQUER.

impliquer v. Engager, faire
entrer : *impliquer dans un
complot.* Contenir, renfermer :
cela implique votre acceptation.
Ce qui est impliqué, contenu
dans une autre chose, est **implicite** : *condition implicite.*

implorer v. Demander humble-
ment : *implorer son pardon.*

impoli, e adj. Sans politesse :
visiteur impoli. L'**impolitesse**
est le manque de politesse.

impolitesse n. f. V. IMPOLI.

impondérable adj. et n. Qui
ne peut être pesé, comme la
lumière; qu'on ne peut évaluer :
*les impondérables de la poli-
tique.*

impopulaire adj. Qui n'est pas
conforme aux désirs du peuple.

importance n. f. Caractère de
ce qui est important. Autorité :
avoir de l'importance. Suffi-

sance : *se donner des airs d'importance.* Ce qui a des conséquences sérieuses; celui qui a
de l'autorité; celui qui montre
de la suffisance est **important**.
Importer, c'est être important. **Il importe**, il convient.

important, e adj. V. IMPOR-
TANCE.

importation n. f. V. IMPORTER.

importer I v. Introduire dans un
pays des produits étrangers :
importer du café. L'**importation**, c'est l'action d'importer.

importer II v. V. IMPORTANCE.

importun, e adj. Qui importune.
Importuner, c'est fatiguer,
ennuyer : *importuner de questions.*

importuner v. V. IMPORTUN.

imposant, e adj. V. IMPOSER.

imposer v. Obliger à : *imposer
des conditions.* Mettre un impôt sur : *imposer une marchandise.* Inspirer du respect : *son
air en impose.* Une **imposition**
est une contribution, un *impôt*
(v. ce mot). Ce qui est très
important est **imposant**.

imposition n. f. V. IMPOSER.

impossibilité n. f. V. IMPOS-
SIBLE.

impossible adj. Qui n'est pas
possible; très difficile. L'**impossibilité** est le caractère de
ce qui est impossible.

imposte n. f. Partie supérieure
immobile d'une porte, d'une
fenêtre (1).

imposteur n. m. Trompeur,
menteur. L'**imposture** est la
tromperie, le mensonge.

imposture n. f. V. IMPOSTEUR.

impôt n. m. Part des dépenses
publiques imposées à chacun
par l'Etat. L'*impôt indirect* est
celui qui est perçu sur certaines
marchandises de consommation,
comme le tabac.

1. V. pl. FENÊTRES.

impotent, e adj. Qui a de la peine à se mouvoir.

impraticable adj. Inutilisable pour circuler.

imprécation n. f. Malédiction.

imprécis, e adj. Sans précision.

imprégner v. Pénétrer une chose d'un liquide, d'un gaz, etc., dans toutes ses parties.

impresario n. m. Celui qui dirige un théâtre, un cirque, etc.

impression n. f. Action d'imprimer. Effet produit sur l'esprit : *causer de l'impression.* **Impressionner**, c'est faire impression. Ce qui impressionne est **impressionnant**. Les **Impressionnistes** étaient des peintres de la fin du XIXᵉ s. qui cherchaient à rendre surtout les impressionss ressenties par eux devant les paysages.

impressionner v., **impressionniste** n. V. IMPRESSION.

imprévoyance n. f. Manque de prévoyance. Celui qui n'a pas de prévoyance est **imprévoyant**. Ce qu'on n'attend pas est **imprévu**.

imprévoyant, e adj., **imprévu, e** adj. V. IMPRÉVOYANCE.

imprimer v. Marquer : *imprimer ses pas sur la neige.* Reproduire une gravure, un texte *typographique* (v. ce mot) en le pressant sur le papier. Faire impression : *imprimer le respect.* L'**imprimerie** est l'art d'imprimer, l'établissement où l'on imprime. L'**imprimeur** est celui qui imprime. Un **imprimé**, c'est un livre, un journal imprimé.

imprimerie n. f., **imprimeur** n. m. V. IMPRIMER.

improbable adj. Qui a très peu de chances de se réaliser.

improductif, ive adj. Qui ne rapporte rien.

impromptu adv. Sur-le-champ, sans préparation.

impropre adj. Qui ne peut servir à : *impropre à un service.*

improvisation n. f. V. IMPROVISER.

improviser v. Faire sans préparation : *improviser des vers.* L'**improvisation** est l'action d'improviser. **A l'improviste,** c'est d'une façon inattendue.

improviste (à l'). V. IMPROVISER.

imprudence n. f. Manque de prudence. Action imprudente : *commettre une imprudence.* L'**imprudent** est celui qui n'est pas prudent. Ce qui n'est pas prudent est **imprudent**.

imprudent, e adj. et n. V. IMPRUDENCE.

impudence n. f. Effronterie.

impudent, e adj. Effronté.

impudique adj. Sans pudeur.

impuissance n. f. Manque de force, de puissance. Ce qui manque de pouvoir, d'autorité est **impuissant**.

impuissant, e adj. V. IMPUISSANCE.

impulsion n. f. Action de pousser pour mettre en mouvement. Besoin impérieux de commettre un acte irraisonné ou dangereux.

impunément adv. Sans être puni.

impuni, e adj. Non puni. L'**impunité** est l'absence de punition, de sanction.

impunité n. f. V. IMPUNI.

impur, e adj. Qui n'est pas pur. Qui est opposé à la pureté. L'**impureté** est l'état de ce qui n'est pas pur; c'est aussi ce qui est contraire à la pureté.

impureté n. f. V. IMPUR.

imputer v. Attribuer : *imputer une faute à quelqu'un.*

imputrescible adj. Qui ne peut se putréfier.

inabordable adj. Qu'on ne peut aborder : *île inabordable.* Trop élevé : *prix inabordable.*

inacceptable adj. Qu'on ne peut accepter.

inaccessible adj. Qu'on ne peut atteindre : *cime inaccessible.* Insensible : *inaccessible à la pitié.*

inaccoutumé, e adj. Qui n'est pas habituel.

inachevé, e adj. Qui n'est pas fini.

inactif, ive adj. Qui ne fait rien : *demeurer inactif.* Sans effet : *remède inactif.* L'**inaction** est l'état de celui qui n'agit pas.

inaction n. f., **inactivité** n. f. V. INACTIF.

inadmissible adj. Qui ne peut être admis : *demande inadmissible.*

inadvertance (par). Sans faire exprès.

inaliénable adj. Qui ne peut être vendu.

inaltérable adj. Qui ne peut s'altérer : *l'or est inaltérable.*

inamovible adj. Qui ne peut être démis de ses fonctions : *magistrat inamovible.*

inanimé, e adj. Privé de vie, d'animation.

inanition n. f. Epuisement par manque de nourriture.

inaperçu, e adj. Qui échappe à l'attention : *passer inaperçu.*

inapplicable adj. Qu'on ne peut appliquer : *loi inapplicable.*

inappréciable adj. D'une grande valeur, qu'on ne saurait trop estimer : *talent inappréciable.*

inapte adj. Sans aptitude, incapable de : *inapte à un travail.*

inattaquable adj. Qu'on ne peut attaquer.

inattendu, e adj. Qu'on n'attendait pas : *visite inattendue.*

inattentif, ive adj. Non attentif.

inattention n. f. Manque d'attention : *faute d'inattention.*

inaudible adj. Que l'on ne peut entendre.

inauguration n. f. Action d'inaugurer.

inaugurer v. Marquer le commencement d'une chose : *inaugurer une école.*

inavouable adj. Qu'on ne peut avouer : *faute inavouable.*

incalculable adj. Qu'on ne peut calculer, innombrable.

incandescence n. f. Etat d'un corps chauffé à blanc.

incantation n. f. Emploi de paroles magiques.

incapable adj. Qui n'est pas capable de : *incapable de parler.*

incapacité n. f. Manque de capacité; état de celui qui est incapable.

incarcération n. f. V. INCARCÉRER.

incarcérer v. Emprisonner. L'**incarcération** est l'action d'incarcérer.

incarnat, e adj. D'un rouge de chair : *ruban incarnat.*

incarnation n. f. V. INCARNER.

incarner v. Donner une forme matérielle : *incarner une idée.* L'**incarnation** est l'action de s'incarner.

incartade n. f. Folie, extravagance.

incassable adj. Non cassable.

incendiaire adj. V. INCENDIE.

incendie n. m. Grand feu qui s'étend et fait des ravages (1). Celui qui cause volontairement un incendie est un **incendiaire. Incendier,** c'est mettre en feu.

incendier v. V. INCENDIE.

incertain, e adj. Douteux, qui

1. V. pl. POMPIERS.

n'est pas certain. Irrésolu, qui n'est pas décidé. L'**incertitude** est le manque de certitude, l'état d'une personne, d'une chose incertaine.

incertitude n. f. V. INCERTAIN.

incessamment adv. Sans délai.

incessant, e adj. Qui n'arrête pas : *pluie incessante*.

inceste n. m. Union illicite entre de très proches parents.

incident n. m. Petit événement qui survient.

incinérer v. Réduire en cendres.

inciser v. V. INCISIF.

incisif, ive adj. Tranchant, coupant. N. f. Chacune des dents de devant (1). **Inciser**, c'est faire une incision. Une **incision**, c'est une coupure, une entaille.

incision n. f. V. INCISER.

inciter v. Pousser à : *inciter à la révolte*.

inclément, e adj. Pas clément, sans pitié : *se montrer inclément*.

inclinaison n. f. Pente.

inclination n. f. Penchant : *avoir de mauvaises inclinations*. Amour, affection : *avoir de l'inclination pour quelqu'un*. **Incliner**, c'est pencher; c'est aussi avoir du penchant, du goût, de l'affection pour quelqu'un, pour quelque chose. (V. INCLINAISON.)

incliner v. V. INCLINATION.

inclure v. Renfermer. *Ci-inclus*, enfermé ici : *la lettre ci-incluse*.

incognito [*in-co-gni-to*]. Sans être connu, sous un nom d'emprunt. N. m. : *garder l'incognito*, cacher son vrai nom.

incohérence n. f. Caractère incohérent. Chose incohérente. Ce qui manque de liaison est **incohérent** : *mots incohérents*.

incohérent, e adj. V. INCOHÉRENCE.

incolore adj. Sans couleur.

incomber (à) v. Revenir obligatoirement : *cette pénible tâche incombe à son fils*.

incombustible adj. Qui ne peut brûler : *matière incombustible*.

incommensurable adj. Immense, très grand, démesuré.

incommoder v. Qui n'est pas commode. Qui gêne. **Incommoder**, c'est gêner. Etre **incommodé**, c'est éprouver un malaise. L'**incommodité**, c'est le manque de commodité, l'embarras, la gêne.

incommoder v., **incommodité** n. f. V. INCOMMODE.

incomparable adj. Qui ne peut être comparé à rien. Très beau.

incompatible adj. Qui ne peut s'accorder avec : *caractères incompatibles*.

incompétent, e adj. Qui n'a pas la capacité, l'autorité pour juger d'une chose.

incomplet, ète adj. Qui n'est pas complet : *travail incomplet*.

incompréhensible adj. Qu'on ne peut comprendre.

incompressible adj. Dont on ne peut réduire le volume par pression.

incompris, e adj. Qui n'est pas compris.

inconcevable adj. Surprenant, extraordinaire.

inconciliable adj. Que l'on ne peut concilier.

inconditionnel, elle adj. et n. Qui se soumet sans discussion.

inconduite n. f. Mauvaise conduite.

incongru, e adj. Malséant, pas convenable. Une **incongruité**, c'est une parole incongrue.

incongruité n. f. V. INCONGRU.

1. V. pl. DENTS.

inconnu, e adj. Qui n'est pas connu. N. Personne inconnue.

inconscience n. f. V. INCONSCIENT.

inconscient, e adj. Dont on n'a pas conscience : *acte inconscient*. Qui n'a pas conscience de ses actes. L'**inconscience** est l'état de celui qui est inconscient.

inconséquence n. f. Manque de suite dans les idées.

inconsidéré, e adj. Non réfléchi.

inconsistant, e adj. Sans fermeté : *matière inconsistante*.

inconstance n. f. Manque de constance, de fermeté dans la résolution. Celui qui montre de l'inconstance est **inconstant**.

inconstant, e adj. V. INCONSTANCE.

incontestable adj. Indiscutable.

inconvenance n. f. Action ou parole inconvenante.

inconvenant, e adj. Qui blesse les convenances, malséant.

inconvénient n. m. Désavantage, conséquence fâcheuse.

incorporation n. f. Action d'incorporer.

incorporer v. Mêler une chose à une autre. Faire entrer dans un corps de troupes.

incorrect, e adj. Défectueux, qui n'est pas correct.

incorrection n. f. Conduite incorrecte. Acte, mot incorrect.

incorrigible adj. Qui ne peut être corrigé.

incorruptible adj. Qui ne peut se corrompre. Qu'on ne peut corrompre : *juge incorruptible*.

incrédule adj. Qui n'est pas crédule : *se montrer incrédule*.

incrédulité n. f. Manque de crédulité. Absence de croyance religieuse.

incriminer v. Accuser.

incroyable adj. Qu'on a du mal à croire; extraordinaire.

incroyant, e adj. Incrédule en matière de religion.

incrustation n. f. Action d'incruster. Ornement incrusté.

incruster v. Appliquer des ornements qui entrent dans des entailles faites sur une surface : *incruster de la nacre sur de l'ébène*. Recouvrir d'une couche pierreuse : *coquillage incrusté dans la pierre*.

incubation n. f. Action de couver les œufs.

inculpation n. f. Accusation.

inculper v. Accuser.

inculquer v. Faire entrer une chose dans l'esprit : *inculquer un préjugé*.

inculte adj. Non cultivé : *terrain inculte*. Sans instruction.

incurable adj. Inguérissable.

incurie n. f. Négligence.

incursion n. f. Expédition d'une petite troupe en pays ennemi.

incurver v. Plier, courber.

indécent, e adj. Contraire à la décence, à la bienséance.

indéchiffrable adj. Difficile à lire, à déchiffrer.

indécis, e adj. Non décidé, non résolu : *homme indécis*. Douteux : *victoire indécise*. Vague : *forme indécise*. L'**indécision** est le caractère de ce qui est indécis.

indécision n. f. V. INDÉCIS.

indéfini, e adj. Qui n'a pas de limites bien déterminées : *étendue indéfinie*. Vague, indéterminé : *sensation indéfinie*.

indéfrisable n. f. Ondulation durable donnée aux cheveux.

indélébile adj. Ineffaçable.

indélicat, e adj. Qui n'a pas de sentiments délicats. L'**indéli-**

catesse est le manque de délicatesse.

indélicatesse n. f. V. INDÉ-
LICAT.

indemne adj. Sans dommage :
sortir indemne d'une aventure.
Indemniser, c'est dédommager. Une **indemnité,** c'est ce
qu'on donne pour dédommager;
c'est aussi la partie du salaire
destinée à compenser une dépense professionnelle, le coût de
la vie, etc.

indemniser v., **indemnité** n. f.
V. INDEMNE.

indéniable adj. Qu'on ne peut
nier : *preuve indéniable.*

indentation n. f. Echancrure,
petite ouverture.

indépendance n. f. Etat d'un
pays libre, qui ne dépend pas
d'un autre pays. Etat d'une
personne indépendante. Caractère indépendant : *agir avec
indépendance.* Celui qui ne
dépend de personne est **indépendant.** Ce qui n'a pas de
rapport avec autre chose est
indépendant.

indépendant, e adj. et n. V. IN-
DÉPENDANCE.

indescriptible adj. Qu'on ne
peut décrire.

indéterminé, e adj. Non déterminé, imprécis.

index n. m. Doigt de la main,
après le pouce. Table alphabétique d'un livre.

indicateur, trice adj., **indicatif, ive** adj., **indication** n. f.
V. INDIQUER.

indice n. m. Signe : *montrer des
indices de fatigue.*

indicible adj. Qu'on ne peut
exprimer : *plaisir indicible.*

indien, enne adj. et n. De l'Inde;
des Indes occidentales (régions
de l'Amérique découvertes par

Christophe Colomb et ses suc-
cesseurs).

indifférence n. f. V. INDIFFÉ-
RENT.

indifférent, e adj. Qui ne présente pas de motif de préférence. Dont on ne se soucie
pas : *cela m'est indifférent.*
Sans intérêt : *chose indiffé-
rente.* Difficile à émouvoir :
homme indifférent. L'**indifférence** est le caractère de celui,
de ce qui est indifférent.

indigence n. f. Grande pauvreté.

indigène adj. Originaire d'un
pays : *plante indigène.* N. Personne née dans le pays qu'elle
habite (se dit généralement des
populations des pays d'outre-
mer).

indigent, e adj. Très pauvre.

indigeste adj. Qui est difficile à
digérer. L'**indigestion** est une
indisposition à la suite d'une
digestion difficile.

indignation n. f. V. INDIGNE.

indigne adj. Qui n'est pas digne :
indigne de vivre. Qui inspire
la révolte, de la colère : *action
indigne.* L'**indignation** est la
colère, le sentiment de révolte
que cause une action injuste.
Indigner, c'est causer de l'indignation. L'**indignité** est le
caractère indigne.

indigner v., **indignité** n. f.
V. INDIGNE.

indigo n. m. Couleur bleue fournie par une plante de l'Inde.

indiquer v. Montrer. Ce qui
indique est **indicateur.** Un
indicateur est un livre qui
sert de guide : *indicateur de
chemins de fer;* c'est aussi celui
qui donne des renseignements
à la police. Ce qui sert à
indiquer est **indicatif.** Une
indication est un renseigne-

ment : *donner une fausse indication.* (V. aussi INDEX.)

indirect, e adj. Qui n'est pas
direct : *chemin indirect.*

indiscipline n. f. Manque de
discipline.

indiscret, ète adj. Qui dit ce
qu'il devrait garder secret.
L'**indiscrétion** est le manque
de discrétion.

indiscrétion n. f. V. INDISCRET.

indispensable adj. Dont on ne
peut se passer.

indisposer v. Causer un léger
dérangement de la santé. Mettre
mal avec quelqu'un : *on l'a
indisposé contre moi.* Une **indisposition** est un malaise.

indisposition n. f. V. INDIS-
POSER.

indistinct, e adj. Qui n'est pas
distinct, confus.

individu n. m. Personne considérée séparément par rapport à la
société. Familièrement, homme
quelconque, méprisable. Ce qui
appartient à l'individu est **in-
dividuel**. L'**individualisme**
est le refus de s'intéresser aux
activités collectives.

individualisme n. m., **indivi-
duel, elle** adj. V. INDIVIDU.

indivision n. f. État d'une propriété qui ne peut être partagée.

indocile adj. Peu docile.

indolence n. f. Indifférence, nonchalance, paresse.

indolent, e adj. Qui a de l'indolence, nonchalant, paresseux.

indolore adj. Qui ne cause pas
de douleur : *plaie indolore.*

indomptable adj. Qu'on ne peut
dominer, maîtriser.

indu, e adj. Qui n'est pas dû.
A une heure indue, trop tard.

indubitable adj. Certain.

induire v. Mettre : *induire en
erreur.* Conclure, tirer une conséquence.

indulgence n. f. Facilité à pardonner. En religion, pardon des
peines dues au péché. Celui qui
a de l'indulgence est **indulgent.**

indulgent, e adj. V. INDUL-
GENCE.

indûment adv. D'une manière
indue : *agir indûment.*

industrie n. f. Ensemble des arts
et des métiers qui transforment
les matières premières : *l'industrie du bois.* Ce qui se rapporte à l'industrie est **industriel** : *centre industriel.* Celui
qui dirige une entreprise industrielle d'une certaine importance est un **industriel.**
L'homme adroit est **indus-
trieux.**

industriel, elle adj., **indus-
trieux, euse** adj. V. INDUS-
TRIE.

inébranlable adj. Qu'on ne peut
ébranler : *fermeté inébranlable.*

inédit, e adj. Non publié : *livre
inédit.*

ineffable adj. Que la parole ne
peut exprimer : *joie ineffable.*

ineffaçable adj. Qu'on ne peut
effacer : *souvenir ineffaçable.*

inefficace adj. Qui n'est pas efficace, qui ne produit pas d'effet.

inégal, e adj. Qui n'est pas égal.
Qui n'est pas uni : *sol inégal.*
Qui n'est pas régulier : *mouvement inégal.* L'**inégalité** est
le défaut d'égalité.

inégalité n. f. V. INÉGAL.

inéluctable adj. Inévitable.

inénarrable adj. Qu'on ne peut
raconter, extraordinaire, très
drôle : *aventure inénarrable.*

inepte adj. Incapable, sot, stupide. Une **ineptie** est une
action, une parole inepte, une
sottise.

ineptie [*i-nèp-si*] n. f. V. INEPTE.

inépuisable adj. Qu'on ne peut épuiser : *charité inépuisable.*

inerte adj. Sans mouvement. Inactif : *esprit inerte.* L'**inertie** est l'état de ce qui est inerte.

inertie [*i-nèr-si*] n. f. V. INERTE.

inespéré, e adj. Inattendu.

inestimable adj. De très grande valeur, qu'on ne saurait estimer.

inévitable adj. Qu'on ne peut éviter : *dépense inévitable.*

inexact, e adj. Qui n'est pas exact. L'**inexactitude** est le manque d'exactitude.

inexactitude n. f. V. INEXACT.

inexcusable adj. Sans excuse.

inexistant, e adj. Qui n'existe pas. Sans aucune importance.

inexorable adj. Trop sévère, inflexible.

inexpérience n. f. Manque d'expérience. Celui qui n'a pas d'expérience est **inexpérimenté.**

inexpérimenté, e adj. V. INEXPÉRIENCE.

inexpliqué, e adj. Non expliqué.

inexpressif, ive adj. Sans expression : *visage inexpressif.*

inexprimable adj. Qu'on ne peut exprimer : *joie inexprimable.*

inexpugnable adj. Se dit d'un lieu fortifié dont on ne peut s'emparer.

in extenso, locution latine qui signifie : en entier.

inextinguible [*gu-i*] adj. Que rien ne peut éteindre ou calmer : *une soif inextinguible.*

in extremis, locution latine [prononcez ...*miss*]. Au dernier moment, au moment de la mort.

inextricable adj. Très embrouillé : *fouillis inextricable.*

infaillible adj. Assuré, certain. Qui ne peut se tromper.

infâme adj. Flétri par la loi, par l'opinion publique. Honteux, vil, bas. L'**infamie** est le caractère de ce qui est infâme ; c'est aussi une action infâme.

infamie n. f. V. INFÂME.

infant, e n. Titre qui était donné aux enfants, autres que l'aîné, des rois d'Espagne, de Portugal.

infanterie n. f. Troupes à pied.

infanticide n. m. Meurtre d'un enfant en bas âge. Qui tue un nouveau-né.

infantile adj. Qui se rapporte à l'enfant ; *maladie infantile.*

infatigable adj. Que rien ne peut fatiguer : *travailleur infatigable.*

infatuer (s') v. S'engouer en faveur de quelqu'un, de quelque chose.

infect, e adj. Qui sent très mauvais. Répugnant. Une **infection,** c'est une très mauvaise odeur ; c'est aussi une maladie produite par certains *microbes* (v. ce mot). **Infecter,** c'est gâter, corrompre ; c'est aussi provoquer une infection : *plaie infectée* ; c'est enfin sentir très mauvais. Ce qui produit une infection est **infectieux.**

infecter v., **infectieux, euse** adj., **infection** n. f. V. INFECT.

inféodé, e adj. Qui dépend étroitement de : *inféodé à un parti.*

inférieur, e adj. Placé en dessous. N. m. Celui qui est audessous d'un autre comme rang. L'**infériorité** est le caractère de ce qui est inférieur.

infériorité n. f. V. INFÉRIEUR.

infernal, e adj. De l'enfer. Très méchant : *ruse infernale.* Très violent : *bruit infernal.*

infester v. Se dit des animaux nuisibles, qui abondent en un lieu : *maison infestée de rats.*

infidèle adj. Qui n'est pas fidèle. N. m. Celui qui ne professe pas une religion considérée comme vraie. L'**infidélité**, c'est le manque de fidélité, surtout dans le mariage.

infidélité n. m. V. INFIDÈLE.

infiltration n. f. V. INFILTRER.

infiltrer (s') v. Se glisser à travers les petits espaces vides d'un corps solide. Au figuré, pénétrer. L'**infiltration** est l'action de s'infiltrer.

infime adj. Très bas, très petit : *objet de valeur infime.*

infini, e adj. Sans limites : *l'espace céleste est infini. A l'infini,* sans fin. Une **infinité**, c'est un très grand nombre.

infinité n. f. V. INFINI.

infinitif n. m. Mode du verbe qui exprime l'action d'une manière générale, indéterminée.

infirme adj. Sans forces, faible, maladif. Privé de l'usage d'un membre. L'**infirmerie** est l'endroit destiné aux malades dans une caserne, un collège, etc. L'**infirmier**, l'**infirmière** sont ceux qui s'occupent des malades, leur donnent certains soins. Une **infirmité** est une maladie habituelle; c'est aussi la privation de l'usage d'un membre.

infirmerie n. f., **infirmier, ère** n., **infirmité** n. f. V. INFIRME.

inflammation n. f. Action par laquelle une matière s'enflamme. Gonflement douloureux d'une partie du corps. Ce qui peut s'enflammer est **inflammable**: *l'alcool est inflammable.* Ce qui ne peut pas s'enflammer est **ininflammable**.

inflation n. f. Hausse générale et rapide des prix.

inflexible adj. Qu'on ne peut fléchir : *caractère inflexible.*

infliger v. Imposer (une peine).

influence n. f. Action d'une chose sur une autre : *l'influence de l'humidité sur la végétation.* Autorité : *avoir de l'influence.* **Influencer**, c'est exercer une influence : *influencer un juge.* Celui qui a de l'influence est **influent. Influer,** c'est exercer une action : *le froid influe sur l'activité.*

influencer v., **influent, e** adj., **influer** v. V. INFLUENCE.

in-folio n. m. Format d'un livre où la feuille, pliée en deux, forme quatre pages.

information n. f. Renseignement : *une information utile.*

informatique n. f. Technique utilisant les ordinateurs pour le classement automatique et l'étude de très nombreux renseignements concernant une activité, un problème.

informe adj. Sans forme nette.

informer v. Avertir, renseigner.

infortune n. f. Malheur.

infortuné, e adj. Malheureux.

infraction n. f. Action d'enfreindre une loi, un règlement.

infructueux, euse adj. Sans fruit, sans résultat.

infuser v. Verser sur une substance un liquide bouillant pour en extraire les parties alimentaires ou médicinales : *faire infuser du thé.* Une **infusion** est une boisson infusée.

infusion n. f. V. INFUSER.

ingambe adj. Alerte, dispos.

ingénier (s') v. Faire un effort d'imagination pour : *s'ingénier pour sortir d'embarras.* L'**ingénieur** est l'homme qui dresse le plan de machines, qui dirige des travaux publics, etc. Celui qui a de l'adresse est **ingénieux.** L'**ingéniosité** est l'adresse, l'habileté.

ingénieur n. m., **ingénieux,
euse** adj., **ingéniosité** n. f.
V. INGÉNIER (s').

ingénu, e adj. Simple, naïf :
air ingénu. L'**ingénuité** est la
franchise, la simplicité.

ingénuité n. f. V. INGÉNU.

ingérer (s') v. Se mêler d'une
chose sans discrétion : *s'ingérer dans les affaires d'autrui.*

ingrat, e adj. Déplaisant : *visage ingrat.* Qui n'est pas reconnaissant : *fils ingrat.* Qui ne
rapporte guère en regard du
travail fourni : *sol ingrat.*
L'**ingratitude** est le manque
de reconnaissance.

ingratitude n. f. V. INGRAT.

ingrédient n. m. Ce qui entre
dans un mélange.

ingurgiter v. Avaler.

inhabitable adj. Qui n'est pas
habitable : *maison inhabitable.*

inhalation n. f. Aspiration d'une
vapeur médicinale.

inhérent, e adj. Qui tient inti-
mement à : *défaut inhérent à
une chose.*

inhospitalier adj. V. HOSPITA-
LIER.

inhumain, e adj. Barbare, cruel.

inhumanité n. f. Cruauté.

inhumation n. f. Enterrement.

inhumer v. Enterrer.

inimaginable adj. Qu'on ne peut
imaginer.

inimitable adj. Qu'on ne peut
imiter : *artiste inimitable.*

inimitié n. f. Hostilité, manque
d'amitié.

inintelligent, e adj. Sans intelligence : *élève inintelligent.*

ininterrompu, e adj. Non inter-
rompu : *travail ininterrompu.*

inique adj. Injuste : *jugement
inique.*

iniquité n. f. Injustice.

initial, e [*i-ni-sial'*] adj. Du

commencement : *vitesse initiale.* N. f. Première lettre d'un
mot. **Initier**, c'est mettre au
courant d'une chose secrète,
compliquée. L'**initié** est celui
qui est au courant d'une chose
secrète. L'**initiative** est la qualité de celui qui aime agir. L'**initiation** est l'action d'initier.

initiation n. f., **initiative** n. f.,
initier v. V. INITIAL.

injecter v. Introduire un liquide
au moyen d'une pompe, d'une
seringue. Un visage, un œil
injecté est celui qui est très
coloré par le sang. L'**injection**
est l'action d'injecter.

injection n. f. V. INJECTER.

injonction n. f. Ordre précis et
impérieux.

injure n. f. Parole offensante :
dire des injures. **Injurier**, c'est
offenser. Ce qui offense est **injurieux** : *soupçon injurieux.*

injurier v., **injurieux, euse**
adj. V. INJURE.

injuste adj. Qui n'est pas juste.

injustice n. f. Manque de justice. Acte contraire à la justice.

inné, e adj. Que nous avons en
naissant : *penchants innés.*

innocence n. f. Caractère de
celui qui est innocent. L'**innocent** est celui qui n'est pas coupable, qui n'est pas capable de
faire le mal. Familièrement,
c'est une personne naïve ; c'est
aussi un tout jeune enfant : *le
massacre des Innocents.* **Innocenter**, c'est déclarer innocent.

innocent adj. et n., **innocenter**
v. V. INNOCENCE.

innocuité n. f. Qualité d'un produit dont l'usage est pas nuisible : *l'innocuité d'un somnifère.*

innombrable adj. Qu'on ne peut
compter : *fautes innombrables.*

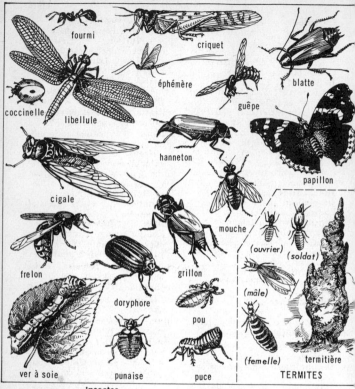

fourmi

criquet

éphémère

blatte

guêpe

coccinelle

libellule

hanneton

papillon

cigale

mouche

(ouvrier) (soldat)

frelon

grillon

(mâle)

doryphore

pou

ver à soie

punaise

puce

(femelle) termitière

TERMITES

insectes

innovation n. f. Nouveauté.
inobservation n. f. Action de ne pas observer (une règle, etc.).
inoccupé, e adj. Non occupé, non habité : *local inoccupé*.
in-octavo n. m. Format d'un livre dont les feuilles, pliées en huit feuillets, font seize pages.
inoculation n. f. Action d'inoculer. **Inoculer**, c'est commu-

niquer volontairement une maladie, introduire dans le corps un vaccin.
inoculer v. V. INOCULATION.
inodore adj. Sans odeur.
inoffensif, ive adj. Qui ne peut faire de mal : *animal inoffensif*.
inondation n. f. V. INONDER.
inonder v. Recouvrir d'eau : *terres inondées*. Au figuré, en-

vahir : *inonder de paperasse-rie.* Une **inondation**, c'est un débordement de rivière, etc.

inopiné, e adj. Imprévu.

inopportun, e adj. Qui n'est pas opportun, à propos : *visite inopportune.* (V. IMPORTUN.)

inoubliable adj. Qu'on ne peut oublier : *heures inoubliables.*

inouï, e adj. Jamais entendu. Etrange, extraordinaire.

inoxydable adj. Qui ne peut être oxydé.

inqualifiable adj. Se dit de ce qui est si mauvais qu'on ne trouve pas de mot pour le blâmer.

in-quarto n. m. Format d'un livre dont la feuille, pliée en quatre, fait huit pages.

inquiet, ète adj. Qui ne reste pas en repos : *enfant inquiet.* Agité : *sommeil inquiet.* **Inquiéter**, c'est rendre inquiet; c'est aussi harceler : *inquiéter l'ennemi.* Ce qui inquiète est **inquiétant.** L'**inquiétude** est l'état de celui qui est inquiet : *vivre dans l'inquiétude.*

inquiéter v., **inquiétude** n. f. V. INQUIET.

inquisition n. f. Enquête arbitraire. Autrefois, tribunal religieux qui poursuivait les hérétiques.

insaisissable adj. Qu'on ne peut saisir.

insalubre adj. Malsain (climat).

insanité n. f. Folie, sottise.

insatiable adj. Qui n'est jamais satisfait : *faim insatiable.*

inscription n. f. V. INSCRIRE.

inscrire v. Ecrire, noter sur un registre, etc. : *inscrire sur la liste.* L'**inscription** est l'action d'inscrire; c'est aussi ce qui est inscrit, gravé sur une pierre, une médaille, etc.

inscrit, e n. Personne inscrite sur une liste. Les *inscrits maritimes* sont les marins de profession.

insecte n. m. Petit animal à six pattes dont le corps est divisé en trois parties (tête, thorax, abdomen), comme le hanneton, la fourmi. On détruit les insectes à l'aide de produits **insecticides.**

insecticide n. m. V. INSECTE.

insécurité n. f. Manque de sécurité : *vivre dans l'insécurité.*

insensé, e adj. et n. Fou.

insensibiliser v., **insensibilité** n. f. V. INSENSIBLE.

insensible adj. Qui ne sent pas : *insensible à la douleur.* L'**in-**

insectivores

tamanoir — chauve-souris — taupe — tatou — hérisson

sensibilité est l'absence de sensibilité. **Insensibiliser**, c'est rendre insensible.

inséparable adj. Qui ne peut pas être séparé.

insérer v. Introduire. Publier une note, une annonce dans un journal. L'**insertion**, c'est ce qu'on insère.

insertion [*in-sèr-sion*] n. f. V. INSÉRER.

insidieux, euse adj. Qui renferme un piège, une embûche : *poser une question insidieuse.*

insigne adj. Remarquable. N. m. Marque : *insigne d'un grade.*

insignifiant, e adj. Qui ne signifie rien. Sans importance.

insinuation n. f. V. INSINUER.

insinuer v. Introduire. Faire entrer dans l'esprit. Une **insinuation**, c'est sous-entendre.

insipide adj. Sans saveur.

insistance n. f. V. INSISTER.

insister v. Appuyer : *insister sur une question.* Répéter une demande. L'**insistance** est l'action d'insister.

insolation n. f. Coup de soleil.

insolence n. f. Manque de respect. Celui qui agit avec insolence est **insolent**.

insolent, e adj. V. INSOLENCE.

insolite adj. Inaccoutumé.

insoluble adj. Qui ne fond pas dans les liquides. Qu'on ne peut résoudre : *problème insoluble.*

insolvable adj. Qui n'a pas de quoi payer ses dettes.

insomnie n. f. Privation de sommeil : *fatigué par l'insomnie.*

insondable adj. Dont on ne peut trouver le fond : *abîme insondable.*

insouciance n. f. V. INSOUCIANT.

insouciant, e adj. Qui ne se soucie de rien. L'**insouciance** est le caractère insouciant.

insoumis, e adj. Qui ne se soumet pas : *soldat insoumis.*

inspecter v. Examiner. L'**inspecteur** est celui qui inspecte. Une **inspection** est un examen, une surveillance.

inspecteur, trice n., **inspection** n. f. V. INSPECTER.

inspiration n. f. V. INSPIRER.

inspirer v. Faire naître une idée, un sentiment : *inspirer la pitié.* Aspirer l'air dans les poumons. L'**inspiration** est l'élan qui pousse dans son travail l'écrivain, l'artiste; c'est aussi l'action d'inspirer l'air.

instable adj. Peu solide : *être dans un équilibre instable.*

installateur n. m., **installation** n. f. V. INSTALLER.

installer v. Placer, établir : *installer une machine.* L'**installation** est l'action d'installer. L'**installateur** est celui qui installe un appareil.

instamment adv. Avec instance.

instance n. f. Demande, prière pressante.

instant n. m. Moment très court. **A l'instant**, c'est tout de suite. Ce qui est pressant est **instant** : *prière instante.* Ce qui ne dure qu'un instant est **instantané**.

instantané, e adj. V. INSTANT.

instar (à l'). A la manière de.

instaurer v. Etablir : *instaurer un usage.*

instigateur, trice n. Personne qui pousse à agir.

instinct n. m. Mouvement, tendance naturelle, penchant. Ce qui naît de l'instinct est **instinctif**.

instinctif, ive adj. V. INSTINCT.

instituer v. Etablir, fonder.

institut n. m. Société d'écrivains, d'artistes. En France, l'ensemble des cinq académies : *membre de l'Institut.* Règle d'un ordre religieux.

instituteur, trice n. Personne chargée d'instruire les enfants.

institution n. f. Action d'instituer. Maison d'éducation. Ensemble des règles d'une collectivité : *l'institution du mariage.*

instructeur n., **instructif, ive** adj., **instruction** n. f. V. INSTRUIRE.

instruire v. Donner des leçons. Informer : *instruire de ce qui se passe.* L'**instructeur** est celui qui instruit. L'**instruction**, c'est l'action d'instruire; c'est aussi l'enseignement : *instruction élémentaire;* c'est encore la préparation d'une affaire judiciaire avant de la juger : *juge d'instruction.* Celui qui a de l'instruction est **instruit.** Ce qui instruit est **instructif.**

instrument n. m. Outil, machine, appareil servant à un travail. Appareil servant à jouer de la musique : *instrument à vent.*

insu (à l'). Sans qu'on le sache: *agir à l'insu de tous.*

insubordonné, e adj. Insoumis.

insuccès n. m. Echec.

insuffisance n. f. Caractère de ce qui est insuffisant.

insuffisant, e adj. qui ne suffit pas : *instruction insuffisante.*

insuffler v. Introduire en soufflant : *insuffler de l'air.*

insulaire adj. Habitant d'une île.

insulte n. f. Outrage, offense.

insulter v. Offenser, outrager.

insupportable adj. Qu'on ne peut supporter : *vanité insupportable.*

insurger (s') v. Se révolter contre une autorité, contre une règle. L'**insurrection** est l'action de s'insurger, se soulever.

insurmontable adj. Qu'on ne peut surmonter : *obstacle insurmontable.*

insurrection n. f. V. INSURGER.

intact, e adj. Qui n'a pas été touché, endommagé.

intangible adj. Qui doit demeurer intact : *les libertés intangibles.*

intarissable adj. Qui ne tarit pas : *pleurs intarissables.*

intégral, e adj. Entier, complet.

intégration n. f. V. INTÉGRER.

intègre adj. D'une honnêteté absolue. L'**intégrité** est la très grande honnêteté.

intégrer v. Faire entrer dans un groupe. L'**intégration**, c'est l'action d'intégrer.

intégrité n. f. V. INTÈGRE.

intellectuel, elle adj. Relatif à l'intelligence. N. Personne qui s'occupe de choses de l'esprit.

intelligence n. f. Pouvoir de comprendre : *intelligence vive; intelligence des affaires.* Accord de sentiments : *vivre en bonne intelligence.* Celui qui a de l'intelligence est **intelligent.** Ce qui peut être facilement compris est **intelligible.**

intelligent, e adj., **intelligible** adj. V. INTELLIGENT.

intempérance n. f. Excès dans le boire ou le manger. Excès de tout genre : *intempérance de langage.*

intempérie n. f. Mauvais temps.

intempestif, ive adj. Qui se produit mal à propos : *visite intempestive.*

intenable adj. Qu'on ne peut tenir : *situation intenable.*

intendance n. f. V. INTENDANT.

intendant n. Celui qui est chargé de régir les biens d'une maison. L'**intendant** militaire est l'officier qui pourvoit aux besoins de l'armée. L'**intendance** est la charge de l'intendant.

intense adj. Très vif : *froid intense*. L'**intensité** est une grande force, une grande activité : *l'intensité d'un incendie*. **Intensifier**, c'est rendre plus intense.

intensifier v., **intensité** n. f. V. INTENSE.

intenter v. Entreprendre : *intenter un procès*.

intention n. f. Dessein, désir de faire une chose : *avoir l'intention de nuire*. Celui qui a de bonnes ou de mauvaises intentions est bien ou mal **intentionné**. Ce qui marque une intention est **intentionnel**.

intentionné, e adj., **intentionnel, elle** adj. V. INTENTION.

inter, mot latin qui signifie « entre » et qui forme divers mots composés : INTER*allié*, INTER*ligne*, INTER*continental*.

interaction n. f. Influence réciproque.

intercaler v. Introduire une chose entre d'autres : *intercaler une lettre dans un mot*.

intercéder v. Intervenir en faveur de quelqu'un.

intercepter v. Arrêter au passage (une lettre, un signal, etc.).

interdiction n. f. V. INTERDIRE.

interdire v. Défendre : *interdire de parler*. L'**interdiction** est la défense de faire une chose. Celui qui est troublé, confus, est **interdit**.

intéressant, e adj., **intéresser** v. V. INTÉRÊT.

intérêt n. m. Part que l'on prend à une chose comme profit, comme avantage ou simplement par sympathie ou par curiosité : *suivre un événement avec intérêt; agir dans l'intérêt de quelqu'un*. Bénéfice tiré

de l'argent prêté. Ce qui intéresse : *roman plein d'intérêt*. **Intéresser**, c'est donner un intérêt dans une affaire; c'est aussi exciter l'intérêt : *roman qui intéresse*. Ce qui intéresse est **intéressant**.

intérieur, e adj. Qui est au dedans : *cour intérieure*. Au figuré, qui se rapporte à la conscience : *sentiment intérieur*. N. m. Le dedans. Le centre d'un pays. Domicile : *intérieur agréable*. Vie de famille : *homme d'intérieur*. Le *ministère de l'Intérieur* est celui qui dirige les affaires intérieures du pays.

intérim [in-té-rim'] n. m. Temps pendant lequel un poste est occupé par un autre que son titulaire. Celui qui fait l'intérim est **intérimaire**.

intérimaire adj. et n. V. INTÉRIM.

interjection n. f. Exclamation.

interligne n. m. Espace entre deux lignes d'un écrit. Ce qui est écrit entre les lignes.

interlocuteur, trice n. Personne qui cause avec une autre.

interloquer v. Surprendre, laisser interdit.

intermède n. m. Divertissement entre deux parties d'une représentation théâtrale : *intermède de danse, de chant*.

intermédiaire adj. Qui est entre deux : *jour intermédiaire*. N. m. Celui qui intervient entre deux personnes pour une affaire : *intermédiaire entre l'acheteur et le vendeur*.

interminable adj. Trop long.

intermittent, e adj. Qui s'arrête par moments.

internat n. m. V. INTERNE.

international, e adj. Qui a lieu entre diverses nations : *congrès international*.

interne adj. Qui est en dedans : *maladie interne.* N. m. Élève logé et nourri dans une école. Etudiant en médecine qui seconde un chef de service dans un hôpital. L'**internat** est la qualité d'interne; c'est aussi une école où les élèves sont logés et nourris. **Interner,** c'est enfermer : *interner un fou.*

interner v. V. INTERNE.

interpellation n. f. V. INTERPELLER.

interpeller v. Adresser la parole pour demander. L'**interpellation** est le fait d'interpeller.

interplanétaire adi. Se dit de l'espace compris entre les planètes.

interposer v. Placer entre : *s'interposer entre des ennemis.*

interprétation n. f. V. INTERPRÈTE.

interprète n. Qui traduit d'une langue dans une autre. **Interpréter,** c'est expliquer; c'est aussi comprendre : *mal interpréter une observation;* c'est également jouer, pour un artiste de théâtre, de cinéma, un musicien, etc. Une **interprétation,** c'est une explication; c'est aussi le sens qu'on donne à quelque chose; c'est enfin la façon de jouer pour un acteur, un musicien, etc.

interrogation n. f., **interrogatoire** n. m. V. INTERROGER.

interroger v. Questionner : *interroger un candidat.* Une **interrogation** est une question. Un **interrogatoire** est une série de questions posées à un accusé.

interrompre v. Arrêter quelque temps : *interrompre une lecture.* Couper la parole. Un **interrupteur** est celui qui inter-

rompt; c'est aussi un appareil qui interrompt le courant électrique. L'action d'interrompre est une **interruption.**

interrupteur n. m., **interruption** n. f. V. INTERROMPRE.

intersection n. f. Lieu où deux lignes, deux surfaces se coupent.

interstice n. m. Petit intervalle entre deux choses réunies.

interurbain, e adj. Entre des villes différentes.

intervalle n. m. Distance entre deux lieux, deux moments : *intervalle entre deux visites.*

intervenir v. Prendre part à : *intervenir dans une affaire.* L'**intervention** est l'action d'intervenir; c'est aussi une opération chirurgicale.

intervention n. f. V. INTERVENIR.

intervertir v. Renverser un ordre : *intervertir des rôles.*

interview [in-tèr-viou] n. f. (mot anglais). Visite à une personne pour l'interroger sur ses actes, ses idées.

interviewer [viou-vé] v. Soumettre à une interview.

intestat adj. Mort sans laisser de testament.

intestin n. m. Organe mou, en forme de long tuyau, qui va de l'estomac à l'anus et où se termine la digestion des aliments (1).

intime adj. Qui est au fond de notre esprit : *conviction intime.* Avec qui on est très lié : *ami intime.* L'**intimité** est la qualité de ce qui est intime.

intimer v. Déclarer avec autorité : *intimer un ordre.*

intimider v. Faire peur.

intimité n. f. V. INTIME.

intituler (s') v. Se donner un titre.

1. V. pl. HOMME.

intolérable adj. Qu'on ne peut tolérer : *douleur intolérable*.

intolérance n. f. Attitude agressive vis-à-vis de ceux qui ont des opinions opposées à celles que l'on soutient soi-même.

intonation n. f. Ton, accent.

intoxication n. f. Empoisonnement.

intra, mot latin qui signifie « entre » et qui forme divers composés comme INTRA*veineux* (à l'intérieur des veines).

intraitable adj. D'un caractère très difficile.

intransigeance n. f. Caractère de celui qui ne cède en rien. Celui qui montre de l'intransigeance est **intransigeant**.

intransigeant, e adj. V. INTRANSIGEANCE.

intrépide adj. Qui ne connaît pas le danger. L'**intrépidité** est le caractère intrépide.

intrépidité n. f. V. INTRÉPIDE.

intrigant, e n. V. INTRIGUE.

intrigue n. f. Combinaison machinée pour atteindre un but. **Intriguer**, c'est se livrer à des intrigues : *intriguer pour obtenir une place;* c'est aussi étonner : *sa conduite m'intrigue*. L'**intrigant** est celui qui intrigue.

intriguer v. V. INTRIGUE.

introduction n. f. V. INTRODUIRE.

introduire v. Faire entrer : *introduire un visiteur*. L'**introduction** est l'action d'introduire.

introniser v. Installer un roi sur un trône.

introuvable adj. Qu'on ne peut trouver.

intrus, e adj. Qui s'introduit dans un endroit sans avoir de titre pour y être, en commettant une **intrusion**.

intuition n. f. Pressentiment : *avoir l'intuition d'un malheur*.

inusable adj. Qui ne peut s'user : *tissu inusable*.

inusité, e adj. Qui n'est pas employé : *mot inusité*.

inutile adj. Qui ne sert pas : *travail inutile*. **Inutiliser**, c'est rendre inutile. L'**inutilité** est le manque d'utilité; c'est aussi une chose inutile : *acheter des inutilités*.

inutiliser v., **inutilité** n. f. V. INUTILE.

invalide n. m. Soldat blessé, incapable de servir, et entretenu aux frais de l'Etat.

invalider v. Déclarer nul : *invalider une élection*.

invariable adj. Qui ne change pas : *règle invariable*.

invasion n. f. Action d'envahir : *l'invasion de l'Europe par les barbares*. Début d'une maladie.

invective n. f. Discours violent contre quelqu'un. Insulte, injure. **Invectiver** contre quelqu'un, c'est s'adresser à lui avec violence.

invectiver v. V. INVECTIVE.

inventaire n. m. Description des biens d'une personne, d'une succession ou d'un héritage. Compte de la quantité et de la valeur des marchandises et des capitaux d'un commerçant : *inventaire annuel*.

inventer v. Trouver quelque chose de nouveau. Imaginer, donner comme vrai : *inventer un mensonge*. Celui qui invente est un **inventeur**. Celui qui a le talent d'inventer souvent est **inventif**. Une **invention** est une découverte.

inventeur n. m., **inventif, ive** adj., **invention** n. f. V. INVENTER.

inverse adj. En sens, en ordre

contraire; à l'envers. Une inversion, c'est une manière de
parler en plaçant les mots dans
un autre ordre que l'ordre habituel. Inverser, invertir, c'est
renverser l'ordre, le sens.

inverser v., inversion n. f.,
invertir v. V. INVERSE.

investigation n. f. Recherche.

investir v. Donner à quelqu'un
un pouvoir, une autorité. Mettre des fonds dans une affaire.
Entourer complètement une
place assiégée. L'investisse-
ment est l'action d'investir
(une place).

invétéré, e adj. Fortifié par le
temps : *habitude invétérée.*

invincible adj. Qui ne peut être
vaincu : *force invincible.*

inviolable adj. Qu'on ne doit pas
enfreindre : *serment inviolable.*

invisible adj. Qui n'est pas visible : *les microbes sont invisibles à l'œil nu.*

invitation n. f., invité, e n.,
invite n. f. V. INVITER.

inviter v. Prier de venir, d'assister à : *inviter à une fête.* Engager, pousser à : *inviter au repos.* S'inviter, c'est venir sans
être invité. L'invitation, c'est
l'action d'inviter. L'invité est
celui qui a reçu une invitation.
Une invite, c'est un appel indirect, déguisé.

invocation n. f. V. INVOQUER.

involontaire adj. Qui n'est pas
voulu : *erreur involontaire.*

invoquer v. Appeler à son secours. L'action d'invoquer est
l'invocation.

invraisemblable adj. Qui ne
semble pas vrai, incroyable.

invraisemblance n. f. Chose
invraisemblable.

invulnérable adj. Qui ne peut
être blessé.

iode n. m. Corps tiré des algues.

irascible adj. Coléreux, irritable.

iris [*i-riss*] n. m. Arc-en-ciel.
Petit rond coloré de l'œil, percé
au milieu par la pupille. Plante
à feuilles raides et à belles
fleurs ornementales (1). Iriser,
c'est donner les couleurs de
l'arc-en-ciel.

iriser v. V. IRIS.

ironie n. f. Raillerie où l'on dit
le contraire de ce qu'on veut
exprimer, comme dans : *que
vous êtes malin!* pour : *que
vous êtes sot!* Ce qui tient de
l'ironie, celui qui en use, est
ironique.

ironique adj. V. IRONIE.

irrationnel, elle adj. Contraire
à la raison.

irréalisable adj. Qui ne peut se
réaliser : *projet irréalisable.*

irrécusable adj. Qu'on ne peut
rejeter : *témoignage irrécusable.*

irréductible adj. Qui ne transige
pas : *ennemis irréductibles.*

irréfléchi, e adj. Qui ne réfléchit pas; fait sans réflexion.

irréfutable adj. Qu'on ne peut
réfuter ou contredire.

irrégularité n. f. V. IRRÉGULIER.

irrégulier, ère adj. Qui n'est
pas régulier : *profil irrégulier.*
Qui n'est pas d'accord avec la
règle : *procédé irrégulier.* Une
irrégularité, c'est une chose
irrégulière.

irrémédiable adj. Sans remède.

irréparable adj. Qu'on ne peut
réparer : *dommage irréparable.*

irréprochable adj. Qui ne mérite aucun reproche.

irrésistible adj. A quoi on ne
peut résister : *force irrésistible.*

irrésolu, e adj. Qui ne sait se
résoudre, se décider.

irrespectueux, euse adj. Qui
manque de respect.

1. V. pl. FLEURS.

irrespirable adj. Qui n'est pas respirable : *gaz irrespirable.*

irresponsabilité n. f. V. IRRES-PONSABLE.

irresponsable adj. Qui n'est pas responsable. **L'irresponsabilité** est l'état de celui qui est irresponsable.

irrévérence n. f. Manque de révérence, de respect.

irrévocable adj. Qu'on ne peut révoquer ou annuler.

irrigation n. f. Arrosage.

irriguer v. Arroser.

irritable adj., **irritant, e** adj., **irritation** n. f. V. IRRITER.

irriter v. Mettre en colère. Exciter : *irriter un désir.* Causer de l'inflammation à une partie du corps : *peau irritée.* Celui qui s'irrite facilement est **irritable**. Ce qui irrite est **irritant**. **L'irritation** est une vive colère; c'est aussi une inflammation douloureuse.

irruption n. f. Entrée brusque : *faire irruption dans un endroit.*

isba n. f. Habitation faite de troncs d'arbre, en Russie.

islam n. m. Religion des musulmans.

isocèle adj. Se dit d'un triangle à deux côtés égaux.

isolement n. m. V. ISOLER.

isoler v. Séparer de ce qui environne. Mettre à l'écart des autres hommes : *isoler un malade.* Séparer un corps chimique de ses combinaisons * : *isoler le métal d'un sel.* Ce qui isole est **isolant**. **L'isolement** est l'état de la personne isolée. **L'isoloir** est la cabine où l'électeur prépare dans le secret son bulletin de vote.

israélite adj. et n. Qui professe la religion juive.

issu, e adj. Sorti de, qui provient de : *issu d'une race de rois.* Une **issue** est une sortie; c'est aussi un résultat final : *l'issue d'un procès.*

isthme n. m. Bande de terre étroite qui unit deux régions : *l'isthme de Suez* (1).

italien, enne adj. et n. D'Italie. N. m. Langue parlée en Italie.

italique n. m. Lettres imprimées penchées.

itinéraire n. m. Route à suivre : *changer d'itinéraire.*

ivoire n. m. Matière blanche, dure, dont sont faites les dents, ainsi que les défenses des éléphants, des rhinocéros, etc. : *hochet d'ivoire.*

ivraie n. f. Mauvaise herbe qui se mêle souvent aux céréales.

ivre adj. Qui a le cerveau troublé par la boisson. Au figuré : *ivre de joie.* **L'ivresse** est l'état d'une personne ivre; c'est aussi l'enthousiasme : *l'ivresse de la gloire.* **L'ivrogne** est celui qui s'enivre souvent. **L'ivrognerie** est le défaut de l'ivrogne.

ivresse n. f., **ivrogne** n. m., **ivrognerie** n. f. V. IVRE.

jabot n. m. Poche que les oiseaux ont sous la gorge et où les aliments séjournent avant de passer dans l'estomac. Ornement de dentelle, etc., sur le devant d'une chemise.

jaboter v. Babiller.

jacasser v. Babiller.

jachère n. f. Terre labourable qu'on laisse au repos sans l'ensemencer.

jacinthe n. f. Plante à oignon, à jolies fleurs ornementales (1).

jacobin n. m. Autrefois, à Paris, religieux dominicain. Membre d'un club ou groupe qui se réunissait, sous la Révolution, dans le couvent des Jacobins à Paris.

jacquet n. m. Jeu qui se joue avec des pions et des dés.

jactance n. f. Vantardise.

jade n. m. Pierre de couleur verdâtre, très appréciée en Chine.

jadis [ja-diss] adv. Autrefois : *les livres de jadis.*

jaguar [ja-gouar] n. m. Mammifère d'Amérique, voisin de la panthère (2).

jaillir v. Sortir avec force (se dit des liquides, de la lumière). Ce qui jaillit est **jaillissant**. Le **jaillissement** est l'action de jaillir.

jaillissement n. m. V. JAILLIR.

jais n. m. Sorte de charbon très dur, d'un noir brillant, dont on fait des bijoux de deuil.

jalon n. m. Bâton qu'on plante en terre pour marquer une direction. Point de repère, chose qui sert à guider. **Jalonner**, c'est planter des jalons.

jalonner v. V. JALON.

jalouser v. V. JALOUSIE.

jalousie n. f. Chagrin de voir un autre posséder ce qu'on désire pour soi ; c'est aussi un treillis de bois placé devant une fenêtre pour regarder sans être vu (3). **Jalouser**, c'est envier. Le **jaloux** est celui qui a de la jalousie ; c'est aussi celui qui est très attaché à quelque chose : *jaloux de sa liberté.*

jaloux, ouse adj. V. JALOUSIE.

jamais adv. En aucun temps. *A jamais, à tout jamais,* pour toujours.

jambage n. m. Trait droit d'une lettre : *jambage d'u.* Montant d'une porte ou d'une fenêtre (4).

1. V. pl. FLEURS ; 2. V. pl. FAUVES, CARNASSIERS ; 3. V. pl. FENÊTRES ; 4. V. pl. CHARPENTE.

jambe n. f. Membre inférieur de l'homme. Partie de ce membre entre le genou et le pied.

jambon n. m. Cuisse ou épaule du porc. Le **jambonneau** est la partie du jambon qui est située au-dessous du genou.

jambonneau n. m. V. JAMBON.

janissaire n. m. Garde des anciens sultans turcs.

jante n. f. Tour d'une roue de voiture, de cycle, etc.

janvier n. m. Premier mois de l'année : *janvier a 31 jours.*

jappement n. m. V. JAPPER.

japper v. Aboyer (se dit des petits chiens). Un **jappement** est un aboiement bref.

jaquette n. f. Vêtement à manches et tombant jusqu'au genou (1).

jardin n. m. Terrain où l'on cultive les fleurs, des plantes utiles ou d'agrément : *jardin potager.* Le *jardin d'enfants* est l'établissement où sont reçus dans la journée les petits enfants, avant l'école primaire. Le **jardinage** est l'art de cultiver les jardins. Le **jardinier** est celui qui cultive les jardins. Une **jardinière** est un meuble portant une caisse à fleurs; c'est aussi un mets formé de divers légumes.

jardinage n. m., **jardinier** n. m., **jardinière** n. f. V. JARDIN.

jargon n. m. Langage corrompu, argot (v. ce mot).

jarre n. f. Grand vase de grès.

jarret n. m. Partie de la jambe, derrière le genou. Pli de la jambe de derrière de certains animaux : *jarret de veau.* La **jarretière** est un lien pour retenir le bas. La **jarretelle** est une petite jarretière pour les chaussettes.

serre
bouture
tourniquet
greffe
châssis
échenilloir
cloche
croc à fumier
râteau
houe
fourche à bêcher
bêche
binette
pelle
pioche
serfouette
arrosoir
lance
dévidoir
sécateur
serpe

1. V. pl. VÊTEMENTS MASCULINS.

jarretelle n. f., **jarretière** n. f. V. JARRET.

jars n. m. Mâle de l'oie.

jaser v. Babiller, bavarder. Critiquer : *jaser sur quelqu'un.*

jasmin n. m. Arbrisseau à petites fleurs très odorantes.

jaspe n. m. Pierre dure colorée par bandes.

jatte n. f. Vase rond sans bord : *boire une jatte de lait.*

jauge n. f. Baguette graduée pour mesurer la contenance d'un tonneau, d'un réservoir. Capacité d'un bateau. **Jauger**, c'est mesurer la capacité d'un tonneau, d'un bateau, c'est aussi avoir une contenance de : *navire qui jauge 10 000 tonneaux.* Au figuré, c'est apprécier la valeur d'une personne, d'une chose : *jauger une affaire.*

jauger v. V. JAUGE.

jaunâtre adj. V. JAUNE.

jaune adj. De la couleur de l'or, du citron. Se dit de la race d'hommes qui peuple l'Asie orientale. *Rire jaune*, c'est rire d'un rire forcé. Ce qui tire sur le jaune est **jaunâtre**. **Jaunir**, c'est devenir jaune : *feuille morte qui jaunit.* La **jaunisse** est une maladie de foie où la peau jaunit.

jaunir v., **jaunisse** n. f. V. JAUNE.

java n. f. Danse populaire à trois temps.

javel (eau de) n. f. V. EAU.

javelot n. m. Petite lance qu'on envoie à la main (1).

jazz n. m. Musique créée par les Noirs des Etats-Unis.

je pronom qui désigne la personne qui parle : *je parle.*

jérémiade n. f. Plainte sans fin.

jersey n. m. Tissu à mailles.

jésuite n. m. Prêtre de la Compagnie de Jésus. Personne hypocrite.

jet n. m. Action de jeter, de lancer. Liquide, gaz, etc., qui sortent brusquement : *un jet de vapeur. Jet d'eau*, colonne d'eau qui jaillit, montant et montant. (V. JETER.)

jetée n. f. Chaussée qui s'avance dans la mer pour protéger un port (2).

jeter v. Lancer : *jeter une pierre.* Pousser avec violence : *jeter contre un mur.* Pousser (un cri). Se débarrasser de : *jeter de vieux papiers.* Renverser : *jeter par terre.* Etablir, poser : *jeter les fondements* (V JET.)

jeton n. m. Rondelle pour marquer au jeu, etc.

jeu n. m. Amusement, récréation. Amusement soumis à certaines règles : *jeu d'échecs.* Lieu où l'on se livre à certains jeux : *un jeu de paume.* Manière de jouer d'un instrument de musique : *jeu élégant.* Mouvement facile d'une machine : *piston qui a du jeu.* Série : *un jeu d'outils. Jeu de mots*, plaisanterie qui utilise des ressemblances de mots. *Jeu d'esprit*, amusement qui exerce l'esprit. *Mettre en jeu*, se servir de. *Avoir beau jeu*, avoir toute facilité pour. *Faire le jeu de quelqu'un*, c'est l'avantager, le soutenir.

jeudi n. m. Cinquième jour de la semaine.

jeun (à) n. m. V. JEÛNE.

jeune adj. D'âge peu avancé. Qui appartient à la jeunesse : *visage jeune.* La **jeunesse** est la partie de la vie entre l'enfance et l'âge adulte : *les illusions de la jeunesse;* c'est aussi l'ensemble des personnes jeunes : *la jeunesse est insouciante;* c'est également la fraîcheur : *jeunesse de cœur.*

jeûne n. m. Privation de nourriture : *le jeûne affaiblit. Etre à jeun*, c'est ne pas avoir mangé de la journée. **Jeûner**, c'est se priver de manger.

jeunesse n. f. V. JEUNE.

joaillerie n. f., joaillier n. m. V. JOYAU.

jobard n. m. Naïf, crédule.

jockey n. m. Celui dont le métier est de monter des chevaux de course.

jocrisse n. m. Niais.

joie n. f. Vif plaisir de l'esprit : *recevoir avec joie*. Au pluriel, plaisirs : *les joies du monde*. Celui qui a de la joie, ce qui inspire de la joie, est **joyeux**.

joindre v. Réunir : *joindre les mains*. Ajouter : *joindre à un envoi*. Ce qui est uni, lié, est **joint**. Un **joint** est l'endroit où deux choses sont réunies, encastrées. La **jointure** est l'endroit où deux os se joignent en restant mobiles l'un sur l'autre. *Ci-joint* s'ajoute à ceci : *ci-joint copie de ma lettre; la copie ci-jointe* (CI-JOINT ne varie qu'après le mot qu'il détermine). L'action de joindre est la **jonction**.

joli, e adj. Agréable à voir : *joli livre*. Amusant : *un joli tour*. Considérable : *une jolie somme*. La **joliesse** est la qualité de ce qui est joli.

joliesse n. f. V. JOLI.

jonc n. m. Plante à longues tiges souples qui croît au bord de l'eau. Une **jonchée** est une couche de fleurs, de feuillage, étendue sur le sol. **Joncher**, c'est couvrir le sol. Les **jonchets** sont de petits bâtonnets d'ivoire ou d'os, pour jouer.

jonction n. f. V. JOINDRE.

jongler v. Faire des jongleries. Une **jonglerie** est un tour

d'adresse. Un **jongleur** est celui qui fait des jongleries (1).

jonque n. f. Bateau chinois à voile carrée (2).

jonquille n. f. Plante du genre narcisse, à jolies fleurs.

joue n. f. Chacun des deux côtés du visage au-dessous des yeux. *Mettre en joue*, viser avec une arme.

jouer v. S'amuser, se divertir à un jeu : *jouer aux barres*. Faire résonner un instrument de musique : *jouer du piano*. Fonctionner : *la clef joue dans la serrure*. Se dit des parties d'une machine qui ne joignent plus parfaitement : *tiroir qui joue*. Tromper : *être joué par quelqu'un*. Faire une partie de jeu. Risquer : *jouer sa santé*. Représenter un personnage au théâtre : *jouer un rôle*. **Se jouer de**, se moquer de. Un **jouet** est un objet qui sert à jouer : *jouet scientifique*. Celui qui joue, qui aime à jouer, est **joueur**. (V. JEU.)

joufflu, e adj. A grosses joues.

joug n. m. Pièce de bois qu'on fixe à la tête des bœufs pour les atteler. Au figuré, ce qui force à faire quelque chose : *le joug de la loi*.

jouir v. Tirer un vif plaisir de : *jouir de la vie*. Posséder une chose utile : *jouir d'une fortune, d'une bonne santé*. La **jouissance** est le plaisir; c'est aussi la possession d'une chose : *la jouissance d'un immeuble*.

joujou n. m. Petit jouet.

jour n. m. Lumière du soleil : *il fait jour*. Temps pendant lequel on voit le soleil. Espace de temps entre deux passages du soleil au même endroit du ciel : *l'année dure 365 jours et quart*. Durée de 24 heures. Epoque,

1. V. pl. CIRQUE ; 2. V. pl. BATEAUX.

temps : *de nos jours.* Vie : *couler des jours tranquilles.* Petite ouverture par où passe la lumière. Eclairage : *faux jour. Etre à jour,* être au courant. *Au jour le jour,* sans se soucier du lendemain. Ce qui se fait chaque jour est **journalier.** Un homme qui travaille à la journée est un **journalier. Journellement,** c'est tous les jours. Un **journal** est une feuille imprimée qui se publie généralement chaque jour; c'est aussi un cahier, un registre où on inscrit chaque jour certaines choses; c'est encore une émission d'information à la radio ou à la télévision. Le **journaliste** est celui qui écrit dans les journaux. Une **journée,** c'est l'espace de temps entre le lever et le coucher du soleil; c'est aussi le travail fait en une journée et le salaire payé pour ce travail.

joute n. f. Combat courtois à la lance. Lutte quelconque : *joute oratoire.* Celui qui combat dans une joute est un **jouteur.**

jouvence n. f. Jeunesse.

jouvenceau, celle n. Jeune homme, jeune fille.

jovial, e adj. Gai, joyeux.

joyau n. m. Bijou de valeur. Le **joaillier** est celui qui met en valeur, qui fait le commerce des joyaux. La **joaillerie** est l'art du joaillier.

joyeux, euse adj. V. JOIE.

jubé n. m. Dans une église, galerie séparant le chœur de la nef.

jubilation n. f., **jubilé** n. m. V. JUBILER.

jubiler v. Eprouver une vive joie. La **jubilation** est une joie vive. Le **jubilé** est le cinquantième anniversaire d'un mariage, etc.

jucher v. Percher.

judaïsme n. m. Religion juive.

judas n. m. Traître (en souvenir du disciple de Jésus qui vendit son maître). Petite ouverture dans un plancher, une porte, pour voir de l'autre côté.

judiciaire adj. Relatif à la justice : *pouvoir judiciaire.*

judicieux, euse adj. Qui indique un bon jugement.

judo n. m. Sport de combat où la souplesse joue un rôle prépondérant. Celui qui pratique le judo est un **judoka.**

judoka n. V. JUDO.

juge n. m. Celui qui est chargé d'appliquer la loi : *juge impartial. Le souverain juge,* Dieu. Le **jugement,** c'est l'action de juger; c'est aussi une opinion portée sur quelque chose; c'est encore l'avis, la manière de voir de quelqu'un; c'est également la sentence, la décision. La **jugeote,** c'est, familièrement, le bon sens. **Juger,** c'est décider d'une affaire comme juge; c'est aussi exprimer son opinion : *juger un livre.*

jugulaire n. f. Courroie qui fixe une coiffure sous le menton.

juguler v. Arrêter : *juguler une épidémie.*

juif, ive adj. et n. Qui professe la religion des Juifs.

juillet n. m. Septième mois de l'année : *juillet a 31 jours.*

juin n. m. Sixième mois de l'année : *juin a 30 jours.*

jujube n. m. Fruit employé en médecine comme adoucissant.

julienne n. f. Potage de légumes divers hachés menu.

jumeau, elle adj. et n. Se dit de deux ou plusieurs enfants nés ensemble Une **jumelle** est une double lorgnette pour le théâtre, etc. (1).

jumeler v. Mettre côte à côte :

jumeler des poutres. Associer : *jumeler les activités culturelles de deux villes.*

jument n. f. Femelle du cheval.

jungle n. f. Dans l'Asie du Sud-Est, vaste étendue couverte de végétation épaisse et exubérante où les hautes herbes se mêlent à des bambous, des palmiers, des fougères.

junte n. f. Nom de certains gouvernements nés d'un coup d'Etat, d'une insurrection militaire.

jupe n. f. Vêtement de femme qui va de la ceinture aux jambes (1). Un **jupon** est une jupe de dessous.

jupon n. m. V. JUPE.

jurassique n. m. Période géologique de l'ère secondaire.

juré n. m. V. JURER.

jurer v. Prendre à témoin la divinité, ou toute autorité que l'on juge sacrée, de ce qu'on dit ou promet. Promettre solennellement. Prononcer des jurons. Etre en désaccord : *des couleurs qui jurent.* Un **juré** est celui qui a juré de remplir fidèlement sa charge; c'est aussi le membre d'un jury. Un **juron**, c'est une exclamation grossière. Le **jury** est l'ensemble des personnes à qui l'on soumet un procès criminel, un examen particulier : *jury du baccalauréat.*

juridique adj. Ce qui a rapport aux formes judiciaires, à la justice, aux lois. Le **juriste** est un spécialiste des lois. La **jurisprudence** est la science du droit.

juriste n. V. JURIDIQUE.

juron n. m., **jury** n. m. V. JURER.

jus n. m. Suc tiré d'une chose : *jus de citron.* Ce qui contient du jus est **juteux**.

jusant n. m. Marée qui descend.

jusque prép. Mot qui désigne le point auquel on arrive ou que l'on ne doit pas dépasser.

justaucorps n. m. Vêtement qui serre le corps, en usage au XVIIe s. (2).

juste adj. Qui agit conformément à la justice : *homme juste.* Légitime, fondé : *colère juste.* Qui s'applique parfaitement à : *vêtement juste.* Sans erreur : *calcul juste.* Le **juste** est l'homme vertueux. *Chanter* **juste**, *viser* **juste**, c'est chanter, viser avec justesse : La **justesse** est la qualité de ce qui est juste, précis, exact. *Gagner de justesse*, c'est l'emporter de très peu. **Justement** veut dire « avec justice ».

justice n. f. Caractère de ce qui est d'accord avec le droit. Vertu qui nous fait respecter les droits d'autrui. Pouvoir qu'a le juge de faire droit à chacun, de punir et de récompenser : *rendre la justice.* Ensemble des juges, des magistrats. *Se faire justice*, se venger. Celui qui fait régner la justice est un **justicier**. Celui qui dépend d'un tribunal en est **justiciable**.

justification n. f. V. JUSTIFIER.

justifier v. Rendre juste. Prouver l'innocence : *justifier un accusé.* Rendre légitime : *cet événement justifie ma crainte.* Une **justification** est l'action de justifier.

jute n. m. Plante de l'Asie méridionale, qui sert à faire des cordes, des sacs.

juteux, euse adj. V. JUS.

juvénile adj. Propre à la jeunesse : *ardeur juvénile.*

juxtaposer v. Poser une chose à côté d'une autre.

1. V. pl. VÊTEMENTS FÉMININS ; 2. V. pl. VÊTEMENTS MASCULINS.

k

Kayak. *Phot. A. F. P.*

kaki n. m. Fruit ayant l'aspect d'une tomate. Adj. Couleur brun-jaune.

kaléidoscope n. m. Tube garni à l'intérieur de plusieurs miroirs et contenant des fragments mobiles de verre coloré qui y produisent des dessins variés.

kangourou n. m. Grand mammifère d'Australie à longue queue sur laquelle il s'appuie pour sauter, et dont la femelle est pourvue d'une poche sur le ventre où elle abrite ses petits (1).

kaolin n. m. Argile blanche dont on fait la porcelaine.

kapok n. m. Duvet léger et imperméable, fourni par certains arbres des pays chauds.

karaté n. m. Méthode de combat ne faisant appel qu'à des moyens naturels.

kayak n. m. Sorte de canot en usage au Groenland. C'est aussi un canot en toile utilisé pour la compétition sportive.

képi n. m. Casquette militaire.

kermesse n. f. Fête populaire dans les pays du Nord. Fête de charité.

khol n. m. Substance noire dont les Orientaux se teignent les paupières.

kidnapper v. Enlever une personne pour s'en servir comme otage ou pour en tirer une rançon.

kilo, mot grec qui signifie *mille* et qui forme divers mots composés, comme KILO*gramme* (poids de 1.000 grammes), KILO*mètre* (mesure de 1.000 mètres). N. m. Kilogramme.

kimono n. m. Longue tunique des Japonais.

kiosque n. m. Petit pavillon sur la voie publique, dans un jardin : *kiosque de fleuriste.*

kirsch n. m. (mot allemand). Eau-de-vie de cerises.

kleptomane n. Qui a la manie de voler.

knock-out [*nok-aout*'] n. m. Mot anglais qui signifie : mise hors de combat (à la boxe).

kola n. f. Noix comestible d'un arbre d'Afrique.

kopeck n. m. Petite monnaie russe.

1. V. pl. ANIMAUX EXOTIQUES.

Locomotive électrique CC 40101. *Phot. S. N. C. F.*

la. (V. LE, LA, LES.) N. m. Sixième note de la gamme musicale.

là adv. En cet endroit (où on
n'est pas). [V. ICI.] S'emploie
avec *ce, cet, cette, celui, celle,
ceux, celles,* pour distinguer des
personnes, des choses qui sont
moins près de celui qui parle
que celles qui sont désignées
par ces mots suivis de *-ci.* On
l'ajoute à d'autres mots : *là-
dessus, là-bas,* etc., pour désigner
ce qui n'est pas près de nous.

labeur n. m. Travail pénible et
long : *un labeur acharné.*

laboratoire n. m. Local où l'on
effectue certains travaux scientifiques, industriels, etc.

laborieux, euse adj. Qui travaille beaucoup. Difficile et
long : *recherches laborieuses.*

labour n. m. Façon donnée aux
terres qu'on laboure. **Labourer,** c'est ouvrir et retourner
la terre avec la charrue. Le **labourage** est l'action de labourer. Le **laboureur** est celui
qui laboure (1).

labourer v., **laboureur** n. m.
V. LABOUR.

labyrinthe n. m. Construction à
couloirs compliqués où il est
difficile de retrouver son chemin. (On dit aussi DÉDALE.)

lac n. m. Grande étendue d'eau
à l'intérieur des terres (2).
[V. LACS.] Ce qui est établi
sur les bords ou dans les eaux
d'un lac est **lacustre** : *une
plante lacustre; une habitation
lacustre.*

lacer v. Serrer avec un lacet.

lacérer v. Déchirer.

lacet n. m. Cordon passé dans des
œillets, pour serrer un vêtement, une chaussure. Cordon,
fil de fer en boucle, pour prendre le gibier. Suite de tournants
brusques dans un chemin.

lâchage n. m. V. LÂCHE.

lâche adj. Qui n'est pas tendu :
corde lâche. Poltron, sans courage : *soldat lâche.* N. m.
Homme sans courage. **Lâcher,**
c'est desserrer : *lâcher un lien;*
c'est aussi laisser échapper :
lâcher sa proie; c'est encore
quitter brusquement : *lâcher
ses amis. Lâcher pied,* c'est
s'enfuir. *Lâcher prise,* c'est
laisser partir ce qu'on tient. La

1. V. pl. CULTURE; 2. V. pl. GÉOGRAPHIE.

lâcheté, c'est le manque de courage; c'est aussi une action lâche. L'action de lâcher est un **lâchage**. Celui qui abandonne ses amis est un **lâcheur**. (V. aussi RELÂCHER.)

lâcher v., **lâcheté** n. f., **lâcheur, euse** n. V. LÂCHE.

lacis n. m. Réseau de fils croisés.

laconique adj. Qui s'exprime en peu de mots : *phrase laconique.*

lacrymogène adj. Qui fait pleurer : *gaz lacrymogène.*

lacs [*lâ*] n. m. Lacet, nœud coulant pour la chasse.

lacté, e adj. Relatif au lait. Qui contient du lait : *farine lactée. Voie lactée*, bande blanchâtre dans le ciel, formée par des amas d'étoiles. L'acide **lactique** se trouve dans le lait.

lactique adj. V. LACTÉ.

lacune n. f. Espace vide dans l'intérieur d'un corps. Partie qui manque dans un texte.

lacustre adj. V. LAC.

lad n. m. (mot anglais). Garçon d'écurie de courses.

ladre adj. Lépreux (vieilli dans ce sens). Très avare. La **ladrerie** était autrefois la lèpre; aujourd'hui, c'est la grande avarice.

ladrerie n. f. V. LADRE.

lady [*lé-dé*] n. f. Femme d'un lord anglais.

lagune n. f. Petit lac au bord de la mer.

laïcité n. f., **laïciser** v. V. LAÏQUE.

laid, e adj. Désagréable à voir. Contraire au devoir, à la bienséance : *il est laid de mentir.* La **laideur** est le défaut de celui, de ce qui est laid. Un **laideron** est une fille laide.

laideron n. m., **laideur** n. f. V. LAID.

laie n. f. Femelle du sanglier.

lainage n. m. V. LAINE.

laine n. f. Poil épais, doux et frisé du mouton, de la chèvre angora, du lama, etc. Un **lainage** est une étoffe, un vêtement de laine. Ce qui ressemble à la laine est **laineux**. Ce qui se rapporte à la laine est **lainier** : *industrie lainière.*

laineux, euse adj., **lainier, ère** adj. V. LAINE.

laïque adj. Qui n'est ni ecclésiastique ni religieux : *école laïque.* La **laïcité** est le système qui exclut les religieux du pouvoir politique et administratif, en particulier de l'enseignement officiel. **Laïciser**, c'est rendre laïque.

laisse n. f. Corde pour mener un chien : *tenir en laisse.*

laisser v. Ne pas prendre, ne pas emporter : *laisser un livre sur la table.* Confier : *je vous laisse ce soin.* Perdre : *laisser sa vie dans un combat.* Céder : *laisser à bas prix. Laisser voir,* montrer. *Laisser aller,* négliger. Un **laissez-passer** est une permission écrite de passer.

lait n. m. Liquide blanc fourni par la femme et par les femelles des *mammifères* (v. ce mot) pour la nourriture des nouveau-nés. Liquide qui ressemble au lait : *lait d'amandes.* **Petit-lait,** liquide clair qui se sépare du lait quand il se caille. Ce qui ressemble au lait est **laiteux.** Le **laitier** est celui qui vend du lait. Une vache **laitière** est celle qui donne du lait. La **laiterie** est l'endroit où l'on garde le lait, où l'on vend le lait. On appelle **laitages** l'ensemble du lait et des produits qu'on en retire (crème, fromage, etc.). [V. LACTÉ.]

laitage n. m., **laiterie** n. f., **laiteux, euse** adj., **laitier, ère** adi. et n. m. V. LAIT.

laiton n. m. Alliage de cuivre et de zinc, de couleur jaune.

laitue n. f. Plante potagère qu'on mange en salade et dont il existe plusieurs espèces (batavia, romaine, etc.).

lama n. m. Prêtre de la religion bouddhique, au Tibet. Animal de la cordillère des Andes, utilisé comme bête de somme et élevé aussi pour sa chair et pour sa laine (1).

lambeau n. m. Morceau d'un tissu déchiré. Au figuré : *les lambeaux d'un empire.*

lambin, e adj. Lent : *enfant lambin.* **Lambiner,** c'est agir lentement.

lambiner v. V. LAMBIN.

lambris n. m. Revêtement des murs, du plafond d'un appartement. **Lambrisser,** c'est revêtir de lambris.

lambrisser v. V. LAMBRIS.

lame n. f. Morceau de métal mince et plat. Fer d'un couteau, d'une épée. Vague de la mer. Une **lamelle** est une petite lame.

lamelle n. f. V. LAME.

lamentable adj., **lamentation** n. f. V. LAMENTER.

lamenter (se) v. Se plaindre. Ce qui est digne d'être plaint, d'être pleuré, ce qui fait pitié, qui est très mauvais est **lamentable.** Une **lamentation** est une plainte.

laminer v. Réduire un métal en lames. Le **laminoir** est une machine pour laminer les métaux entre de gros rouleaux d'acier.

laminoir n. m. V. LAMINER.

lampadaire n. m. V. LAMPE.

lampe n. f. Appareil qui donne de la lumière (2). Un **lampadaire** est un support pour une ou plusieurs lampes (3). Un **lampion** est un godet de suif pour illuminations; c'est aussi une lanterne de papier (4). Le **lampiste** est celui qui fait, qui vend des lampes ou qui est chargé de leur entretien.

lampée n. f. Grande gorgée de liquide.

lamper v. Boire à grands traits.

lampion n. m., **lampiste** n. m. V. LAMPE.

lamproie n. f. Poisson en forme de serpent, vivant dans la mer et dans les eaux douces.

lance n. f. Arme à long manche et à fer pointu (5). Tube de métal au bout d'un tuyau d'arrosage. Une **lancette** est un petit couteau de chirurgien. Un **lancier** est un soldat armé d'une lance.

lancement n. m. V. LANCER.

lancer v. Jeter : *lancer des pierres.* Diriger brusquement : *lancer un coup d'œil.* Mettre en mouvement : *lancer un moteur.* Faire connaître, mettre à la mode : *lancer un artiste.* Le **lancement** est l'action de lancer. Un **lance-roquettes** sert à lancer des projectiles contre les chars (6).

lancette n. f., **lancier** n. m. V. LANCE.

lancinant, e adj. Qui produit des élancements douloureux.

landais, e adj. et n. Des Landes.

landau n. m. Voiture à cheval, à quatre roues et à double capote. C'est aussi une voiture d'enfant à capote.

lande n. f. Étendue de terre inculte couverte de broussailles.

landier n. m. Gros chenet de cheminée.

---

1. V. pl. CHAMEAU ET CAMÉLIDÉS; 2, 3 et 4. V. pl. ECLAIRAGE;
5 et 6. V. pl. ARMES.

langage n. m. Faculté que les hommes ont de communiquer entre eux et d'exprimer leurs pensées réciproques au moyen de la parole, qui est éventuellement écrite : *le langage parlé; le langage écrit.* Manière de parler : *langage convenu.*

lange n. m. Morceau de laine pour envelopper un nourrisson.

langoureux, euse adj. V. LAN-GUEUR.

langouste n. f. Grand *crustacé* (v. ce mot) marin, sans pinces, très estimé (1).

langue n. f. Corps charnu, mobile, qui se trouve dans la bouche et qui sert à manger, à parler. Manière de parler d'un pays : *langue française.* Manière de s'exprimer : *la langue des poètes.* Une *langue morte* est une langue qui ne se parle plus. *Langue de vipère, mauvaise langue,* personne médisante.

languedocien, enne adj. Du Languedoc.

langueur n. f. Affaiblissement prolongé des forces. Mollesse, manque de vigueur morale. Ce qui montre de la langueur est **langoureux** : *pose langoureuse.* **Languir,** c'est manquer de vigueur, d'animation : *la conversation languit;* c'est aussi souffrir longuement : *languir dans une prison.* Ce qui languit, qui montre de la langueur est **languissant.**

languir v., **languissant, e** adj. V. LANGUEUR.

lanière n. f. Courroie étroite.

lanterne n. f. Sorte de boîte à parois transparentes pour abriter une lumière (2). *Lanterne vénitienne,* lampion. *Lanterne magique,* appareil pour projeter des images sur un écran et qui a donné naissance aux appareils de projection (v. ce mot).

laper v. Boire à coups de langue : *chat qui lape du lait.*

lapereau n. m. V. LAPIN.

lapidaire n. m. Celui qui taille les pierres précieuses. Un style **lapidaire** est un style très bref, comme celui des inscriptions sur les monuments.

lapider v. Tuer à coups de pierre.

lapin, e n. Petit mammifère rongeur sauvage (lapin de garenne) ou domestique, caractérisé par ses deux grandes oreilles et ses deux paires d'incisives (3). Un petit lapin est un **lapereau.**

lapon, e adj. De la Laponie, pays du nord de l'Europe.

laps [*lapss*] n. m. *Laps de temps,* espace de temps passé.

lapsus [*lap-suss*] n. m. Mot latin signifiant « erreur qui a échappé en parlant, par écrit ».

laquais n. m. Valet en livrée.

laque n. f. Sorte de peinture : *laque carminée.* N. m. Vernis noir ou rouge que les Chinois emploient comme décoration : *meuble de laque.*

laquer v. Décorer de laque.

larcin n. m. Petit vol.

lard n. m. Graisse ferme et épaisse, sous la peau du porc. Un **lardon** est un petit morceau de lard. **Larder,** c'est piquer de lardons: *larder un rôti;* c'est aussi percer de blessures : *larder de coups d'épée.*

larder v., **lardon** n. m. V. LARD.

lare adj. et n. m. Dieu protecteur du foyer chez les anciens Romains.

large adj. Étendu dans le sens opposé à la longueur. D'une grande étendue : *large champ d'activité.* Généreux : *large avec ses domestiques.* N. m.

---

1. V. pl. CRUSTACÉS; 2. V. pl. ÉCLAIRAGE; 3. V. pl. RONGEURS.

Largeur : *un mètre de large.*
Partie de la mer éloignée des
côtes : *pêcher au large d'une
île. Prendre le large,* s'enfuir.
Au large, à l'aise ; c'est aussi
un ordre de s'éloigner. La **largeur** est l'étendue dans le sens
opposé à la longueur ; c'est, au
figuré, la qualité de celui qui
comprend et admet beaucoup de
choses, d'opinions. La **largesse**
est la générosité.

largesse n. f., **largeur** n. f.
V. LARGE.

largo n. m. Morceau musical
d'allure ample et large.

larguer v. Lâcher un cordage.
Familièrement, abandonner.

larme n. f. Goutte d'un liquide
qui sort des yeux quand on
souffre, quand on est ému.
Larmoyer, c'est pleurnicher.
(V. PLEURER.)

larmoyer v. V. LARME.

larron n. m. Voleur.

larve n. f. État des insectes en
sortant de l'œuf : *la chenille
est la larve du papillon.*

laryngite n. f. V. LARYNX.

larynx n. m. Partie supérieure
de la trachée-artère, où se produit la voix. La **laryngite** est
l'inflammation du larynx.

las, lasse adj. Fatigué. **Lasser,**
c'est fatiguer. La **lassitude,**
c'est la fatigue.

laser [*la-zèr'*] n. m. Source lumineuse pouvant produire des
éclairs très intenses, utilisée
dans les télécommunications, en
biologie, etc. Le *fusil à laser*
a des propriétés incendiaires.

lasser v., **lassitude** n. f. V. LAS.

lasso n. m. Corde ou longue lanière de cuir tressé, terminée
par un nœud coulant et utilisée
pour capturer les animaux.

latent, e adj. Caché.

latéral, e adj. Qui est sur le
côté : *porte latérale.*

latex n. m. Suc de certaines plantes : *le latex du caoutchouc.*

latin, e adj. et n. Du Latium,
région de l'Italie ancienne située autour de Rome. N. m.
Langue des Latins. *Langues latines,* celles qui ont pour source
le latin : *le français, l'italien,
l'espagnol, le portugais, le roumain sont des langues latines.*
Celui qui est savant en latin est
un **latiniste.**

latitude n. f. Distance d'un point
de la Terre à l'équateur. Au
figuré, liberté d'agir.

latrines n. f. pl. Lieux d'aisances.

latte n. f. Pièce de bois longue,
étroite et plate (1). Sabre de
cavalier.

lauréat, e n. Récompensé dans
un concours. (V. LAURIER.)

laurier n. m. Arbre toujours vert
dont la feuille s'emploie comme
condiment : *les Anciens don-
naient aux vainqueurs, aux lau-
réats des couronnes de laurier.*

lavabo n. m., **lavage** n. m.
V. LAVER.

lavande n. f. Plante aromatique
employée en parfumerie.

lave n. f. Matière fondue qui sort
des volcans en feu.

lavement n. m. V. LAVER.

laver v. Nettoyer avec un liquide : *laver du linge.* Faire
disparaître ce qui souille la
conscience, la réputation : *laver d'une calomnie.* Celui,
celle qui lave est un **laveur,** une **la-
veuse.** L'action de laver est le
lavage. Le **lavement** est l'action de laver dans certaines
cérémonies religieuses : *lavement des pieds.* Un **lavement**
est un liquide médical qu'on
fait entrer dans l'intestin par
l'anus. Le **lavabo** est le local,

1. V. pl. CHARPENTE.

le meuble servant pour se laver. Un **lavis** est un dessin colorié en teintes plus ou moins foncées, avec de l'encre de Chine ou des couleurs délayées dans l'eau. Le **lavoir** est le lieu où l'on lave.

laveur, euse n., **lavis** n. m., **lavoir** n. m. V. LAVER.

laxatif n. m. Purge légère.

layette n. f. Linge et vêtements d'un bébé.

lazaret n. m. Endroit isolé, dans un port, où l'on oblige les navires venant de pays où existe une maladie contagieuse à s'arrêter quelque temps avant de débarquer leurs passagers.

le, la, les article servant à déterminer le genre masculin ou féminin : LE *père*, LA *mère*, et le nombre singulier ou pluriel : LES *enfants*. Pronom personnel désignant les personnes ou les choses : *donne*-LE *moi, ce livre; ma leçon, je* LA *sais; mes amis, je* LES *aime*.

lé n. m. Largeur d'une étoffe.

leader [*li-der'*] n. m. Chef d'un parti politique, d'une équipe sportive, etc.

lécher v. Passer la langue sur : *lécher le plat*. Au figuré : *mur léché par les flammes*.

leçon n. f. Ce qu'un maître enseigne en une séance. Ce qu'il donne chaque fois à apprendre par cœur à l'élève. Au figuré : *les leçons de l'expérience*. Avertissement : *faire la leçon à quelqu'un*.

lecteur, trice n., **lecture** n. f. V. LIRE.

légal, e adj. D'accord avec la loi. La **légalité** est le caractère de ce qui est légal. **Légaliser** un document, c'est déclarer officiellement qu'il est vrai.

légaliser v., **légalité** n. f. V. LÉGAL.

légat n. m. Ambassadeur du pape.

légataire n. V. LEGS.

légation n. f. Etablissement faisant fonction d'ambassade.

légendaire adj. V. LÉGENDE.

légende n. f. Récit où l'histoire est déformée par la tradition. Inscription sur une médaille, sur un dessin. Ce qui est de la nature de la légende est **légendaire**.

léger, ère adj. Qui pèse peu : *l'aluminium est léger*. Qui n'est pas très fort : *un léger*. Vif, agile : *se sentir léger*. Qui n'est pas très pénible : *châtiment léger*. Peu grave : *blessure légère*. *A la légère*, avec légèreté. La **légèreté** est la qualité de ce qui est léger; c'est aussi l'étourderie, l'insouciance.

légèreté n. f. V. LÉGER.

légiférer v. Faire des lois.

légion n. f. Nom de certains corps militaires : *légion étrangère*. Un grand nombre de personnes, d'animaux : *une légion d'insectes*. *Légion d'honneur*, ordre honorifique (1). Le **légionnaire** est le soldat d'une légion, le membre de la Légion d'honneur.

légionnaire n. m. V. LÉGION.

législateur n. m. Celui qui fait les lois.

législation n. f. Droit de faire les lois.

légitime adj. Qui a les qualités exigées par la loi : *union légitime*. Juste : *demande légitime*. **Légitimer**, c'est justifier.

légitimer v. V. LÉGITIME.

legs [*lè*] n. m. Don fait par testament. **Léguer**, c'est laisser par testament. · Par

---

1. V. pl. DÉCORATIONS.

extension, laisser après sa mort : *léguer un exemple*. Le **légataire** est celui à qui on lègue par testament.

léguer v. V. LEGS.

légume n. m. Végétal employé comme aliment. Une **légumineuse** est une plante dont le fruit est une gousse (pois, haricot, etc.). Un **légumier** est un plat dans lequel on sert les légumes (1).

légumier n. m., **légumineuse** n. f. V. LÉGUME.

lendemain n. m. Le jour suivant.

lénitif, ive adj. Calmant.

lent, e adj. Qui n'est pas rapide : *marche lente*. Qui n'agit pas vite : *homme lent*. La **lenteur** est le manque de rapidité : *aller avec lenteur*.

lenteur n. f. V. LENT.

lentille n. f. Légume à graine plate et bombée. Rondelle de cristal, à surface arrondie, qui change la direction de la lumière qui la traverse : *la loupe est une lentille bombée* (2).

léopard n. m. Mammifère carnassier à pelage tacheté (3).

lépidoptères n. m. pl. Nom scientifique des papillons.

lèpre n. f. Maladie où la peau se couvre de taches et de plaies. Le **lépreux** est le malade atteint de la lèpre.

lépreux, euse n. V. LÈPRE.

lequel, laquelle, lesquels, pronom relatif et interrogatif. Forme avec À les pronoms contractés : *auquel, auxquels, auxquelles,* et avec DE : *duquel, desquels, desquelles : LEQUEL de vous? Cette femme, LAQUELLE est ma voisine; DUQUEL voulez-vous?*

les article. V. LE, LA, LES.

lèse-majesté n. f. Crime contre la majesté royale.

léser v. Faire tort à quelqu'un.

lésiner v. Se montrer avare.

lésion n. f. Plaie, blessure : *lésion du crâne*.

lessive n. f. Liquide contenant de la *soude* ou de la *potasse* (v. ces mots), pour laver le linge. Linge qu'on lave. **Lessiver**, c'est passer le linge à la lessive. Une **lessiveuse** est un appareil pour lessiver le linge.

lessiver v., **lessiveuse** n. f. V. LESSIVE.

lest n. m. Matière lourde dont on charge un bateau, un ballon (4). **Lester**, c'est charger de lest : *lester un ballon*.

leste adj. Léger, agile : *mouvements lestes*.

lester v. V. LEST.

léthargie n. f. Sommeil profond. dans certaines maladies.

lettre n. f. Signe de l'alphabet : *lettre majuscule*. Écrit qu'on adresse à quelqu'un pour lui faire part de quelque chose : *lettre de menaces*. *Lettre de change,* v. CHANGE. *A la lettre,* sans changer un mot. Ce qui est à la lettre est **littéral**. Les **lettres,** les **belles-lettres** comprennent la littérature, l'histoire, la poésie, etc. Celui qui a étudié les belles-lettres est **lettré,** (V. LITTÉRATURE.)

lettré n. m. V. LETTRE.

leucémie n. f. Très grave maladie du sang.

leur pronom. D'eux, d'elles, à eux, à elles. *Le leur,* ce qui appartient à eux, à elles.

leurre n. m. Ce qui attire, en trompant. Appât factice attaché à un hameçon. **Leurrer,** c'est attirer en trompant : *leurrer de promesses*.

leurrer v. V. LEURRE.

1. V. pl. VAISSELLE ; 2. V. pl. OPTIQUE ; 3. V. pl. FAUVES, CARNASSIERS ; 4. V. pl. AÉROSTATS.

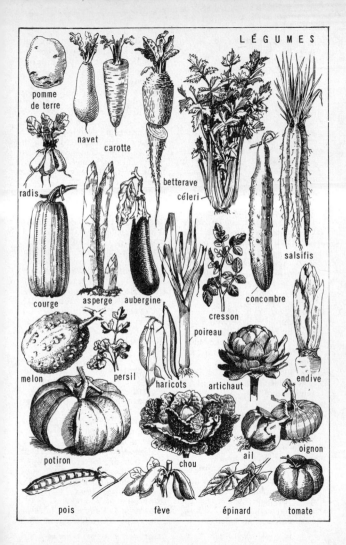

LÉGUMES

pomme de terre

navet

carotte

radis

betterave

céleri

salsifis

courge

asperge

aubergine

cresson

concombre

melon

persil

poireau

haricots

artichaut

endive

potiron

chou

ail

oignon

pois

fève

épinard

tomate

levain n. m., **levant** n. m., **levée**
n. f. V. LEVER.

lever v. Porter vers le haut :
lever le bras. Redresser : *lever
la tête*. Enrôler : *lever une
armée*. Percevoir : *lever un
impôt*. Enlever, ramasser : *lever
le courrier*. Dessiner (un plan).
Faire partir le gibier : *lever
un lièvre*. Terminer : *lever la
séance*. Commencer à pousser :
blé qui lève. Commencer à fermenter (se dit de la pâte du
pain). **Se lever**, c'est se mettre debout, sortir du lit; c'est
aussi se montrer à l'horizon :
le soleil se lève. Le **lever**, c'est
le moment où l'on se lève. L'action de lever, c'est la **levée**.
Une **levée**, c'est aussi une digue.
Le **levant** est la partie du ciel
où le soleil se lève. Le **Levant**,
c'est l'Orient, l'Est. Le **levain**
est de la pâte aigrie qui fait
lever la pâte. La **levure** est
un petit champignon qui agit
comme le levain.

levier n. m. Barre, basculant sur
un point d'appui, servant à soulever un fardeau (1). Au figuré,
ce qui fait agir une personne :
l'argent est un levier puissant.

levraut n. m. V. LIÈVRE.

lèvre n. f. Partie extérieure et
charnue de la bouche, qui recouvre les dents.

levrette n. f. V. LÉVRIER.

lévrier n. m. Chien qui sert
à chasser le lièvre. La **levrette** est un petit lévrier;
c'est aussi la femelle du lévrier.

levure n. f. V. LEVER.

lexique n. m. Dictionnaire.

lézard n. m. Petit reptile à quatre pattes, très agile, qui vit
dans les lieux ensoleillés (2).
Familièrement, *faire le lézard*,
c'est paresser au soleil.

lézarde n. f. Crevasse dans un
mur. **Lézarder**, c'est crevasser; c'est aussi faire le paresseux, flâner.

lézarder v. V. LÉZARDE.

liaison n. f. Action de lier. Union
de plusieurs choses. Communication : *être en liaison avec
quelqu'un*. Action de joindre,
en lisant, la dernière lettre d'un
mot avec la première lettre du
suivant. Relation entre deux ou
plusieurs personnes. (V. LIER.)

liane n. f. Plante grimpante à
longues tiges souples.

liant, e adj. V. LIER.

liard n. m. Ancienne petite monnaie de cuivre.

liasse n. f. Tas de papiers, de billets attachés ensemble.

libation n. f. Action de boire.

libelle n. m. Écrit malveillant
contre quelqu'un. **Libeller**,
c'est rédiger : *libeller un contrat*.

libeller v. V. LIBELLE.

libellule n. f. Insecte à longues
ailes, dit aussi **demoiselle**,
de couleurs métalliques, qui
abonde dans les lieux humides (3).

libéral, e adj. Qui aime à donner, généreux. Favorable à la
liberté : *idées libérales*. La
libéralité est la générosité;
c'est aussi ce qu'on donne gé-
néreusement.

libérateur, trice n., **libération**
n. f. V. LIBÉRER.

libérer v. Délivrer : *libérer un
prisonnier*; c'est aussi décharger d'une obligation : *libérer
d'une dette*. La **libération** est
l'action de libérer; c'est aussi
la délivrance d'un pays occupé
par l'ennemi. Celui qui libère
est un **libérateur**.

libertaire n. V. LIBERTÉ.

liberté n. f. Pouvoir de faire ou
de ne pas faire une chose. État

1. V. pl. MÉCANIQUE; 2. V. pl. REPTILES; 3. V. pl. INSECTES.

de celui qui est libre, indépendant. *En liberté*, librement. Au pluriel, manières d'agir hardies : *prendre des libertés*. Le **libertaire** est le partisan d'une liberté absolue, de l'anarchie. (V. LIBRE, LIBÉRER.)

libertin, e adj. Déréglé dans sa conduite. Le **libertinage** est la conduite déréglée.

libertinage n. m. V. LIBERTIN.

libraire n. m. Celui qui vend des livres.

librairie n. f. Commerce, magasin du libraire.

libre adj. Qui a le pouvoir de faire ou de ne pas faire une chose. Qui n'est pas soumis à des entraves : *commerce libre*. Indépendant : *esprit libre*. (V. LIBERTÉ, LIBÉRER.)

lice n. f. Champ clos des anciens tournois (1).

licence n. f. Liberté. Grade universitaire : *licence ès lettres; licence ès sciences;* c'est aussi l'autorisation officielle d'exercer certains commerces ou certains sports. Celui qui a une licence est **licencié**. **Licencier,** c'est congédier des troupes, du personnel, etc. Le **licenciement** est l'action de licencier. Ce qui est déréglé, trop libre, est **licencieux.**

licenciement n. m., **licencier** v., **licencieux, euse** adj. V. LICENCE.

lichen [*li-kèn*] n. m. Plante sans fleurs qui pousse sur les pierres, sur les troncs d'arbres, etc.

licite adj. Permis.

licorne n. f. Animal fabuleux, à corps de cheval, avec une corne.

licou n. m. Lien autour du cou d'un cheval.

lie n. f. Boue qui se dépose dans un liquide. La partie la plus méprisable : *la lie du peuple.*

liège n. m. Ecorce épaisse et élastique d'une sorte de chêne.

lien n. m. V. LIER.

lier v. Attacher, réunir : *lier une gerbe.* Epaissir : *lier une sauce.* Unir, rapprocher : *se lier d'amitié. Lier conversation*, entrer en conversation. Un **lien** est ce qui attache, qui lie. Ce qui est souple est **liant** : *caractère liant*. (V. LIAISON.)

lierre n. m. Plante grimpante toujours verte (2).

liesse n. f. Joie (vieux mot).

lieu n. m. Endroit : *lieu charmant.* Logement, habitation : *vider les lieux; état des lieux; être sans feu ni lieu. Avoir lieu,* arriver. *Avoir lieu de,* avoir des raisons pour. *Tenir lieu de,* remplacer. *Donner lieu,* occasionner. *Au lieu de,* à la place de. *Au lieu que,* tandis que.

lieue n. f. Ancienne mesure pour les routes (4 kilomètres).

lieutenant n. m. Officier audessous du capitaine. **Lieutenant-colonel,** officier au-dessous du colonel.

lièvre n. m. Mammifère rongeur à longues oreilles, agile à la course (3). [V. LÉVRIER.]

ligament n. m. Lien qui attache les muscles, les os.

ligature n. f. Action de lier.

ligne n. f. Trait continu : *ligne courbe.* Fil muni d'un hameçon, pour pêcher (4). Cordeau pour aligner. Rangée : *ligne de mots.* Service de transports, de communication entre deux points : *ligne de chemin de fer; ligne téléphonique.* Ce qui forme une limite, une séparation : *ligne de démarcation.* Disposition d'une armée pour le combat : *monter en ligne.* Règle : *ligne de conduite.* Rang : *en pre-*

---

1. V. pl. CHÂTEAU FORT ; 2. V. pl. PLANTES SAUVAGES ; 3. V. pl. RONGEURS ;
4. V. pl. PÊCHE.

mière ligne. Vaisseau de ligne, grand navire de guerre. *Hors ligne,* extraordinaire. Ce qui est fait de lignes est **linéaire**. La **lignée,** c'est la descendance.

lignée n. f. V. LIGNE.

ligneux, euse adj. De bois.

lignite n. m. Sorte de charbon.

ligoter v. Lier fortement.

ligue n. f. Union entre Etats. Association. **Se liguer,** c'est former une ligue.

liguer v. V. LIGUE.

lilas n. m. Arbuste à fleurettes en grappes violettes ou blanches (1).

lilliputien, enne adj. Très petit, comme les hommes trouvés par Gulliver dans un pays imaginaire qu'il appela Lilliput.

limace n. f. Mollusque (v. ce mot) rampant, à corps allongé, sans coquille. Le **limaçon** ou escargot est un mollusque rampant, à coquille enroulée, où il peut rentrer en entier.

limaçon n. m. V. LIMACE.

limaille n. f. V. LIME.

limande n. f. Un poisson plat (2).

limbe n. m. Partie élargie d'une feuille de plante. Au pluriel, d'après l'Eglise, les **limbes** sont le séjour des enfants morts sans baptême. Au figuré, état vague, incertain : *être dans les limbes.*

lime n. f. Outil d'acier dont la surface est entaillée de petits sillons et qui sert à détacher, par frottement, des parcelles de métal, de bois, etc. (3). **Limer,** c'est user à la lime. La **limaille** est constituée par les parcelles de métal limé.

limer v. V. LIME.

limier n. m. Chien de chasse.

limite n. f. Bordure : *la limite d'un champ.* Borne, point où s'arrête une chose : *les limites du pouvoir.* **Limiter,** c'est marquer la limite d'une chose : *limiter ses dépenses.* Ce qui est sur la limite d'un pays, etc., est **limitrophe.**

limiter v., **limitrophe** adj. V. LIMITE.

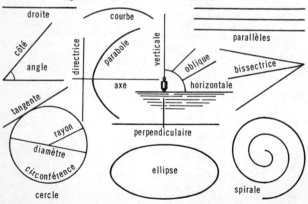

lignes

droite — courbe — parallèles
côté — directrice — parabole — verticale — oblique — bissectrice
angle — axe — horizontale
tangente — rayon — perpendiculaire
diamètre — circonférence — ellipse — spirale
cercle

1. V. pl. FLEURS ; 2. V. pl. POISSONS DE MER ; 3. V. pl. SERRURERIE.

limon I. n. m. Boue déposée par les eaux débordées.

limon II. n. m. Gros brancard d'une voiture lourde.

limonade n. f. Boisson à base de jus de citron. Le **limonadier** est celui qui vend de la limonade et d'autres boissons au détail.

limonadier n. m. V. LIMONADE.

limousin, e adj. Du Limousin. N. f. Ancienne carrosserie d'automobile où seuls les voyageurs de l'arrière étaient protégés.

limpide adj. Clair, transparent. **limpidité** n. f. Clarté.

lin n. m. Plante à fleurs bleues dont la tige renferme des fibres textiles et la graine de l'huile.

linceul n. m. Toile pour envelopper un mort.

linéaire adj. V. LIGNE.

linge n. m. Toile transformée en chemises, nappes, serviettes, etc. La **lingère** est celle qui fait du linge, qui a soin du linge dans un établissement. La **lingerie** est le commerce de linge; c'est aussi l'endroit où l'on garde le linge dans une maison; c'est enfin, en général, le linge.

lingère n. f., **lingerie** n. f. V. LINGE.

lingot n. m. Morceau de métal fondu non travaillé.

linguistique n. f. Etude des langues, du langage.

liniment n. m. Médicament gras pour frictions.

linoléum n. m. Tissu enduit d'une pâte de liège en poudre et d'huile de lin.

linon n. m. Toile de lin très fine.

linotte n. f. Petit oiseau gris. *Tête de linotte*, étourdi.

linteau n. m. Traverse au-dessus d'une porte, d'une fenêtre (1).

lion n. m. Grand mammifère carnassier qui porte une épaisse crinière : *le lion est le roi des animaux* (2). Au figuré, homme très brave. La **lionne** est la femelle du lion. Le petit du lion est le **lionceau**.

lionceau n. m., **lionne** n. f. V. LION.

lippe n. f. Lèvre inférieure épaisse. Moue : *faire la lippe*. Celui qui a de grosses lèvres est **lippu**.

liquéfaction n. f. V. LIQUIDE.

liquéfier v. V. LIQUIDE.

liqueur n. f. Boisson généralement alcoolisée : *liqueur digestive. Un vin sucré est liquoreux*. Le **liquoriste** est celui qui fait, qui vend des liqueurs.

liquidation n. f. V. LIQUIDE.

liquide adj. et n. Se dit des corps qui coulent plus ou moins facilement (eau, huile, mercure, etc.). *Argent liquide*, somme dont on peut disposer immédiatement parce qu'elle n'est pas engagée dans une affaire. **Liquider**, c'est régler, terminer une affaire, un compte; c'est aussi faire une liquidation commerciale; c'est enfin se débarrasser à bas prix d'une marchandise. Une **liquidation** est un règlement, notamment des affaires d'un commerçant qui ne peut tenir ses engagements. **Liquéfier**, c'est transformer en liquide. La **liquéfaction** est l'action de liquéfier.

liquider v. V. LIQUIDE.

liquoreux, euse adj., **liquoriste** n. m. V. LIQUEUR.

lire n. f. Monnaie italienne.

lire v. Comprendre ce qui est écrit, le rendre par la parole : *lire à haute voix; lire de la musique*. (Conjuguez : *je lis, nous lisons; je lus, nous lûmes; je lirai; il faut que je lise; lisant,*

---

1. V. pl. CHARPENTE; 2. V. pl. FAUVES, CARNASSIERS.

lu.) Ce qui est facile à lire est **lisible.** Celui qui lit est un **lecteur.** La **lecture** est l'action de lire; c'est aussi ce qu'on lit.

lis [*liss*] n. m. Plante à belles fleurs blanches très odorantes (1). *Fleur de lis*, emblème (v. ce mot) des rois de France.

liséré n. m. V. LISIÈRE.

liseron n. m. Plante grimpante commune, à fleurs en entonnoir (2).

lisible adj. V. LIRE.

lisière n. f. Bord d'une pièce d'étoffe. Limite : *lisière d'un bois.* Un **liséré** est une bordure.

lisse adj. Poli, uni : *peau lisse.*

lisse ou **lice** n. f. Partie d'un métier à tisser (3).

lisser v. Rendre lisse, polir.

liste n. f. Suite de noms : *liste de livres.* La *liste civile* est la somme accordée au chef de l'Etat pour ses dépenses. La *liste électorale* est la liste des électeurs.

lit n. m. Meuble sur lequel on dort (4). Tout lieu où l'on peut se coucher, s'étendre : *un lit de feuilles mortes.* Mariage : *fils du premier lit.* Couche : *lit de sable.* Fond d'une rivière. La **literie,** c'est ce qui compose le lit.

litanies n. f. pl. Prière formée de courtes invocations à Dieu, à la Vierge, aux saints. N. f. Enumération ennuyeuse : *litanie de plaintes.*

literie n. f. V. LIT.

lithographie n. f. Impression de dessins tracés sur une pierre calcaire avec un crayon spécial. Gravure imprimée par ce procédé.

litière n. f. Paille sur laquelle se couchent les chevaux, les bœufs, etc. Sorte de lit porté à l'aide de brancards (5).

litige n. m. Contestation.

litre n. m. Mesure pour les liquides (1 décimètre cube).

littéraire adj. V. LITTÉRATURE.

littéral, e adj. V. LETTRE.

littérateur n. m. V. LITTÉRATURE.

littérature n. f. Carrière des lettres. Production littéraire d'un pays, d'une époque : *la littérature grecque.* Ce qui se rapporte aux belles-lettres est **littéraire.** Le **littérateur** est celui qui s'occupe de littérature.

littoral n. m. Bord de la mer.

liturgie n. f. Ordre des cérémonies et des prières, déterminé par une autorité religieuse.

livide adj. De couleur gris de plomb, bleuâtre : *visage livide.*

livraison n. f. V. LIVRER.

livre I. n. m. Assemblage de feuilles imprimées ou manuscrites, fixées ensemble dans l'ordre où elles doivent se lire : *livre broché.* Division de certains ouvrages. *A livre ouvert,* sans préparation, à la première lecture. Un **livret** est un petit livre, un carnet.

livre II. n. f. Ancienne monnaie correspondant au franc. Poids d'un demi-kilogramme.

livrée n. f. Habit particulier de tous les domestiques d'une grande maison. Pelage, plumage.

livrer v. Remettre : *livrer une commande.* Abandonner : *livrer au pillage.* Engager : *livrer bataille.* Se livrer, c'est se laisser aller à : *se livrer à la boisson.* La **livraison** est l'action de livrer. Le **livreur** est celui qui livre.

livret n. m. V. LIVRE I.

livreur n. m. V. LIVRER.

1. et 2. V. pl. FLEURS ; 3. V. pl. TISSAGE ; 4. V. pl. MOBILIER ;
5. V. pl. VÉHICULES.

lobe n. m. Partie arrondie d'un organe : *le lobe de l'oreille.*

local, e adj. Particulier à un lieu : *mœurs locales.* N. m. Bâtiment, magasin à destination spéciale : *local commercial.* **Localiser,** c'est déterminer la place de : *localiser une maladie.* Une **localité,** c'est un endroit (ville, village, etc.).

localiser v., **localité** n. f. V. LOCAL.

locataire n. **locatif, ive** adj., **location** n. f. V. LOUER II.

locomotion n. f. Action de se déplacer d'un lieu dans un autre.

locomotive n. f. Machine à vapeur ou électrique sur rails, pour remorquer un train (1).

locution n. f. Façon de parler. Tournure.

lœss [*leuss'*] n. m. Variété très fertile de limon, déposée par le vent.

loge n. f. Chambrette, petit logement : *loge de concierge.* Compartiment cloisonné dans une salle de spectacle (2). Dans un théâtre, petite pièce où s'habillent les artistes. Un **logement,** c'est le lieu où l'on loge. **Loger,** c'est demeurer, habiter : *loger à l'hôtel;* c'est aussi donner un logement : *loger des troupes.* Par extension, c'est placer, caser : *loger un meuble.* Le **logeur** est celui qui loue des logements meublés. Un **logis,** c'est une habitation, un logement.

logement n. m., **loger** v., **logeur, euse** n. f. V. LOGE.

logique n. f. Science qui apprend à raisonner juste. Adj. Qui est d'accord avec la logique.

logis n. m. V. LOGE.

loi n. f. Règle. Acte de l'autorité, qui règle, ordonne, permet ou défend. Condition naturelle : *les lois de la pesanteur.* (V. LÉGAL.)

loin adv. A une grande distance : *aller loin. De loin en loin,* à grands *intervalles* (v. ce mot). Ce qui est loin est **lointain** : *un pays lointain; une époque lointaine.* (V. ÉLOIGNER.)

lointain, e adj. V. LOIN.

loir n. m. Petit animal rongeur qui passe tout l'hiver engourdi (3).

loisible adj. Permis : *il vous est loisible de partir.*

loisir n. m. Temps dont on dispose : *avoir beaucoup de loisirs.*

lombaire adj. Des reins.

lombric n. m. Ver de terre (4).

long, gue adj. Qui a une certaine longueur : *crayon long de 15 centimètres.* De grande longueur : *long chemin.* Qui dure longtemps : *long voyage.* Lent, tardif : *il est long à venir.* N. m. Longueur : *mur de 10 mètres de long. De long en large,* dans tous les sens. *Le long de,* au bord de. *A la longue,* avec le temps. La **longueur** est la dimension la plus grande d'une chose posée à plat (le contraire est la LARGEUR.) Une **longue-vue** est une lunette pour voir les objets très éloignés (5). **Longer,** c'est s'étendre, marcher le long de : *longer la côte.*

longanimité n. f. Grande patience.

longe n. f. Courroie pour attacher ou conduire un cheval. Moitié de l'échine d'un porc.

longer v. V. LONG.

longeron n. m. Poutre qui supporte le châssis d'une automobile (6).

longévité n. f. Longue vie.

longitude n. f. Distance entre le méridien d'un lieu et celui d'un

autre lieu pris pour origine.
(V. MÉRIDIEN, LATITUDE.)

longtemps adv. Pendant un long espace de temps.

longueur n. f. V. LONG.

longue-vue n. f. V. LONG.

lopin n. m. Petit morceau de terrain : *un lopin de terre.*

loquace [*lo-kouas'*] adj. Qui parle beaucoup.

loque n. f. Chiffon, lambeau. Au figuré, une personne lourde, sans forces. Celui qui est vêtu de loques est un **loqueteux.**

loquet n. m. Fermeture de porte formée d'une lame de métal qui peut se lever (1).

loqueteux, euse adj. et n. V. LOQUE.

lord n. m. En Angleterre, titre nobiliaire. (Féminin LADY.)

lorgner v. Regarder du coin de l'œil. Regarder avec une lorgnette. Convoiter : *lorgner une place.* Une **lorgnette** est une petite lunette d'approche.

lorgnon n. m. Binocle ou lunettes sans branches.

loriot n. m. Passereau à plumage d'un jaune d'or.

lors adv. Alors. *Pour lors,* en ce cas. *Dès lors,* par conséquent. *Lors de,* au moment de.

lorsque conj. Quand.

losange n. m. Parallélogramme. dont les côtés sont égaux (2).

lot n. m. Part qui revient à chacun dans un partage. Ce qu'on gagne à la loterie. Ce que chacun a reçu du sort : *la misère est son lot.* Une certaine quantité d'objets assortis : *un lot de crayons.* La **loterie** est un jeu de hasard où l'on tire au sort certains numéros qui donnent droit à des lots correspondant aux billets portant ces mêmes numéros. Le **loto** est un jeu de hasard qui se joue avec des car-

tons et des jetons numérotés que l'on tire d'un sac.

loterie n. f. V. LOT.

lotion [*lo-syon*] n. f. Eau de toilette utilisée pour les soins de l'épiderme, de la chevelure.

lotir v. Partager par lots. Etre mal **loti,** c'est être mal servi dans un partage. Le **lotissement** est le partage en lots d'un terrain.

loto n. m. V. LOT.

lotte n. f. Un poisson d'eau douce.

lotus [*lo-tuss*] n. m. Sorte de nénuphar.

louable adj., **louange** n. f. V. LOUER I.

louage n. m. V. LOUER II.

louche adj. Dont les yeux ne regardent pas dans la même direction. Suspect : *individu louche.* N. f. Grande cuiller pour servir le potage. **Loucher,** c'est regarder de travers.

loucher v. V. LOUCHE.

louer I. v. Faire des éloges, des compliments : *louer un poète.* **Se louer de,** être satisfait de. Ce qui mérite d'être loué est **louable.** La **louange,** c'est l'éloge, le compliment.

louer II. v. Donner ou recevoir contre paiement d'un loyer. Retenir une place dans un train, au théâtre, etc. Le **loyer** est ce qu'on paie pour louer. La **location,** c'est l'action de louer; c'est aussi le prix du loyer. Le **locataire** est celui qui loue en payant le loyer. Le **loueur** est celui qui donne en location : *loueur de voitures.* La **louage** est l'action de céder ou d'accepter l'usage d'une chose, d'un service, contre un certain prix. Ce qui se rapporte à la location est **locatif.**

loueur n. m. V. LOUER II.

1. V. pl. SERRURERIE ; 2. V. pl. SURFACES.

louis n. m. Ancienne monnaie d'or.

loup n. m. Mammifère carnassier, de la famille du chien (1). Nom usuel donné à plusieurs poissons très voraces, comme le *bar*. Au figuré, personne méchante. Masque de velours noir qui cache les yeux et le nez. Un *loup de mer* est un vieux marin. *A pas de loup,* sans bruit. *Froid de loup,* froid rigoureux. La **louve** est la femelle du loup. Le **louveteau** est le petit du loup. Le **loup-garou** était un aaraier qui, croyait-on, se changeait en loup pendant la nuit. Le **loup-cervier** est une sorte de lynx.

loupe n. f. Lentille de verre renflée au milieu et qui donne une image grossie des objets (2). Sorte de tumeur.

lourd, e adj. D'un grand poids : *livre lourd.* Lent, sans vivacité : *démarche lourde.* Grave : *faute lourde.* Un **lourdaud** est une personne lente et maladroite. La **lourdeur** est le caractère de ce qui est lourd.

lourdaud, e n. et adj., **lourdeur** n. f. V. LOURD.

loutre n. f. Animal carnassier à fourrure estimée, qui vit au bord des rivières. Sa fourrure.

louve n. f., **louveteau** n. m. V. LOUP.

louvoyer v. Naviguer contre le vent, en portant le navire tantôt à droite, tantôt à gauche. Prendre des chemins détournés pour arriver à son but.

loyal, e adj. Qui est fidèle aux principes de la probité, de l'honnêteté. La **loyauté** est le caractère loyal.

loyauté n. f. V. LOYAL.

loyer v. V. LOUER II.

lubie n. f. Caprice, manie.

lubrifier v. Graisser.

lucarne n. f. Petite fenêtre dans un toit (3).

lucide adj. Qui comprend, qui exprime clairement les choses. La **lucidité**, c'est la clarté du raisonnement.

lucidité n. f. V. LUCIDE.

luciole n. f. Ver luisant.

lucratif, ive adj. V. LUCRE.

lucre n. m. Gain, profit. Ce qui rapporte du profit est **lucratif**.

luette n. f. Petit prolongement charnu au fond du palais, à l'entrée de la gorge.

lueur n. f. Faible clarté.

luge n. f. Sorte de petit traîneau.

lugubre adj. Funèbre, qui a la tristesse du deuil.

lui pronom qui désigne la troisième personne (celle dont on parle).

luire v. Briller : *le soleil luit.* (Conjuguez comme *cuire.*) Ce qui luit est **luisant**. Le **luisant**, c'est le brillant d'un objet.

luisant adj. et n. m. V. LUIRE.

lumbago [*lon-ba-go*] n. m. Douleur aux reins.

lumière n. f. Rayonnement de certains corps qui rend visibles les objets environnants. Jour, clarté du soleil. Au figuré, ce qui éclaire : *la lumière de la vérité.* Lampe, bougie, etc., allumées : *apporter une lumière.* Intelligence, savoir : *siècle de lumière.* Personne très savante. *Mettre en lumière,* faire ressortir. Ce qui produit de la lumière, ce qui est très clair, est **lumineux**.

lumineux, euse adj. V. LUMIÈRE.

1. V. pl. FAUVES, CARNASSIERS ; 2. V. pl. OPTIQUE ; 3. V. pl. MAISON.

lunaire adj., **lunaison** n. f., **lunatique** adj. V. LUNE.

lundi n. m. Deuxième jour de la semaine.

lune n. f. Corps céleste qui tourne autour de la Terre dont elle est le *satellite* (v. ce mot) [1]. *Clair de lune*, clarté que la Lune renvoie vers la Terre. *Lune rousse*, lune d'avril. *Lune de miel*, premier mois du mariage. *Bien* ou *mal luné*, bien ou mal disposé. *Demander, promettre la Lune*, demander, promettre l'impossible. Ce qui se rapporte à la lune est **lunaire**. Celui qui est fantasque, capricieux, est **lunatique**. La **lunaison** est le temps écoulé entre deux nouvelles lunes.

lunetier n. m. V. LUNETTE.

lunette n. f. Appareil formé de lentilles de verre pour voir plus distinctement ou de plus loin. Le **lunetier** est celui qui fait, qui vend des lunettes.

lupus [*lu-puss*] n. m. Maladie de peau.

lurette (*Il y a belle*). Il y a longtemps.

luron, onne n. Personne gaie et insouciante.

lustre n. m. Brillant, poli. Chandelier suspendu, à plusieurs branches (2). Espace de cinq ans. **Lustrer**, c'est faire briller. La **lustrine** est une étoffe de coton brillante.

lustrer v., **lustrine** n. f. V. LUSTRE.

luth n. m. Ancien instrument de musique à cordes (3). La **lutherie** est l'art du luthier. Le **luthier** est celui qui fait des violons, des luths, etc.

lutherie n. f., **luthier** n. m. V. LUTH.

luthérien, enne adj. et n. Protestant qui suit la doctrine de Luther.

lutin n. m. Esprit follet. Personne vive, taquine.

lutrin n. m. Pupitre d'église.

lutte n. f. Combat. **Lutter**, c'est combattre. Celui qui lutte est un **lutteur**.

lutter v., **lutteur** n. m. V. LUTTE.

luxation n. f. Déboîtement d'un os : *luxation de l'épaule*.

luxe n. m. Richesse, abondance dans le vêtement, la table, etc. Au figuré : *luxe de précautions*. Ce qui montre du luxe est **luxueux** : *vêtement luxueux*.

luxer v. Déboîter un os.

luxueux, euse adj. V. LUXE.

luxure n. f. Abandon aux plaisirs charnels.

luxuriant, e adj. Se dit d'une végétation abondante.

luzerne n. f. Plante légumineuse fourragère.

lycée n. m. Etablissement d'instruction secondaire. Un **lycéen**, c'est un élève de lycée.

lymphatique adj. V. LYMPHE.

lymphe n. f. Liquide blanchâtre qui circule dans le corps à travers un réseau de petits canaux.

lyncher v. Mettre à mort un accusé sans jugement légal.

lynx n. m. Mammifère carnassier du genre félin, de la taille d'un très grand chat, et dont la fourrure est estimée (4).

lyre n. f. Ancien instrument de musique à cordes. La poésie **lyrique** est celle qui se chantait autrefois avec accompagnement de la lyre ; ce nom s'applique aujourd'hui à tout poème qui exprime les émotions personnelles des poètes. Le **lyrisme** est le langage propre à la poésie lyrique.

lyrique adj., **lyrisme** n. m. V. LYRE.

---

1. V. pl. ASTRONOMIE ; 2. V. pl. ECLAIRAGE ; 3. V. pl. MUSIQUE (*Instruments de*) ; 4. V. pl. FAUVES, CARNASSIERS et FOURRURE (*Animaux à*).

Menhirs . alignements de Carnac (Morbihan). *Phot. Messager.*

m

ma adj. V. MON.

macabre adj. Qui rappelle l'idée de la mort : *récit macabre.*

macadam n. m. Empierrement d'une route en pierres concassées et pressées avec un rouleau compresseur.

macadamiser v. Couvrir de macadam.

macaque n. m. Singe d'Afrique à corps trapu et museau court (1).

macaron n. m. Petit gâteau rond fait de pâte d'amandes.

macaroni n. m. Pâte alimentaire en forme de petits tuyaux.

macédoine n. f. Mélange de légumes ou de fruits.

macération n. f. V. MACÉRER.

macérer v. Faire tremper à froid une substance dans un liquide pour en tirer le suc. Mortifier son corps par esprit de pénitence. La **macération** est l'action de macérer.

mâche n. f. Plante potagère qui se mange en salade.

mâchefer n. m. Masse dure qui reste quand on brûle certaines houilles dans les forges, les foyers.

mâcher v. Broyer avec les dents. La **mâchoire** est la partie osseuse de la bouche où sont les dents. **Mâchonner**, c'est mâcher avec peine, sans entrain ; c'est aussi mordre un objet à plusieurs reprises : *mâchonner un crayon.*

machiavélisme [*ma-kia-vé-lism'*] n. m. Conduite perfide.

mâchicoulis n. m. Ouverture verticale pratiquée au sommet des murailles des châteaux forts et par laquelle on laissait tomber sur les assaillants des pierres, de la poix bouillante, etc. (2).

machinal, e adj., **machination** n. f. V. MACHINE.

machine n. f. Appareil combiné pour produire un effet : *machine à écrire.* **Machiner**, c'est former, préparer : *machiner une conspiration.* Une **machination**, c'est une intrigue. Un acte **machinal** est celui qui se fait sans que la volonté y prenne part. La **machinerie** est un ensemble de machines, c'est aussi l'endroit où sont les

---

1. V. pl. SINGES ; 2. V. pl. CHÂTEAU FORT.

machines. Un **machiniste** est celui qui conduit une machine Au théâtre, c'est celui qui plante les décors (1).

mâchoire n. f., **mâchonner** v. V. MÂCHER.

maçon n. m. Celui qui bâtit en pierres, briques, etc. **Maçonner**, c'est construire en maçonnerie. La **maçonnerie** est l'ouvrage du maçon.

maçonner v., **maçonnerie** n. f. V. MAÇON.

maculer v. Couvrir de taches : *maculer ses vêtements.*

madame n. f. Nom donné à toute femme mariée. Maîtresse de maison : *Madame est servie.* (Au pluriel : *mesdames.*)

madeleine n. f. Petite pâtisserie de farine, œufs, sucre.

mademoiselle n. f. Titre donné à une femme non mariée. Au pluriel : *mesdemoiselles.*

madère n. m. Vin de l'île de Madère.

madone n. f. Image de la Vierge.

madras [*ma-drass*] n. m. Foulard, ordinairement de soie et de coton, de couleurs vives, que l'on noue autour de la tête.

madré, e adj. Rusé, astucieux.

madrier n. m. Planche épaisse utilisée dans la construction.

madrigal n. m. Petite pièce de vers galante.

maestria [*maèss-tri-ya*] n. f. Maîtrise et vivacité dans la réalisation de quelque chose.

mafia ou **maffia** n. f. Association secrète de malfaiteurs.

magasin n. m. Dépôt de marchandises. Boutique. Partie d'une arme contenant l'approvisionnement de cartouches, d'un appareil de photographie contenant plusieurs plaques, etc.

maçons

armature — niveau à bulles — équerre — truelle — tailleur de pierre — ciment armé — coffrage — serre-joints — auge — échaffaudage en tubes — pelle — tamis — brouette — parpaing — pioche — brique pleine — brique creuse

magazine n. m. (mot anglais). Revue illustrée.

mage n. m. Prêtre de la religion des anciens persans.

magicien, enne n. V. MAGIE.

magie n. f. Art supposé de produire, par des actes ou des paroles bizarres, des effets surnaturels. Ce qui tient de la magie, ce qui semble surnaturel, est **magique**. Le **magicien** est celui que l'on croit posséder un pouvoir magique.

magique adj. V. MAGIE.

magister [*ma-jis-tèr*] n. m. Autrefois, maître d'école. Ce qui distingue le maître est **magistral** : *ton magistral*.

magistral, e adj. Qui porte la marque de la supériorité, de l'excellence : *une œuvre magistrale*.

magistrat n. m. Celui qui exerce un pouvoir administratif ou judiciaire : *le préfet est le premier magistrat du département*. Spécialement, juge. La **magistrature** est la charge de magistrat, l'ensemble des magistrats.

magistrature n. f. V. MAGISTRAT.

magnanime adj. Qui a un caractère noble, élevé. La **magnanimité** est la grandeur, la noblesse de caractère.

magnat [*magh-na*] n. m. Homme très puissant par sa richesse.

magnésium n. m. Métal blanc, très léger, brûlant avec une flamme éblouissante.

magnétique adj., **magnétiser** v. V. MAGNÉTISME.

magnétisme n. m. Ce qui constitue les propriétés de l'*aimant* (v. ce mot). Influence exercée sur une personne au moyen de certaines opérations ou gestes. **Magnétiser**, c'est endormir une personne et dominer sa volonté au moyen de pratiques spéciales. Ce qui est relatif au magnétisme est **magnétique**.

magnétophone n. m. Appareil permettant d'enregistrer des sons sur un ruban magnétique et de les reproduire ensuite.

magnificat n. m. Un cantique d'action de grâces.

magnificence n. f. Grande beauté, grande générosité.

magnifique adj. Très beau, admirable. Très généreux.

magnolia n. m. Arbre à grandes et belles fleurs parfumées.

magot n. m. Sorte de singe. Familièrement, argent caché.

mahométan, e adj. et n. V. MUSULMAN.

mai n. m. Cinquième mois de l'année.

maigre adj. Qui manque de graisse : *poulet maigre*. Se dit des aliments sans viande ni graisse : *potage maigre*. Peu abondant : *maigre récolte*. La **maigreur** est l'état d'un corps maigre. **Maigrir**, c'est devenir maigre.

maigreur n. f., **maigrir** v. V. MAIGRE.

mail n. m. Promenade publique, dans certaines villes.

maille n. f. Chacune des boucles que forme le fil ou la laine dans un filet, un tissu tricoté. Une *cotte de mailles* était, au Moyen Age, une armure faite de petits anneaux de fer. *Avoir maille à partir avec quelqu'un*, c'est avoir une dispute avec lui.

maillechort n. m. Métal blanc formé de zinc, de cuivre et de nickel.

maillet n. m. Marteau de bois (1).

maillon n. m. Petite maille.

1. V. pl. MENUISERIE.

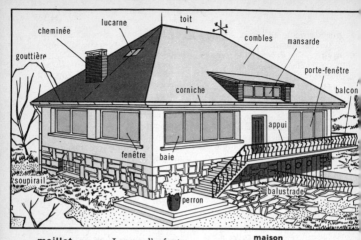

cheminée, lucarne, toit, combles, mansarde, gouttière, porte-fenêtre, balcon, corniche, appui, fenêtre, baie, soupirail, balustrade, perron

maison

maillot n. m. Lange d'enfant. Vêtement souple couvrant une partie du corps : *un maillot de bain.*

main n. f. Partie du corps, du poignet au bout des doigts (1). *Forcer la main,* obliger. *Tenir la main à,* veiller à. *En venir aux mains,* se battre. *Faire main basse sur,* voler. *De première main,* de la source même d'un renseignement. *A main armée,* avec des armes à la main. La **main-d'œuvre** est le travail de l'ouvrier, son prix. *Prêter* **main-forte,** c'est aider. La **mainmise** est l'action de saisir, de s'emparer. (V. MA- NUEL, MANUFACTURE.)

main-d'œuvre n. f., **main- forte** n. f., **mainmise** n. f. V. MAIN.

maint, e adj. Un grand nombre de : *maintes personnes disent.*

maintenant adv. A présent.

maintenir v. Soutenir, tenir : *maintenir un bras cassé.* Faire durer : *maintenir un ordre.*

maintien n. m. Action de main- tenir : *le maintien de l'ordre.* Attitude : *maintien modeste.*

maire n. m. Membre d'un conseil municipal, élu pour diriger les affaires d'une commune, d'une ville. La **mairie** est la maison où sont les bureaux du maire.

mairie n. f. V. MAIRE.

mais conj. Mot marquant l'op- position entre deux idées, une réserve, une opposition à ce qu'on dit.

maïs n. m. Plante à gros grains jaunes farineux, comes- tibles (2).

maison n. f. Bâtiment destiné à se loger : *maison de campagne,* ou à certains usages publics, commerciaux, etc. : *maison d'ar- rêt; maison de commerce.* Mo- bilier, ménage : *bien tenir sa maison. Gens de maison,* domes- tiques. Famille : *être de la maison.* La **maisonnée,** c'est

1. V. pl. HOMME; 2. V. pl. CÉRÉALES.

la famille, ceux qui vivent sous un même toit. Une **maisonnette**, c'est une petite maison.

maître, esse n. Celui, celle qui commande : *le maître et le serviteur*. Qui a le droit de disposer d'une chose : *rester maître du champ de bataille*. Celui, celle qui dirige certains services : *maître d'hôtel*. Autrefois, ouvrier reçu dans un corps de métier. Personne qui enseigne : *maître d'étude*. Celui qui se distingue dans un art : *les maîtres de la peinture française*. Celui qui sait commander à ses sentiments : *être maître de soi*. Titre des avocats, avoués, notaires, etc. Adjectivement, principal : *maître-autel*. La **maîtrise**, c'est l'autorité du maître; c'était aussi, chez les artisans, la qualité de maître; c'est encore un grade universitaire de l'enseignement supérieur. Au figuré, c'est la supériorité : *avoir la maîtrise de son art;* c'est enfin la domination : *maîtrise de soi*. **Maîtriser**, c'est se rendre maître de quelque chose, c'est aussi dompter : *maîtriser un animal*.

maîtrise n. f., **maîtriser** v. V. MAÎTRE.

majesté n. f. Grandeur qui inspire le respect. Titre donné aux souverains. Ce qui a de la majesté est **majestueux**.

majeur, e adj. Plus grand, plus considérable : *la majeure partie*. Qui a atteint l'âge de majorité. Irrésistible : *force majeure*. N. m. Le doigt du milieu de la main.

major n. m. Officier qui administre un régiment. Médecin militaire.

majordome n. m. Maître d'hôtel de grande maison.

majorer v. Augmenter un prix.

majorité n. f. Age où l'on dispose de tous ses droits : *en France, l'âge de la majorité est fixé à dix-huit ans*. Le plus grand nombre : *la majorité des voix*.

majuscule n. f. Lettre plus grande que les lettres ordinaires et de forme différente.

mal n. m. Ce qui n'est pas bien : *distinguer le bien du mal*. Ce qui est fâcheux ou pénible : *faire du mal à quelqu'un*. Douleur, malaise : *mal de dents; mal au cœur*. Adv. Autrement qu'il ne faudrait : *mal agir*. Se trouver mal, avoir un malaise. *Avoir mal*, souffrir.

malade adj. Qui n'est pas en bonne santé. La **maladie** est un trouble dans la santé : *maladie nerveuse*. Celui qui est souvent malade est **maladif**.

maladie n. f., **maladif, ive** adj. V. MALADE.

maladresse n. f. Manque d'adresse. Celui qui manque d'adresse est **maladroit**.

maladroit, e adj. V. MALADRESSE.

malaga n. m. Vin espagnol sucré.

malaise n. m. Sensation vague de souffrance, d'inquiétude. Ce qui est difficile est **malaisé**.

malaisé, e adj. V. MALAISE.

malappris, e adj. Grossier.

malaria n. f. Ancien nom du paludisme.

malaxer v. Pétrir.

malchance n. f. Mauvaise chance.

maldonne n. f. Erreur faite en distribuant les cartes à jouer.

mâle n. m. Du sexe masculin : *animal mâle*. D'aspect vigoureux, énergique : *visage mâle*.

malédiction n. f. Mot, phrase par lesquels on souhaite du mal à quelqu'un. **Maudire**, c'est prononcer une malédiction contre quelqu'un. Ce qui est très mauvais est **maudit** : *une maudite affaire.*

maléfice n. m. Sort jeté à une personne pour lui nuire.

malencontreux, euse adj. Fâcheux.

malentendu n. m. Méprise, parole, action mal comprise.

malfaçon n. f. Mauvaise exécution d'un travail.

malfaisant, e adj. Qui aime à mal faire. Nuisible : *animal malfaisant.* Le **malfaiteur** est celui qui commet un crime, un méfait. Un **méfait** est un acte mauvais.

malfaiteur n. m. V. MALFAISANT.

malfamé, e adj. Qui a mauvaise réputation (en parlant des choses) : *un quartier malfamé.*

malgache adj. De Madagascar.

malgré prép. Contre le désir de quelqu'un. Sans tenir compte des obstacles : *malgré le froid.*

malhabile adj. Qui manque d'habileté, de capacité : *un enfant malhabile.*

malheur n. m. Evénement pénible, fâcheux. Mauvaise chance, mauvaise fortune : *accablé par le malheur. Malheur à...!* exclamation pour souhaiter du mal à quelqu'un. Celui qui est dans le malheur, ce qui fait le malheur de quelqu'un est **malheureux.**

malheureux, euse adj. Voir MALHEUR.

malhonnête adj. Qui n'est pas honnête. Impoli, grossier. La **malhonnêteté** est le manque d'honnêteté.

malice n. f. Penchant à faire de petites méchancetés, des taquineries. Ce qui montre de la malice est **malicieux.**

malignité n. f. V. MALIN.

malin, igne adj. Qui aime à mal faire. Très mauvais : *fièvre maligne.* Malicieux, adroit et rusé : *tour malin.* Difficile : *ce n'est pas malin.* N. m. Rusé, astucieux. Le diable. La **malignité** est le caractère de ce qui est malin, mauvais.

malingre adj. Faible, maladif.

malintentionné, e adj. Qui a de mauvaises intentions.

malle n. f. Coffre de voyage : *malle en cuir.* Une **mallette** est une petite malle. La *malle-poste* était une voiture qui transportait du courrier.

malléable adj. Souple, facile à travailler, à façonner.

mallette n. f. V. MALLE.

malmener v. Brusquer.

malotru, e adj. Grossier.

malpropre adj. Sale. La **malpropreté**, c'est la saleté.

malpropreté n. f. V. MALPROPRE.

malsain, e adj. Qui n'est pas sain.

malséant, e adj. Contraire à la bienséance : *propos malséants.*

malt n. m. Orge germée.

maltraiter v. Traiter durement.

malveillance n. f. Mauvais vouloir, désir de nuire. Ce qui montre de la malveillance est **malveillant.**

malversation n. f. Détournement d'argent par un fonctionnaire.

maman n. f. Mère, dans le langage des enfants.

mamelle n. f. Partie du corps de la femme, des femelles d'animaux, qui donne le lait. Un **mamelon** est une colline de forme arrondie. Un **mammifère** est un animal dont la femelle a des mamelles.

mamelon n. m. V. MAMELLE.

mameluk n. m. Autrefois, soldat turc d'Egypte.

mammifère n. m. V. MAMELLE.

mammouth n. m. Sorte d'éléphant de très grande taille, qui vivait à l'époque préhistorique.

manant n. m. Autrefois, paysan.

manche n. m. Partie d'un outil servant à le tenir. N. f. Partie d'un vêtement qui couvre le bras. Au jeu, chacune des parties qu'on convient de jouer pour gagner. Bras de mer : *le canal de la Manche*. Gros tuyau de toile, de cuir : *manche à eau. Manche à air*, sac de toile fixé à un mât et servant de girouette. Une **manchette**, c'est une garniture au bout d'une manche; c'est aussi un titre d'article de journal en grosses lettres. Un **manchon** est un rouleau de fourrure pour cacher les mains; c'est aussi un petit tube de soie qui entoure la flamme d'un bec de gaz (1). Un **manchot** est celui qui est privé de l'usage d'un bras, d'une main; c'est aussi un oiseau des pays froids qui a des ailerons sans plumes.

manchette n. f. **manchon** n. m., **manchot** n. m. V. MANCHE.

mandarin n. m. Autrefois, fonctionnaire chinois.

mandarine n. f. Sorte de petite orange (2).

mandat n. m. Pouvoir qu'une personne donne à une autre d'agir en son nom. Formule qui permet de faire payer à quelqu'un une somme par la poste. Ordre : *mandat d'arrêt*. Celui qui reçoit mandat pour agir est un **mandataire**.

mandataire n. m. V. MANDAT.

mander v. Faire venir.

mandibule n. f. Mâchoire inférieure. Chacune des deux parties du bec des oiseaux. Partie saillante de la bouche des insectes.

mandoline n. f. Un instrument de musique à cordes (3).

manège n. m. Lieu où l'on dresse les chevaux, où l'on apprend à monter à cheval. Appareil auquel on attelle un cheval pour faire tourner une machine. Appareil tournant auquel sont fixés des animaux de bois, des véhicules variés, et qui servent de monture à des enfants.

mânes n. m. pl. Chez les Romains, les esprits des morts.

manette n. f. Levier, clef qu'on manœuvre à la main.

manganèse n. m. Métal très dur et très cassant.

mangeoire n. f. V. MANGER.

manger v. Mâcher et avaler un aliment. Prendre de la nourriture : *il faut manger pour vivre*. N. m. Ce qu'on mange : *avoir le boire et le manger*. Une **mangeoire** est une auge pour faire manger les animaux. Celui qui mange est un **mangeur**.

mangeur, euse n. V. MANGER.

mangue n. f. V. MANGUIER.

manguier n. m. Arbre des régions chaudes, recherché pour ses fruits, les **mangues**, qui ressemblent à de grosses pêches.

maniaque adj. V. MANIE.

manie n. f. Idée fixe qui tient un peu de la folie. Habitude bizarre. Celui qui se laisse aller à une manie est **maniaque**.

manier v. Tâter, toucher : *manier une étoffe*. Conduire, diriger : *manier des fonds*. Se servir de : *manier la plume*.

manière n. f. Façon d'être, de faire une chose. Forme : *une manière de parler*. Au pluriel,

---

1. ECLAIRAGE; 2. V. pl. FRUITS; 3. V. pl. MUSIQUE (*Instruments de*).

façons habituelles : *manières distinguées. Faire des manières,* s'efforcer d'avoir l'air distingué. *De manière que,* afin que. *De manière à,* de façon à. Celui qui est affecté dans ses manières est **maniéré.**

maniéré, e adj. V. MANIÈRE.

manifestant, e n., **manifestation** n. f. V. MANIFESTER.

manifester v. Faire connaître. Faire une démonstration collective en public : *manifester contre le gouvernement.* La **manifestation** est l'action de manifester. Celui qui prend part à une manifestation est un **manifestant.**

manigance n. f. Petite manœuvre secrète. **Manigancer,** c'est se livrer à des manigances.

manigancer v. V. MANIGANCE.

manille n. f. Un jeu de cartes. Anneau servant à relier deux parties d'une chaîne.

manioc n. m. Plante américaine dont la racine contient une fécule dont on fait le tapioca.

manipuler v. Manier.

manitou n. m. *Fam.* Personnage puissant.

manivelle n. f. Manche coudé pour faire tourner une roue(1).

manne n. f. Nourriture que Dieu envoya du Ciel aux Israélites dans le désert. Nourriture abondante. Grand panier à deux anses (2).

mannequin n. m. Figure de bois qui sert de modèle aux artistes, ou dont les couturières se servent pour essayer les vêtements.

manœuvre n. f. Manière de faire marcher un appareil. Exercice que font les soldats. Art de faire marcher un bateau. Cordage de navire. Intrigue, démarche pour atteindre un but.

N. m. Ouvrier qui fait un travail ne demandant pas d'apprentissage. **Manœuvrer,** c'est faire des manœuvres, des exercices ; c'est aussi manier : *manœuvrer un gouvernail.*

manœuvrer v. V. MANŒUVRE.

manoir n. m. Grande maison de campagne ; château.

manomètre n. m. Appareil pour mesurer la pression d'un gaz, d'une vapeur.

manquant, e adj., **manque** n. m. V. MANQUER.

manquer v. Ne pas avoir une chose nécessaire : *manquer de pain, de prudence.* Etre en faute : *manquer à son devoir.* Etre absent de l'endroit où l'on devrait se trouver : *manquer la classe.* Glisser : *le pied lui a manqué.* Ne pas réussir : *manquer une affaire. Manquer de,* être sur le point de : *manquer de tomber.* Laisser échapper : *manquer une occasion.* Ce qui manque est **manquant** : *un élève manquant.* Le **manque,** c'est l'absence, le défaut de : *le manque de patience.*

mansarde n. f. Fenêtre dans un toit brisé, à deux pentes. Chambre sous les combles (3).

mansuétude n. f. Indulgence.

mante n. f. Sorte d'insecte qui attrape ses proies avec ses pattes antérieures.

manteau n. m. Vêtement de dessus, large (4). Ce qui couvre : *un manteau de neige.* Ce qui cache, qui sert de prétexte : *sous le manteau de la vertu.* Un **mantelet** est un petit manteau. Une **mantille** est une écharpe de dentelle ou de soie pour la tête.

mantelet n. m., **mantille** n. f. V. MANTEAU.

manucure n. Personne qui a

pour métier de soigner les mains.

manuel, elle adj. Fait à la main : *travail manuel.* N. m. Petit livre donnant les premières notions d'une science.

manufacture n. f. Fabrique.

manufacturer v. Fabriquer.

manuscrit, e adj. Écrit à la main. N. m. Livre écrit à la main.

manutention n. f. Action de manier des marchandises.

mappemonde n. f. Carte représentant le globe terrestre dessiné en deux hémisphères (1).

maquereau n. m. Un poisson de mer (2).

maquette n. f. Modèle en petit d'un tableau, d'une statue, etc.

maquignon n. m. Marchand de chevaux.

maquillage n. m. Fard, couleur qu'on applique sur le visage.

maquiller v. Mettre du fard.

maquis n. m. Dans les pays méditerranéens, terrain recouvert de broussailles. Lieu retiré où se réfugient des partisans (v. ce mot). Complication : *le maquis des règlements.*

marabout n. m. Moine musulman. Oiseau à longues jambes, à plumage très apprécié (3).

maraîcher n. m. V. MARAIS.

marais n. m. Terrain toujours noyé par les eaux. Terrain où l'on cultive des légumes. Le **maraîcher** est celui qui cultive des légumes dans un terrain dit *marais.* Un **marais salant**, c'est un vaste terrain où l'on fait arriver l'eau de mer qui, s'évaporant au soleil, laisse déposer le sel qu'elle contenait.

marasme n. m. Manque de vigueur, d'activité.

marâtre n. f. Mauvaise mère.

marauder v. Voler des fruits, des légumes, etc., dans les champs. Le **maraudeur** est celui qui maraude.

maraudeur n. m. V. MARAUDER.

marbre n. m. Pierre dure, souvent veinée, qui peut recevoir un beau poli. Ce qui a des veines comme le marbre est **marbré**. Le **marbrier** est celui qui travaille le marbre. Une **marbrure** est une veine qui rappelle celles du marbre.

marbré, e adj., **marbrier** n. m., **marbrure** n. f. V. MARBRE.

marc n. m. Ce qui reste des fruits pressés pour en tirer le suc, du café sur lequel on a passé de l'eau chaude, etc. Eau-de-vie tirée du marc de raisins. C'est aussi une ancienne monnaie.

marcassin n. m. Jeune sanglier.

marchand, e n. Celui dont le métier est de vendre. Adj. Qui se rapporte au commerce : *marine marchande.* **Marchander**, c'est discuter le prix de ce qu'on achète. Le **marchandage** est l'action de marchander. Une **marchandise** est une chose qu'on vend ou qu'on achète.

marchandage n. m., **marchander** v., **marchandise** n. f. V. MARCHAND.

marche I. n. f. Action, manière de marcher. Distance parcourue en marchant : *une longue marche.* Mouvement régulier d'un corps : *la marche d'un mécanisme.* Musique pour régler le pas : *marche funèbre.* Cours, développement : *la marche d'une affaire.* (V MARCHER.)

marche II. n. f. Degré d'escalier (4).

marché n. m. Lieu public où l'on vend certaines marchandises : *marché couvert; marché aux* *fleurs.* Ville où se fait le principal commerce de certains produits : *Lyon est le marché de la soie en France.* Ce qu'on achète au marché : *faire son marché.* Convention de vente ou d'achat : *faire un marché avantageux. Bon marché,* pas cher. *Par-dessus le marché,* en plus, en outre. *Marché noir,* marché clandestin de marchandises dont la vente est réglementée. (V. MARCHAND, MERCANTILE.)

marchepied n. m. Escabeau dont on se sert pour atteindre quelque chose. Degré en fer, pour monter en voiture.

marcher v. Se déplacer au moyen des pieds, avancer : *marcher rapidement.* Fonctionner : *montre qui marche mal.* Présenter de l'activité : *affaire qui ne marche pas.*

marcheur, euse n. et adj. Qui marche. *Bon marcheur,* qui marche longtemps, sans fatigue.

marcottage n. m. Procédé de multiplication des végétaux, par lequel on fait prendre racine à une tige, ou **marcotte.**

marcotte n. f. V. MARCOTTAGE.

mardi n. m. Troisième jour de la semaine. Le *mardi gras* est le dernier jour du carnaval.

mare n. f. Amas d'eau sans issue, plus petit que l'étang (1). Un **marécage** est un terrain humide. Ce qui est plein de marécages est **marécageux.**

marécage n. m., **marécageux, euse** adj. V. MARE.

maréchal n. m. Celui qui ferre les chevaux. (On l'appelle aussi **maréchal-ferrant.**) Grade militaire le plus élevé. *Maréchal des logis,* sous-officier de cavalerie.

maréchaussée n. f. Gendarmerie.

marée n. f. Mouvement des eaux de la mer qui montent et qui descendent chaque jour. Poisson frais : *arrivage de marée.* Au figuré, masse considérable : *une marée humaine envahit la place.* Une usine **marémotrice** utilise l'énergie mise en œuvre par les marées.

marelle n. f. Un jeu d'enfants.

marémotrice adj. *Usine marémotrice,* v. MARÉE.

margarine n. f. Matière grasse comestible tirée du suif.

marge n. f. Blanc autour d'une page écrite. Facilité, liberté : *laisser de la marge.*

margelle n. f. Rebord d'un puits.

marguerite n. f. Pâquerette (2).

marguillier n. m. Membre du conseil de fabrique (ou administration) d'une église.

mari n. m. Homme uni à une femme par le mariage. Le **mariage** est l'union légale de l'homme et de la femme; c'est aussi le sacrement religieux qui consacre cette union. **Marier,** c'est unir par le mariage : au figuré, c'est assortir : *couleurs mal mariées.*

mariage n. m., **marier** v. V. MARI.

marin, e adj. De la mer : *plante marine.* Relatif à la navigation en mer. N. m. Homme employé au service des navires. La **marine** est la navigation sur mer; c'est aussi l'ensemble des navires d'un pays; c'est enfin un tableau représentant des scènes de mer.

marinier n. m. Celui qui conduit un bateau sur une rivière.

marionnette n. f. Poupée qu'on fait manœuvrer avec des fils.

maritime adj. De la mer.

1. V. pl. FERME; 2. V. pl. FLEURS.

MARINE A VOILE

galère grecque

galère romaine

navire de commerce phénicien

drakkar

nef (XVᵉ siècle)

caraque (XVIᵉ siècle)

vaisseau (XVIIᵉ siècle)

brick (début du XIXᵉ siècle)

clipper (fin du XIXᵉ siècle)

MARINE DE GUERRE

croiseur antiaérien "De Grasse"

escorteur d'escadre "La Galissonnière"

escorteur rapide "le Gascon"

porte-hélicoptères "la Résolue"

sous-marin "Andromède"

dragueur "Chrysanthème"

aviso escorteur "Doudart-de-Lagrée"

porte-avions "Clemenceau"

marivaudage n. m. Langage galant et raffiné.

marjolaine n. f. Une plante aromatique commune.

marmaille n. f. V. MARMOT.

marmelade n. f. Fruits écrasés, cuits avec du sucre.

marmite n. f. Récipient pour faire cuire les aliments (1). Son contenu. Au figuré, un gros obus. Un **marmiton**, c'est un petit valet de cuisine.

marmiton n. m. V. MARMITE.

marmonner v. V. MARMOTTER.

marmot n. m. Petit enfant. Une **marmaille** est une troupe d'enfants.

marmotte n. f. Petit quadrupède rongeur des Alpes qui dort tout l'hiver (2).

marmotter v. Parler entre ses dents : *marmotter des injures.*

marne n. f. Sorte de terre qui sert à améliorer les terrains de culture.

maroquin n. m. Cuir de chèvre tanné. La **maroquinerie** est l'art de travailler le maroquin; c'est aussi le commerce de petits objets de cuir. Le **maroquinier** est celui qui travaille le maroquin, qui vend de la maroquinerie.

maroquinerie n. f., **maroquinier** n. m. V. MAROQUIN.

marotte n. f. Bâton, surmonté d'une tête garnie de grelots, qui sert d'*attribut* (v. ce mot) à la folie. Au figuré, c'est un caprice sur lequel on revient sans cesse.

marquant, e adj. V. MARQUE.

marque n. f. Signe fait sur une chose pour la reconnaître : *marque de fabrique.* Trace que laisse une blessure, etc. Empreinte : *marque de pas.* Au figuré, ce qui permet de reconnaître, de distinguer : *la marque du talent.* Témoignage :

marque de tendresse. **Marquer,** c'est mettre une marque : *marquer du linge;* indiquer : *cela marque de la méchanceté;* c'est aussi mettre en évidence, caractériser : *des émeutes ont marqué cette journée.* Dans un sport, *marquer un but, un essai,* c'est le réussir. Ce qui marque est **marquant.** Ce qui est très apparent, visible, est **marqué.**

marquer v. V. MARQUE.

marqueterie n. f. Ornement composé de pièces de bois, de marbre, etc., appliquées sur une surface : *meuble en marqueterie.*

marquis n. m. Titre de noblesse entre duc et comte (3). La **marquise** est la femme du marquis; c'est aussi une sorte d'auvent sur une porte.

marraine n. f. Femme qui tient un enfant sur les *fonts* du baptême. Au figuré, celle qui donne son nom à une chose.

marri, e adj. Triste, fâché.

marron n. m. Grosse châtaigne. *Marron d'Inde,* fruit d'un arbre d'ornement qui ressemble au marron. Ce qui est de la couleur de la châtaigne est **marron** : *étoffe marron.* Le **marronnier** est l'arbre qui produit les marrons.

marronnier n. m. V. MARRON.

mars n. m. Troisième mois de l'année.

marsouin n. m. Petit cétacé (v. ce mot) de nos mers, voisin du dauphin et très vorace (4).

marsupiaux n. m. pl. Mammifères pourvus d'une poche sur le ventre, où leurs petits passent les premiers jours après la naissance : *le kangourou est un marsupial.*

1. V. pl. CUISINE (*Ustensiles de*); 2. V. pl. RONGEURS; 3. V. pl. COURONNES; 4. V. pl. CÉTACÉS ET AMPHIBIES.

marteau n. m. Outil de fer, à manche, pour frapper (1). Heurtoir de porte. Le **marteau pilon** est un gros marteau de forge, mû par la vapeur, l'air comprimé, etc. Le **marteau-piqueur** est un outil de mineur qui sert à percer la roche (2). Le **martel**, c'était, autrefois, le marteau. *Se mettre martel en tête*, c'est se faire du souci. **Marteler**, c'est battre à coups de marteau; c'est aussi détacher les syllabes en parlant.

martel n. m., **marteler** v. V. MARTEAU.

martial, e adj. Guerrier, qui concerne la guerre : *loi martiale*.

martien, enne adj. et n. Habitant prétendu de Mars.

martinet n. m. Fouet à plusieurs lanières. Espèce d'hirondelle.

martingale n. f. Demi-ceinture dans le dos d'un vêtement.

martin-pêcheur n. m. Oiseau à brillant plumage, qui vit de sa pêche au bord des eaux (3).

martre n. f. Petit animal carnassier à fourrure estimée.

martyr, e n. Celui, celle qui a souffert la mort pour maintenir sa croyance, ses opinions. Qui souffre beaucoup. Le **martyre**, ce sont les tourments, la mort, subis pour garder sa croyance. Un **martyre**, c'est aussi une violente douleur. **Martyriser**, c'est faire souffrir le martyre.

martyre n. m., **martyriser** v. V. MARTYR.

marxisme n. m. Doctrine philosophique, économique et politique de Karl Marx, dont le but est d'aboutir à une société sans classes.

mascarade n. f. V. MASQUE.

mascotte n. f. Porte-bonheur.

masculin, e adj. Relatif à l'homme, au mâle. (Les noms masculins, en grammaire, sont ceux qui désignent des êtres masculins ou des objets considérés comme tels.)

masque n. m. Faux visage de carton peint, pour se déguiser. Armature de toile métallique pour garantir le visage, dans l'escrime, etc. Au figuré, visage : *un masque de tristesse*. **Masquer**, c'est cacher à l'aide d'un masque; c'est aussi cacher : *masquer une fenêtre*. Une **mascarade**, c'est une troupe de gens masqués.

massacrant, adj. V. MASSACRE.

massacre n. m. Action de tuer beaucoup de gens, de bêtes sans défense. *Jeu de massacre*, jeu consistant à renverser avec des balles des poupées à bascule. **Massacrer**, c'est tuer en masse : *massacrer du gibier*. Ce qui est insupportable, maussade, est **massacrant** : *humeur massacrante*.

massacrer v. V. MASSACRE.

massage n. m. V. MASSER.

masse I. n. f. Bloc : *une masse de pierre*. Objet sans forme. Ensemble, totalité : *la masse des créanciers*. Réunion, tas : *masse de documents*.

masse II. n. f. Gros marteau (4).

masser v. Pétrir avec la main une partie du corps : *masser une entorse*. Rassembler en grand nombre : *masser des troupes*. Le **massage** est l'action de masser.

massif, ive adj. Epais, compact, sans vide à l'intérieur : *bijou d'or massif*. Lourd, grossier : *construction massive* N. m. Bosquet : *massif d'arbres*. Corbeille, dans un jardin.

1. V. pl. SERRURERIE; 2. V. pl. MINES; 3. V. pl. OISEAUX DES CHAMPS; 4. V. pl. MÉCANIQUE.

massue n. f. Bâton noueux, très gros à un bout : *un coup de massue* (1).

mastic n. m. Pâte pour boucher des trous, pour fixer les vitres.

mastication n. f. Action de mâcher.

mastiquer v. Mâcher.

mastodonte n. m. Sorte d'éléphant aujourd'hui disparu; se dit aussi d'une personne très grosse.

mastoïdite n. f. Inflammation d'un os du crâne.

masure n. f. Bâtiment en ruine, un petit et mal construit

mat [*mat'*] n. m. Aux échecs, se dit du joueur qui ne peut éviter de laisser prendre son roi : *être mat.*

mat, e adj. Sans résonance : *son mat.* Sans brillant : *teint mat.*

mât n. m. Longue pièce de bois ronde qui porte les voiles d'un navire. L'ensemble des mâts forme la **mâture.**

matamore n. m. Fanfaron, faux brave.

match n. m. Lutte entre deux personnes, deux équipes de joueurs, pour vaincre dans un exercice de force ou d'adresse : *match de boxe.*

matelas n. m. Grand coussin capitonné, rempli de laine, de crin, etc., sur lequel on se couche.

matelasser v. Garnir de matelas, de coussins; rembourrer.

matelot n. m. Marin employé à la manœuvre d'un bateau.

mater v. Obliger quelqu'un à se soumettre, à obéir.

matériaux n. m. pl., **matériel, elle** adj. V. MATIÈRE.

maternel, elle adj. De la mère : *amour maternel.* La **maternité**
est la qualité de mère; c'est aussi l'établissement où s'effectuent les accouchements.

maternité n. f. V. MATERNEL.

mathématicien n. Celui, celle qui étudie, qui enseigne les mathématiques.

mathématiques n. f. pl. Science qui a pour objet la mesure des grandeurs et des nombres.

matière n. f. Ce dont une chose est faite : *la matière d'une statue.* Tout ce qu'on peut toucher, voir, sentir : *le contraire de la matière est l'esprit.* Ce dont il est question dans un livre, une leçon, etc. Ce qui est relatif à la matière est **matériel.** Les **matériaux** sont les matières diverses (bois, fer, etc.), qui entrent dans la construction d'un bâtiment.

matin n. m. Temps entre minuit et midi. Partie du jour entre le lever du soleil et midi. De bonne heure : *se lever matin.* Ce qui se rapporte au matin, celui qui se lève de bonne heure est **matinal.** La **matinée**, c'est le matin; c'est aussi une représentation de théâtre donnée l'après-midi. Les **matines** sont les prières que les religieux récitent avant le lever du jour.

matinal, e adj., **matinée** n. f., **matines** n. f. pl. V. MATIN.

mâtin n. m. Gros chien de garde.

matois, e adj. Rusé.

matou n. m. Gros chat.

matraque n. f. Trique, gourdin.

matrice n. f. Forme en creux pour mouler certains objets.

matricule n. f. Registre où l'on inscrit les entrées dans un régiment, un hôpital. N. m. Numéro d'inscription dans la matricule.

matrimonial, e adj. Du mariage.

matrone n. f. Femme d'un certain âge et d'aspect respectable.

1. V. pl. ARMES.

mâture n. f. V. MÂT.

maturité n. f. Etat de ce qui est mûr : *la maturité d'un fruit.*

maudire v., **maudit, e** adj. V. MALÉDICTION.

maugréer v. Manifester sa mauvaise humeur contre quelqu'un.

maure adj. De l'ancienne Mauritanie. Ce qui se rapporte aux Maures est **mauresque.**

mauresque adj. V. MAURE.

mausolée n. m. Tombeau monumental.

maussade adj. Chagrin, hargneux, désagréable. La **maussaderie** est le caractère maussade.

maussaderie n. f. V. MAUSSADE.

mauvais, e adj. Qui n'est pas bon : *mauvais pain.* Méchant : *mauvais garçon.* Médiocre : *de mauvais vers. Mauvaise tête,* personne indisciplinée, insoumise. *Mauvais sujet,* personne qui se conduit mal. *Mauvais ange,* démon. *Mauvaise mine,* visage fatigué. *Sentir mauvais,* avoir mauvaise odeur.

mauve n. f. Plante herbacée dont la fleur s'emploie en tisane. Couleur violet clair de la fleur de mauve.

mauviette n. f. Alouette grasse. Au figuré, personne trop délicate.

maxillaire n. m. Os de la mâchoire.

maxime n. f. Phrase qui sert de règle de conduite.

maximum [*ma-ksi-mom*] n. m. Le plus haut point qu'une chose peut atteindre : *maximum de prix.* Adjectivement : *prix maximum; vitesse maximum* (ou *maxima*). Au pluriel, on peut dire *maximums* ou *maxima.*

mayonnaise n. f. Sauce à l'huile,

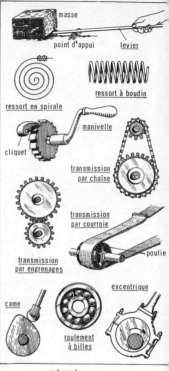

masse

point d'appui — levier

ressort en spirale

ressort à boudin

cliquet — manivelle

transmission par chaîne

transmission par courroie

poulie

transmission par engrenages

came

excentrique

roulement à billes

mécanique

à la moutarde et au jaune d'œuf battus.

mazagran n. m. Café froid.

mazette n. f. Personne incapable. Exclamation de surprise.

mazout n. m. Un pétrole très épais.

mazurka n. f. Une danse.

me pronom. Moi, à moi : *il me voit, il me donne.*

mea-culpa mots latins signifiant « c'est ma faute ». N. m. Aveu : *faire son mea-culpa.*

méandre n. m. Détour que fait un cours d'eau.

mécanicien, enne n. V. MÉCANIQUE.

mécanique adj. Produit par le travail manuel ou par celui d'une machine. Ce que l'on fait sans que la volonté y prenne part est **mécanique** : *geste mécanique.* La **mécanique** est la science qui étudie les lois du mouvement des corps, la fabrication des machines, etc. (V, pl, p. précéd.) Un **mécanisme** est un ensemble de pièces ou d'organes disposés de façon à produire un mouvement déterminé : *un mécanisme d'horlogerie.* Un **mécanicien** sait réparer et faire fonctionner les machines.

mécanisme n.m. V. MÉCANIQUE.

mécène n. m. Protecteur des lettres et des arts.

méchanceté n. f. V. MÉCHANT.

méchant, e adj. Porté au mal : *homme méchant.* Qui exprime la méchanceté : *regard méchant.* Désagréable : *méchante humeur.* La **méchanceté** est le penchant à faire le mal; c'est aussi une action méchante.

mèche n. f. Tresse de coton, de fil qu'on met dans les lampes, les bougies, etc. Gaine de poudre noire qui sert à enflammer un explosif. Touffe de cheveux. Sorte de vrille (1).

méchoui n. m. Mouton entier rôti à la broche.

mécompte n. m. Attente déçue.

méconnaître v. Ne pas reconnaître : *méconnaître ses torts.*

mécontent, e adj. Pas content, fâché. Le **mécontentement** est le manque de satisfaction.

Mécontenter, c'est rendre mécontent.

mécontentement n. m., **mécontenter** v. V. MÉCONTENT.

mécréant, e adj. Qui n'a pas de croyance religieuse.

médaille n. f. Pièce ronde de métal frappée en souvenir d'un événement, d'un personnage illustre ou donnée comme récompense : *médaille militaire* (2). Un **médaillon** est un bijou où l'on garde des cheveux, un portrait, etc.; c'est aussi un ornement rond en relief.

médecin n. m. Celui qui exerce la médecine. (Au féminin : *femme médecin.*) La **médecine** est la science qui a pour but la conservation et le rétablissement de la santé. Ce qui se rapporte au médecin, à la médecine est **médical.** Un **médicament** est un remède pour guérir. Ce qui se rapporte aux remèdes est **médicinal** : *plantes médicinales.*

médian, e adj. Ce qui est placé au milieu : *une ligne médiane.* N. f. Ligne qui joint un sommet du triangle au milieu du côté opposé.

médical, e adj., **médicament** n. m., **médicinal, e** adj. Voir MÉDECIN.

médiéval, e adj. Du Moyen Age.

médiocre adj. Entre grand et petit, entre bon et mauvais. La **médiocrité** est la qualité de ce qui est médiocre.

médire v. Dire du mal de quelqu'un. La **médisance** est l'action de médire.

médisance n. f. V. MÉDIRE.

méditation n. f. V. MÉDITER.

méditer v. Penser avec une grande attention à une chose. La **méditation** est l'action de méditer.

1. V. pl. MENUISERIE; 2. V. pl. DÉCORATIONS.

médium n. m. Personne qui prétend servir d'intermédiaire entre les hommes et les esprits.

médius n. m. Le doigt du milieu.

méduse n. f. Monstre de la mythologie, dont les yeux changeaient en pierre ceux qu'il regardait. Animal aquatique, à corps gélatineux, en forme de parasol (1). **Méduser,** c'est causer un vif effroi qui empêche tout mouvement.

meeting [*mi-tign*] n. m. Réunion publique, politique ou sportive.

méfait n. m. V. MALFAISANT.

méfiance n. f. Manque de confiance. **Se méfier,** c'est manquer de confiance. Celui qui se méfie est **méfiant.** (Le contraire est CONFIANT.)

méfier (se) v. V. MÉFIANCE.

mégalithe n. m. Pierre dressée par les hommes préhistoriques.

mégalomanie n. f. Manie des grandeurs.

mégarde (par) locution adverbiale. Sans faire attention, sans prendre garde.

mégère n. f. Femme méchante.

mégisserie n. f. Travail des peaux pour la ganterie, etc.

méhari n. m. Dromadaire d'Afrique. (Au pluriel, *des méhara.*)

meilleur, e adj. Qui a plus de bonté. Qui est d'une qualité plus grande : *le repas est meilleur qu'hier. De meilleure heure,* plus tôt.

mélancolie n. f. Tristesse sombre ou vague. Ce qui inspire la mélancolie, celui qui l'éprouve est **mélancolique.**

mélancolique adj. V. MÉLANCOLIE.

mélange n. m. Action de mêler diverses choses de manière qu'elles se confondent : *mélan-ger des vins.* (V. MÊLER.) Ensemble de choses mêlées. **Mélanger,** c'est faire un mélange.

mélanger v. V. MÉLANGE.

mélasse n. f. Matière sirupeuse, formée par le résidu du raffinage du sucre.

mêlée n. f. V. MÊLER.

mêler v. Réunir des choses diverses de façon qu'elles aient l'air de n'en faire qu'une. Emmêler, embroussailler : *mêler les cheveux.* Joindre : *mêler l'utile à l'agréable.* **Se mêler,** c'est se joindre à : *se mêler à la foule.* Prendre part à une chose sans avoir qualité pour le faire. Une **mêlée,** c'est une lutte corps à corps. (V. MÉLANGE.)

mélèze n. m. Arbre à feuilles caduques dont on extrait la térébenthine (2).

mélodie n. f. Suite de sons agréables à l'oreille. Ce qui produit une sensation agréable à l'oreille est **mélodieux.** Un **mélodrame** est un drame populaire qui cherche à causer des émotions vives.

mélodieux, euse adj., **mélodrame** n. m. V. MÉLODIE.

mélomane n. m. Celui qui aime beaucoup la musique.

melon n. m. Plante à tige traînante et à gros fruit rond très sucré (3). Familièrement, chapeau de feutre rond (4).

mélopée n. f. Chant traînant.

membrane n. f. Sorte de peau qui enveloppe certains organes des animaux ou des végétaux.

membre n. m. Bras ou jambe de l'homme, des animaux. Celui qui fait partie d'une société, d'un groupe.

même adj. Qui n'est pas autre, pas différent : *le même jour. De même,* de la même manière. *A même de,* capable de.

1. V. pl. ANIMAUX INFÉRIEURS ; 2. V. pl. CONIFÈRES ; 3. V. pl. LÉGUMES ; 4. V. pl. COIFFURES CIVILES.

mémento [*mé-min-to*] n. m. Agenda pour noter ce dont on veut se souvenir. Livre qui contient le plus important d'une matière.

mémoire n. f. Faculté de se souvenir. Souvenir : *perdre la mémoire d'une chose.* Réputation, renommée : *laisser une mémoire honorée. De mémoire,* par cœur. Un **mémoire,** c'est le relevé de ce qui est dû à un entrepreneur ; c'est aussi une étude sur un sujet donné : *un mémoire scientifique.* Au pluriel, souvenirs écrits par une personne sur sa vie publique ou privée. Ce qui est digne de rester comme souvenir est **mémorable** : *exploit mémorable.*

mémorable adj. V. MÉMOIRE.

menaçant, e adj. V. MENACE.

menace n. f. Parole, geste qui marque l'intention de nuire ; c'est aussi un signe qui fait craindre quelque chose : *menace de pluie.* **Menacer,** c'est faire des menaces : *menacer d'une punition;* c'est aussi ce que l'on peut craindre : *le mur menace de s'écrouler.* Ce qui menace est **menaçant.**

menacer v. V. MENACE.

ménage n. m. Administration d'une maison : *les soins du ménage.* Mari et femme.

ménagement n. m. Prudence, soin. **Ménager,** c'est régler ; c'est aussi réserver : *ménager une sortie;* c'est également économiser : *ménager son argent.* Ne pas accabler : *ménager son adversaire.* Une **ménagère** est une femme qui s'occupe de son ménage. Une **ménagerie,** c'est une collection d'animaux sauvages destinés à l'étude ou à la curiosité.

ménager v., **ménagère** n. f.,

ménagerie n. f. V. MÉNAGEMENT.

mendiant, e n., **mendicité** n. f. V. MENDIER.

mendier v. Demander l'aumône. Celui qui mendie est un **mendiant.** L'action de mendier est la **mendicité.**

mener v. Conduire : *mener un enfant.* Suivre : *mener une vie déréglée.* Celui qui mène est un **meneur.**

ménestrel n. m. Au Moyen Age, poète, musicien ambulant.

meneur n. m. V. MENER.

menhir n. m. Grande pierre posée debout, ou **mégalithe,** qu'on trouve surtout en Bretagne (1). [V. DOLMEN.]

méningite n. f. Maladie causée par l'inflammation des membranes qui enveloppent le cerveau.

menottes n. f. pl. Lien pour attacher les mains d'un prisonnier.

mensonge n. m. Chose qu'on dit et qui n'est pas vraie. Ce qui trompe est **mensonger.** (V. MENTIR.)

mensonger, ère adj. V. MENTIR.

mensualité n. f. Somme payée chaque mois : *régler par mensualités.*

mensuel, elle adj. V. MOIS.

mental, e adj. Qui se fait avec la pensée, sans l'aide de la parole ni de l'écriture : *calcul mental.* La **mentalité,** c'est l'état d'esprit, la façon de penser.

mentalité n. f. V. MENTAL.

menteur, euse n. V. MENTIR.

menthe n. f. Plante sauvage, odorante, médicinale.

mention n. f. Action de nommer, de citer. Récompense inférieure au prix et à l'accessit.

mentir v. Dire ce qui n'est pas vrai, afin de tromper. Le **menteur** est celui qui ment. (Voir MENSONGE.) [Conjuguez : *je*

scie · hache · rabot · râpe · maillet · varlope · valet · établi · presse · vilebrequin · vrille · mèche · presse · ciseau · meule

menuiserie

mens, nous mentons; je mentais; que je mente; mentant, menti.]

menton n. m. Partie saillante du visage, sous la bouche.

mentor [*min-tor'*] n. m. Conseiller sage et expérimenté.

menu, e adj. Petit, mince : *menue branche.* Peu considérable : *de menus frais.* N. m. liste des mets d'un repas.

menuet n. m. Danse élégante et grave, aux XVIIe et XVIIIe siècles.

menuiserie n. f. Travail du menuisier. Le **menuisier** est celui qui fait des meubles et autres ouvrages en bois.

menuisier n. m. V. MENUISERIE.

méprendre (se) v. Se tromper en prenant une personne, une chose pour une autre. La **méprise** est l'erreur de celui qui se méprend.

mépris n. m. Action de mépriser. **Mépriser**, c'est considérer comme indigne d'estime; c'est aussi ne pas craindre : *mépriser le danger.* Ce qui mérite le mépris est **méprisable.**

méprise n. f. V. MÉPRENDRE.

mépriser v. V. MÉPRIS.

mer n. f. Grande étendue d'eau salée moindre que l'océan. Vaste surface : *une mer de sable.* (V. MARIN, MARITIME.) [1].

mercantile adj. Commercial.

mercenaire adj. et n. Qui travaille pour un salaire : *soldat mercenaire.*

mercerie n. f. Commerce, boutique du mercier.

merci n. f. Pitié : *guerre sans merci. Etre à la merci de,* dépendre de. N. m. Remerciement : *dire merci.*

mercier, ère n. Marchand de menus articles pour la couture, etc.

mercredi n. m. Quatrième jour de la semaine.

mercure n. m. Métal liquide qu'on emploie pour les baromètres, les thermomètres, etc.

mère n. f. Femme qui a un ou plusieurs enfants. Femelle qui a des petits : *mère lapine.* Cause, origine : *la paresse est la mère de tous les vices.* Nom donné à

1. V. pl. GÉOGRAPHIE.

certaines religieuses : *mère supérieure*. *Mère patrie*, métropole, pays qui a fondé une colonie. (V. MATERNEL.)

méridien n. m. Cercle idéal qui
fait le tour de la Terre en passant par un point de sa surface
et par les deux pôles : *le méridien de Paris* (1). Ligne semblable qui passerait au ciel, au-
dessus d'un point de la Terre et
où le soleil se trouve à midi. Ce
qui se rapporte au midi est
méridional : *la France méridionale*. Un **Méridional** est un
habitant du Midi.

méridional, e adj. et n. V. MÉRI-
DIEN.

meringue n. f. Pâtisserie à base
de sucre et de blancs d'œufs,
cuite au four.

mérinos n. m. Un mouton à
laine très fine.

merisier n. m. Cerisier sauvage.

mérite n. m. Ce qui rend digne
d'une récompense : *homme de
mérite*. Talent, habileté. **Mériter**, c'est être digne de, avoir
droit à : *mériter une récompense*. Celui qui a du mérite est
méritant. Ce qui est louable
est **méritoire**.

mériter v., **méritoire** adj.
V. MÉRITE.

merlan n. m. Un poisson de
mer (2).

merle n. m. Oiseau à plumage
noir et à bec jaune (3).

merlin n. m. Marteau pour assommer les bœufs.

merluche n. f. Morue sèche non
salée.

merveille n. f. Chose admirable,
surprenante. *A merveille*, très
bien. Ce qui est admirable, surprenant, est **merveilleux**.

merveilleux, euse adj. V. MER-
VEILLE.

mésalliance n. f. Mariage avec

une personne de condition considérée comme inférieure.

mésange n. f. Petit oiseau des
champs insectivore, aux joues
blanches encadrées de noir (4).

mésaventure n. f. Aventure
fâcheuse, accident.

mésestime n. f. Mauvaise opinion qu'on a de quelqu'un.

mésintelligence n. f. Manque
d'entente, désaccord : *vivre en
mésintelligence avec quelqu'un*.

mesquin, e adj. Qui manque de
grandeur : *un esprit mesquin*.
La **mesquinerie** est le caractère de ce qui est mesquin.

mesquinerie n. f. V. MESQUIN.

mess n. m. Salle où mangent les
officiers ou les sous-officiers
d'un régiment.

message n. m. Commission faite
pour quelqu'un : *être chargé
d'un message*. Communication :
envoyer un message téléphoné.
Celui qui est chargé d'un message, celui qui annonce quelque
chose est un **messager**. Les
messageries sont les services
de chemin de fer, de bateaux
qui transportent les colis, les
paquets.

messager, ère n., **messagerie**
n. f. V. MESSAGE.

messe n. f. Cérémonie catholique
au cours de laquelle le prêtre
reproduit le sacrifice de Jésus-
Christ.

messidor n. m. Le mois des moissons (19 juin-18 juill.) du calendrier républicain.

messie n. m. Le Christ promis
dans l'Ancien Testament.

messire n. m. Ancien titre d'honneur signifiant *monseigneur*,
puis simplement *monsieur*.

mesure n. f. Evaluation d'une
grandeur, d'une quantité, par
rapport à une autre prise
comme unité : *la mesure du*

---

1. V. pl. TERRE ; 2. V. pl. POISSONS DE MER; 3. et 4. V. pl. OISEAUX DES CHAMPS.

temps. Unité servant à cette évaluation : *fausse mesure.* Grandeur que doit avoir une chose pour l'usage auquel elle est destinée : *dépasser la mesure.* Division d'égale longueur d'un chant, d'une musique : *mesure à deux temps* (1). Modération : *manquer de mesure.* Précaution : *mesures de protection. Battre la mesure,* la marquer de la voix, de la main, etc., Ce qui est réglé par une mesure est **mesuré. Mesurer,** c'est évaluer par rapport à une unité : *mesurer du blé;* avoir pour mesure : *arbre qui mesure dix mètres de haut;* c'est aussi donner avec prudence : *mesurer les encouragements.*

mesurer v. V. MESURE.

métairie n. f. V. MÉTAYAGE.

métal n. m. Corps généralement dur, d'un éclat particulier, fondant à la chaleur, comme le fer, l'argent, etc. : *le mercure est le seul métal liquide à la température ordinaire.* Ce qui a le caractère, l'aspect du métal est **métallique.** La **métallurgie** est l'art d'obtenir les métaux en partant de leurs minerais, et de les travailler. Le **métallurgiste** est celui qui travaille les métaux.

métallique adj., **métallurgie** n. f. **métallurgiste** n. m. V. MÉTAL.

métamorphose n. f. Transformation, changement d'un être vivant en un autre. Changement de forme : *les métamorphoses de la grenouille.*

métamorphoser v. Transformer : *les dieux de la mythologie se métamorphosaient souvent en animaux.* Changer : *la fortune l'a métamorphosé.*

métaphore n. f. Emploi d'un mot dans un sens qui ne lui convient que parce qu'on fait une comparaison sous-entendue, comme dans *brûler d'envie.*

métayage n. m. Forme de bail où le propriétaire et le locataire d'une terre partagent par moitié les dépenses et les gains. Le **métayer** est celui qui exploite un domaine en métayage avec le propriétaire. La **métairie** est le domaine donné ou pris en métayage.

métempsycose n. f. Passage de l'esprit d'un mort dans le corps d'un autre être, dans certaines religions.

météore n. m. Nom donné à des phénomènes qu'on observe dans les airs : vent, comètes, etc. Une **météorite** est un objet rocheux provenant des espaces interplanétaires. La **météorologie** est la science qui étudie les météores, notamment afin de prévoir le temps.

météorite n. f., **météorologie** n. f. V. MÉTÉORE.

méthode n. f. Manière d'agir étudiée pour arriver à un résultat. Ouvrage qui contient les éléments d'une science : *méthode de calcul.* Ce qui a de la méthode est **méthodique.**

méthodique adj. V. MÉTHODE.

méticuleux, euse adj. Qui s'inquiète pour de petits détails : *un fonctionnaire méticuleux.*

métier n. m. Travail que l'on fait pour gagner sa vie. Machine pour la confection des tissus : *métier à tisser* (2).

métis, isse adj. Qui résulte d'un mélange de races différentes.

mètre n. m. Unité principale des mesures de longueur. Le **mètre carré** est l'unité des mesures de surface. Le **mètre cube** est

---

1. V. pl. MUSIQUE (*Signes de*) ; 2. V. pl. TISSAGE.

aile

roue à aubes

moulin à eau

moulin à vent

trémie

meule

blutage

pétrin

four

boulanger

pains

**meunerie et boulangerie
d'autrefois**

l'unité des mesures de volume. Ce qui se rapporte au mètre est **métrique** : *le système métrique comprend les mesures qui ont le mètre pour base; il représente l'ensemble des mesures légales.*

métrique adj. V. MÈTRE.

métronome n. m. Petit instrument mécanique pour mesurer la vitesse d'un air musical (1).

métropole n. f. Pays par rapport à ses colonies. Ville où réside un archevêque. Grande ville. Ce qui se rapporte à une métropole est **métropolitain** : *le métropolitain est un chemin de fer qui relie les divers quartiers d'une grande ville.*

1. V. pl. MUSIQUE (*Instruments de*).

métropolitain, e adj. et n. V. MÉTROPOLE.

mets n. m. Aliment préparé.

metteur (en scène) n. m. V. METTRE.

mettre v. Installer dans un endroit : *mettre la clef dans la serrure.* Installer d'une certaine manière : *mettre d'aplomb.* Ajouter : *mettre de l'eau dans son vin.* Employer, dépenser : *mettre de l'argent dans une affaire; mettre cher à un achat. Se mettre à,* commencer à. *Mettre à même,* permettre. *Mettre au fait,* instruire de. (Conjuguez : *je mets, nous mettons; je mettais; je mettrai; il faut que je mette; mettant, mis, mise.*) [V. MISE.] Le **metteur en scène** règle le mouvement des acteurs au théâtre; il dirige les prises de vues au cinéma (1).

meuble adj. Mobile, facile à remuer : *terre meuble.* Se dit de toute chose possédée qui n'est pas immeuble, c'est-à-dire qu'on peut transporter. N. m. Objet mobile servant à garnir, orner une maison. **Meubler,** c'est garnir de meubles ; au figuré, orner : *meubler sa mémoire.* (V. MOBILIER.)

meubler v. V. MEUBLE.

meugler v. V. BEUGLER.

meule n. f. Pierre ronde et plate qui peut tourner pour moudre, pour aiguiser, etc. (2). Tas de blé, de foin, etc. (3). La pierre **meulière** est une pierre qui sert à faire des meules, et qui s'emploie aussi pour construire des maisons.

meulière adj. V. MEULE.

meunerie n. f. Industrie du meunier. Le **meunier** est celui qui moud le grain dans un moulin. (V. MOUDRE.) [V. pl. p. précéd.]

meunier n. m. V. MEUNERIE.

meurtre n. m. Action de tuer par un acte de violence. Celui qui commet un meurtre est un **meurtrier.** Ce qui cause la mort de beaucoup de personnes est **meurtrier** : *épidémie meurtrière.* Une **meurtrière** est une fente dans une muraille fortifiée, pour tirer sur les assaillants (4). **Meurtrir,** c'est blesser, endolorir. Une **meurtrissure** est une trace de coup.

meurtrier n. m., **meurtrière** n. f., **meurtrir** v., **meurtrissure** n. f. V. MEURTRE.

meute n. f. Troupe de chiens de chasse.

mévente n. f. Vente difficile d'une marchandise.

mi n. m. Troisième note de la gamme musicale. Adv. A demi : *yeux mi-clos.*

miasme n. m. Vapeur malsaine qui se dégage des choses pourries.

miaulement n. m. Cri du chat. **Miauler,** c'est pousser des miaulements.

mica n. m. Pierre brillante, transparente et écailleuse.

mi-carême n. f. Jeudi de la troisième semaine de carême.

miche n. f. Pain rond.

micmac n. m. Intrigue (fam.).

mi-côte (à). A la moitié d'une côte : *s'arrêter à mi-côte.*

micro ou **microphone** n. m. Appareil qui enregistre ou transmet les sons (5).

microbe n. m. Animal ou plante microscopique (v. ce mot), cause de diverses maladies : *le microbe du choléra.*

microscope n. m. Appareil qui grossit à la vue les objets très petits (6). Ce qui ne peut se voir qu'au microscope est **microscopique.**

1. V. pl. CINÉMA ; 2. V. pl. MENUISERIE, MEUNERIE ; 3. V. pl. MOISSON ; 4. V. pl. CHÂTEAU FORT ; 5. V. pl. CINÉMA ; 6. V. pl. OPTIQUE.

MIL

microscopique adj. V. MICRO-
SCOPE.

midi n. m. Milieu du jour. Un
des points cardinaux, opposé
au Nord. Régions qui se trouvent au Sud par rapport au
centre d'un pays : *les pro-
vinces du Midi.* (V. MÉRIDIO-
NAL.)

mie I. n. f. Partie molle à l'intérieur du pain. Une **miette**
est une parcelle de pain.

mie II. n. f. Abréviation familière d'AMIE : *ma mie.*

miel n. m. Substance sucrée que
l'abeille prépare avec le suc des
fleurs. Au figuré, grande douceur. *Lune de miel,* début du
mariage. Ce qui est sucré avec
du miel est **miellé.** Ce qui est
doucereux comme le miel est
mielleux.

mien, enne adj. A moi : *un mien
ami.* N. m. *Le mien,* ce qui est
à moi. Pl. *Les miens,* mes
proches.

miette n. f. V. MIE I.

mieux adv. D'une manière meilleure : *mieux travailler.* Davantage : *aimer mieux. Tant
mieux,* expression de satisfaction. N. m. Etat meilleur : *le
mieux est l'ennemi du bien.*
Adj. Meilleur : *il n'y a rien de
mieux. Etre mieux,* être en
meilleure santé ou situation.

mièvre adj. D'une gentillesse
affectée, prétentieuse.

mièvrerie n. f. Caractère mièvre.

mignon, onne adj. Gentil, délicat : *bouche mignonne.*

migraine n. f. Douleur qui n'affecte que la moitié de la tête.

migration n. f. Déplacement en
masse d'un peuple, d'un pays
dans un autre. Voyage de certains animaux à des époques
régulières : *la migration des
hirondelles.*

mijaurée n. f. Femme prétentieuse.

mijoter v. Faire cuire lentement.

mikado n. m. Empereur du
Japon.

milan n. m. Petit oiseau de proie.

milice n. f. Troupe armée. Sorte
de garde nationale formée par
des citoyens armés. Un **milicien** est un soldat d'une milice.

milicien n. m. V. MILICE.

milieu n. m. Point d'une ligne,
d'une surface, d'un objet quelconque placé à égale distance
des extrémités. Se dit aussi du
temps : *milieu du jour.* Endroit
eloigné du bord : *le milieu de
la route.* Entourage, personnes
avec lesquelles on vit habituellement : *milieu artistique.*

militaire adj. De la guerre : *la
science militaire.* N. m. Soldat.

militer v. Participer activement
à la vie d'un parti, d'un syndicat, etc.; c'est aussi lutter pour
le triomphe d'une idée.

mille adj. Dix fois cent. Grand
nombre : *courir mille dangers.*
On peut écrire mil au lieu de
mille, dans les dates : *l'an mil
huit cent trente.* N. m. Mille
unités : *un mille d'épingles.*
Mesure de longueur : *le mille
anglais est de 1 609 mètres, le
mille marin est de 1 852 mètres.*

mille-feuille n. m. Gâteau de
pâte feuilletée.

millénaire n. m. Mille ans.

mille-pattes n. m. Myriapode
qui a un grand nombre de
pattes. (V. SCOLOPENDRE.)

millésime n. m. Date gravée
sur une médaille, etc.

millet [*mi-yè*] n. m. Plante
céréale (V. ce mot) à très petits
grains ronds.

milliard n. m. Mille millions.

milliardaire n. m. Celui qui est
riche de plusieurs milliards.

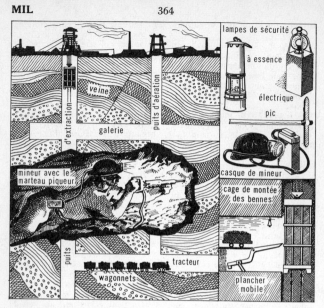

lampes de sécurité

à essence

électrique

pic

veine

puits d'aération

galerie

d'extraction

mineur avec le
marteau piqueur

casque de mineur

cage de montée
des bennes

puits

tracteur

wagonnets

plancher
mobile

mine

millième adj. Qui occupe un rang marqué par le nombre mille. Partie d'un tout divisé en mille parties égales.

millier n. m. Mille : *un millier de personnes.*

milligramme n. m. Millième partie du gramme.

millimètre n. m. Millième partie du mètre.

million n. m. Mille fois mille.

millionnaire n. m. Celui qui est riche à millions.

milord n. m. Titre donné aux lords en Angleterre.

mime n. m. Acteur de *pantomime* (v. ce mot). **Mimer,** c'est jouer une pantomime : *mimer une scène.* La **mimique**

est l'art d'exprimer sa pensée par des gestes.

mimer v., **mimique** n. f. V. MIME.

mimosa n. m. Espèce d'acacia à fleurs en boules jaunes.

minable adj. Misérable, qui fait pitié : *air minable.*

minaret n. m. Tour de mosquée.

minauder v. Prendre des airs, des mines affectés. La **minauderie** est l'action de minauder; c'est aussi une mine affectée.

minauderie n. f. V. MINAUDER.

mince adj. Peu épais : *papier mince.* De peu de valeur :

mince importance. La **minceur** est la qualité de ce qui est mince.

minceur n. f. V. MINCE.

mine I. n. f. Aspect du visage : *avoir bonne mine.* Air extérieur de quelqu'un : *individu de mauvaise mine.* Expression affectée du visage : *faire des mines.*

mine II. n. f. Lieu souterrain d'où l'on tire du charbon, des minerais. (V. pl. p. précéd.) Galerie souterraine établie pour faire sauter une construction, une forteresse, etc. Engin explosif utilisé dans la guerre ; *poser un champ de mines ; mine flottante.* *Mine de crayon,* matière utilisée dans la fabrication des crayons. **Miner,** c'est creuser une mine pour faire sauter quelque chose : *miner un pont ;* c'est aussi creuser. Le **mineur** est celui qui travaille dans une mine. Ce qui se rapporte à la mine est **minier :** *une région minière.* (V. MINÉRAL.)

minerai n. m. V. MINÉRAL.

minéral n. m. Toute matière brute qui n'est ni animale ni végétale, comme les pierres, les métaux, les gaz. Matière inerte constituant les roches de l'écorce terrestre : *la craie et l'ardoise sont des minéraux.* La **minéralogie** est l'étude des minéraux. Un **minerai** est une matière minérale tirée de la terre : *minerai de fer, de cuivre.* (V. MINE II.)

minéralogie n. f. V. MINÉRAL.

minet, ette n. Petit chat, petite chatte.

mineur I. n. m. V. MINE II.

mineur, e II. adj. Moindre, plus petit. Qui n'a pas encore l'âge de la majorité.

miniature n. f. Peinture de petits sujets dans les anciens manuscrits. Portrait de petite dimension : *miniature à l'aquarelle.*

minier, ère adj. V. MINE II.

minime adj. Très petit : *somme minime ; un minime résultat.*

minimum n. m. Le point le plus bas qu'une chose peut atteindre : *minimum de prix.* Adjectivement : *prix minimum ; valeur minimum* ou *minima.* (Au pluriel, on peut dire des *minimums* ou des *minima.*)

ministère n. m. Fonction de ministre. Ensemble des ministres. Édifice où se tiennent les bureaux d'un ministre ; *ministère de la Guerre.* Ce qui est relatif au ministère est **ministériel.** On appelle *officiers ministériels* les avoués, notaires, huissiers, etc. (V. MINISTRE.)

ministre n. m. Celui qu'on emploie pour l'exécution de quelque chose. Celui qui dirige un des grands services publics d'un pays : *ministre de la Justice.* Ministre du culte, prêtre, pasteur. *Ministre plénipotentiaire,* envoyé diplomatique.

minium [*mi-nyom'*] n. m. Une peinture rouge : *le minium préserve de la rouille.*

minois n. m. Visage jeune et gracieux d'enfant, de jeune fille.

minorité n. f. État de la personne mineure. Le moindre nombre, dans une assemblée, dans une réunion ou un vote.

minoterie n. f. Établissement industriel où l'on prépare les farines destinées au commerce.

minuit n. m. Milieu de la nuit.

minuscule adj. Très petit. Lettre plus petite que la majuscule.

minute n. f. La soixantième partie de l'heure.

minutieux, euse adj. Qui s'attache aux détails : *examen minutieux.*

mioche n. m. Petit enfant (fam.).

mirabelle n. f. Sorte de prune.

miracle n. m. Fait surnaturel, contraire aux lois de la nature. Chose extraordinaire : *échapper par miracle*. Ce qui tient du miracle est **miraculeux**.

miraculeux, euse adj. V. MIRACLE.

mirage n. m. Illusion qui, dans les pays très chauds, fait que des objets éloignés semblent proches. Au figuré, illusion : *les mirages de l'espérance*.

mire n. f. Règle graduée utilisée dans les nivellements. *Point de mire*, point que l'on doit frapper en tirant avec une arme. **Mirer** *un œuf*, c'est le regarder par transparence pour voir s'il est frais.

mirer v. V. MIRE.

mirliton n. m. Sorte de flûte de roseau, de carton (1).

miroir n. m. Surface polie où l'on peut voir l'image des objets qui s'y reflètent. Ce qui donne l'image de quelque chose : *les yeux sont le miroir de l'âme*. **Miroiter**, c'est jeter des reflets comme un miroir. Un **miroitement** est un éclat miroitant. Le **miroitier** est celui qui fait ou vend des miroirs.

miroitement n. m., **miroitier** v., **miroitier** n. m. V. MIROIR.

miroton n. m. Ragoût de viande aux oignons.

misaine n. f. Mât entre le beaupré et le grand mât d'un bateau.

misanthrope n. m. Celui qui déteste les hommes, la société.

mise n. f. Action de mettre : *mise en vente*. Ce qu'on met au jeu, dans une affaire. Tenue, habillement : *mise élégante*. **Miser**, c'est mettre une mise au jeu.

miser v. V. MISE.

misérable adj. Pauvre, digne de pitié. Triste : *vie misérable*. Méprisable. N. m. Personne vile, méprisable. (V. MISÈRE.)

misère n. f. Grande pauvreté. Faiblesse : *la misère humaine*. Chose sans importance : *se fâcher pour des misères*. Celui qui est dans la misère est un **miséreux**. (V. MISÉRABLE.)

miséreux, euse n. V. MISÈRE.

miséricorde n. f. Pitié qui pousse à pardonner. Celui qui est charitable, pitoyable, généreux, est **miséricordieux**.

miséricordieux, euse adj. V. MISÉRICORDE.

missel n. m. Livre qui contient les prières de la messe.

missile n. m. Projectile militaire téléguidé, portant une charge explosive.

mission n. f. Pouvoir donné à quelqu'un pour aller faire une chose. Fonction temporaire : *mission diplomatique*. Etablissement religieux fondé par des missionnaires; suite de sermons prêchés dans un endroit. Un **missionnaire** est un prêtre qui se consacre à la prédication dans les pays peuplés d'infidèles.

missionnaire n. m. V. MISSION.

missive n. f. Lettre.

mistral n. m. Vent froid du nord, dans le midi de la France.

mitaine n. f. Gant ne couvrant pas les doigts.

mite n. f. Teigne, insecte qui ronge les lainages.

miteux, euse adj. Pitoyable, misérable : *un mendiant miteux*.

mitiger v. Adoucir : *mitiger la peine de quelqu'un*.

mitonner v. Bouillir doucement et longtemps. Préparer lentement.

1. V. pl. MUSIQUE (*Instruments de*).

armoire · bibliothèque · commode · buffet · lit · table · chaise · fauteuil · guéridon

mobilier

mitoyen, enne adj. Placé entre deux propriétés : *mur mitoyen; puits mitoyen.*

mitraille n. f. Ferraille dont on chargeait autrefois les canons. **Mitrailler,** c'était tirer le canon à mitraille. Aujourd'hui, c'est arroser de balles : *mitrailler une troupe en marche.* La **mitrailleuse** est une arme qui tire rapidement de très nombreuses balles de fusil (1). Une **mitraillette** est une petite carabine munie d'un magasin de balles. Le **mitrailleur** est le soldat qui fait fonctionner une mitrailleuse. Un **fusil mitrailleur** est un fusil qui tire un grand nombre de coups rapidement sans être rechargé.

mitrailler v., **mitrailleur, euse** n. et adj. V. MITRAILLE.

mitre n. f. Coiffure des évêques (2).

mitron n. m. Garçon boulanger.

mi-voix (à). A voix très faible.

mixer [*mi-kser'*] ou **mixeur** n. m. Appareil servant à broyer ou à mélanger des aliments.

mixte adj. Formé de matières différentes, de personnes, de choses mélangées : *train mixte* (pour voyageurs et marchandises); *école mixte* (pour garçons et filles). Une **mixture,** c'est un mélange.

mixture n. f. V. MIXTE.

mobile adj. Qui se meut. Qui peut être mis en mouvement : *pont mobile.* Changeant : *esprit mobile.* N. m. Ce qui fait agir : *le mobile d'un acte.*

mobilier, ère adj. Qui peut être déplacé comme un meuble. N. m. Meubles : *mobilier de salon.*

mobilisation n. f. V. MOBILISER.

1. V. pl. ARMES ; 2. V. pl. COIFFURES RELIGIEUSES.

mobiliser v. Mettre une armée sur le pied de guerre. La **mobilisation** est l'action de mobiliser.

mobilité n. f. Qualité de ce qui est mobile. Facilité à se mouvoir.

mocassin n. m. Chaussure des Indiens Peaux-Rouges. Chaussure basse sans lacet.

mode I. n. f. Manière, coutume : *tripes à la mode de Caen.* Usage passager dans le vêtement : *un homme à la mode.* N. f. pl. *Magasin de modes,* magasin où l'on vend des vêtements et parures pour dames. La **modiste** est celle qui fait ou vend des chapeaux de dame.

mode II. n. m. Manière d'être, forme : *mode de gouvernement.*

modelage n. m. V. MODÈLE.

modèle n. m. Objet que l'on reproduit en l'imitant : *modèle d'écriture.* Représentation en petit d'un objet : *modèle de bateau.* Ce que l'on imite. Personne qui pose pour un peintre, un sculpteur. **Modeler,** c'est fabriquer avec de l'argile, de la cire, etc., un modèle de sculpture : *modeler une statue ;* c'est aussi faire le modèle d'un objet. Le **modeleur** est celui qui modèle. Le **modelage,** c'est le travail du modeleur. Le **modelé** est le relief des formes reproduit dans une sculpture, une peinture.

modeler v., **modeleur** n. m. V. MODÈLE.

modération n. f. V. MODÉRÉ.

modéré, e adj. Qui est éloigné de tout excès en trop ou en moins : *chaleur modérée.* Qui reste dans une sage mesure : *modéré dans ses désirs.* Qui n'est pas trop élevé : *prix modéré.* La **modération** est la qualité de celui, de ce qui est modéré. **Modérer,** c'est diminuer, adoucir : *modérer la vitesse, la colère.* **Se modérer,** c'est se contenir.

modérer v. V. MODÉRÉ.

moderne adj. Qui appartient au temps présent ou à une époque récente : *les artistes modernes.* **Moderniser,** c'est rajeunir, rendre plus moderne : *moderniser son mobilier.*

moderniser v. V. MODERNE.

modeste adj. Qui n'est pas orgueilleux ni vaniteux de son mérite : *savant modeste.* Qui est le signe de cette absence d'orgueil : *un air modeste.* Modéré : *modeste dans ses prétentions.* Timide : *jeune fille modeste.* La **modestie** est la qualité de celui qui est modeste

modestie n. f. V. MODESTE.

modicité n. f. V. MODIQUE.

modification n. f. V. MODIFIER.

modifier v. Changer la forme, la qualité d'une chose : *modifier un chapeau, une phrase.* Une **modification,** c'est un changement apporté à une chose dans sa forme ou sa qualité.

modique adj. Peu élevé (se dit du prix d'une chose) : *salaire modique.* La **modicité** est la qualité de ce qui est modique.

modiste n. f. V. MODE I.

modulation n. f. Inflexion variée de la voix. **Moduler,** c'est varier les inflexions de la voix : *moduler un chant.*

moduler v. V. MODULATION.

moelle [*moil'*] n. f. Substance riche en graisse de l'intérieur d'un os. Matière molle à l'intérieur de la tige d'un végétal : *moelle de sureau* (1). La *moelle épinière* est le cordon nerveux

---

1. V. pl. PLANTES.

fléau — meules — moissonneuse-batteuse — gerbe — faucille — moissonneurs — faux

moisson

enfermé dans la colonne vertébrale (1). Ce qui est doux et souple est **moelleux** : *lit moelleux.*

moelleux, euse adj. V. MOELLE.

moellon [*moi-lon*] n. m. Pierre à bâtir de petite taille.

mœurs [*meurss*] n. f. pl. Habitudes concernant la pratique du bien et du mal : *respecter les bonnes mœurs.* Usages particuliers d'un peuple, d'un groupe, etc. : *les mœurs orientales; avoir des mœurs simples.* Habitudes des animaux d'une espèce : *les mœurs des fourmis.* Ce qui est relatif aux mœurs est **moral.**

moi pronom qui désigne la personne qui parle : *moi, je suis venu.* N. m. La personne de chacun de nous à laquelle nous rapportons plus ou moins toute chose : *le moi est égoïste.*

moignon [*moi-gnon*] n. m. Ce qui reste d'un bras, d'une jambe coupés.

moindre adj. Plus petit : *entendre le moindre bruit.*

moine n. m. Religieux qui vit dans un monastère. Ustensile pour bassiner un lit. Le **monastère** est le couvent où vivent les moines. Ce qui se rapporte aux moines est **monastique** ou **monacal.**

moineau n. m. Un petit passereau très commun (2).

moins adv. qui indique l'infériorité dans une comparaison : *il est moins grand que moi.* Mot qui exprime la soustraction : *dix moins cinq égale cinq. Le moins,* aussi peu que possible, la moindre chose. *Au moins; du moins,* en se bornant au moins possible. *A moins,* pour un prix moindre. *A moins que,* si ce n'est que. *Rien moins que,* pas du tout.

moire n. f. Une étoffe à reflets changeants. Ce qui a des reflets comme la moire est **moiré.**

moiré, e adj. V. MOIRE.

mois n. m. Chacune des douze divisions de l'année : *les mois ont 30 ou 31 jours, sauf février qui en a 28 ou 29.* Salaire, traitement pour un mois de travail. Une **mensualité** est une

1. V. pl. HOMME ; 2. V. pl. OISEAUX DES CHAMPS.

somme payée chaque mois. Ce qui a lieu chaque mois est **mensuel.**

moisi n. m. V. MOISIR.

moisir v. Se couvrir d'une mousse blanche ou verdâtre sous l'influence de l'humidité : *fromage qui moisit.* Le **moisi** ou la **moisissure** est la mousse qui couvre un objet qui moisit.

moisissure n. f. V. MOISIR.

moisson n. f. Récolte des céréales (blé, orge, seigle, avoine). Temps où se fait la moisson. (V. pl. p. précéd.) **Moissonner,** c'est faire la moisson. Le **moissonneur** est celui qui moissonne. La **moissonneuse** est une machine qui sert à moissonner. Une **moissonneuse-batteuse** coupe les céréales, puis en extrait les grains en rejetant la paille.

moissonner v., **moissonneur, euse** n. V. MOISSON.

moite adj. Légèrement humide.

moiteur n. f. Légère humidité.

moitié n. f. Chacune des deux parties égales d'un tout. Familièrement, la femme par rapport au mari. *De moitié,* ensemble, de compte à demi avec quelqu'un. *A moitié,* en partie : *ouvrage à moitié fait.*

moka n. m. Variété de café.

mol, olle adj. V. MOU.

molaire n. f. Grosse dent qui sert à broyer (1).

môle n. m. Jetée à l'entrée d'un port, pour abriter les navires (2).

molécule n. f. La plus petite quantité d'un corps qui peut exister à l'état libre.

molester v. Tourmenter, ennuyer.

molette n. f. Petite roulette striée qui fait partie d'un instrument ou d'un outil. Rondelle de l'éperon, munie de pointes, pour piquer le cheval.

mollesse n. f. V. MOU.

mollet n. m. Partie renflée du bas de la jambe par-derrière. La **molletière** est une bande de toile, de laine, qui s'enroule autour du mollet.

molletière n. f. V. MOLLET.

molleton n. m. Etoffe épaisse de coton ou de laine.

mollir v. V. MOU.

mollusque n. m. Animal à corps mou, sans aucune articulation, comme l'huître, l'escargot, la pieuvre.

molosse n. m. Gros chien de garde.

môme n. Enfant, dans le langage familier.

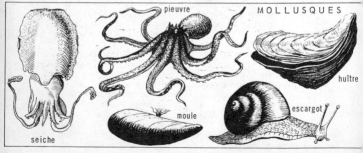

pieuvre — MOLLUSQUES — huître — moule — escargot — seiche

moment n. m. Temps très court : *je reviens dans un moment.* Occasion : *attendre le moment favorable.* Temps présent : *la mode du moment. A tout moment,* sans cesse. *D'un moment à l'autre,* dans très peu de temps. *Par moment,* par intervalle. *En un moment,* en très peu de temps. *Du moment que,* puisque. Ce qui ne dure qu'un moment est **momentané.**

momentané, e adj. V. MOMENT.

momie n. f. Cadavre embaumé ou desséché : *les momies de l'Égypte antique.*

mon, ma, mes adj. possessif indiquant ce qui est possédé par moi, qui se rapporte à moi : MON *livre,* MA *plume.*

monacal, e adj. V. MOINE.

monarchie n. f. Etat gouverné par un roi ou un empereur, dont la fonction est généralement héréditaire. Ce qui se rapporte à la monarchie est **monarchique.** Le **monarchiste** est le partisan de la monarchie. Un **monarque** est un prince qui est placé à la tête d'une monarchie et dont les pouvoirs sont très variables.

monarchique adj., **monarchiste** n., **monarque** n. m. V. MONARCHIE.

monastère n. m., **monastique** adj. V. MOINE.

monceau n. m. Tas : *monceau de blé.* **Amonceler,** c'est mettre en tas.

mondain, e adj. et n. V. MONDE.

monde n. m. Ensemble de tout ce qui existe. La Terre : *les cinq parties du monde.* Continent : *le Nouveau Monde* (l'Amérique). Gens : *se moquer du monde.* Société : *vivre dans le monde. Venir au monde :*

naître. *Au bout du monde,* très loin. *Le grand monde,* la haute société. *Homme du monde,* habitué à vivre dans la haute société. Un **mondain** est un homme du monde. Ce qui a rapport à la vie du monde, de la société, est **mondain** : *les plaisirs mondains.* Ce qui se rapporte au monde entier est **mondial.**

mondial, e adj. V. MONDE.

monétaire adj. V. MONNAIE.

moniteur, trice n. Personne qui donne des leçons dans certaines études, certains exercices : *moniteur de gymnastique.*

monnaie n. f. Pièce de métal ou billet de banque que l'Etat met en circulation et qui peuvent servir à payer une marchandise ou un travail. *Faire la monnaie,* c'est échanger, contre un billet de valeur élevée, plusieurs billets ou pièces représentant une valeur équivalente. **Monnayer,** c'est convertir en monnaie : *or monnayé.* Le **monnayeur** est celui qui fabrique de la monnaie : *la loi punit les faux monnayeurs.* Ce qui se rapporte à la monnaie est **monétaire** : *la circulation monétaire.*

monnayer v., **monnayeur** n. m. V. MONNAIE.

monocle n. m. Verre destiné à améliorer la vue et que l'on coince sous l'arcade d'un œil.

monogamie n. f. Système dans lequel l'homme ne peut avoir qu'une seule femme et la femme qu'un seul mari.

monogramme n. m. Signe formé des initiales d'un nom entrelacées.

monolithe n. m. Ouvrage formé d'un seul bloc de pierre.

monologue n. m. Scène de théâtre où un personnage parle seul.

monologuer v. Parler tout seul.

monoplan n. m. Avion ordinaire, dont les deux ailes ne forment qu'un seul plan.

monopole n. m. Droit de fabriquer ou de vendre seul certains articles : *l'Etat a le monopole du tabac et des allumettes*. **Monopoliser**, c'est soumettre à la fabrication ou à la vente d'un monopole ; c'est aussi se réserver quelque chose pour son profit personnel.

monopoliser v. V. MONOPOLE.

monosyllabe n. m. Mot qui n'a qu'une syllabe, comme *sol, drap, as*.

monotone adj. Sur le même ton : *chant monotone*. Sans variété : *style monotone*. La **monotonie** est le manque de variété, l'uniformité ennuyeuse dans le ton, la voix, etc.

monotonie n. f. V. MONOTONE.

monseigneur n. m. Titre donné aux princes, aux évêques. Au pluriel : *messeigneurs*.

monsieur n. m. Titre donné par politesse à tout homme à qui l'on parle, l'on écrit. Au pluriel : *messieurs*.

monstre n. m. Etre qui présente une conformation différente de celle des êtres de son espèce. Au figuré, personne très laide ou très méchante. Objet, animal énorme : *monstre marin*. Adjectivement, énorme : *un dîner monstre*. Ce qui est énorme ou horrible est **monstrueux** : *animal monstrueux ; crime monstrueux*. La **monstruosité** est le caractère de ce qui est monstrueux.

monstrueux, euse adj., **monstruosité** n. f. V. MONSTRE.

mont n. m., **montagnard, e** adj. et n. V. MONTAGNE.

montagne n. f. Région, massif s'élevant à une forte hauteur (1). Grand tas, amoncellement : *une montagne de livres*. Un pays où il y a beaucoup de montagnes est **montagneux**. Un **mont**, c'est une montagne isolée : *le mont Blanc*. Le **montagnard** est l'habitant d'un pays de montagnes. Un **monticule** est un petit mont.

montagneux, euse adj. V. MONTAGNE.

montant n. m. Poteau posé debout pour soutenir. Chacune des deux pièces de bois où se fixent les barreaux d'une échelle. Total d'un compte : *le montant des dépenses*. Ce qui monte est **montant** : *chemin montant*. (V. MONTER.)

monte n. f., **montée** n. f. V. MONTER.

monter v. Se porter dans un lieu plus haut : *monter sur un arbre*. Augmenter de hauteur : *le fleuve monte*. Se placer dans ou sur : *monter à cheval, en voiture*. Au figuré, s'élever : *monter en grade*. Augmenter de prix : *le blé monte*. Transporter en haut : *monter un lit au grenier*. Fournir le nécessaire : *monter son ménage*. Ajuster : *monter une machine*. La **monte** est l'action de monter à cheval. Un *coup monté* est un coup préparé. La **montée** est l'action de monter ; c'est aussi une rampe, une pente qui monte. Celui qui monte des machines est un **monteur**.

monteur n. m. V. MONTER.

montgolfière n. f. Ballon gonflé à l'air chaud (2).

monticule n. m. V. MONT.

montre n. f. Etalage, vitrine de

magasin, de boutique. Au figuré, étalage : *faire montre de savoir*. Petite horloge portative : *montre en or* (1).

montrer v. Faire voir : *montrer un livre; montrer au doigt*. Faire paraître : *montrer du courage*. Enseigner : *montrer à lire*. Celui qui montre est un **montreur** : *montreur de bêtes féroces*.

montreur n. m. V. MONTRER.

monture n. f. Animal que l'on monte. Ce qui sert à monter, à assembler : *monture de bijou*.

monument n. m. Ouvrage destiné à faire durer le souvenir d'une chose : *monument aux morts*. Edifice remarquable : *les monuments de Paris*. Ouvrage célèbre : *les monuments de notre littérature*. Ce qui a les proportions d'un monument, qui est grand, magnifique, est **monumental**.

monumental, e adj. V. MONUMENT.

moquer (se) v. Railler, rire de quelqu'un, de quelque chose. Ne pas faire cas de : *se moquer des réprimandes*. La **moquerie**, c'est l'action de se moquer. Celui qui se moque est **moqueur**.

moquerie n. f. V. MOQUER.

moquette n. f. Etoffe veloutée de laine pour tapis.

moqueur, euse adj. et n. V. MOQUER.

moraine n. f. Ensemble des débris que les glaciers entraînent avec eux.

moral, e adj. Relatif à la conduite, aux mœurs : *réflexion morale*. Relatif à l'esprit, par opposition à MATÉRIEL : *facultés morales*. N. m. Courage, énergie morale : *relever le moral*. N. f. Science du bien et du mal. Réprimande : *faire la morale*. Conclusion morale : *la morale d'une fable*. **Moraliser**, c'est rendre moral; c'est aussi faire la morale : *moraliser un enfant*. Celui qui écrit sur la morale est un **moraliste**. La **moralité** est le caractère moral : *la moralité d'une personne;* c'est aussi une réflexion morale : *la moralité d'une fable*.

moraliser v., **moraliste** n. m., **moralité** n. f. V. MORAL.

morbide adj. Maladif.

morbleu ! Juron d'impatience, de colère.

morceau n. m. Partie détachée d'un tout. Partie d'un mets solide : *morceau de pain*. Partie détachée d'un livre, d'une œuvre d'art : *morceaux choisis*. **Morceler**, c'est diviser en morceaux.

morceler v. V. MORCEAU.

mordant, e adj., **mordiller** v. V. MORDRE.

mordicus adv. Avec ténacité, sans en démordre : *soutenir mordicus*.

mordoré, e adj. Brun à reflets dorés : *cuir mordoré*.

mordre v. Entamer, blesser avec les dents : *mordre du pain; se mordre la langue*. Entamer en creusant : *la lime mord le fer*. Au figuré, attaquer, médire de quelqu'un. Ce qui mord est **mordant**. **Mordiller**, c'est mordre légèrement. La **morsure**, c'est l'action de mordre, la blessure faite en mordant.

more adj., **moresque** adj. V. MAURE.

morfil n. m. Bavure du fil d'un couteau, d'un rasoir repassé.

morfondre (se) v. S'ennuyer à attendre longtemps.

morgue n. f. Air hautain. Lieu

où l'on dépose les cadavres d'inconnus.

moribond, e adj. et n. V. MOU-RIR.

moricaud, e n. Personne à peau très brune.

morigéner v. Gronder.

morille n. f. Champignon au chapeau creusé d'alvéoles, comestible très apprécié (1).

morne adj. Triste, sombre.

morose adj. Triste, maussade.

morphine n. f. Produit tiré de l'opium, qui calme les douleurs.

morphologie n. f. Etude de la forme extérieure des êtres vivants. En grammaire, c'est l'étude de la forme des mots.

mors n. m. Barrette de métal placée dans la bouche du cheval, fixée à la bride et servant à le diriger (2). *Prendre le mors aux dents*, s'emballer.

morse I n. m. Grand mammifère marin des mers arctiques (3).

morse II n. m. Système de télégraphie à l'aide d'un alphabet fait de traits et de points.

morsure n. f. V. MORDRE.

mort, e I. adj. Qui n'est plus en vie. Sans ardeur, sans animation : *une ville morte*. Une *nature morte* est une peinture d'objets inanimés. N. m. Personne morte, cadavre.

mort II. n. f. Arrêt de la vie. Peine de mort : *condamner à mort*. Grande douleur : *la mort dans l'âme*. Fin : *la mort d'un empire*. Squelette : *tête de mort*. Ce qui se rapporte à la mort est **mortel**. Un **mortel** est une personne vivante, qui doit mourir un jour. Celui qui est sur le point de mourir est **moribond**. **Mortifier**, c'est soumettre à des pénitences, des austérités. Au figuré, c'est humilier. La

mortification est l'action de mortifier; c'est aussi l'humiliation. En parlant des chairs, de la viande, c'est un début de décomposition. Ce qui se rapporte aux décès est **mortuaire**. La **mortalité** est la condition de ce qui est mortel; c'est aussi la proportion de personnes qui meurent dans un temps donné. La *morte-saison* est la période pendant laquelle le travail se fait rare dans certaines professions. L'enfant qui meurt en venant au monde est *mort-né*.

mortadelle n. f. Sorte de gros saucisson italien.

mortaise n. f. Entaille dans une pièce recevant un tenon (4).

mortalité n. f. V. MORT II.

mortel, elle adj. V. MORT II.

mortier n. m. Mélange de chaux, de sable et d'eau, pour unir les pierres. Vase où l'on pile des drogues, etc. Ancien canon court pour lancer des bombes.

mortification n. f., **mortifier** v., **mortuaire** adj. V. MORT.

morue n. f. Poisson des mers froides que l'on consomme généralement séché et salé.

morve n. f. Humeur qui coule du nez. Maladie des chevaux. Celui qui a de la morve au nez est **morveux**.

morveux, euse adj. V. MORVE.

mosaïque n. f. Ouvrage de petites pièces de couleur qui, assemblées, forment une décoration.

mosquée n. f. Edifice réservé au culte musulman.

mot n. m. Son ou réunion de sons qui expriment une idée. Lettres qui figurent un mot : *mot illisible*. Petite phrase : *dire un mot à l'oreille*. Gros mot, parole grossière. *Au bas mot*, au plus bas prix. *Mot pour rire*,

1. V. pl. CHAMPIGNONS ; 2. V. pl. HARNAIS ; 3. V. pl. CÉTACÉS AMPHIBIES ;
4. V. pl. CHARPENTE.

plaisanterie. *Mot d'ordre*, qui sert pour se reconnaître, pour agir ensemble. *Bon mot*, mot spirituel. *Se donner le mot*, s'entendre. *En un mot*, enfin. *Mot à mot*, sans changer un mot.

motet n. m. Morceau de musique religieuse chanté.

moteur, trice adj. Qui met en mouvement : *roue motrice*. N. m. Appareil qui sert à mettre en mouvement : *moteur électrique*. N. f. Locomotive à moteur. **Motoriser** une troupe, c'est la munir d'automobiles.

motif n. m. Ce qui porte à faire une chose. Sujet d'une peinture, ornement d'une architecture : *motif décoratif*. En musique, c'est un thème souvent répété. **Motiver**, c'est servir de motif: *motiver une loi*.

motion n. f. Proposition.

motiver v. V. MOTIF.

motocyclette (fam. **moto**) n. f. Appareil de locomotion à deux roues, mû par un moteur (1).

motoriser v. V. MOTEUR.

motte n. f. Petite masse de terre. Butte, petite hauteur de terrain. Masse de beurre que l'on détaille pour la vendre.

motus! [*mo-tuss*] interj. pour demander le silence.

mou, mol, molle adj. Qui cède facilement au toucher : *cire molle*. Doux au toucher. Sans énergie : *un homme mou*. N. m. Poumon des animaux de boucherie. La **mollesse** est la qualité de ce qui est mou. Le **molleton** est une étoffe de laine douce au toucher. **Mollir**, c'est devenir mou.

mouchard n. m. Rapporteur.

mouche n. f. Nom de divers petits insectes à deux ailes (2). *Mouche à miel*, abeille. Centre de la cible : *faire mouche à la carabine*. *Fine mouche*, personne rusée. *Prendre la mouche*, se fâcher. *Pattes de mouche*, écriture illisible. Un **moucheron** est une petite mouche. **Moucheter**, c'est disposer de petites taches dans un tissu. Un animal **moucheté** est un animal dont la fourrure est marquée de taches.

moucher v. Débarrasser le nez de ses sécrétions. Oter le bout brûlé d'une mèche allumée : *moucher la chandelle*. Le **mouchoir** est un linge pour se moucher. Les **mouchettes** étaient des ciseaux pour moucher les chandelles.

moucheron n. m., **moucheter** v. V. MOUCHE.

mouchettes n. f. pl., **mouchoir** n. m. V. MOUCHER.

moudre v. Broyer avec un moulin : *moudre du blé*. (Conjuguez : *je mouds, nous moulons; je moulus; je moudrai; mouds, moulons, que je moule; moulu*.)

moue n. f. Grimace : *faire la moue*.

mouette n. f. Un oiseau de mer.

mouffette n. f. Mammifère américain à fourrure estimé (3).

moufle n. f. Gros gant où il n'y a de séparation que pour le pouce.

mouflon n. m. Sorte de mouton sauvage (4).

mouillage n. m. V. MOUILLER.

mouiller v. Tremper, humecter. Etendre d'eau : *mouiller du vin*. Jeter l'ancre : *navire qui mouille dans une rade*. Une **mouillette** est une tranche de pain longue et fine qu'on trempe. Le **mouillage** est le lieu où mouille un bateau : *un mouillage sûr*.

1. V. pl. VÉHICULES ; 2. V. pl. INSECTES ; 3. V. pl. FOURRURE (*Animaux à*) ; 4. V. pl. RUMINANTS SAUVAGES.

mouillette n. f. V. MOUILLER.

moujik n. m. Paysan russe.

moulage n. m. V. MOULE I.

moule I. n. m. Modèle en creux pour donner une forme à une matière fondue qu'on y verse (1). **Mouler,** c'est faire prendre à une matière la forme d'un moule; c'est également ajuster : *vêtement qui moule le corps.* Le **moulage,** c'est l'action de mouler; c'est aussi l'objet moulé.

moule II. n. f. Mollusque (v. ce mot) comestible, à coquille allongée et noirâtre (2).

mouler v. V. MOULE I.

moulin n. m. Machine pour moudre : *moulin à café* (3). Bâtiment où est installé un moulin : *moulin à vent.* (V. MOUDRE, MEUNIER.) [4] Un **moulinet,** c'est l'action de faire tourner rapidement une épée, un bâton.

moulinet n. m. V. MOULIN.

moulure n. f. Ornement saillant, de forme allongée.

mourant, e adj. V. MOURIR.

mourir v. Cesser de vivre. Souffrir beaucoup de : *mourir de faim.* Perdre son activité, sa force : *feu qui se meurt.* Celui qui se meurt, ce qui est près de disparaître, est **mourant, moribond.** (Conjuguez : *je meurs, nous mourons; je mourus; je mourrai; que je meure; mourant, mort.*)

mouron n. m. Nom de diverses plantes sauvages qui servent à la nourriture des oiseaux.

mousquet n. m. Ancienne arme à feu. Un **mousquetaire** était le soldat armé d'un mousquet. Le **mousqueton** est un fusil court.

mousquetaire n. m., **mousqueton** n. m. V. MOUSQUET.

mousse I. n. m. Apprenti marin.

mousse II. n. f. Écume à la surface d'un liquide. Dessert fait de crème et de blancs d'œufs fouettés. Nom de diverses petites plantes très fines, sans feuilles ni fleurs, qui poussent sur les pierres, les troncs d'arbre, etc. **Mousser,** c'est produire de la mousse : *savon qui mousse.* Ce qui produit de la mousse est **mousseux** : *vin mousseux.* Ce qui est couvert de mousse est **moussu.**

mousseline n. f. Un tissu serré, léger et transparent.

mousser v., **mousseux, euse** adj. V. MOUSSE II.

mousson n. f. Nom donné à des vents des régions tropicales, qui soufflent en hiver de la terre vers la mer et, en été, de la mer vers la terre : *en Inde, la mousson d'été apporte des pluies très abondantes.* •

moussu adj. V. MOUSSE II.

moustache n. f. Poils sur la lèvre supérieure. Poils de la gueule d'un animal. Celui qui a de la moustache est **moustachu.**

moustachu, e adj. V. MOUSTACHE.

moustiquaire n. f. V. MOUSTIQUE.

moustique n. m. Petit insecte à deux ailes, dont la piqûre est douloureuse. Une **moustiquaire** est un voile très léger pour se protéger des moustiques.

moût n. m. Jus de raisin qui n'a pas encore fermenté.

moutard n. m. Petit garçon.

moutarde n. f. Plante dont la graine écrasée et pétrie avec du vinaigre donne un condiment. Un **moutardier** est un pot à moutarde (5).

moutardier n. m. V. MOUTARDE.

---

1. V. pl. CUISINE (*Ustensiles de*) ; 2. V. pl. MOLLUSQUES ;
3. V. pl. CUISINE (*Ustensiles de*) ; 4. V. pl. MEUNERIE ; 5. V. pl. VAISSELLE.

mouton n. m. Mammifère *ruminant* (v. ce mot) à cornes recourbées (1). Viande de mouton, peau de mouton. Ce qui est frisé, floconneux comme la laine du mouton, est **moutonneux**. **Moutonner**, c'est se couvrir de petites vagues écumeuses, en parlant de la mer. Celui qui fait tout ce qu'il veut faire autour de lui est **moutonnier**.

moutonner v., **moutonneux, euse** adj., **moutonnier, ère** adj. V. MOUTON.

mouture n. f. Action de moudre.

mouvement n. m. Déplacement d'un corps : *le mouvement d'un train*. Manière de se mouvoir : *mouvement lent*. Circulation, agitation : *le mouvement d'une foule*. Sentiment : *mouvement de pitié*. Inspiration qui porte à faire une chose : *suivre son premier mouvement*. Ensemble de pièces qui font mouvoir une machine : *mouvement de montre*. Ce qui a du mouvement, qui est animé, est **mouvementé**. (V. MOUVOIR.)

mouvementé, e adj. V. MOUVEMENT.

mouvoir v. Mettre en mouvement. Au figuré, pousser : *mû par la pitié*. (Conjuguez : *je meus, nous mouvons; je mus; je mouvrai; il faut que je meuve; mouvant, mû*.)

moyen, enne adj. Qui tient le milieu entre deux choses, deux grandeurs : *taille moyenne*. Ordinaire, commun : *le Français moyen*. N. m. Ce qui sert pour arriver à une fin. Au pl., ressources : *vivre selon ses moyens*. **Moyennant**, c'est au moyen de : *moyennant une aide*. Une **moyenne** est une quantité qui tient le milieu entre

deux autres : *avoir une bonne moyenne*. Le **Moyen Age** est le temps qui se trouve entre l'Antiquité et les Temps modernes (du ve siècle au xve siècle).

moyenâgeux, euse adj. Du moyen âge.

moyennant prép., **moyenne** n. f. V. MOYEN.

moyeu n. m. Partie centrale de la roue où s'emboîtent les rais.

mucilage n. m. Matière gommeuse tirée de certaines plantes.

mucosité n. f. Liquide épais que produisent certaines membranes du corps, comme celles du nez, de la gorge. (V. MUQUEUX.)

mue n. f. Changement de peau, de plumage chez un animal. Changement dans la voix humaine à la fin de l'enfance : *être en mue*. **Muer**, c'est changer de peau, de voix.

muet, ette adj. et n. Qui n'a pas l'usage de la parole. Qui ne se manifeste pas par des paroles, des cris : *douleur muette*. Se dit d'une lettre qu'on ne prononce pas : *h muet* ou *muette*.

mufle n. m. Bout du museau d'un animal. Personne sans délicatesse. La **muflerie** est le caractère indélicat. Le **muflier** est une fleur appelée aussi *gueule-de-loup*.

muflerie n. f., **muflier** n. m. V. MUFLE.

mugir v. V. MUGISSEMENT.

mugissement n. m. Cri du bœuf, de la vache. **Mugir**, c'est pousser des mugissements.

muguet n. m. Petite plante à oignon, dont les fleurs forment des grappes de clochettes blanches (2). Maladie de la bouche.

muid n. m. Ancienne unité de mesure pour les liquides, les grains, etc.

---

1. V. pl. BÉTAIL; 2. V. pl. FLEURS.

Table de multiplication

1	2	3	4	5	6	7	8	9	10
2	4	6	8	10	12	14	16	18	20
3	6	9	12	15	18	21	24	27	30
4	8	12	16	20	24	28	32	36	40
5	10	15	20	25	30	35	40	45	50
6	12	18	24	30	36	42	48	54	60
7	14	21	28	35	42	49	56	63	70
8	16	24	32	40	48	56	64	72	80
9	18	27	36	45	54	63	72	81	90
10	20	30	40	50	60	70	80	90	100

Multiplicande 745
Multiplicateur ×32

1490
2235

Produit = 23840

Preuve par 9

mulâtre, esse n. Personne provenant d'un mélange des races noire et blanche.

mule I. n. f. Pantoufle sans talon (1).

mule II. n. f. Femelle du mulet.

mulet n. m. Animal provenant du mélange des races du cheval et de l'âne (2). Sa femelle est la mule. Poisson de mer à chair très estimée.

muletier n. m. Conducteur de mulets.

mulot n. m. Rat des champs (3).

multicolore adj. De plusieurs couleurs.

multiple adj. Nombreux : *des travaux multiples*. N. m. Nombre qui en contient un autre plusieurs fois.

multiplicande n. m., multiplicateur n. m. V. MULTIPLICATION.

multiplication n. f. Opération d'arithmétique qui a pour but, étant donné deux nombres, le multiplicande et le multiplicateur, d'en obtenir un autre, le *produit,* qui contienne autant de fois le multiplicande qu'il y a d'unités dans le multiplicateur.

multiplier v. Faire une multiplication. Augmenter un nombre. Se multiplier, c'est se reproduire : *les difficultés se multiplient.*

multitude n. f. Grand nombre. Le peuple, la foule.

municipal, e adj. De la commune, de la ville : *conseil municipal.* La municipalité, c'est l'ensemble du maire et de ses adjoints.

municipalité n. f. V. MUNICIPAL.

munificence n. f. Générosité.

munir v. Pourvoir : *être bien muni d'argent.*

munition n. f. Approvisionnement d'une armée. Cartouches, poudre, balles, obus : *brûler ses munitions.*

muqueux, euse adj. Formé de mucosité. N. f. Membrane ou peau fine qui tapisse l'intérieur d'une *cavité* (v. ce mot) du corps.

---

1. V. pl. CHAUSSURES ; 2. V. pl. BÉTAIL ; 3. V. pl. RONGEURS.

mur n. m. Ouvrage de maçonnerie qui enferme un espace. Au figuré, c'est un obstacle infranchissable : *un mur d'indifférence.* Une **muraille** est un mur épais. Pl. Murailles qui entourent une ville. Ce qui pousse sur les murs, qui est fixé au mur, est **mural** : *décor mural.* **Murer**, c'est enfermer dans des murs, boucher par des murs : *murer une fenêtre.*

mûr, e adj. Se dit du fruit qui a atteint tout son développement. L'*âge mûr*, est celui qui suit la jeunesse; se dit aussi de ce qui est réfléchi : *projet mûr.* **Mûrir**, c'est rendre mûr, devenir mûr; c'est aussi méditer, mettre au point : *mûrir un projet.*

muraille n. f., **mural, e** adj. V. MUR.

mûre n. f. Fruit de la ronce.

murer v. V. MUR.

mûrier n. m. Arbre dont la feuille sert à nourrir le ver à soie.

mûrir v. V. MÛR.

murmure n. m. Bruit sourd et confus : *le murmure du vent.* Plainte, paroles de mécontentement. **Murmurer**, c'est faire entendre un murmure; c'est aussi dire à voix basse : *murmurer un secret.*

murmurer v. V. MURMURE.

musaraigne n. f. Petit mammifère insectivore.

musarder v. Perdre son temps à des riens, flâner.

musc n. m. Matière parfumée fournie par un animal d'Asie, le porte-musc. Ce qui est parfumé avec du musc ou qui en rappelle l'odeur est **musqué**.

muscade n. f. Fruit d'un arbuste d'Asie, employé comme condiment.

muscadet n. m. Sorte de vin blanc.

muscadin n. m. Au XVIIIᵉ siècle, jeune élégant.

muscardin n. m. Petit rongeur de la grosseur d'une souris, qui vit dans les haies (1).

muscat n. m. Raisin à saveur musquée. Vin qu'on en fait.

muscle n. m. Masse de chair fibreuse dont les contractions produisent les mouvements de l'animal. L'homme, l'animal qui a des muscles saillants est **musclé**. Ce qui a beaucoup de muscles est **musculeux**. Ce qui se rapporte aux muscles est **musculaire** : *force musculaire.*

musclé, e adj., **musculaire** adj., **musculeux, euse** adj. V. MUSCLE.

muse n. f. Chacune des neuf déesses qui présidaient à la

signes de musique

portée ... **rondes** ... **noires** ... **blanches** ... **croche** ... *gamme*

clés : de sol, de fa, d'ut — dièse — bémol — bécarre — soupir, demi-soupir, pause, demi-pause — mesure

do ré mi fa sol la si do

---

1. V. pl. RONGEURS.

poésie, à la musique, à la peinture, etc.

museau n. m. Partie saillante de la gueule d'un animal. La **muselière** est un appareil qui empêche les animaux de mordre. **Museler**, c'est mettre une muselière.

musée n. m. Edifice où l'on a réuni des objets d'art, de science : *un musée de peinture*.

museler v., **muselière** n. f. V. MUSEAU.

musette n. f. Sorte de cornemuse. Sac en toile pour donner à manger au cheval, pour porter des provisions, etc.

muséum [*mu-sé-om*] n. m. Musée d'histoire naturelle.

musical, e adj., **musicien, enne** n. V. MUSIQUE.

music-hall [*myou-zik-oll'*] n. m. Sorte de théâtre où le spectacle se compose de numéros variés (chanteurs, prestidigitateurs, acrobates, etc.).

musique n. f. Art de combiner les sons agréablement. (V. pl. p. précéd. et p. suiv.) Troupe de musiciens : *musique de régiment*. Ce qui se rapporte à la musique est **musical**. Celui qui connaît la musique, qui joue d'un instrument de musique est **musicien**.

musqué, e adj. V. MUSC.

musulman, e adj. et n. Qui concerne la religion de Mahomet, l'islamisme. Un **musulman** est celui qui pratique cette religion.

mutation n. f. Changement. **Muter**, c'est changer d'affectation, de poste : *muter un fonctionnaire*.

muter v. V. MUTATION.

mutilation n. f. V. MUTILER.

mutiler v. Retrancher une ou plusieurs parties du corps : *un soldat mutilé*. Retrancher quelque chose d'une œuvre d'art : *mutiler une statue*. L'acte de mutiler est une **mutilation**.

mutin, e adj. et n. Révolté. Familièrement, vif, éveillé. **Se mutiner**, c'est se révolter. Une **mutinerie** est une révolte.

mutiner (se) v., **mutinerie** n. f. V. MUTIN.

mutisme n. m. Etat de celui qui est *muet* (v. ce mot). Silence : *sortir de son mutisme*.

mutualité n. f. V. MUTUEL.

mutuel, elle adj. Réciproque; que l'on a, que l'on fait les uns pour les autres : *affection mutuelle, secours mutuels*. La **mutualité** est l'ensemble des œuvres, des groupements de secours mutuels.

myope adj. Qui ne voit bien que de près. La **myopie** est le défaut de celui qui est myope.

myopie n. f. V. MYOPE.

myosotis n. m. Petite plante à fleurettes bleues appelée vulgairement *ne-m'oubliez-pas*.

myriade n. f. Un très grand nombre : *il existe des myriades d'étoiles*.

myriapodes n. m. pl. Petits animaux, voisins des insectes, appelés vulgairement *mille-pattes* ou *scolopendres*.

myrrhe n. f. Une résine odorante : *brûler de la myrrhe*.

myrte n. m. Arbrisseau à feuillage toujours vert.

myrtille n. f. Airelle (fruit comestible d'un arbrisseau des pays montagneux).

mystère n. m. Doctrine secrète des anciennes religions. Dogme religieux que la raison ne peut comprendre : *le mystère de la*

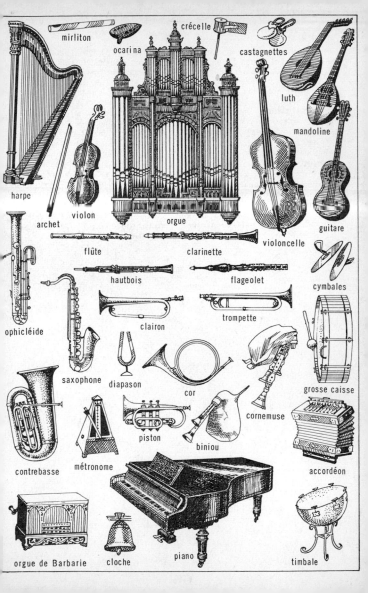

mirliton

crécelle

ocarina

castagnettes

luth

mandoline

harpe

archet

violon

orgue

guitare

violoncelle

flûte

clarinette

hautbois

flageolet

cymbales

trompette

ophicléide

clairon

diapason

cor

grosse caisse

saxophone

cornemuse

contrebasse

métronome

piston

biniou

accordéon

orgue de Barbarie

cloche

piano

timbale

Trinité. Secret : *les mystères de la politique.* Discrétion : *agir avec mystère.* Dans le théâtre du moyen âge, pièce à sujet religieux. Ce qui tient du mystère, qui est secret, est **mystérieux** : *prendre un air mystérieux.* (V. MYSTIQUE.)

mystérieux, euse adj. V. MYS-TÈRE.

mysticisme n. m. V. MYSTIQUE.

mystification n. f., **mystificateur** n. m. V. MYSTIFIER.

mystifier v. Abuser de la crédulité, de la naïveté d'une personne. La **mystification** est l'action de mystifier. Le **mystificateur** est celui qui aime à mystifier.

mystique adj. Qui a une signification cachée. N. m. Celui qui s'adonne au mysticisme. N. f. La science du mysticisme. Le **mysticisme** est une doctrine religieuse qui fait consister la perfection dans la contemplation de la divinité.

mythe n. m. Récit d'origine populaire, peu à peu transformé par la tradition et mettant en scène des êtres fabuleux, des personnages surhumains, etc. La **mythologie** est l'histoire fabuleuse des dieux du paganisme. Ce qui se rapporte à la mythologie est **mythologique**.

mythologie n. f., **mythologique** adj. V. MYTHE.

Natation : départ d'une course. *Phot. A. F. P.*

nabab n. m. En Inde, titre donné à de puissants personnages. Au figuré, c'est un homme très riche.

nabot n. m. Familièrement, personne de très petite taille.

nacelle n. f. Petit bateau. Panier suspendu à un ballon, dans lequel prennent place les aéronautes (1).

nacre n. f. Matière dure, à reflets diversement colorés, qui tapisse l'intérieur de certaines coquilles. Ce qui a l'aspect de la nacre est **nacré**.

nacré, e adj. V. NACRE.

nage n. f. Action de nager. *A la nage*, en nageant. *En nage*, en sueur. Les **nageoires** sont les organes qui permettent aux poissons de nager (2). **Nager**, c'est se soutenir et avancer dans l'eau. Celui qui nage est un **nageur**. La **natation** est l'art, l'action de nager.

nageoire n. f., **nager** v., **nageur, euse** n. V. NAGE.

naguère adv. Il y a peu de temps.

naïf, ïve adj. Naturel, sans artifice : *grâce naïve*. Crédule :

personne naïve. La **naïveté** est la simplicité, la crédulité.

nain, e adj. et n. De petite taille : *les lilliputiens étaient un peuple de nains imaginé dans les* VOYAGES DE GULLIVER.

naissance n. f. V. NAÎTRE.

naître v. Venir au monde. Commencer à pousser : *fleurs qui naissent*. Commencer : *voir naître une industrie*. (Conjuguez : je nais, il naît, nous naissons; je naissais; je naquis; je naîtrai; qu'il naisse; naissant, né.) La **naissance** est la venue au monde; c'est aussi le commencement : *la naissance du jour*.

naïveté n. f. V. NAÏF.

naja n. m. Serpent très venimeux d'Afrique et d'Asie (3).

nandou n. m. Espèce d'autruche de l'Amérique du Sud (4).

nantir v. Donner en gage. Munir, pourvoir : *nantir d'argent*. Un **nantissement**, c'est un gage.

nantissement n. m. V. NANTIR.

naphtaline n. f. Corps odorant tiré du goudron.

naphte n. m. Variété de pétrole.

1. V. pl. AÉROSTATS; 2. V. pl. POISSONS D'EAU DOUCE; 3. V. pl. SERPENTS;
4. V. pl. OISEAUX COUREURS.

nappe n. f. Linge qui couvre la table pour le repas. Vaste surface : *nappe d'eau*. Un **napperon**, c'est une petite nappe.

napperon n. m. V. NAPPE.

narcisse n. m. Plante à oignon, à fleurs blanches ou jaunes.

narcotique n. m. Médicament qui sert à endormir.

narguer v. Railler, se moquer.

narguilé n. m. Pipe orientale, à long tuyau flexible.

narine n. f. Chacune des deux ouvertures du nez.

narquois, e adj. Moqueur.

narrateur, trice n., **narration** n. f. V. NARRER.

narrer v. Raconter. La **narration** est un récit un peu développé. Le **narrateur** est celui qui raconte.

nasal, e adj. Du nez.

naseau n. m. Narine du cheval, du bœuf, etc.

nasillard, e adj. V. NASILLER.

nasiller v. Parler du nez. Celui, ce qui nasille est **nasillard**.

nasse n. f. Sorte de panier, à petite ouverture, pour la pêche (1).

natal, e adj. Relatif à la naissance. *Pays natal*, celui où l'on est né. La **natalité**, c'est la proportion des naissances par rapport au total de la population.

natalité n. f. V. NATAL.

natation n. f. V. NAGER.

natif, ive adj. Né dans un endroit : *natif de Bordeaux*.

nation n. f. Peuple habitant un même pays, ayant des coutumes semblables et vivant le plus souvent sous le même gouvernement : *la nation polonaise*. Ce qui se rapporte à une nation est **national**. Le **national-socialisme**, ou **nazisme**, était une doctrine militariste et raciste, fondée en Allemagne par Hitler à partir de 1923. **Nationaliser**, c'est rendre national ; c'est aussi faire d'une chose la propriété de l'Etat : *nationaliser une industrie*. Le **nationalisme** est l'attachement à tout ce qui est national. La **nationalité**, c'est le caractère de ce qui est national.

national, e adj., **nationaliser** v., **nationalisme** n. m., **nationalité** n. f., **national-socialisme** n. m. V. NATION.

Nativité n. f. Fête de la naissance de Jésus, de la Vierge, de quelques saints.

natte n. f. Tresse : *natte de cheveux*. Tissu de paille tressée. **Natter**, c'est tresser en natte.

natter v. V. NATTE.

naturalisation n. f. V. NATURALISER.

naturaliser v. Accorder à un étranger la condition de citoyen d'un pays. Empailler : *oiseau naturalisé*. La **naturalisation** est l'action de naturaliser. Le **naturaliste** est celui qui étudie les animaux, les plantes, etc.

naturaliste n. m. V. NATURALISER.

nature n. f. Ensemble de tout ce qui existe. Le monde matériel : *les beautés de la nature*. Ce qui distingue un être des autres, son essence : *la nature humaine*. Caractère : *une nature violente*. Modèle naturel, pour un artiste : *peindre d'après nature*. Une **nature morte** est une peinture d'objets, sans êtres vivants. Ce qui fait partie de la nature, qui tient de la nature, est **naturel** : *un don naturel*. Raisonnable : *il est naturel qu'il parle*. Simple : *langage naturel*. L'**histoire naturelle** est la description de la nature et de ses productions. N. m. Caractère : *un*

1. V. pl. PÊCHE.

naturel paisible. Habitant d'un pays d'où il est originaire : *les naturels de l'Australie.*

naturel, elle adj. V. NATURE.

naufrage n. m. Perte d'un navire en mer. Ruine. **Naufrager**, c'est faire naufrage. Un **naufragé** est celui qui a fait naufrage. Autrefois, les **naufrageurs** étaient les habitants de certains rivages, qui, par leurs signaux, égaraient des navires et provoquaient des naufrages afin de piller les épaves.

naufrager v., **naufrageur** n. m. V. NAUFRAGE.

nauséabond, e adj. V. NAUSÉE.

nausée n. f. Envie de vomir. Dégoût. Ce qui cause des nausées est **nauséabond.**

nautique adj. Relatif à la navigation : *sport nautique.*

naval, e adj. Relatif aux navires, à la marine : *combat naval.*

navet n. m. Plante à racine comestible (1).

navette n. f. Vase pour l'encens, à l'église. Sorte de bobine que le tisserand lance entre les fils de la chaîne d'un tissu (2). *Faire la navette*, c'est aller et venir comme la navette du tisserand.

navigable adj., **navigateur** n. m., **navigation** n. f. V. NAVIGUER.

naviguer v. Voyager sur l'eau ou dans l'air. La **navigation** est l'action de naviguer. Le **navigateur** est celui qui navigue. Une rivière où l'on peut naviguer est **navigable.**

navire n. m. Grand bateau : *navire à vapeur, à voiles* (3).

navrant, e adj. V. NAVRER.

navrer v. Affliger, peiner. Ce qui navre est **navrant.**

nazisme n. m. V. NATION.

ne adv. exprimant la négation : *ne pas venir.*

né, née adj. V. NAÎTRE.

néanmoins conj. Cependant, pourtant.

néant n. m. Rien, ce qui n'existe pas. Ce qui n'a pas de valeur, qui est fragile : *le néant des grandeurs de ce monde.*

nébuleux, euse adj. Obscurci par les nuages. Au figuré, peu intelligible : *un discours nébuleux.* N. f. Masse lumineuse formée par des étoiles très nombreuses et très éloignées.

nécessaire adj. Dont on ne peut se passer : *l'air est nécessaire à la vie.* Très utile · *se rendre nécessaire. Il est nécessaire*, il faut. N. m. Ce dont on ne peut se passer pour vivre : *manquer du nécessaire.* Boîte, sac qui contient des objets nécessaires ou commodes : *un nécessaire de toilette.* (V. NÉCESSITÉ.)

nécessité n. f. Caractère de ce qui est nécessaire : *objet de première nécessité.* Obligation, contrainte : *travailler par nécessité.* Besoin, grande pauvreté : *être dans une nécessité pressante.* Au pluriel, besoins naturels : *faire ses nécessités.* **Nécessiter**, c'est rendre nécessaire : *travail qui nécessite de longues recherches.* Celui qui est dans le besoin, dans l'indigence, est **nécessiteux.**

nécessiter v., **nécessiteux, euse** adj. V. NÉCESSITÉ.

nécrologie n. f. Notice sur un personnage mort récemment.

nécropole n. f. Grand cimetière.

nectar n. m. Boisson délicieuse. Liquide sucré que les abeilles pompent dans les fleurs.

néerlandais, e adj. Hollandais.

nef n. f. Ancien mot pour « navire » (4). Partie d'une église qui s'étend du portail au chœur.

1. V. pl. LÉGUMES ; 2. V. pl. TISSAGE ; 3 et 4. V. pl. MARINE À VOILE.

néfaste adj. Funeste, fatal, qui amène le malheur : *jour néfaste.*

néflier n. m. Arbuste dont on mange le fruit (**nèfle**) quand il commence à se flétrir.

négatif, ive adj. V. NÉGATION.

négation n. f. Action de *nier* (v. ce mot). En grammaire, mot qui sert à nier (NE, NON, NI, PAS). Ce qui indique la négation est **négatif**. Un **négatif** est une image photographique qui reproduit en noir les blancs du modèle et en blanc les noirs de celui-ci.

négligemment adv., **négligence** n. f., **négligent, e** adj. V. NÉGLIGER.

négliger v. Ne pas prendre soin de : *négliger ses intérêts.* Ne pas tenir compte : *négliger les conseils.* La **négligence** est le défaut de soin. Le **négligé** est l'absence de recherche, de parure, de propreté. Ce qui indique de la négligence; celui qui montre de la négligence est **négligent**. **Négligemment** signifie avec négligence.

négoce n. m. Commerce d'une certaine importance. Celui qui fait du négoce est **négociant**. **Négocier**, c'est faire du négoce; c'est aussi traiter une affaire : *négocier un achat, un traité*; c'est enfin céder à autrui un billet, une lettre de change. La **négociation** est le fait de s'entremettre pour la conclusion d'une affaire : *négociations diplomatiques*; c'est aussi la cession d'un effet de commerce (V. EFFET).

négociant, e n., **négociation** n. f., **négocier** v. V. NÉGOCE.

nègre, négresse n. Personne de race noire. *Travailler comme un nègre*, c'est travailler beau-coup. Le **négrier** était celui qui vendait des Noirs comme esclaves.

négrier n. m. V. NÈGRE.

négus [*né-guss*] n. m. Empereur d'Ethiopie.

neige n. f. Eau changée en fines aiguilles de glace entrelacées, qui tombe du ciel en flocons. Au figuré, grande blancheur. Ce qui a l'aspect de la neige est **neigeux**. **Neiger**, se dit de la neige qui tombe.

neiger v., **neigeux, euse** adj. V. NEIGE.

nenni [*na-ni*] adv. Non (fam.).

nénuphar n. m. Plante à belles fleurs flottant sur les eaux (1).

néologisme n. m. Mot nouvellement formé.

néon n. m. Un des gaz qui composent l'air : *le néon sert à remplir des tubes d'éclairage électriques qui donnent une lumière rouge-orangé* (2).

néophyte n. m. Nouvel adepte d'une religion, d'un parti.

néphrite n. f. Inflammation du rein.

népotisme n. m. Protection excessive qu'un homme au pouvoir accorde à sa famille.

nerf [*nèr*] n. m. Chacun des fils blanchâtres qui réunissent le cerveau aux diverses parties du corps (3). Tendon, bout durci des muscles qui attache ceux-ci aux os : *se fouler un nerf de la jambe.* Ce qui met quelque chose en mouvement : *l'argent est le nerf de la guerre.* Force, vigueur : *avoir du nerf.* Ce qui est relatif aux nerfs est **nerveux**. Celui qui a les nerfs irritables est également **nerveux**. Ce qui est vigoureux est aussi **nerveux** : *style nerveux.* La **nervosité** est le caractère nerveux, irritable. Une **nervure**

---

1. V. pl. FLEURS; 2. V. pl. ECLAIRAGE; 3. V. pl. HOMME.

est un filet saillant sur une surface : *les nervures d'une feuille d'arbre* (1). La **névralgie** est une douleur le long d'un nerf.

nerveux, euse adj., **nervosité** n. f., **nervure** n. f. V. NERF.

net, nette adj. Propre, sans tache : *assiette nette*. Clair : *idées nettes*. Irréprochable : *une conscience nette*. Se dit d'un revenu, d'un bénéfice dont on a déduit les frais. *Net d'impôts*, se dit d'un revenu, d'un bénéfice qui ne paie pas d'impôts. Le *poids net* d'une marchandise est le poids sans emballage. *Mettre au net*, c'est recopier un brouillon après l'avoir corrigé. **Net** signifie aussi clairement, carrément : *parler net*. La **netteté** est la qualité de ce qui est net.

netteté n. f. V. NET.

nettoyage n. m. V. NETTOYER.

nettoyer v. Rendre net, propre. L'action de nettoyer est le **nettoyage.**

neuf I. adj. Huit et un : *neuf livres*. Neuvième : *chapitre neuf*. Ce qui vient après le huitième est **neuvième.**

neuf, neuve II. adj. Qui n'a pas servi : *plume neuve*. (V. NOUVEAU.)

neurasthénie n. f. Maladie qui se caractérise par un état d'abattement et de tristesse. Celui qui éprouve de la neurasthénie est **neurasthénique.**

neurasthénique adj. V. NEURASTHÉNIE.

neutraliser v., **neutralité** n. f. V. NEUTRE.

neutre adj. Qui ne prend parti pour aucun des pays en guerre, des personnes qui se disputent. Qui n'est ni une chose ni une autre : *le genre neutre est, dans* certaines langues, celui des mots qui ne sont ni masculins ni féminins. **Neutraliser**, c'est rendre neutre. La **neutralité** est la qualité de celui qui est neutre.

neuvième adj. V. NEUF I.

neveu n. m. Fils du frère ou de la sœur. (V. NIÈCE.)

névralgie n. f. V. NERF.

nez n. m. Organe de l'odorat, placé au-dessus de la bouche. Odorat : *avoir bon nez*. Flair, habileté à prévoir les événements. (V. NASAL.)

ni conj. qui indique la négation : *ni lui ni moi*.

niais, e adj. et n. Sot, simple : *une réponse niaise*. La **niaiserie**, c'est la sottise; c'est aussi une chose niaise, sans valeur.

niaiserie n. f. V. NIAIS.

niche n. f. Enfoncement dans un mur pour y placer quelque chose (2). Cabane pour chiens (3). Une **niche**, c'est aussi une petite malice sans méchanceté : *faire une niche à un camarade*. Une **nichée**, c'est un ensemble de petits oiseaux encore au nid; au figuré, ce sont tous les petits enfants d'une famille. **Nicher**, c'est faire son nid; c'est, familièrement, loger : *nicher dans une cabane*.

nichée n. f., **nicher** v. V. NICHE.

nickel n. m. Métal blanc, très brillant. **Nickeler**, c'est recouvrir d'une couche de nickel.

nickeler v. V. NICKEL.

nicotine n. f. Substance contenue dans le tabac et qui, à forte dose, est un poison.

nid n. m. Petit abri que se font les oiseaux pour y pondre leurs œufs et les couver. Au figuré, logis : *rentrer au nid*.

nièce n. f. Fille du frère ou de la sœur. (V. NEVEU.)

1. V. pl. PLANTES; 2. V. pl. ARCHITECTURE; 3. V. pl. FERME.

nielle n. f. Une maladie du blé.

nier v. Déclarer qu'une chose n'existe pas, n'est pas vraie. (V. NÉGATION.)

nigaud, e adj. Niais, sot.

nihilisme n. m. Doctrine révolutionnaire russe qui avait pour but la destruction de toutes les institutions sociales existantes.

nimbe n. m. Cercle autour de la tête des images de saints, etc. (1). **Nimber**, c'est orner d'un nimbe.

nimber v. V. NIMBE.

nipper v. V. NIPPES.

nippes n. f. pl. Familièrement, objets d'habillement, surtout vieux, usés. **Nipper**, c'est fournir de nippes, habiller.

nippon, onne adj. et n. Japonais.

nitouche n. f. *Sainte-nitouche,* personne qui fait l'innocence.

nitrate n. m. V. NITRE.

nitre n. m. Salpêtre. L'acide **nitrique** ou *azotique* est un acide qu'on tirait autrefois du salpêtre. Un **nitrate** est un corps obtenu par l'action de l'acide nitrique : *les nitrates sont de bons engrais.* La **nitro-glycérine** est un *explosif* (v. ce mot) obtenu en faisant agir l'acide nitrique sur la glycérine.

nitrique adj., **nitroglycérine** n. f. V. NITRE.

niveau n. m. Instrument pour vérifier si une surface est *horizontale* (v. ce mot) [2] ; c'est aussi la hauteur d'une ligne, d'une surface au-dessus d'une surface horizontale ; c'est enfin la hauteur, le degré d'importance : *niveau social.* **Niveler**, c'est rendre plat, horizontal : *niveler un terrain.* C'est aussi rendre égal : *niveler les revenus.* L'action de niveler est le **nivellement**.

niveler v., **nivellement** n. m. V. NIVEAU.

nivôse n. m. Mois des neiges (21 déc.-20 janv.) dans le calendrier républicain.

nobiliaire adj. V. NOBLE.

noble adj. D'une classe de personnes jouissant de titres ou privilèges accordés par un souverain. Grand, élevé : *nobles sentiments.* La **noblesse** est la qualité de noble, la classe des personnes jouissant des droits des nobles. Ce qui se rapporte à la noblesse est **nobiliaire**.

noblesse n. f. V. NOBLE.

noce n. f. Mariage et réjouissances qui l'accompagnent. Personnes qui assistent à la noce.

nocif, ive adj. V. NUIRE.

noctambule n. m. Personne qui aime à vivre, à s'amuser durant la nuit.

nocturne adj. Qui arrive pendant la nuit. Se dit des animaux qui vivent la nuit et dorment le jour : *la chouette est un oiseau nocturne.* N. m. Morceau de musique d'un caractère mélancolique : *les nocturnes de Chopin.*

Noël n. m. Fête de la naissance du Christ (25 décembre). Cantique qu'on chante à Noël.

nœud n. m. Entrelacement serré de rubans, de fils, etc. : *corde à nœuds.* Ornement en forme de nœud : *nœud de rubans.* Jointure des doigts. Partie dure dans le bois. Au figuré, lien moral : *les nœuds de l'amitié.* Difficulté : *le nœud de la question.* Intrigue d'une pièce, etc. En termes de marine, distance de 15^m,43 entre deux nœuds d'une corde qu'on laisse filer du bateau en marche après l'avoir fixée à une planchette flottante. *Filer 30 nœuds,* c'est

---

1. V. pl. COURONNE ; 2. V. pl. MAÇON.

faire 30 milles (55 kilomètres) à l'heure. **Nouer**, c'est lier avec un nœud, faire un nœud. Ce qui a des nœuds est **noueux**.

noir, e adj. De la couleur la plus sombre qui existe : *encre noire.* Très foncé : *pain noir.* Très sombre : *nuit noire.* Sale : *les mains noires.* Au figuré, triste, sombre : *humeur noire.* N. m. Homme de race noire. Couleur noire. *Broyer du noir,* c'est être triste. Une **noire**, c'est une note de musique qui vaut la moitié d'une blanche (1). Ce qui tire sur le noir est **noirâtre**. La **noirceur** est la qualité de ce qui est noir. Au figuré, c'est une grande méchanceté. **Noircir**, c'est rendre noir, devenir noir : *bois qui noircit.*

noise n. f. Dispute, querelle : *chercher noise à quelqu'un.*

noisetier n. m. Arbuste dont le fruit (**noisette**) est une petite coque renfermant une amande comestible (2).

noisette n. f. V. NOISETIER.

noix n. f. Fruit du *noyer* (v. ce mot). Nom de divers fruits à coque dure : *noix de coco* (3).

nom n. m. Mot qui sert à désigner une personne, une chose. *Nom propre,* nom particulier d'une personne. *Nom commun,* nom qui convient à tous les êtres de la même espèce. *Petit nom,* principal prénom d'une personne. La **nomenclature** est l'ensemble des noms employés dans une science, un art: *nomenclature chimique.* Ce qui se rapporte aux noms, ce qui porte le nom d'une personne est **nominatif** : *liste nominative du personnel; titre nominatif* (opposé à *titre au por-*

teur). Ce qui n'existe que de nom est **nominal.** (V. NOMMER.)

nomade adj. Sans domicile fixe.

nombre n. m. Rapport entre une quantité et l'unité : *ces objets sont au nombre de six.* Quantité : *un grand nombre de livres. Nombre de,* bon nombre, beaucoup. *Au nombre de,* parmi. Ce qui est en grand nombre est **nombreux** : *de nombreux amis.* Un **adjectif numéral** est celui qui désigne un nombre, comme DIX, SEIZE. Ce qui se rapporte aux nombres est **numérique** : *supériorité numérique.*

nombreux, euse adj. V. NOMBRE.

nombril n. m. Petite cicatrice naturelle au milieu du ventre.

nomenclature n. f., **nominal, e** adj., **nominatif, ive** adj. V. NOM.

nomination n. f. V. NOMMER.

nommer v. Donner un nom : *nommer un enfant.* Désigner par son nom : *nommer un objet.* Choisir, désigner : *nommer maire.* La **nomination** est l'action de nommer. (V. NOM.)

non. Mot servant à nier, à refuser : *dire oui ou non.* Signifie aussi l'absence d'une qualité : *non habité; être en non-activité.*

nonagénaire adj. Qui a 90 ans.

nonante adj. Quatre-vingt-dix.

nonce n. m. Ambassadeur du pape.

nonchalance n. f. Manque d'activité. Celui qui montre de la nonchalance est **nonchalant.**

nonchalant, e adj. V. NONCHALANCE.

non-lieu n. m. Déclaration constatant qu'il n'y a pas lieu de poursuivre un prévenu.

1. V. pl. MUSIQUE *(Signes de);* 2 et 3. V. pl. FRUITS.

nonne n. f. Religieuse.

nonobstant prép. Malgré, cependant : *nonobstant mon ordre.*

nonpareil, eille adj. Sans égal.

non-retour n. m. *Point de non-retour,* moment à partir duquel il n'est plus possible de revenir sur une décision, d'annuler une action en cours.

non-sens n. m. Ce qui n'a pas de sens. Absurdité.

nopal n. m. Plante d'Afrique à feuilles charnues (1).

nord n. m. Un des points cardinaux vers lequel se dirige l'une des pointes de l'aiguille de la boussole. Le **Nord-Est,** le **Nord-Ouest** sont des points qui se trouvent entre le Nord et l'Est ou le Nord et l'Ouest.

normal, e adj. Ordinaire, régulier : *être dans son état normal. Ecole normale,* établissement d'enseignement pour les futurs instituteurs ou professeurs. Un **normalien** est l'élève d'une école normale.

normalien, enne adj. et n. V. NORMAL.

normand, e adj. De Normandie.

norme n. f. Principe servant de règle, de loi.

nos adj. possessif, pl. de NOTRE.

nostalgie n. f. Tristesse provoquée par l'éloignement de son pays, par le regret du passé, etc. Ce qui est relatif à la nostalgie est **nostalgique.**

nostalgique adj. V. NOSTALGIE.

notabilité n. f. V. NOTABLE.

notable adj. Important : *événement notable.* N. Personne importante : *les notables d'une ville.* Une **notabilité** est une personne qui occupe un rang important.

notaire n. m. Officier public qui reçoit et rédige les actes, les contrats, pour les rendre *au-thentiques* (v. ce mot). Un acte **notarié** est un acte rédigé par notaire.

notarié, e adj. V. NOTAIRE.

notation n. f. V. NOTER.

note n. f. Marque pour se rappeler quelque chose. Observation écrite : *classer des notes.* Facture détaillée d'un compte à acquitter : *une forte note à payer.* Chiffre exprimant la valeur d'un travail : *avoir une bonne note pour un devoir.* Son musical et signe qui le représente par écrit.

noter v. Marquer une chose pour s'en souvenir : *noter un rendez-vous.* Donner une note : *noter un devoir.* Ecrire des notes de musique : *noter un air.* La **notation** est l'action de noter.

notice n. f. Petite note, petite explication écrite.

notifier v. Faire savoir : *notifier une décision.*

notion n. f. Idée d'une chose.

notoire adj. Connu de tous. La **notoriété** est la qualité de ce qui est notoire.

notoriété n. f. V. NOTOIRE.

notre adj. Qui est à nous, qui nous appartient : *notre livre.*

nouer v., **noueux, euse** adj. V. NŒUD.

nougat n. m. Confiserie faite d'amandes et de miel.

nouilles n. f. pl. Pâte alimentaire de farine et d'œufs, coupée en lanières.

nourrice n. f., **nourricier, ère** adj. V. NOURRIR.

nourrir v. Entretenir la vie au moyen des aliments qu'on mange : *se nourrir de fruits.* Donner à manger : *nourrir des lapins.* Allaiter : *nourrir un enfant.* Au figuré : *la lecture nourrit l'esprit; nourrir un espoir.* Ce qui nourrit est

nourrissant. La **nourrice** est la femme qui allaite l'enfant. Ce qui sert à nourrir est **nourricier** : *la terre nourricière*. Le **nourrisseur** est celui qui élève du bétail, notamment des vaches laitières. Un **nourrisson** est un enfant à la mamelle. La **nourriture** est ce qui sert à nourrir.

nourrisseur n. m., **nourrisson** n. m., **nourriture** n. f. V. NOURRIR.

nous pronom personnel de la première personne du pluriel. Toi et moi, lui et moi, elle et moi, eux et moi.

nouveau, elle (**nouvel** devant une voyelle ou un *h* muet) adj. Qui n'existe que depuis peu de temps : *livre nouveau*. Qui remplace une chose ancienne : *nouveau costume*. Le *Nouveau Monde*, l'Amérique. Le *Nouveau Testament*, l'Evangile. Un **nouveau-né** est un enfant qui vient de naître. La **nouveauté** est la qualité de ce qui est nouveau; c'est aussi la chose nouvelle.

nouveauté n. f. V. NOUVEAU.

nouvelle n. f. Premier avis d'un fait. Renseignements sur l'état d'une personne. Roman très court.

novateur, trice n. et adj. Personne qui introduit des nouveautés; ce qui innove : *idée novatrice*.

novembre n. m. Onzième mois de l'année : *novembre a 30 jours.*

novice n. m. Celui qui entre dans un couvent pour y passer un temps d'épreuve. Apprenti matelot. Adj. Nouveau, sans expérience.

noyade n. f. Action de noyer.

noyau n. m. Enveloppe dure, renfermant une amande et contenue dans certains fruits. Partie centrale d'un atome. Partie primitive d'un groupe : *noyau d'une société.*

noyer I. v. Faire mourir par asphyxie, en plongeant dans l'eau : *noyer un animal.*

noyer II. n. m. Arbre commun dont le fruit est la noix.

nu, nue adj. Non vêtu : *aller nupieds* (ou *pieds nus*), *nu-tête* (ou *tête nue*). Au figuré, sans ornement, sans recherche : *la vérité toute nue*. La **nudité** est l'état de la personne, la chose qui est nue.

nuage n. m. Masse de vapeur qui flotte dans les airs. Ce qui empêche de voir : *un nuage de poussière*. Ce qui obscurcit, qui trouble : *bonheur sans nuage*. Un ciel couvert de nuages est **nuageux**.

nuageux, euse adj. V. NUAGE.

nuance n. f. Chacun des tons d'une couleur, du plus clair au plus foncé. Différence légère : *nuance d'opinion*. **Nuancer**, c'est grouper divers tons d'une même couleur; c'est aussi varier : *nuancer son style.*

nucléaire adj. Qui se rapporte au noyau de l'atome : *la bombe atomique utilise l'énergie nucléaire.*

nudité n. f. V. NU.

nue n. f. Nuage. *Tomber des nues*, être surpris.

nuée n. f. Nuage épais. Grande quantité.

nuire v. Porter tort, causer du dommage. Ce qui nuit, qui porte tort, qui cause du dommage, est **nuisible** : *animal nuisible*. Ce qui nuit, qui fait du mal, est **nocif** : *produit chimique nocif.*

nuit n. f. Temps qui s'écoule entre le coucher et le lever du soleil. Obscurité : *il fait nuit.* Ce qui se rapporte à la nuit est **nocturne** (v. ce mot).

nul, nulle adj. Aucun : *on n'entend nul bruit.* Sans valeur : *homme nul.* Personne : *nul ne le sait. Nulle part,* dans aucun endroit. La **nullité** est le caractère de ce qui est nul.

numéraire n. m. Argent en monnaie : *payer en numéraire.*

numéral, e adj., **numérique** adj. V. NOMBRE.

numération n. f. Art de dire ou d'écrire les nombres.

numéro n. m. Chiffre, nombre. Exemplaire d'un journal, d'une revue : *vente au numéro.* Chacun des spectacles successifs dans un cirque, etc. **Numéroter,** c'est mettre un numéro à un objet, etc.

numéroter v. V. NUMÉRO.

nuptial, e adj. Relatif au mariage : *bénédiction nuptiale.*

nuque n. f. Partie arrière du cou.

nurse [*neurs'*] n. f. (mot anglais). Personne qui s'occupe des jeunes enfants.

nutritif, ive adj. Qui nourrit.

nutrition n. f. Action d'assimiler (v. ce mot) la nourriture.

nymphe n. f. Chez les anciens, divinité qu'on supposait protéger les fleuves, les fontaines, les bois, etc. Jeune fille gracieuse.

nymphéa n. m. Nénuphar blanc.

nymphéa
Phot. J. Carel.

Ours blanc. *Phot. Jidébé.*

ô interjection qui marque l'admiration, la surprise : *ô merveille!* Sert à invoquer : *ô Seigneur!*

oasis [*o-a-ziss*] n. f. Endroit couvert de verdure, au milieu d'un désert : *les oasis du Sahara.*

obéir v. Se conformer aux ordres d'autrui : *obéir à ses maîtres.* L'**obéissance** est l'action, l'habitude d'obéir. Celui qui obéit est **obéissant.**

obéissance n. f., **obéissant, e** adj. V. OBÉIR.

obélisque n. m. Monument égyptien en forme de colonne à quatre faces qui se termine en pointe.

obèse adj. Qui a trop d'embonpoint. L'**obésité** est l'excès d'embonpoint.

obésité n. f. V. OBÈSE.

objecter v. Opposer. L'**objection** est ce qu'on oppose à l'affirmation. L'*objection de conscience* est le refus du service militaire pour des raisons philosophiques.

objectif n. f. Lentille d'un appareil photographique (1). But : *un objectif éloigné.* Adj. Ce qui est **objectif** est conforme à la réalité, ne résulte pas d'un parti pris.

objection n. f. V. OBJECTER.

objet n. m. Tout ce qui s'offre à la vue : *objet affreux.* Chose quelconque : *objet de première nécessité.* Ce qui occupe l'esprit : *l'objet d'une étude.*

obligation n. f., **obligeance** n. f., **obligeant, e** adj. V. OBLIGER.

obliger v. Imposer le devoir de : *obliger à travailler.* Rendre service : *obliger quelqu'un.* Celui qui aime à rendre service est **obligeant.** L'**obligeance** est le caractère de la personne obligeante. L'**obligation** est le devoir imposé; c'est aussi un titre reconnaissant un prêt de capitaux, etc., en échange d'un revenu fixe. Une chose que nous sommes obligés de faire est **obligatoire.** Etre l'**obligé** de quelqu'un, c'est lui être redevable de quelque chose.

oblique adj. Incliné par rapport à la direction d'un fil à plomb. Dirigé vers la droite ou la gauche. N. f. Ligne oblique (2). **Obliquer,** c'est prendre une direction oblique.

1. V. pl. PHOTOGRAPHIE; 2. V. pl. LIGNES.

obliquer v. V. OBLIQUE.

oblitérer v. Marquer d'une empreinte, d'un cachet : *oblitérer un timbre-poste.*

oblong, ongue adj. Plus long que large : *album oblong.*

obnubiler v. Obséder : *être obnubilé par le désir d'être riche.*

obole n. f. Petite somme donnée par charité : *offrir sa modeste obole.*

obscène adj. Indécent, contraire à la pudeur.

obscur, e adj. Sombre : *cave obscure.* Caché, sans éclat : *vie obscure.* Peu clair : *style obscur.* **Obscurcir,** c'est rendre obscur : *le ciel s'obscurcit; obscurcir la vérité.* L'**obscurité** est le caractère de ce qui est obscur.

obscurcir v., **obscurité** n. f. V. OBSCUR.

obséder v. Importuner par une assiduité excessive : *être obsédé par des solliciteurs.* Importuner, tourmenter, préoccuper : *cette idée m'obsède.* L'**obsession** est l'action d'obséder; c'est aussi une idée fixe.

obsèques n. f. pl. Funérailles, enterrement.

obséquieux, euse adj. Respectueux jusqu'à l'exagération. L'**obséquiosité** est le caractère obséquieux.

obséquiosité n. f. V. OBSÉQUIEUX.

observateur, trice n., **observation** n. f., **observatoire** n. m. V. OBSERVER.

observer v. Suivre les règles, les ordres reçus. Examiner avec attention : *observer les astres.* Celui qui observe est un **observateur.** L'**observation** est l'action d'observer; c'est aussi une réprimande, une critique : *adresser une observation à quelqu'un.* Un **observatoire** est un établissement destiné aux observations astronomiques.

obsession n. f. V. OBSÉDER.

obstacle n. m. Ce qui s'oppose au passage, ce qui est une gêne, un empêchement.

obstination n. f. Entêtement. Celui qui a de l'obstination est **obstiné.** **S'obstiner,** c'est s'entêter : *s'obstiner dans son erreur.*

obstiner (s') v. V. OBSTINATION.

obstruction n. f. V. OBSTRUER.

obstruer v. Boucher, embarrasser un passage, un tuyau, etc. L'**obstruction,** c'est l'action d'obstruer, de barrer le passage.

obtempérer v. Obéir : *obtempérer à un ordre.*

obtenir v. Recevoir ce qu'on désire : *obtenir satisfaction.* L'**obtention** est l'action d'obtenir.

obtention n. f. V. OBTENIR.

obturation n. f. V. OBTURER.

obturer v. Boucher, fermer : *obturer un trou.* L'**obturation** est l'action d'obturer, de boucher. L'**obturateur** est un petit mécanisme qui ouvre ou ferme l'objectif d'un appareil photographique.

obtus, e adj. Peu intelligent. *Angle obtus,* angle plus ouvert qu'un angle droit.

obus n. m. Projectile creux, rempli d'*explosif* (v. ce mot) qu'on tire au moyen d'un canon.

oc n. m. Mot du parler provençal signifiant OUI. *Langue d'oc,* langue parlée dans tout le midi de la France.

ocarina n. m. Instrument de musique à vent (1).

occasion n. f. Moment, circonstances favorables pour une chose : *profiter d'une occasion pour voyager.* Cause : *occasion*

---

1. V. pl. MUSIQUE *(Instruments de).*

de procès. D'occasion, se dit de la marchandise qui a déjà été utilisée et qui est vendue bon marché : *meubles d'occasion*. Ce qui est dû au hasard est **occasionnel. Occasionner**, c'est causer : *occasionner un accident.*

occasionnel, elle adj., **occasionner** v. V. OCCASION.

occident n. m. Ouest. Ce qui est à l'Ouest est **occidental.**

occidental, e adj. V. OCCIDENT.

occiput [*ok-si-put'*] n. m. Partie basse du derrière de la tête.

occlusion n. f. État de ce qui est fermé, bouché.

occulte adj. Caché, secret. L'**occultisme** est la pratique de recherches secrètes, mystérieuses, comme la magie, l'alchimie, etc.

occultisme n. m. V. OCCULTE.

occupation n. f. V. OCCUPER.

occuper v. Remplir un espace, un temps : *occuper beaucoup de place*. Habiter : *occuper une maison*. Exercer : *occuper un emploi*. Faire travailler : *occuper des ouvriers*. **S'occuper**, c'est travailler à : *s'occuper de peinture*. L'**occupation**, c'est ce qui occupe, ce à quoi on travaille ; c'est aussi l'action d'occuper. L'**occupant** est celui qui occupe : *les occupants d'une maison*. Celui qui a de l'occupation est **occupé.**

occurrence n. f. Circonstance, ce qui arrive, qui survient.

océan n. m. Vaste étendue d'eau salée qui sépare les continents. Ce qui se rapporte à l'océan est **océanique.**

océanique adj. V. OCÉAN.

ocre n. f. Argile rouge ou jaune.

octave n. f. Intervalle entre huit notes de musique qui se suivent.

octavo (in-). V. IN-OCTAVO.

octobre n. m. Dixième mois de l'année (le huitième chez les Romains) : *octobre a 31 jours.*

octogénaire adj. Qui est âgé de 80 ans.

octogone n. m. Figure qui a huit côtés et huit angles (1).

octroi n. m. Droit que payaient certaines marchandises à leur entrée dans leur ville.

octroyer v. Accorder, concéder.

oculaire adj. et n. m., **oculiste** n. m. V. ŒIL.

ode n. f. Poème divisé en strophes ou groupes égaux de vers.

odeur n. f. Sensation produite sur l'odorat par les émanations qui se dégagent de certains corps. L'**odorat** est le sens qui perçoit les odeurs : *le nez est l'organe de l'odorat*. Ce qui sent est **odorant**. Ce qui sent très bon est **odoriférant**. Ce qui se rapporte à l'odorat est **olfactif.**

odieux, euse adj. Très désagréable, qui excite la haine : *une personne odieuse.*

odorant, e adj., **odorat** n. m., **odoriférant, e** adj. V. ODEUR.

œdème [*é-dèm'*] n. m. Gonflement d'un tissu, d'un organe.

œil n. m. Organe de la vue. Attention : *avoir l'œil à tout*. Trou rond : *les yeux du pain, du fromage. Coup d'œil*, regard. (ŒIL fait au pluriel *yeux*, sauf dans des composés comme *œil-de-bœuf*, fenêtre ronde [2], où il fait ŒILS.) Ce qui se rapporte à l'œil est **oculaire**. L'**oculaire** d'une lorgnette est le bout par lequel on regarde. L'**oculiste** est le médecin qui soigne les yeux. Une **œillade**, c'est un coup d'œil. Une **œillère** est un volet de cuir qui empêche un cheval de regarder de côté (3).

---

1. V. pl. SURFACES ; 2. V. pl. FENÊTRES ; 3. V. pl. HARNAIS.

œillade n. f., **œillère** n. f. V. ŒIL.

œillet [*e-yè*] n. m. Trou par lequel on fait passer un lacet. Plante de jardin à très belles fleurs (1).

œsophage [*é-zo-faj'*] n. m. Conduit par où les aliments descendent dans l'estomac (2).

œuf n. m. Corps arrondi, enfermé dans une coquille, que pondent les oiseaux, les poissons, les insectes, et d'où il sort plus tard un petit de la même espèce. Œuf de volaille servant d'aliment : *jaune d'œuf, blanc d'œuf.* Ce qui a la forme d'un œuf est **ovale**.

œuvre n. f. Travail : *faire œuvre de ses mains.* Action : *une bonne œuvre. Mettre en œuvre,* employer, utiliser. (V. OUVRIER.)

offense n. f. Injure. **Offenser,** c'est faire offense. Celui qui offense est l'**offenseur.** Ce qui attaque, qui sert à attaquer est **offensif** : *arme offensive.* Une **offensive** est l'attaque générale d'une armée.

offenser v., **offenseur** n. m., **offensif, ive** adj. et n. f. V. OFFENSE.

office n. m. Fonction, tâche : *faire office de secrétaire.* Nom de certaines charges publiques : *office d'avoué.* Bureau : *office de publicité.* Service : *utiliser les bons offices de quelqu'un.* Cérémonie religieuse : *assister aux offices.* Au f., pièce où l'on dispose ce qui sert au service de la cuisine. **Officier,** c'est célébrer une cérémonie religieuse. L'**officiant** est celui qui officie.

officiant n. m. V. OFFICE.

officiel, elle adj. Qui provient du gouvernement ou d'une autorité reconnue : *note officielle.*

officier I. v. V. OFFICE.

officier II. n. m. Celui qui remplit un office, une charge : *officier d'état civil.* Militaire d'un grade au moins égal à celui de sous-lieutenant. Titre honorifique : *officier d'académie.*

officieux, euse adj. Non officiel.

officine n. f. Pharmacie.

offrande n. f., **offre** n. f. V. OFFRIR.

offrir v. Présenter quelque chose qu'on donne : *offrir un bouquet.* Proposer : *offrir ses services.* Montrer : *offrir un bel aspect.* L'**offrande** est ce qu'on offre. L'**offre,** c'est l'action d'offrir, la chose offerte.

offusquer v. Eblouir. Au figuré, choquer : *s'offusquer d'un mot.*

ogive n. f. Arc ou voûte à sommet en pointe (3).

ogre, esse n. Dans les contes de fées, géant qui mange les enfants.

oh! Interjection de surprise.

ohé! Interjection pour appeler.

oïdium n. m. Maladie de la vigne, causée par un petit champignon.

oie n. f. Oiseau de basse-cour à pieds palmés (4). Personne sotte. L'**oison** est le petit de l'oie.

oignon n. m. Plante potagère à tige renflée comestible (5). Renflement semblable à l'oignon comestible dans d'autres plantes : *oignon de tulipe* (on dit aussi BULBE). Gros cor au pied.

oïl n. m. Ancienne forme de oui. *Langue d'oïl,* langue autrefois parlée dans le nord de la France, par opposition à *langue d'oc.*

oindre v. Consacrer avec de l'huile bénite.

oiseau n. m. Animal couvert de plumes, dont les membres de

---

1. V. pl. FLEURS; 2. V. pl. HOMME; 3. V. pl. ARCHITECTURE;
4. V. pl. BASSE-COUR; 5. V. pl. LÉGUMES.

OISEAUX DES CHAMPS ET DES FORÊTS

perdrix

caille

corbeau

faisan

merle

grive

rossignol

pie

fauvette

pinson

martin-pêcheur

bouvreuil

mésange

colibri

hirondelle

chardonneret

moineau

bergeronnette

alouette

pic

geai

engoulevent

bécasse

cigogne

devant (ailes) servent à voler. *A vol d'oiseau*, en ligne droite. *Oiseau-mouche*, le colibri, très petit oiseau d'Amérique. L'**oiselier** est celui qui élève et vend des oiseaux.

oiselier n. m. V. OISEAU.

oiseux, euse adj. Inutile : *mots oiseux*.

oisif, ive adj. Non occupé : *rester oisif*. L'**oisiveté** est l'état de la personne oisive.

oison n. m. V. OIE.

okapi n. m. Antilope d'Afrique qui rappelle par sa forme la girafe et le zèbre (1).

oléagineux, euse adj. De la nature de l'huile : *liquide oléagineux*. Dont on tire de l'huile : *plante oléagineuse*.

olfactif, ive adj. V. ODEUR.

olibrius n. m. Excentrique.

olive n. f. V. OLIVIER.

olivier n. m. Arbre dont le fruit, l'**olive**, produit une huile estimée (2).

olympe n. m. Chez les Anciens, séjour des dieux. Les **jeux Olympiques** étaient des concours d'exercices physiques qui avaient lieu en Grèce tous les 4 ans; on donne aujourd'hui ce nom à des épreuves sportives internationales qui ont lieu tous les 4 ans.

ombelle n. f. Groupement de fleurs en parasol (3). Les **ombellifères** sont les plantes (comme la carotte) dont les fleurs sont en ombelle.

ombellifère n. f. V. OMBELLE.

ombilic n. m. V. NOMBRIL.

omble n. m. Poisson d'eau douce.

ombrage n. m., **ombragé, e** adj., **ombrageux, euse** adj. V. OMBRE.

ombre n. f. Obscurité produite sur une surface éclairée par quelque chose qui arrête la lumière : *l'ombre d'un arbre*. Ténèbres : *les ombres de la nuit*. Apparence : *sans l'ombre d'un doute*. Chez les Anciens, mort, fantôme : *le séjour des ombres*. **Ombrer**, c'est mettre des ombres à un dessin, à un tableau. L'**ombrage**, c'est le feuillage qui donne de l'ombre; c'est aussi le soupçon, la méfiance : *prendre ombrage de quelque chose*. Ce qui est couvert d'ombrages est **ombragé**. Un homme méfiant, d'humeur

oiseaux coureurs

1. V. pl. CHAMEAU ET ANIMAUX ANALOGUES; 2. V. pl. FRUITS;
3. V. pl. PLANTES.

difficile, est **ombrageux**. Une **ombrelle** est un parasol.

ombrelle n. f., **ombrer** v. V. OMBRE.

omelette n. f. Œufs battus ensemble et cuits dans la poêle.

omettre v. Négliger de faire : *omettre une formalité.* L'**omission** est l'action d'omettre.

omission n. f. V. OMETTRE.

omnibus n. m. Autrefois, voiture publique, pour plusieurs voyageurs. Un train **omnibus** est celui qui s'arrête à toutes les stations d'une ligne.

omnipotent, e adj. Tout puissant.

omnivore adj. Qui se nourrit de chair aussi bien que de végétaux : *l'homme est omnivore.*

omoplate n. f. Os plat de l'épaule (1).

on pronom désignant une ou plusieurs personnes de façon vague : *on est venu; on est nombreux; on est patiente.*

onagre n. m. Mammifère d'Asie, intermédiaire entre le cheval et l'âne.

once n. f. Autrefois, poids de 30 grammes.

oncle n. m. Frère du père ou de la mère.

onction n. f. Grande douceur dans les paroles, les discours.

onctueux, euse adj. Gras, huileux. Au figuré, plein d'onction : *paroles onctueuses.*

onde n. f. Mouvement de l'eau qui se soulève et s'abaisse tour à tour. L'*onde amère,* la mer. Vibration qui se déplace dans l'air, etc. : *onde électrique, sonore.* Ce qui est disposé en forme d'ondes est **ondé** ou **ondulé.** Une **ondée** est une averse. **Ondoyer,** c'est flotter en s'élevant et en s'abaissant tour à tour : *moissons qui*

ondoient; dans la religion chrétienne, c'est baptiser sans cérémonie en cas d'*urgence* (v. ce mot). L'**ondoiement** est l'action d'ondoyer. **Onduler,** c'est former des ondes : *liquide qui ondule;* c'est aussi donner à une chose un aspect ondulé : *onduler des cheveux.* L'**ondulation** est l'action d'onduler.

ondé, e adj., **ondée** n. f., **ondoiement** n. m., **ondoyer** v., **ondulation** n. f., **onduler** v. V. ONDE.

onéreux, euse adj. Coûteux.

ongle n. m. Partie dure qui couvre le dessus du bout des doigts. L'**onglée** est un engourdissement douloureux du bout des doigts, causé par le froid. Un **onglet** est une bande de papier servant à coller dans un livre une carte, un dessin; c'est aussi une entaille faite dans un objet pour pouvoir le tirer avec l'ongle.

onglée n. f., **onglet** n. m. Voir ONGLE.

onguent n. m. Médicament gras.

onirique adj. Relatif aux rêves.

onomatopée n. f. Mot dont la prononciation imite ce qu'il veut représenter, comme « cliquetis ».

onyx n. m. Sorte d'agate, pierre fine à bandes colorées.

onze adj. Dix et un : *onze jours.* N. m. : *le onze du mois.* **Onzième,** qui vient par ordre après le dixième.

onzième adj. V. ONZE.

opale n. f. Pierre précieuse d'un blanc laiteux, à reflets *irisés* (v. ce mot).

opaque adj. Qui ne laisse pas passer la lumière : *corps opaque.*

opéra n. m. Œuvre théâtrale en vers, mise en musique.

1. V. pl. HOMME.

L'**opéra-comique** est une pièce de théâtre mi-sérieuse, mi-comique, où il y a du chant et du dialogue parlé. Une **opérette** est un petit opéra à sujet comique.

opérateur, trice n., **opération** n. f. V. OPÉRER.

opérer v. Faire : *opérer un mouvement.* Soumettre à une intervention chirurgicale : *opérer d'une appendicite.* L'**opération** est l'action d'opérer; c'est aussi l'intervention du chirurgien; c'est également une action militaire, un combat; c'est enfin un procédé arithmétique pour trouver une somme, un produit, etc. Celui qui opère est un **opérateur** (1).

opérette n. f. V. OPÉRA.

ophicléide n. m. Instrument de musique en cuivre, à vent et à clefs (2).

ophtalmie n. f. Inflammation de l'œil. L'**ophtalmologie** est l'étude des maladies des yeux.

ophtalmologie n. f. V. OPHTALMIE.

opiner v. Donner son avis, penser que. *Opiner du bonnet,* dire oui par un mouvement de tête.

opiniâtre adj. Obstiné. L'**opiniâtreté** est l'obstination.

opiniâtreté n. f. V. OPINIÂTRE.

opinion n. f. Avis, sentiment sur une chose, idée : *donner son opinion.* (V. OPINER.) L'*opinion publique,* c'est ce que pense le public, la majorité des citoyens.

opium n. m. Suc de pavot qui a la propriété de faire dormir, de calmer la douleur.

opossum n. m. Sarigue d'Amérique à fourrure estimée (3).

opportun, e adj. Qui arrive à propos : *événement opportun.* L'**opportunité** est la qualité de ce qui est opportun; c'est aussi une occasion, une circonstance favorable.

opportunité n. f. V. OPPORTUN.

opposé, e adj. Placé vis-à-vis, en face : *le côté opposé d'un objet.* Contraire : *intérêts opposés.* **Opposer,** c'est placer contre, pour faire obstacle : *opposer une barrière.* Mettre vis-à-vis : *opposer des ornements, des opinions.* Dire quelque chose contre : *opposer une critique.* **S'opposer,** être contraire : *s'opposer à un achat.* L'**opposition** est la position d'une chose placée en face d'une autre pour lui faire obstacle, ou à côté d'elle pour faire ressortir leurs différences.

opposition n. f. V. OPPOSER.

oppresser v., **oppresseur** n. m., **oppression** n. f. V. OPPRIMER.

opprimer v. Dominer avec autorité, avec violence : *opprimer un peuple.* L'**oppression,** c'est l'action d'opprimer; c'est aussi la difficulté pour respirer. **Oppresser,** c'est causer de l'oppression : *être oppressé par l'asthme.* L'**oppresseur** est celui qui opprime.

opprobre n. m. Honte profonde.

opter v. Choisir. L'**option** est le droit de choisir.

opticien n. m. V. OPTIQUE.

optimisme n. m. Manière de penser de ceux qui trouvent que tout est pour le mieux dans le monde. (Le contraire est PESSIMISME.) L'**optimiste** est celui qui a de l'optimisme.

optimiste n. m. V. OPTIMISME.

option n. f. V. OPTER.

optique adj. Relatif à la vue, à l'œil, aux instruments servant à étudier la lumière. L'**opticien** est celui qui fait ou

---

1. V. pl. CINÉMA ; 2. V. pl. MUSIQUE *(Instruments de)*;
3. V. pl. FOURRURE *(Animaux à).*

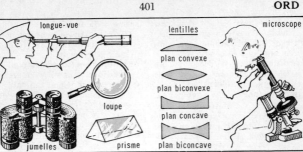

optique

vend des lunettes, des jumelles, des longues-vues, etc.

opulence n. f. Grande richesse.

opulent, e adj. Très riche.

opuscule n. m. Petit ouvrage littéraire ou scientifique.

or I. n. m. Métal précieux, très lourd, de couleur jaune. Monnaie d'or. Richesse : *la soif de l'or.*

or II. conj. Maintenant, donc.

oracle n. m. Dans l'antiquité, réponse faite par les dieux aux questions des hommes. Prophétie.

orage n. m. Vent violent avec pluie, grêle, éclairs, etc. Au figuré, agitation : *les orages de la vie.* Ce qui tient de l'orage est **orageux** : *temps orageux.*

orageux, euse adj. V. ORAGE.

oraison n. f. Prière.

oral, e adj. De vive voix. N. m. Examen qui consiste en une interrogation.

orange n. f., **orangé, e** adj., **orangeade** n. f. V. ORANGER.

oranger n. m. Arbre des pays chauds dont le fruit (*orange*) est comestible (1). Ce qui est de la couleur du fruit de l'oranger est **orangé**. L'**orangerie** est la serre où l'on garde les orangers dans les pays aux hivers froids.

Une **orangeade** est un rafraîchissement fait avec le jus de l'orange.

orangerie n. f. V. ORANGE.

orang-outan n. m. Grand singe de Bornéo et de Sumatra (2).

orateur n. m. Celui qui prononce un discours. Ce qui est relatif à l'orateur, au discours, est **oratoire**. Un **oratoire** est une petite chapelle.

oratoire adj. et n. m. V. ORATEUR.

orbite n. f. Courbe que décrit une planète autour du soleil (3). Cavité du crâne où est logé l'œil (4).

orchestre [*or-kèstr'*] n. m. Partie du théâtre, devant la scène, où se placent les musiciens (5). Ensemble des instruments, des musiciens qui jouent dans un concert.

orchidées [*or-ki-dé*] n. f. pl. Plantes des pays chauds à très belles fleurs de formes bizarres.

ordinaire adj. Qui a lieu habituellement : *événement ordinaire.* Habituel : *langage ordinaire.* N. m. Ce qu'on mange d'habitude : *un bon ordinaire.* Prières habituelles de la messe. **D'ordinaire,** généralement.

1. V. pl. FRUITS ; 2. V. pl. SINGES ; 3. V. pl. ASTRONOMIE ; 4. V. pl. HOMME ; 5. V. pl. THÉÂTRE.

ordinateur n. m. Calculateur automatique permettant d'effectuer des opérations très nombreuses et très complexes.

ordination n. f. Cérémonie au cours de laquelle on reçoit le sacrement conférant la prêtrise.

ordonnance n. f. V. ORDONNER.

ordonner v. Mettre en ordre. Commander : *ordonner de sortir.* Conférer (communiquer) le sacrement de l'ordre : *ordonner prêtre.* L'**ordonnance**, c'est l'arrangement, l'ordre, le règlement; c'est aussi un soldat mis au service d'un officier (v. ORDRE); c'est enfin ce qu'un médecin ordonne comme traitement.

ordre n. m. Arrangement, disposition : *ordre alphabétique; mettre en ordre.* Paix, tranquillité : *rentrer dans l'ordre.* Groupe, sorte : *ordre d'idées.* Disposition des parties d'une construction : *les ordres grecs.* Division dans le classement des plantes ou des animaux : *l'ordre des coléoptères.* Compagnie religieuse : *l'ordre des bénédictins.* Commandement : *donner un ordre. Mot d'ordre,* v. MOT. *Ordre du jour,* questions dont on doit parler dans une réunion. (V. ORDONNER.)

ordure n. f. Saleté.

oreille n. f. Organe de l'ouïe. Partie extérieure de cet organe : *l'âne a de longues oreilles.* Ouïe : *avoir l'oreille fine.* Prêter l'oreille,* écouter. *Faire la sourde oreille,* faire semblant de ne pas entendre. L'**oreiller** est un coussin pour appuyer la tête quand on dort. Les **oreillons** sont causés par l'inflammation d'une glande du cou voisine de l'oreille. L'**otite** est

une inflammation de l'oreille. L'**oreillette** est l'une des deux cavités du cœur qui reçoivent le sang des veines.

oreiller n. m., **oreillette** n. f., **oreillons** n. m. pl. V. OREILLE.

orfèvre n. m. Celui qui fait ou vend des ouvrages d'or, d'argent. L'**orfèvrerie** est l'art, l'ouvrage de l'orfèvre.

orfèvrerie n. f. V. ORFÈVRE.

organe n. m. Partie d'un corps vivant qui remplit un rôle utile à la vie : *l'œil est l'organe de la vue.* Voix : *avoir un bel organe.* Appareil servant à communiquer ou à guider un mouvement dans une machine. Ce qui exprime la pensée de : *ce journal est l'organe du gouvernement.* Ce qui est relatif aux organes est **organique** : *substance organique.*

organique adj. V. ORGANE.

organisateur, trice adj., **organisation** n. f. V. ORGANISER.

organiser v. Disposer : *organiser un service.* L'**organisation** est la manière de disposer les choses. L'**organisme** est l'ensemble des organes d'un corps vivant; c'est aussi un ensemble disposé pour fonctionner : *organisme politique.* Celui qui organise est **organisateur.**

organisme n. m. V. ORGANISER.

organiste n. m. V. ORGUE.

orge n. f. Céréale à grain renfermant une farine comestible (1).

orgelet n. m. Bouton au bord des paupières, compère-loriot.

orgie n. f. Débauche.

orgue n. m. Grand instrument de musique à vent, à clavier et à pédales. *Orgue de Barbarie,* petit orgue à manivelle (2). L'**organiste** est celui qui joue de l'orgue.

1. V. pl. CÉRÉALES; 2. V. pl. MUSIQUE *(Instruments de).*

orgueil n. m. Trop grande estime que l'on a de soi. Celui qui a de l'orgueil est **orgueilleux**.

orgueilleux, euse adj. V. OR-GUEIL.

orient n. m. Est, point du ciel où se lève le soleil. Pays situés à l'est de l'Europe. Eclat d'une perle. Ce qui se rapporte à l'Orient est **oriental**.

oriental, e adj. V. ORIENT.

orientation n. f. V. ORIENTER.

orienter v. Disposer une chose par rapport aux points cardinaux : *maison bien orientée; c'est aussi diriger : orienter les recherches.* **S'orienter**, c'est reconnaître sa position par rapport aux points cardinaux. L'**orientation** est l'action d'orienter, de s'orienter.

orifice n. m. Ouverture, trou.

oriflamme n. f. Bannière (1).

originaire adj., **original, e** adj., **originalité** n. f. V. ORIGINE.

origine n. f. Commencement : *l'origine du monde.* Provenance : *étoffe d'origine anglaise.* Ce qui est à l'origine d'une chose, qui sert de modèle, est **original**. Ce qui est nouveau, singulier, est également **original**. L'**original** est le texte primitif : *l'original d'un traité.* Un **original** est une personne excentrique. L'**originalité** est le caractère original. Ce qui remonte à l'origine est **originel** : *le péché originel.* Ce qui vient d'un lieu en est **originaire**.

originel, elle adj. V. ORIGINE.

oripeaux n. m. pl. Vieux vêtements.

orme n. m. Arbre d'Europe. L'**ormeau** est un petit orme.

ormeau n. m. V. ORME.

ornement n. m., **ornemental, e** adj., **ornementation** n. f. V. ORNER.

orner v. Parer, décorer. Un **ornement** est ce qui orne, qui embellit. Ce qui orne est **ornemental**. L'**ornementation** est l'art de disposer les ornements.

ornière n. f. Trace profonde laissée par une roue dans le sol.

ornithologie n. f. Etude des oiseaux.

ornithorynque n. m. Petit mammifère d'Australie, à bec de canard (2).

orographique adj. Relatif au relief de la Terre : *carte orographique.*

oronge n. f. Un champignon.

orpaillage n. m. Recherche de l'or dans les alluvions.

orphelin, e n. Enfant qui a perdu ses parents. Un **orphelinat** est un établissement où l'on recueille des orphelins.

orphelinat n. m. V. ORPHELIN.

orphéon n. m. Société musicale.

orteil n. m. Doigt de pied (3).

orthodoxe adj. Conforme à la doctrine généralement admise. Les *églises orthodoxes* sont séparées de Rome et du pape depuis 1054.

orthographe n. f. Art d'écrire correctement les mots. **Orthographier**, c'est écrire un mot suivant les règles.

orthographier v. V. ORTHO-GRAPHE.

orthopédie n. f. Art de corriger les déformations du corps.

ortie n. f. Plante dont les poils irritent la peau.

ortolan n. m. Oiseau d'Europe à chair délicate.

orvet n. m. Petit reptile inoffensif, dont la queue se brise facilement (4).

os [*oss*; au pl. *ô*] n. m. Partie dure qui forme la charpente du corps de l'homme et des animaux. Ce qui comprend des os

---

1. V. pl. DRAPEAUX ; 2. V. pl. ANIMAUX EXOTIQUES ; 3. V. pl. HOMME ; 4. V. pl. REPTILES.

est **osseux**. L'**ossature** est l'ensemble des os. Un **osselet** est un petit os servant à un jeu. Les **ossements** sont les os des morts. Un **ossuaire** est l'endroit où l'on recueille les ossements d'un cimetière.

oscillation n. f. Mouvement d'un corps qui va et vient de part et d'autre de sa position d'équilibre. **Osciller**, c'est exécuter des oscillations.

osciller v. V. OSCILLATION.

oseille n. f. Plante potagère.

oser v. Avoir la hardiesse, le courage de : *oser parler*. Ce qui est hardi est **osé**.

osier n. m. Rameau d'une sorte de saule : *panier d'osier* (1).

ossature n. f., **osselet** n. m., **ossement** n. m., **osseux, euse** adj., **ossuaire** n. m. V. os.

ostensible adj., **ostensoir** n. m. V. OSTENTATION.

ostentation n. f. Montre, parade : *ostentation de richesse*. Ce qui est apparent est **ostensible**. L'**ostensoir** est un support en métal précieux dans lequel on présente aux fidèles l'hostie consacrée (2).

ostracisme n. m. Exclusion d'un groupe, d'un parti.

otage n. m. Personne saisie ou livrée comme garantie d'une promesse, d'une convention.

otarie n. f. Sorte de phoque (3).

ôter v. Mettre ailleurs, enlever de sa place. Enlever : *ôter quelque chose à quelqu'un*.

otho-rhino-laryngologie n. f. Partie de la médecine qui traite des oreilles, du nez et de la gorge.

otite n. f. V. OREILLE.

ou conj. qui marque une alternative, un choix : *dire oui ou non*.

où adv. En quel endroit : *où es-tu?* Auquel, dans lequel : *l'endroit où je suis*.

ouaille n. f. Autrefois, brebis. Au pluriel, les chrétiens par rapport à leur pasteur.

ouate n. f. Coton préparé pour servir à des pansements, pour rembourrer, etc.

oubli n. m. Perte du souvenir d'une chose : *l'oubli d'un rendez-vous*. **Oublier**, c'est perdre le souvenir de : *oublier une date*. Laisser par manque d'attention : *oublier ses gants*. Laisser passer : *oublier l'heure*. **S'oublier**, c'est manquer à son devoir. Celui qui oublie facilement est **oublieux**. Une **oubliette** était un cachot où l'on enfermait les prisonniers condamnés à la prison perpétuelle.

ouest n. m. Point du ciel qui se trouve du côté où le soleil se couche. (On l'appelle aussi COUCHANT ou OCCIDENT.)

ouf! Interjection qui marque le soulagement : *ouf! le voilà!*

oui mot affirmatif, opposé à *non*. *Pour un oui, pour un non*, sans motif sérieux.

ouïe n. f. Sens qui perçoit les sons. Branchies, organe respiratoire que les poissons ont aux côtés de la tête. *Par ouï-dire*, pour l'avoir entendu.

ouïr v. Entendre (on n'emploie guère dans ce verbe que les formes *ouïr* et *ouï*).

ouistiti n. m. Sorte de singe (4).

ouragan n. m. Violente tempête.

ourdir v. Disposer les fils de la chaîne d'une étoffe. Machiner : *ourdir un complot*.

ourler v. V. OURLET.

ourlet n. m. Repli cousu au bord d'une étoffe (5). **Ourler**, c'est faire un ourlet.

---

1. V. pl. VANNERIE ; 2. V. pl. CULTE *(Objets du)* ;
3. V. pl. CÉTACÉS ET AMPHIBIES ; 4. V. pl. SINGES ; 5. V. pl. COUTURE.

ours n. m. Mammifère à épaisse fourrure et à démarche lourde (1). Au figuré, homme qui n'aime pas la société. Un petit ours est un **ourson**. L'**oursin** est un animal marin couvert de piquants (2).

oust! Interjection pour chasser, pour activer.

outarde n. f. Sorte de gros oiseau à longues jambes.

outil n. m. Instrument de travail. L'**outillage** est un assortiment d'outils. **Outiller**, c'est munir d'outils : *bien outillé.*

outrage n. m. Injure, offense.

outrager v. Offenser, faire outrage. Ce qui outrage est **outrageant.**

outrance n. f. Excès. Ce qui est excessif est **outrancier.**

outre I. n. f. Sac en peau pour recevoir des liquides.

outre II. prép. Au-delà, de plus. *En outre,* de plus, adv. Plus loin : *passer outre.*

outré, e adj. Excessif, exagéré : *paroles outrées.* Indigné : *être outré de ce qu'on voit.*

outrecuidance n. f. Impertinence.

outremer n. m. Une couleur bleue.

outre-mer adv. Au-delà des mers : *s'établir outre-mer.*

outrepasser v. Aller au-delà : *outrepasser ses droits.*

outrer v. Exagérer; irriter.

ouvert, e adj., **ouverture** n. f. V. OUVRIR.

ouvrable adj. V. OUVRAGE.

ouvrage n. m. Travail. Chose produite par l'ouvrier, l'artiste, l'écrivain, l'ingénieur : *ouvrage de fortification, ouvrage en prose.* **Ouvrer**, c'est travailler. **Ouvrager**, c'est façonner de manière compliquée : *broderie ouvragée.* L'**ouvrier** est celui qui travaille de ses mains pour gagner sa vie. Adjectivement, qui travaille : *la classe ouvrière.* Un jour **ouvrable** est un jour de travail. Un **ouvroir** est un établissement de bienfaisance où l'on exécute des travaux de couture, etc.

ouvreuse n. f. V. OUVRIR.

ouvrir v. Faire que ce qui était fermé ne le soit plus : *ouvrir la porte.* Séparer : *ouvrir les lèvres.* Être ouvert : *magasin qui ouvre le dimanche.* (Conjuguez : *j'ouvre,* etc.; *que j'ouvre,* etc.; *ouvrant; ouvert.*) Celui qui est **ouvert** est franc. *Recevoir à bras ouverts,* c'est recevoir cordialement. L'**ouverture**, c'est l'action d'ouvrir; c'est aussi un trou, un passage; c'est encore un commencement : *ouverture d'une séance.* L'**ouvreuse** est la femme qui place les spectateurs au théâtre, au cinéma.

ovale n. m. Courbe allongée en forme d'œuf. Ce qui a cette forme est également **ovale.**

ovation n. f. Acclamations, triomphe.

ovin, e adj. Relatif aux moutons : *race ovine.*

oxyde n. m. Résultat de la combinaison d'un métal avec l'oxygène. **Oxyder**, c'est produire un oxyde : *le fer s'oxyde à l'air humide.*

oxygène n. m. Un des gaz qui composent l'air : *l'oxygène sert à la respiration.*

ozone n. m. Gaz constituant une variété de l'oxygène.

---

1. V. pl. FOURRURE (*Animaux à*) ; 2. V. pl. ANIMAUX INFÉRIEURS.

Parachutage. *Phot. N. Y. T.*

pacage n. m. Pâturage.

pacha n. m. Ancien titre honorifique en Turquie.

pachyderme [*pa-ki-dèrm'*] n. m. Grand quadrupède à peau très épaisse, comme l'éléphant, l'hippopotame, le rhinocéros (v. ces mots).

pacification n. f., **pacifier** v., **pacifique** adj., **pacifiste** n. V. PAIX.

pacotille [*pa-co-tiy'*] n. f. Marchandises de peu de valeur.

pacte n. m. Accord, convention.

pactole n. m. Source de richesses (du nom d'un fleuve d'Asie qui roulait des paillettes d'or).

paella [*pa-è-lya*] n. f. Mets espagnol à base de riz.

paf! Mot qui exprime le bruit d'un coup, d'une chute.

pagaie [*pa-ghè*] n. f. Petite rame qu'on manie sans l'appuyer sur le bord du bateau.

pagaille ou **pagaye** n. f. Familièrement, désordre.

paganisme n. m. Religion des *païens* (v. ce mot).

page I. n. f. Côté d'un feuillet de papier. Ce qui s'y trouve écrit. La **pagination** est la suite des numéros des pages d'un livre.

page II. n. m. Jeune noble au service d'un seigneur.

pagination n. f. V. PAGE I.

pagne n.m. Morceau d'étoffe qui entoure le corps, de la ceinture aux genoux, et qui sert de vêtement à certains peuples.

pagode n. f. Temple en Extrême-Orient.

paie n. f., **paiement** n. m. V. PAYER.

païen, enne adj. et n. Se dit, chez les chrétiens, des croyances non chrétiennes, de leurs adeptes.

paillasse n. f. et m., **paillasson** n. m. V. PAILLE.

paille n. f. Tige des *graminées* (v. ce mot) dépouillée de son grain : *paille de blé, de seigle*. Défaut à l'intérieur d'une pièce de métal. Adj. De la couleur de la paille : *un ruban paille. Etre sur la paille*, c'est être très pauvre. Une **paillette**, c'est une petite lamelle de métal; c'est aussi une petite parcelle d'or. Une **paillote**, c'est une hutte de paille dans les pays chauds. Une **paillasse** est un matelas bourré de paille. Un **paillasse** est un clown. Un **paillasson** est une natte faite de jonc, de paille.

paillette n. f., **paillote** n. f. V. PAILLE.

pain n. m. Aliment fait de farine pétrie avec de l'eau, puis levée (V. LEVER) et cuite au four (1). Nourriture en général : *gagner son pain.* Objet qui a plus ou moins la forme du pain : *pain de sucre. Arbre à pain,* arbre des pays chauds dont les gros fruits sont chers en Afrique. *Pain d'épice,* pâtisserie faite de farine et de miel.

pair, e adj. Exactement divisible par deux : *nombre pair.* N. m. Egal d'une personne : *être jugé par ses pairs.* Titre honorifique dans certains pays. *Etre de pair,* sur le même rang. *Hors de pair,* sans égal. *Etre au pair,* c'est être logé et nourri en échange de quelques services, mais sans recevoir de salaire.

paire n. f. Ensemble de deux personnes, de deux animaux, de deux choses semblables.

paisible adj. V. PAIX.

paître v. Manger l'herbe en broutant : *paître dans un pré.* (Conjuguez : je pais, il paît, nous paissons; je paîtrai; il faut que je paisse; paissant.) [V. PÂTURAGE.]

paix n. f. Etat d'un pays qui n'est pas en guerre. Traité qui maintient ou qui rétablit cet état.

pachydermes

tapir — éléphant — rhinocéros — hippopotame — sanglier

1. V. pl. MEUNERIE ET BOULANGERIE.

Calme : *la paix des champs.*
Réconciliation : *faire la paix.*
Tranquillité : *la paix du cœur.*
Celui qui vit toujours en paix
est **pacifique**. Ce qui est en
paix est également **pacifique**:
un règne pacifique. **Pacifier**,
c'est ramener la paix après une
agitation. La **pacification** est
l'action de pacifier. Un **pacifiste** est celui qui est partisan
de la paix entre les Etats. Ce
qui est calme, tranquille, est
paisible : *vie paisible.*

pal n. m. Pieu pointu.

palabres n. f. pl. Longue discussion. **Palabrer**, c'est tenir
des palabres.

palabrer v. V. PALABRE.

palace n. m. Hôtel très luxueux.

paladin n. m. Seigneur de la
suite de Charlemagne.

palafitte n. m. Habitation préhistorique construite en bordure
d'un lac, sur des pieux.

palais I n. m. Maison magnifique : *palais royal*. Grand édifice. *Palais de justice*, tribunal.

palais II n. m. Partie supérieure
du dedans de la bouche. Sens
du goût : *un palais délicat.*

palan n. m. Appareil de levage.

palanquin n. m. Sorte de chaise
à porteurs ; c'est aussi un abri
posé sur le dos d'un éléphant.

pale n. f. Partie plate d'une rame.
Branche d'une hélice.

pâle adj. Décoloré : *teint pâle*.
La **pâleur** est l'état de ce qui
est pâle. Celui qui est un peu
pâle est **pâlot**. **Pâlir**, c'est
devenir pâle.

palefrenier n. m. Homme qui
panse et soigne les chevaux.

palefroi n. m. Au Moyen Age,
cheval de parade.

paléolithique n. m. Epoque la
plus ancienne de la préhistoire.

paléontologie n. f. Science qui

étudie les animaux, les plantes
fossiles (v. ce mot).

palet n. m. Petit disque de métal
qu'on utilise dans divers jeux
d'adresse.

paletot n. m. Vêtement qu'on
porte par-dessus les autres.

palette n. f. Planchette où le
peintre dispose ses couleurs. Os
plat de l'épaule du mouton, etc.
Plateau utilisé pour la manutention de marchandises.

palétuvier n. m. Nom de divers
arbres des pays chauds, croissant en bordure de la mer (1).

pâleur n. f. V. PÂLE.

palier n. m. Endroit plan d'un
escalier où finit chaque étage (2).
Partie plane d'une route, d'une
voie ferrée.

palinodie n. f. Rétractation,
action de revenir sur ce qu'on
a dit autrefois.

pâlir v. V. PÂLE.

palissade n. f. Barrière de pieux,
de planches.

palissandre n. m. Bois de couleur violet foncé.

palladium n. m. Un métal très
dur, utilisé dans divers alliages.

palliatif n. m. Remède qui ne
fait que calmer momentanément. **Pallier**, c'est compenser:
pallier les défauts d'autrui.

pallier v. V. PALLIATIF.

palmarès n. m. Liste des élèves
couronnés dans une distribution de prix.

palme n. f. Feuille découpée du
palmier. Signe de victoire :
remporter la palme. Distinction académique (3). Ce qui a
la forme d'une main ouverte est
palmé. La patte des oiseaux
nageurs, dont les doigts sont
réunis par une peau, est **pal-
mée**. Une **palmette** est un
ornement en forme de palme(4).

---

1. V. pl. PLANTES EXOTIQUES ; 2. V. pl. ESCALIERS ;
3. V. pl. DÉCORATIONS ; 4. V. pl. DÉCORATION CRNEMENTALE.

palmipèdes et échassiers

Les **palmiers** sont de grandes plantes dont les branches sont palmées : *les dattes sont les fruits d'une sorte de palmier* (1). Une **palmeraie** est un lieu planté de palmiers. Les **palmipèdes** sont les oiseaux à pieds palmés (canards, cygnes, etc.).
palmé, e adj., **palmeraie** n. f., **palmette** n. f., **palmier** n. m.,

palmipède n. m. Voir PALME.
palombe n. f. Une espèce de pigeon sauvage.
pâlot, otte adj. V. PÂLE.
palourde n. f. Coquillage marin comestible.
palpable adj. V. PALPER.
palper v. Toucher pour se rendre compte de. Ce qu'on peut

1. V. pl. PLANTES EXOTIQUES.

palper, ce qui est clair, est **palpable**.

palpitation n. f. V. PALPITER.

palpiter v. Battre (se dit du cœur). Etre très ému. La **palpitation** est le battement du cœur. Un récit **palpitant** est un récit émouvant.

paludéen, enne adj. Propre aux marais : *fièvre paludéenne*. Le **paludisme** est une maladie des régions chaudes et marécageuses. Le **paludier** est l'ouvrier qui recueille le sel dans les marais salants.

paludier n. m., **paludisme** n. m. V. PALUDÉEN.

pâmer (se) v. Défaillir. *Se pâmer de rire*, c'est rire à en perdre le souffle. La **pâmoison** est l'état d'une personne qui se pâme.

pâmoison n. f. V. PÂMER.

pampa n. f. Vaste prairie en Amérique du Sud (Argentine).

pamphlet n. m. Ecrit violent où l'on attaque quelqu'un. Un **pamphlétaire** est un auteur de pamphlets.

pampille n. f. Petit ornement de passementerie ou de bijouterie.

pamplemousse n. m. Fruit proche de l'orange, plus gros que celle-ci, appelé aussi *grapefruit* (1).

pampre n. m. Rameau de vigne chargé de feuilles.

pan n. m. Partie unie assez grande d'un vêtement, d'un rideau, etc. Partie assez grande d'un mur. Face de certains objets : *écrou à six pans. Pan coupé*, arête abattue de l'angle de deux murs.

pan! interj. Mot qui exprime le bruit d'un coup soudain.

panacée n. f. Remède universel.

panache n. m. Plumet d'un casque, d'un chapeau, etc. Ce qui est **panaché** comporte diver-ses couleurs, est formé d'éléments variés.

panaché, e adj. V. PANACHE.

panama n. m. Chapeau de paille très souple (2).

panaris n. m. Mal blanc, inflammation au bout d'un doigt.

pancarte n. f. Plaque de bois, de carton, portant une inscription.

pancréas n. m. Glande située en arrière de l'estomac.

pandore n. m. Familièrement, gendarme.

panégyrique n. m. Eloge.

paner v. Couvrir de pain râpé : *côtelette panée*.

pangermanisme n. m. Doctrine qui veut la réunion de tous les peuples de race allemande.

panier n. m. Récipient d'osier, de jonc, etc., pour contenir et transporter des denrées, etc. Ce que contient un panier. But, au basket-ball. *Panier percé*, personne dépensière.

panifiable adj. V. PANIFICATION.

panification n. f. Fabrication du pain. **Panifier**, c'est transformer en pain. Une farine **panifiable**, c'est une farine qui peut servir à faire du pain.

panique n. f. Terreur brusque et sans raison.

panne I n. f. Arrêt dans le fonctionnement d'une machine quelconque : *panne d'auto*.

panne II n. f. Graisse qui garnit les rognons du porc.

panneau n. m. Surface plane encadrée de moulures. Plaque portant une indication : *panneau de signalisation routière*.

panonceau n. m. Ecusson à la porte d'un notaire, d'un hôtel, etc.

panoplie n. f. Collection d'armes disposées artistement.

panorama n. m. Vaste étendue

1. V. pl. FRUITS ; 2. V. pl. COIFFURES CIVILES.

de pays qu'on voit d'une hauteur. Ce qui offre l'aspect d'un panorama est **panoramique**.

panoramique adj. V. PANORAMA.

pansage n. m. V. PANSER.

panse n. f. Le premier estomac des ruminants. Familièrement, ventre. Partie renflée, arrondie, d'un vase, etc. Celui qui a une grosse panse est **pansu**.

pansement n. m. V. PANSER.

panser v. Appliquer les remèdes nécessaires sur une plaie. Au figuré, soigner, calmer. Brosser, étriller un animal domestique. Le **pansage** est l'action de panser un animal. Le **pansement** est l'action de panser une plaie.

pansu, e adj. V. PANSE.

pantagruélique adj. Qui rappelle l'appétit de Pantagruel, personnage d'un roman de Rabelais.

pantalon n. m. Vêtement qui va de la ceinture aux pieds.

pantelant, e adj. Haletant. La *chair pantelante* est celle d'un animal qui vient d'être tué et qui palpite encore.

panthéon n. m. Temple consacré chez les Grecs à tous les dieux. Monument où sont déposés les restes des hommes illustres d'un pays.

panthère n. f. Mammifère carnassier vivant en Asie, sorte de léopard à fourrure mouchetée (1). L'*amanite panthère* est un champignon vénéneux au chapeau tacheté.

pantin n. m. Marionnette qu'on fait mouvoir à l'aide de fils.

pantographe n. m. Appareil articulé, servant à reproduire les dessins (2). Trolley d'un train électrique.

pantois, e adj. Stupéfait, ahuri : *demeurer tout pantois*.

pantomime n. f. Pièce où les acteurs s'expriment par gestes.

pantoufle n. f. Chaussure d'appartement (3).

paon [*pan*] n. m. Oiseau à beau plumage, dont la queue se déploie en éventail. Personne très orgueilleuse.

papa n. m. Père, dans le langage enfantin.

papal, e adj., **papauté** n. f. V. PAPE.

pape n. m. Le chef de l'Eglise catholique : *le pape réside à Rome*. La **papauté** est la dignité de pape. Ce qui se rapporte au pape est **papal**.

papelard, e adj. Hypocrite.

paperasse n. f. Papier sans valeur. La **paperasserie**, c'est l'abondance inutile de papiers, de documents.

paperasserie n. f. V. PAPERASSE.

papeterie n. f. Industrie, commerce du papier. Le **papetier** est celui qui fait, qui vend du papier.

papetier n. m. V. PAPETERIE.

papier n. m. Feuille mince, de substances végétales, préparée pour écrire, imprimer, envelopper. Au pluriel, pièces d'identité : *avoir des papiers en règle*. (V. PAPERASSE, PAPETERIE.)

papille n. f. Minuscule éminence à la surface de la langue.

papillon n. m. Insecte aux ailes de couleurs diverses (4). Très petite affiche, petit imprimé. **Papillonner**, c'est voltiger comme un papillon. Une **papillote**, c'est un papier roulé pour friser les cheveux. **Papilloter**, c'est miroiter; c'est aussi clignoter, en parlant des yeux.

papillonner v., **papillote** n. f., **papilloter** v. V. PAPILLON.

1. V. pl. FAUVES, CARNASSIERS ; 2. V. pl. DESSIN ;
3. V. pl. CHAUSSURES ; 4. V. pl. INSECTES.

papiste n. m. Chez les Anglais, catholique (qui admet le pape).

papotage n. m. V. PAPOTER.

papoter v. Bavarder pour ne rien dire. Le **papotage** est l'action de papoter.

papyrus [*pa-pi-russ*] n. m. Papier que les Egyptiens faisaient avec une sorte de roseau.

pâque n. f. Fête religieuse des Juifs.

paquebot n. m. Grand navire pour transporter des voyageurs (1).

pâquerette n. f. Marguerite blanche des prés (2).

Pâques n. m. Fête chrétienne en l'honneur de la résurrection du Christ. Au pluriel, *faire ses pâques,* c'est communier entre Pâques et la Trinité. Ce qui se rapporte à Pâques est **pascal**.

paquet n. m. Enveloppe qui renferme un ou plusieurs objets.

paquetage n. m. Ensemble des habits et des objets d'un soldat.

par préposition. A travers : *par la porte*. Au moyen de : *s'enrichir par le travail*. A cause : *faire une chose par nécessité*.

parabole n. f. Récit qui renferme un sens caché : *les paraboles de l'Evangile*. Ligne courbe qui ressemble à celle que décrit une pierre qu'on lance en hauteur et devant soi (3).

parachever v. Achever parfaitement.

parachute n. m. Appareil, en forme de parapluie ouvert, qui ralentit la chute d'une personne ou d'un objet qui tombe d'un avion. Le **parachutisme** est l'art du saut en parachute, que pratiquent les **parachutistes**. **Parachuter,** c'est lâcher d'un avion avec un parachute. Le **parachutage** est l'action de parachuter.

parade n. f. Revue militaire. Etalage : *faire parade de ses talents*. Manière de parer un coup. Scène burlesque jouée à la porte des théâtres de foire. **Parader,** c'est manœuvrer dans une parade militaire; c'est aussi faire parade, se pavaner.

parader v. V. PARADE.

paradis n. m. Jardin magnifique où, suivant la Bible, Dieu plaça Adam et Eve : *paradis terrestre*. Séjour des bienheureux après leur mort : *le paradis de Mahomet*. Endroit enchanteur. Ce qui est enchanteur est **paradisiaque**. Le **paradisier** est un bel oiseau d'Océanie qui porte un beau panache de plumes très fines.

paradoxe n. m. Idée contraire à l'opinion commune. Ce qui a le caractère d'un paradoxe est **paradoxal**.

paraffine n. f. Espèce de cire tirée des pétroles.

parages n. m. pl. Contrée proche du lieu où l'on se trouve.

paragraphe n. m. Division d'un écrit, d'un chapitre, marquée par le signe §.

paraître v. Se montrer aux regards : *le soleil paraît à l'aube*. Etre publié : *livre qui vient de paraître*. Sembler: *il paraît bon*.

parallèle adj. et n. f. Se dit des lignes qui sont à égale distance les unes des autres dans toute leur longueur (3).

parallélogramme n. m. Quadrilatère dont les côtés opposés sont parallèles : *le rectangle est un parallélogramme à angles droits* (4).

paralyser v. V. PARALYSIE.

paralysie n. f. Impossibilité de mouvoir tout ou partie du corps : *paralysie d'un membre*.

1. V. pl. VÉHICULES; 2. V. pl. FLEURS; 3. V. pl. LIGNES; 4. V. pl. SURFACES.

Paralyser, c'est frapper de paralysie; c'est aussi arrêter l'activité d'une entreprise. Le **paralytique** est celui qui est atteint de paralysie.

paralytique adj. et n. V. PARALYSIE.

parapet n. m. Petit mur qui empêche de tomber d'un pont, de remparts, etc. (1).

paraphe n. m. Trait qui souligne une signature; c'est aussi une signature abrégée. **Parapher,** c'est mettre un paraphe.

parapher v. V. PARAPHE.

parapluie n. m. Petit abri portatif contre la pluie.

parasite n. m. Celui qui a l'habitude de vivre aux dépens d'autrui. Animal, plante qui vit aux dépens d'un autre : *la puce est un parasite.*

parasol n. m. Abri portatif pour se garantir du soleil.

paratonnerre n. m. Appareil destiné à préserver un édifice de la foudre.

paravent n. m. Cloison légère et mobile qui abrite du vent.

parbleu!, pardi! Interjections exprimant l'approbation.

parc n. m. Enclos boisé pour la promenade, la chasse. Clôture où l'on enferme le bétail aux champs. Clôture de filets de pêche en mer. **Parquer,** c'est enfermer dans un parc.

parcelle n. f. Petite partie.

parce que. Pour la raison que.

parchemin n. m. Peau fine, desséchée et préparée, pour écrire. Ce qui a l'aspect du parchemin est **parcheminé** : *visage parcheminé.*

parcheminé, e adj. V. PARCHEMIN.

parcimonie n. f. Epargne, grande économie : *vivre avec parci-*

monie. Celui qui agit avec parcimonie est **parcimonieux.**

parcimonieux, euse adj. V. PARCIMONIE.

parcourir v. Suivre dans toute sa longueur un chemin. Examiner rapidement : *parcourir un livre.* Le **parcours** est le chemin suivi : *un long parcours.*

parcours n. m. V. PARCOURIR.

pardessus n. m. Vêtement porté par-dessus les autres (2).

pardon n. m. V. PARDONNER.

pardonner v. Renoncer à punir une faute : *pardonner les injures.* Excuser : *pardonner à quelqu'un ses petits défauts.* Epargner : *la mort ne pardonne à personne.* Le **pardon,** c'est l'action de pardonner; c'est aussi une formule de politesse pour s'excuser : *je vous demande pardon de vous déranger.* Un **pardon** est un pèlerinage breton.

paré, e adj. Orné.

pare-brise n. m. Glace avant d'une automobile.

pare-chocs n. m. Garniture placée à l'avant et à l'arrière d'une automobile et destinée à amortir les chocs.

pare-feu n. m. Dans une forêt, partie non boisée pour empêcher l'extension des incendies.

pareil, eille adj. Egal, semblable. N. m. Personne, chose égale : *n'avoir pas son pareil.*

parement n. m. V. PARER.

parent, e n. Personne de la même famille. N. m. pl. Le père et la mère. La **parenté** est le lien de famille entre parents.

parenté n. f. V. PARENT.

parenthèse n. f. Phrase intercalée dans une autre et enfermée entre deux signes () appelés aussi **parenthèses.**

---

1. V. pl. CHÂTEAU FORT, PONTS; 2. V. pl. VÊTEMENTS MASCULINS.

paréo n. m. Pagne d'Océanie.

parer v. Orner. Préparer : *parer une volaille*. Détourner, éviter : *parer un coup*. Remédier à : *parer à un défaut*. La **parure** est l'ornement. Le **parement**, c'est le côté d'un mur visible de l'extérieur.

paresse n. f. Défaut qui nous éloigne du travail. Celui qui montre de la paresse est **paresseux**. **Paresser**, c'est se laisser aller à la paresse.

paresser v., **paresseux, euse** adj. V. PARESSE.

parfait, e adj. Sans défaut, excellent. Complet : *calme parfait*. **Parfaitement**, c'est d'une manière parfaite. La **perfection**, c'est la qualité de ce qui est parfait. **Perfectionner**, c'est améliorer.

parfois adv. Quelquefois.

parfum n. m. Odeur agréable; produit qui dégage une odeur agréable. **Parfumer**, c'est donner un parfum. La **parfumerie**, c'est l'industrie, le commerce des parfums. Le **parfumeur** est celui qui fait, vend des parfums.

parfumer v., **parfumerie** n. f., **parfumeur, euse** n. V. PARFUM.

pari n. m. V. PARIER.

paria n. m. Dans l'Inde, individu privé de droits religieux ou sociaux. Au figuré, un homme méprisé.

parier v. Convenir d'un enjeu que gagnera celui qui aura raison dans une chose discutée. Le **pari**, c'est l'action de parier. Le **parieur** est celui qui parie.

pariétal n. m. Os situé de chaque côté du crâne.

parieur, euse n. V. PARIER.

parité n. f. Egalité.

parjure n. m. Faux serment.

parking n. m. Endroit où l'on peut garer un véhicule.

parlement n. m. Assemblée qui exerce un pouvoir législatif dans un pays. Un **parlementaire** est un membre du parlement; c'est aussi celui qui est envoyé pour parlementer. **Parlementer**, c'est entrer en pourparlers avec un adversaire. (V. PARLER.)

parlementaire n. m., **parlementer** v. V. PARLEMENT.

parler v. Exprimer sa pensée par des mots. S'exprimer : *parler par gestes*. Savoir s'exprimer en une langue : *parler anglais*. N. m. Manière de parler : *un parler doux*. Langage : *le parler provincial*. Celui qui s'exprime d'une manière agréable est un **beau parleur**. Le **haut-parleur** est un appareil qui renforce les sons. Le **parloir** est la salle d'un couvent, d'un lycée, où on reçoit les visiteurs. Une **parlote**, c'est un bavardage. (V. PARLEMENT, PAROLE.)

parleur n. m., **parloir** n. m., **parlote** n. f. V. PARLER.

parmesan n. m. Fromage de la région de Parme (Italie).

parmi prép. Au milieu, entre.

parodie n. f. Imitation burlesque.

parodier v. Faire une parodie.

paroi n. f. Mur, muraille.

paroisse n. f. Territoire administré religieusement par un curé. Eglise de la paroisse. Ce qui se rapporte à la paroisse est **paroissial**. Un **paroissien** est l'habitant d'une paroisse; c'est aussi un livre de messe.

paroissial, e adj., **paroissien, enne** n. V. PAROISSE.

parole n. f. Voix, faculté de parler. Mot : *paroles méchantes*. Promesse formelle : *donner sa parole. N'avoir qu'une parole*, c'est s'en tenir fidèlement à ce qui a été convenu.

parotide n. f. Glande salivaire placée derrière l'oreille.

paroxysme n. m. Moment de plus grande violence : *au paroxysme de la colère*.

parpaing n. m. Pierre qui tient toute l'épaisseur d'un mur.

parquer v. V. PARC.

parquet n. m. Plancher d'une salle. Dans un tribunal, enceinte réservée aux magistrats. L'ensemble de ces magistrats. Enceinte de la Bourse où se tiennent les agents de change.

parrain n. m. Celui qui tient l'enfant sur les fonts du baptême. Celui qui présente quelqu'un pour le faire recevoir dans une société. Le **parrainage**, c'est le fait de servir de parrain.

parrainage n. m. V. PARRAIN.

parricide n. m. et f. Personne qui tue son père ou sa mère.

parsemer v. Répandre.

part n. f. Portion d'une chose divisée entre plusieurs. *Avoir part*, profiter avec d'autres d'une chose. *Prendre part*, s'intéresser à, collaborer à. *Faire part*, informer. *De part en part*, en traversant. *A part*, excepté. De côté : *mis à part*. (V. PARTIE, PARTAGE.) *Autre part*, ailleurs.

partage n. m. Division en parts. **Partager**, c'est diviser en parts : *partager un gâteau*; c'est aussi posséder avec d'autres : *partager le pouvoir*; c'est également prendre part : *partager un risque*.

partager v. V. PARTAGE.

partance n. f. V. PARTIR.

partenaire n. m. Associé dans une partie de jeu.

parterre n. m. Partie d'un jardin couverte de gazon. Rez-dechaussée d'un théâtre, derrière les fauteuils d'orchestre (1).

parti n. m. Résolution : *prendre un parti*. Profit : *tirer parti de*. Union de gens de même opinion : *parti royaliste. Faire un mauvais parti à quelqu'un*, le maltraiter. *Parti pris*, opinion faite d'avance. Celui qui prend parti, qui est de parti pris, est **partial**. La **partialité** est une préférence injuste. Celui qui défend une idée, un parti est un **partisan**; le combattant qui n'appartient pas à une armée régulière est aussi un **partisan**.

partial, e adj., **partialité** n. f. V. PARTI.

participation n. f., **participe** n. m. V. PARTICIPER.

participer v. Avoir ou prendre part : *participer à une affaire*. Tenir de : *le mulet participe du cheval et de l'âne*. Le **participe** est un mot qui tient du verbe et de l'adjectif, comme OBÉISSANT, AIMÉ. La **participation** est l'action de participer.

particulariser v., **particularité** n. f. V. PARTICULIER.

particule n. f. V. PARTIE.

particulier, ère adj. Propre à une personne, à une chose. Opposé à général : *intérêts particuliers*. Spécial : *talent particulier*. Qui n'est pas public, commun : *leçon particulière*. N. m. Personne privée : *un simple particulier*. **En particulier**, à part. **Se particulariser**, c'est se signaler, se distinguer. Une

1. V. pl. THÉÂTRE.

particularité, c'est un caractère particulier. **Particulièrement** signifie : d'une manière spéciale.

partie n. f. Part, portion. Au jeu, c'est l'ensemble des coups qu'il faut jouer jusqu'à ce qu'un des joueurs ait gagné : *partie de cartes.* En termes de droit, chacun des adversaires dans un procès. *Prendre à partie,* c'est s'attaquer à. *En partie* signifie « pas entièrement ». Ce qui n'est pas entier est **partiel.** Une **particule** est une petite partie; c'est aussi la préposition (souvent « de ») qui précède un nom de famille et qui indique parfois l'appartenance à la noblesse.

partiel, elle adj. V. PARTIE.

partir v. S'en aller : *partir pour Paris.* Commencer : *le chemin part de ce carrefour.* Provenir : *cela part d'un bon cœur.* A partir de,* depuis. Un bateau en **partance** est celui qui va partir.

partisan n. m. V. PARTI.

partition n. f. Réunion de toutes les parties d'une composition musicale.

partout adv. En tous lieux.

parure n. f. V. PARER.

parvenir v. Arriver : *parvenir à ce qu'on veut.* Un **parvenu** est une personne arrivée à une condition supérieure à sa position première, sans avoir les manières de sa nouvelle position.

parvis n. m. Place devant la porte d'une église.

pas I. n. m. Mouvement des pieds pour marcher. Trace que laissent sur le sol les pieds de celui qui marche. Manière de marcher : *pas lourd.* Longueur d'un pas : *à vingt pas d'ici.* Distance

entre deux tours de la cannelure d'une vis (1). Seuil : *le pas d'une porte. Faire un faux pas,* trébucher.

pas II. adverbe de négation : *je n'ai pas parlé.*

pascal, e adj. V. PÂQUES.

pas-de-porte n. m. Somme payée par un commerçant avant d'utiliser un local.

passable adj. Supportable, acceptable : *un travail passable.*

passade n. f., **passage** n. m., **passager, ère** n., **passant, e** n., V. PASSER.

passe n. f. Passage entre deux terres. Endroit par où l'on passe : *la passe d'un port. Etre en passe de,* être en train de : *être en passe de réussir. Etre dans une mauvaise passe,* dans une situation difficile. *Mot de passe,* mot convenu pour se reconnaître.

passé, e adj. Relatif au temps écoulé : *l'année passée.* N. m. Le temps écoulé : *songer au passé.* Temps du verbe indiquant que l'action s'est passée dans un temps écoulé. Prép. Après : *passé neuf heures.*

passe-droit n. m. Faveur accordée aux dépens d'autrui.

passementerie n. f. Galon, cordon, clés, d'or, d'argent, de soie, employé comme ornement.

passe-montagne n. m. Bonnet qui couvre le cou et les oreilles.

passe-partout n. m. Clef pour ouvrir plusieurs portes.

passe-passe (tour de). Tour d'adresse de l'escamoteur.

passepoil n. m. Liséré bordant la couture de certains uniformes.

passeport n. m. Document permettant l'entrée d'une personne dans un pays étranger.

1. V. pl. QUINCAILLERIE.

DRAPEAUX ET PAVILLONS

FRANCE	AFRIQUE DU SUD	ALBANIE	ALGÉRIE	ALLEMAGNE (Rép. dém.)
ALLEMAGNE (Rép. féd.)	ANDORRE	ARABIE SAOUDITE	ARGENTINE	AUSTRALIE
AUTRICHE	BANGLADESH	BELGIQUE	BIRMANIE	BOLIVIE
BRÉSIL	BULGARIE	CAMBODGE	CAMEROUN	CANADA
CENTRAFRICAINE (Rép.)	CHILI	CHINE POPULAIRE	COLOMBIE	CONGO (Brazzaville)
CÔTE-D'IVOIRE	CUBA	DAHOMEY	DANEMARK	ÉGYPTE
ÉQUATEUR	ESPAGNE	ÉTATS-UNIS	ÉTHIOPIE	FINLANDE
GABON	GHANA	GRANDE-BRETAGNE	GRÈCE	GUI
HAÏTI	HAUTE-VOLTA	HONGRIE	INDE	
IRAN	IRAQ	IRLANDE	ISLANDE	VIÊT-N

DÉBUTANTS – 2

DRAPEAUX ET PAVILLONS

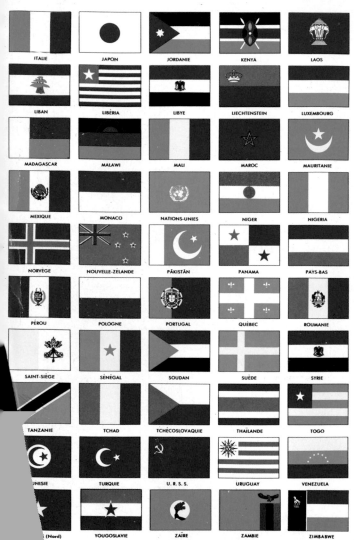

ITALIE	JAPON	JORDANIE	KENYA	LAOS
LIBAN	LIBÉRIA	LIBYE	LIECHTENSTEIN	LUXEMBOURG
MADAGASCAR	MALAWI	MALI	MAROC	MAURITANIE
MEXIQUE	MONACO	NATIONS-UNIES	NIGER	NIGERIA
NORVÈGE	NOUVELLE-ZÉLANDE	PAKISTAN	PANAMA	PAYS-BAS
PÉROU	POLOGNE	PORTUGAL	QUÉBEC	ROUMANIE
SAINT-SIÈGE	SÉNÉGAL	SOUDAN	SUÈDE	SYRIE
TANZANIE	TCHAD	TCHÉCOSLOVAQUIE	THAÏLANDE	TOGO
TUNISIE	TURQUIE	U.R.S.S.	URUGUAY	VENEZUELA
(Nord)	YOUGOSLAVIE	ZAÏRE	ZAMBIE	ZIMBABWE

passer v. Aller d'un endroit à un autre. Traverser : *passer un fleuve*. Disparaître, s'effacer : *la jeunesse passe*. Subir un examen. Faire tenir à un autre : *passez-moi le sel*. Introduire : *passer un lacet*. Filtrer : *passer le café*. Dépasser, aller loin : *passer la limite*. Employer : *passer son temps*. **Se passer,** avoir lieu : *il se passe des choses graves*. S'écouler : *le temps se passe*. Se priver : *se passer de vin*. Une **passade,** c'est un caprice. Le **passage,** c'est l'action de passer, le lieu par où l'on passe; c'est aussi une traversée, un voyage sur mer; c'est également un endroit d'un livre, d'une lettre. Ce qui passe, ce qui est de peu de durée est **passager**. Un **passager** est un voyageur qui passe. Une rue **passante** est celle où il passe beaucoup de monde. Un **passant** est une personne qui passe. Le **passeur** est celui qui conduit un bateau pour passer les fleuves. Une **passoire** est un ustensile pour passer, pour filtrer (1).

passereaux n. m. pl. Oiseaux de petite taille comptant de nombreuses espèces, dont le moineau.

passerelle n. f. Pont léger.

passe-temps n. m. Amusement.

passeur n. m. V. PASSER.

passible adj. Qui mérite : *passible de châtiment*.

passif n. m. Ensemble des dettes d'un personne, d'une société.

passif, ive adj. Qui subit sans résister : *obéissance passive*. La **passivité** est l'état de celui qui est passif.

passion n. f. Souffrance (se dit surtout de la mort du Christ). Mouvement violent comme l'amour, la haine. Désir très vif qui nous pousse vers une chose : *avoir la passion de la musique*. **Passionner,** c'est inspirer une passion, intéresser vivement : *roman qui passionne*. **Se passionner,** c'est s'intéresser avec ardeur : *se passionner pour l'étude*. Ce qui passionne est **passionnant**. Celui qui se passionne pour une chose est **passionné**.

passionnant, e adj., **passionné, e** adj., **passionner** v. V. PASSION.

passivité n. f. V. PASSIF.

passoire n. f. V. PASSER.

pastel n. m. Plante qui donne une couleur bleue. Crayon fait de couleurs finement broyées. Dessin au pastel.

pastèque n. f. Melon d'eau.

pasteur n. m. Autrefois, berger. Chez les protestants, personne qui administre le culte.

pasteuriser v. Chauffer le lait pour l'empêcher de tourner.

pastiche n. m. Imitation.

pastille n. f. Bonbon de sucre, de chocolat, etc. Médicament ayant la forme de bonbons plats.

pastis [*pass-tiss'*] n. m. Boisson alcoolisée parfumée à l'anis.

pastoral, e adj. Propre aux bergers. Qui peint les habitudes des champs : *poésie pastorale*. Relatif au pasteur protestant.

patapouf n. m. Grand bruit de chute, etc. Homme gros et lourd.

pataquès n. m. Faute qui consiste à prononcer une lettre pour une autre, à faire de fausses liaisons.

patate n. f. Familièrement, pomme de terre.

patati, patata, mots plaisants qui imitent un long bavardage.

patatras [*pa-ta-tra*], mot qui imite le bruit d'une chute.

1. V. pl. CUISINE (*Ustensiles de*).

pataud, e adj. Lourd et lent.

patauger v. Piétiner dans une eau bourbeuse. S'embarrasser.

patchouli n. m. Un parfum de l'Orient.

pâte n. f. Matière en poudre pétrie avec de l'eau : *pâte alimentaire.* Confiserie à base de fruits. Au figuré, caractère : *une bonne pâte. Mettre la main à la pâte,* agir soi-même. Ce qui a l'aspect d'une pâte est **pâteux.**

pâté n. m. Pâtisserie qui renferme de la viande. Goutte d'encre tombée sur le papier. Groupe de maisons qui se touchent.

pâtée n. f. Nourriture en forme de pâte, pour les animaux.

patelin, e I adj. Doucereux.

patelin II n. m. Familièrement, petit village.

patène n. f. Petit plat rond qui couvre le calice (1).

patenôtre n. f. Une prière.

patent, e adj. Clair, évident. Une **patente** est un impôt qui était payé par les commerçants.

patère n. f. Crochet pour soutenir des rideaux, des vêtements.

paterne adj. Doucereux.

paternel, elle adj. Du père : *amour paternel.*

paternité n. f. Qualité de père. Création : *la paternité d'une invention.*

pâteux, euse adj. V. PÂTE.

pathétique adj. Emouvant.

pathologie n. f. Etude des maladies.

patibulaire adj. Autrefois, relatif à la potence. *Mine patibulaire,* air de bandit.

patiemment adv. Avec patience.

patience [*pa-syanss'*] n. f. Qualité qui consiste à supporter la souffrance : *prendre son mal en patience.* Qualité qui consiste à savoir attendre. Persévérance, application : *travailler avec patience.* Jeu qui consiste à combiner des cartes d'une certaine façon, à remettre en ordre les parties d'un dessin découpé, etc. Celui qui subit une opération chirurgicale est un **patient.** Celui qui a de la **patience** est **patient. Patienter,** c'est prendre patience.

patient, e adj. et n., **patienter** v. V. PATIENCE.

patin n. m. Chaussure munie d'une lame d'acier pour glisser sur la glace. Semelle à roulettes, pour rouler sur un sol uni. Partie d'un élément mécanique frottant sur une surface : *patin de frein.* **Patiner,** c'est glisser sur des patins; en parlant d'une roue de voiture, c'est tourner sur le sol sans avancer. Le **patinage** est l'action de patiner. Le **patineur** est celui qui patine. La **patinoire** est le lieu où l'on pratique le patinage sportif.

patinage n. m. V. PATIN.

patine n. f. Teinte que prennent avec le temps certains objets, notamment les bronzes.

patiner v., **patineur, euse** n., **patinoire** n. f. V. PATIN.

pâtir v. Souffrir.

pâtisserie n. f. Pâte, généralement sucrée et cuite au four. Commerce, magasin du pâtissier. Le **pâtissier** est celui qui fait ou vend de la pâtisserie.

pâtissier, ère n. V. PÂTISSERIE.

patois n. m. Parler propre à une région limitée.

patraque adj. Se dit d'une personne faible ou maladive.

pâtre n. m. Berger.

patriarcal, e adj. V. PATRIARCHE.

1. V. pl. CULTE *(Objets du).*

patriarche n. m. Chef de famille de la Bible. Vieillard respectable. Ce qui rappelle les patriarches est **patriarcal.**

patricien n. m. Citoyen noble de l'ancienne Rome.

patrie n. f. Pays où l'on est né. Celui qui aime sa patrie est **patriote.** Le **patriotisme** est l'amour de la patrie. Ce qui se rapporte au patriotisme est **patriotique.**

patrimoine n. m. Bien qui vient du père et de la mère. Héritage : *la civilisation grecque est le patrimoine de l'humanité.*

patriotique adj., **patriotisme** n. m. V. PATRIE.

patron, onne n. Protecteur, protectrice. Saint dont on porte le nom. Chef d'une entreprise commerciale ou industrielle. Modèle servant à une fabrication. Ce qui se rapporte au patron est **patronal** : *fête patronale.* Le **patronat** est l'ensemble des employeurs. Le **patronage** est la protection d'un supérieur; c'est aussi une association qui s'occupe des loisirs des jeunes. **Patronner,** c'est recommander, protéger. Une dame **patronnesse** est celle qui patronne une œuvre, une fête. Le nom **patronymique** est le nom de famille.

patronage n. m., **patronal, e** adj., **patronat** n. m., **patronner** v., **patronnesse** adj., **patronymique** adj. V. PATRON.

patrouille n. f. Petit groupe de soldats qui surveillent.

patte n. f. Pied, jambe d'animal (1). Familièrement, main, pied d'homme. Pied d'un objet : *verre à patte.* Bande maintenant les parties d'un vêtement.

pâturage n. m. Lieu où les bestiaux vont *paître* (v. ce mot). La **pâture** est la nourriture des animaux.

pâture n. f. V. PÂTURAGE.

paturon n. m. Partie de la patte du cheval, au-dessus du sabot.

paume n. f. Creux de la main. Un jeu de balle avec des raquettes.

paupière n. f. Double membrane mobile qui recouvre l'œil quand il est fermé.

paupiette n. f. Tranche de viande farcie et roulée.

pause n. f. Arrêt d'une action, d'un travail. Signe musical (2).

pauvre adj. Qui manque du nécessaire, qui est sans ressources · *pays pauvre.* Qui est à plaindre : *pauvre garçon!* N. m. Personne qui n'a pas de quoi se suffire. (Fait au féminin **pauvresse.**) La **pauvreté** est l'état de celui qui est pauvre. **Appauvrir,** c'est rendre pauvre.

pauvreté n. f. V. PAUVRE.

pavage n. m. V. PAVÉ.

pavane n. f. Danse ancienne, grave et lente. **Se pavaner,** c'est marcher d'un air fier.

pavaner (se) v. V. PAVANE.

pavé n. m. Bloc de pierre pour garnir la chaussée. Partie pavée d'une rue. *Etre sur le pavé,* sans domicile, sans emploi. **Paver,** c'est couvrir le sol de pavés. Le **paveur** est celui qui pave.

paver v., **paveur** n. m. V. PAVÉ.

pavillon n. m. Petite maison : *pavillon de chasse.* Drapeau : *pavillon de guerre* (3). *Baisser pavillon,* se rendre, céder. Oreille externe.

pavois n. m. Grand bouclier sur lequel les Gaulois hissaient

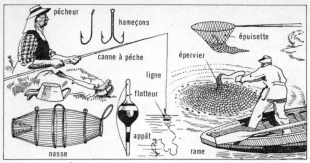

Labels: pêcheur, hameçons, épuisette, canne à pêche, épervier, ligne, flotteur, appât, nasse, rame

pêche

leurs rois. Ensemble des drapeaux d'un navire (1). **Pavoiser**, c'est orner de drapeaux : *pavoiser une maison.*

pavoiser v. V. PAVOIS.

pavot n. m. Plante dont on tire l'opium et l'huile d'œillette (2).

payable adj., **payant, e** adj., **paye** n. f., **payement** n. m. V. PAYER.

payer v. Donner de l'argent qu'on doit : *payer sa place, un ouvrier.* Acquitter une dette. Etre puni de : *payer sa faute.* Ce qui doit se payer est **payable.** Ce qui n'est pas gratuit est **payant.** La **paie** (ou **paye**) est la solde, le salaire. Le **paiement** est l'action de payer. Le **payeur** est celui qui paie.

payeur n. m. V. PAYER.

pays n. m. Territoire d'une nation, d'un peuple. Région, contrée : *les pays chauds.* Patrie, lieu de naissance : *quitter son pays.* Familièrement, compatriote (fait dans ce sens au féminin **payse**).

paysage n. m. Site : *un paysage montagneux.* Tableau qui re-

présente un site champêtre. Le **paysagiste** est le peintre de paysages.

paysagiste n. m. V. PAYSAGE.

paysan, anne n. Homme ou femme de la campagne.

péage n. m. Ce que l'on paie pour passer sur une autoroute, un pont.

peau n. f. Membrane extérieure qui couvre le corps de l'homme et des animaux : *peau de mouton.* Enveloppe d'un fruit : *peau d'orange.* (V. PELLETIER, PELLICULE.)

pécari n. m. Cochon sauvage d'Amérique (3).

peccadille n. f. Petite faute.

pêche I. n. f. Fruit du pêcher, à noyau, à peau veloutée (4).

pêche II. n. f. Action de pêcher. Poissons qu'on a pêchés.

péché n. m. Faute contre la loi divine. **Pécher,** c'est commettre un péché. Celui qui pèche est un **pécheur** (au féminin, une **pécheresse**).

pécher v. V. PÉCHÉ.

pêcher I. n. m. Arbre dont le fruit est la pêche.

pêcher II. v. Prendre du poisson à l'aide de lignes, de filets : *pêcher la sardine.* Le **pêcheur**

est celui qui pêche. Une **pêcherie**, c'est un lieu de pêche.

pécheresse n. f. V. PÉCHÉ.

pêcherie n. f. V. PÊCHER II.

pêcheur, euse n. V. PÊCHER II.

pécore n. f. Femme sotte.

pectoral, e adj. De la poitrine. Bon pour la toux : *pâte pectorale*.

pécule n. m. Somme qu'une personne acquiert par son travail.

pécuniaire adj. Relatif à l'argent : *ennui pécuniaire*.

pédagogie n. f. Art d'élever les enfants. Ce qui est relatif à la pédagogie est **pédagogique**. Le **pédagogue** est un éducateur.

pédale n. f. Levier actionné avec le pied. **Pédaler,** c'est aller à bicyclette. Le **pédalier,** c'est l'ensemble des pédales et du grand pignon d'un cycle.

pédaler v., **pédalier** n. m. V. PÉDALE.

pédant, e adj. et n. Qui fait étalage de son savoir. La **pédanterie** est le défaut du pédant.

pédanterie n. f. V. PÉDANT.

pédestre adj. Fait à pied.

pédicure n. m. Celui qui soigne les pieds.

pédoncule n. m. Queue d'une fleur ou d'un fruit.

pègre n. f. Ensemble des voleurs, des malfaiteurs.

peigne n. m. Instrument à dents pour démêler et maintenir les cheveux. Instrument servant à apprêter la laine, le chanvre, etc. (1). **Peigner,** c'est coiffer avec le peigne. Un **peignoir** est un manteau léger qu'on met quand on sort du bain (2).

peigner v., **peignoir** n. m. V. PEIGNE.

peindre v. Recouvrir d'une couche de couleur : *peindre un mur.* Représenter des objets, des personnages, des scènes, avec des couleurs : *peindre un paysage.* Décrire : *peindre son inquiétude.* (Se conjugue comme *craindre*.)

peine n. f. Punition : *peine de prison.* Souffrance : *peine morale.* Inquiétude : *être en peine de.* Travail, fatigue : *se donner de la peine.* **Peiner,** c'est affliger : *peiner ses parents;* c'est aussi éprouver de la fatigue : *peiner à la tâche.* Ce qui cause de la peine est **pénible**. (V. PÉNAL.)

peiner v. V. PEINE.

peintre n. m. Celui qui applique la peinture : *peintre en bâtiment.* C'est aussi l'artiste qui se consacre à la peinture. La **peinture,** c'est l'art de peindre; c'est aussi un tableau peint; c'est également une matière colorante servant à peindre : *peinture à l'huile.* **Peinturer.** C'est couvrir de peinture : *peinturer un mur.*

peinture n. f., **peinturer** v. V. PEINTRE.

péjoratif, ive adj. Qui comporte une idée défavorable, injurieuse.

pékinois n. m. Espèce de petit chien à museau aplati.

pelage n. m. Poil d'un animal.

pelé, e adj. Qui a perdu ses poils. Dépouillé de sa peau (fruit). Sans végétation : *campagne pelée.*

pêle-mêle n. m. Mélange confus. Confusément : *entrer pêle-mêle.*

peler v. Ôter le poil, la peau : *peler une pomme.* Perdre la partie superficielle de la peau.

pèlerin, e n. V. PÈLERINAGE.

pèlerinage n. m. Voyage fait par dévotion : *le pèlerinage de*

1. V. pl. TISSAGE ; 2. V. pl. VÊTEMENTS FÉMININS.

Rome. Lieu de pèlerinage. Un **pèlerin** est celui qui fait un pèlerinage. Une **pèlerine**, c'est un manteau court.

pèlerine n. f. V. PÈLERINAGE.

pélican n. m. Grand oiseau à pieds palmés, dont le bec peut s'ouvrir largement en formant une poche (1).

pelisse n. f. Manteau garni de fourrure.

pelle n. f. Instrument formé par une palette généralement en fer, ajustée à un manche, pour ramasser (2). *Ramasser une pelle*, familièrement, tomber. Une **pelletée**, c'est le contenu d'une pelle. **Pelleter,** c'est remuer à la pelle.

pelletée n. f., **pelleter** v. V. PELLE.

pelleterie n. f. Fourrure, peau préparée en gardant le poil.

pellicule n. f. Peau très mince. Lamelle de peau qui tombe de la tête, etc. Bande de matière souple, recouverte d'un produit sensible à la lumière et employée en photographie.

pelote n. f. Boule de fil roulé sur lui-même : *pelote de laine*. Boule d'une matière quelconque. Jeu basque dans lequel on lance une balle contre un mur (fronton). Un **peloton**, c'est une petite pelote de fil, etc.; c'est aussi un groupe de personnes, de soldats. **Se pelotonner,** c'est se tasser sur soi-même, se recroqueviller.

peloton n. m., **pelotonner (se)** v. V. PELOTE.

pelouse n. f. Terrain couvert d'herbe épaisse et courte.

peluche n. f. Sorte de velours à poil long. Ce qui ressemble à la peluche est **pelucheux**.

pelucheux, euse adj. V. PELUCHE.

pelure n. f. Peau de fruit. Le *papier pelure* est un papier très mince.

pénal, e adj. Qui se rapporte à la peine, la punition. Une **pénalité**, c'est une peine établie par la loi. **Pénaliser,** c'est, dans une épreuve sportive, imposer un désavantage à un concurrent qui a commis une faute. (V. PEINE.)

pénates n. m. pl. Dieux domestiques des Romains. Demeure.

penaud, e adj. Honteux, embarrassé.

penchant n. m. V. PENCHER.

pencher v. Incliner : *pencher la tête*. Etre porté à : *pencher vers la sévérité*. Le **penchant** est la pente. Au figuré, c'est la tendance : *penchant à la colère*.

pendable adj., **pendaison** n. f., **pendant, e** adj. et n. m., **pendard** n. m., **pendentif** n. m., **penderie** n. f. V. PENDRE.

pendre v. Accrocher par la partie supérieure : *pendre un tableau*. Faire mourir par pendaison. Etre suspendu : *habit qui pend au clou*. La **pendaison** est l'étranglement par suspension à une corde; c'est aussi l'action de pendre : *pendaison de crémaillère*. Ce qui mérite la pendaison est **pendable**. Ce qui pend est **pendant**. Un objet semblable à un autre et placé à côté de lui est son **pendant.** Les **pendants** sont aussi les boucles d'oreilles. **Pendant,** c'est durant, tandis : *pendant qu'il parle; pendant l'année*. Un **pendard,** c'est un vaurien. Un **pendentif** est un bijou en sautoir. La **penderie** est l'endroit où l'on pend des vêtements. Un **pendu** est une personne morte par pendaison.

pendu adj. et n. m. V. PENDRE.

---

1. V. pl. PALMIPÈDES ; 2. V. pl. JARDINAGE, MAÇON.

pendule n. f. Horloge d'appartement (1). N. m. Corps pesant, mobile autour d'un point fixe auquel il est accroché.

pêne n. m. Pièce de la serrure qui entre dans la gâche (2).

pénéplaine n. f. Grande région au relief très usé, très doux.

pénétrable adj., **pénétration** n. f. V. PÉNÉTRER.

pénétrer v. Entrer avec effort : *pénétrer dans un fourré*. Parvenir : *pénétrer au fond d'un bois*. Découvrir : *pénétrer un secret*. **Se pénétrer**, se remplir l'esprit de : *se pénétrer de son devoir*. La **pénétration** est l'action de pénétrer. Ce qui pénètre est **pénétrant**.

pénible adj. V. PEINE.

péniche n. f. Grand bateau plat pour les transports fluviaux (3).

pénicilline n. f. Produit antimicrobien tiré d'un champignon.

péninsule n. f. Avancée d'une terre dans la mer.

pénitence n. f. Repentir, expiation d'une faute : *faire pénitence*. Peine imposée pour racheter une faute, punition. Celui qui fait pénitence, qui confesse ses péchés à un prêtre, est un **pénitent**. Ce qui est relatif aux prisons est **pénitentiaire**. Un **pénitencier** est une sorte de prison.

pénitencier n. m., **pénitent, e** n., **pénitentiaire** adj. V. PÉNITENCE.

penne n. f. Longue plume d'oiseau.

pénombre n. f. Demi-jour.

pensée n. f. Chose que l'on pense; idée : *pensée ingénieuse*. Souvenir : *avoir une pensée pour les absents*. Manière de penser; opinion : *dire sa pensée sur quelque chose*. Rêverie : *de sombres pensées*. Petite plante à fleurs tirant sur le violet (4). **Penser**, c'est former des idées, réfléchir : *parler sans penser;* se souvenir : *penser à ses amis*. Un **penseur** est celui qui a des pensées profondes. Un **libre penseur** est celui qui est affranchi de toute idée religieuse. Celui qui pense est **pensif**.

penser v., **penseur** n. m., **pensif, ive** adj. V. PENSÉE.

pension n. f. Ce qu'on paie pour être logé, nourri, etc. Revenu accordé en récompense de certains services : *pension militaire*. Celui qui paie pension est **pensionnaire**. Un **pensionnat** est une maison d'éducation qui reçoit des élèves internes. **Pensionner**, c'est faire une pension à quelqu'un.

pensionnaire n., **pensionnat** n. m., **pensionner** v. V. PENSION.

pensum [*pin-som'*] n. m. Travail imposé comme punition.

pentagone n. m. Figure à cinq angles et cinq côtés (5).

pente n. f. Inclinaison : *la pente du chemin*.

Pentecôte n. f. Une fête chrétienne.

pénurie n. f. Grande pauvreté.

pépie n. f. *Avoir la pépie*, avoir grand soif.

pépier v. Crier, en parlant des oiseaux.

pépin n. m. Graine de certains fruits (pomme, poire, etc.). Une **pépinière** est une plantation de jeunes arbres.

pépinière n. f. V. PÉPIN.

pépite n. f. Petite masse de métal pur qu'on trouve dans le sol : *une pépite d'or*.

péplum [*pé-plom*] n. m. Tunique sans manches des Romains.

1. V. pl. HORLOGERIE; 2. V. pl. SERRURERIE; 3. V. pl. BATEAUX; 4. V. pl. FLEURS; 5. V. pl. SURFACES.

perçage n. m. V. PERCER.

percale n. f. Un tissu de coton. La **percaline** est une toile de coton lustrée et légère.

percaline n. f. V. PERCALE.

perce n. f., **percée** n. f., **percement** n. m., **perce-neige** n. f., **perce-oreille** n. m. V. PERCER.

percepteur n. m., **perceptible** adj., **perception** n. f. V. PERCEVOIR.

percer v. Faire un trou dans. Blesser avec une arme pointue. Pratiquer, ouvrir : *percer une rue*. Traverser : *la pluie a percé son manteau*. Découvrir : *percer un mystère*. Crever (se dit d'une tumeur). Le **perçage**, le **percement** est l'action de percer. Ce qui perce profondément est **perçant**. Un tonneau percé pour le vider est en **perce**. Une **percée** est une ouverture, une trouée. La **perce-neige** est une petite fleur d'hiver. Le **perce-oreille** est un insecte appelé aussi *forficule*. Un **perçoir** est un outil pour percer.

percevoir v. Recueillir l'impôt, les taxes. Saisir un son, etc. Le **percepteur** est celui qui perçoit les impôts. Ce que nos sens peuvent distinguer est **perceptible**. La **perception** est la faculté de percevoir par les sens; c'est aussi le recouvrement des impôts, le bureau du percepteur.

perche I n. f. Bâton long et mince. Appareil de gymnastique pour le saut.

perche II n. f. Poisson d'eau douce estimé (1).

percher v. Se poser sur une branche. Un **perchoir**, c'est un bâton où perchent les volailles.

perchoir n. m. V. PERCHER.

perclus, e adj. Qui ne peut se servir facilement de ses membres.

perçoir n. m. V. PERCER.

percussion n. f. Coup, choc. Une arme à *percussion* est celle où la charge est enflammée par un choc sur la capsule. Les *instruments de percussion* sont les instruments de musique que l'on frappe pour en tirer des sons. **Percuter**, c'est frapper, en parlant des obus; c'est aussi heurter violemment.

percuter v. V. PERCUSSION.

perdition n. f. V. PERDRE.

perdre v. Ne plus avoir : *perdre sa place*. Etre séparé par la mort : *perdre ses parents*. Etre battu au jeu, dans une lutte : *perdre la partie, la bataille*. Gâter, endommager : *chapeau perdu par la pluie*. Ne pas profiter de : *perdre son temps*. Faire une perte : *perdre au change. Perdre la tête*, c'est ne savoir que faire, devenir fou. **Se perdre**, s'égarer. Disparaître : *coutume qui se perd*. La **perte**, c'est la privation de ce qu'on possédait : *la perte de la vue;* c'est aussi la mort : *la perte d'un ami*. Dommage éprouvé, surtout en matière d'argent : *faire une perte au jeu*. **A perte**, en perdant. *A perte de vue*, aussi loin que la vue peut porter. La **perdition** est l'état de ce qui se perd : *un navire en perdition est celui qui est sur le point de sombrer*. Un objet **perdu** est un objet égaré. Un pays **perdu** est un lieu écarté, désert. Un malade **perdu** est celui qui est dans un état désespéré.

perdrix n. f. Oiseau sauvage recherché comme gibier (2).

perdu, e adj. V. PERDRE.

---

1. V. pl. POISSONS D'EAU DOUCE ; 2. V. pl. OISEAUX DES CHAMPS.

père n. m. Celui qui a des enfants. Créateur : *Corneille est le père de la tragédie française.* Familièrement, homme d'un certain âge. Nom donné à certains religieux. (V. PATERNEL.)

pérégrination n. f. Voyage lointain.

péremptoire adj. Qui n'admet pas de réplique : *réponse péremptoire.*

pérennité n. f. Caractère de ce qui dure toujours.

perfection n. f., **perfectionner** v. V. PARFAIT.

perfide adj. Déloyal.

perfidie n. f. Déloyauté.

perforation n. f. V. PERFORER.

perforer v. Percer. La **perforation** est l'action de perforer.

performance n. f. Résultat remarquable en matière de sport.

perfusion n. f. Introduction lente d'une substance dans l'organisme dans un but médical.

pergola n. f. Tonnelle ornée de plantes grimpantes.

péricliter v. Etre en péril, en voie de ruine (se dit d'une affaire).

péril n. m. Danger, risque. Ce qui présente du danger est **périlleux**. Un saut **périlleux** est une cabriole faite en se retournant pendant le saut.

périlleux, euse adj. V. PÉRIL.

périmé, e adj. Qui n'est plus valable : *billet périmé.*

périmètre n. m. Contour.

période n. f. Espace de temps : *une période de calme.* N. m. Degré auquel parvient une chose : *arriver au plus haut période de sa force.* Ce qui revient à des époques régulières est **périodique**. Un **périodique** est un journal, une revue paraissant régulièrement.

périodique adj. V. PÉRIODE.

péripétie n. f. Evénement imprévu : *les péripéties d'un roman.*

périphérie n. f. Tour d'une chose.

périphrase n. f. Expression qui équivaut à un mot simple, comme *l'astre de la nuit*, pour la *lune.*

périple n. m. Voyage circulaire autour d'une mer, d'un pays.

périr v. Mourir de mort violente. Etre détruit : *bateau qui périt en mer.* Etre anéanti : *gloire qui ne peut périr.* Ce qui peut périr est **périssable.**

périscope n. m. Appareil qui permet au sous-marin de voir, quand il est en plongée.

périssable adj. V. PÉRIR.

périssoire n. f. Embarcation étroite, manœuvrée à la pagaie.

péristyle n. m. Colonnade.

péritoine n. m. Peau intérieure qui enveloppe les intestins. La **péritonite** est l'inflammation du péritoine.

péritonite n. f. V. PÉRITOINE.

perle n. f. Corps brillant, rond et nacré, qui se forme à l'intérieur de certaines huîtres, dites **perlières**. Petite boule de verre, de métal, etc., percée d'un trou. Personne ou chose parfaite : *la perle des élèves.* Ce qui a l'éclat de la perle est **perlé.**

perlière adj. V. PERLE.

permanence n. f. V. PERMANENT.

permanent, e adj. Qui dure sans arrêt : *spectacle permanent.* La **permanence** est le caractère de ce qui est **permanent.** C'est aussi la salle où se rassemblent les élèves qui n'ont pas de cours.

perméable adj. Qui se laisse traverser : *corps perméable à l'eau.*

permettre v. Donner l'autorisation, la possibilité de faire une chose. **Se permettre**, c'est prendre la liberté de : *se permettre de parler*. Une **permission** est une autorisation. Un **permis** est une permission écrite. Le **permissionnaire** est le militaire qui a l'autorisation de s'absenter.

permis n. m., **permission** n. f., **permissionnaire** n. m. V. PER-METTRE.

permutation n. f. Changement, échange.

permuter v. Echanger.

pernicieux, euse adj. Nuisible.

péroné n. m. Os mince de la jambe (1).

péronnelle n. f. Femme sotte.

péroraison n. f. V. PÉRORER.

pérorer v. Prononcer un long discours. La **péroraison** est la dernière partie d'un discours, celle qui le résume.

perpendiculaire adj. Qui fait un angle droit avec une ligne, une surface : *le mur est perpendiculaire au plancher* (2).

perpétrer v. Commettre (crime, etc.).

perpétuel, elle adj. Qui dure toujours, sans arrêt. Très fréquent : *des ennuis perpétuels*. **A perpétuité** signifie : pour toujours.

perpétuité (à). V. PERPÉTUEL.

perplexe adj. Embarrassé. La **perplexité**, c'est l'embarras.

perplexité n. f. V. PERPLEXE.

perquisition n. f. Recherche faite par la justice, la police. **Perquisitionner**, c'est faire une perquisition.

perron n. m. Escalier de pierre extérieur à la façade (3).

perroquet n. m. Oiseau des pays chauds, à belles couleurs, qui peut imiter la voix humaine (4).

Voile d'un navire. La **perruche** est une sorte de petit perroquet (5).

perruche n. f. V. PERROQUET.

perruque n. f. Coiffure de faux cheveux (6).

pers, e adj. Bleu tirant sur le vert : *yeux pers*.

persécuter v. Poursuivre. Importuner, tourmenter : *persécuté par ses créanciers*. La **persécution** est l'action de persécuter, de tourmenter. Celui qui persécute est un **persécuteur**.

persécuteur, trice n., **persécution** n. f. V. PERSÉCUTER.

persévérance n. f., **persévérant, e** adj. V. PERSÉVÉRER.

persévérer v. Continuer dans les mêmes dispositions d'esprit; ne pas cesser : *persévérer dans ses efforts*. La **persévérance** est la qualité de celui qui persévère. Celui qui persévère est **persévérant**.

persienne n. f. Volet à lames en abat-jour (7).

persiflage n. m. Moquerie.

persifler v. Se moquer par des paroles ironiques.

persil [*per-si*] n. m. Plante potagère, à petites feuilles dentelées, employée comme condiment (8).

persistance n. f. V. PERSISTANT.

persistant, e adj. Qui dure longtemps : *toux persistante*. **Persister**, c'est continuer, durer. La **persistance**, c'est la durée, la continuation.

persister v. V. PERSISTANT.

personnage n. m., **personnalité** n. f. V. PERSONNE.

personne n. f. Homme ou femme : *il y avait là six personnes*. L'être, le corps de quelqu'un : *content de sa personne*. Pron. Quelqu'un : *personne n'est*

---

1. V. pl. HOMME ; 2. V. pl. LIGNES ; 3. V. pl. MAISON ; 4 et 5. V. pl. GRIMPEURS ; 6. V. pl. COIFFURES CIVILES ; 7. V. pl. FENÊTRES ; 8. V. pl. LÉGUMES.

venu. Un **personnage** est une personne d'importance ; c'est aussi une personne représentée dans une pièce dramatique, dans un roman, etc. Familièrement, se dit pour individu : *un triste personnage*. La **personnalité**, c'est ce qui caractérise une personne. Ce qui est relatif à la personne est **personnel**. Le **personnel** est l'ensemble des employés d'une maison, d'une entreprise. **Personnifier**, c'est représenter sous une forme humaine une chose, une idée : *on a personnifié le Temps sous les traits d'un vieillard armé d'une faux*.

personnel, elle adj., **personnifier** v. V. PERSONNE.

perspective n. f. Art de représenter les objets suivant l'aspect que leur donne leur position, leur éloignement (1). Espérance d'une chose probable.

perspicace adj. Qui comprend aisément.

perspicacité n. f. Pénétration d'esprit.

persuader v. Porter à croire; faire croire. **Se persuader**, c'est se convaincre d'une chose. La **persuasion**, c'est l'état de celui qui est persuadé, l'action de persuader. Ce qui persuade est **persuasif**.

persuasif, ive adj., **persuasion** n. f. V. PERSUADER.

perte n. f. V. PERDRE.

pertuis n. m. Passage, ouverture. Détroit.

pertuisane n. f. Sorte de hallebarde, arme ancienne (2).

perturbateur, trice adj. et n. Qui cause du désordre. La **perturbation**, c'est le trouble. **Perturber**, c'est troubler.

perturbation n. f., **perturber** v. V. PERTURBATEUR.

pervenche n. f. Plante à jolies fleurs bleues.

pervers, e adj. Très méchant, qui se plaît à faire le mal. La **perversion**, c'est l'état de ce qui est perverti : *la perversion du goût*. **Pervertir**, c'est tourner vers le mal : *pervertir la jeunesse*. C'est aussi troubler, changer la nature de : *pervertir le goût*. La **perversité**, c'est la grande méchanceté.

perversion n. f., **perversité** n. f., **pervertir** v. V. PERVERS.

pesage n. m., **pesant, e** adj pesanteur n. f., pesée n. f. V. PESER.

peser v. Mesurer le poids d'un corps : *peser un pain*. Bien examiner : *peser ses paroles*. Avoir un certain poids : *l'or pèse beaucoup*. Appuyer : *peser sur un levier*. Le **pesage**, c'est l'action de peser, l'endroit où l'on pèse. Faire une **pesée**, c'est appuyer avec force. Ce qui est lourd est **pesant**. Ce qui est lent, pénible est également **pesant** : *un pas pesant; un style pesant*. Le **pesant** se dit quelquefois pour le poids : *valoir son pesant d'or*. La **pesanteur**, c'est la force qui attire les corps vers le sol. (V. POIDS.) C'est aussi le manque de vivacité : *la pesanteur du style*.

peseta [*pé-sé-ta*] n. f. Unité monétaire espagnole.

peson n. m. Instrument pour mesurer approximativement un poids.

pessimiste n. m. Celui qui ne voit que le mauvais côté des choses.

peste n. f. Maladie épidémique (v. ÉPIDÉMIE) très grave. Au figuré, personne méchante.

1. V. pl. DESSIN ; 2. V. pl. ARMES.

Le **pestiféré** est celui qui est atteint de la peste. **Pester,** c'est montrer sa mauvaise humeur par des paroles. Ce qui sent mauvais est **pestilentiel.**

pester v., **pestiféré, e** n., **pestilentiel, elle** adj. V. PESTE.

pétale n. m. Chacune des parties de la corolle, généralement colorées (1).

pétanque n. f. Jeu de boules originaire du midi de la France.

pétarade n. f. Suite d'explosions, de détonations. **Pétarader,** c'est produire une pétarade.

pétarader v. V. PÉTARADE.

pétard n. m. Pièce d'artifice qui éclate avec bruit.

pétiller v. Eclater avec un bruit sec et répété : *le bois vert pétille en brûlant.* Briller d'un vif éclat : *yeux qui pétillent.*

pétiole n. m. Petite queue qui rattache la feuille à sa tige.

petit, e adj. Qui n'est pas grand : *petit jardin.* Très jeune : *cet enfant est encore petit.* Peu important. N. m. Jeune enfant, jeune animal : *les petits d'une chienne.* Le **petit-fils,** la **petite-fille** sont les enfants par rapport aux grands-parents. Le **petit-lait** est le liquide qui égoutte dans la fabrication des fromages. La **petitesse** est la qualité de ce qui est petit.

petitesse n. f. V. PETIT.

pétition n. f. Demande écrite, signée de plusieurs personnes.

pétrel n. m. Un oiseau de mer.

pétrifier v. Changer en pierre. Au figuré, surprendre, effrayer au point de rendre immobile comme la pierre.

pétrin n. m. V. PÉTRIR.

pétrir v. Mélanger de la farine avec de l'eau pour en faire de la pâte. Au figuré, c'est façon-

ner, donner une forme. Le **pétrin** est le coffre dans lequel on pétrit le pain (2).

pétrole n. m. Huile minérale combustible qu'on extrait de la terre. Un **pétrolier** est un navire qui sert à transporter du pétrole (3).

pétulance n. f. Grande vivacité.

pétulant, e adj. Vif, brusque : *écolier pétulant.*

pétunia n. m. Une fleur.

peu adverbe. Pas beaucoup : *peu d'hommes.* Pas longtemps : *peu de jours.* N. m. Petite quantité : *un peu de pain. A peu près,* presque.

peuplade n. f. V. PEUPLE.

peuple n. m. Multitude d'hommes formant une nation. Partie la plus nombreuse et la moins riche de la population. Une **peuplade,** c'est une société d'hommes à peine civilisés. Le **peuplement** est l'action de peupler. **Peupler,** c'est installer des habitants, des animaux, des plantes, là où il n'y en avait pas.

peuplement n. m., **peupler** v. V. PEUPLE.

peuplier n. m. Grand arbre à tige droite et à bois blanc (4).

peur n. f. Inquiétude devant le danger. *Avoir peur,* craindre. Celui qui a peur est **peureux.**

peureux, euse adj. V. PEUR.

peut-être locution qui marque le doute, la possibilité.

phalange n. f. Chacun des petits os des doigts et des orteils.

phalène n. f. Papillon de nuit.

phanérogames n. f. pl. Embranchement de végétaux regroupant ceux qui se reproduisent par des fleurs et des graines.

pharaon n. m. Nom des rois de l'ancienne Egypte.

---

1. V. pl. PLANTES ; 2. V. pl. MEUNERIE ET BOULANGERIE ; 3. V. pl. BATEAUX ; 4. V. pl. ARBRES.

phare n. m. Tour portant une lampe puissante, établie sur la côte pour guider les navires (1). Projecteur placé à l'avant d'un véhicule : *phare d'auto*.

pharisien n. m. Membre d'une secte juive qui se distinguait par un étalage de piété hypocrite.

pharmaceutique adj. V. PHARMACIE.

pharmacie n. f. Art de préparer les médicaments. Boutique du pharmacien. Trousse contenant des médicaments divers : *pharmacie de voyage*. Ce qui se rapporte à la pharmacie est **pharmaceutique**. Le **pharmacien** est celui qui exerce la pharmacie.

pharmacien, enne n. V. PHARMACIE.

pharynx n. m. Gosier (2).

phase n. f. Aspect d'une planète qui change régulièrement de forme : *les phases de la lune*. Au figuré, aspect : *les phases d'un combat*.

phénix n. m. Oiseau fabuleux qui, d'après la légende, renaissait de ses cendres.

phénol n. m. Produit tiré du goudron, employé comme désinfectant et dans les industries chimiques.

phénoménal, e adj. V. PHÉNOMÈNE.

phénomène n. m. Tout ce que nous pouvons percevoir par nos sens, par l'observation scientifique : *les phénomènes de la nature*. Chose extraordinaire. Ce qui est surprenant est **phénoménal**.

philanthrope n. m. Personne bienfaisante qui aime l'humanité en général. La **philanthropie** est la bienfaisance.

philanthropie n. f. V. PHILANTHROPE.

philatéliste n. m. Collectionneur de timbres-poste.

philologie n. f. Etude d'une langue par les documents écrits.

philosophal, e adj. V. PHILOSOPHE.

philosophe n. m. Celui qui s'adonne à l'étude des êtres, de leurs principes et de leurs causes. Celui qui pratique la sagesse, qui supporte les revers avec résignation. La **philosophie** est la science du philosophe; c'est aussi la fermeté en face des malheurs. Ce qui se rapporte à la philosophie est **philosophique**. La pierre **philosophale** que cherchaient les alchimistes autrefois était un produit permettant de fabriquer de l'or.

philosophie n. f., **philosophique** adj. V. PHILOSOPHE.

philtre n. m. Breuvage magique.

phlébite n. f. Inflammation des veines.

phlegmon n. m. Petit abcès sous la peau.

phobie n. f. Peur, horreur qu'on ne peut raisonner : *avoir la phobie du vide*.

phonétique adj. Qui exprime le son : *écriture phonétique*. N. f. Etude des sons d'une langue.

phonographe (fam. **phono**) n. m. Appareil qui enregistre et reproduit les sons.

phoque n. m. Mammifère *amphibie* (v. ce mot) [3].

phosphate n. m. V. PHOSPHORE.

phosphore n. m. Corps inflammable, lumineux dans l'obscurité, qu'on extrait des os et qui sert dans la fabrication des allumettes. Un corps qui est légèrement lumineux dans l'obscurité est **phosphorescent**.

---

1. V. pl. PORT ; 2. V. pl. HOMME ; 3. V. pl. CÉTACÉS ET AMPHIBIES.

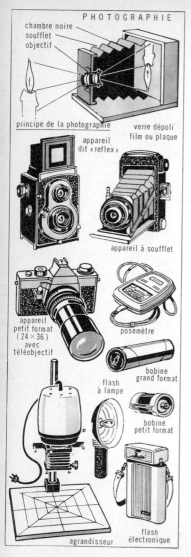

PHOTOGRAPHIE

chambre noire
soufflet
objectif

principe de la photographie

verre dépoli
film ou plaque

appareil
dit « reflex »

appareil à soufflet

appareil
petit format
(24 × 36)
avec
téléobjectif

posemètre

bobine
grand format

flash
à lampe

bobine
petit format

agrandisseur

flash
électronique

L'acide **phosphorique** est un acide formé par le phosphore. Les **phosphates** sont des sels de l'acide phosphorique avec d'autres corps : *le phosphate de chaux est un bon engrais.*

phosphorescent, e adj., **phosphorique** adj. V. PHOSPHORE.

photo f. Photographie (fam.).

photogénique adj. Qui fait un bel effet en photographie : *avoir un teint photogénique.*

photographe n. m. V. PHOTOGRAPHIE.

photographie n. f. Art de fixer et de reproduire les images obtenues à l'aide d'une chambre noire ou appareil photographique. Image ainsi obtenue : *une photographie en couleurs.* Le **photographe** est celui qui s'occupe de photographie. **Photographier**, c'est reproduire au moyen de la photographie. Ce qui est relatif à la photographie est **photographique**. La **photogravure** est l'art d'obtenir, par la photographie, des planches servant pour l'impression typographique.

photographier v., **photographique** adj., **photogravure** n. f. V. PHOTOGRAPHIE.

phrase n. f. Assemblage de mots qui représente un sens complet.

phréatique adj. *Nappe phréatique,* nappe d'eau située à l'intérieur du sol, alimentant les sources.

phrygien, enne adj. De la Phrygie, région de la Grèce. *Bonnet phrygien,* bonnet rouge adopté en France par les révolutionnaires comme symbole de la liberté.

phylloxéra [*fi-lok-sé-ra*] n. m. Insecte qui attaque la vigne.

physicien n. m. V. PHYSIQUE.

physiologie n. f. Science qui étudie la vie et le fonctionnement des divers organes.

physionomie n. f. Ensemble des traits du visage : *physionomie intelligente*. Aspect, caractère : *la physionomie d'un peuple*. Celui qui est habile à juger les gens d'après leur physionomie. est **physionomiste**.

physionomiste n. m. V. PHYSIONOMIE.

physique adj. Qui se rapporte à la matière; matériel : *le monde physique*. N. f. Science qui étudie les propriétés des corps et les lois qui modifient leur état. N. m. Apparence extérieure d'une personne : *avoir un physique agréable*. Le **physicien** est celui qui s'occupe de physique.

piaffer v. Frapper la terre du pied, en parlant du cheval. S'agiter vivement : *piaffer d'impatience*.

piailler v. Pousser des cris aigus, criailler. La **piaillerie** est l'action de piailler.

piaillerie n. f. V. PIAILLER.

pianissimo adv. En musique, très lentement, très doucement.

pianiste n. Personne qui joue du piano.

piano n. m. Instrument de musique à clavier et à cordes (1). Adverbe. En musique, doucement : *jouer piano*. **Pianoter**, c'est jouer du piano sans habileté ou pour s'amuser.

pianoter v. V. PIANO.

piastre n. f. Unité monétaire de divers pays.

piauler v. Crier, en parlant des oiseaux. Crier en pleurant.

pic n. m. Outil pointu, à manche, pour creuser le sol (2). Montagne isolée et pointue (3). *A pic,* suivant la direction du fil à plomb : *tomber à pic*. Un **pic**, c'est aussi un oiseau qui fait des trous avec son bec dans les troncs d'arbre pour y chercher les larves dont il se nourrit.

picador n. m. Dans les courses de taureau, toréador à cheval.

pichenette n. f. Chiquenaude.

pichet n. m. Petit broc (4).

pickpocket [*pik-po-kèt'*] n. m. Mot anglais signifiant « voleur qui fouille les poches ».

picorer v. Chercher çà et là sa nourriture (se dit des oiseaux).

picot n. m. Petite pointe.

picotement n. m. V. PICOTER.

picoter v. Becqueter : *picoter du raisin*. Causer une sensation de piqûre sur la peau. Un **picotement**, c'est une démangeaison légère.

picotin n. m. Mesure d'avoine.

pictural, e adj. Qui concerne l'art du peintre.

pie I. n. f. Oiseau à plumage blanc et noir (5). Au figuré, personne bavarde. Adj. Se dit du pelage ou du plumage blanc et noir : *cheval pie*.

pie II. adj. Pieux : *œuvre pie*.

pièce n. f. Partie : *les diverses pièces d'un costume*. Morceau : *mettre en pièces*. Quantité d'une chose qui forme un tout, une mesure : *pièce de drap; pièce de vin*. Chambre : *logement de quatre pièces*. Monnaie : *pièce d'argent*. Comédie, œuvre dramatique : *une pièce à succès*. Document : *les pièces d'un procès*. *A la pièce, aux pièces,* en proportion du travail effectué. Une **piécette** est une petite monnaie.

piécette n. f. V. PIÈCE.

pied n. m. Extrémité de la jambe (6). Partie d'une chose opposée à la tête : *le pied*

1. V. pl. MUSIQUE *(Instruments de)*; 2. V. pl. MAÇON, MINES;
3. V. pl. GÉOGRAPHIE; 4. V. pl. POTERIE; 5. V. pl. OISEAUX DES CHAMPS;
6. V. pl. HOMME.

du lit. Partie inférieure : *le pied du mur, du versant*. Plante : *un pied de salade*. Mesure ancienne (32 centimètres et demi). Syllabe d'un vers. *Lâcher pied*, reculer. **Pied-à-terre**, logement qu'on n'occupe qu'en passant.

piédestal n. m. Support orné, pour une statue, etc. (1).

piège n. m. Engin pour attraper les animaux. Ce qui sert pour faire tomber, pour tromper : *les pièges de la vanité*.

pierre n. f. Matière minérale (v. MINÉRAL) dure et solide : *pierre à bâtir*. Morceau de pierre : *jeter des pierres à quelqu'un*. *Pierre précieuse, pierre fine*, le diamant, l'émeraude, le rubis, le saphir, la topaze, l'améthyste, etc. *Pierre ponce*, pierre très légère qui sert pour frotter, pour nettoyer. Les **pierreries** sont les pierres fines. Ce qui a l'aspect de la pierre est **pierreux**.

pierrerie n. f., **pierreux, euse** adj. V. PIERRE.

pierrot n. m. Personnage de la pantomime. Moineau.

piété n. f. Amour vif et sincère de Dieu, de ses parents, etc.

piétiner v. Fouler aux pieds.

piéton n. m. Celui qui va à pied.

piètre adj. Médiocre, sans valeur.

pieu n. m. Gros bâton pointu que l'on enfonce dans le sol.

pieuvre n. f. Poulpe, animal marin en forme de sac, avec une grosse tête et des bras nombreux, garnis de ventouses, souples comme des serpents (2).

pieux, euse adj. Qui a de la piété. Qui se rapporte à la piété : *une image pieuse*.

pige n. f. Pour un journaliste, rémunération d'un article.

pigeon n. m. Oiseau domestique dont une espèce (*pigeon voyageur*) a été employée pour transporter des dépêches (3). Le **pigeonnier** est l'endroit où sont logés les pigeons.

pigeonnier n. m. V. PIGEON.

pigment n. m. Substance colorante.

pignon n. m. Partie supérieure d'un mur, terminée en pointe. Roue dentée d'un cycle.

pilastre n. m. Pilier soudé au mur (4).

pile I n. f. Amas, tas : *pile de bois*. Pilier de maçonnerie (5). Côté d'une monnaie, d'une médaille, opposé à la face : *jouer à pile ou face*. Volée de coups.

pile II n. f, Appareil qui donne de l'électricité grâce à une action chimique : *pile de poche*.

piler v. Ecraser avec le pilon.

pileux, euse adj. Relatif aux poils : *système pileux*.

pilier n. m. Colonne servant de soutien.

pillage n. m., **pillard, e** n. V. PILLER.

piller v. Dépouiller, voler. Le **pillage** est l'action de piller. Celui qui pille est un **pilleur**. Celui qui aime à piller est un **pillard**.

pilleur, euse n. V. PILLER.

pilon n. m. Instrument pour piler. Le bas d'une cuisse de volaille. Jambe de bois. **Pilonner**, c'est battre avec un pilon; c'est aussi frapper, marteler. Le **pilonnage** est un bombardement intense.

pilonnage n. m., **pilonner** v. V. PILON.

pilori n. m. Poteau auquel on attachait en public les malfaiteurs.

pilotage n. m. V. PILOTE.

1. V. pl. ARCHITECTURE ; 2. V. pl. MOLLUSQUES ; 3. V. pl. BASSE-COUR ;
4. V. pl. ARCHITECTURE ; 5. V. pl. PONTS.

pilote n. m. Guide d'un bateau, d'un avion. **Piloter**, c'est conduire un bateau, un avion. Le **pilotage** est l'action de piloter.

piloter v. V. PILOTE.

pilotis n. m. Ensemble de pieux plantés en terre pour soutenir.

pilou n. m. Tissu de coton pelucheux.

pilule n. f. Médicament en forme de petite boule.

pimbêche n. f. Femme grincheuse et maniérée.

piment n. m. Plante à fruit très piquant. **Pimenter**, c'est assaisonner de piment.

pimenter v. V. PIMENT.

pimpant, e adj. Élégant, gracieux, gai et séduisant.

pin n. m. Arbre à feuillage toujours vert : *le fruit du pin est un cône d'écailles portant les graines (pomme de pin)* [1]. Une **pinède** est un lieu planté de pins.

pinacle n. m. Partie la plus élevée d'un édifice.

pinacothèque n. f. Musée de peintures.

pince n. f. Tenailles de formes diverses. Grosse patte des homards, des écrevisses, qui leur sert à saisir. Pli à une étoffe. **Pincer**, c'est serrer entre ses doigts ou avec une pince; au figuré, c'est surprendre, s'emparer de : *pincer un voleur.* Celui qui est froid, maniéré, est **pincé.** Une **pincée** c'est ce qu'on peut prendre avec deux ou trois doigts. Le **pincement** est l'action de pincer. Une **pincette**, c'est une petite pince; c'est aussi une longue pince pour arranger le feu (2). Un **pince-nez**, c'est un binocle qui se tient sur le nez et le pinçant. Un **pince-**

sans-rire est une personne qui raille sans en avoir l'air. Un **pinçon**, c'est la marque qui reste sur la peau pincée.

pincé, e adj. V. PINCE.

pinceau n. m. Touffe de poils liés au bout d'une tige, servant pour peindre, pour étendre de la colle, etc.

pincée n. f., **pincement** n. m., **pince-nez** n. m., **pincer** v., **pince-sans-rire** n. m., **pincette** n. f., **pinçon** n. m. V. PINCE.

pinède n. f. V. PIN.

pingouin n. m. Oiseau palmipède des pays froids à ailes courtes, sans plumes.

Ping-Pong n. m. Jeu qui se joue sur une table coupée par un petit filet, avec de petites balles et des raquettes.

pingre adj. Très avare.

pinson n. m. Oiseau passereau très bon chanteur (3).

pintade n. f. Oiseau de basse-cour, à plumage gris-bleu.

pinte n. f. Ancienne mesure de capacité (un peu moins d'un litre).

pioche n. f. Outil de fer à manche, pour creuser (4). **Piocher**, c'est creuser avec une pioche; c'est aussi travailler avec ardeur : *piocher une leçon.*

piocher v. V. PIOCHE.

piolet n. m. Bâton ferré pour les excursions en montagne.

pion n. m. Pièce du jeu d'échecs, du jeu de dames. Familièrement, surveillant dans un lycée.

pionnier n. m. Défricheur de terres incultes. Celui qui prépare la voie : *les pionniers de la science.*

pipe n. f. Petit appareil pour fumer, formé d'un fourneau et d'un tuyau. Une **pipette** est un petit tube pour prélever un liquide (5).

---

1. V. pl. CONIFÈRES ; 2. V. pl. CHAUFFAGE ; 3. V. pl. OISEAUX DES CHAMPS ; 4. V. pl. JARDINAGE ; 5. V. pl. CHIMIE.

pipeau n. m. Flûte champêtre.

pipe-line n. m. Canalisation pour le transport du pétrole.

piper v. *Ne pas piper*, ne rien dire, ne pas répondre. *Piper les cartes*, c'est les truquer.

piquant, e adj. Qui pique. Très vif : *froid piquant*. N. m. Epine, aiguillon : *les piquants de la rose*.

pique n. f. Arme, espèce de lance (1). Une des couleurs dans les jeux de cartes.

piqué n. m. V. PIQUER.

piquer v. Percer avec une pointe. Réunir par une couture de points devant et arrière : *piquer à la machine*. Larder : *veau piqué*. Eveiller, intéresser : *piquer la curiosité*. Se **piquer**, c'est se vanter : *se piquer d'esprit;* c'est aussi se fâcher. Ce qui est attaqué, rongé par les insectes, est **piqué**. Le vin qui tourne au vinaigre est **piqué**. Le piqué est une étoffe formée de deux tissus piqués ensemble. Un **pique-assiette**, c'est un *parasite* (v. ce mot). Un **pique-feu** est un tisonnier. Un **pique-nique** est un repas champêtre où chacun apporte sa part.

piquet n. m. Petit pieu. Punition qui consiste à obliger un écolier à rester immobile et debout pendant la récréation. Un jeu de cartes.

piqueter v. Tacheter.

piquette n. f. Boisson aigrelette.

piqueur n. m. Valet qui s'occupe des chiens à la chasse. Celui qui dresse des chevaux. Surveillant de certains travaux.

piqûre n. f. Petite blessure faite en piquant. Couture de points devant et arrière. Injection faite sous la peau, dans une veine, dans un muscle.

pirate n. m. Aventurier qui parcourait les mers pour attaquer les navires de commerce et les dépouiller. La **piraterie** est le métier de pirate.

piraterie n. f. V. PIRATE.

pire adj. Plus mauvais.

pirogue n. f. Barque creusée dans un tronc d'arbre (2).

pirouette n. f. Tour entier fait sur un seul pied. Familièrement, changement brusque d'idée. **Pirouetter**, c'est faire une pirouette.

pirouetter v. V. PIROUETTE.

pis I. n. m. Mamelle de la vache, de la chèvre, de la brebis, etc.

pis II. adverbe. Plus mal : *pis que jamais*. Adj. Plus mauvais. N. m. Le plus mauvais : *le pis qui puisse arriver*.

pisciculture n. f. Elevage du poisson.

piscine n. f. Bassin pour nager.

pisé n. m. Maçonnerie de terre.

pissenlit n. m. Sorte de salade aux feuilles dentelées.

pisser v. Familièrement, uriner. Ce qui a l'aspect de l'urine est **pisseux**.

pisseux, euse adj. V. PISSER.

pistache n. f. Fruit du pistachier, arbuste du midi de la France : *l'amande de la pistache est employée en confiserie*.

piste n. f. Trace du passage d'un animal, d'une personne. Terrain disposé pour faire courir les chevaux, les cyclistes, etc. (3). Partie d'une salle où évoluent des danseurs. Chaussée d'un aérodrome, sur laquelle les avions décollent et atterrissent.

pistil n. m. Organe placé dans la fleur, au milieu des étamines (v. ce mot), et contenant les ovules qui deviendront les graines (4).

pistole n. f. Ancienne monnaie.

1. V. pl. ARMES ; 2. V. pl. BATEAUX ; 3. V. pl. CIRQUE ;
4. V. pl. PLANTES.

pistolet n. m. Petite arme à feu qui se tire d'une main (1).

piston n. m. Pièce mobile qui va et vient dans un corps de pompe, dans un moteur à explosion, etc. Instrument de musique en cuivre auquel sont adaptés des pistons : *un cornet à piston* (2). Familièrement, recommandation, faveur.

pitance n. f. Nourriture.

piteux, euse adj. Digne de pitié. Triste, déconfit.

pitié n. f. Sentiment qui nous fait prendre part à la peine d'autrui. Celui qui est porté à la pitié, ce qui cause la pitié est *pitoyable*.

piton n. m. Anneau pourvu d'une queue à vis (3).

pitoyable adj. V. PITIÉ.

pitre n. m. Bouffon, clown. Une **pitrerie** est une bouffonnerie.

pitrerie n. f. V. PITRE.

pittoresque adj. Qui serait bon pour un sujet de tableau : *paysage pittoresque*.

pivert n. m. Sorte de pic à plumage jaune et vert.

pivoine n. f. Plante à belles fleurs rouges ou blanches.

pivot n. m. Pointe qui entre dans une pièce fixe et sur laquelle tourne un corps mobile. **Pivoter**, c'est tourner sur un pivot.

pivoter v. V. PIVOT.

pizza n. f. Tarte garnie de tomates, d'olives, d'anchois, etc.

placage n. m. Lame de bois, de métal, collée sur une surface.

placard n. m. Armoire établie dans un mur. Grande affiche.

placarder v. Afficher.

place n. f. Endroit : *mettre une chose à sa place*. Emploi : *perdre sa place*. Rang obtenu dans un concours, un examen. Endroit public, large et entouré de maisons, dans une ville, un village.

Une *place forte* est un lieu fortifié. Le **placement** est l'action de placer. C'est aussi l'acquisition de valeurs qui rapportent des intérêts. **Placer,** c'est mettre en un endroit; c'est aussi proposer des marchandises; c'est, enfin, faire produire un intérêt à l'argent.

placement n. m., **placer** v. V. PLACE.

placer [*pla-sèr*] n. m. Endroit où l'on trouve de l'or dans les sables. dans une rivière.

placide adj. Calme, paisible.

placidité n. f. Caractère calme.

plafond n. m. Surface constituant la partie supérieure d'une salle.

plafonner v. Garnir d'un plafond. C'est aussi, pour un avion, voler aussi haut que possible.

plage n. f. Rivage plat de la mer.

plagiat n. m. Imitation, copie d'une œuvre.

plaider v. Réclamer, discuter devant un tribunal. Parler en faveur de : *son passé plaide pour lui*. Défendre en justice : *plaider pour un accusé*. Celui qui plaide contre un autre est un **plaideur**. La **plaidoirie**, le **plaidoyer** est le discours de l'avocat au tribunal.

plaideur, euse n., **plaidoirie** n. f., **plaidoyer** n. m. V. PLAIDER.

plaie n. f. Partie du corps où la peau, les chairs sont déchirées ou détruites par une blessure, un abcès (v. ce mot), etc. Au figuré, peine : *plaie du cœur*. Fléau, calamité (v. ces mots) : *les dix plaies d'Egypte*.

plaignant, e n. V. PLAINDRE.

plain, e adj. Plat, uni. (Ne s'emploie que dans les locutions **de plain-pied**, à la même hauteur, en parlant du sol, et **plain-chant**, le chant liturgique.

plaindre v. Montrer de la pitié. **Se plaindre**, c'est gémir, se lamenter : *blessé qui se plaint ;* c'est aussi témoigner du mécontentement : *se plaindre de quelqu'un.* Le **plaignant** est celui qui porte **plainte** en justice. Une **plainte**, c'est un gémissement, une lamentation : *pousser des plaintes ;* c'est aussi un reproche, un blâme ; c'est enfin une déclaration en justice pour se plaindre. Ce qui a l'accent de la plainte est **plaintif** : *voix plaintive.*

plaine n. f. Etendue de pays plat.

plainte n. f., **plaintif, ive** adj. V. PLAINDRE.

plaire v. Etre agréable. *S'il vous plaît,* formule de politesse. *Plût à Dieu que,* formule de souhait. (Conjuguez : *je plais ; je plaisais ; je plus, nous plûmes ; je plairai. Plais, plaisons, plaisez ; il faut que je plaise ; plaisant, plu.*) Ce qui plaît est **plaisant**. Une maison de **plaisance**, c'est une maison où l'on va pour se reposer. Le **plaisancier** pratique la navigation pour son plaisir personnel. **Plaisanter**, c'est parler, agir pour s'amuser ; c'est aussi se moquer aimablement : *plaisanter un ami.* Une **plaisanterie**, c'est une chose dite ou faite en plaisantant ; c'est aussi une bagatelle.

plaisance n. f., **plaisancier** n. m., **plaisant, e** adj., **plaisanter** v., **plaisanterie** n. f. Voir PLAIRE.

plaisir n. m. Joie, contentement. Divertissement : *une vie de* *plaisirs.* Volonté : *c'est son bon plaisir.*

plan, e adj. Plat, uni : *surface plane.* Un **plan**, c'est une surface plane : c'est aussi le dessin qui représente la place occupée sur le sol par une chose : *le plan d'une maison, d'une ville* (1) ; c'est également un projet : *faire des plans ;* c'est, enfin, la partie d'un film tournée en une seule fois. La **planification** est l'étude des projets de développement économiques.

planche n. f. Pièce de bois longue et plate. Bois ou métal gravé : estampe qu'on en tire : *planche en couleurs.* Petit espace de terre planté, dans un jardin. Au pluriel, le théâtre. Le **plancher**, c'est l'assemblage de planches qui couvre le sol d'une habitation. Une **planchette**, c'est une petite planche.

plancher n. m., **planchette** n. f. V. PLANCHE.

plancton n. m. Ensemble des êtres vivants très petits qui sont en suspension dans l'eau de mer.

planer v. Se soutenir dans l'air sans remuer, en parlant d'un oiseau ; sans faire marcher son moteur, en parlant d'un avion. Voir de haut, dominer. Un **planeur** est un avion sans moteur.

planétaire adj., **planétarium** n. m. V. PLANÈTE.

planète n. f. Astre qui tourne autour du Soleil : *la Terre, Mars sont des planètes.* Ce qui est relatif aux planètes est **planétaire**. Un **planétarium** est une salle où les mouvements des étoiles et des planètes sont représentés sur une voûte.

planeur n. m. V. PLANER.

---

1. V. pl. DESSIN.

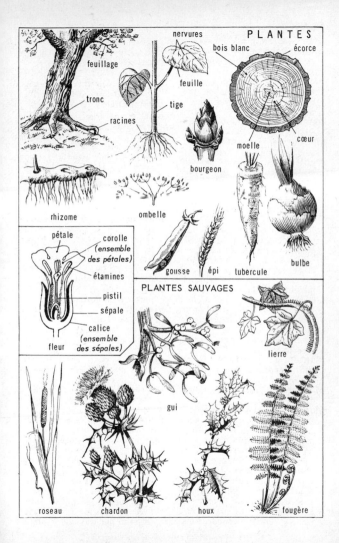

PLANTES

feuillage

tronc

racines

rhizome

nervures

feuille

tige

bourgeon

ombelle

bois blanc

écorce

cœur

moelle

gousse   épi   tubercule

bulbe

pétale

corolle
(ensemble
des pétales)

étamines

pistil

sépale

calice
(ensemble
des sépales)

fleur

PLANTES SAUVAGES

lierre

gui

roseau   chardon   houx   fougère

planification n. f. V. PLAN.

planisphère n. m. Carte qui représente les deux moitiés du globe terrestre.

plant n. m. Ensemble de végétaux nouvellement plantés ou propres à être plantés ailleurs : *plant de salade.*

plantain n. m. Plante dont la graine nourrit les oiseaux.

plantaire adj., **plantation** n. f. V. PLANTE.

plante n. f. Végétal : *plantes médicinales.* (V. pl. p. précéd.) Face intérieure du pied. Ce qui se rapporte à la plante du pied est **plantaire**. La **plantation** est l'action de planter, l'ensemble des végétaux plantés. **Planter**, c'est mettre une plante en terre pour qu'elle prenne racine; c'est aussi enfoncer en terre : *planter une borne.* Le **planteur**, c'est celui qui plante; c'est aussi celui qui possède une plantation, notamment outre-mer. Un animal **plantigrade** est celui qui, comme l'ours, marche sur la plante du pied. Le **planton** est le soldat qui assure les liaisons de service.

planter v., **planteur** n. m., **plantigrade** adj. et n., **planton** n. m. V. PLANTE.

plantureux, euse adj. Abondant. Fertile.

plaque n. f. Feuille de métal. Insignes de certains ordres. Lame de verre utilisée en photographie. Le **plaqué** est du métal ordinaire recouvert d'une mince feuille d'or, d'argent. **Plaquer**, c'est appliquer une chose sur une autre. Une **plaquette**, c'est une petite plaque; c'est aussi un livre mince.

plastique adj. Propre à être modelé : *argile plastique.* Rela-

tif au dessin, à la sculpture. *Matière plastique*, produit industriel facile à mouler.

plastron n. m. Devant de la cuirasse. Devant de chemise **Plastronner**, faire le fier.

plastronner v. V. PLASTRON.

plat, e adj. Plan, uni. Calme : *mer plate.* Sans élégance : *style plat.* La vaisselle *plate* est de la vaisselle d'or ou d'argent. N. m. Grande assiette (1); son contenu : *plat garni.* La **platitude** est le caractère de ce qui est plat.

platane n. m. Arbre ornemental à larges feuilles (2).

plateau n. m. Large support plat, pour transporter des tasses, des verres, etc. Bassin de balance. Surface peu accidentée, mais entourée de vallées encaissées ou de versants raides (3). Scène d'un théâtre.

plate-bande n. f. Bordure d'un parterre de jardin.

plate-forme n. f. Toit plat en terrasse. Partie d'un véhicule où les voyageurs restent debout. Idées sur lesquelles s'appuient un programme politique.

platine I. n. f. Pièce de certains mécanismes : *platine de fusil.*

platine II. n. m. Métal précieux, blanc et très lourd.

platitude n. f. V. PLAT.

platonique adj. Sans effet : *des vœux platoniques.*

plâtrage n. m., **plâtras** n. m. V. PLÂTRE.

plâtre n. m. Pierre qui, cuite et pulvérisée, durcit quand elle est mélangée avec l'eau. Ouvrage moulé en plâtre. **Plâtrer**, c'est couvrir de plâtre, mêler avec du plâtre. Le **plâtrier** est celui qui travaille le plâtre.

1. V. pl. CUISINE *(Ustensiles de)*, VAISSELLE;
2. V. pl. ARBRES; 3. V. pl. GÉOGRAPHIE.

Le **plâtrage**, c'est l'action de plâtrer. Un **plâtras** est un débris de plâtre.

plâtrer v., **plâtrier** n. m. Voir PLÂTRE.

plausible adj. Admissible : *excuse plausible*.

plèbe n. f. Le bas peuple. Ce qui se rapporte à la plèbe est **plébéien**. Un **plébiscite**, c'est un vote populaire par oui ou par non.

plébéien, enne adj. et n., **plébiscite** n. m. V. PLÈBE.

pléiade n. f. Un groupe d'étoiles. Petit groupe de personnes remarquables : *une pléiade d'écrivains*.

plein, e adj. Tout à fait rempli : *verre plein*. Entier, complet : *donner pleins pouvoirs*. *En plein jour, en pleine rue*, au milieu du jour, de la rue. N. m. Partie pleine d'une chose : *le plein et le vide. En plein*, dans le milieu. *Tout plein*, beaucoup. *Battre son plein*, c'est être en pleine activité : *la fête bat son plein*. **Pleinement**, c'est entièrement. La **plénitude**, c'est l'abondance. Un **plénipotentiaire**, c'est un envoyé diplomatique (v. ce mot) ayant de pleins pouvoirs.

plénipotentiaire n. m. V. PLEIN.

plénitude n. f. V. PLEIN.

pléonasme n. m. Emploi inutile de deux mots ayant le même sens.

pléthore n. f. Excès, surabondance.

pleur n. m., **pleurard, e** adj. V. PLEURER.

pleurer v. Verser des larmes. Regretter : *pleurer un ami perdu*. Les **pleurs**, ce sont les larmes. Celui qui pleure trop souvent est **pleurard**. Celui qui pleure est un **pleureur**. Le **saule pleureur** est un saule à branches pendantes. **Pleurnicher**, c'est faire semblant de pleurer, geindre.

pleurésie n. f. Inflammation de la **plèvre** ou enveloppe des poumons.

pleureur, euse n., **pleurnicher** v. V. PLEURER.

pleutre n. m. Homme lâche, vil.

pleutrerie n. f. Lâcheté.

pleuvoir v. Tomber (en parlant de la pluie). [Conjuguez : *il pleut; il pleuvait; il plut; il pleuvra; il faut qu'il pleuve, il fallait qu'il plût; pleuvant, plu.*]

plèvre n. f. V. PLEURÉSIE.

pli n. m. Rabat en double épaisseur fait à un linge, un papier. Lettre : *pli recommandé*. Ride du front. Levée (au jeu de cartes). Ondulation des couches géologiques : *les plis du Jura*. Habitude : *prendre un mauvais pli*. Le **pliage** est l'action de plier. Ce qui est facile à plier est **pliant**. Un **pliant** est un siège qui se plie (1). **Plier**, c'est faire des plis à une chose; c'est aussi fléchir : *plier le genou*. C'est, au figuré, vaincre, faire céder. **Plier**, c'est aussi se courber : *roseau qui plie*; c'est également céder. La **pliure**, c'est le pli : *la pliure d'un feuillet de livre*.

pliage n. m., **pliant, e** adj. et n. m., **plier** v. V. PLI.

plinthe n. f. Garniture plate au bas des murs.

plissage n. m., **plissement** n. m. V. PLISSER.

plisser v. Faire des plis. Le **plissage**, c'est l'action de plisser. Un **plissement**, c'est un pli du sol. Un **plissé**, c'est un travail de lingerie.

pliure n. f. V. PLIER.

---

1. V. pl. SIÈGES.

plomb n. m. Métal très lourd d'un gris bleuâtre. Projectile de plomb : *plomb de chasse.* *A plomb,* perpendiculairement (suivant la direction d'un fil à plomb). La *mine de plomb* est un charbon très pur (graphite) qui sert à faire des crayons. **Plomber,** c'est sceller avec du plomb fondu ; c'est aussi boucher une dent gâtée. Le **plombage** est l'action de plomber. La **plomberie,** c'est le métier du plombier. Le **plombier,** c'est celui qui pose les canalisations de plomb.

plombage n. m., **plomber** v., **plomberie** n. f., **plombier** n. m. V. PLOMB.

plonge n. f., **plongeant, e** adj., **plongée** n. f., **plongeon** n. m. V. PLONGER.

plonger v. Faire entrer complètement dans un liquide. Enfoncer : *plonger un poignard dans la poitrine.* Mettre dans une situation pénible : *plonger dans la misère.* Tomber profondément : *plonger dans le sommeil.* S'enfoncer. Ce qui est dirigé de haut en bas est **plongeant.** La **plonge,** c'est le lavage de la vaisselle dans un restaurant. La **plongée,** c'est l'action de plonger (en parlant d'un sous-marin). Le **plongeon,** c'est l'action de plonger, en parlant d'un nageur. Le **plongeur,** c'est celui qui plonge.

plongeur, euse n. V. PLONGER.

ployer v. Courber : *ployer une branche.*

pluie n. f. Eau qui tombe en gouttes du ciel. (V. PLEUVOIR.) *Faire la pluie et le beau temps,* c'est être très influent.

plumage n. m. V. PLUME.

plum-cake [*pleum'-kèk'*] n. m.

(mot anglais). Gâteau fait avec des raisins secs.

plume n. f. Tuyau garni de minces filets accolés qui couvrent le corps des oiseaux. Grande plume d'oiseau dont on utilisait l'extrémité coupée en biseau pour écrire. Lamelle de métal, taillée en bec, qui sert pour écrire. Le **plumage** est l'ensemble des plumes d'un oiseau. Un **plumeau** est un ustensile de ménage formé de plumes attachées à une hampe. **Plumer,** c'est arracher des plumes. Familièrement, c'est tirer de l'argent de quelqu'un. Un **plumet,** c'est un bouquet de plumes pour orner. Un **plumier,** c'est une boîte pour les plumes, les crayons. Un **plumitif** est un mauvais écrivain.

plumeau n. m., **plumer** v., **plumet** n. m., **plumier** n. m., **plumitif** n. m. V. PLUME.

plum-pudding [*pleum'-pou-dign'*] n. m. V. PUDDING.

plupart (la) n. f. La plus grande partie.

pluralité n. f. Le plus grand nombre : *avoir la pluralité des voix dans une élection.*

pluriel, elle adj. Qui comprend plusieurs personnes, plusieurs choses. N. m. Nombre pluriel : *mettre une phrase au pluriel.*

plus adv. En plus grande quantité, à un degré supérieur. En outre : *ceci plus cela.* Avec la négation, marque la cessation : *ne plus parler. Plus tôt,* de meilleure heure. *De plus en plus,* chaque fois davantage. *Plus ou moins,* environ. *Tout au plus, au plus,* pas davantage. *D'autant plus,* à plus forte raison. N. m. Ce qu'on ne peut dépasser : *le plus que l'on puisse espérer.*

plusieurs adj. pl. Un nombre non fixé.

plus-que-parfait n. m. Temps du verbe qui exprime une action passée antérieure à une autre action passée. Ex. : *j'AVAIS FINI mon devoir quand vous êtes arrivé.*

plus-value n. f. Augmentation de valeur, de prix.

plutonium n. m. Métal employé dans les bombes atomiques.

plutôt adverbe marquant un avantage : *il est plutôt grand.*

pluvial, e adj. Qui provient des pluies, qui dépend des pluies ; *une source de régime pluvial.*

pluvier n. m. Un oiseau à longues pattes.

pluvieux, euse adj. Abondant en pluie : *temps pluvieux.* (V. PLUIE.) **Pluviôse** était le mois des pluies (21 janv.-20 fév.) dans le calendrier républicain.

pluviôse n. m. V. PLUVIEUX.

pneumatique adj. Se dit d'une machine qui sert à vider l'air d'un *récipient* (v. ce mot). N. M. Boyau de caoutchouc rempli d'air comprimé, enfermé dans une enveloppe également en caoutchouc, qui sert de bandage aux roues des cycles et autos. Familièrement, un **pneu** est une correspondance expédiée d'un quartier à un autre, dans une ville, par tube, au moyen de l'air comprimé.

pneumonie n. f. Inflammation du poumon.

pochade n. f. Peinture rapidement tracée. Un **pochoir**, c'est une feuille de carton, de métal, découpée pour peindre la partie qui n'est pas couverte par cette feuille.

poche n. f. Petit sac cousu à l'intérieur d'un vêtement. Une **pochette**, c'est une petite poche : c'est aussi une petite boîte de compas plate, un petit violon, un petit mouchoir de fantaisie, une enveloppe servant d'emballage.

pocher v. Faire une meurtrissure avec enflure : *pocher l'œil.* Cuire des œufs entiers sans leur coquille.

pochette n. f. V. POCHE.

pochoir n. m. V. POCHADE.

podium n. m. Plate-forme sur laquelle montent les vainqueurs d'une compétition sportive.

poêle I. n. m. Drap qui couvre le cercueil à un enterrement.

poêle II. n. m. Appareil de chauffage (1).

poêle III. n. f. Ustensile de cuisine, en fer, à long manche, pour frire. La **poêlée** est le contenu de la poêle. Un **poêlon** est une petite poêle.

poêlée n. f., **poêlon** n. m. Voir POÊLE III.

poème n. m. Texte le plus souvent écrit en vers. Familièrement, chose merveilleuse : *ce gâteau est un poème.*

poésie n. f. Art de faire des vers. Au figuré, ce qui parle à l'imagination : *la poésie de la mer.* Le **poète** est celui qui écrit des vers. Ce qui se rapporte à la poésie est **poétique**.

poète n. m., **poétique** adj. Voir POÉSIE.

poids n. m. Qualité d'un corps pesant. Action de la *pesanteur* (v. ce mot) sur un corps. Pesanteur d'un corps comparée à celle de l'unité : *colis d'un poids de dix kilogrammes.* Morceau de métal d'une pesanteur connue, qui sert à mesurer les poids : *un poids de cinquante grammes* (2). Corps pesant suspendu aux chaînes d'une horloge (3). Ce qui fatigue : *le*

1. V. pl. CHAUFFAGE ; 2. V. pl. BALANCES ; 3. V. pl. HORLOGERIE.

poids des affaires. (V. PESAN-
TEUR.)

poignant, e adj. Très pénible :
douleur poignante.

poignard n. m. Arme blanche
courte et pointue (1). **Poignarder**, c'est blesser d'un
coup de poignard.

poignarder v. V. POIGNARD.

poigne n. f. Force du poignet :
avoir de la poigne. Energie.

poignée n. f. Ce que peut tenir
la main : *poignée de sel.* Partie d'un objet par laquelle on
le tient. Petit nombre : *poignée d'hommes.*

poignet n. m. Partie du bras qui
joint la main à l'avant-bras.

poil n. m. Filament qui pousse
sur la peau de l'homme et des
animaux. Partie velue des étoffes. Ce qui est couvert de poils
est **poilu.** Les soldats français
de la Première Guerre mondiale avaient été surnommés
les **poilus.**

poilu, e adj. et n. V. POIL.

poinçon n. m. Outil de fer pour
percer, pour graver. **Poinçonner**, c'est marquer avec un
poinçon.

poinçonner v. V. POINÇON.

poindre v. Commencer à paraître : *le jour point.*

poing n. m. Main fermée.

point I. n. m. Piqûre à l'aiguille
dans une étoffe. Nom de divers
ouvrages d'aiguille : *point
d'Alençon* (2). Très petite marque ronde sur un *i* ou un *j*.
Valeur des cartes au jeu. Manière de compter au jeu : *rendre des points à l'adversaire.*
Position d'un navire marquée
sur la carte : *faire le point.*
Note : *bon point.* Endroit déterminé : *point de départ.* Perfection : *mettre au point.*
Question : *point à discuter.*
Point de vue, endroit d'où l'on
voit le mieux : manière de voir
une chose. *Point du jour,* aube.
A point, à propos. *A point
nommé,* à l'instant fixé. *De
point en point,* exactement.
(V. POINTER, II.)

point II. adv. Pas : *ne point parler.*

pointage n. m. V. POINTER II.

pointe n. f. Bout aigu : *la
pointe d'une aiguille.* Petit clou
mince (3). Bout, extrémité :
pointe du pied. Trait d'esprit. Un
pointeau est une tige mobile
qui peut boucher un trou. Ce
qui se termine en pointe est
pointu.

pointeau n. m. V. POINTE.

pointer I. [*poin-tèr*] n. m. (mot
anglais). Chien d'arrêt.

pointer II. v. Marquer d'un
point. Vérifier, contrôler. Braquer une arme, viser. Dresser :
pointer les oreilles. Se dresser :
clocher qui pointe. Commencer
à pousser : *blé qui pointe.* Celui qui pointe une arme est le
pointeur. Le **pointage** est
l'action de pointer.

pointeur n. m. V. POINTER II.

pointillé n. m. V. POINTILLER.

pointiller v. Tracer des points :
ligne pointillée. Celui qui aime
à discuter est **pointilleux.** Un
pointillé est une ligne de
points.

pointilleux, euse adj. V. POIN-
TILLER.

pointu, e adj. V. POINTE.

pointure n. f. Grandeur des
gants, des chaussures, etc.

poire n. f. Fruit du poirier. Le
poirier est un arbre à fruit
charnu et sucré très estimé (4).
Le **poiré** est une boisson de jus
de poires.

1. V. pl. ARMES ; 2. V. pl. COUTURE ; 3. V. pl. QUINCAILLERIE ;
4. V. pl. FRUITS.

poiré n. m. V. POIRE.

poireau n. m. Une plante potagère dont on consomme la base des feuilles (1).

poirier n. m. V. POIRE.

pois n. m. Plante légumineuse grimpante à graine comestible (2).

poison n. m. Substance capable de donner la mort ou de rendre très malade. Au figuré, ce qui est mauvais pour l'esprit.

poisser v., **poisseux, euse** adj. V. POIX.

poisson n. m. Animal aquatique au corps couvert d'écailles, muni de nageoires. La **poissonnerie** est l'endroit où l'on vend du poisson. Un endroit **poissonneux** est un endroit abondant en poisson.

poissonnerie n. f., **poissonneux, euse** adj. V. POISSON.

poitrail n. m. Devant du corps du cheval. Harnais du cheval.

poitrine n. f. Partie du tronc, entre le cou et l'abdomen.

poivre n. m. Graine aromatique employée en cuisine. **Poivrer,** c'est assaisonner de poivre. Le **poivrier** est l'arbuste qui produit le poivre. Une **poivrière,** c'est un ustensile pour le poivre; c'est aussi une guérite de pierre sur une fortification.

poivrier n. m., **poivrière** n. f. V. POIVRE.

poix n. f. Substance résineuse et collante tirée du pin. **Poisser,** c'est enduire de poix, de substance gluante. Ce qui poisse est **poisseux.**

poker [*po-kèr'*] n. m. (mot anglais). Un jeu de cartes.

polaire adj. V. PÔLE.

polder [*pol-dèr*] n. m. Région

basse conquise sur la mer (surtout aux Pays-Bas).

pôle n. m. Chacune des extrémités de la ligne imaginaire autour de laquelle tourne la Terre (3). Ce qui se rapporte au pôle est **polaire** : *l'étoile polaire indique le Nord.*

polémique n. f. Débat, discussion. Celui qui fait de la polémique est un **polémiste.**

polémiste n. m. V. POLÉMIQUE.

polenta [*po-lèn-ta*] n. f. (mot italien). Bouillie de farine de maïs.

poli, e adj. Lisse : *marbre poli.* Courtois, civilisé : *homme poli.* N. m. Eclat : *le poli de l'acier.* (V. POLIR).

police I. n. f. Ordre public. Règlements qui maintiennent cet ordre. Administration chargée de maintenir l'ordre : *agent de police.* Un **policier,** c'est un agent de police. **Policer,** c'est civiliser.

police II. n. f. Contrat d'assurance.

policer v. V. POLICE.

polichinelle n. m. Marionnette à deux bosses. *Secret de polichinelle,* ce que tout le monde sait.

policier n. m. V. POLICE.

poliomyélite n. f. Maladie qui provoque des paralysies.

polir v. Rendre lisse, poli. Le **polissage** est l'action de polir. Le **polisseur** est celui qui polit. Un **polissoir** est un outil pour polir. La **politesse** est la manière d'agir d'une personne polie.

polissage n. m., **polisseur, euse** n., **polissoir** n. m. V. POLIR.

polisson, onne n. Enfant malpropre et vagabond. Enfant

---

1 et 2. V. pl. LÉGUMES ; 3. V. pl. ASTRONOMIE, TERRE.

POISSONS D'EAU DOUCE

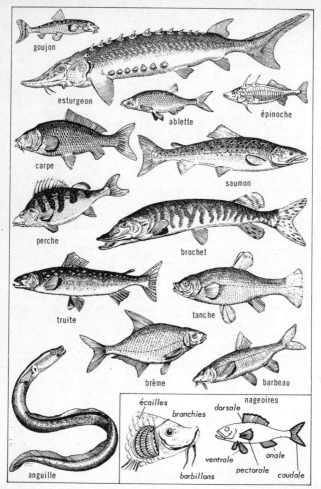

goujon

esturgeon

ablette

épinoche

carpe

saumon

perche

brochet

truite

tanche

brème

barbeau

anguille

écailles

branchies

nageoires

dorsale

barbillons

ventrale

pectorale

anale

caudale

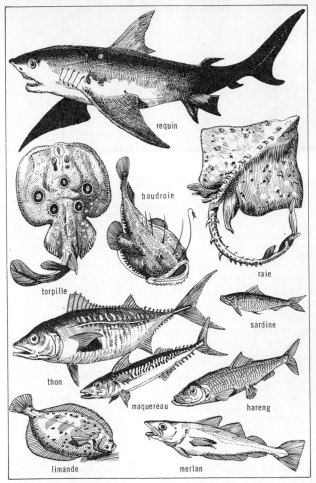

requin

baudroie

raie

torpille

sardine

thon

maquereau

hareng

limande

merlan

espiègle. Une **polissonnerie** est une action, une parole de polisson.

polissonnerie n. f. V. POLISSON.

politesse n. f. V. POLIR.

politicien, enne adj. et n. Voir POLITIQUE.

politique n. f. Art de gouverner un Etat, de conduire ses affaires. Un homme politique, un **politicien** est celui qui s'occupe de politique. Etre **politique**, c'est être prudent.

polka n. f. Danse polonaise.

pollen [*po-lèn*] n. m. Poussière, généralement jaune, qui couvre les *étamines* (v. ce mot) des fleurs.

pollution n. f. Action de salir, de rendre malsain : *la pollution des rivières, de l'air.*

polo n. m. Jeu de balle, à cheval, avec un maillet.

poltron, onne adj. Sans courage. La **poltronnerie** est le manque de courage.

poly. Préfixe signifiant *nombreux*, qui sert à former divers mots : *polyglotte, polytechnique,* etc.

polychrome [*po-li-krôm'*] adj. De plusieurs couleurs.

polycopie n. f. Reproduction d'un texte par une sorte de décalque.

polyculture n. f. Production, dans une même propriété, de plusieurs produits agricoles.

polyèdre n. m. Solide géométrique à plusieurs faces (1).

polygame adj. Marié à plusieurs femmes à la fois.

polyglotte adj. Qui parle plusieurs langues.

polygone n. m. Surface plane à

plusieurs côtés : *polygone régulier* (2). Terrain en forme de polygone.

polype n. m. Sorte de tumeur. Animal marin qui vit en groupes sur un support commun appelé **polypier.**

polytechnicien n. m. Elève de l'*Ecole* **polytechnique,** qui est un établissement d'enseignement supérieur où l'on étudie diverses sciences.

polythéisme n. m. Religion qui admet plusieurs dieux.

pommade n. f. Corps gras parfumé, pour la toilette, ou utilisé comme médicament. **Pommader,** c'est enduire de pommade.

pomme n. f. Fruit du pommier (3). Objet en forme de pomme : *pomme d'arrosoir. Pomme de terre,* plante potagère à *tubercules* (v. ce mot) comestibles (4). *Pomme de pin,* fruit du pin. *Pomme d'Adam,* renflement formé par le larynx, au cou de l'homme. Ce qui est rond comme une pomme est **pommé.** Le **pommeau** est le bout arrondi d'une poignée d'épée, de pistolet, de l'arçon de la selle. Un cheval **pommelé** est celui dont la robe est marquée de noir et de blanc. La **pommette** est la partie saillante de la joue. Le **pommier** est l'arbre qui produit la pomme.

pommé, e adj., **pommeau** n. m., **pommelé, e** adj., **pommette** n. f., **pommier** n. m. V. POMME.

pompe I. n. f. Cortège solennel. Cérémonie solennelle. Au pluriel, les vanités, les faux plaisirs du monde. Ce qui est fait avec pompe est **pompeux :** *entrée pompeuse.*

1. V. pl. SOLIDES; 2. V. pl. SURFACES; 3. V. pl. FRUITS; 4. V. pl. LÉGUMES.

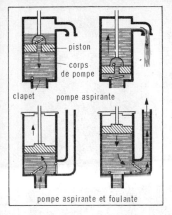

piston

corps
de pompe

clapet   pompe aspirante

pompe aspirante et foulante

pompe II. n. f. Machine servant à élever ou à refouler les liquides ou les gaz : *pompe à incendie*. Le **pompier** est celui qui manœuvre une pompe à incendie. **Pomper**, c'est aspirer avec une pompe : *pomper de l'eau*. Le **pompiste** est l'employé qui distribue l'essence dans une station-service.

pomper v. V. POMPE II.

pompeux, euse adj. V. POMPE I.

pompier n. m., **pompiste** n. m. V. POMPE II.

pompon n. m. Petite houppe de soie, de laine, servant d'ornement. **Pomponner**, c'est orner, parer.

pomponner v. V. POMPON.

ponant n. m. Autref., l'occident.

ponce n. f. Roche poreuse et légère servant à nettoyer, à polir. **Poncer**, c'est polir à la pierre ponce ; c'est aussi passer un sachet plein de poudre colorée sur des dessins piqués de petits trous, qu'on veut reproduire.

ponceau n. m. Petit pont.

poncer v. V. PONCE.

poncho n. m. Manteau sud-américain fait d'une couverture avec un trou pour passer la tête.

poncif, ive adj. Banal.

ponction n. f. Action de percer un abcès, une tumeur, etc.

ponctualité n. f. V. PONCTUEL.

ponctuation n. f. V. PONCTUER.

ponctuel, elle adj. Exact, effectué toujours à temps. La **ponctualité** est la qualité de ce qui est ponctuel.

ponctuer v. Marquer de points. Mettre les points, les virgules, etc., en écrivant. La **ponctuation** est l'action de ponctuer. Les *signes de* **ponctuation** servent à séparer les phrases et les divers éléments de ces dernières.

pondération n. f. Modération.

pondéré, e adj. Bien équilibré.

pondéreux, euse adj. Très lourd : *des produits pondéreux*.

pondeuse adj. V. PONDRE.

pondre v. Faire des œufs. Une bonne **pondeuse** est une poule qui pond souvent. La **ponte** est l'action de pondre.

poney n. m. Petit cheval.

pont n. m. Construction faisant communiquer deux points, séparés par une rivière, un ravin. (V. pl. p. 449.) Plancher d'un navire (1). Le **pont-levis** est celui qui se lève et s'abaisse à volonté sur un fossé (2). *Ponts et chaussées*, administration chargée de l'entretien des ponts et des routes. *Pont arrière*, essieu arrière d'une automobile et organes qui le complète.

1. V. pl. BATEAUX ; 2. V. pl. CHÂTEAU FORT.

voiture-feu (VF)

poste d'appel avertisseur   incendie

motopompe

masque respiratoire

dévidoir à tuyau

pompiers

ponte n. f. V. PONDRE.

ponté, e adj. Se dit d'un bateau muni de ponts.

pontife n. m. Dignitaire de l'Eglise. *Le souverain pontife*, le pape. Familièrement, personne qui se donne des airs importants. Le **pontificat**, c'est la dignité de pontife, le temps qu'elle dure. **Pontifier**, c'est parler, agir avec solennité.

pontificat n. m., **pontifier** v. V. PONTIFE.

ponton n. m. Pont fait de bateaux réunis. Vieux vaisseau servant de caserne, de prison. Le **pontonnier** est le soldat qui construit des ponts.

pontonnier n. m. V. PONTON.

pope n. m. Prêtre du rite oriental.

popeline n. f. Etoffe de soie et de laine.

populace n. f. Bas peuple.

populaire adj. Relatif au peuple : *éducation populaire*. Propre au peuple : *expression populaire*. Qui a la faveur du

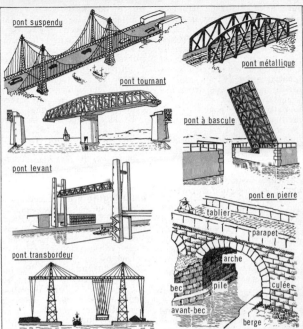

pont suspendu

pont métallique

pont tournant

pont à bascule

pont levant

pont en pierre

tablier

parapet

arche

pont transbordeur

bec

pile

culée

avant-bec

berge

ponts

peuple : *orateur populaire.* N. m.
Le peuple. **Populariser**, c'est
rendre populaire. La **popularité**, c'est la faveur auprès du
peuple.

populariser v., **popularité** n. f.
V. POPULAIRE.

population n. f. Ensemble des
habitants d'un pays.

populeux, euse adj. Très peuplé : *quartier populeux.*

porc n. m. Cochon, mammifère
à chair très estimée (1). Familièrement, homme sale. Le **porcher** est celui qui garde les

porcs. La **porcherie** est l'endroit où sont logés les porcs.
Ce qui est relatif au porc est
porcin.

porcelaine n. f. Poterie blanche
très fine.

porc-épic n. m. Mammifère
rongeur dont le corps est couvert de piquants.

porche n. m. Lieu couvert à
l'entrée d'un édifice.

porcher, ère n., **porcherie** n. f.,
porcin, e adj. V. PORC.

1. V. pl. BÉTAIL.

pore n. m. Petite ouverture de la peau par où sort la sueur. Petit trou à l'intérieur d'un corps : *les pores d'une éponge.* Ce qui a des pores nombreux est **poreux.** La **porosité** est la qualité de ce qui est poreux.

poreux, euse adj. V. PORE.

porion n. m. Contremaître d'une mine de charbon.

porosité n. f. V. PORE.

porphyre n. m. Roche à grands cristaux.

port I n. m. Partie d'un littoral où les navires peuvent décharger leurs marchandises. (V. pl. p. suiv.) Ville bâtie autour du port. Au figuré, refuge.

port II n. m. Action de porter : *le port d'une arme.* Prix payé pour faire porter une chose. Maintien du corps : *un port orgueilleux.* Le **portage** est l'action de porter. Ce qu'on peut porter est **portable, portatif.** (V. PORTER.)

portable adj., **portage** n. m., V. PORT II.

portail n. m. Porte monumentale d'un édifice (1).

portant, e adj. Qui se porte bien ou mal : *personne bien portante.* N. m. Montant qui soutient les décors d'un théâtre.

portatif, ive adj. V. PORT II.

porte n. f. Ouverture pour entrer ou sortir : *ouvrir la porte.* Clôture de cette ouverture : *porte de fer. Mettre à la porte,* chasser. Un **portillon** est une petite porte.

porte-avions n. m. Navire servant au transport et au lancement d'avions (2).

porte-bonheur n. m. Objet considéré comme portant de la chance à son possesseur.

porte-bouquet n. m. Petit vase pour mettre des bouquets.

porte-couteau n. m. Petit ustensile pour poser le couteau sur la table pendant le repas.

porte-crayon n. m. Petit ustensile où l'on fixe un crayon.

porte-drapeau n. m. Officier qui porte le drapeau.

portée n. f. Ensemble des petits qu'un animal a en une fois. Distance que peut atteindre le projectile d'une arme. Etendue que peuvent atteindre la voix, la vue, la main, etc. Capacité de l'esprit : *ceci est hors de sa portée.* Valeur : *mots sans portée.* Lignes pour écrire la musique (3).

portefaix n. m. Celui qui a pour métier de porter des fardeaux.

portefeuille n. m. Pochette pour porter sur soi des papiers, des billets de banque, etc. Fonctions de ministre : *le portefeuille de la Marine.* Ensemble des valeurs mobilières appartenant à une personne.

portemanteau n. m. Meuble à patères, etc., pour accrocher les vêtements. Sorte de valise.

porte-mine n. m. Crayon de métal à mine mobile.

porte-monnaie n. m. Bourse à fermoir où l'on met l'argent de poche.

porte-parapluies n. m. Meuble pour déposer les parapluies.

porte-parole n. m. Celui qui parle au nom des autres.

porte-plume n. m. Tige de bois, d'os, etc., au bout de laquelle on fixe une plume d'acier pour écrire.

porter v. Soutenir une charge : *porter un fardeau.* Transporter : *porter une lettre à domicile.* Avoir sur soi : *porter un chapeau.* Etre vêtu de : *porter le deuil.* Tenir : *porter la tête haute.* Diriger : *porter ses re-*

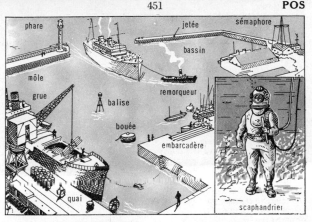

phare — jetée — sémaphore — bassin — môle — grue — balise — remorqueur — bouée — embarcadère — quai — scaphandrier

port

gards sur. Rapporter : *somme portant un intérêt.* Pousser : *porter au mal.* Causer : *porter malheur. Porter la parole,* parler pour d'autres. Supporter : *porter le poids d'une faute.* Reposer : *poutre qui porte à faux.* Atteindre : *arme qui porte loin.* Avoir pour objet : *sur quoi porte ce projet? Etre porté sur quelque chose,* c'est avoir un goût très vif pour cette chose : *être porté sur la boisson.* **Se porter,** c'est se rendre : *se porter au-devant de quelqu'un;* c'est aussi se trouver en bonne ou mauvaise santé. Celui qui porte est un **porteur :** *porteur d'eau;* c'est aussi celui qui présente au remboursement un effet de commerce, un billet, un titre : *valeurs au porteur* (par opposition à *nominatives*). [V. PORT II et PORTÉE.]

porteur, euse adj. et n. Voir PORTER.

porte-voix n. m. Cornet pour faire porter la voix au loin.

portier, ère n. Personne chargée de garder la porte d'une maison. N. f. Petite porte d'une voiture. Rideau de porte.

portillon n. m. V. PORTE.

portion n. f. Partie d'un tout. Quantité de nourriture servie à chacun.

portique n. m. Galerie voûtée soutenue par des colonnes (1). Poutre à laquelle on accroche les agrès de gymnastique.

porto n. m. Un vin du Portugal.

portrait n. m. Image dessinée (2). Photographie. Au figuré, description du caractère d'une personne. Le **portraitiste** est celui qui fait un portrait.

portulan n. m. Autrefois, carte marine.

pose n. f., **posé, e** adj., **posément** adv. V. POSER.

poser v. Placer, mettre : *poser un livre sur la table.* Installer : *poser des rideaux.* Mettre en valeur : *son succès le pose.*

1. V. pl. ARCHITECTURE ; 2. V. pl. DESSIN.

Adresser : *poser une question.* Prendre une attitude, une pose : *poser pour un portrait.* Viser à faire de l'effet par son attitude, ses paroles. Celui qui pose, qui place, est un **poseur.** Celui qui est affecté, maniéré, est également un **poseur.** Un homme **posé,** c'est un homme calme, grave. (V. POSITION.) La **pose,** c'est l'attitude : *pose nonchalante;* c'est aussi l'affectation dans l'attitude, les paroles : *une pose insupportable;* en photographie, c'est le temps d'exposition à la lumière. **Posément** signifie : avec calme. Un **posemètre** mesure le temps de pose nécessaire pour prendre une photographie (1).

posemètre n. m. V. POSER.

poseur, euse n. V. POSER.

positif, ive adj. Certain : *un fait positif.* Qui ne s'attache qu'aux choses réelles, pratiques : *esprit positif.* En photographie, le **positif** est l'image qui reproduit en blanc les parties claires du sujet et en noir ses parties sombres.

position n. f. Situation d'une chose, d'une personne : *une position périlleuse.* Attitude : *position du corps.* Terrain occupé par une troupe en campagne.

posséder v. Avoir en sa possession : *posséder une maison.* Connaître à fond : *bien posséder l'anglais.* Un **possédé** du démon est une personne qui semble dominée par le démon, qui est d'une extrême violence. La **possession** est le fait de posséder; c'est aussi la chose possédée. Le **possesseur** est celui qui possède. Ce qui se rapporte à la possession est **possessif** : *mon, ma, notre, votre,* leur sont des adjectifs possessifs.

possesseur n. m., **possessif, ive** adj., **possession** n. f. V. POSSÉDER.

possibilité n. f. V. POSSIBLE.

possible adj. Qui peut être, qui peut se faire. N. m. Ce que l'on peut : *faire son possible.* La **possibilité,** c'est la qualité de ce qui est possible.

postal, e adj. V. POSTE I.

poste I. n. f. Autrefois, relais de chevaux pour le service des voyageurs. C'est aujourd'hui l'administration chargée du transport des lettres, du paiement des mandats, etc. Bureau de la poste. Boîte aux lettres : *mettre une lettre à la poste.* Ce qui se rapporte à la poste est **postal. Poster,** c'est placer à un poste : *poster une sentinelle;* c'est aussi mettre à la poste : *poster une lettre.* Un **postier,** c'est un employé de la poste. Le **postillon** était le conducteur de la poste aux chevaux; familièrement, c'est une parcelle de salive qui s'échappe quand on parle.

poste II. n. m. Lieu où l'on place des soldats, etc., pour garder, pour surveiller. Emploi, charge : *occuper un poste de confiance.* Appareil de téléphone, de radio, de télévision, etc.

poster v. V. POSTE I.

postérieur, e adj. Qui vient après : *date postérieure.* Placé derrière : *la partie postérieure de la tête.* N. m. Familièrement, le derrière.

postérité n. f. Les descendants : *laisser son nom à la postérité.*

posthume adj. Se dit d'un livre publié après le décès de son auteur.

---

1. V. pl. PHOTOGRAPHIE.

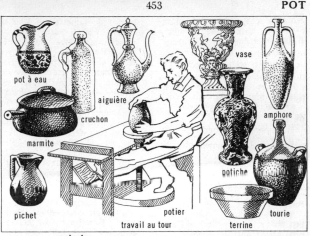

pot à eau

aiguière

cruchon

marmite

pichet

vase

amphore

potiche

potier

tourie

terrine

travail au tour

poterie

postiche adj. Qui remplace une chose naturelle : *cheveux postiches*. N. m. Ornement artificiel.

postillon n. m. V. POSTE I.

postscolaire adj. Qui a lieu après le temps d'école.

post-scriptum n. m. Ce qu'on ajoute à une lettre après l'avoir signée. (On abrège ce mot en P.-S.)

postulat n. m. Principe de base que l'on doit admettre pour faire une démonstration mathématique.

postuler v. Demander, solliciter : *postuler une place*. Celui qui postule est un **postulant**.

posture n. f. Attitude, maintien. *être en bonne posture*.

pot n. m. Vase de terre, de métal : *pot à eau, pot à fleurs* (1). Marmite de cuisine et ce qu'on y cuit : *inviter à la fortune du pot*. *Découvrir le pot aux roses*, c'est découvrir un secret. **Pot-pourri**, ragoût de viandes diverses; mélange de divers airs de musique. Le **pot-au-feu** est un mets de viande bouillie avec des légumes; c'est aussi le vase où on le prépare. Un **pot-de-vin**, c'est une somme offerte à quelqu'un pour gagner son appui. La **potée** est le contenu d'un pot. La **poterie**, c'est la vaisselle de terre, parfois celle de métal; c'est aussi l'art de la fabriquer. Le **potier** est celui qui fait de la poterie.

potable adj. Qui peut se boire.

potache n. m. Familièrement, collégien, lycéen.

potage n. m. Bouillon dans lequel on fait cuire des légumes, de la viande. Un *jardin* **potager**, c'est celui où l'on cultive des légumes.

potager, ère adj. V. POTAGE.

1. V. pl. CUISINE *(Ustensiles de)*.

potasse n. f. Produit chimique que l'on utilise pour le blanchiment, comme engrais, etc.

pot-au-feu n. m. V. POT.

pot-de-vin n. m. V. POT.

poteau n. m. Grosse pièce de bois que l'on enfonce généralement toute droite dans le sol : *poteau télégraphique.*

potée n. f. V. POT.

potelé, e adj. Gras, dodu : *un bébé potelé.*

potence n. f. Instrument qui sert à donner la mort par pendaison.

potentat n. m. Homme qui dispose d'un très grand pouvoir.

poterie n. f. V. POT.

poterne n. f. Petite porte de forteresse (1).

potiche n. f. Vase de porcelaine décorée : *potiche chinoise* (2).

potier n. m. V. POT.

potin n. m. Familièrement, bruit, vacarme. Cancan, médisance.

potion n. f. Médicament à boire.

potiron n. m. Espèce d'énorme courge (3).

pot-pourri n. m. V. POT.

potron-jaquet ou **potron-minet (dès)** locution signifiant: dès l'aube.

pou n. m. Insecte qui vit sur le corps de l'homme, des animaux. (Au pluriel : *poux.*) [4]. Celui qui a des poux est **pouilleux.**

pouah! Interjection de dégoût.

poubelle n. f. Boîte à ordures.

pouce n. m. Le plus gros et le plus court des doigts. Ancienne mesure de longueur (27 millimètres). *Mettre les pouces,* céder. *Se tourner les pouces,* être inoccupé. *Pouce!* cri pour arrêter un jeu.

poudre n. f. Matière finement écrasée : *poudre de riz.* Mélange inflammable de charbon, soufre et salpêtre : *poudre à canon. N'avoir pas inventé la poudre,* c'est être peu intelligent. **Poudrer,** c'est couvrir d'une couche de poudre. Une **poudrerie** est une fabrique de poudre. Ce qui est couvert de poudre est **poudreux. Poudroyer,** c'est soulever de la poussière : *la route poudroie.* Une **poudrière** est un magasin à poudre; c'est aussi un lieu, un pays où de graves troubles menacent d'éclater.

poudrer v., **poudrerie** n. f., **poudreux, euse** adj., **poudrière** n. f., **poudroyer** v. V. POUDRE.

pouf! Interjection exprimant le bruit d'un coup, d'un éclatement. **Pouffer,** c'est éclater de rire.

pouf n. m. Sorte de gros tabouret capitonné (5).

pouilleux, euse adj. V. POU.

poulailler n. m. V. POULE.

poulain n. m. Jeune cheval. La **pouliche** est une jeune jument.

poulaine (soulier à la). Autrefois, soulier à bout recourbé.

poularde n. f. V. POULE.

poule n. f. Femelle du coq (6). *Poule d'eau,* un oiseau aquatique. *Poule mouillée,* personne timide. Un **poulet,** c'est le petit d'une poule. Un **poussin** est un tout jeune poulet (7). Une **poulette** est une jeune poule. Une **poularde** est une poule grasse. Le **poulailler** est l'endroit où on loge les poules (8); c'est, au théâtre, la galerie la plus élevée (9).

poulet, ette n. V. POULE.

pouliche n. f. V. POULAIN.

poulie n. f. Roue mobile sur un axe, dont le tour, creusé d'une rainure, guide une corde qui sert à soulever des fardeaux (10).

1. V. pl. CHÂTEAU FORT ; 2. V. pl. POTERIE ; 3. V. pl. LÉGUMES ;
4. V. pl. INSECTES ; 5. V. pl. SIÈGES ; 6 et 7. V. pl. BASSE-COUR ;
8. V. pl. FERME ; 9. V. pl. THÉÂTRE ; 10. V. pl. MAÇON, MÉCANIQUE.

poulpe n. m. V. PIEUVRE.

pouls [*pou*] n. m. Battement du sang dans les *artères* (v. ce mot). [V. PULSATION.]

poumon n. m. Organe double, renfermé dans la poitrine, et servant à respirer (1). [V. PUL- MONAIRE.]

poupard n. m. V. POUPÉE.

poupe n. f. Arrière du navire. (C'est le contraire de *proue*.)

poupée n. f. Jouet de bois, de carton, etc., représentant une figure humaine. Un **poupard**, c'est un enfant gras et jouf- flu. Un *visage* **poupin** est un visage frais, coloré. Un **pou- pon**, c'est un bébé. Une **pou- ponnière** est l'endroit où l'on s'occupe des nourrissons.

poupin, e adj., **poupon** n. m., **pouponnière** n. f. V. POUPÉE.

pour préposition. Au profit de, destiné à : *ceci est pour toi*. A la place de : *parler pour un autre*. Au lieu de : *une chose pour une autre*. Afin de : *pour qu'il vienne*. Envers : *l'amour d'une mère pour ses enfants*. Comme : *laisser pour mort*. A cause de : *punir pour une faute*. Pendant : *pour deux ans*.

pourboire n. m. Petite somme d'argent qu'on donne gracieu- sement pour payer un petit service.

pourceau n. m. Porc, cochon.

pourcentage n. m. Part, inté- rêt, commission sur cent unités.

pourchasser v. Poursuivre.

pourfendre v. Fendre en deux d'un coup de sabre.

pourlécher (se) v. Passer sa langue sur les lèvres.

pourparlers n. m. pl. Confé- rence, négociations : *engager des pourparlers pour un traité*.

pourpoint n. m. Ancien vête- ment d'homme couvrant le corps du cou à la ceinture (2).

pourpre n. m. Couleur rouge un peu violette. N. f. Poétiquement, rouge, rougeur. Dignité souve- raine (la couleur pourpre étant autrefois réservée aux empe- reurs). Dignité de cardinal. Ce qui est de couleur pourpre est **pourpré**.

pourpré, e adj. V. POURPRE.

pourquoi conj. Pour quelle rai- son : *sans savoir pourquoi*. Mot servant à interroger : *pourquoi dites-vous cela?* N. m. Cause, raison : *savoir le pour- quoi d'une chose*.

pourrir v. Se gâter par la décom- position : *fruit pourri*. La **pourriture** est l'état d'un corps pourri; c'est aussi, au figuré, ce qui est soumis à la corruption.

pourriture n. f. V. POURRIR.

poursuite n. f. V. POURSUIVRE.

poursuivre v. Courir vite pour atteindre quelqu'un. Chercher à obtenir : *poursuivre un em- ploi*. Continuer : *poursuivre un travail*. Attaquer devant la jus- tice : *poursuivre un débiteur*. La **poursuite** est l'action de poursuivre.

pourtant adv. Cependant.

pourtour n. m. Tour : *le pour- tour d'un édifice*.

pourvoi n. m. Réclamation con- tre le jugement d'un tribunal, présentée à un tribunal supé- rieur.

pourvoir v. Faire, donner ce qui est nécessaire : *pourvoir aux besoins de quelqu'un*. Se pour- voir, c'est se munir de. (Con- juguez comme *voir*, excepté dans *je pourvus hier; je pour- voirai*.) C'est aussi recourir à un tribunal supérieur. Celui qui pourvoit est un **pourvoyeur**.

pourvoyeur n. m. V. POURVOIR.

1. V. pl. HOMME; 2. V. pl. VÊTEMENTS MASCULINS.

pourvu que. A condition que.

pousse n. f., **poussée** n. f. Voir POUSSER.

pousser v. Déplacer avec effort *pousser une voiture.* Travailler, perfectionner : *dessin poussé.* Faire agir : *poussé par le besoin.* Jeter : *pousser des cris.* Naître, se développer : *des fleurs qui poussent bien.* **Se pousser,** familièrement, c'est avancer : *se pousser dans le monde.* Une **poussette,** c'est une voiture d'enfant. La **pousse** est l'action de pousser, de se développer : *la pousse des dents;* c'est aussi un bourgeon qui pousse. La **poussée,** c'est l'action de pousser : *donner une poussée.*

poussette n. f. V. POUSSER.

poussier n. m. V. POUSSIÈRE.

poussière n. f. Terre en poudre fine : *la poussière de la route. Réduire en poussière,* c'est détruire (v. PULVÉRISER). *Mordre la poussière,* c'est être abattu dans une lutte. Ce qui est couvert de poussière est **poussiéreux.** Le **poussier** est la poussière de charbon.

poussiéreux, euse adj. Voir POUSSIÈRE.

poussif, ive adj. Essoufflé.

poussin n. m. V. POULE.

poutre n. f. Grosse pièce de bois, de fer, pour soutenir une construction. Une **poutrelle** est une petite poutre de fer.

poutrelle n. f. V. POUTRE.

pouvoir v. Avoir la force, le moyen, l'autorité de faire : *il peut lire le russe.* Etre possible : *il se peut que ce soit vrai.* (Conjuguez : *je peux* ou *je puis, tu peux, nous pouvons, vous pouvez, ils peuvent* ; *je pus, nous pûmes; je pourrai; il faut que je puisse; pouvant,*

pu.) N. m. Puissance, force, autorité pour faire une chose. Autorisation donnée à quelqu'un pour agir : *donner pleins pouvoirs à un envoyé.* Personnes qui disposent d'une autorité publique : *le pouvoir judiciaire; les pouvoirs publics.* Le *pouvoir d'achat,* c'est la valeur d'un revenu représentée par les produits que l'on peut acheter avec ce dernier.

praire n. f. Un mollusque comestible.

prairial n. m. Mois des prairies dans le calendrier républicain (du 21 mai au 20 juin).

prairie n. f. Terre qui produit de l'herbe, du foin. (V. PRÉ.)

praline n. f. Amande enveloppée de sucre et grillée.

praticable adj., **praticien** n. m., **pratiquant, e** adj. V. PRATIQUE.

pratique I adj. Commode, d'application aisée : *un instrument pratique. Avoir l'esprit pratique,* c'est avoir le sens des réalités.

pratique II n. f. Application des règles d'un art, d'une science : *la pratique s'oppose à la théorie.* Coutume : *pratique populaire.* Client : *les pratiques d'un commerçant.* Pl. Exercices : *pratiques de religion.* **Pratiquer,** c'est mettre en pratique, réaliser : *pratiquer la vertu.* Faire : *pratiquer un trou.* Celui qui pratique la religion est **pratiquant.** Le **praticien** est celui qui pratique un art; en particulier, c'est un médecin. Ce que l'on peut pratiquer est **praticable.**

pratiquer v. V. PRATIQUE.

pré, préfixe qui signifie : *avant,* dans des mots comme *prédisposer, prélever,* etc.

pré n. m. Petite prairie.

préalable adj. Qui doit être fait d'abord. **Au préalable**, d'abord.

préambule n. m. Ce qu'on dit en commençant.

préau n. m. Partie couverte d'une cour d'école, de couvent.

préavis n. m. Avis préalable.

prébende n. f. Revenu de certaines dignités ecclésiastiques.

précaire adj. Mal assuré, incertain : *santé précaire*.

précaution n. f. Ce qu'on fait par prudence.

précédent, e adj. Qui précède : *le jour précédent* N. m. *l'ait, vtemple antérieur : s'appuyer sur un précédent*. **Précéder**, c'est marcher devant: c'est aussi avoir été auparavant : *les temps qui nous ont précédés;* être placé devant : *le mot qui précède*. Celui qui précède est un **prédécesseur**.

précéder v. V. PRÉCÉDENT.

précepte n. m. Règle, commandement. Le **précepteur** est celui qui est chargé de l'éducation d'un enfant.

précepteur, trice n. V. PRÉCEPTE.

prêche n. m. V. PRÊCHER.

prêcher v. Faire des sermons. Recommander : *prêcher l'économie*. Le **prêcheur** est celui qui prêche (v. PRÉDICATEUR). Le **prêche** est un sermon.

prêcheur, euse n. V. PRÊCHER.

précieux, euse adj. D'un grand prix : *métal précieux*. Recherché dans ses paroles, ses manières. La **préciosité** est une distinction artificielle.

préciosité n. f. V. PRÉCIEUX.

précipice n. m. Endroit très escarpé et très profond : *tomber dans un précipice*. **Préci-**

piter, c'est jeter d'un lieu élevé; c'est aussi rendre très rapide : *précipiter sa marche*. La **précipitation**, c'est la trop grande hâte.

précipitation n. f., **précipiter** v. V. PRÉCIPICE.

précis, e adj. Juste, exact : *à l'heure précise*. Net : *un ordre précis*. Un **précis**, c'est un abrégé, un résumé. **Préciser**, c'est déterminer d'une manière précise : *préciser une date*. La **précision**, c'est la qualité de ce qui est précis, la grande exactitude : *instrument de précision*.

préciser v., **précision** n. f. V. PRÉCIS.

précoce adj. Mûr avant la saison : *fruits précoces*.

préconiser v. Vanter, recommander : *préconiser un remède*.

précurseur adj. Qui annonce, qui précède : *signe précurseur*.

prédécesseur n. m. V. PRÉCÉDENT.

prédestiner v. Destiner d'avance.

prédicateur n. m. Celui qui prêche. La **prédication**, c'est l'action de *prêcher* (v. ce mot).

prédication n. f. V. PRÉDICATEUR.

prédiction n. f. V. PRÉDIRE.

prédilection n. f. Préférence.

prédire v. Annoncer d'avance : *prédire l'avenir*. La **prédiction**, c'est l'annonce d'un fait qui doit arriver.

prédisposer v. Disposer d'avance : *l'alcoolisme prédispose à diverses maladies*. La **prédisposition**, c'est un penchant, une disposition naturelle à quelque chose.

prédisposition n. f. V. PRÉDISPOSER.

prédominant, e adj. Qui prédomine. **Prédominer,** c'est avoir l'influence la plus forte sur quelqu'un, quelque chose.

prédominer v. V. PRÉDOMINANT.

prééminence n. f. Supériorité.

préexister v. Exister avant.

préface n. f. Exposé, au début d'un livre, pour en indiquer l'objet, le caractère.

préfectoral, e adj., **préfecture** n. f. V. PRÉFET.

préférable adj., **préférence** n. f. V. PRÉFÉRER.

préférer v. Aimer mieux. Ce qui mérite d'être préféré est **préférable.** La **préférence,** c'est le fait de préférer : *donner la préférence à.*

préfet n. m. Administrateur supérieur d'un département. Nom de divers magistrats : *préfet de police.* Directeur des études dans certains collèges. Ce qui se rapporte au préfet est **préfectoral.** La **préfecture** est le territoire administré par le préfet; c'est aussi l'édifice où il habite, où il a ses bureaux, la ville où il réside.

préfixe n. m. Particule qui se met au commencement d'un mot et qui en modifie le sens, comme CON*venir,* SUR*prendre,* PRÉ*parer.*

préhension n. f. Action de saisir.

préhistoire n. f. Ensemble de ce que nous savons sur les conditions de vie et la civilisation des hommes avant les premiers documents écrits. Ce qui se rapporte à la préhistoire est **préhistorique.**

préjudice n. m. Tort, dommage. Ce qui porte tort est **préjudiciable.**

préjudiciable adj. V. PRÉJUDICE.

préjugé n. m. Opinion faite d'avance et sans jugement.

prélasser (se) v. Se laisser aller avec nonchalance.

prélat n. m. Dignitaire ecclésiastique (évêque, cardinal, etc.).

prélever v. Prendre une part sur un ensemble avant sa distribution.

préliminaire adj. Qui précède. N. m. pl. Ce qui précède et prépare.

prélude n. m. Début de certaines compositions musicales. Ce qui précède. **Préluder,** c'est se préparer à une chose par des essais.

préluder v. V. PRÉLUDE.

prématuré, e adj. Qui mûrit avant le temps ordinaire. Qui est fait, qui arrive avant le temps normal : *vieillesse prématurée.*

préméditation n. f. Action de préméditer. **Préméditer,** c'est décider ce que l'on fera après réflexion.

préméditer v. V. PRÉMÉDITATION.

prémices n. f. pl. Premiers effets.

premier, ère adj. Qui vient avant les autres : *Adam, le premier homme.* Le meilleur, le plus remarquable : *le premier savant de son époque. Matières premières,* celles qui n'ont pas encore été travaillées par l'industrie.

prémolaire n. f. Dent située entre la canine et les molaires (1).

prémonition n. f. Sentiment qu'un événement, souvent malheureux, va se produire.

prémunir v. Garantir.

---

1. V. pl. DENTS.

prenant, e adj. V. PRENDRE.

prendre v. Mettre dans sa main pour tenir : *prendre sa cuiller.* S'emparer de : *prendre une ville d'assaut.* Se pourvoir de, se munir de : *prendre son chapeau.* Manger, boire : *prendre un verre de vin.* Demander : *prendre cher.* Recevoir : *prendre des coups.* S'enraciner : *arbre qui prend bien.* Geler : *la rivière est prise.* Se cailler : *le lait prend.* **Se prendre,** c'est s'accrocher : *se prendre à une épine;* c'est aussi commencer à éprouver un sentiment : *se prendre d'amitié. Se prendre de vin,* c'est s'enivrer. *S'en prendre à quelqu'un,* c'est l'attaquer en paroles. *S'y prendre* bien ou *mal,* c'est être adroit ou maladroit. Celui qui prend est le **preneur.** Ce qui prend, qui intéresse, est **prenant :** *récit prenant.*

preneur, euse n. Qui prend.

prénom n. m. Nom de baptême.

préoccupation n. f. V. PRÉOCCUPER.

préoccuper v. Absorber l'esprit par un souci. La **préoccupation** est le souci qui préoccupe.

préparateur, trice n., **préparatif** n. m., **préparation** n. f., **préparatoire** adj. V. PRÉPARER.

préparer v. Disposer, arranger : *préparer le dîner.* Etudier : *préparer un examen.* Celui qui prépare est le **préparateur.** Les **préparatifs** sont les choses que l'on dispose pour préparer : *les préparatifs d'une fête.* L'action de préparer est la **préparation.** Ce qui prépare est **préparatoire.**

prépondérant, e adj. Qui a plus d'importance, plus d'autorité.

préposer v. Confier la garde, le service d'une chose : *préposé à la vente.*

préposition n. f. Mot qui en réunit d'autres en exprimant le rapport qui les unit, comme *à, de, par, sur, chez,* etc.

prérogative n. f. Avantage, privilège : *prérogative royale.*

près adv. A peu de distance : *près du mur. De près,* d'un lieu éloigné. A ras : *tondu de près.* Avec soin : *surveiller de près.* Locution prép. *Près de,* dans le voisinage de; sur le point de.

présage n. m. Signe qui annonce quelque chose : *présage de pluie.* **Présager,** c'est annoncer, faire prévoir ce qui va arriver.

présager v. V. PRÉSAGE.

pré-salé n. m. Mouton engraissé dans des prés voisins de la mer.

presbyte adj. Qui voit bien de loin, mais pas de près.

presbytère n. m. Maison du curé.

prescription n. f. V. PRESCRIRE.

prescrire v. Ordonner. Une **prescription** est un ordre, une ordonnance; la prescription, c'est aussi la libération d'une dette, d'une obligation, etc., quand il s'est écoulé un certain temps sans réclamation ni poursuite.

préséance n. f. Droit de précéder quelqu'un, de prendre place avant lui dans une cérémonie.

présence n. f. V. PRÉSENT.

présent, e adj. Qui est dans le lieu où l'on se trouve, dont on parle, dans le temps actuel : *être présent à une cérémonie; dans l'époque présente.* Que l'on présente : *la présente lettre.* Un **présent,** c'est un cadeau. La **présence** est le fait d'être présent. La *présence d'esprit* est le don de répliquer très vite. La **présentation** est l'action de présenter. **Présenter**, c'est offrir, montrer : *présenter un bouquet*. Se **présenter**, c'est paraître devant quelqu'un; c'est aussi survenir, apparaître : *difficulté qui se présente*.

présentation n. f., **présenter** v. V. PRÉSENT.

préservation n. f. V. PRÉSERVER.

préserver v. Garantir, mettre à l'abri de : *préserver du froid*. La **préservation** est l'action de préserver, la protection.

présidence n. f., **président, e** n. V. PRÉSIDER.

présider v. Etre à la tête de, diriger : *présider une assemblée*. La **présidence**, c'est la fonction du président. Le **président** est celui qui préside, qui dirige.

présomptif, ive adj., **présomption** n. f., **présomptueux** n. et adj. V. PRÉSUMER.

presque adj. Pas tout à fait.

presqu'île n. f. Terre assez considérable, entourée d'eau presque de tous les côtés : *le Cotentin est une presqu'île* (1).

presse n. f. Hâte : *un moment de presse*. Machine servant à presser (2) : *presse hydraulique*. Machine à imprimer. Les journaux : *la liberté de la presse*. (V. PRESSER.)

pressentiment n. m. Sentiment vague de ce qui doit arriver. **Pressentir**, c'est avoir le pressentiment d'une chose.

pressentir v. V. PRESSENTIMENT.

presser v. Peser sur, serrer en appuyant. Poursuivre : *presser l'ennemi*. Hâter : *presser le départ; se presser de répondre*. La **pression** est l'action de presser; c'est aussi l'influence exercée sur quelqu'un. Un **pressoir** est une machine pour presser le raisin, les pommes, les olives, etc. **Pressurer**, c'est écraser dans un pressoir. (V. PRESSE.) Au figuré, tirer de quelqu'un, par la force ou avec adresse, de l'argent, etc.

pression n. f., **pressoir** n. m., **pressurer** v. V. PRESSER.

prestance n. f. Extérieur, maintien imposant : *belle prestance*.

prestation n. f. Fourniture. Impôt, payable en travail ou en argent, pour l'entretien des chemins vicinaux. Action de prêter serment.

preste adj. Adroit, agile. La **prestesse**, c'est l'adresse, l'agilité. Le **prestidigitateur** est celui qui, grâce à l'agilité de ses doigts, fait des tours d'adresse qui produisent l'illusion.

prestesse n. f. V. PRESTE.

prestidigitateur n. m. Voir PRESTE.

prestige n. m. Charme, séduction, éclat : *le prestige d'un grand nom, du talent*. Avoir du prestige, c'est être **prestigieux** : *une éloquence prestigieuse*.

prestigieux, euse adj. Voir PRESTIGE.

présumer v. Supposer : *je présume qu'il est là. Présumer de son talent*, c'est avoir trop bonne opinion de soi. Le **présomptueux** est celui qui présume de soi. La **présomption** est le défaut du présomptueux; c'est aussi une supposition que l'on tient pour vraie jusqu'à preuve du contraire. Ce qui est désigné d'avance est **pré-**

---

1. V. pl. GÉOGRAPHIE; 2. V. pl. MENUISERIE.

somptif : *héritier présomptif.*

présure n. f. Lait aigri qui sert à faire cailler le lait frais.

prêt, e adj. Disposé, en état de : *prêt à partir.* N. m. V. PRÊTER.

prétendant, e n. V. PRÉTENDRE.

prétendre v. Réclamer une chose comme si l'on y avait droit : *prétendre une récompense.* Affirmer, assurer : *je prétends que c'est vrai.* Aspirer à, rechercher : *prétendre aux honneurs.* Un **prétendant** est celui qui prétend avoir un droit : *un prétendant à la couronne royale;* c'est aussi celui qui aspire à épouser la jeune fille qu'il courtise. Un **prétendu** médecin est celui qui se dit médecin sans l'être. Une **prétention** est une chose qu'on prétend : *une prétention exagérée;* c'est aussi une confiance vaniteuse en son mérite : *homme plein de prétention.* Celui qui a ce défaut est **prétentieux.**

prétendu, e adj., **prétentieux, euse** adj., **prétention** n. f. V. PRÉTENDRE.

prêter v. Céder une chose pour quelque temps : *prêter un livre.* Accorder, fournir : *prêter secours.* Attribuer, supposer : *prêter à quelqu'un de la malveillance. Prêter la main,* c'est aider ; *prêter l'oreille,* c'est écouter. **Se prêter,** c'est consentir : *se prêter à un jeu.* Le **prêt,** c'est ce que l'on prête; c'est aussi l'action de prêter. Le **prêteur,** c'est la personne qui prête. (Le contraire de *prêter,* c'est EMPRUNTER; le contraire de *prêt,* c'est EMPRUNT.)

prêteur, euse adj. et n. Voir PRÊTER.

prétexte n. m. Raison inventée qui cache le vrai motif : *chercher un prétexte pour ne rien faire.* **Prétexter,** c'est donner un prétexte.

prétexter v. V. PRÉTEXTE.

prêtre n. m. Ministre du culte : *un prêtre catholique.* La **prêtrise** est la fonction du prêtre.

prêtrise n. f. V. PRÊTRE.

preuve n. f. Ce qui montre qu'une chose existe, est vraie : *accuser sans preuves.* Marque, signe, témoignage : *donner des preuves d'affection.* Vérification d'un calcul : *la preuve d'une multiplication.* (V. PROUVER.)

preux adj. et n. m. Vaillant : *un preux chevalier ; les preux de Charlemagne.*

prévaloir v. Avoir l'avantage, l'emporter sur : *opinion qui prévaut.*

prévarication n. f. Acte de celui qui manque aux devoirs de sa charge.

prévenance n. f. V. PRÉVENIR.

prévenir v. Eviter, détourner : *prévenir un accident.* Aller au devant de : *prévenir un désir.* Avertir : *prévenir la police.* Celui qui prévient les désirs d'autrui se montre **prévenant.** Avoir de la **prévenance** c'est être prévenant. En termes de justice un **prévenu** est un accusé : *être prévenu de vol.* Ce qui prévient est **préventif.** La **prévention** est une opinion qu'on a d'avance sur une personne, une chose; c'est aussi le temps qu'un prévenu passe en prison avant d'être jugé. Un **préventorium** est un établissement où l'on soigne des personnes pour prévenir une maladie qui les menace.

préventif, ive adj., **prévenu, e** n. V. PRÉVENIR.

prévision n. f. V. PRÉVOIR.

prévoir v. Penser, s'imaginer par avance ce qui peut arriver : *prévoir un événement*. La **prévision**, c'est ce que l'on prévoit. Celui qui prévoit est **prévoyant**. La **prévoyance** est la qualité de celui qui est prévoyant.

prévôt n. m. Magistrat d'autrefois : *Etienne Marcel fut prévôt des marchands de Paris*. La **prévôté**, c'est la gendarmerie d'une armée.

prévôté n. f. V. PRÉVÔT.

prévoyance n. f., **prévoyant, e** adj. V. PRÉVOIR.

prie-Dieu n. m. V. PRIER.

prier v. Adorer Dieu en lui demandant une faveur, en le remerciant. Demander quelque chose de façon pressante : *je vous prie de pardonner*. Inviter : *prier quelqu'un à dîner*. *Se faire prier*, ne faire une chose que sur des demandes répétées. La **prière** est la supplication adressée à Dieu; c'est aussi une demande : *il est venu à ma prière*. Un **prie-Dieu** est une petite chaise pour s'agenouiller.

prière n. f. V. PRIER.

prieur n. m. Supérieur d'un monastère. Un **prieuré** est un monastère gouverné par un prieur.

prieuré n. m. V. PRIEUR.

primaire adj. Du premier degré : *enseignement primaire*.

primat n. m. Archevêque qui a une autorité sur les autres évêques et archevêques d'un pays : *l'archevêque de Lyon est le primat des Gaules*.

primauté n. f. Premier rang.

prime adj. Premier, dans les locutions comme : *de prime abord; prime jeunesse*. N. f. Ce qu'on paye annuellement pour prix d'une assurance. Encouragement en argent par l'Etat : *primes à l'agriculture*. Cadeau offert par les commerçants pour certains achats. **Primer**, c'est accorder une prime, récompenser; c'est aussi tenir le premier rang.

primer v. V. PRIME.

primesautier, ère adj. Qui agit de son premier mouvement.

primeur n. f. Début, nouveauté. Fruit ou légume obtenu avant l'époque normale de sa maturité.

primevère n. f. Petite fleur des champs qui fleurit au début du printemps.

primitif, ive adj. Qui appartient au premier état des choses : *aspect primitif*. N. m. Qui est d'une civilisation peu évoluée : *les primitifs de l'Australie*.

primordial, e adj. De premier ordre.

prince n. m., **princesse** n. f. Celui ou celle qui possède une souveraineté ou qui appartient à une famille souveraine. Roi, empereur : *Charlemagne fut un grand prince*. Le premier, le chef par son mérite, sa situation : *les cardinaux sont les princes de l'Eglise. Se montrer bon prince*, être accommodant. Ce qui est le propre du prince est **princier**. La **principauté** est l'Etat gouverné par un prince : *la principauté de Monaco*.

princier, ère adj. V. PRINCE.

principal, e adj. Le plus important. N. m. Ce qu'il y a de plus important. Chef d'un collège.

principauté n. f. V. PRINCE.

principe n. m. Origine, source, commencement : *le travail est le principe de la richesse*. Opinion : *rester fidèle à ses principes*. Pl. Les règles d'une science, d'un métier : *les principes de l'art*. Règles de morale : *avoir, des principes*.

printanier, ère adj. V. PRINTEMPS.

printemps n. m. Première saison de l'année : *le printemps va du 21 mars au 21 juin*. Au figuré, jeunesse. Année : *avoir seize printemps*. Ce qui se rapporte au printemps est **printanier** : *un temps printanier, une tenue printanière*.

prioritaire adj. V. PRIORITÉ.

priorité n. f. Droit de passer, d'agir le premier. Celui qui a priorité est **prioritaire**.

prise n. f. Action de prendre. Chose prise. Saillie que l'alpiniste utilise pour grimper. Pincée : *prise de tabac*. Embranchement, canalisation : *prise d'eau, de courant électrique*.

prisée n. f. V. PRISER.

priser v. Estimer, évaluer à un certain prix. Aspirer du tabac en poudre par le nez. La **prisée**, c'est l'évaluation d'une chose vendue aux enchères publiques. Le **commissaire-priseur** est celui qui fait la prisée.

prismatique adj. V. PRISME.

prisme n. m. Solide dont les bases sont deux polygones (v. ce mot) égaux, à côtés parallèles, et les faces latérales des parallélogrammes (1). Ce qui a la forme d'un prisme est **prismatique**.

prison n. f. Lieu où l'on enferme les malfaiteurs pour les punir. Celui qui est en prison est un **prisonnier**.

prisonnier, ère adj. et n. Voir PRISON.

privation n. f., **privauté** n. f. V. PRIVER.

priver v. Oter, enlever, empêcher d'avoir : *priver de dessert*. La **privation** est le manque d'une chose : *privation de nourriture*. Une **privauté**, c'est une trop grande familiarité. La vie **privée**, c'est la vie particulière de chacun dans son intérieur. Un acte *sous seing* (signature) *privé* est un document qui n'est pas rédigé devant notaire.

privilège n. m. Droit, avantage personnel : *un privilège royal*. **Privilégier**, c'est accorder un privilège, avantager.

privilégier v. V. PRIVILÈGE.

prix n. m. Valeur; ce que vaut, que coûte une chose : *objet de grand prix*. Récompense : *prix d'honneur*. *A tout prix*, coûte que coûte. (V. PRÉCIEUX.)

probabilité n. f. V. PROBABLE.

probable adj. Vraisemblable, qui a beaucoup de chances d'être vrai, d'arriver. La **probabilité** est la qualité de ce qui est probable. Ce qui sert de preuve est **probant**.

probant, e adj. V. PROBABLE.

probe adj. Très honnête. La **probité**, c'est l'honnêteté.

probité n. f. V. PROBE.

problématique adj. V. PROBLÈME.

problème n. m. Question dont il faut trouver la réponse par le calcul : *problème d'arithmétique*. Chose difficile à comprendre : *sa conduite est un problème pour moi*. Ce qui est douteux est **problématique**.

procédé n. m. Manière d'agir envers quelqu'un. Méthode :

1. V. pl. OPTIQUE, SOLIDES.

procédé de fabrication. **Procéder,** c'est agir, opérer : *procéder avec ordre.* La **procédure,** ce sont les formalités de la justice.

procéder v., **procédure** n. f. V. PROCÉDÉ.

procès n. m. Affaire que l'on poursuit devant les tribunaux : *faire un procès à quelqu'un.*

procession n. f. Marche solennelle du clergé et du peuple, marchant en file, en chantant, au cours de certaines fêtes. Longue suite de personnes marchant les unes derrière les autres. Le **processus** [*pro-sè-suss*], c'est la marche, le développement : *le processus d'une maladie.*

procès-verbal n. m. Rapport constatant ce que l'on a vu, ce qui s'est passé : *le procès-verbal d'une séance.* Rapport d'un agent, d'un gendarme, etc., constatant un délit.

prochain, e adj. Très rapproché : *la ville prochaine; la semaine prochaine.* Le **prochain,** c'est l'ensemble des hommes par rapport à chacun de nous.

proche adj. Qui est près : *proche voisin; l'heure est proche.* Les **proches,** ce sont les parents.

proclamation n. f. V. PROCLAMER.

proclamer v. Annoncer à voix haute, avec solennité. La **proclamation** est la chose qu'on proclame.

procuration n. f. V. PROCURER.

procurer v. Faire obtenir : *procurer une place.* La **procuration** est le pouvoir qu'une personne donne à une autre pour agir en son nom. Le **procureur** est celui qui a le pouvoir pour agir à la place d'un

autre; c'est aussi le nom donné à divers magistrats : *procureur général; procureur de la République.*

procureur n. m. V. PROCURER.

prodigalité n. f. V. PRODIGUE.

prodige n. m. Evénement extraordinaire. Personne disposant de dons exceptionnels. Ce qui est surprenant est **prodigieux.**

prodigieux, euse adj. V. PRODIGE.

prodigue adj. V. PRODIGUER.

prodiguer v. Donner sans mesure : *prodiguer ses bienfaits.* Celui qui dépense sans mesure est **prodigue.** La **prodigalité** est la générosité exagérée.

prodromes n. m. pl. Débuts d'une maladie.

producteur, trice n. et adj., **productif, ive** adj., **production** n. f. V. PRODUIRE.

produire v. Former, donner naissance à : *arbre qui produit des fruits.* Présenter : *se produire dans le monde.* Le **producteur** est celui qui produit. La **production** est l'action de produire : *une production du sol.* Ce qui rapporte est **productif.** Un **produit,** c'est une production, une chose fabriquée : *des produits chimiques;* c'est également le revenu : *les produits du travail;* c'est, en arithmétique, le résultat de la multiplication.

proéminent, e adj. Saillant : *un nez proéminent.*

profanation n. f. V. PROFANE.

profane adj. Qui n'est pas instruit dans une science, un art : *être profane en peinture.* **Profaner,** c'est traiter sans respect une chose sacrée. La **profanation** est l'action de profaner : *la profanation d'une sépulture.*

profaner v. V. PROFANE.

proférer v. Prononcer.

professer v. Déclarer en public : *professer sa foi, son opinion*. Exercer : *professer la médecine*. Enseigner : *professer l'anglais*. Le **professeur** est celui qui enseigne. Une **profession,** c'est l'état, le métier qu'on exerce : *profession libérale;* c'est aussi une déclaration publique : *une profession de foi*. Faire profession de quelque chose, c'est s'en vanter. Ce qui est relatif à la profession est **professionnel** : école professionnelle. Un **professionnel,** c'est celui qui fait une chose par métier. (Le contraire, dans ce sens, est AMATEUR.) Le **professorat,** c'est l'état de professeur. Ce qui se rapporte au professeur est **professoral.**

professeur n. m., **profession** n. f., **professionnel, elle** adj., **professoral, e** adj., **professorat** n. m. V. PROFESSER.

profil n. m. Aspect du visage vu de côté : *profil régulier*. (On dit aussi le profil d'un objet.) **Profiler,** c'est donner un certain profil : *carrosserie d'auto bien profilée*.

profiler v. V. PROFIL.

profit n. m. Bénéfice : *tirer profit de tout*. **Profiter,** c'est tirer profit; c'est aussi grandir : *enfant qui profite bien;* progresser : *profiter en sagesse*. Ce qui est avantageux est **profitable.** Celui qui profite de tout est un **profiteur.**

profitable adj. V. PROFIT.

profiteur, euse n. V. PROFIT.

profond, e adj. Qui a de la profondeur : *puits profond*. Au figuré, très grand : *douleur profonde*. La **profondeur,**

c'est la distance de l'entrée au fond : *la profondeur d'un puits;* c'est aussi la pénétration de l'esprit : *profondeur de vues*.

profondeur n. f. V. PROFOND.

profusion n. f. Grande abondance.

progéniture n. f. Les enfants; les petits d'un animal.

programme n. m. Annonce des détails d'un spectacle, d'une fête, des conditions d'un concours, etc. C'est aussi un projet : *suivre son programme*.

progrès n. m. Marche en avant : *les progrès d'une troupe*. Avancement, développement : *les progrès d'une maladie; faire des progrès dans une étude*. **Progresser,** c'est faire des progrès. Ce qui avance par degrés est **progressif.** La **progression,** c'est l'action d'avancer, en particulier par degrés. Un **progressiste** est un partisan du progrès.

progresser v., **progressif, ive** adj., **progression** n. f., **progressiste** n. V. PROGRÈS.

prohiber v. Interdire, défendre. La **prohibition** est la défense. Ce qui prohibe est **prohibitif.**

prohibitif, ive adj., **prohibition** n. f. V. PROHIBER.

proie n. f. Ce dont on s'empare : *le loup emporta sa proie*. Victime : *être la proie des usuriers; être la proie des flammes*.

projecteur n. m., **projectile** n. m. V. PROJECTION.

projection n. f. Action de projeter, de lancer. Image lumineuse projetée sur un écran : *les projections animées du cinéma*. Un **projecteur** est un appareil pour projeter un faisceau lumineux : *projecteur de* *cinéma* (1). Un **projectile** est un objet qu'on lance, en particulier avec une arme à feu.

projet n. m. Idée qu'on a de faire une chose. Plan établi pour réaliser une idée. **Projeter,** c'est lancer : *projeter une pierre;* c'est aussi envoyer : *projeter un faisceau lumineux, une ombre;* c'est enfin avoir l'idée : *projeter de sortir.*

projeter v. V. PROJET.

prolétaire n. m. Celui qui n'a que son salaire pour vivre. Le **prolétariat** est la classe ouvrière.

prolifération n. f. Multiplication rapide, souvent excessive.

prolifique adj. Qui se multiplie vite : *le lapin est prolifique.*

prolixe adj. Qui délaie trop ce qu'il a à dire. La **prolixité,** c'est l'abondance de paroles.

prolixité n. f. V. PROLIXE.

prologue n. m. Avertissement en tête d'un ouvrage.

prolongation n. f. V. PROLONGER.

prolonge n. f. Voiture de l'artillerie, du génie, du train.

prolongement n. m. V. PROLONGER.

prolonger v. Augmenter la longueur, la durée : *prolonger un séjour.* La **prolongation** est l'action de prolonger. Le **prolongement,** c'est l'augmentation de ce qui est prolongé.

promenade n. f. Action de se promener ; c'est aussi le lieu où l'on se promène. **Promener,** c'est conduire d'un endroit à un autre par hygiène, par curiosité : *promener un enfant; se promener à la campagne.* Le **promeneur** est celui qui se promène. Le **promenoir,** dans certains théâtres, est la partie

où le public peut se promener ou rester debout.

promener v., **promeneur, euse** n., **promenoir** n. m. V. PROMENADE.

promesse n. f., **prometteur, euse** adj. V. PROMETTRE.

promettre v. S'engager à faire, à donner : *promettre de payer.* Annoncer : *cela nous promet des ennuis.* **Se promettre,** c'est prendre une résolution : *se promettre de travailler.* Une **promesse,** c'est une assurance qu'on donne de faire une chose. Ce qui promet est **prometteur.** Le **promis,** la **promise,** ce sont les fiancés. La **Terre promise** est le nom donné à la Palestine dans la Bible.

promis, e adj. et n. V. PROMETTRE.

promiscuité n. f. Mélange confus, choquant.

promontoire n. m. Cap élevé (2).

promotion n. f. Elévation à un grade, à une dignité. Ensemble de candidats admis en même temps à une école.

promouvoir v. Mettre à exécution : *promouvoir une réforme.*

prompt [*pron*], **e** adj. Qui ne tarde pas : *guérison prompte.* Actif, rapide : *esprit prompt.* La **promptitude** est le caractère de ce qui est prompt.

promptitude n. f. V. PROMPT.

promulgation n. f. Publication.

promulguer v. Publier officiellement : *promulguer une loi.*

prône n. m. Causerie familière, faite le dimanche à la messe. **Prôner,** c'est louer, vanter.

prôner v. V. PRÔNE.

pronom n. m. Mot qui tient la place du nom dans la phrase, comme *je, me, qui, lequel,* etc.

---

1. V. pl. CINÉMA ; 2. V. pl. GÉOGRAPHIE.

prononcer v. Dire, faire entendre : *prononcer un discours*. Déclarer avec autorité : *prononcer un jugement*. La **prononciation** est la manière de prononcer.

prononciation n. f. V. PRONONCER.

pronostic n. m. Annonce d'un événement futur.

propagande n. f. Ce qu'on fait pour propager, pour répandre une idée.

propagation n. f. V. PROPAGER.

propager v. Répandre : *propager une opinion*. La **propagation**, c'est l'action de propager.

propension n. f. Penchant : *propension à la paresse*.

prophète n. m. Celui qui prédit par inspiration divine. Une **prophétie**, c'est une prédiction. **Prophétiser**, c'est prédire l'avenir.

prophétie n. f., **prophétiser** v. V. PROPHÈTE.

prophylaxie n. f. Mesures permettant d'éviter les maladies contagieuses.

propice adj. Favorable.

proportion n. f. Grandeur des parties d'un tout, les unes par rapport aux autres. Grandeur : *ouvrage de grandes proportions*. Ce qui est en rapport avec une autre chose lui est **proportionnel** : *impôt proportionnel au revenu*. **Proportionner**, c'est mettre en proportion, en rapport : *proportionner l'effort au résultat à obtenir*.

proportionner v., **proportionnel, elle** adj. V. PROPORTION.

propos n. m. Résolution, ce qu'on se propose de faire : *un ferme propos*. Conversation, entretien : *propos de table*. A propos, opportunément. *A tout propos*, à tout instant. *Mal à propos, hors de propos*, d'une manière qui ne convient pas. *A propos de*, à l'occasion de. **Proposer**, c'est présenter : *proposer un avis*. **Se proposer,** c'est avoir l'intention de : *se proposer de lire*. Une **proposition**, c'est ce qu'on propose, ce qu'on offre.

proposer v., **proposition** n. f. V. PROPOS.

propre adj. Qui n'appartient qu'à une personne, ou à une chose : *caractère propre*. Qui convient : *propre à un travail*. Nom *propre*, celui qui désigne en particulier une personne, un animal ou une chose. Net, par opposition à sale : *un cahier propre*. N. m. Ce qui n'appartient qu'à une personne. La **propreté** est la qualité de ce qui est propre.

propreté n. f. V. PROPRE.

propriétaire n. V. PROPRIÉTÉ.

propriété n. f. Possession entière et sans partage; c'est aussi un immeuble, une terre : *propriété d'agrément*; c'est également un caractère, une qualité particulière : *les propriétés de l'aimant*. Le **propriétaire** est celui qui possède une propriété.

propulsion n. f. Action de pousser en avant.

prorata (au) loc. adv. En prorportion.

proroger v. Prolonger, faire durer : *proroger une échéance*.

prosaïque adj., **prosateur** n. V. PROSE.

proscrire v. Bannir, exiler. Interdire, défendre. Un **proscrit** est un exilé.

proscrit, e adj. et n. V. PROSCRIRE.

prose n. f. Discours non rimé comme la poésie. Ce qui est

banal, vulgaire, est **prosaïque.** Celui qui écrit en prose
est un **prosateur.**

prosélyte n. m. Nouveau
converti à une religion.

prospecter v. Examiner un terrain au point de vue minier.
Un **prospectus** est un petit
texte publicitaire.

prospectus [*pros-pèk-tuss*] n.
m. V. PROSPECTER.

prospère adj. Qui est en pleine
santé, en pleine vigueur; qui
marche bien : *santé prospère;
affaires prospères.* **Prospérer,**
c'est être prospère : *le commerce prospère.* La **prospérité,** c'est l'état prospère.

prospérer v., **prospérité** n. f.
V. PROSPÈRE.

prosterner (se) v. S'étendre
à terre, s'agenouiller en signe
de respect, d'adoration.

prostration n. f. Abattement.

protagoniste n. m. Celui qui
joue le rôle principal dans une
affaire.

protecteur, trice adj. et n.,
protection n. f., **protectionnisme** n. m., **protectorat** n. m. V. PROTÉGER.

protéger v. Garantir, défendre :
protéger les faibles. Un **protecteur** est celui qui protège.
Qui convient à un protecteur :
un air protecteur. La **protection,** c'est l'action de protéger.
Le **protectionnisme** est un
système qui consiste à favoriser
l'agriculture et l'industrie d'un
pays en limitant les importa-
tions. Le **protectorat,** c'est la
protection accordée par un pays
à un autre.

protestant, e adj. et n., **protestantisme** n. m., **protestation**
n. f. V. PROTESTER.

protester v. Assurer formellement : *protester de son inno-*

cence. S'élever contre : *protester contre une injustice.* La
protestation est l'action de
protester. Le **protestant** est
le partisan de la Réforme,
mouvement qui, au XVIe siècle,
sépara une partie des chrétiens
de l'autorité des papes. Le **protestantisme** est la religion
des protestants.

prothèse n. f. Remplacement
artificiel d'un organe, d'un
membre du corps : *prothèse
dentaire.*

protocole n. m. Cérémonial.

prototype n. m. Premier exemplaire d'un appareil, modèle.

protubérance n. f. Saillie.

proue n. f. Avant du navire
(opposé à la *poupe*).

prouesse n. f. Exploit, acte de
courage, etc.

prouver v. Etablir fermement
la vérité d'une chose. (Voir
PREUVE.)

provenance n. f. V. PROVENIR.

provende n. f. Grains, fourrage
qu'on donne aux bêtes.

provenir v. Venir de : *la farine
provient des grains de céréales.*
La **provenance** est l'endroit
d'où une chose provient.

proverbe n. m. Petite maxime
devenue populaire. Ce qui tient
du proverbe est **proverbial.**

proverbial, e adj. V. PROVERBE.

providence n. f. Suprême sagesse divine qui, pour les
croyants, gouverne le monde.
Personne qui protège, qui veille.
Ce qui semble provoqué par la
Providence est **providentiel :**
un secours providentiel.

providentiel, elle adj. V. PRO-
VIDENCE.

province n. f. Division territoriale d'un Etat. Toute la France,
en dehors de la capitale.

Ce qui se rapporte à la province, celui qui est de la province est **provincial**.

provincial, e adj. V. PROVINCE.

proviseur n. m. Directeur d'un lycée.

provision n. f. Amas de choses nécessaires ou utiles. Somme que l'on dépose d'avance pour couvrir des frais.

provisoire adj. Temporaire, fait en attendant.

provocant, e adj., **provocateur, trice** n., **provocation** n. f. V. PROVOQUER.

provoquer v. Exciter ; *provoquer un malheur.* Défier : *provoquer un insolent.* La **provocation** est l'action de provoquer. Ce qui provoque est **provocant**. Celui qui provoque est un **provocateur**.

proximité n. f. Situation de ce qui est près.

prude adj. Qui affecte de la vertu, de la bienséance.

prudence n. f. Vertu qui fait prévoir et éviter les dangers. Celui qui a de la prudence est **prudent**.

prudent, e adj. V. PRUDENCE.

prud'homme n. m. Membre d'un tribunal composé des représentants des patrons et des salariés pour juger des différends professionnels.

prune n. f., **pruneau** n. m., **prunelle** n. f. V. PRUNIER.

prunier n. m. Arbre à fruit comestible appelé **prune** (1). Le **pruneau** est la prune séchée. La **prunelle** est une sorte de petite prune sauvage; c'est aussi la pupille de l'œil.

prurit [*pru-rit'*] n. m. Démangeaison.

prytanée n. m. L'Ecole militaire de La Flèche.

psaume n. m. Cantique tiré de la Bible.

pseudonyme n. m. Nom d'emprunt pris par un écrivain, etc.

psychanalyse n. f. Traitement de certains troubles mentaux par de nombreux entretiens intimes entre le **psychanalyste** et le malade.

psychiatrie [*psi-kia-tri*] n. f. Etude scientifique des maladies mentales.

psychologie [*psi-ko-lo-ji*] n. f. Etude scientifique de la vie mentale. Connaissance du caractère, art de manier les hommes suivant leur caractère: *manquer de psychologie.* Celui qui s'occupe de psychologie est **psychologue**.

psychologue n. V. PSYCHOLOGIE.

puanteur n. f. Mauvaise odeur.

puberté n. f. Age entre l'enfance et l'adolescence.

public, ique adj. Relatif, appartenant à tout le monde : *le bien public; promenade publique.* N. m. Grand nombre de personnes réunies : *un public choisi. En public,* devant tout le monde.

publicain n. m. A Rome, celui qui recueillait l'impôt.

publication n. f., **publiciste** n. m., **publicitaire** adj., **publicité** n. f. V. PUBLIER.

publier v. Rendre public, annoncer à tout le monde : *publier une loi.* Editer : *publier un roman.* La **publication** est l'action de publier, l'ouvrage publié. Le **publiciste** est celui qui écrit sur la politique, les questions économiques: c'est aussi un journaliste. La **publicité** est la qualité de ce qui est public; c'est aussi l'ensemble des moyens destinés à faire

1. V. pl. FRUITS.

connaître une entreprise industrielle ou commerciale, un produit. Ce qui se rapporte à la publicité est **publicitaire**.

puce n. f. Petit insecte sauteur qui vit sur l'homme et sur divers animaux (1). La couleur **puce** est une couleur marron.

pucelle n. f. Jeune fille : *Jeanne d'Arc fut appelée « la Pucelle d'Orléans »*.

puceron n. m. Petit insecte qui vit sur les plantes.

pudding [*pou-dign'*] n. m. Gâteau anglais comportant des raisins de Corinthe.

pudeur n. f. Modestie, retenue. Celui qui a de la pudeur est **pudique**. Celui qui est d'une pudeur exagérée est **pudibond**.

pudibond, e adj., **pudique** adj. V. PUDEUR.

puer v. Dégager une odeur désagréable : *puer l'ail*.

puériculture n. f. V. PUÉRIL.

puéril, e adj. Relatif à l'enfant. Enfantin : *rire puéril*. Une **puérilité** est un enfantillage. La **puériculture** est l'art d'élever les nourrissons.

puérilité n. f. V. PUÉRIL.

pugilat n. m. Combat à coups de poing, boxe.

puîné, e adj. Né après : *frère puîné*.

puis adv. Ensuite, après. *Et puis*, du reste, d'ailleurs.

puisard n. m. Espèce de puits pour recevoir les eaux inutiles.

puisatier n. m. Celui qui creuse des puits.

puiser v. Tirer un liquide d'un puits, d'un vase. Prendre : *puiser dans sa bourse*. Emprunter : *puiser aux meilleurs auteurs*.

puisque conj. Comme, attendu que : *puisque c'est vrai, je le crois*.

puissance n. f. Pouvoir : *la puissance royale*. Force : *moteur de grande puissance*. Grand pays. Ce qui a de la puissance est **puissant**. Un **puissant**, c'est une personne qui a de la puissance.

puissant, e adj. V. PUISSANCE.

puits n. m. Trou profond dans le sol, pour tirer de l'eau, des minerais (2). Un *puits de science*, c'est un savant.

pulluler v. Se multiplier.

pulmonaire adj. Relatif au poumon.

pulpe n. f. Tissu mou des animaux, des fruits, etc. (3).

pulsation n. f. Battement : *les pulsations du cœur*.

pulvérisateur n. m., **pulvérisation** n. f. V. PULVÉRISER.

pulvériser v. Réduire en poudre. Réduire un liquide en gouttes très fines. Le **pulvérisateur** est un appareil pour pulvériser les liquides. La **pulvérisation** est l'action de pulvériser.

pulvérulent, e adj. Qui est en poussière.

puma n. m. Animal carnassier de l'Amérique du Sud (4).

punaise n. f. Insecte plat et malodorant (5). Petit clou à large tête (6).

punch [*ponch'*] n. m. Liqueur à base de rhum, de sirop de canne et de citron.

punique adj. Relatif aux Carthaginois : *les guerres puniques*.

punir v. Faire subir une peine. Ce qui mérite d'être puni est **punissable**. La **punition** est l'action de punir, la peine imposée.

punissable adj., **punition** n. f. V. PUNIR.

1. V. pl. INSECTES ; 2. V. pl. FERME, MINES ; 3. V. pl. DENTS ;
4. V. pl. FAUVES, CARNASSIERS ; 5. V. pl. INSECTES ; 6. V. pl. QUINCAILLERIE.

pupille [*pu-pil'*] n. Orphelin placé sous l'autorité d'un tuteur. N. f. Ouverture au milieu de l'iris de l'œil, prunelle.

pupitre n. m. Petit meuble pour poser un livre, des cahiers de musique, etc.

pur, e adj. Sans mélange : *vin pur*. Sans altération : *air pur*. Au figuré : *intention pure; joie pure*. La **pureté** est la qualité de ce qui est pur. Le **puriste** est celui qui affecte une trop grande pureté dans le langage.

purée n. f. Bouillie de pois, de pommes de terre, écrasés.

pureté n. f. V. PUR.

purgatif, ive adj., **purgatoire** n. m., **purge** n. f. V. PURGER.

purger v. Purifier, nettoyer. Débarrasser l'intestin au moyen d'un médicament. Subir une peine. Un **purgatif** est un médicament qui purge. Le **purgatoire** est, d'après les chrétiens, le lieu où les âmes incomplètement purifiées achèvent de purger leurs fautes. Une **purge** est un purgatif.

purification n. f. V. PURIFIER.

purifier v. Rendre pur. Nettoyer. La **purification** est l'action de purifier.

purin n. m. Liquide du fumier.

puriste n. V. PUR.

puritain, e adj. Très sévère, notamment en matière de religion.

pur-sang n. m. Cheval de race pure.

purulent, e adj. V. PUS.

pus n. m. Liquide épais qui se forme dans les plaies infectées. Ce qui contient du pus est **purulent**.

pusillanime [*zil-la*] adj. Très timide, lâche. La **pusillanimité** est le caractère pusillanime.

pusillanimité n. f. V. PUSILLANIME.

pustule n. f. Petite tumeur qui produit du pus.

putois n. m. Animal puant qui ressemble à la belette et dont la fourrure est estimée.

putréfaction n. f. V. PUTRÉFIER.

putréfier v. Pourrir, corrompre. La **putréfaction** est l'état de ce qui est putréfié. Ce qui présente de la putréfaction est **putride**.

putride adj. V. PUTRÉFACTION.

putsch [*poutch'*] n. m. Soulèvement armé pour renverser un gouvernement.

puy n. m. Montagne d'Auvergne.

puzzle n. m. Jeu de patience, formé de morceaux qu'il faut réunir.

Pygmée n. m. Homme appartenant à une petite race d'Afrique.

pyjama n. m. Vêtement d'intérieur large et léger (1).

pylône n. m. Autrefois, grand portail. Aujourd'hui, mât métallique.

pyramidal, e adj. V. PYRAMIDE.

pyramide n. f. Solide (v. ce mot) dont la base est un polygone quelconque et dont les faces latérales sont des triangles (2). Monument ayant la forme d'une pyramide : *les pyramides d'Egypte*. Ce qui a la forme d'une pyramide est **pyramidal**.

pyrèthre n. m. Plante dont les fleurs donnent une poudre insecticide.

pyrogravure n. f. Décoration du bois à l'aide d'une pointe rougie au feu.

pyrotechnie n. f. Art de préparer les feux d'artifice.

python n. m. Un grand serpent des pays chauds (3).

1. V. pl. VÊTEMENTS MASCULINS ; 2. V. pl. SOLIDES ; 3. V. pl. SERPENTS.

Quadrimoteur « Boeing 747 ». *Phot. Air France.*

quadragénaire [*koua-dra-jé-nèr'*] adj. et n. Qui est âgé de quarante ans.

quadrangulaire [*koua-dran-gu-lèr'*] adj. Qui a quatre angles.

quadrature [*koua-dra-tur'*] n. f. La *quadrature du cercle*, c'est un problème insoluble.

quadriennal, e adj. Qui dure quatre ans. Qui revient tous les quatre ans : *réunion quadriennale.*

quadrige [*koua-drij'*] n. m. Char romain à quatre chevaux.

quadrilatère [*koua-dri-la-tèr'*] n. m. Figure limitée par quatre côtés (1).

quadrillage [*ka-dri-yaj'*] n. m. Opération militaire qui vise à contrôler toute une région.

quadrille [*ka-driy'*] n. m. Groupe de quatre couples de danseurs, dans les bals.

quadrillé, e adj. Divisé en petits carrés : *papier quadrillé.*

quadrimoteur adj. Muni de quatre moteurs (*avion*).

quadrumane [*koua-dru-man'*] n. m. Animal à quatre mains, comme le singe.

quadrupède [*koua-dru-pèd'*] n. m. Animal à quatre pieds.

quadruple [*koua-drupl'*] adj. Quatre fois plus grand, plus nombreux. **Quadrupler,** c'est rendre quadruple.

quai [*kè*] n. m. Rivage d'un fleuve, surélevé et empierré. Bordure d'un port où l'on décharge les marchandises (2). Plate-forme établie le long des voies de chemin de fer.

quaker [*koué-keur*] n. m. Membre d'une secte religieuse.

qualificatif, ive adj., **qualifier** v. V. QUALITÉ.

qualité [*ka-li-té*] n. f. Manière d'être, bonne ou mauvaise, d'une chose, d'une personne. Se dit surtout des bonnes qualités : *il a des qualités, mais aussi des défauts.* Noblesse : *femme de qualité. En qualité de,* comme : *en qualité de témoin.* **Qualifier,** c'est caractériser une qualité : *qualifier de paresseux.* Ce qui sert à qualifier est **qualificatif** : *« bon », « riche » sont des adjectifs qualificatifs.*

quand [*kan*] adv. A quel moment : *quand partez-vous ?*

1. V. pl. SURFACES ; 2. V. pl. PORT.

Conj. Lorsque : *quand le train s'arrêtera. Quant à*, à l'égard de. Le **quantième**, c'est la date du mois : *quel quantième sommes-nous?*

quantième n. m. V. QUAND.

quantité [*kan-ti-té*] n. f. Un certain nombre, un grand nombre : *quantité de gens le disent.*

quarantaine n. f. V. QUARANTE.

quarante [*ka-rant'*] adj. Quatre fois dix : *quarante jours.* Quarantième : *page quarante.* Une **quarantaine**, c'est environ quarante ; c'est aussi le séjour que doivent faire dans un lieu isolé les personnes, les marchandises qui viennent d'un pays où règne une maladie contagieuse. *Mettre quelqu'un en quarantaine*, c'est décider que personne ne lui parlera pendant quelque temps. Le **quarantième** est celui qui occupe le rang marqué par le nombre quarante.

quarantième adj. V. QUARANTE.

quart [*kar*] n. m. La quatrième partie d'une chose. Service de veille de quatre heures, sur les bateaux. Gobelet d'un quart de litre. *Quart d'heure*, quinze minutes.

quarte [*kart'*] n. f. En musique, intervalle de quatre degrés.

quartier [*kar-tié*] n. m. Quart : *quartier de pomme.* Gros morceau : *quartier de roche.* Division d'une ville : *quartier du centre.* Quatrième partie du cours de la lune (1). Degré de descendance noble : *noble à seize quartiers.* Grâce de la vie : *faire quartier aux vaincus.* Casernement militaire.

quartier-maître n. m. Grade au-dessus de celui de matelot.

quartz [*kouarts'*] n. m. Pierre dure formée de *silice* cristallisée (v. aussi SILEX) : *le sable est souvent formé de petits grains de quartz.*

quasi [*ka-zi*] adv. Presque : *il était quasi mourant.* N. m. Partie de la cuisse de veau, de bœuf.

Quasimodo [*ka-zi-mo-do*] n. f. Premier dimanche après Pâques.

quaternaire [*koua*] adj. Se dit de la période actuelle de l'âge de la terre : *l'homme est apparu sur la terre au début de l'époque quaternaire.*

quatorze adj. Dix et quatre.

quatorzième adj. Dont le rang est marqué par le nombre quatorze.

quatrain [*ka-trin*] n. m. Petite poésie de quatre vers.

quatre adj. Trois et un. Quatrième : *Henri quatre.* Le nombre quatre. *Monter, descendre quatre à quatre*, c'est monter ou descendre très vite un escalier, en sautant des marches. *Se mettre en quatre*, c'est faire tous ses efforts pour obtenir quelque chose. Un **quatre-quarts** est un gâteau formé de parties égales de farine, sucre, beurre et œufs. Un marchand des **quatre-saisons** est celui qui vend, dans une voiture à bras, sur la voie publique, les fruits et légumes de chaque saison. **Quatre-vingts**, c'est quatre fois vingt, ou huit fois dix (on ne met pas *vingt* au pluriel s'il est suivi d'un autre nombre: *quatre-vingt-treize jours*, ou pour indiquer l'ordre : *l'an mil huit cent quatre-vingt*). Ce qui occupe le rang marqué par le nombre quatre est **quatrième**.

quatrième adj. V. QUATRE.

quatuor [*koua-tu-or*] n. m. Morceau de musique à quatre parties. Ensemble de quatre instruments de musique jouant en même temps.

que pronom. Lequel, laquelle : *le livre que je lis*. Interrogatif. Quelle chose : *que me dit-il?* Conjonction réunissant deux membres de phrase : *je veux que tu viennes*. Adv. Combien : *que c'est beau!*

quel, quelle adj. interrogatif : *quelle heure est-il?* ou exclamatif : *quel malheur!*

quelconque adj. Quel qu'il soit : *un jour quelconque*. Médiocre.

quelque adj. indéf. Un, plusieurs : *quelques livres*. Petit : *avoir quelque mérite*. Environ : *il y a quelque cent ans. Quelque chose*, une chose qu'on ne nomme pas.

quelquefois adv. Certaines fois : *il vient quelquefois*.

quelqu'un, e pronom. Un parmi d'autres : *quelqu'un de mes amis*. Une personne qu'on ne nomme pas : *quelqu'un m'a dit*. Une personne importante : *se croire quelqu'un.* (Au pluriel : *quelques-uns, quelques-unes*.)

quémander v. Demander avec insistance. Celui qui quémande est un **quémandeur**.

quémandeur, euse n. V. QUÉMANDER.

qu'en-dira-t-on n. m. L'opinion du public.

quenelle n. f. Boulette de viande hachée garnissant un mets.

quenotte n. f. Dent d'enfant.

quenouille n. f. Baguette supportant le lin, la laine qu'on file (1).

querelle n. f. Dispute : *chercher querelle*. Discussion. **Se quereller**, c'est se disputer

avec quelqu'un. Celui qui se dispute facilement est **querelleur**.

quereller v., **querelleur, euse** adj. V. QUERELLE.

quérir v. Chercher : *aller quérir un médecin*.

questeur [*ku-ès-teur*] n. m. Celui qui, dans certaines assemblées, est chargé de l'administration intérieure. La **questure** est l'emploi de questeur.

question n. f. Demande, interrogation : *poser une question*. Point qu'on discute : *question de droit*. Torture appliquée autrefois à l'accusé pour le faire avouer. Un **questionnaire** est une liste de questions auxquelles on répond par écrit. **Questionner**, c'est interroger.

questionnaire n. m., **questionner** v. V. QUESTION.

questure n. f. V. QUESTEUR.

quête n. f. Recherche : *en quête de renseignements*. Demande d'aumônes pour des œuvres charitables. **Quêter**, c'est chercher ; c'est aussi faire une quête, demander des aumônes. La personne qui quête est le **quêteur, la quêteuse**.

quêter v. V. QUÊTE.

quêteur, euse n. V. QUÊTE.

quetsche [*kouètch'*] n. f. Sorte de prune.

queue n. f. Prolongement qui termine par-derrière le corps de divers animaux. Petite tige à laquelle sont attachés la fleur, le fruit. Ce qui termine quelque chose en forme de queue : *la queue d'une poêle*. Partie d'un vêtement, qui traîne. Bâton pour jouer au billard. Suite de personnes qui attendent. Une **queue-de-morue**, c'est un large pinceau plat ; c'est, familièrement, un

---

1. V. pl. TISSAGE.

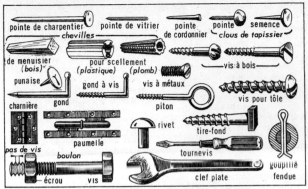

pointe de charpentier — pointe de vitrier — pointe de cordonnier — pointe — semence — *clous de tapissier*

chevilles

de menuisier (bois) — pour scellement (plastique) (plomb) — vis à bois

punaise — gond à vis — vis à métaux

charnière — gond — piton — vis pour tôle

pas de vis — paumelle — rivet — tire-fond — tournevis — goupille fendue

boulon

écrou — vis — clef plate

quincaillerie

habit de cérémonie. Une **queue-de-rat**, c'est une petite lime ronde.

queux n. m. Cuisinier : *maître queux.*

qui pronom. Lequel, laquelle : *celui qui parle.* Quelle personne : *qui est là?*

quia (à) [*kui-ya*] locution. Sans savoir quoi répondre.

quiche n. f. Sorte de tarte garnie de morceaux de lard.

quiconque pronom. N'importe qui.

quidam [*ki-dam'*] n. m. Une personne quelconque.

quiet, ète [*kuiè, èt'*] adj. Tranquille. La **quiétude**, c'est la tranquillité.

quiétude n. f. V. QUIET.

quignon n. m. Gros morceau de pain.

quille [*kiy'*] n. f. Pièce de bois qui va de l'avant à l'arrière d'un bateau et qui en soutient la carcasse. Morceau de bois que l'on pose debout sur le sol et qu'on cherche à renverser en lançant une boule.

quinaud, e adj. Honteux, confus.

quincaillerie n. f. Ensemble de petits ustensiles de métal. Le **quincaillier** est le marchand de quincaillerie.

quincaillier n. m. V. QUINCAILLERIE.

quinconce n. m. Assemblage d'objets disposés par cinq, quatre en carré et un au milieu.

quinine n. f. V. QUINQUINA.

quinquagénaire adj. Âgé de cinquante ans.

Quinquagésime n. f. Le dernier dimanche avant le carême.

quinquennal, e adj. *Plan quinquennal,* plan économique établi pour une durée de cinq ans.

quinquet n. m. Lampe à huile, dont le réservoir était plus haut que la mèche (1).

quinquina [*kin-ki-na*] n. m. Plante médicinale originaire de l'Amérique du Sud. La **quinine** est une substance amère médicinale, tirée de l'écorce de quinquina.

1. V. pl. ÉCLAIRAGE.

quint adj. Cinquième : *Charles Quint.* (On écrit en abrégé V.)

quintal n. m. Poids de 100 kilos.

quinte n. f. En musique, intervalle de cinq notes qui se suivent. Au jeu, cinq cartes de même couleur et qui se suivent. Accès de toux. Mauvaise humeur. Celui qui est sujet à des quintes de mauvaise humeur est **quinteux**.

quintessence n. f. Ce qu'on peut extraire de plus fin, de plus parfait d'une substance.

quintette [*kin-tèt'*] n. m. Morceau de musique à cinq parties.

quinteux, euse adj. V. QUINTE.

quintuple [*kin*] adj. Cinq fois plus grand. **Quintupler,** c'est rendre quintuple.

quintupler v. V. QUINTUPLE.

quinzaine n. f. V. QUINZE.

quinze adj. Dix plus cinq. Une **quinzaine**, c'est environ quinze. Le **quinzième,** c'est ce qui occupe le rang marqué par le chiffre quinze. Les **Quinze-Vingts** sont un hospice fondé par Saint Louis pour 300 (20 fois 15) aveugles.

quinzième adj. V. QUINZE.

quiproquo [*ki-pro-ko*] n. m. Méprise, erreur qui fait prendre une personne, une chose pour une autre.

quittance n. f. Ecrit par lequel un créancier reconnaît avoir été payé.

quitte adj. Délivré d'une obligation.

quitter v. Se séparer de : *quitter ses amis.* Abandonner : *quitter ses habits.* S'en aller de : *quitter sa maison.*

quitus [*ki-tuss*] n. m. Arrêté d'un compte qui atteste que la gestion du comptable est exacte et régulière : *donner quitus.*

qui-vive? Interjection par laquelle une sentinelle interpelle quelqu'un qui s'approche. *Se tenir sur le qui-vive,* être sur ses gardes.

quoi pronom. Lequel, laquelle. Quelle chose : *à quoi pensez-vous? Avoir de quoi,* avoir ce qu'il faut. *Sans quoi,* sinon. Exclamation marquant l'étonnement.

quoique conjonction. Bien que. *Quoi que* [en deux mots], quelle que soit la chose que.

quolibet n. m. Raillerie, mauvais jeu de mots.

quorum [*ko-rom'*] n. m. Nombre de voix nécessaire pour qu'un vote soit valable.

quota n. m. Part, contingent : *un quota d'importation.*

quote-part [*kot'*] n. f. sing. Part qui revient à chacun. La **quotité** est la somme à laquelle se monte chaque quote-part.

quotidien, enne adj. Journalier. N. m. Journal qui paraît tous les jours.

quotient [*kos-syan*] n. m. Résultat d'une division.

quotité n. f. V. QUOTE-PART.

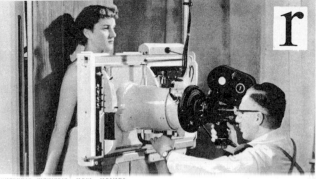

Radiographie médicale. *Phot. Philips.*

rabâchage n. m. V. RABÂCHER.

rabâcher v. Répéter fastidieusement les choses. Celui qui rabâche est un **rabâcheur.** Les redites sont des **rabâchages.**

rabâcheur, euse n. V. RABÂCHER.

rabais n. m. Diminution de prix : *vente au rabais.*

rabaisser v. Mettre plus bas; c'est aussi déprécier, humilier : *rabaisser l'orgueil de quelqu'un.*

rabat n. m. Partie d'une chose qui se replie : *le rabat d'un dossier, d'un classeur.*

rabat-joie n. m. Qui vient troubler la joie.

rabatteur n. m. V. RABATTRE.

rabattre v. Rabaisser. Aplatir : *rabattre une couture.* Retrancher du prix. Rassembler le gibier vers l'endroit où sont les chasseurs. Abaisser : *rabattre l'orgueil.* Changer de propos : *se rabattre sur autre chose.* Le **rabatteur** est celui qui rabat le gibier.

rabbin n. m. Chef spirituel d'une communauté juive.

rabelaisien, enne adj. Qui rappelle le genre de Rabelais.

rabique adj. V. RAGE.

râble n. m. Partie du dos d'un animal, des épaules aux reins. Celui qui a le râble fort est **râblé.**

râblé, e adj. V. RÂBLE.

rabot n. m. Outil pour aplanir le bois, pour faire les moulures (1). **Raboter,** c'est polir avec le rabot : *planche bien rabotée.* Ce qui est *rugueux,* inégal, est **raboteux** : *surface raboteuse; chemin raboteux.*

raboter v., **raboteux, euse** adj. V. RABOT.

rabougri, e adj. Chétif, petit, mal venu : *arbuste rabougri.*

rabrouer v. Gronder, parler rudement : *rabrouer un enfant.*

racaille n. f. Canaille, populace.

raccommodage n. m. V. RACCOMMODER.

raccommoder v. Réparer, remettre en bon état : *raccommoder du linge.* Réconcilier : *raccommoder des adversaires.* Le **raccommodage,** c'est la réparation.

1. V. pl. MENUISERIE.

raccord n. m., **raccordement** n. m. V. RACCORDER.

raccorder v. Joindre, réunir : *raccorder deux tuyaux*. Un **raccord**, c'est une pièce pour raccorder; c'est aussi un petit complément apporté à une peinture. Le **raccordement**, c'est l'action de raccorder.

raccourcir v. Rendre plus court. Un **raccourci**, c'est un chemin plus court. *En raccourci*, c'est en plus petit, en abrégé. Le **raccourcissement**, c'est l'action de raccourcir.

raccourcissement n. m. Voir RACCOURCIR.

raccroc [ra-kro] n. m. *Par raccroc*, par un hasard heureux.

raccrocher v. Accrocher de nouveau. Attraper par hasard.

race n. f. Groupe d'individus très nombreux, dont les caractères physiques généraux se transmettent de génération en génération : *la race noire*. Variété d'une espèce : *une race de volailles*. L'animal qui est de bonne race est **racé**.

racé, e adj. V. RACE.

rachat n. m. V. RACHETER.

racheter v. Acheter de nouveau ce qu'on avait vendu. Délivrer à prix d'argent : *racheter un captif*. Libérer d'une obligation : *se racheter d'une redevance*. Présenter une qualité qui fait pardonner un défaut. Obtenir son pardon : *racheter ses fautes*. Le **rachat**, c'est l'action de racheter; ce qu'on paie pour racheter; c'est aussi le pardon d'une faute.

rachidien, enne adj. V. RACHIS.

rachis n. m. Colonne vertébrale. Les nerfs **rachidiens** naissent de la moelle épinière.

rachitisme n. m. Défaut de conformation des os pendant la croissance.

racine n. f. Partie de la plante qui est enfouie dans le sol (1). Partie des dents, des cheveux, par laquelle ils sont fixés (2). Partie d'un mot qui sert à former des mots dérivés. Origine, cause : *couper le mal à sa racine. Prendre racine*, c'est s'attacher au sol par des racines; c'est aussi demeurer longtemps quelque part.

racisme n. m. Attitude de ceux qui prétendent que certaines races sont supérieures à d'autres.

raclée n. f. Volée de coups.

racler v. Gratter la surface d'un objet pour le nettoyer. La **raclette**, le **racloir** sont des outils pour racler. Une **raclure**, c'est ce qu'on ôte en raclant.

raclette n. f., **racloir** n. m., **raclure** n. f. V. RACLER.

racoler v. Recruter, se procurer : *racoler des clients*.

racontar n. m. V. RACONTER.

raconter v. Faire un récit. Un **racontar** est un bavardage.

racornir v. Rendre sec et dur comme de la corne.

radar n. m. Appareil révélant, au moyen d'ondes électriques, la position d'obstacles, d'avions. (V. illustr. p. suiv.)

rade n. f. Bassin naturel formé par la mer dans les terres.

radeau n. m. Assemblage de poutres réunies, pour flotter sur l'eau (3).

radiateur n. m. Appareil formé de plusieurs tubes placés les uns près des autres, où circulent de l'eau, de l'air, et qui sert à chauffer une habitation ou à refroidir un moteur : *radiateur d'auto* (4).

radiation n. f. V. RADIER.

1. V. pl. PLANTES; 2. V. pl. DENTS; 3. V. pl. BATEAUX. 4. V. pl. CHAUFFAGE.

radical, e adj. De la racine. Relatif à la nature d'une chose : *défaut radical*. Complet : *guérison radicale*. N. m. Partie du mot qui reste invariable.

radier v. Rayer : *radier un mot*. La **radiation** est l'action de radier; c'est aussi ce qui constitue une onde de lumière ou d'autre nature. Ce qui est rayonnant est **radieux**; ce qui exprime la joie est aussi **radieux** : *visage radieux*.

radiesthésie n. f. Art de percevoir les radiations qui seraient émises par certains corps.

radieux, euse adj. V. RADIER.

radio n. f. (abréviation de *radiodiffusion*). Téléphonie ou télégraphie (v. ces mots) au moyen de la T. S. F. : *écouter la radio*. La **radiographie** est la photographie de l'intérieur du corps au moyen des rayons X. (V. RAYON.) La **radioscopie** est l'examen de l'intérieur du corps au moyen des rayons X. La **radiophonie** est la transmission des sons par la radio. Un **radiologue** est celui qui s'occupe de radiographie, de radioscopie.

radio-activité n. f. Propriété que certains corps ont d'émettre des rayonnements parfois dangereux.

radio-électricité n. f. Transmission à distance des messages et des sons.

radiographie n. f., **radiologue** n. m., **radiophonie** n. f., **radioscopie** n. f. V. RADIO.

radis n. m. Petit légume à racine comestible (1).

radium n. m. Métal très rare qui émet des rayons invisibles.

radius [*ra-diuss*] n. m. Le plus petit des os de l'avant-bras (2).

radotage n. m. V. RADOTER.

antenne de radar

radoter v. Se répéter, rabâcher. Le **radoteur** est celui qui radote. Un **radotage** est un rabâchage.

radoub [*ra-dou*] n. m. Réparation d'un bateau. **Radouber**, c'est réparer.

radouber v. V. RADOUB.

radoucir v. Rendre plus doux. Apaiser, calmer.

rafale n. f. Coup de vent violent.

raffermir v. Rendre plus ferme.

raffinage n. m., **raffinement** n. m. V. RAFFINER.

raffiner v. Rendre plus fin, purifier. Rechercher ce qui est fin, délicat : *goût raffiné*. Le **raffinage** est l'action de raffiner. Le **raffinement**, c'est la recherche de ce qui est délicat. La **raffinerie**, c'est le lieu où l'on raffine le sucre, le pétrole, etc. Le **raffineur** est celui qui raffine.

raffinerie n. f., **raffineur** n. m. V. RAFFINER.

raffoler v. Aimer beaucoup.

raffut n. m. Tapage, vacarme.

rafistoler v. Raccommoder à la légère.

rafle n. f. V. RAFLER.

rafler v. Enlever rapidement tout ce qu'on trouve sous la main : *rafler des bijoux.* La **rafle** est une arrestation de nombreuses personnes par la police.

rafraîchir v. Rendre frais : *rafraîchir une carafe.* Devenir frais : *vin qui rafraîchit.* Couper le bout des cheveux. **Se rafraîchir**, c'est boire un peu. Ce qui rafraîchit est **rafraîchissant.** Un **rafraîchissement** est une boisson fraîche.

rafraîchissant, e adj., **rafraîchissement** n. m. V. RAFRAÎCHIR.

ragaillardir v. Rendre gaillard; redonner de la gaieté, de l'entrain.

rage n. f. Maladie contagieuse qui se transmet du chien à l'homme. Douleur violente : *rage de dents.* Colère : *être en rage.* Manie : *avoir la rage d'écrire.* Ce qui se rapporte à la rage est **rabique. Rager**, c'est être en rage. Celui qui rage est **rageur.**

rager v., **rageur, euse** adj. V. RAGE.

ragot n. m. Médisance.

ragoût n. m. Plat de viande coupée en morceaux. Ce qui flatte le goût est **ragoûtant.** (Le contraire est DÉGOÛTANT.)

ragoûtant, e adj. V. RAGOÛT.

rai n. m. Rayon : *rai de lumière.*

raid [*rèd'*] n. m. Incursion, expédition armée : *un raid d'aviation.* Epreuve sportive d'endurance.

raide adj. Rigide, difficile à plier : *jambe raide.* A pente très rapide : *escalier raide.* Très ferme : *caractère raide.* La **raideur**, c'est l'état, la qualité de ce qui est raide. Un **raidillon**, c'est un chemin en

pente raide. **Raidir**, c'est rendre raide, devenir raide. **Se raidir**, c'est devenir raide, se tenir ferme. Le **raidissement**, c'est l'action de raidir.

raideur n. f., **raidillon** n. m., **raidir** v., **raidissement** n. m. V. RAIDE.

raie I. n. f. Trait de plume, de crayon, etc. Sillon tracé par la charrue. Ligne légèrement creusée : *faire des raies sur une planche.* Bande étroite de couleur : *étoffes à raies.* Séparation des cheveux sur la tête : *se faire la raie.*

raie II. n. f. Poisson de mer, large et plat, à queue longue et mince (1).

raifort n. m. Plante dont on consomme la racine.

rail [*ray'*] n. m. Chacune des deux bandes d'acier sur lesquelles roulent des voitures de chemin de fer, etc.

railler [*ra-yé*] v. Se moquer. La **raillerie**, c'est la moquerie. Celui qui raille beaucoup est un **railleur.**

raillerie n. f., **railleur, euse** n. et adj. V. RAILLER.

rainette n. f. Petit animal vert, proche de la grenouille.

rainure n. f. Entaille en long.

raisin n. m. Fruit de la vigne (2). Format de papier (0,65 m × 0,50 m).

raison n. f. Explication d'un fait : *la raison de sa conduite.* Faculté (v. ce mot) de connaître le vrai : *se laisser guider par la raison.* Cause, motif : *avoir des raisons pour faire une chose.* Réparation : *demander raison. Mettre à la raison,* faire céder. *Raison sociale,* nom d'une société commerciale. *Avoir raison,* être dans le vrai.

---

1. V. pl. POISSONS DE MER; 2. V. pl. FRUITS.

Ce qui est conforme à la raison est **raisonnable**. **Raisonner**, c'est juger au moyen de la raison; c'est aussi discuter : *enfant qui raisonne;* c'est aussi amener quelqu'un à la raison : *raisonner un malade.* Le **raisonnement** est l'action de raisonner. Le **raisonneur** est celui qui discute. La **rationalisation**, c'est l'amélioration d'une production. Le **rationalisme** est une philosophie fondée sur la raison. La **rationalité** caractérise ce qui est rationnel. Ce qui est **rationnel** est conforme à la raison, conçu d'une façon efficace, pratique : *une organisation rationnelle de la production.*

raisonnable adj., **raisonnement** n. m., **raisonner** v., **raisonneur, euse** adj. et n. V. RAISON.

rajah n. m. Prince de l'Inde.

rajeunir v. Rendre plus jeune. Donner un air de nouveauté. Devenir plus jeune d'aspect. Le **rajeunissement** est l'action de rajeunir.

rajouter v. Ajouter de nouveau.

rajuster v. Ajuster de nouveau.

râle n. m. Bruit rauque dans la respiration difficile. **Râler**, c'est faire entendre un râle; c'est aussi, familièrement, se plaindre.

ralentir v. Rendre plus lent. Au **ralenti**, moins vite que dans le mouvement habituel : *film au ralenti.* Le **ralentissement**, c'est l'action de ralentir.

ralentissement n. m. V. RALENTIR.

râler v. V. RÂLE.

ralliement n. m. V. RALLIER.

rallier v. Rassembler des gens dispersés : *rallier ses troupes.* Rejoindre : *rallier son poste.*

Le **ralliement**, c'est l'action de rallier, de rejoindre.

rallonge n. f. V. RALLONGER.

rallonger v. Rendre plus long en ajoutant. Une **rallonge**, c'est ce qu'on ajoute pour rallonger.

rallumer v. Allumer de nouveau.

ramadan n. m. Jeûne des musulmans, qui dure un mois.

ramage n. m. Chant des oiseaux.

ramassage n. m. V. RAMASSER.

ramasser v. Réunir : *ramasser des documents.* Relever ce qui est tombé : *ramasser un enfant. Un ramassis,* c'est un assemblage confus : *un ramassis de vieux objets.* Le **ramassage** est l'action de ramasser. Le **ramasseur** est celui qui ramasse.

ramasseur n. m., **ramassis** n. m. V. RAMASSER.

rambarde n. f. Barre qui empêche de tomber du haut des ponts et passages d'un navire.

rame I. n. f. Perche servant de soutien à une plante grimpante.

rame II. n. f. Longue pièce de bois, plate à l'extrémité, qui sert à faire avancer un bateau (1).

rame III. n. f. Réunion de vingt mains (500 feuilles) de papier. Convoi de wagons.

rameau n. m. Petite branche.

ramée n. f. Branchages.

ramener v. Amener de nouveau.

ramer v. Soutenir une plante avec des rames : *ramer des pois.* Faire avancer un bateau en manœuvrant les rames. Le **rameur** est celui qui rame.

rameur n. m. V. RAMER.

ramie n. f. Plante dont on tire une fibre textile.

ramier n. m. Pigeon sauvage.

ramification n. f. V. RAMIFIER.

---

1. V. pl. PÊCHE.

ramifier v. Diviser en rameaux. La **ramification**, c'est la division en branches.

ramollir v. Rendre mou. Le **ramollissement** est l'état de ce qui est ramolli.

ramollissement n. m. V. RAMOLLIR.

ramonage n. m. V. RAMONER.

ramoner v. Nettoyer les cheminées. Le **ramonage** est l'action de ramoner. Le **ramoneur** est celui qui ramone.

ramoneur n. m. V. RAMONER.

rampant, e adj., **rampe** n. f., **rampement** n. m. V. RAMPER.

ramper v. Se traîner sur le ventre : *le serpent rampe*. Au figuré, s'humilier bassement. Celui qui rampe est **rampant**. Une **rampe**, c'est une surface en pente douce ; c'est aussi la balustrade le long d'un escalier (1) ; c'est également la rangée de lumières le long d'une scène de théâtre (2). Une *rampe de lancement* est utilisée pour faire partir des missiles. Le **rampement**, la **reptation**, c'est l'action de ramper.

ramure n. f. Branchage d'un arbre. Bois ou cornes du cerf.

rancart n. m. *Mettre au rancart*, mettre au rebut.

rance adj. Se dit des corps gras qui ont pris un goût désagréable. **Rancir**, c'est devenir rance. Le **rancissement** est l'état de ce qui est rance.

ranch n. m. Ferme d'élevage en Amérique du Nord.

rancir v., **rancissement** n. m. V. RANCE.

rancœur n. f. Ressentiment.

rançon n. f. Ce qu'on paie pour la délivrance d'un prisonnier. **Rançonner**, c'est faire payer une rançon.

rançonner v. V. RANÇON.

rancune n. f. Haine durable. Celui qui a de la rancune est **rancunier**.

rancunier, ère adj. V. RANCUNE.

randonnée n. f. Longue marche, excursion lointaine.

rang n. m. Disposition en ligne de personnes, de choses. Place qui correspond à chaque personne ou chose. Une **rangée**, c'est une ligne, une file. **Ranger**, c'est mettre en rang, en ordre ; c'est aussi classer ; c'est encore mettre de côté, à l'écart : *ranger une auto*. Celui qui a une vie tranquille et honorable est **rangé**. Le **rangement** est l'action de ranger.

rangée n. f., **rangement** n. m., **ranger** v. V. RANG.

ranimer v. Rendre la vie, raviver : *ranimer un feu qui s'éteint*.

rapace adj. Se dit des oiseaux de proie. (V. pl. p. suiv.) Se dit des personnes avides du bien d'autrui : *usurier rapace*. La **rapacité** est l'avidité.

rapatrier v. Ramener dans sa patrie : *rapatrier des réfugiés*.

râpe n. f. Outil d'acier pour égaliser le bois, le métal (3). Ustensile formé d'une plaque de fer-blanc hérissée de pointes, qui sert à réduire en poudre certaines substances (4). **Râper**, c'est frotter avec une râpe : *râper du fromage ;* c'est aussi user beaucoup : *habit râpé*. Ce qui est rude comme la surface d'une râpe est **râpeux**.

râper v. V. RÂPE.

rapetasser v. Raccommoder sans soin : *rapetasser des souliers*.

rapetisser v. Rendre plus petit.

râpeux, euse adj. V. RÂPE.

1. V. pl. ESCALIERS ; 2. V. pl. THÉÂTRE ; 3. V. pl. MENUISERIE ; 4. V. pl. CUISINE (*Ustensiles de*).

vautour — buse — chouette — grand duc — hibou — condor — aigle — faucon — épervier

rapaces

raphia n. m. Palmier qui fournit des fibres très solides.

rapide adj. Qui agit vite : *homme rapide dans ses actes.* Qui se meut avec vitesse : *train rapide.* Très incliné : *une pente rapide.* Un **rapide**, c'est la partie d'un fleuve où le courant va très vite ; c'est aussi un train qui s'arrête peu. La **rapidité**, c'est la vitesse.

rapidité n. f. V. RAPIDE.

rapiécer v. Mettre des pièces.

rapière n. f. Epée à longue lame.

rapin n. m. Artiste peintre débutant ou sans talent.

rapine n. f. Vol, pillage.

rappel n. m., **rappelé** n. m. V. RAPPELER.

rappeler v. Appeler de nouveau. Faire revenir : *rappeler un ambassadeur.* Ramener : *rappeler à la vie.* Ramener à la mémoire : *rappeler un souve-*nir. **Se rappeler**, c'est se souvenir : *je me le rappelle* (ne pas dire *je m'en rappelle*). Le **rappel**, c'est l'action de rappeler ; c'est aussi la demande d'un paiement en retard. Un **rappelé**, c'est celui qui a été mobilisé de nouveau par l'armée.

rapport n. m. Revenu, produit : *le rapport d'une terre ; une maison de rapport* (un immeuble loué). Compte rendu : *le rapport d'une assemblée.* Relations : *être en bons rapports avec quelqu'un. Par rapport à,* en comparant à. **Rapporter**, c'est apporter de nouveau ; c'est aussi apporter avec soi en revenant : *rapporter de voyage ;* c'est également ajouter : *rapporter un morceau ;* c'est aussi raconter dans un esprit de médisance : *un écolier qui rapporte tout ce que font ses camarades.* **Se rapporter à**, c'est se rattacher à ; dépendre de. Le **rap-**

porteur est celui qui rédige un rapport; c'est aussi celui qui rapporte des médisances; c'est également un instrument servant à mesurer les arcs et les angles.

rapprendre v. Apprendre de nouveau.

rapprochement n. m. V. RAP-PROCHER.

rapprocher v. Approcher davantage; approcher de nouveau. Réconcilier : *rapprocher des ennemis.* Comparer : *rapprocher deux faits.* Le **rapprochement** est l'action de rapprocher.

rapt n. m. Enlèvement fait avec violence.

raquette n. f. Cadre arrondi, tendu de cordes et muni d'un manche, pour jouer à la balle. Appareil analogue pour marcher sur la neige.

rare adj. Peu fréquent. Clairsemé : *cheveux rares.* De grand mérite. **Raréfier,** c'est rendre rare. La **raréfaction,** c'est l'action de raréfier. La **rareté,** c'est la qualité de ce qui est rare.

raréfaction n. f., **raréfier** v., **rareté** n. f. V. RARE.

rarissime adj. Très rare.

ras, e adj. Coupé à la racine. Très court : *cheveux ras. Rase campagne,* pays plat, non boisé. *Faire table rase,* c'est considérer que ce que l'on a fait précédemment est sans valeur. *Au ras de,* au niveau de. Une **rasade,** c'est le liquide qui emplit un verre à ras du bord. Ce qui rase est **rasant.** Raser, c'est couper ras : *raser la barbe;* c'est aussi abattre à ras du sol : *raser une maison;* familièrement, c'est ennuyer. Celui qui ennuie est un **raseur.** Le ra-

soir est un instrument pour raser : *un rasoir électrique.* Le vol en **rase-mottes** est celui où l'aviateur vole près du sol.

rasade n. f., **rase-mottes** n. m., **raser** v., **raseur, euse** n. **rasoir** n. m. V. RAS.

rassasier v. Satisfaire la faim.

rassemblement n. m. V. RAS-SEMBLER.

rassembler v. Réunir. Un **rassemblement,** c'est une réunion.

rasseoir v. Asseoir de nouveau; c'est aussi apaiser.

rasséréner v. Rendre le calme.

rassis adj. Qui n'est pas frais : *pain rassis.* Un esprit **rassis** est un esprit calme, réfléchi.

rassortiment n. m. V. RASSORTIR.

rassortir v. Assortir de nouveau : *rassortir des tissus.* L'action de rassortir est le **rassortiment.**

rassurer v. Rendre la confiance, la tranquillité. (Le contraire est INQUIÉTER.)

rat n. m. Petit animal qui fréquente les habitations et qui ronge les grains, la paille, etc. (1). C'est aussi une jeune fille de la classe de danse à l'Opéra. *Rat-de-cave,* bougie longue en forme de corde, pour s'éclairer dans une cave (2).

ratafia n. m. Une liqueur.

ratatiné, e adj. Ridé, racorni.

rate n. f. Organe placé sous le flanc gauche (3).

raté n. V. RATER.

râteau n. m. Instrument de jardinage muni de dents (4). **Ratisser,** c'est nettoyer au râteau. Le **ratissage,** c'est l'action de ratisser. Le **râtelier** est une sorte d'échelle qui soutient le fourrage dans une man-

1. V. pl. RONGEURS ; 2. V. pl. ECLAIRAGE ; 3. V. pl. HOMME ; 4. V. Pl. JARDINAGE.

geoire d'animaux; c'est aussi un chevalet sur lequel on place des fusils; c'est enfin une rangée de fausses dents.

râtelier n. m. V. RÂTEAU.

rater v. Manquer à partir, en parlant d'une arme à feu. Echouer, ne pas réussir : *affaire qui rate.* Manquer : *rater son train.* Un **raté**, c'est le fait de rater : *les ratés d'un moteur. Fam.* C'est aussi une personne qui n'a pas réussi dans la vie.

ratification n. f. V. RATIFIER.

ratifier v. Confirmer par un traité ce qui a été promis. La ratification, c'est l'action de ratifier.

ration n. f. Portion de nourriture qu'on donne à chaque repas, chaque jour, etc. **Rationner,** c'est distribuer par rations, restreindre la consommation d'un produit. Le **rationnement** est l'action de rationner.

rationalisation n. f., **rationalisme** n. m., **rationalité** n. f., **rationnel, elle** adj. V. RAISON.

rationnement n. m., **rationner** v. V. RATION.

ratissage n. m., **ratisser** v. V. RÂTEAU.

raton n. m. Petit rat. Le *raton laveur* est un petit mammifère carnassier d'Amérique.

rattachement n. m. V. RATTACHER.

rattacher v. Attacher de nouveau. Faire dépendre une chose d'une autre : *rattacher un service à un ministère.* Le **rattachement** est l'action de rattacher.

rattraper v. Attraper de nouveau. Rejoindre. Regagner : *rattraper une perte.*

rature n. f. Trait pour supprimer un mot écrit. **Raturer,** c'est rayer, effacer par des ratures.

rauque adj. Rude, comme enroué : *une voix rauque.*

ravage n. m. Grand dégât. **Ravager,** c'est faire du dégât : *ravager une contrée.* Le **ravageur** est celui qui fait du ravage.

ravager v., **ravageur, euse** adj. et n. V. RAVAGE.

ravalement n. m. V. RAVALER.

ravaler v. Avaler de nouveau. Refaire le crépi d'un mur, nettoyer une façade. Le **ravalement,** c'est l'action de ravaler.

ravauder v. Raccommoder.

rave n. f. Légume proche du navet.

ravier n. m. Petit plat pour les radis et autres hors-d'œuvre (1).

ravigote n. f. Sauce au vinaigre et à l'échalote. **Ravigoter,** c'est remettre en forme.

ravigoter v. V. RAVIGOTE.

ravin n. m. Rigole creusée profondément par un torrent. **Raviner,** c'est creuser des ravins.

raviner v. V. RAVIN.

ravioli n. m. Petit carré de pâte farci de viande.

ravir v. Enlever de force. Enchanter : *musique qui ravit.* Ce qui ravit est **ravissant.** Le **ravissement,** c'est l'action de ravir ; c'est aussi le charme. Celui qui enlève de force est un **ravisseur.**

raviser (se) v. Changer d'avis.

ravissement n. m., **ravisseur, euse** n. V. RAVIR.

ravitaillement n. m. Action de ravitailler ; ce qui ravitaille. **Ravitailler,** c'est munir de vivres, de munitions : *ravitailler une ville, une troupe.*

raviver v. Rendre plus vif; ranimer : *raviver le feu.*

1. V. pl. VAISSELLE.

rayer v. Faire des raies. Raturer : *rayer un mot*. La **rayure**, c'est l'action de rayer ; c'est aussi une raie : *étoffe à rayures*.

rayon n. m. Jet de lumière provenant d'un corps lumineux : *les rayons du soleil*. C'est aussi un phénomène physique, comme celui des *rayons X*, qui traversent des corps opaques. Au figuré, apparence : *rayon d'espoir*. Ligne qui va du centre d'un cercle, d'une sphère, à son contour : *les rayons d'une roue* (1). Planche d'une bibliothèque. **Rayonner**, c'est montrer du bonheur dans le visage. Ce qui rayonne est **rayonnant**. La **rayonne** est de la soie artificielle. Un **rayonnement** est un ensemble de rayons.

rayonnant adj., **rayonne** n. f., **rayonnement** n. m., **rayonner** v. V. RAYON.

rayure n. f. V. RAYER.

raz [ra] n. m. *Raz de marée*, soulèvement brusque des eaux de la mer.

ré n. m. Seconde note de la gamme.

réacteur n. m. V. RÉACTION.

réactif n. m. Substance employée en chimie pour reconnaître la nature d'un corps par les réactions qu'il produit sur d'autres.

réaction n. f. Action qu'un corps produit sur un autre qui agit sur lui : *la fusée monte grâce à sa réaction sur l'air*. Phénomène chimique qui se produit entre des corps qui agissent les uns sur les autres. Attitude politique de ceux qui veulent s'appuyer sur les valeurs et les institutions du passé. Un **réacteur** est un moteur aérien fonctionnant par réaction, sans utiliser d'hélice. **Réagir**, c'est produire une réaction.

réaffirmer v. Affirmer de nouveau.

réagir v. V. RÉACTION.

réalisateur, trice adj., **réalisation** n. f. V. RÉALISER.

réaliser v. Rendre réel : *réaliser une promesse*. Convertir en argent : *réaliser un immeuble*. La **réalisation**, c'est l'action de réaliser : *la réalisation d'un projet*. Celui qui réalise est **réalisateur** ; c'est, en particulier, l'auteur d'un film, d'une émission de télévision.

réalisme n. m. Doctrine littéraire et artistique qui tend à reproduire la nature sous son aspect réel. Celui qui est partisan du réalisme est **réaliste**.

réaliste adj. V. RÉALISME.

réalité n. f. Chose réelle.

réanimation n. f. Techniques médicales visant à rétablir la respiration, la circulation du sang.

réapparaître v. Apparaître de nouveau. Une **réapparition** est une nouvelle apparition.

réapparition n. f. V. RÉAPPARAÎTRE.

réarmer v. Armer de nouveau.

rébarbatif, ive adj. D'aspect peu engageant : *visage rébarbatif*.

rebâtir v. Bâtir de nouveau.

rebattre v. Battre de nouveau. Répéter, rabâcher : *rebattre les oreilles*. Ce qui est répété à l'excès est **rebattu**.

rebelle adj. Qui refuse d'obéir ; indocile. **Se rebeller**, c'est devenir rebelle, se révolter. La **rébellion**, c'est la révolte.

rebeller (se) v., **rébellion** n. f. V. REBELLE.

rebiffer (se) v. Résister, regimber contre une remontrance.

rebondir v. Faire un ou plusieurs bonds : *balle qui rebon-*

1. V. pl. LIGNES.

dit. Un visage arrondi par l'embonpoint est **rebondi**. Un **rebondissement** est un nouveau bond.

rebondissement n. m. V. RE-BONDIR.

rebord n. m. Bord relevé.

reboucher v. Boucher de nouveau.

rebours (à) locution. A contresens, au contraire.

rebrousser v. Relever à contrepoil. Refaire en sens contraire : *rebrousser chemin*.

rebuffade n. f. Mauvais accueil. Refus : *essuyer une rebuffade*.

rébus [*ré-buss*] n. m. Représentation de phrases par des figures et des lettres. Enigme.

rebut n. m. Ce qu'on rejette. Ce qu'il y a de plus méprisable : *le rebut de l'humanité*. Ce qui rebute est **rebutant**. **Rebuter**, c'est décourager, lasser : *le travail le rebute*.

rebuter v. V. REBUT.

récalcitrant, e adj. Qui résiste avec obstination.

récapitulation n. f. V. RÉCAPITULER.

récapituler v. Résumer, répéter rapidement point par point. La **récapitulation** est l'action de récapituler.

recel n. m. V. RECELER.

receler v. Garder et cacher une chose volée par un autre. Renfermer : *ce livre recèle des beautés*. Le **recel** est l'action de receler. Le **receleur** est celui qui recèle des objets volés.

receleur n. m. V. RECELER.

récemment adv. V. RÉCENT.

recensement n. m. V. RECENSER.

recenser v. Faire le dénombrement (compter le nombre de) :

recenser des habitants, des voitures. Le **recensement** est l'action de recenser, en particulier le nombre d'habitants d'un pays.

récent, e adj. Nouveau, nouvellement fait, arrivé : *livre récent*. **Récemment**, c'est depuis peu.

récépissé n. m. Reçu. (V. RECE-VOIR.)

réceptacle n. m., **récepteur** n. m., **réceptif, ive** adj., **réception** n. f. V. RECEVOIR.

recette n. f. Ce qu'on reçoit : *faire une recette, une dépense*, *garçon de recette*. Emploi de receveur : *recette buraliste*. Indication de la préparation d'un médicament, d'un mets.

recevable adj., **receveur, euse** n. V. RECEVOIR.

recevoir v. Accepter ce qu'on donne : *recevoir un cadeau*. Accueillir : *recevoir un camarade*. Admettre à un examen. Un **réceptacle** est un lieu où sont assemblées plusieurs choses. Le **récepteur** est un appareil destiné à recevoir : *récepteur téléphonique*. Ce qui est capable de recevoir est **réceptif**. La **réception** est l'action de recevoir. Ce qui peut être admis est **recevable**. Celui qui reçoit est le **receveur**. Un **reçu**, c'est un écrit où l'on reconnaît avoir reçu une somme. (Conjuguez : *je reçois, nous recevons; je reçus; je recevrai; il faut que je reçoive; recevant, reçu*.)

rechange n. m. Remplacement : *pièce de rechange*.

recharger v. Charger de nouveau.

réchaud n. m. Petit fourneau portatif : *réchaud électrique*.

réchauffement n. m. V. RÉ-
CHAUFFER.

réchauffer v. Chauffer de nouveau. Le **réchauffement** est
l'action de réchauffer; c'est
aussi devenir plus doux : *le
réchauffement du climat.*

rêche adj. Rude au toucher.

recherche n. f. V. RECHERCHER.

rechercher v. Chercher de nouveau. Chercher avec soin. Tâcher d'obtenir : *rechercher des
amitiés.* La **recherche** est l'action de rechercher; c'est aussi
l'affectation, le manque de
naturel; c'est enfin l'ensemble
des travaux scientifiques.

rechigner v. Prendre un air
maussade, grognon.

rechute n. f. Nouvelle chute.
Retour d'une maladie.

récidive n. f. V. RÉCIDIVER.

récidiver v. Commettre de nouveau une faute. Recommencer :
maladie qui récidive. La **récidive** est l'action de récidiver.
Le **récidiviste** est celui qui
récidive.

récidiviste n. m. V. RÉCIDIVER.

récif n. m. Rocher à fleur d'eau.

récipient n. m. Vase pour contenir un liquide, un gaz.

réciprocité n. f. V. RÉCIPROQUE.

réciproque adj. Qui rend la pareille : *amitié réciproque.* La
réciprocité est la qualité de
ce qui est réciproque.

récit n. m. Fait que l'on rapporte de vive voix. Relation
écrite d'un fait quelconque. Un
récital, c'est l'audition d'un
seul chanteur, d'un seul musicien : *récital d'orgue.* La **récitation** est l'action de réciter.
Réciter, c'est dire par cœur,
de mémoire : *réciter sa leçon.*

récital n. m., **récitation** n. f.,
réciter v. V. RÉCIT.

réclamation n. f., **réclame** n. f.
V. RÉCLAMER.

réclamer v. Demander avec
insistance ce à quoi on a droit.
La **réclamation** est l'action
de réclamer. La **réclame** est
la publicité par affiches, annon-
ces, etc.

reclassement n. m. V. RECLAS-
SER.

reclasser v. Classer de nouveau.
Améliorer le traitement de certains employés par rapport à
d'autres salariés. Le **reclassement** est l'action de reclasser.

reclus, e adj. et n. Enfermé. La
réclusion est la détention
avec travail forcé.

réclusion n. f. V. RECLUS.

recoin n. m. Coin écarté.

récolte n. f. Action de recueillir
les produits du sol : *la récolte
des céréales.* **Récolter,** c'est
faire une récolte.

récolter v. V. RÉCOLTE.

recommandation n. f. V. RE-
COMMANDER.

recommander v. Charger quelqu'un de faire une chose. Désigner quelqu'un à la bienveillance d'un autre : *recommander
un client.* La **recommandation** est l'action de recommander. Une lettre **recom-
mandée** est celle que le facteur remet lui-même entre les
mains d'une personne déterminée.

recommencer v. Commencer,
faire de nouveau.

récompense n. f. V. RÉCOM-
PENSER.

récompenser v. Donner quelque chose pour remercier d'un
service, pour manifester sa satisfaction : *récompenser un
bon élève.* Une **récompense**,
c'est un cadeau, ce qu'on donne
pour récompenser.

recomposer v. Composer de nouveau.

réconciliation n. f. V. RÉCONCILIER.

réconcilier v. Rétablir l'accord : *réconcilier des ennemis.* La **réconciliation** est l'action de réconcilier.

reconduire v. Accompagner celui qui s'en va. Renouveler une location, un crédit, etc.

réconfort n. m. Consolation.

réconforter v. Consoler. Fortifier : *repas qui réconforte.*

reconnaissable adj., **reconnaissance** n. f., **reconnaissant, e** adj. V. RECONNAÎTRE.

reconnaître v. Se rappeler une personne, une chose que l'on voit : *reconnaître sa maison natale.* Retrouver sous son véritable caractère : *je le reconnais à cet acte.* Constater, avouer : *reconnaître son erreur.* Avoir de la reconnaissance : *reconnaître un bienfait.* Accepter, admettre : *reconnaître un gouvernement.* Explorer : *reconnaître le terrain.* La **reconnaissance** est l'action de reconnaître; c'est aussi un témoignage de gratitude; c'est également la déclaration de l'existence d'une chose : *reconnaissance d'une dette;* c'est enfin une incursion sur le territoire ennemi. Celui qui a de la reconnaissance est **reconnaissant** (le contraire est INGRAT). Ce qui est facile à reconnaître est **reconnaissable.**

reconquérir v. Conquérir de nouveau. Retrouver : *reconquérir la santé.*

reconstituer v. Rétablir. Un **reconstituant** est un médicament qui ramène l'organisme à l'état normal.

reconstitution n. f. Rétablissement.

reconstruction n. f. V. RECONSTRUIRE.

reconstruire v. Construire de nouveau : *reconstruire une maison.* La **reconstruction** est l'action de reconstruire, en particulier après une guerre.

reconversion n. f. Adaptation d'une industrie à un nouveau type de fabrication.

recopier v. Copier de nouveau.

record n. m. Exploit sportif : *établir un record de vitesse.*

recoudre v. Coudre de nouveau.

recoupement n. m. Vérification d'un fait par divers renseignements.

recouper v. Couper de nouveau.

recourber v. Courber de nouveau.

recourir v. Courir de nouveau. Avoir recours à : *recourir à la force.* Le **recours,** c'est l'aide que l'on demande.

recours n. m. V. RECOURIR.

recouvrage n. m. V. RECOUVRIR.

recouvrement n. m. V. RECOUVRER.

recouvrer v. Retrouver. Recevoir de l'argent dû. Le **recouvrement** est l'action de recouvrer, de percevoir des sommes dues.

recouvrir v. Couvrir de nouveau. Le **recouvrage** est l'action de recouvrir.

récréatif, ive adj., **récréation** n. f. V. RÉCRÉER.

récréer v. Réjouir, amuser. Ce qui récrée est **récréatif.** La **récréation** est le temps accordé pour s'amuser.

récrier (se) v. Protester.

récrimination n. f. V. RÉCRIMINER.

récriminer v. Opposer un reproche à un autre reproche. La

récrimination est le fait de récriminer.

récrire v. Ecrire de nouveau.

recroqueviller (se) v. Se ratatiner par la chaleur, le froid, etc.

recru, e adj. *Recru de fatigue,* harassé.

recrudescence n. f. Aggravation d'un mal.

recrue n. f. Jeune soldat. Nouveau partisan. **Recruter,** c'est engager des soldats, rechercher des employés. Le **recrutement** est le fait de recruter.

recrutement n. m., **recruter** v. V. RECRUE.

recta adv. Familièrement, avec exactitude : *payer recta.*

rectangle n. m. Parallélogramme qui a ses angles droits (1). Ce qui a la forme d'un rectangle est **rectangulaire** : *salle rectangulaire.* Adj. *Triangle rectangle,* triangle qui a un angle droit.

rectangulaire adj. V. RECTANGLE.

recteur n. m. Celui qui dirige une académie universitaire. Directeur de certains collèges.

rectification n. f. V. RECTIFIER.

rectifier v. Rendre droit. Redresser : *rectifier une ligne, sa conduite.* Corriger : *rectifier un calcul.* La **rectification** est l'action de rectifier.

rectiligne adj. En ligne droite.

rectitude n. f. Droiture.

recto n. m. Endroit, première page d'un feuillet, opposée à *l'envers* ou *verso.*

rectum [*rèk-tom*] n. m. Dernière partie de l'intestin.

reçu n. m. V. RECEVOIR.

recueil n. m. Collection : *recueil de contes.* Le **recueillement** est l'état de celui qui se recueille. **Recueillir,** c'est

récolter ; c'est aussi recevoir : *recueillir le fruit de son travail ;* c'est également rassembler : *recueillir des renseignements.* **Se recueillir,** c'est méditer, s'isoler pour penser.

recueillement n. m., **recueillir** v. V. RECUEIL.

recul n. m. Action de reculer. **Reculer,** c'est tirer en arrière : *reculer sa chaise ;* c'est aussi porter plus loin, éloigner : *reculer la date d'un voyage ;* c'est aussi se porter en arrière : *cheval qui recule. Aller* à **reculons,** c'est aller en arrière. La **reculade** est l'action de reculer, de s'enfuir.

reculade n. f., **reculer** v., **reculons (à)** loc. V. RECUL.

récupérer v. Retrouver, recueillir ce qui pouvait être considéré comme perdu; c'est aussi reprendre des forces après un effort prolongé.

récurer v. Nettoyer en frottant.

récuser v. Refuser de reconnaître pour juge.

recyclage n. m. Nouvelle formation professionnelle donnée à quelqu'un. **Se recycler,** c'est se consacrer à un recyclage.

recycler v. V. RECYCLAGE.

rédacteur n. m., **rédaction** n. f. V. RÉDIGER.

reddition n. f. V. RENDRE.

rédempteur n. m. Celui qui rachète (se dit surtout de Jésus-Christ, qui, pour les chrétiens, a racheté les hommes). La **rédemption** est le rachat.

rédemption n. f. V. RÉDEMPTEUR.

redescendre v. Descendre de nouveau.

redevable adj. Qui a une obligation envers quelqu'un. Une **redevance,** c'est une charge qu'on acquitte à des dates fixes.

---

1. V. pl. SURFACES.

redevance n. f. V. REDEVABLE.

rédhibitoire adj. Se dit d'un défaut de la chose vendue, qui peut faire annuler la vente. Se dit d'un grave empêchement, d'un obstacle : *un prix rédhibitoire.*

rédiger v. Exposer par écrit. Celui qui rédige est un **rédacteur**. L'action de rédiger, le travail rédigé est la **rédaction**.

redingote n. f. Vêtement à longues basques (1).

redire v. Répéter. Critiquer : *trouver toujours à redire.* Une **redite** est une répétition.

redite n. f. V. REDIRE.

redondant, e adj. Surabondant, inutile : *mots redondants.*

redonner v. Donner de nouveau. Rendre : *redonner courage.*

redoublant, e n., **redoublé, e** adj., **redoublement** n. m. V. REDOUBLER.

redoubler v. Recommencer : *redoubler une classe.* Augmenter: *redoubler d'efforts.* Le **redoublant** est l'élève qui redouble. Le pas **redoublé** est le pas rapide; c'est aussi une musique militaire pour ce pas. Le **redoublement** est l'action de redoubler : *un redoublement de violence.*

redoutable adj., **redoute** n. f. V. REDOUTER.

redouter v. Craindre. Ce qui est à craindre est **redoutable**. Une **redoute**, c'est un petit ouvrage de fortification.

redressement n. m. V. REDRESSER.

redresser v. Dresser de nouveau. Rendre droit. Remettre debout. Corriger : *redresser des erreurs.* Le **redressement** est l'action de redresser. Celui qui redresse est un **redresseur** : *redresseur de torts.*

redresseur n. m. V. REDRESSER.

réduction n. f. V. RÉDUIRE.

réduire v. Diminuer, rendre moindre : *réduire ses frais.* Changer en : *réduire en poudre.* Remettre un os brisé, déboîté : *réduire une luxation* (v. ce mot). La **réduction** est l'action de réduire. En chimie, c'est l'opération par laquelle on enlève de l'oxygène à un corps. Un **réduit**, c'est un petit local.

réduit n. m. V. RÉDUIRE.

rééducation n. f. V. RÉÉDUQUER.

rééduquer v. Eduquer de nouveau. Améliorer l'état des infirmes par certains exercices. La **rééducation** est l'action de rééduquer.

réel, elle adj. Vrai, qui existe. V. RÉALITÉ.

réélire v. Elire de nouveau.

réellement adv. En réalité.

réexpédier v. Renvoyer.

refaire v. Faire de nouveau. **Se refaire**, c'est manger, boire pour reprendre des forces. La **réfection**, c'est l'action de refaire. Le **réfectoire**, c'est l'endroit où l'on prend les repas en commun.

référé n. m. V. RÉFÉRER (SE).

référence n. f. V. RÉFÉRER (SE).

référendum n. m. Vote de l'ensemble des citoyens d'un pays sur une question précise.

référer (se) v. Se rapporter à : *se référer à une loi.* Une **référence**, c'est un texte auquel on renvoie; c'est aussi une recommandation. Le **référé** est le recours à un juge spécial en cas d'urgence.

réfléchir v. Renvoyer en retour la lumière, le son. Penser, méditer : *réfléchir à ce qu'on dira.* La **réflexion** est l'action de réfléchir. Celui qui agit avec réflexion est **réfléchi**. Un **réflecteur** est un appareil qui réfléchit la lumière (1). Un **reflet** est un rayon de lumière réfléchi. **Refléter**, c'est renvoyer la lumière en reflets sur un corps voisin; c'est aussi exprimer : *un visage qui reflète la joie de vivre.*

réflecteur n. m., **reflet** n. m., **refléter** v. V. RÉFLÉCHIR.

réflexe n. m. Mouvement involontaire provoqué par une sensation nerveuse (douleur, lumière, bruit, etc.).

réflexion n. f. V. RÉFLÉCHIR.

refluer v. Revenir en arrière.

reflux [*re-flu*] n. m. Mouvement de recul de la marée qui baisse.

refondre v. Fondre de nouveau. Modifier, transformer.

refonte n. f. Action de refondre.

réformateur, trice n. V. RÉFORME.

réforme n. f. Changement qui a pour but d'améliorer. Mise hors de service de ce qui ne sert plus : *mettre une machine à la réforme.* Changement de doctrine amené dans l'Eglise par les protestants. **Réformer**, c'est donner une meilleure forme; c'est également corriger : *réformer un abus ;* c'est encore retirer du service ce qui ne sert plus : *réformer du matériel.* La religion **réformée** est le protestantisme. Un **réformé**, c'est un protestant; c'est aussi le jeune homme qui n'a pas été admis au service militaire pour des raisons de santé. Le **réformateur** est celui qui réforme.

reformer v. Former de nouveau.

réformer v. V. RÉFORME.

refouler v. Faire entrer de force en poussant, repousser.

réfractaire adj. Qui résiste, qui

se refuse à faire une chose. Qui ne fond qu'à une haute température : *argile réfractaire.*

réfraction n. f. Changement de la direction de la lumière lorsque cette dernière passe d'un milieu physique à un autre, de l'air à l'eau par exemple.

refrain n. m. Répétition d'un ou plusieurs vers à chaque couplet d'une chanson.

refréner v. Réprimer, contenir : *refréner ses désirs.*

réfrigérant, e adj., **réfrigérateur** n. m. V. RÉFRIGÉRER.

réfrigérer v. Refroidir. Ce qui refroidit est **réfrigérant**. Un **réfrigérateur** est un appareil qui produit du froid.

refroidir v. Rendre froid. Diminuer l'activité. Le **refroidissement** est l'action de refroidir.

refroidissement n. m. V. REFROIDIR.

refuge n. m. Asile, retraite. Endroit au milieu d'une chaussée où les piétons peuvent se mettre à l'abri des voitures. Abri en haute montagne. **Se réfugier**, c'est se mettre à l'abri. Un **réfugié**, c'est celui qui a dû quitter son pays pour trouver refuge à l'étranger.

réfugié, e n., **réfugier (se)** v. V. REFUGE.

refus n. m. V. REFUSER.

refuser v. Ne pas accepter : *refuser un cadeau.* Ne pas accorder : *refuser le pardon.* Ne pas recevoir à un examen : *refuser un candidat.* **Se refuser**, c'est ne pas accepter. Le **refus** est l'action de refuser.

réfuter v. Détruire une théorie en montrant qu'elle est fausse.

regagner v. Gagner de nouveau. Retourner vers : *regagner sa maison.* Rattraper : *regagner le*

---

1. V. pl. CINÉMA.

temps perdu. Le **regain**, c'est l'herbe qui repousse après qu'on a fauché un pré ; c'est aussi un retour de santé, de fraîcheur.

regain n. m. V. REGAGNER.

régal n. m. Mets qui plaît beaucoup. Vif plaisir : *cette musique est un régal.* **Régaler,** c'est offrir un bon repas. Boire à la **régalade,** c'est boire en versant la boisson dans sa bouche sans toucher le vase des lèvres.

régalade n. f. V. RÉGAL.

régaler v. V. RÉGAL.

regard n. m. Action de regarder. Ouverture dans un égout, un conduit, pour observer l'intérieur. **Regarder,** c'est diriger la vue sur : *regarder un tableau ;* c'est aussi être tourné vers : *façade qui regarde au nord. Regarder à,* c'est faire attention : *regarder à la dépense.* Celui qui est très économe est **regardant.**

regarder v. V. REGARD.

regarnir v. Garnir de nouveau.

régate n. f. Course de bateaux.

régence n. f. V. RÉGENT.

régénération n. f. V. RÉGÉNÉRER.

régénérer v. Rétablir ce qui était détruit : *régénérer les chairs après une blessure.* Renouveler moralement : *régénérer les mœurs.* L'action de régénérer est la **régénération.**

régent n. Chef du gouvernement pendant la minorité, l'absence ou la maladie d'un souverain. La **régence** est la fonction de régent, le temps qu'elle dure. **Régenter,** c'est diriger.

régenter v. V. RÉGENT.

régicide n. m. Assassinat d'un roi. Assassin d'un roi.

régie n. f. Administration de biens pour le compte d'autrui.

Perception des impôts faite directement par l'Etat : *la régie des tabacs.* Mode de gestion d'un service public, d'une usine nationalisée. Direction d'une production cinématographique. Un travail **en régie** est exécuté pour l'Etat. (V. RÉGIR.)

régime n. m. Forme de gouvernement : *régime républicain. L'Ancien Régime* est celui de la royauté en France, avant la révolution de 1789. Vitesse de rotation d'un moteur. Caractère de l'écoulement d'un cours d'eau : *un torrent de régime irrégulier.* Usage réglé d'une chose : *régime alimentaire.*

régiment n. m. Corps militaire, formé de plusieurs bataillons.

région n. f. Grande étendue de pays. Contrée : *une région agricole.* Ce qui est relatif à la région est **régional.**

régional, e adj. V. RÉGION.

régir v. Gouverner, diriger. Administrer. Le **régisseur** est celui qui, au théâtre, dirige le service intérieur (1).

régisseur n. m. V. RÉGIR.

registre n. m. Livre où l'on inscrit ce dont on veut garder le souvenir. (V. ENREGISTRER.)

réglage n. m. V. RÈGLE.

règle n. f. Instrument droit pour tracer des lignes. Ce qui dirige les actions, les pensées de l'homme : *règle de conduite. En règle,* d'accord avec ce qui doit être : *se mettre en règle pour ses impôts.* **Régler,** c'est tracer des lignes à la règle ; c'est aussi déterminer, fixer : *régler un itinéraire. Régler une montre,* c'est la rendre exacte. *Régler une machine,* c'est mettre au point son fonctionnement. C'est également terminer: *régler un différend ;* c'est encore

---

1. V. pl. THÉÂTRE.

payer : *régler une note;* c'est, enfin, modérer : *régler sa dépense.* Ce qui est rayé de lignes droites est **réglé.** Le **réglage** est l'action de régulariser la marche d'un mécanisme. L'action de régler, de diriger, est le **règlement,** c'est aussi un ensemble de règles, de prescriptions : *règlement de police.* Ce qui est conforme à un règlement est **réglementaire.** La **réglementation** est l'action de réglementer. **Réglementer,** c'est soumettre à un règlement.

règlement n. m., **réglementaire** adj., **réglementation** n. f., **réglementer** v., **régler** v. V. RÈGLE.

réglisse n. f. Plante aux propriétés adoucissantes dont on fait des bonbons.

règne n. m. Gouvernement d'un roi : *le règne de Louis XIV.* Grande division de la nature : *le règne animal, le règne végétal, le règne minéral.* **Régner,** c'est gouverner comme roi ; c'est aussi dominer : *la mode qui règne à Paris.* Exister : *il règne un bon esprit.*

régner v. V. RÈGNE.

regonfler v. Gonfler de nouveau. Familièrement, c'est aussi redonner du courage.

regorger v. Déborder, être plein : *la rue regorge de monde.*

régresser v. Reculer, diminuer : *une épidémie qui régresse.* L'action de régresser est la **régression.**

régression n. f. V. RÉGRESSER.

regret n. m. Chagrin d'avoir perdu quelque chose, d'avoir fait ou de ne pas avoir fait quelque chose. Repentir : *le regret d'une faute. A regret,*

à contrecœur. **Regretter,** c'est avoir du regret. Ce qui mérite du regret est **regrettable** : *démarche regrettable.*

regrettable adj., **regretter** v. V. REGRET.

régularisation n. f., **régulariser** v., **régularité** n. f., **régulation** n. f. V. RÉGULIER.

régulier, ère adj. D'accord avec la règle établie. Bien proportionné : *visage régulier.* Ponctuel : *un employé très régulier.* **Régulariser,** c'est rendre régulier. La **régularisation,** c'est l'action de régulariser. La **régulation,** c'est l'action d'organiser : *la régulation des transports.* La **régularité** est la qualité de ce qui est régulier.

réhabilitation n. f. V. RÉHABILITER.

réhabiliter v. Rétablir dans ses droits celui qui en avait été privé. La **réhabilitation,** c'est l'action de réhabiliter.

rehausser v. Relever.

rein n. m. Organe de notre corps qui sécrète l'urine et élimine divers déchets.

reine n. f. Femme d'un roi. Au figuré, la première, la plus belle. La femelle qui est féconde, chez divers insectes (abeilles, fourmis, termites, etc.). La deuxième pièce au jeu d'échecs. La **reine-claude** est une sorte de prune. La **reine-des-prés,** la **reine-marguerite** sont des fleurs. La **reinette** est une sorte de pomme.

reinette n. f. V. REINE.

réinstaller v. Installer de nouveau : *se réinstaller chez soi.*

réintégrer v. Rétablir quelqu'un dans la possession d'une chose : *réintégrer dans un emploi.*

réitérer v. Répéter, refaire.

rejaillir v. Jaillir avec force. Au figuré, retomber : *sa faute rejaillit sur sa famille.*

rejet n. m. Action de rejeter. Rejeton d'une plante. **Rejeter,** c'est jeter de nouveau ; c'est aussi faire retomber : *rejeter la faute sur;* c'est, enfin, repousser : *rejeter une proposition.* Un **rejeton** est une nouvelle pousse d'une plante; c'est aussi un descendant, un enfant.

rejeter v., **rejeton** n. m. Voir REJET.

rejoindre v. Réunir ce qui avait été séparé. Aller retrouver : *rejoindre un ami.*

réjouir v. Mettre en joie. Amuser, divertir. La **réjouissance,** c'est l'amusement, le divertissement. Ce qui réjouit est **réjouissant.** Ce qui montre de la joie est **réjoui.**

réjouissance n. f. V. RÉJOUIR.

relâche n. f., **relâchement** n. m. V. RELÂCHER.

relâcher v. Détendre : *relâcher un lien.* Remettre en liberté : *relâcher un prisonnier.* Rendre plus souple : *relâcher la discipline.* S'arrêter dans un port (en parlant d'un bateau). Une **relâche,** c'est une interruption : *travailler sans relâche.* Le **relâchement,** c'est l'état de ce qui est relâché. Une conduite trop libre est **relâchée.**

relais n. m. Chevaux qui étaient disposés de distance en distance sur une route pour remplacer ceux qui étaient fatigués. Dans une *course de relais,* les coureurs d'une même équipe se succèdent. *Prendre le relais,* c'est succéder à quelqu'un pour une action quelconque. **Relayer,** c'est remplacer : *relayer un coureur dans une course.*

relancer v. Lancer de nouveau.

Au figuré, harceler : *relancer un débiteur.*

relater v. Raconter.

relatif, ive adj. Qui se rapporte à : *pièce relative à un procès.* Qui n'a rien d'absolu : *un point de vue tout relatif sur les événements.* La **relation,** c'est le rapport; c'est aussi une personne avec qui on est en rapport : *avoir de nombreuses relations.*

relation n. f. V. RELATIF.

relaxer v. Relâcher, mettre en liberté. **Se relaxer,** c'est se reposer pleinement, détendre son esprit.

relayer v. V. RELAIS.

reléguer v. Mettre à l'écart.

relent n. m. Mauvaise odeur.

relève n. f., **relevé** adj. et n. m., **relèvement** n. m. V. RELEVER.

relever v. Remettre debout. Retrousser : *relever ses manches.* Rétablir : *relever une industrie.* Redonner du courage. Remplacer : *relever un fonctionnaire.* Copier : *relever une adresse.* Faire remarquer : *relever une faute.* Augmenter : *relever les prix.* Donner plus de goût : *relever une sauce.* Dépendre : *cela relève de ce tribunal.* La **relève,** c'est le remplacement d'une troupe par une autre. Ce qui est au-dessus du niveau ordinaire est **relevé.** Ce qui est noble, élevé, est également **relevé.** Un **relevé,** c'est un résumé, une indication quelconque : *le relevé d'un compteur.* Le **relèvement,** c'est l'action de relever.

relief n. m. Ce qui fait saillie : *ornement en relief.* Ensemble des inégalités de la surface de la Terre, d'une région : *le relief de l'Auvergne.* Au pluriel, restes d'un repas. *Mettre en relief,* faire ressortir.

relier v. Réunir, attacher. Coudre ensemble et enfermer sous une couverture les feuillets d'un livre. La **reliure** est l'art de relier ; c'est aussi la couverture d'un livre relié. Le **relieur** est celui qui relie.

relieur, euse n. V. RELIER.

religieux, euse adj. et n. V. RELIGION.

religion n. f. Culte que l'on rend à une divinité. Ce qui se rapporte à la religion est **religieux.** Un **religieux,** une **religieuse** sont des personnes qui consacrent leur existence à une religion.

reliquaire n. m. V. RELIQUE.

reliquat n. m. Ce qui reste d'une dette.

relique n. f. Fragment du corps d'un saint, ou objet lui ayant servi, qu'on garde précieusement. Un **reliquaire** est un coffret où l'on conserve une relique.

relire v. Lire de nouveau.

reliure n. f. V. RELIER.

reluire v. Briller. Ce qui reluit est **reluisant.**

remâcher v. Mâcher de nouveau. Au figuré, c'est repasser dans son esprit : *remâcher sa rancune.*

remaniement n. m. V. REMANIER.

remanier v. Modifier. Un **remaniement** est une modification.

remarquable adj., **remarque** n. f. V. REMARQUER.

remarquer v. Distinguer. Ce qui est digne d'être remarqué est **remarquable.** Une **remarque** est une observation.

rembarquer v. Embarquer de nouveau.

rembarrer v. Repousser. Gronder.

remblai n. m. Terre qu'on rapporte pour relever un terrain trop bas. **Remblayer,** c'est former un remblai : *remblayer une route.*

remblayer v. V. REMBLAI.

rembourrer v. Garnir de bourre : *rembourrer un siège.*

remboursement n. m., **rembourser** v. V. BOURSE.

rembrunir (se) v. Devenir triste.

remède n. m. Ce qui sert à guérir. **Remédier,** c'est porter remède à.

remédier v. V. REMÈDE.

remembrement n. m. Regroupement en grosses parcelles des champs dispersés d'un agriculteur.

remémorer v. Remettre en mémoire.

remerciement n. m. V. REMERCIER.

remercier v. Dire merci. Refuser poliment. Renvoyer : *remercier un domestique.* Le **remerciement,** c'est l'action de remercier.

remettre v. Mettre à nouveau. Replacer : *remettre un livre en place.* Livrer, donner : *remettre une lettre.* Confier : *remettre son sort entre les mains de quelqu'un.* Pardonner : *remettre les péchés.* Laisser pour un autre jour : *remettre au lendemain.* **Se remettre,** c'est retrouver son calme après une émotion. **S'en remettre à,** se confier à. La **remise** est l'action de remettre; c'est aussi le rabais, la commission ; c'est également un endroit où l'on garde les voitures. **Remiser,** c'est placer sous une remise. La **rémission** est le pardon.

réminiscence n. f. Souvenir.

remise n. f., **remiser** v., **rémission** n. f. V. REMETTRE.

remmailler v. Réparer les mailles d'un tricot.

rémois, e adj. et n. De Reims.

remontage n. m., **remonte** n. f., **remontée** n. f., **remonte-pente** n. m. V. REMONTER.

remonter v. Monter de nouveau. S'élever. Reprendre de loin : *remonter à l'origine*. Tendre de nouveau un ressort : *remonter une montre*. Donner un autre cheval à un cavalier. Au figuré, *ranimer du courage*, des forces. Le **remontoir** est le mécanisme qui sert à remonter une montre (1). Le **remontage** est l'action de remonter. Une boisson qui redonne de la force est un **remontant.** On appelle ainsi également les plantes qui refleurissent à diverses époques : *fraisiers remontants*. La **remonte** est l'action de remonter les cavaliers. La **remontée** est l'action de remonter, de regrimper. Le **remonte-pente** permet aux skieurs de remonter au sommet des pistes sans quitter leurs skis.

remontoir n. m. V. REMONTER.

remontrance n. f. V. REMONTRER.

remontrer v. Montrer à nouveau. Blâmer, critiquer. *En remontrer à quelqu'un*, lui faire la leçon. Une **remontrance** est un reproche, un avertissement : *faire des remontrances*.

remords n. m. Reproche de la conscience quand on a mal agi.

remorquage n. m., **remorque** n. f. V. REMORQUER.

remorquer v. Traîner un bateau, une voiture, au moyen d'un câble, d'un accrochage

quelconque. Le **remorquage** est l'action de remorquer. La **remorque** est le véhicule remorqué (2). *A la remorque, en remorque*, c'est en remorquant. *Etre à la remorque de quelqu'un*, c'est le suivre, l'imiter. Le **remorqueur** est le bateau qui sert habituellement à remorquer (3).

remorqueur n. m. V. REMORQUER.

rémoulade n. f. Sauce au vinaigre, à la moutarde et aux fines herbes.

rémouleur n. m. Celui qui aiguise les couteaux.

remous n. m. Tournoiement de l'eau derrière un bateau, contre un récif, etc.

rempailler v. Regarnir de paille : *rempailler une chaise*. Le **rempailleur** est celui qui rempaille.

rempailleur n. m. V. REMPAILLER.

rempart n. m. Défense de terre pour soutenir le parapet d'une fortification. Muraille d'une place forte. Défense, protection.

remplacer v. Mettre à la place de : *remplacer un meuble par un autre*. Occuper momentanément la place de quelqu'un. Donner un successeur : *remplacer un ouvrier*.

rempli, e adj. Plein. (V. REMPLIR.) N. m. Pli fait à un vêtement pour le raccourcir.

remplir v. Emplir entièrement : *remplir son verre d'eau; salle remplie de monde*. Ecrire ce qui a été laissé en blanc : *remplir une formule de mandat*. Employer : *remplir son temps*. Accomplir : *remplir son rôle*. L'action de remplir, ce qui sert à remplir est le **remplissage.**

remplissage n. m. V. REMPLIR.

---

1. V. pl. HORLOGERIE; 2. V. pl. AUTOMOBILE; 3. V. pl. BATEAUX, PORT.

remplumer (se) v. Se remettre d'une maladie, d'une perte d'argent.

remporter v. Emporter ce qu'on avait apporté : *remporter un colis*. Obtenir ce qu'on dispute avec d'autres : *remporter la victoire*.

remuant, e adj. V. REMUER.

remuer v. Déplacer : *remuer une chaise*. Se mouvoir : *enfant qui remue tout le temps*. Emouvoir : *ses larmes me remuent*. Un **remue-ménage**, c'est un désordre, une agitation. Celui qui remue beaucoup est **remuant**.

remugle n. m. Odeur de moisi.

rémunérateur adj., **rémunération** n. f. V. RÉMUNÉRER.

rémunérer v. Récompenser, payer. Ce qui est d'un bon rapport est **rémunérateur**. La **rémunération** est le prix d'un travail, d'un service.

renâcler v. Renifler avec bruit (se dit du cheval). Au figuré, rechigner, résister.

renaissance n. f. V. RENAÎTRE.

renaître v. Naître de nouveau. Reparaître. Reprendre des forces, du courage. La **renaissance**, c'est le fait de renaître. Au figuré, c'est la réapparition : *la renaissance du printemps, d'une mode*. La **Renaissance** est le mouvement littéraire et artistique qui apparut en Europe au XVᵉ et au XVIᵉ siècle.

renard n. m. Mammifère carnassier à museau pointu et à queue touffue : *le renard est très rusé* (1). Sa fourrure : *manteau de renard*. Au figuré, homme rusé.

renchérir v. Rendre plus cher. Devenir plus cher. Aller plus loin qu'un autre en paroles, etc.

rencontre n. f. V. RENCONTRER.

rencontrer v. Trouver par hasard : *rencontrer un voyageur*. Trouver en cherchant, en allant au-devant. La **rencontre** est le fait de rencontrer ; c'est aussi un choc : *une rencontre de troupes*.

rendement n. m., **rendez-vous** n. m. V. RENDRE.

rendre v. Remettre ce qui avait été enlevé ou emprunté à quelqu'un : *rendre un dépôt*. Porter, livrer : *marchandise rendue à domicile*. Vomir : *rendre son dîner*. Rapporter, produire : *terre qui rend beaucoup*. Exprimer : *rendre sa pensée*. Prononcer : *rendre un chemin praticable*. **Se rendre**, c'est se transporter : *se rendre chez quelqu'un* ; se soumettre à un vainqueur : *forteresse qui se rend*. Un **rendez-vous**, c'est le lieu où l'on doit se rencontrer, où on a l'habitude de se retrouver. La **reddition**, c'est l'action de rendre, de se rendre à un vainqueur. Le **rendement**, c'est le rapport, la production. Un **rendu**, c'est une emplette qu'on rend à un marchand.

rêne n. f. Courroie de la bride que le cavalier tient à la main pour guider sa monture (2).

renégat n. m. V. RENIER.

renfermer v. Enfermer étroitement. Contenir : *ce livre renferme des choses utiles*. Cacher, tenir secret : *renfermer ses sentiments*. Le **renfermé**, c'est la mauvaise odeur d'une chose enfermée.

renflement n. m. V. RENFLER.

renfler v. Enfler beaucoup : *oiseau qui renfle ses plumes*. Un **renflement**, c'est une partie renflée dans un objet.

---

1. V. pl. FAUVES, CARNASSIERS. FOURRURE *(Animaux à)* ;
2. V. pl. HARNAIS.

renflouer v. Remettre à flot un bateau coulé.

renfoncement n. m. V. RENFONCER.

renfoncer v. Enfoncer plus avant. Un **renfoncement**, c'est un creux.

renforcer v. Rendre plus fort.

renfort n. m. Ce qui sert à renforcer : *troupes, munitions de renfort.*

renfrogné, e adj. Se dit du visage plissé par le mécontentement.

rengager v. Engager de nouveau.

rengaine n. f. Chanson, paroles que l'on répète trop souvent.

rengainer v. Remettre dans sa gaine, son fourreau : *rengainer l'épée.*

rengorger (se) v. Faire l'important.

renier v. Ne plus reconnaître : *renier sa famille.* Renoncer à sa religion. Le **renégat** est celui qui a renié sa religion, qui a renoncé à ses opinions.

renifler v. Aspirer fortement par le nez.

renne n. m. Espèce de cerf des pays froids du Nord (1).

renom n. m. Réputation favorable. La **renommée**, c'est la célébrité.

renommée n. f. V. RENOM.

renoncement n. m. V. RENONCER.

renoncer v. Cesser de désirer, de tenir à une chose. Le **renoncement**, la **renonciation**, c'est l'action de renoncer ; le **renoncement**, c'est aussi la privation qu'on s'impose.

renonciation n. f. V. RENONCER.

renoncule n. f. Bouton d'or.

renouer v. Nouer ce qui était dénoué. Reprendre : *renouer des relations.*

renouveau n. m. V. RENOUVELER.

renouveler v. Remplacer ce qui ne convient plus : *renouveler ses vêtements.* Refaire, recommencer : *renouveler un bail.* Remettre en vigueur : *renouveler une mode* Le **renouvellement** est l'action de renouveler. Le **renouveau**, c'est le printemps.

renouvellement n. m. V. RENOUVELER.

rénovation n. f. V. RÉNOVER.

rénover v. Renouveler, modifier pour rajeunir La **rénovation** est le renouvellement.

renseignement n. m. Indication : *donner des renseignements sur quelqu'un.* **Renseigner**, c'est donner des renseignements.

renseigner v. V. RENSEIGNEMENT.

rentabilité n. f., **rentable** adj. V. RENTE.

rente n. f. Revenu ; ce que rapporte l'argent placé. Le **rentier** est celui qui peut vivre de ses rentes. Ce qui donne un bénéfice satisfaisant est **rentable.** La **rentabilité** est l'aptitude à produire un bénéfice : *un placement à rentabilité élevée.*

rentier, ère n. V. RENTE.

rentrer v. Entrer de nouveau dans l'endroit d'où l'on est sorti : *rentrer chez soi.* S'emboîter : *tenon qui rentre dans une mortaise* (v. ces mots). Porter à l'intérieur : *rentrer les foins.* La **rentrée** est l'action de rentrer ; c'est, en particulier, la reprise de l'activité scolaire après des vacances.

renversement n. m. V. RENVERSER.

1. V. pl. RUMINANTS SAUVAGES.

renverser v. Faire tomber : *renverser un mur*. Détruire : *renverser l'ordre établi*. Etonner beaucoup : *nouvelle qui renverse*. Le **renversement**, c'est l'action de renverser. Ce qui est dans une position contraire à l'habitude est **renversé**. Ce qui est surprenant est **renversant**.

renvoi n. m. V. RENVOYER.

renvoyer v. Faire retourner à l'endroit d'où l'on vient. Retourner une chose à son envoyeur : *renvoyer un cadeau*. Congédier : *renvoyer un domestique*. Envoyer dans une autre direction : *mur qui renvoie un son; miroir qui renvoie la lumière*. Remettre à une autre date : *renvoyer à demain*. Le **renvoi** est l'action de renvoyer; dans un texte, c'est une marque qui renvoie à un autre passage; c'est encore l'émission par la bouche d'un gaz de l'estomac.

réorganiser v. Organiser de nouveau : *réorganiser une affaire*.

réouverture n. f. V. ROUVRIR.

repaire n. m. Retraite de bêtes féroces, de brigands.

repaître v. Nourrir. **Se repaître**, se rassasier en mangeant. Au figuré : *se repaître de sang*, être cruel. *Etre* **repu**, c'est être rassasié. (Conjuguez comme *paître* et, en outre : *je repus; être repu*.)

répandre v. Verser sur une surface plane : *répandre de l'eau sur le sol*. Laisser couler des larmes. Etendre au loin : *le soleil répand sa lumière; répandre une odeur*.

réparable adj. V. RÉPARER.

reparaître v. Paraître de nouveau.

réparateur, trice adj., **réparation** n. f. V. RÉPARER.

réparer v. Remettre en état ce qui est endommagé, dérangé : *réparer un meuble brisé*. Corriger : *réparer une erreur*. Expier : *réparer sa faute*. Ce qui peut se réparer est **réparable**. Ce qui répare est **réparateur**. L'action de réparer est une **réparation**.

répartie n. f. Réponse vive.

repartir v. Partir de nouveau. Répliquer, répondre.

répartir v. Distribuer, partager. Le **répartiteur** est celui qui répartit. Une **répartition** est un partage.

répartiteur n. m., **répartition** n. f. V. RÉPARTIR.

repas n. m. Nourriture prise chaque jour à heure fixe.

repassage n. m. V. REPASSER.

repasser v. Passer de nouveau. Parcourir dans sa mémoire : *repasser une leçon*. Aiguiser : *repasser des couteaux*. Lisser au fer chaud : *repasser du linge*. Le **repassage** est l'action de repasser. Le **repasseur**, la **repasseuse** est la personne qui repasse.

repasseur, euse n. V. REPASSER.

repêcher v. Pêcher de nouveau. Retirer de l'eau ce qui y est tombé. Retirer d'une mauvaise position : *repêcher un candidat*.

repentir n. m. Vif regret de ce qu'on a fait. **Se repentir**, c'est regretter.

répercussion n. f. Conséquence.

repère n. m. Marque que l'on fait pour retrouver son chemin, un alignement, etc. : *s'y retrouver grâce à un point de repère*. **Repérer**, c'est découvrir.

repérer v. V. REPÈRE.

répertoire n. m. Table par ordre alphabétique. Liste des pièces qu'on joue régulièrement dans un théâtre.

répéter v. Redire ce qu'on a déjà dit. Faire de nouveau : *répéter un mouvement*. La **répétition** est l'action de répéter ; c'est aussi une leçon particulière où l'on répète en l'expliquant une leçon entendue en classe ; c'est encore l'essai par les acteurs d'une pièce de théâtre avant les représentations publiques. Une arme à répétition est celle qui tire plusieurs coups sans se recharger. Le **répétiteur** est celui qui donne à un élève des répétitions.

répétiteur n. m., **répétition** n. f. V. RÉPÉTER.

repeupler v. Peupler de nouveau.

repiquer v. Transplanter.

répit n. m. Arrêt temporaire d'une chose pénible, fatigante : *ne pas laisser de répit*.

replacer v. Remettre en place.

replâtrage n. m. Réparation superficielle faite avec du plâtre. *Fig.* Réconciliation peu solide.

replet, ète adj. Grassouillet.

repli n. m., **repliement** n. m. V. REPLIER.

replier v. Plier de nouveau ce qui a été déplié. Plier, courber. **Se replier**, c'est reculer en ordre. Un **repli**, c'est un pli doublé ; c'est aussi l'action de se replier. L'action de replier est un **repliement**.

réplique n. f. V. RÉPLIQUER.

répliquer v. Répondre. Une **réplique** est une réponse ; c'est aussi une copie d'un tableau, etc. ; c'est enfin l'élément d'un dialogue dit par un acteur.

répondre v. Parler ou écrire à la suite d'une question, d'une offre, d'une critique, etc. Etre d'accord avec ce qu'on attendait : *cela répond à mon désir*. Garantir : *répondre pour quelqu'un*. La **réponse**, c'est l'action de répondre. Les **répons**, ce sont des paroles dites ou chantées dans un office religieux par deux groupes de chanteurs qui se répondent. Celui qui répond de quelqu'un est son **répondant**.

répons n. m., **réponse** n. f. V. RÉPONDRE.

report n. m., **reportage** n. m. V. REPORTER.

reporter v. Porter de nouveau dans un endroit. Porter à une autre date : *reporter une visite*. **Se reporter**, c'est se rapporter à quelque chose par le souvenir. Un **reporter** [*re-porter*] est un journaliste qui fait des enquêtes. Le **reportage** est une enquête de journaliste. Le **report**, c'est l'action de reporter.

repos n. m. Arrêt dans le travail. Cessation d'un mouvement. Tranquillité : *repos d'esprit*. Le *repos éternel*, c'est la mort. Ce qui repose est **reposant**. **Reposer**, c'est poser de nouveau ; c'est aussi mettre dans une position qui ne fatigue pas : *reposer sa tête sur un coussin ;* c'est encore calmer, soulager. Un **reposoir** est un autel où s'arrête une procession.

reposer v., **reposoir** n. m. V. REPOS.

repousser v. Pousser de nouveau. Pousser en sens contraire. Faire reculer : *repousser l'ennemi*. Ne pas accepter : *repousser une demande*. Familièrement, un **repoussoir**, c'est une personne très laide.

repoussoir n. m. V. REPOUSSER.

répréhensible adj. Blâmable : *conduite répréhensible.*

reprendre v. Prendre de nouveau. Continuer : *reprendre un ouvrage.* Recouvrer : *reprendre des forces.* Recommencer : *l'orage reprend.* **Se reprendre,** c'est revenir sur ce qu'on a dit. (V. REPRISE.) Un **repris de justice** est un accusé déjà condamné auparavant.

représailles n. f. pl. Mal qu'on fait à l'ennemi pour se venger.

représentant, e n., **représentation** n. f. V. REPRÉSENTER.

représenter v. Présenter de nouveau. Jouer une pièce de théâtre. Figurer par la peinture, la sculpture, etc. Tenir la place de quelqu'un : *représenter un ministre à une cérémonie.* Avoir un certain maintien, un genre de vie en rapport avec sa situation : *bien représenter.* La **représentation** est l'action de représenter ; c'est aussi une figure peinte, sculptée, qui représente quelqu'un, quelque chose ; c'est aussi une remontrance. Celui qui représente autrui est son **représentant.**

répression n. f. V. RÉPRIMER.

réprimande n. f. Blâme, gronderie.

réprimander v. Blâmer, gronder.

réprimer v. Arrêter, contenir : *réprimer une révolte, ses désirs.* La **répression** est l'action de réprimer.

repris n. m. V. REPRENDRE.

reprise n. f. Action de reprendre. Continuation d'un travail qu'on avait arrêté. Réparation : *faire une reprise à un drap* (1). Chacune des parties d'un combat

de boxe. *A plusieurs reprises,* plusieurs fois. **Repriser,** c'est faire des reprises.

repriser v. V. REPRISE.

réprobateur, trice adj., **réprobation** n. f. V. RÉPROUVER.

reproche n. m. Blâme. **Reprocher,** c'est blâmer, faire honte de : *reprocher à quelqu'un son avarice.*

reprocher v. V. REPROCHE.

reproducteur, trice adj., **reproduction** n. f. V. REPRODUIRE.

reproduire v. Produire de nouveau. Imiter : *artiste qui reproduit la nature.* Se **reproduire,** se manifester de nouveau ; c'est aussi, familièrement, avoir des enfants, et, pour un animal, des petits. Celui qui reproduit est un **reproducteur.** La **reproduction** est l'action de reproduire.

réprouver v. Désapprouver, blâmer. Ce qui réprouve, qui blâme, est **réprobateur** : *cri réprobateur.* Un **réprouvé** est celui qui fait l'objet d'une aversion générale. La **réprobation** est la désapprobation.

reptation n. f. V. RAMPER.

reptiles n. m. pl. Animaux rampants sans pattes, ou avec des pattes très courtes, comme les serpents, les lézards, les tortues. (V. pl. p. suiv.) : *les reptiles, en général, pondent des œufs.*

repu, e adj. V. REPAÎTRE.

républicain, e adj. et n. V. RÉPUBLIQUE.

république n. f. L'Etat, la chose publique, le pays. (Vieilli dans ce sens.) Etat où le peuple élit ceux qui dirigent le pays. Ce qui se rapporte à la république est **républicain.** Un **républicain** est un partisan de la république.

1. V. pl. COUTURE.

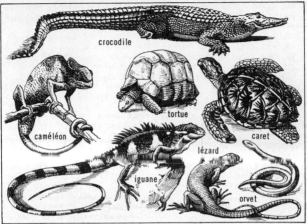

crocodile

caméléon

tortue

caret

lézard

iguane

orvet

reptiles

répudier v. Repousser, rejeter.
répugnance n. f. Dégoût. **Répugner**, c'est causer de la répugnance, de l'aversion.
répugner v. V. RÉPUGNANCE.
répulsif, ive adj. Répugnant.
répulsion n. f. Vive répugnance.
réputation n. f. Renom, renommée.
requérir v. Prier de. Réclamer en vertu de la loi, d'un droit. Demander : *l'étude requiert de la persévérance.* Une **requête**, c'est une demande : *présenter une requête.* Ce qui est demandé est **requis.** (V. RÉQUISITION.)
requête n. f. V. REQUÉRIR.
requiem [*re-kui ièm*] n. m. Prière latine pour les morts.
requin n. m. Un poisson de mer parfois féroce (1).
requis, e adj. V. REQUÉRIR.
réquisition n. f. Demande faite par l'autorité de fournir des hommes, des véhicules, des approvisionnements, etc., pour un service public. **Réquisitionner**, c'est faire une réquisition. Un **réquisitoire**, c'est un discours d'accusation prononcé au tribunal. (V. aussi REQUÉRIR.)

réquisitionner v., **réquisitoire** n. m. V. RÉQUISITIONNER.
rescapé, e adj. et n. Sorti sain et sauf d'un danger.
rescousse (à la). A l'aide : *appeler à la rescousse.*
réseau n. m. Tissu de mailles. Ensemble de routes, de lignes de chemin de fer, électriques, télégraphiques, etc.
réséda n. m. Plante à petites fleurs très odorantes.
réserve n. f., **réservé, e** adj. V. RÉSERVER.
réserver v. Mettre de côté. Destiner à : *je vous réserve ce livre.* La **réserve**, c'est l'action de réserver ; c'est aussi la partie

1. V. pl. POISSONS DE MER.

de l'armée qu'on appelle sous les drapeaux en cas de guerre ; c'est encore un territoire où sont préservés les animaux sauvages et les plantes. La **réserve**, c'est aussi la discrétion : *parler avec réserve. Mettre en réserve*, c'est mettre de côté. *A la réserve de*, c'est à l'exception de. *Sans réserve*, c'est sans exception. *Sous toutes réserves* signifie : en exceptant diverses choses. Celui qui est discret est **réservé**. Un **réserviste** est un soldat de la réserve.

réserviste n. m. V. RÉSERVE.

réservoir n. m. Récipient de très grande dimension, pour recevoir de l'eau, de l'essence, du gaz, etc.

résidence n. f., **résident** n. m. V. RÉSIDER.

résider v. Demeurer en un endroit. Consister : *là réside la difficulté*. La **résidence**, c'est la demeure habituelle. Un **résident**, c'est celui qui réside.

résidu n. m. Reste.

résignation n. f. Soumission au sort ; patience. **Se résigner**, c'est supporter avec patience. **Résigner**, c'est aussi renoncer à : *résigner une fonction*.

résigner v. V. RÉSIGNATION.

résilier v. Annuler (un bail, un contrat, etc.). La **résiliation**, c'est l'annulation.

résille n. f. Réseau pour maintenir les cheveux.

résine n. f. Matière collante qui coule du pin, du sapin. Ce qui tient de la résine, qui produit de la résine est **résineux** : *un arbre résineux*.

résineux, euse adj. V. RÉSINE.

résistance n. f. V. RÉSISTER.

résister v. Ne pas céder : *résister à une envie*. S'opposer par la force : *résister à une attaque*.

La **résistance** est l'effort fait pour résister. Celui qui résiste est **résistant**.

résolu, e adj. V. RÉSOLUTION.

résolution n. f. Le fait de se décider : décision : *prendre une résolution*. Courage, fermeté : *agir avec résolution*. Celui qui a de la résolution est **résolu**. **Résolument**, c'est avec résolution.

résonance (avec un *n*) n. f., **résonnant, e** adj., **résonnement** n. m. V. RÉSONNER.

résonner v. Produire un son : *voix qui résonne*. Renvoyer, prolonger un son de façon confuse : *la voix résonne sous les voûtes*. La **résonance** est le prolongement d'un son. Ce qui résonne est **résonnant**. Le **résonnement** est le retentissement, la résonance.

résorber v. Faire disparaître.

résoudre v. Changer, transformer : *le bois qui brûle se résout en cendres ; nuage qui se résout en pluie*. Rendre nul, décider qu'une chose n'aura plus de valeur : *résoudre un bail*. Trouver la réponse, la solution : *résoudre un problème*. (Conjuguez : *je résous, il résout, nous résolvons ; je résolvais ; je résolus, nous résolûmes ; je résoudrai ; résous, résolvez ; il faut que je résolve ; résolvant, résolu* [*résous*, dans le sens de transformé : *le nuage s'est résous*].) **Se résoudre**, c'est se décider.

respect [*rès-pè*] n. m. Égards envers une personne qui en est digne par sa situation, son mérite, son âge. Au pluriel, hommages, manifestation de politesse : *présenter ses respects*. Celui, ce qui est digne de respect est **respectable**. **Respecter**, c'est honorer, montrer

des égards : *respecter la vieillesse.* Celui qui témoigne du
respect est **respectueux.** La
respectabilité est le caractère
de la personne respectable.

respectable adj., **respecter** v.,
respectueux, euse adj. Voir
RESPECT.

respectif, ive adj. Qui se rapporte à chacun : *droits respec-
tifs.*

respiration n. f., **respiratoire**
adj. V. RESPIRER.

respirer v. Faire entrer de l'air
dans sa poitrine et l'en faire
sortir pour entretenir la vie.
Vivre : *blessé qui respire
encore.* La **respiration** est
l'action de respirer (1). Les
organes qui servent à respirer
sont **respiratoires.**

resplendir v. Briller. Ce qui
resplendit est **resplendissant** : *éclairage resplendissant.*

resplendissant, e adj. V. RES-
PLENDIR.

responsabilité n. f. V. RESPON-
SABLE.

responsable adj. Qui doit répondre de quelque chose : *être
responsable de ses actes.* (Voir
RÉPONDRE.) La **responsabilité** est l'obligation de répondre
d'une chose.

resquiller v. Familièrement,
c'est se procurer un avantage
auquel on n'a pas droit.

ressac n. m. Retour violent de
la vague qui frappe un obstacle.

ressaisir v. Saisir de nouveau.

ressasser v. Répéter inutilement.

ressaut n. m. Saillie, différence
brusque de niveau.

ressemblance n. f., **ressemblant, e** adj. V. RESSEMBLER.

ressembler v. Avoir la même
forme, la même figure, le même

aspect : *frères qui se ressemblent.* Ce qui ressemble est
ressemblant. La **ressemblance** est le caractère de ce
qui est ressemblant, semblable.

ressemeler v. Mettre de nouvelles semelles.

ressentiment n. m. Souvenir
d'une offense avec l'intention
de se venger : *montrer du ressentiment.*

ressentir v. Sentir, éprouver :
ressentir une douleur. Éprouver les suites de : *se ressentir
d'une maladie.*

resserre n. f., **resserrement**
n. m. V. RESSERRER.

resserrer v. Serrer davantage :
resserrer un nœud. Diminuer :
resserrer ses besoins. Le **resserrement** est l'action de
resserrer. Une **resserre** est
l'endroit où l'on garde une
chose.

resservir v. Servir de nouveau.

ressort I n. m. Pièce élastique
qui revient à sa première forme
après avoir été pliée, tendue ou
pressée (2). Ce qui fait agir :
les ressorts de la volonté.

ressort II n. m. Limite, pouvoir
d'un juge, d'un tribunal.

ressortir I v. [Conjuguez comme
sortir.] Sortir de nouveau. Faire
saillie, se détacher de ce qui
entoure. Résulter : *cela ressort
de ses déclarations.*

ressortir (à) II v. [Conjuguez
comme *finir.*] Être du ressort,
de la compétence d'un juge,
d'un tribunal : *affaire qui res-
sortit au juge d'instruction.*

ressortissant, e n. Personne
qui, à l'étranger, appartient
à une certaine nationalité :
*les ressortissants français en
Argentine.*

ressource n. f. Ce à quoi on a
recours. Au pluriel, moyens

1. V. pl. HOMME ; 2. V. pl. MÉCANIQUE.

d'agir, de vivre, argent : *être sans ressources.*

ressusciter v. Revenir à la vie.

restant, e adj. et n. m. Voir RESTE.

restaurant n. m., **restaurateur** n. m., **restauration** n. f. V. RESTAURER.

restaurer v. Rétablir. Réparer. Se **restaurer**, c'est réparer ses forces en mangeant. Un **restaurant** est un établissement public où l'on sert des repas. Le **restaurateur** est celui qui tient un restaurant. La **restauration**, c'est l'action de restaurer, de réparer ; c'est aussi le rétablissement d'une dynastie détrônée.

reste n. m. Ce qui demeure d'un tout dont on a ôté une partie. Ce qui est encore à faire ou à dire. Trace : *un reste d'espoir. Au reste, du reste,* d'ailleurs. **Rester,** c'est demeurer, durer ; c'est aussi s'arrêter, séjourner : *rester dans un endroit.* Ce qui reste est **restant.** Le **restant,** c'est le reste.

rester v. V. RESTE.

restituer v. Rendre. La **restitution** est l'action de restituer.

restitution n. f. V. RESTITUER.

restreindre v. Réduire, limiter. Ce qui restreint est **restrictif.** La **restriction** est l'action de restreindre, de limiter.

restrictif, ive adj., **restriction** n. f. V. RESTREINDRE.

résultat n. m. V. RÉSULTER.

résulter v. Etre la suite, la conséquence de : *ce qui résulte de ses paroles.* Le **résultat** est ce qui résulte de.

résumer v. Raconter en peu de mots : *résumer un discours.* Un **résumé,** c'est un récit fait en peu de mots : *un résumé d'histoire.*

résurgence n. f. Réapparition à l'air libre d'eaux souterraines sous forme d'une grosse source.

résurrection n. f. Retour à la vie; action de ressusciter.

retable n. m. Fond décoré sur lequel s'appuie un autel.

rétablir v. Remettre en meilleur état : *rétablir sa santé.* Ramener, établir de nouveau : *rétablir l'ordre.* Le **rétablissement,** c'est l'action de rétablir.

rétablissement n. m. V. RÉTABLIR.

rétamer v. Etamer de nouveau.

retaper v. Raccommoder.

retard n. m. Fait d'arriver trop tard. Ralentissement dans la marche d'une montre qui fait qu'elle marque une heure déjà passée. Celui qui est en retard est un **retardataire.** Un **retardement** est un retard. **Retarder,** c'est renvoyer à plus tard ; c'est aussi faire arriver plus tard, marquer une heure déjà passée.

retardataire n., **retardement** n. m., **retarder** v. V. RETARD.

retenir v. Empêcher de partir, de sortir. Maintenir, contenir : *retenir un cheval.* Modérer : *retenir sa colère.* Garder dans la mémoire. Ne pas verser une partie d'un paiement. S'assurer de : *retenir sa place.* La **rétention,** c'est l'action de retenir. La **retenue,** c'est la modération, la discrétion ; c'est aussi ce qu'on retient sur un paiement ; c'est encore la privation de récréation, de sortie, dans une école. En arithmétique, nombre que l'on retient pour le reporter à la colonne suivante.

rétention n. f. V. RETENIR.

retentir v. Résonner.

retentissement n. m. Résonance. Effets nombreux causés

par un événement important.

retenue n. f. V. RETENIR.

réticence n. f. Le fait de taire ce qu'on pourrait dire.

réticule n. m. Petit sac à main.

rétif, ive adj. Se dit du cheval qui se refuse à avancer.

rétine n. f. Fond de l'œil, où se forment les images.

retirer v. Tirer de nouveau. Tirer à soi : *retirer un bénéfice.* Tirer, faire sortir : *retirer une écharde.* Oter : *retirer sa confiance à quelqu'un.* Reprendre : *retirer sa parole.* **Se retirer**, c'est s'en aller, rentrer. Un lieu **retiré** est un endroit peu fréquenté.

retombées n. f. pl. V. RETOMBER.

retomber v. Tomber de nouveau. Pendre : *rideau qui retombe.* Souffrir de nouveau : *retomber malade.* Avoir des conséquences fâcheuses : *cela retombera sur lui.* Les **retombées** sont les conséquences.

rétorquer v. Retourner un argument contre celui qui l'a employé.

retors, e adj. Rusé : *homme d'affaires retors.* Une mesure de **rétorsion** est prise pour répondre à d'autres mesures adoptées auparavant.

retouche n. f. Correction.

retoucher v. Corriger.

retour n. m. Action de revenir. Echange : *donner en retour. Etre sur le retour,* sur le point de revenir, et, au figuré, commencer à vieillir.

retourner v. Tourner dans un autre sens. Examiner dans tous les sens. Renvoyer : *retourner une lettre.* Aller de nouveau : *retourner en ville.* **Se retourner,** se tourner dans un autre sens, regarder derrière soi.

S'en retourner, c'est s'en aller.

retracer v. Tracer de nouveau. Raconter : *retracer un événement.*

rétracter v. Retirer, ne plus reconnaître ce qu'on a dit : *rétracter un aveu.* Ce qui peut se retirer en dedans est **rétractile** : *les griffes du chat sont rétractiles.*

retrait n. m. V. RETRAITE.

retraite n. f. Action de se retirer. Marche en arrière d'une troupe vaincue : *battre en retraite.* Action de se retirer de la société, du monde. Etat d'un fonctionnaire, d'un employé qui quitte le service à un certain âge et reçoit une pension. Un **retraité** est un employé à la retraite. Un **retrait** est l'action de retirer : *un retrait d'argent.*

retranchement n. m. V. RETRANCHER.

retrancher v. Oter quelque chose d'un tout. Etablir des fortifications, des retranchements. Un **retranchement** est un ouvrage militaire de défense.

rétrécir v. Rendre plus étroit. Le **rétrécissement** est l'état de ce qui a été rétréci.

rétribuer v. Payer. La **rétribution** est le salaire, la récompense : *juste rétribution.*

rétribution n. f. V. RÉTRIBUER.

rétroactif, ive adj. Qui agit sur le passé : *loi à effet rétroactif.*

rétrocéder v. Rendre ce qui nous avait été cédé auparavant.

rétrograde adj. V. RÉTROGRADER.

rétrograder v. Revenir en arrière. Descendre les vitesses d'une automobile. Ce qui va en arrière, qui est opposé au progrès est **rétrograde.**

rétrospectif, ive adj. Relatif au passé : *exposition rétrospective*.

retrousser v. Relever (se dit du nez, d'un vêtement).

retrouvailles n. f. pl. V. RETROUVER.

retrouver v. Trouver ce qu'on avait égaré, oublié. Rejoindre : *aller retrouver un ami*. Les **retrouvailles** se produisent lorsqu'on retrouve des amis dont on avait été séparé.

rétroviseur adj. Qui permet de voir en arrière : *miroir rétroviseur*.

rets [*rè*] n. m. Filet.

réunion n. f. V. RÉUNIR.

réunir v. Unir de nouveau. Joindre des choses séparées : *corridor qui réunit deux appartements*. Grouper : *réunir des partisans*. La **réunion** est l'action de grouper.

réussir v. Avoir un résultat bon ou mauvais : *mal réussir*. Plus spécialement, avoir un bon résultat : *opération réussie*. Parvenir : *réussir à faire une chose*. La **réussite**, c'est le résultat heureux, le succès; c'est aussi une distraction que l'on se donne en combinant des cartes à jouer.

réussite n. f. V. RÉUSSIR.

revaloir v. Rendre la pareille : *je lui revaudrai cela*.

revaloriser v. Redonner de la valeur à une chose.

revanche n. f. Action pareille. Seconde partie qu'on joue pour tâcher de regagner ce qu'on avait perdu dans la première. *En revanche*, en compensation.

rêvasser v. V. RÊVE.

rêve n. m. Songe, images qu'on voit en dormant. Imagination vague, sans fondement : *faire*

des rêves de fortune. **Rêver**, c'est faire un rêve. Une **rêverie**, c'est un rêve, une idée vaine. **Rêvasser**, c'est se laisser aller à la rêverie. Celui qui se complaît dans des pensées vagues est un **rêveur**.

revêche adj. Rude, de caractère désagréable : *humeur revêche*.

réveil n. m. Passage du sommeil à l'état éveillé. Retour à l'activité : *le printemps marque le réveil de la nature*. **Réveiller**, c'est tirer du sommeil. Un **réveil**, un **réveille-matin** est une pendule qui sonne à une heure marquée à l'avance (1). Le **réveillon** est un repas au milieu de la nuit, à Noël et au jour de l'an. **Réveillonner**, c'est faire un réveillon.

réveiller v., **réveillon** n. m., **réveillonner** v. V. RÉVEIL.

révélateur, trice adj., **révélation** n. f. V. RÉVÉLER.

révéler v. Faire connaître, faire apparaître ce qui était caché. Ce qui révèle est **révélateur**. La **révélation** est l'action de révéler, la chose révélée.

revenant n. m. V. REVENIR.

revendiquer v. Réclamer comme sien : *revendiquer un droit*. La **revendication** est ce qu'on revendique.

revendre v. Vendre de nouveau : vendre ce qu'on avait acheté.

revenir v. Venir de nouveau. Etre de retour : *revenir de voyage*. Se livrer de nouveau à : *revenir au travail*. Plaire : *sa figure me revient*. Coûter : *cela revient cher*. Reparler : *revenir sur une question*. Changer : *revenir sur une opinion*. Un **revenant** est l'âme d'un mort qu'on suppose revenir de l'autre monde. Le **revenu** est ce que rapporte un capital. Le prix de **revient** est ce que coûte un objet à la fabrication.

revenu n. m. V. REVENIR.

rêver v. V. RÊVE.

réverbération n. f. Réflexion de la lumière, de la chaleur.

réverbère n. m. Lampe pour l'éclairage de la voie publique (1).

reverdir v. Redevenir vert.

révérence n. f., **révérencieux, euse** adj., **révérend, e** adj. V. RÉVÉRER.

révérer v. Respecter, honorer. La **révérence** est un mouvement du corps pour saluer Celui qui est très cérémonieux est **révérencieux**. Ce qui manque de respect est **irrévérencieux**. **Révérend** est un titre qu'on donne aux pasteurs de l'Eglise anglicane.

rêverie n. f. V. RÊVE.

revers n. m. Côté opposé à la face (médailles, étoffes, etc.); partie repliée d'un vêtement. Défaite militaire. *Revers de fortune*, perte d'argent.

revêtement n. m. V. REVÊTIR.

revêtir v. Couvrir d'un vêtement. Se couvrir. Recouvrir : *revêtir un mur de plâtre*. Couvrir, orner. Le **revêtement** est la partie supérieure d'une chaussée.

rêveur n. et adj. V. RÊVE.

revient n. m. V. REVENIR.

revirement n. m. Changement complet d'opinion.

réviser v. Examiner de nouveau. La **révision**, c'est l'action de réviser.

révision n. f. V. RÉVISER.

revivre v. Revenir à la vie.

révocable adj., **révocation** n. f. V. RÉVOQUER.

revoir v. Voir de nouveau. *Au revoir*, formule de politesse pour prendre congé.

révolte n. f. Soulèvement contre une autorité. Vive indignation. **Révolter**, c'est pousser à la révolte, indigner. Ce qui révolte, indigne, est **révoltant**.

révolter v. V. RÉVOLTE.

révolu, e adj. Achevé. complet : *avoir douze ans révolus*.

révolution n. f. Mouvement circulaire : *la révolution d'un rectangle* (v. ce mot) *autour d'un de ses côtés produit un cylindre* (v. ce mot). Changement brutal dans l'organisation politique et sociale d'un Etat, dans le rôle des diverses classes d'un pays. Ce qui est relatif à une révolution est **révolutionnaire**. **Révolutionner**, c'est bouleverser.

révolutionnaire adj., **révolutionner** v. V. RÉVOLUTION.

revolver n. m. Pistolet pouvant tirer plusieurs coups sans être rechargé (2).

révoquer v. Priver quelqu'un de son emploi pour le punir. Annuler, déclarer non valable : *révoquer un ordre*. Ce qui peut être révoqué est **révocable**. La **révocation** est l'action de révoquer.

revue n. f. Examen, inspection : *passer en revue*. Publication périodique. Spectacle de music-hall formé par une suite de scènes variées.

révulsion n. f. Irritation locale.

rez-de-chaussée n. m. Partie d'une maison au niveau du sol.

rhapsodie n. f. Composition musicale de forme libre.

rhénan, e adj. Du Rhin.

rhétorique n. f. Art de bien parler, de l'éloquence.

rhinocéros [*ri-no-cé-ross*] n. m. Grand mammifère d'Afrique et d'Asie portant une ou deux cornes sur le nez (3).

1. V. pl. ECLAIRAGE ; 2. V. pl. ARMES ; 3. V. pl. PACHYDERMES.

rhizome n. m. Tige souterraine de certaines plantes (iris, etc.) [1].

rhododendron [ro-do-din-dron] n. m. Arbuste à belles fleurs rappelant la rose.

rhubarbe n. f. Plante à très grandes feuilles dont on fait des compotes.

rhum [rom] n. m. Eau-de-vie tirée de la canne à sucre.

rhumatisant adj. V. RHUMA-TISME.

rhumatisme n. m. Maladie qui provoque des douleurs aux articulations, aux muscles, etc. Celui qui est atteint de rhumatisme est **rhumatisant**.

rhume n. m. Inflammation passagère de la gorge, des fosses nasales. **S'enrhumer,** c'est contracter un rhume.

ria n. f. Petite vallée encaissée envahie par la mer.

riant, e adj. V. RIRE.

ribambelle n. f. Longue suite : une ribambelle d'enfants.

ricanement n. m. Action de ricaner.

ricaner v. Rire avec une intention blessante.

richard, e n. et adj. V. RICHE.

riche adj. Qui possède de grands biens. Abondant : riche moisson. N. Personne riche : nouveau riche. La **richesse,** c'est l'abondance de biens ; c'est aussi l'éclat, la magnificence. Les **richesses** sont aussi les ressources économiques d'un pays : des richesses minières abondantes. Un **richard,** c'est une personne très riche.

richesse n. f. V. RICHE.

ricin n. m. Plante dont la graine produit une huile purgative.

ricocher v. Rebondir par ricochet. Un **ricochet,** c'est le bond que fait une pierre plate lancée sur l'eau de manière à la frôler, ou un projectile qui rebondit sur un corps dur.

ricochet n. m. V. RICOCHER.

rictus [ric-tuss] n. m. Pli de la bouche qui lui donne l'apparence du rire.

ride n. f. Pli du visage, des mains, de la surface de l'eau, etc. **Rider,** c'est faire des rides.

rideau n. m. Draperie qui sert à couvrir, à cacher : rideaux de fenêtre ; rideau de théâtre (2).

rider v. V. RIDE.

ridicule adj. Digne de moquerie. N. m. Ce qui est ridicule : ne pas sentir le ridicule. **Ridiculiser,** c'est rendre ridicule.

ridiculiser v. V. RIDICULE.

rien. Aucune chose : ne rien faire. Rien que, seulement. Cela ne fait rien, cela importe peu. Pour rien, pour peu d'argent. N. m. Peu de chose : un rien l'effraie. Pl. Bagatelles, enfantillages : s'amuser à des riens.

rieur, euse adj. V. RIRE.

rigide adj. Raide.

rigidité n. f. Raideur.

rigole n. f. Petite tranchée pour l'écoulement des eaux.

rigorisme n. m. V. RIGOUREUX.

rigoureux, euse adj. Sévère. Rude : froid rigoureux. La **rigueur,** c'est la sévérité, la dureté : les rigueurs de la discipline ; c'est aussi l'âpreté : la rigueur de l'hiver ; c'est également l'exactitude : la rigueur des règles. Le **rigorisme** est une morale sévère.

rigueur n. f. V. RIGOUREUX.

rillettes [ri-yèt'] n. f. pl. Viande de porc hachée et cuite dans la graisse.

rime n. f. Répétition du même son à la fin de deux ou de plusieurs vers. **Rimer,** c'est, en parlant des mots qui finissent chaque vers, avoir une terminaison semblable; c'est aussi faire des vers.

rimer v. V. RIME.

rinçage n. m. V. RINCER.

rinceau n. m. Ornement en forme de branche recourbée (1).

rincer v. Repasser dans une autre eau ce qui vient d'être lavé. Le **rinçage** est l'action de rincer.

ring [*ring'*] n. m. Estrade pour les combats de boxe.

ripaille n. f. Familièrement, repas très abondant.

riposte n. f. Réponse vive.

riposter v. Faire une riposte.

rire v. Marquer de la gaieté par un mouvement brusque des lèvres, de la bouche, accompagné de sons rapidement égrenés. *Rire jaune*, c'est rire en tentant de masquer un dépit. Le **rire**, c'est l'action de rire. Ce qui indique la gaieté, qui est agréable à voir, est **riant**. Celui qui rit est **rieur**. Une **risée**, c'est un éclat de rire, une moquerie : *être un objet de risée*. C'est aussi une petite brise. Une **risette**, c'est le sourire d'un petit enfant. Ce qui fait rire est **risible**. (V. RIDICULE.)

ris I n. m. Masse charnue sous la gorge du veau, de l'agneau.

ris II n. m. Partie d'une voile que l'on peut replier pour diminuer sa surface.

risée n. f., **risette** n. f., **risible** adj. V. RIRE.

risque n. m. Danger, inconvénient possible : *courir un risque. Au risque de*, en s'exposant à. **Risquer**, c'est courir un risque : *risquer un accident*. Celui qui est audacieux est un **risque-tout**.

risquer v. V. RISQUE.

rissoler v. Dorer au feu (mets).

ristourne n. f. Réduction accordée à un bon client.

rite n. m. Règles d'une cérémonie religieuse. Ce qui se rapporte aux rites est **rituel**.

ritournelle n. f. Musique qui précède ou qui suit un chant. Chose qu'on répète souvent.

rituel, elle adj. V. RITE.

rivage n. m. V. RIVE.

rival, e n. Qui dispute une chose à un autre, qui s'efforce de le surpasser. **Rivaliser**, c'est chercher à égaler, à surpasser quelqu'un. La **rivalité** est une concurrence entre ceux qui désirent une même chose.

rivaliser v., **rivalité** n. f. Voir RIVAL.

rive n. f. Bord d'un fleuve, d'un étang, d'un lac. Le **rivage** est une rive étendue, surtout celle de la mer. Le **riverain** est celui qui habite au bord d'une rivière, de la mer, en bordure d'une forêt, d'une route, etc.

river v. Rabattre et aplatir la pointe d'un clou sur l'autre face de l'objet qu'il traverse. Un **rivet**, c'est un clou pour river.

riverain, e n. et adj. V. RIVE.

rivet n. m. V. RIVER.

rivière n. f. Cours d'eau qui se jette dans un autre (2).

rixe n. f. Querelle violente accompagnée de coups.

riz n. m. Graminée des pays chauds, à grain comestible (3). Une **rizière** est un champ de riz.

rizière n. f. V. RIZ.

robe n. f. Vêtement de femme (4). Vêtement à manches, long et flottant : *robe de chambre* (5). *Gens de robe*, les magistrats, les avocats. Pelage : *la robe des chevaux.*

---

1. V. pl. DÉCORATION ORNEMENTALE ; 2. V. pl. GÉOGRAPHIE ; 3. V. pl. CÉRÉALES ; 4. V. pl. VÊTEMENTS FÉMININS ; 5. V. pl. VÊTEMENTS MASCULINS.

robinet n. m. Clef qui permet de laisser couler ou d'arrêter le liquide contenu dans un récipient, etc.

robot n. m. Appareil agissant de façon automatique pour une fonction donnée.

robuste adj. Fort, vigoureux.

robustesse n. f. Force, vigueur.

roc n. m. Masse de pierre dure. (V. ROCHE.)

rocaille n. f. Terrain couvert de pierres. Cailloux et coquillages employés comme ornements. Ce qui est plein de cailloux, de roches, est **rocailleux**.

rocailleux, euse adj. V. ROCAILLE.

roche n. f. Masse de pierre assez résistante : *le granite est une roche dure*. Roc, rocher. Un **rocher**, c'est un roc élevé, escarpé. Ce qui est couvert de rocs, de rochers est **rocheux**.

rocher n. m., **rocheux, euse** adj. V. ROCHE.

rococo n. m. Se dit du genre décoratif très surchargé qui fut à la mode sous Louis XV. Se dit aussi familièrement de ce qui est passé de mode.

rodage n. m. V. RODER.

roder v. Polir par le frottement deux pièces qui rentrent l'une dans l'autre : *roder les cylindres d'un moteur*. Le **rodage** est l'action de roder.

rôder v. Errer, vagabonder. Le **rôdeur** est celui qui rôde.

rôdeur n. m. V. RÔDER.

rodomontade n. f. Fanfaronnade.

rogaton n. m. Restes d'aliments.

rogner v. Retrancher sur les bords : *rogner un carton*. Une **rognure**, c'est ce qu'on détache en rognant.

rognon n. m. Rein des animaux de boucherie : *brochette de rognons*.

rognure n. f. V. ROGNURE.

rogomme n. m. *Voix de rogomme*, voix enrouée.

rogue adj. Arrogant, fier et rude : *un ton rogue*.

roi n. m. Souverain d'un Etat. Principale pièce des échecs. Première figure de chaque couleur dans un jeu de cartes. *Le roi des animaux*, le lion. *Le roi des oiseaux*, l'aigle. Un **roitelet**, c'est un petit oiseau. Ce qui se rapporte au roi est **royal** : *pouvoir royal*. La **royauté** est la dignité de roi. Un **royaume** est un pays gouverné par un roi. Le **royaliste** est le partisan de la royauté.

roitelet n. m. V. ROI.

rôle n. m. Liste : *inscrire sur un rôle*. Ce qu'un acteur récite dans une pièce de théâtre : *jouer un rôle ;* faire un personnage dans une pièce de théâtre, remplir certaines fonctions, tenir une certaine conduite.

romain, e adj. et n. De Rome. *Chiffres romains*, lettres majuscules qui servaient de chiffres aux anciens Romains. *Eglise romaine*, l'Eglise catholique. N. m. Caractère d'imprimerie droit ordinaire. N. f. Sorte de balance (1). Variété de laitue.

roman, e adj. Se dit des langues qui proviennent du latin (français, espagnol, italien, roumain, portugais). L'architecture **romane** est celle qui s'est épanouie en Europe au XIe et au XIIe siècle. Un **roman** est un récit en prose qui intéresse par son sujet, par son intrigue, ses descriptions. Une **romance** est une chanson à sujet attendris-

---

1. V. pl. BALANCES.

CIRCULATION ROUTIÈRE

La circulation routière est facilitée par la construction d'autoroutes conçues pour les automobiles. L'autoroute ne croise aucune autre route au même niveau, et ses accès sont spécialement aménagés par des échangeurs. Une bande de gazon la divise en deux voies à sens unique : les dépassements sont ainsi facilités.

CODE DE LA ROUTE

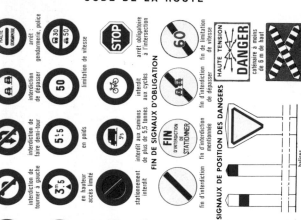

SIGNAUX COMPORTANT UNE PRESCRIPTION ABSOLUE

HALTE GENDARMERIE — arrêt : gendarmerie, police

P30 P50 — arrêt gendarmerie, police

STOP — arrêt obligatoire à l'intersection

60 — fin de limitation de vitesse

HAUTE TENSION DANGER — caténaire à moins de 6 m de haut

passage à niveau sans barrière

interdiction de dépasser

50 — limitation de vitesse

interdit aux cycles

fin d'interdiction de dépasser

interdiction de faire demi-tour

5t5 — en poids

interdit aux camions de plus de 5,5 tonnes

FIN DE SIGNAUX D'OBLIGATION

interdiction de tourner à gauche

3m5 — en hauteur

accès limité

stationnement interdit

FIN D'INTERDICTION DE STATIONNER — fin d'interdiction mentionnée

fin d'interdiction de dépasser

sens interdit

2m — en largeur

interdit aux automobiles et motocyclettes

fin d'interdiction

SIGNAUX DE POSITION DES DANGERS

de priorité

balises

d'intersection de virage

UN TRAIN PEUT EN CACHER UN AUTRE

signal de position lumineux automatique

SIGNAUX DE DANGER

intersection sans priorité

virage à gauche

cassis ou dos-d'âne

HAUTE TENSION — ligne électrifiée passage à niveau sans barrière

indication de priorité

passage à niveau avec barrière

chaussée rétrécie

chaussée glissante

proximité d'un aérodrome

perte de priorité

école

intersection avec priorité

DANGER PRIORITÉ A DROITE — intersection de routes à grande circulation

panonceaux-schémas : le trait le plus grande largeur figure la branche prioritaire

danger précisé par mention

pont mobile

céder le passage à l'intersection

DANGER — supersignalisation d'une intersection

virage à gauche, puis à droite

travaux

PASSAGE PROTÉGÉ — intersection avec priorité

150 m — signal avancé d'arrêt obligatoire

SIGNAUX D'OBLIGATION

sens giratoire obligatoire

sens obligatoire

SERREZ A DROITE — obligation indiquée par mention

piste cyclable

30 — vitesse minimale imposée

sant. Le **romancier** est celui qui écrit des romans. Ce qui tient du roman, de la rêverie, est **romanesque** : *un esprit romanesque.* Ce qui relève du romantisme est **romantique**. Le **romantisme** est une école littéraire et artistique du début du XIXᵉ siècle, qui rompit avec les règles de l'art classique et qui eut notamment pour représentants Chateaubriand, Lamartine, Hugo et Musset.

romance n. f., **romancier, ère** n., **romanesque** adj. V. RO-MAN.

romanichel, elle n. Bohémien.

romantique adj., **romantisme** n. m. V. ROMAN.

romarin n. m. Une petite plante très parfumée.

rompre v. Casser, briser. Interrompre : *rompre le silence.* Détruire : *rompre l'amitié.* Fatiguer : *rompre la tête.* Habituer : *rompre aux affaires.* Se fâcher avec : *rompre avec un ami.* Celui qui est **rompu** à une tâche y est habile. *Converser à bâtons rompus,* c'est parler, sans ordre, de choses et d'autres. La **rupture** est l'action de rompre.

rompu, e adj. V. ROMPRE.

romsteck ou **rumsteck** n. m. Partie de la cuisse du bœuf.

ronce n. f. Plante sauvage épineuse dont le fruit est la mûre.

ronchonner v. Gronder, grogner.

rond, e adj. Se dit d'une ligne, d'une surface, dont tous les points du contour sont à la même distance du centre ou milieu : *un plat rond ; une roue ronde.* Qui a la forme d'une boule, d'un rouleau. Se dit d'une personne grosse et courte.

Qui est franc et décidé : *être rond en affaires.* Se dit d'un nombre entier sans fractions. N. m. Ligne, figure circulaire : *dessiner un rond.* Anneau : *rond de serviette.* Une **ronde**, c'est une visite de surveillance ; c'est aussi une chanson qui accompagne une danse en rond ; c'est également une sorte d'écriture, une note de musique sans queue, valant deux blanches (1). *A la ronde,* alentour : *à dix lieues à la ronde.* Chacun à son tour : *boire à la ronde.* Une **rondache** est un bouclier rond (2). Familièrement, un **rond-de-cuir,** c'est un employé de bureau. Un **rondeau,** c'est une petite poésie à deux rimes. Une **rondelle,** c'est une petite pièce. La **rondeur,** c'est l'état de ce qui est rond ; c'est aussi la franchise de caractère. Un **rondin,** c'est une bûche ronde. Un **rond-point,** c'est la place circulaire où aboutissent plusieurs avenues.

rondache n. f., **ronde** n. f., **rondeau** n. m., **rondelle** n. f., **rondeur** n. f., **rondin** n. m. V. ROND.

ronflant, e adj., **ronflement** n. m. V. RONFLER.

ronfler v. Faire du bruit en respirant pendant le sommeil. Faire un bruit sourd, prolongé. Le **ronflement** est le bruit fait en ronflant. Ce qui est sonore, déclamatoire est **ronflant**.

ronger v. Manger en grignotant : *pain rongé par les souris.* Détruire peu à peu : *la rouille ronge le fer.* Tourmenté : *rongé par le chagrin.* Les **rongeurs** sont des animaux qui mangent en rongeant (souris, rats, lapins). [V. pl. p. suiv.]

1. V. pl. MUSIQUE (*Signes de*) ; 2. V. pl. ARMES.

lièvre

lapin

castor

marmotte

cobaye

muscardin

écureuil

mulot

souris

rat

loir

rongeurs

rongeur n. m. V. RONGER.

ronron n. m. Bruit que fait le chat avec sa gorge quand il est content. **Ronronner**, c'est faire ronron. Un **ronronnement**, c'est un bruit de ronron.

ronronnement n. m., **ronronner** v. V. RONRON.

roquefort n. m. Fromage fabriqué avec du lait de brebis.

roquet n. m. Petit chien hargneux.

rosace n. f. Ornement d'architecture en forme de rose (1). Grand vitrail rond.

rosaire n. m. Grand chapelet.

rosbif n. m. Morceau de bœuf à rôtir.

rose n. f. Fleur du rosier (2). Nom de diverses fleurs qui ressemblent à la rose ordinaire : *rose trémière; rose de Noël*. Couleur de la rose ordinaire : *teint de rose*. L'*eau de rose* est une essence tirée des roses. La *rose des vents* est la figure circulaire d'une boussole marquée de trente-deux divisions. Ce qui est d'un rouge faible est **rosé**. **Roser**, c'est donner une teinte rose. Une **roseraie**, c'est un lieu planté de roses. Une **rosette** est un nœud de ruban en forme de rose; c'est aussi l'insigne de certains ordres, comme celui des officiers de la Légion d'honneur. Le **rosier** est l'arbuste qui produit les roses. Une **rosière** est une jeune fille vertueuse que l'on récompense. Le **rosiériste** est le jardinier qui cultive les roses. **Rosir**, c'est devenir rose.

roseau n. m. Plante aquatique à longue tige creuse (3).

rosée n. f. Vapeur qui se dépose en gouttelettes sur le sol.

roser v., **roseraie** n. f., **rosette** n. f., **rosier** n. m., **rosière** n. f., **rosiériste** n. m., **rosir** v. V. ROSE.

rosse n. f. Mauvais cheval. Personne méchante. Une **rossée**, c'est une correction. **Rosser**, c'est battre violemment. Une **rosserie**, c'est une méchanceté.

rossée n. f., **rosser** v., **rosserie** n. f. V. ROSSE.

rossignol n. m. Petit oiseau au chant très agréable (4).

1. V. pl. ARCHITECTURE; 2. V. pl. FLEURS; 3. V. pl. PLANTES SAUVAGES; 4. V. pl. OISEAUX DES CHAMPS.

rôt n. m. Rôti.

rotatif, ive adj. Qui tourne : *machine rotative.*

rotation n. f. Mouvement tournant autour d'un axe (v. ce mot).

rotative n. f. Presse à imprimer de forme cylindrique.

rotatoire adj. Se dit d'un mouvement tournant.

rôti n. m. V. RÔTIR.

rotin n. m. Roseau servant à faire des cannes, des sièges.

rôtir v. Cuire sans sauce à la broche ou sur le gril. Un **rôti**, un **rôt**, c'est une viande rôtie. Le **rôtisseur** est celui qui rôtit des viandes pour les vendre. La **rôtisserie** est la boutique du rôtisseur. La **rôtissoire** est un ustensile pour rôtir.

rôtisserie n. f., **rôtisseur** n. m., **rôtissoire** n. f. V. RÔTIR.

rotonde n. f. Bâtiment rond.

rotondité n. f. Etat de ce qui est rond, sphérique.

rotule n. f. Petit os rond et mobile du genou (1).

roturier, ère n. et adj. Personne qui n'appartient pas à la noblesse.

rouage n. m. V. ROUE.

roublard, e adj. Rusé, malin.

rouble n. m. Monnaie russe.

roucoulement n. m. Murmure monotone que produit le pigeon. **Roucouler**, c'est produire un roucoulement.

roucouler v. V. ROUCOULEMENT.

roue n. f. Pièce ronde d'une voiture, d'une machine qui tourne autour de son essieu, de son axe (v. ces mots). Supplice consistant à briser les membres d'un condamné attaché sur une roue de voiture. *Faire la roue,* c'est déployer la queue en éventail, en parlant du paon, du dindon. Un **rouage**, c'est une roue ou l'ensemble des roues d'une machine. Une **rouelle** est une tranche ronde de viande. **Rouer**, c'était faire périr sur la roue. *Rouer de coups,* c'est battre violemment. Un **rouet**, c'est une machine qui servait autrefois à filer (2).

roué, e adj. et n. Habile, rusé. La **rouerie**, c'est la ruse.

rouelle n. f., **rouer** v. V. ROUE.

rouerie n. f. V. ROUÉ.

rouet n. m. V. ROUE.

rouf n. m. Petite construction sur le pont d'un navire.

rouge adj. Couleur du sang, du coquelicot, etc. Roux, en parlant des cheveux. Se dit des partis politiques révolutionnaires. N. m. Couleur rouge, matière de cette couleur. Au figuré, honte : *avoir le rouge au front.* Ce qui tire sur le rouge est **rougeâtre**. Une personne **rougeaude** est celle qui a le visage très rouge. Le **rouge-gorge** est un petit oiseau à gorge rouge. La **rougeole** est une maladie où apparaissent des taches rouges sur la peau. **Rougeoyer**, c'est prendre une teinte rouge. Le **rouget** est un poisson de couleur rouge. Une **rougeur**, c'est une tache rouge sur la peau. **Rougir**, c'est rendre rouge, devenir rouge. Au figuré, c'est avoir honte.

rougeâtre adj., **rougeaud, e** adj., **rougeole** n. f., **rougeoyer** v., **rouget** n. m., **rougeur** n. f., **rougir** v. Voir ROUGE.

rouille n. f. Croûte qui recouvre le fer à l'air humide et qui le ronge ; c'est aussi une maladie des céréales. **Rouiller**, c'est produire de la rouille. Au figuré, **se rouiller**, c'est perdre son habileté, son savoir-faire.

rouiller v. V. ROUILLE.

rouir v. Faire tremper dans l'eau le chanvre, le lin, pour en séparer les filaments. Le **rouissage**, c'est l'action de rouir.

rouissage n. m. V. ROUIR.

roulade n. f., **roulage** n. m., **roulant, e** adj., **roulante** n. f., **rouleau** n. m., **roulement** n. m. V. ROULER.

rouler v. Faire avancer une chose en la faisant tourner sur elle-même. Plier en rouleau : *rouler un papier*. Méditer : *rouler un projet*. Familièrement, tromper. Avancer en tournant : *bille qui roule*. Une **roulade**, c'est une suite de notes chantées sur la même syllabe. Le **roulage**, c'est le transport de marchandises sur des voitures. Un feu **roulant** est une suite de coups de feu. Familièrement, ce qui est **roulant** est très amusant. Une **roulante** est une cuisine ambulante de l'armée. Un **rouleau**, c'est un objet rond de forme allongée, de bois, de métal, de carton, etc., un instrument pour aplanir la terre (1), un ustensile de cuisine (2), etc. ; c'est aussi une grande vague déferlante. Le **roulement**, c'est le mouvement de ce qui roule ; c'est aussi le mécanisme qui facilite ce mouvement : *un roulement à billes* (3) ; c'est encore un bruit semblable à celui d'une chose qui roule : *roulement de*

tonnerre, *de tambour ;* c'est enfin la circulation de l'argent : *roulement de fonds*. Une **roulette**, c'est une petite roue ; c'est aussi un jeu de hasard. Le **roulis** est le balancement à droite et à gauche d'un bateau. Une **roulotte** est une voiture de forain, de nomade.

roulette n. f., **roulis** n. m., **roulotte** n. f. V. ROULER.

round n. m. Chacun des affrontements constituant un combat de boxe.

roupie n. f. Monnaie de l'Inde.

rousseau n. m., **roussette** n. f., **rousseur** n. f., **roussi** n. m., **roussir** v. V. ROUX.

route n. f. Chemin carrossable pour aller d'une localité à une autre : *route nationale*. Direction : *changer de route*. Se *mettre en route*, partir. *Faire fausse route*, se tromper de chemin. Un **routier**, c'est un conducteur de camions sur de longues distances. Une carte **routière** est celle qui indique les routes. La **routine** est ce que l'on fait par habitude, comme mécaniquement. Celui qui agit par routine est **routinier**.

routier, ère n. et adj., **routine** n. f., **routinier, ère** adj. V. ROUTE.

rouvre n. m. Sorte de chêne.

rouvrir v. Ouvrir de nouveau. La **réouverture** est l'action de rouvrir.

roux, rousse adj. De couleur rouge tirant sur le jaune : *cheveux roux. Lune rousse*, la lune d'avril. N. m. Sauce de beurre et de farine roussie. Un **rousseau** est un homme à cheveux **roux**. La **roussette** est un poisson ; c'est aussi une chauve-

1. V. pl. CULTURE ; 2. V. pl. CUISINE (*Ustensiles de*) ; 3. V. pl. MÉCANIQUE.

souris. La **rousseur** est la qualité de ce qui est roux. **Roussir**, c'est brûler légèrement. Le **roussi**, c'est l'odeur de ce qui est légèrement brûlé.

royal, e adj., **royaliste** n. m., **royaume** n. m., **royauté** n. f. V. ROI.

ru n. m. Petit ruisseau.

ruade n. f. V. RUER.

ruban n. m. Bande de tissu mince et étroite (1). **Enrubanner**, c'est garnir de rubans.

rubéole n. f. Une maladie qui fait rougir la peau.

rubicond, e adj. Rouge, en parlant du visage.

rubis n. m. Pierre fine de couleur rouge. *Payer rubis sur l'ongle*, payer exactement.

rubrique n. f. Titre qui, dans les livres anciens, était marqué en rouge. Indication de la matière traitée dans un livre, un journal. Article sur un sujet donné, paraissant régulièrement dans un journal.

ruche n. f. Habitation des abeilles (2). Ornement plissé. Le **rucher** est l'endroit où sont placées les ruches.

rucher n. m. V. RUCHE.

rude adj. Dur au toucher : *peau rude*. Apre, dur au goût, à l'oreille : *vin rude; son rude*. Pénible : *chemin rude*. Dur, redoutable. La **rudesse** est l'état de ce qui est rude, le défaut de celui qui est rude. **Rudoyer**, c'est traiter rudement.

rudesse n. f. V. RUDE.

rudiment n. m. Première notion : *rudiments de grammaire*. Ce qui est **rudimentaire** est élémentaire, à peine commencé, simplement ébauché : *le pin-*

gouin a des ailes rudimentaires.

rudimentaire adj. V. RUDIMENT.

rudoyer v. V. RUDE.

rue n. f. Chemin bordé de maisons, dans une ville. Une **ruelle** est une rue étroite ; c'est aussi l'espace entre le lit et le mur.

ruée n. f. V. RUER.

ruelle n. f. V. RUE.

ruer v. Se dit de l'animal (cheval, âne, etc.) qui lance violemment les pieds de derrière. **Se ruer**, c'est se lancer brusquement sur. La **ruée**, c'est l'action de se ruer. Une **ruade**, c'est un coup de pied d'animal.

rugby n. m. Sorte de football.

rugir v. Pousser des rugissements. Le **rugissement**, c'est le cri du lion ; c'est aussi un cri de fureur.

rugissement n. m. V. RUGIR.

rugosité n. f. Surface rugueuse.

rugueux, euse adj. Raboteux, rude au toucher : *surface rugueuse*.

ruine n. f. Destruction, chute d'un bâtiment : *tomber en ruine*. Au figuré : *la ruine d'un empire*. Perte de la fortune. N. pl. Débris, décombres : *les ruines de Babylone*. **Ruiner**, c'est faire tomber en ruine ; c'est aussi causer la ruine : *le jeu l'a ruiné*; affaiblir : *ruiner sa santé*. **Se ruiner**, c'est perdre sa fortune. Ce qui provoque la ruine est **ruineux**.

ruisseau n. m. Petit cours d'eau (3). Rigole dans une rue pour l'écoulement des eaux. Au figuré : *des ruisseaux de larmes*. **Ruisseler**, c'est couler comme un ruisseau. Ce qui ruisselle est **ruisselant**. Un **ruisselet** est un petit ruisseau. Le **ruissellement** est l'action de ruisseler.

1. V. pl. DÉCORATIONS; 2. V. pl. ABEILLES; 3. V. pl. GÉOGRAPHIE.

RUMINANTS SAUVAGES

antilope · mouflon · cerf · biche · daim · chevreuil · chamois · renne · bouquetin · élan · gazelle · girafe · bison · buffle

rumeur n. f. Bruit confus. Nouvelle qui se répand dans le public.

ruminant n. m. V. RUMINER.

ruminer v. Remâcher les aliments ramenés de l'estomac dans la bouche (en parlant du bœuf, du mouton, etc.). Repenser sans cesse à une chose. Un **ruminant** est un animal qui rumine. Les **ruminants** sont une catégorie de mammifères comprenant le bœuf, le mouton, la chèvre, la girafe, le chameau, le cerf, etc. (V. pl. p. précéd.)

rumsteck n. m. V. ROMSTECK.

ruolz n. m. Alliage argenté.

rupestre adj. *Art rupestre,* art des peuples qui ont gravé les parois des rochers.

rupture n. f. V. ROMPRE.

rural, e adj. Des champs.

ruse n. f. Artifice pour tromper. Celui qui agit avec ruse est **rusé. Ruser**, c'est user de ruse.

russe adj. et n. De Russie.

russule n. f. Champignon au chapeau rouge, brun, vert ou jaune.

rustaud, e adj., **rusticité** n. f. V. RUSTIQUE.

rustique adj. De la campagne. Rude, grossier : *air rustique.* Un **rustre**, un **rustaud**, c'est un homme grossier. La **rusticité**, c'est le caractère rustique.

rustre adj. et n. V. RUSTIQUE.

rutabaga n. m. Sorte de navet.

rutilant, e adj. D'un rouge vif.

rythme n. m. Mouvement cadencé des vers, de la musique. **Rythmer**, c'est cadencer.

Ruminant (*phot. S. P. I. E. A.*)

Ski (Emile Allais). *Phot. Boucher-Adep.*

sabbat n. m. Repos sacré le septième jour de la semaine chez les juifs. Assemblée de sorciers. Tapage.

sabir n. m. Langage mêlé d'arabe, de français, d'espagnol, d'italien, qui était en usage dans les ports méditerranéens.

sable n. m. Fin gravier provenant de roches réduites en grains. **Sabler**, c'est couvrir de sable : *allée sablée ;* c'est aussi boire à l'occasion d'une réjouissance : *sabler le champagne*. Ce qui est mêlé de sable est **sableux**. Un **sablier** est un petit appareil pour mesurer le temps par l'écoulement du sable dans une ampoule de verre (1). Une **sablière** est une carrière de sable; c'est aussi une grande poutre posée à plat dans une toiture(2). Un endroit où il y a beaucoup de sable est **sablonneux**. Un **sablé** est un gâteau sec.

sablé n. m., **sabler** v., **sableux, euse** adj., **sablier** n. m., **sablière** n. f., **sablonneux, euse** adj. V. SABLE.

sabord n. m. Ouverture dans la paroi d'un navire, par où passaient les canons. **Saborder**, c'est percer la coque d'un bateau pour le faire couler. Au figuré, **se saborder**, c'est mettre fin volontairement à l'activité d'une entreprise.

saborder v. V. SABORD.

sabot n. m. Chaussure de bois (3). Corne du pied du cheval, du bœuf. Le **sabotage** est l'action de saboter, d'abîmer. **Saboter**, c'est travailler vite et mal; c'est aussi abîmer volontairement un outillage, une machine industrielle, etc. Le **saboteur** est celui qui sabote. Le **sabotier** est celui qui fait des sabots.

sabotage n. m., **saboter** v., **saboteur** n. m., **sabotier** n. m. V. SABOT.

sabre n. m. Sorte d'épée à un seul tranchant (4). **Sabrer**, c'est frapper à coups de sabre. La **sabretache** est une sacoche plate que portaient certains cavaliers. Un **sabreur** est celui qui donne des coups de sabre.

sabreur n. m. V. SABRE.

1. V. pl. HORLOGERIE ; 2. V. pl. CHARPENTE ; 3. V. pl. CHAUSSURES ; 4. V. pl. ARMES.

sac n. m. Grande poche ouverte par le haut. Son contenu : *sac de blé*. Sorte de grande poche fixée aux épaules par des bretelles, que portent les fantassins, les campeurs. Sorte de petite valise : *sac à main; sac de voyage* (1). *Mettre à sac*, c'est piller. *Vider son sac*, c'est dire tout ce que l'on trouve déplaisant. Un **sachet** est un petit sac. Une **sacoche**, c'est un sac de cuir, à fermoir, qu'on porte en bandoulière; c'est aussi une poche de cuir fixée à la selle du cheval, de la bicyclette (1).

saccade n. f. Secousse. Ce qui est brusque, irrégulier, est **saccadé**.

saccadé, e adj. V. SACCADE.

saccager v. piller, dévaster, mettre à sac. (V. SAC.)

saccharine [*sa-ka-rin'*] n. f. Substance donnant une saveur sucrée, utilisée dans les régimes qui ne doivent pas comporter de vrai sucre.

sacerdoce n. m. Prêtrise, fonctions du prêtre. Ce qui appartient au prêtre est **sacerdotal**.

sacerdotal, e adj. V. SACER-DOCE.

sachet n. m., **sacoche** n. f. V. SAC.

sacre n. m. V. SACRÉ.

sacré, e adj. Relatif à la religion, au culte : *vases sacrés*. Qui inspire un respect religieux. *Livres sacrés*, l'Ancien et le Nouveau Testament. *Feu sacré*, grand enthousiasme. Le **sacre** était la cérémonie par laquelle l'Eglise consacrait un souverain. Un **sacrement**, c'est un acte religieux destiné à donner la grâce (baptême, pénitence) ou à l'augmenter (confirmation, eucharistie, mariage, ordre,

extrême-onction). **Sacrer**, c'est donner un caractère religieux moyennant certaines cérémonies ; familièrement, c'est jurer blasphémer. Un **sacrilège**, c'est un attentat contre une chose, une personne sacrée ; c'est aussi celui qui commet cet acte : *punir un sacrilège;* on l'emploie aussi adjectivement : *porter une main sacrilège sur*. (V. SACRIFICE.)

sacrement n. m., **sacrer** v. V. SACRÉ.

sacrifice n. m. Offrande faite à la divinité, spécialement victime qu'on met à mort en son honneur. Action de renoncer volontairement à une chose : *faire le sacrifice d'un bon repas.* Dépense : *faire de lourds sacrifices.* **Sacrifier**, c'est offrir en sacrifice. *Sacrifier à la mode*, c'est s'y conformer, la suivre. **Se sacrifier**, c'est se dévouer entièrement.

sacrifier v. V. SACRIFICE.

sacrilège n. m. V. SACRÉ.

sacripant n. m. Fripon, vaurien.

sacristain n. m. V. SACRISTIE.

sacristie n. f. Endroit de l'église où l'on garde les objets du culte. Le **sacristain** est celui qui a soin de la sacristie.

sadisme n. m. Plaisir malsain à faire souffrir autrui.

safari n. m. En Afrique noire, expédition de chasse.

safran n. m. Plante à oignon, à fleurs jaunes, donnant un assaisonnement.

saga n. f. Récit plus ou moins légendaire des anciens Scandinaves.

sagace adj. V. SAGACITÉ.

sagacité n. f. Perspicacité, finesse d'esprit. Celui qui a de la sagacité est **sagace**.

sagaie n. f. Sorte de lance.

1. V. pl. HARNAIS.

sage adj. Autrefois, savant. Raisonnable : *agir en sage*. Prudent, modéré. Doux, soumis : *enfant sage*. La **sage-femme** assiste une mère lors de l'accouchement. La **sagesse**, c'est la connaissance juste des choses; c'est aussi la prudence, la modération; c'est enfin la docilité d'un enfant.

sagesse n. f. V. SAGE.

sagouin n. m. Homme sale.

saharienne n. f. Veste de toile.

saie n. f. Sorte de manteau court des Romains et des Gaulois.

saïga n. f. Sorte d'antilope de l'Asie centrale.

saignant, e adj., **saignée** n. f. V. SAIGNER.

saigner v. Tirer du sang en ouvrant une veine. Tuer en saignant : *saigner un poulet*. Perdre du sang : *saigner du nez*. **Se saigner**, c'est s'imposer un sacrifice. Ce qui saigne est **saignant**. Une **saignée**, c'est l'action de saigner.

saillant, e adj., **saillie** n. f. V. SAILLIR.

saillir v. Dépasser, être en saillie. Une **saillie**, c'est une partie qui dépasse; c'est aussi une boutade. Ce qui avance, qui ressort est **saillant**.

sain, e adj. Qui n'est pas malade, pas altéré : *homme sain; bois sain*. Qui est bon pour la santé : *air sain*. Qui est conforme à la raison : *un jugement sain*.

saindoux n. m. Graisse de porc.

sainfoin n. m. Plante fourragère.

saint, e adj. Pur de tout défaut, en parlant de Dieu, des choses consacrées à la divinité. Se dit de celui qui, par ses vertus, a obtenu, après sa mort, un culte de l'Eglise. Qui vit selon la loi de Dieu. Le **Saint-Esprit** est la troisième personne de la Sainte-Trinité. La **sainteté** est la qualité de celui, de ce qui est saint. Le **Saint-Office** était le tribunal religieux de l'Inquisition. Le **Saint-Père** est le nom donné au pape. Le **Saint-Siège** est le gouvernement du pape. (V. SANCTIFIER, SANCTUAIRE.)

saint-bernard n. m. Chien de montagne à poil long.

saint-cyrien n. m. Elève de l'école militaire autrefois installée à Saint-Cyr.

sainteté n. f. V. SAINT.

saint-honoré n. m. Gâteau comportant de la crème Chantilly.

saisie n. f. V. SAISIR.

saisir v. Prendre avec force : *saisir au collet*. Prendre par force : *saisir le pouvoir*. Ne pas laisser échapper : *saisir l'occasion*. Comprendre : *saisir une allusion*. Surprendre, dominer : *être saisi de terreur*. **Se saisir**, c'est s'emparer. La **saisie** est le fait de s'emparer des biens d'une personne par ordre de justice. Ce qui peut être saisi est **saisissable**. Ce qui surprend est **saisissant**. Le **saisissement** est une grande surprise.

saisissable adj., **saisissant, e** adj., **saisissement** n. m. Voir SAISIR.

saison n. f. Chacune des quatre grandes divisions de l'année : *les saisons sont le printemps, l'été, l'automne et l'hiver*. Ce qui dépend d'une saison est **saisonnier** : *travail saisonnier*.

saisonnier, ère adj. V. SAISON.

sajou ou **sapajou** n. m. Une sorte de singe (1).

salade n. f. Légume qu'on mange généralement cru, assaisonné de sel, d'huile et de vinaigre. Un **saladier** est un plat très creux pour servir la salade (2).

1. V. pl. SINGES ; 2. V. pl. VAISSELLE.

salade n. f. Casque en usage du XVᵉ au XVIIᵉ s. (1).

saladier n. m. V. SALADE.

salage n. m. V. SALER.

salaire n. m. Somme payée pour le travail d'un ouvrier, d'un employé. Un **salarié** est celui qui reçoit un salaire.

salaison n. f. V. SALER.

salamalec n. m. Révérence exagérée, simagrée.

salamandre n. f. Espèce de batracien : *on prétendait jadis que la salamandre était incombustible* (2).

salami n. m. Grand saucisson fabriqué en Italie.

salant, e adj. *Marais salant,* v. MARAIS.

salarié n. et adj. V. SALAIRE.

sale adj. Malpropre : *linge sale.* Malhonnête, indélicat. La **saleté** est la malpropreté ; c'est aussi une chose malpropre. **Salir,** c'est rendre sale ; au figuré, c'est déshonorer : *salir la réputation.* Ce qui salit, qui se salit facilement est **salissant.**

saler v. Assaisonner avec du sel, conserver dans le sel. Le **salage** est l'action de saler. Une **salière** est un récipient pour mettre le sel sur la table (3). Un **saloir** est un coffre rempli de sel pour conserver les viandes. La **salure** est le caractère de ce qui est salé : *la salure de l'eau de mer.* Une **salaison** est une viande salée. Le **petit salé** est de la chair de porc coupée en petits morceaux qui sont conservés dans le sel.

saleté n. f. V. SALE.

salière n. f. V. SALER.

salin, e adj., **saline** n. f., **salinité** n. f. V. SEL.

salir v., **salissant, e.** adj. V. SALE.

salivaire adj. V. SALIVE.

salive n. f. Humeur qui mouille la bouche. Les *glandes* **salivaires** sont les organes qui produisent la salive.

salle n. f. Grande pièce d'un édifice : *salle de spectacle. Salle d'eau,* cabinet de toilette comprenant une douche.

salmigondis n. m. Ragoût de viandes diverses.

saloir n. m. V. SALER.

salon n. m. Pièce de réception dans un appartement. Bâtiment où se fait une exposition : *le salon de l'automobile.* Nom de certains magasins : *salon de thé.*

salopette n. f. Vêtement de travail mis par-dessus les autres pour ne pas les salir.

salpêtre n. m. Sorte de sel qui se dépose sur les murs humides.

salsifis n. m. Plante à racine comestible (4).

saltimbanque n. m. Bateleur qui fait des exercices sur la voie publique.

salubre adj. Sain : *climat salubre.* La **salubrité** est la qualité de ce qui est salubre.

salubrité n. f. V. SALUBRE.

saluer v. V. SALUT.

salure n. f. V. SALER.

salut n. m. Le fait d'échapper à la mort, à un danger. Dans la religion chrétienne, félicité éternelle. Marque de respect, de politesse en abordant ou en quittant une personne. Ce qui est propre à conserver la santé est **salutaire. Saluer,** c'est adresser un salut à quelqu'un. La **salutation** est l'action de saluer.

salutaire adj., **salutation** n. f. V. SALUT.

1. V. pl. ARMURES ; 2. V. pl. BATRACIENS ; 3. V. pl. VAISSELLE ; 4. V. pl. LÉGUMES.

salve n. f. Décharge de plusieurs armes à feu : *salve de coups de canon.*

samedi n. m. Septième jour de la semaine.

samouraï n. m. Membre de la classe des guerriers dans l'ancien Japon.

samovar n. m. Bouilloire russe.

sampan n. m. Sorte de bateau en usage en Chine.

sanatorium [*sa-na-to-riom'*] n. m. Etablissement où l'on soigne les tuberculeux.

sanctifier v. Rendre saint. Honorer comme saint.

sanction n. f. Approbation, confirmation : *la sanction de l'usage.* Peine, punition (plus rarement, récompense) : *sanction pénale.* **Sanctionner,** c'est approuver par une sanction, assurer l'exécution d'une loi par des peines ou des récompenses.

sanctionner v. V. SANCTION.

sanctuaire n. m. Edifice religieux. Endroit de l'église où est le maître-autel. Asile sacré et inviolable.

sandale n. f. Chaussure faite d'une simple semelle retenue par des lanières (1).

sandwich [*san-douitch*] n. m. (mot anglais). Tranche de jambon entre deux tranches de pain.

sang n. m. Liquide rouge qui circule dans les veines et dans les artères (2). Au figuré, naissance, origine : *être de sang noble.* Famille : *les liens du sang.* Le **sang-froid,** c'est la maîtrise de soi, le calme. Ce qui est taché de sang est **sanglant.** Un *combat sanglant* est celui où il y a eu beaucoup de victimes. Une *injure sanglante* est une injure grave. Celui qui se plaît à répandre le sang est **sanguinaire.** La **sanguine** est une sorte de crayon rouge; c'est aussi le dessin fait avec ce crayon; c'est enfin une orange à chair rouge. Ce qui est teint, taché de sang est **sanguinolent.** Ce qui se rapporte au sang, celui qui a beaucoup de sang est **sanguin.**

sangle n. f. Bande de cuir ou de toile pour serrer (3). **Sangler,** c'est serrer avec une sangle.

sangler v. V. SANGLE.

sanglier n. m. Sorte de porc sauvage dont la femelle est la *laie* et les petits les *marcassins* (4).

sanglot n. m. Contraction convulsive de la poitrine sous l'action de la douleur : *avoir des sanglots en parlant.* **Sangloter,** c'est pousser des sanglots.

sangloter v. V. SANGLOT.

sangsue n. f. Sorte de gros ver vivant dans les eaux douces, qui suce le sang. Au figuré, personne qui soutire de l'argent.

sanguin, e adj., **sanguinaire** adj., **sanguinolent, e** adj. V. SANG.

sanie n. f. Pus qui sort d'une plaie.

sanitaire adj. et n. V. SANTÉ.

sans prép. indiquant l'absence, la privation : *être sans forces.*

sans-culotte n. m. Nom donné aux révolutionnaires, vers 1792, parce qu'ils avaient remplacé la culotte par le pantalon.

sans-façon n. m. Manière d'agir libre, familière.

sans-filiste n. m. Amateur ou opérateur de T. S. F.

sans-gêne n. m. Manière d'agir sans aucune gêne, sans tenir compte de la politesse.

sanskrit n. m. Ancienne langue de l'Inde, gardée comme langue sacrée.

1. V. pl. CHAUSSURES ; 2. V. pl. HOMME ; 3. V. pl. HARNAIS ; 4. V. pl. PACHYDERMES.

sansonnet n. m. Etourneau.

sans-souci n. et adj. Personne qui ne se préoccupe de rien.

santal n. m. Bois d'un arbre d'Asie, d'odeur aromatique.

santé n. f. Etat du corps en bon état de fonctionnement. Vœu qu'on fait, en buvant, pour la santé de quelqu'un. Ce qui se rapporte à la santé est **sanitaire**. Les **sanitaires** sont les diverses installations de propreté (baignoire, douche, lavabo, w.-c., etc.).

santon n. m. Figurine de crèche de Noël, en Provence.

saoul, e adj, **saouler** v. Voir SOÛL et SOÛLER.

sapajou n. m. V. SAJOU.

sape n. f. Galerie souterraine pour attaquer une place forte. **Saper**, c'est détruire au moyen d'une sape; c'est aussi, au figuré, détruire sournoisement. Le **sapeur** est le soldat du génie qui creuse des sapes. Les **sapeurs-pompiers** sont des soldats d'un corps chargé de lutter contre les incendies.

saper v., **sapeur** n. m. V. SAPE.

saphir n. m. Pierre fine bleue.

sapin n. m. Grand arbre résineux à feuillage toujours vert (1). Une **sapine** est une solive de sapin; c'est aussi une sorte de grue pour élever les matériaux de construction. Une **sapinière** est un endroit planté de sapins.

sapine n. f., **sapinière** n. f. V. SAPIN.

saponifier v. Transformer en savon : *saponifier de la graisse.*

sarabande n. f. Tapage dû à des jeux bruyants.

sarbacane n. f. Tuyau pour lancer, en soufflant, de petits projectiles.

sarcasme n. m. Raillerie mordante. Ce qui tient du sarcasme est **sarcastique** : *rire sarcastique.*

sarcastique adj. V. SARCASME.

sarcelle n. f. Oiseau sauvage du genre canard (2).

sarcler v. Arracher les mauvaises herbes. Un **sarcloir** est un outil servant pour sarcler.

sarcloir n. m. V. SARCLER.

sarcophage n. m. Tombeau monumental.

sardine n. f. Petit poisson de mer (3). Une **sardinerie** est une usine où l'on met les sardines en conserve.

sardinerie n. f. V. SARDINE.

sardonique adj. Se dit d'un rire ou d'un sourire moqueur, amer.

sargasse n. f. Une algue (v. ce mot) brune, de l'Atlantique, flottant au large de la Floride (*mer des Sargasses*).

sarigue n. m. Petit mammifère d'Amérique, dont la femelle porte sous le ventre une poche et maintient parfois ses petits sur son dos grâce à sa longue queue, à laquelle s'accrochent ces derniers (4).

sarment n. m. Tige que la vigne pousse chaque année.

sarrasin, e adj. et n. Autrefois, musulman. N. m. Plante dont les graines sont employées dans certaines régions pour faire des bouillies, des galettes, des crêpes. (On l'appelle aussi *blé noir*.) [5].

sarrau n. m. Blouse.

sas n. m. Grand tamis. Espace d'un canal entre deux portes d'écluse. **Sasser**, c'est tamiser dans un sas.

sasser v. V. SAS.

satané, e adj. V. SATANIQUE.

satanique adj. Digne de Satan, diabolique. En mauvaise part, ce qui est **satané** est forcé, exagéré : *un satané farceur.*

---

1. V. pl. CONIFÈRES ; 2. V. pl. PALMIPÈDES ; 3. V. pl. POISSONS DE MER ; 4. V. pl. ANIMAUX EXOTIQUES ; 5. V. pl. CÉRÉALES.

satellite n. m. Astre qui tourne autour d'un autre : *la Lune est le satellite de la Terre. Satellite artificiel,* engin lancé sur une orbite terrestre par une fusée à étages.

satiété [*sa-sié-té*] n. f. Etat de celui qui est rassasié. Dégoût : *éprouver la satiété des plaisirs.*

satin n. m. Etoffe de soie lustrée. **Satiner,** c'est donner l'apparence du satin. La **satinette** est une étoffe lustrée comme le satin.

satiner v., **satinette** n. f. Voir SATIN.

satire n. f. Poésie qui critique les vices, les ridicules. Critique, blâme moqueur. Ce qui tient de la satire est **satirique.**

satirique adj. V. SATIRE.

satisfaction n. f. Joie, contentement. Ce qui satisfait est **satisfaisant. Satisfaire,** c'est contenter, plaire. *Etre* **satisfait,** c'est être content. Se dit aussi d'un désir accompli, assouvi.

satisfaire v., **satisfaisant, e** adj., **satisfait, e** adj. V. SATISFACTION.

satrape n. m. Gouverneur d'une province de l'ancienne Perse. Personnage despotique.

saturation n. f. V. SATURER.

saturer v. Dissoudre dans un liquide la plus grande quantité possible d'une substance : *eau saturée de sel.* La **saturation** est l'état d'un liquide saturé.

saturnales n. f. pl. Chez les Romains, fêtes en l'honneur de Saturne.

satyre n. m. Demi-dieu champêtre, dans l'Antiquité. Débauché, malade sexuel.

sauce n. f. Assaisonnement liquide d'un mets. **Saucer,** c'est tremper dans la sauce; familiè-

rement, *être saucé,* c'est être mouillé par une pluie abondante. La **saucière** est un vase pour servir la sauce (1).

saucer v., **saucière** n. f. Voir SAUCE.

saucisse n. f. Boyau rempli de chair de porc hachée. Le **saucisson** est une grosse saucisse.

saucisson n. m. V. SAUCISSE.

sauf, sauve adj. Tiré d'un danger. Sans dommage : *sortir sain et sauf d'une lutte.* Excepté, sous la réserve de : *tout, sauf cela.* Un **sauf-conduit** est un permis pour aller dans un endroit.

sauge n. f. Une plante aromatique.

saugrenu, e adj. Etrange, absurde.

saule n. m. Un arbre qui croît dans les endroits humides (2).

saumâtre adj. D'un goût qui approche celui de l'eau de mer.

saumon n. m. Gros poisson à chair très estimée (3). Adj. De la couleur rose du saumon.

saumure n. f. Eau salée pour conserver certaines viandes.

saunier n. m. Autrefois, marchand de sel.

saupoudrer v. Poudrer de sel, de sucre, de farine, etc.

saur, e adj. Se dit du hareng salé et séché à la fumée.

sauriens n. m. pl. Nom qu'on donne à certains reptiles tels que les lézards, les orvets, les caméléons.

saut n. m. Action de sauter. Passage brusque : *saut de température.* Une **saute** est un changement brusque : *saute de vent.* Le jeu de **saute-mouton** est un jeu où les joueurs sautent les uns par-dessus les autres. **Sauter,** c'est s'élever de terre avec effort, s'élancer

1. V. pl. VAISSELLE; 2. V. pl. ARBRES; 3. V. pl. POISSONS D'EAU DOUCE.

d'un lieu vers un autre : *sauter de bas en haut;* c'est aussi faire explosion : *poudrière qui saute;* c'est également changer brusquement : *sauter d'une idée à une autre;* c'est aussi franchir d'un saut : *sauter un mur;* c'est enfin oublier, omettre : *sauter un mot en récitant.* La **sauterelle** est un insecte qui fait de grands bonds. Une **sauterie,** c'est une petite soirée où l'on danse. Celui qui saute est un **sauteur.** **Sautiller,** c'est sauter à petits sauts. Un **sautoir** est un collier retombant en pointe.

saute n. f., **sauter** v., **sauterelle** n. f., **sauterie** n. f. Voir SAUT.

sauternes n. m. Un vin de Bordeaux très estimé.

sauteur, euse n., **sautiller** v., **sautoir** n. m. V. SAUT.

sauvage adj. Qui vit en liberté dans les bois : *animaux sauvages.* Non cultivé : *plante sauvage.* Non civilisé : *peuple sauvage.* Désert, inculte : *lieu sauvage.* Qui fuit la société. Un **sauvageon** est un arbre fruitier qui a poussé naturellement; c'est aussi un jeune garçon farouche. La **sauvagerie** est le caractère sauvage.

sauvageon n. m., **sauvagerie** n. f. V. SAUVAGE.

sauvegarde n. f. Protection, défense, garantie. **Sauvegarder,** c'est protéger, garantir.

sauvegarder v. V. SAUVEGARDE.

sauver v. Tirer d'un danger. Rendre la santé : *sauver un malade.* **Se sauver,** c'est fuir, s'échapper. Le **sauvetage,** c'est l'action de sauver d'un naufrage, d'un incendie, etc. Le **sauveteur,** c'est celui qui

prend part à un sauvetage. Le **sauveur** est celui qui sauve; c'est également le nom donné au Christ. Un **sauve-qui-peut** est une débandade où chacun se sauve comme il peut. Une vente sans autorisation, sur la voie publique, se fait **à la sauvette.**

sauvetage n. m., **sauveteur** n. m., **sauvette (à la)** loc., **sauveur** n. m. V. SAUVER.

savamment adv. D'une manière savante.

savane n. f. Région herbeuse dans la zone tropicale.

savant, e adj. Qui sait beaucoup. Qui traite de choses de science. Habile, adroit : *une manœuvre savante.* N. Personne très instruite. (V. SAVOIR.)

savarin n. m. Sorte de gâteau.

savate n. f. Vieille pantoufle. Soulier usé.

saveur n. f. Goût : *saveur désagréable.* Ce qui a une saveur agréable est **savoureux.** **Savourer,** c'est goûter lentement, avec plaisir.

savoir v. Connaître : *savoir son chemin.* Etre instruit dans une chose : *savoir l'anglais.* Avoir dans la mémoire : *savoir sa leçon.* Etre informé, connaître : *savoir une nouvelle.* [Conjuguez : *je sais, nous savons; je savais; je sus, nous sûmes; je saurai; sache, sachons, sachez; il faut que je sache, sachant, su.*] N. m. Ensemble de ce qu'on sait. Le **savoir-faire,** c'est l'habileté. Le **savoir-vivre,** c'est la pratique des bons usages du monde. (Voir SAVANT.)

savon n. m. Substance qui sert à nettoyer, à blanchir. Familièrement, réprimande. **Savonner,** c'est nettoyer au savon.

Un **savonnage** est un lavage au savon. Une **savonnette** est un petit savon. Ce qui ressemble au savon est **savonneux**. Une **savonnerie** est une fabrique de savon.

savonnage n. m., **savonner** v., **savonnerie** n. f., **savonnette** n. f., **savonneux, euse** adj. V. SAVON.

savourer v., **savoureux, euse** adj. V. SAVEUR.

saxe n. m. Porcelaine de Saxe.

saxophone n. m. Un instrument de musique en cuivre (1).

saynète n. f. Courte comédie à peu de personnages.

sbire n. m. Par dénigrement, policier.

scabreux, euse adj. Dangereux, risqué : *entreprise scabreuse.*

scalp n. m. Chevelure détachée du crâne avec la peau et que les Indiens d'Amérique conservaient comme trophée. **Scalper**, c'est arracher un scalp.

scalpel n. m. Couteau de chirurgien.

scalper v. V. SCALP.

scandale n. m. Mauvais exemple qui pousse d'autres personnes à mal agir. Eclat fâcheux causé par un mauvais exemple : *faire du scandale.* Ce qui cause du scandale est **scandaleux**. **Scandaliser**, c'est causer du scandale : *sa conduite scandalise son entourage.*

scandaleux, euse adj., **scandaliser** v. V. SCANDALE.

scander v. Marquer la mesure des vers en lisant, en récitant.

scandinave adj. et n. De la Scandinavie (Suède et Norvège).

scaphandre [*ska-fandr'*] n. m. Vêtement complètement fermé, muni d'un casque et d'un appareil respiratoire, qui permet à un homme de travailler sous

l'eau. Le **scaphandrier** est l'homme qui travaille sous l'eau avec un scaphandre (2).

scaphandrier n. m. V. SCAPHANDRE.

scapulaire n. m. Ensemble de deux petits morceaux d'étoffe bénits, que des moines portent sur la poitrine et sur le dos (3).

scarabée n. m. Nom de divers insectes coléoptères (v. ce mot).

scarification n. f. Petite incision de la peau.

scarlatine n. f. Maladie contagieuse où la peau se couvre de taches d'un rouge écarlate.

scarole n. f. Sorte de chicorée consommée en salade.

sceau n. m. Cachet portant les armes d'un Etat, d'un souverain, etc. Le *garde des sceaux* est le ministre de la Justice. Le **sceau**, c'est aussi ce qui marque, ce qui distingue : *ses paroles portent le sceau de la vérité.* **Sceller**, c'est appliquer un sceau; c'est aussi fixer dans la pierre avec du mortier, du plomb, etc. Le **scellement** est l'action de sceller. Les **scellés** sont les sceaux qu'on pose sur une chose, généralement pour en garantir la fermeture : *poser les scellés sur un meuble.*

scélérat, e adj. Criminel, très méchant : *conduite scélérate.* N. Personne scélérate.

scellé n. m., **scellement** n. m., **sceller** v. V. SCEAU.

scénario n. m. V. SCÈNE.

scène n. f. Partie du théâtre sur laquelle jouent les acteurs (4). Lieu où l'on suppose que se passe l'action d'une pièce : *la scène est à Rome.* Division d'un acte d'une pièce de théâtre, marquée par l'entrée ou la sortie de personnages. Spectacle : *une scène pénible.* Met-

teur en scène, v. METTRE. *Faire une scène à quelqu'un,* s'emporter contre lui. Le **scénario,** c'est le sujet d'un film.

sceptique adj. Qui doute de tout.

sceptre n. m. Bâton de commandement, insigne de la royauté.

schéma n. m. Figure simplifiée servant à une démonstration. Un dessin ainsi simplifié est **schématique.**

schisme [*chism'*] n. m. Division qui se produit dans une religion.

schiste n. m. Roche feuilletée comme l'ardoise.

schlague n. f. Ancienne punition militaire allemande consistant en coups de baguette.

schlitte n. f. Traîneau servant à descendre du bois dans les montagnes, sur un chemin fait de rondins.

schooner [*chou-neur*] n. m. Petit bateau à deux mâts.

sciage n. m. V. SCIE.

sciatique n. f. Douleur nerveuse à la hanche et la cuisse.

scie n. f. Lame d'acier dentée qui sert pour scier (1). Le **sciage** est l'action de scier. **Scier,** c'est couper du bois, de la pierre, des métaux, avec une scie. La **sciure** est la poussière d'une chose sciée. Un **scieur** est celui qui scie. Une **scierie** est un atelier où l'on scie du bois.

sciemment [*sia-man*] adverbe qui signifie : en sachant ce que l'on fait.

science n. f. Connaissance exacte d'une chose obtenue par l'étude. Particulièrement, connaissances relatives aux mathématiques, à la physique, à la chimie, à l'histoire naturelle, etc., appe-

lées aussi *sciences exactes: Académie des sciences.* Ce qui est relatif aux sciences est **scientifique** : *une revue scientifique.*

scientifique adj. V. SCIENCE.

scier v., **scierie** n. f., **scieur** n. m. V. SCIE.

scintiller v. Briller en lançant des éclats : *diamant qui scintille.*

scission n. f. Division.

scissiparité n. f. Forme de reproduction par laquelle un organisme se divise en deux.

sciure n. f. V. SCIE.

sclérose n. f. Maladie dans laquelle un tissu devient dur. Au figuré, la **sclérose** est l'impossibilité de s'adapter à une situation nouvelle.

scolaire adj. Relatif aux écoles, à l'enseignement : *l'année scolaire.* La **scolarité,** ce sont les études scolaires.

scolarité n. f. V. SCOLAIRE.

scolastique n. f. Enseignement philosophique qui était donné au Moyen Age.

scoliose n. f. Déviation de la colonne vertébrale.

scolopendre n. f. Le mille-pattes (2).

scooter [*skou-tèr'*] n. m. Sorte de motocyclette à petites roues, où le conducteur est assis et non à califourchon.

scorbut n. m. Maladie qui se manifeste par un affaiblissement général.

score n. m. Nombre de points acquis par chaque équipe dans un match.

scorie n. f. Matière qui surnage sur les métaux en fusion.

scorpion n. m. Petit animal dont la queue est armée d'un crochet venimeux (3).

---

1. V. pl. MENUISERIE ; 2 et 3. V. pl. ARACHNIDES.

bas-relief   buste

scout [*scout'*] n. m. Jeune garçon engagé dans un groupement
ayant pour objet l'entraînement
physique et moral. Le **scoutisme** est le groupement, la
doctrine des scouts.

scoutisme n. m. V. SCOUT.

scribe n. m. Dans l'Antiquité,
personne faisant fonction de
secrétaire.

script-girl n. f. ou **scripte** n.
Personne chargée, au cinéma,
de noter tous les détails de
chaque prise de vues (1).

scrofule n. f. Maladie marquée
par de petites tumeurs.

scrupule n. m. Inquiétude de
conscience sur un point de détail. Celui qui a facilement des
scrupules, qui est minutieux est
scrupuleux.

scruter v. Examiner à fond. Le
scrutin est le vote par bulletins : *dépouiller un scrutin.*

sculpter [*scul-té*] v. Tailler
dans la pierre, le bois, etc., des
figures, des ornements. Le
sculpteur est celui qui sculpte.
La **sculpture** est l'art de
sculpter.

sculpteur n. m., **sculpture**
n. f. V. SCULPTER.

se pron. Soi; à soi; *il se voit; il
se donne du mal.*

séance n. f. Réunion d'une
assemblée. Temps qu'elle dure.

statue équestre

sculpteur travaillant un haut-relief

Temps passé à une chose, sans
interruption : *faire un portrait
en deux séances. Séance récréa-
tive*, représentation théâtrale,
musicale, etc. : *séance de patronage. Séance tenante*, immédiatement, sur-le-champ.

séant, e adj. Décent : *il n'est
pas séant de se vêtir ainsi.*
N. m. Posture d'une personne
assise : *être sur son séant.*

seau n. m. Vase pour puiser, pour porter un liquide, etc. (1).

sébacé, e adj. Qui produit de la graisse : *les glandes sébacées de la peau.*

sébile n. f. Petite écuelle de bois.

sec, sèche adj. Sans humidité : *sol sec.* Qui n'est plus vert : *feuille sèche.* Maigre, décharné : *un corps sec.* Brusque : *bruit sec; réponse sèche.* Sans agrément : *style sec.* A sec, sans eau : *mettre à sec.* Le **séchage** est l'action de sécher. La **sécheresse** est l'état de ce qui est sec. **Sécher**, c'est rendre sec : *sécher du linge; c'est* aussi devenir sec : *la rivière a séché.* Le **séchoir** est l'endroit ou l'appareil où l'on fait sécher quelque chose.

sécante n. f. Droite qui, dans un cercle, coupe la circonférence en deux points.

sécateur n. m. Outil pour couper des rameaux, des brindilles (2).

sécession n. f. Séparation entre deux Etats, deux partis.

séchage n. m., **sécher** v., **sécheresse** n. f., **séchoir** n. m. V. SEC.

second, e [*segon, segond*] adj. Qui vient immédiatement après le premier : *le second livre.* N. Qui tient le deuxième rang. Ce qui vient en second est **secondaire.** Une **seconde**, c'est la soixantième partie d'une minute. **Seconder**, c'est aider.

secondaire adj., **seconde** n. f., **seconder** v. V. SECOND.

secouer v. Agiter fortement : *secouer un arbre.* Faire tomber en secouant : *secouer la poussière.* Au figuré, réprimander celui qui se laisse aller à la paresse. Une **secousse** est un mouvement brusque qui secoue.

secourable adj. V. SECOURIR.

secourir v. Aider, porter secours. Celui qui secourt est **secourable.** Le **secours**, c'est l'aide, l'assistance. Le **secourisme** est une méthode de premiers secours et de sauvetage.

secourisme n. m., **secours** n. m. V. SECOURIR.

secousse n. f. V. SECOUER.

secret, ète adj. Caché : *tiroir secret.* N. m. Ce que l'on tient caché. Moyen particulier : *trouver le secret de plaire.* Explication d'une chose : *trouver le secret d'un acte.*

secrétaire n. m. Celui qui tient la correspondance de quelqu'un, qui l'aide dans les travaux littéraires, etc. Meuble servant pour écrire; bureau. Le **secrétariat** est la fonction de secrétaire; son bureau.

secrétariat n. m. V. SECRÉTAIRE.

sécréter v. Produire une humeur : *le foie sécrète la bile.* Une **sécrétion** est une humeur sécrétée.

sécrétion n. f. V. SÉCRÉTER.

sectaire n. m. V. SECTE.

secte n. f. Ensemble de personnes qui suivent la même doctrine. Le **sectaire** est le partisan intolérant.

secteur n. m. Division d'une superficie de territoire, d'une administration : *secteur d'une ville; secteur postal.*

section n. f. Coupure : *une section nette.* Division dans un classement. Rencontre d'un plan et d'un solide. **Sectionner**, c'est couper, diviser.

sectionner v. V. SECTION.

séculaire adj. V. SIÈCLE.

séculier, ère adj. Laïque. Se dit du clergé ordinaire qui n'appartient pas à un ordre monastique.

1. V. pl. FERME; 2. V. pl. JARDINAGE.

sécurité n. f. Tranquillité d'esprit qui résulte du sentiment que l'on n'a rien à craindre. *Sécurité sociale,* administration qui assure les salariés contre les accidents, les maladies, etc.

sédatif, ive adj. Qui calme les douleurs : *eau sédative.*

sédentaire adj. et n. Qui demeure généralement assis. Qui sort peu de chez soi; qui se passe, qui s'exerce dans le même lieu : *vie, emploi sédentaire.*

sédiment n. m. Dépôt dans un liquide. Dépôt naturel formé dans les mers, les cours d'eau, les lacs, et qui, au cours des temps géologiques, forme les roches **sédimentaires** (sables, argiles, calcaires).

sédimentaire adj. V. SÉDIMENT.

séditieux, euse adj. Révolté.

sédition n. f. Révolte.

séducteur, trice adj. et n., **séduction** n. f. V. SÉDUIRE.

séduire v. Entraîner : *séduire par l'espoir du gain.* Plaire beaucoup. Le **séducteur** est celui qui séduit. L'action de séduire est la **séduction.** Ce qui charme est **séduisant.**

séduisant, e adj. V. SÉDUIRE.

segment n. m. Portion d'une chose.

ségrégation n. f. Action de séparer des personnes d'origine, de race ou de religion différente à l'intérieur d'un même pays, d'une même ville.

seiche n. f. Petit animal marin, formé d'une poche à plusieurs bras, et qui rejette un liquide très noir (1).

seigle n. m. Céréale dont on fait un pain brun (2).

seigneur n. m. Celui qui possédait une terre importante et qui avait certains droits sur ses habitants. Maître, propriétaire. *Le Seigneur,* Dieu. Ce qui se rapportait aux seigneurs était **seigneurial.** La **seigneurie** était l'autorité du seigneur, son domaine.

seigneurial, e adj., **seigneurie** n. f. V. SEIGNEUR.

sein n. m. Poitrine. Mamelle : *donner le sein.* Intérieur : *le sein de la terre.*

seing [*sin*] n. m. Signature.

séisme n. m. Secousse du sol.

seize adj. Dix et six. Ce qui est au rang marqué par le chiffre seize est **seizième.**

seizième adj. V. SEIZE.

séjour n. m. Endroit où l'on séjourne. Action de séjourner.

sel n. m. Substance blanche que l'on retire de l'eau de la mer (*sel marin*) ou du fond de la terre (*sel gemme*). En chimie, un **sel** est le résultat de l'action d'un acide sur certains corps appelés *bases.* Au figuré, ce qu'il y a d'amusant, de piquant : *conte qui manque de sel.* Ce qui contient, ce qui est saupoudré de sel est **salin.** Un *marais salant,* une **saline** est l'endroit d'où l'on tire le sel. (V. SALER.)

sélection n. f. Choix.

selle n. f. Siège qu'on place sur un cheval que l'on monte, sur une bicyclette, etc. (3). Cabinets : *aller à la selle.* Au pluriel, les **selles** sont les excréments humains. **Seller,** c'est mettre la selle à un cheval. Le **sellier** est celui qui fait des selles.

seller v., **sellier** n. m. V. SELLE.

selon prép. Suivant, d'après.

semailles n. f. pl. V. SEMER.

semaine n. f. Période de sept jours.

sémaphore n. m. Appareil pour

1. V. pl. MOLLUSQUES; 2. V. pl. CÉRÉALES; 3. V. pl. HARNAIS.

faire des signaux visibles de loin (1).

semblable adj. Pareil. N. m. Etre vivant par rapport aux autres êtres de la même espèce : *aimer ses semblables.*

semblant n. m. Apparence. *Faire semblant,* avoir l'air.

sembler v. Avoir l'air. *Il semble,* il paraît : *il semble qu'il pleut.*

semelle n. f. Dessous d'une chaussure : *semelle de caout-chouc.*

semence n. f. V. SEMER.

semer v. Mettre une graine en terre pour la faire pousser. La semence est la graine qu'on sème ; c'est aussi un petit clou à tête plate. Le **semeur**, la **semeuse** est la personne qui sème. Les **semailles,** c'est le temps où l'on sème. Un **semis,** c'est un plant obtenu en semant des graines.

semestre n. m. Espace de six mois. Ce qui a lieu tous les six mois est **semestriel.**

semestriel, elle adj. V. SE-MESTRE.

semeur, euse n. V. SEMER.

sémillant, e adj. Très vif.

semi. Mot emprunté au latin et qui signifie « à moitié », « voisin de » : *une figure semi-cir-culaire est une figure en demi-cercle; une région semi-aride est proche des régions arides.*

séminaire n. m. Etablissement où l'on prépare les futurs prêtres. Un élève du séminaire est un **séminariste.**

séminariste n. m. V. SÉMINAIRE.

semis n. m. V. SEMER.

sémite n. Personne qui fait partie des populations parlant une des langues **sémitiques** (hébreu, arabe, etc.). En particulier, les Juifs. (V. ANTISÉMITE.)

sémitique adj. V. SÉMITE.

semonce n. f. Reproche, gronderie.

semoule n. f. Grains de blé, etc., grossièrement écrasés.

sempiternel, elle [*sin-pi-tèr-nèl*] adj. Qui dure toujours.

sénat n. m. Assemblée politique dans beaucoup de pays. Les membres du sénat sont des **sénateurs.**

sénateur n. m. V. SÉNAT.

séné n. m. Plante dont les feuilles sont purgatives.

sénéchal n. m. Ancien officier de la justice royale.

séneçon n. m. Plante dont la graine sert à nourrir les oiseaux.

sénevé n. m. Moutarde (plante).

sénile adj. Relatif au vieillard. La **sénilité,** c'est l'affaiblissement du corps et de l'esprit qui se produit chez les vieillards.

sénilité n. f. V. SÉNILE.

sens [*sanss*] n. m. Ce qui nous permet de voir, d'entendre, de sentir, de goûter, de toucher : *les cinq sens sont la vue, l'ouïe, l'odorat, le goût, le toucher.* Signification : *le sens d'une phrase.* Direction : *fuir dans tous les sens. Bon sens,* bon jugement. *Sens commun,* jugement de la plupart des hommes. Une **sensation** est l'impression reçue par les sens. Ce qui produit une grande sensation est **sensationnel.** Ce qui est marqué du bon sens est **sensé.**

sensation n. f., **sensationnel, elle** adj., **sensé, e** adj. Voir SENS.

sensibiliser v. V. SENSIBILITÉ.

sensibilité n. f. Ce qui nous permet de recevoir des sensations : *la sensibilité de la peau.* Penchant à la pitié. Ce qui a de la sensibilité est **sensible.** Celui qui est facile à émouvoir est également **sensible.** Ce qui se remarque aisément est **sensible** : *progrès sensible*. Une balance **sensible** est une balance très précise. **Sensibiliser,** c'est rendre sensible.

sensible adj. V. SENSIBILITÉ.

sensualité n. f. Attachement aux plaisirs des sens. Ce qui flatte les sens, celui qui a de la sensualité est **sensuel.**

sensuel, elle adj. V. SENSUALITÉ.

sente n. f. Sentier.

sentence n. f. Maxime, pensée, phrase qui peut servir de règle de conduite. Jugement : *sentence d'un juge.* Celui qui parle par sentences est **sentencieux.**

sentencieux, euse adj. V. SENTENCE.

senteur n. f. Odeur.

sentier n. m. Chemin étroit.

sentiment n. m. Sensation, impression qu'on reçoit : *un sentiment de bien-être.* Pensée : *avoir de beaux sentiments.* Ce qui se rapporte au sentiment est **sentimental.** Une personne à l'esprit sensible et romanesque est **sentimentale.**

sentimental, e adj. V. SENTIMENT.

sentinelle n. f. Soldat qui fait le guet.

sentir v. Eprouver une impression par les sens : *sentir le froid.* Avoir conscience de quelque chose : *sentir la beauté d'un tableau.* Respirer une odeur : *sentir une fleur.* Dégager une odeur : *sentir mauvais.* **Se sentir,** se trouver : *se sentir fatigué.*

seoir v. Convenir : *vêtement qui sied bien.* (Ne s'emploie qu'au participe présent : *seyant,* et aux troisièmes personnes.)

sépale n. m. Petite feuille formant le calice d'une fleur (1).

séparation n. f. V. SÉPARER.

séparer v. Mettre à part les unes des autres des personnes, des choses qui étaient réunies. Se trouver entre : *la Manche sépare la France de l'Angleterre.* Eloigner : *séparer des adversaires.* La **séparation** est l'action de séparer ; ce qui sépare.

sépia n. f. Couleur brune qu'on extrait de la *seiche* (v. ce mot).

sept [*sèt'*] adj. Six et un : *la semaine a sept jours.* Un **septuagénaire** est celui qui a soixante-dix ans.

septante adj. Soixante-dix.

septembre n. m. Neuvième mois de l'année (le septième chez les Romains).

septennat n. m. Pouvoir politique qui dure sept ans.

septentrion n. m. Le nord. Ce qui se rapporte au nord est **septentrional.** (Le contraire est MÉRIDIONAL.)

septicémie n. f. Présence de certains microbes dans le sang.

septième adj. Qui vient, par ordre, après le sixième.

septique adj. Se dit de la putréfaction causée par les microbes. *Fosse septique,* trou dans lequel les matières fécales provenant d'une habitation sont liquéfiées par la fermentation.

septuagénaire adj. V. SEPT.

sépulcral, e adj. V. SÉPULCRE.

sépulcre n. m. Tombeau. Une voix **sépulcrale** est une voix caverneuse, qui semble sortir d'un endroit profond. La **sépulture** est l'action d'enterrer, ainsi que le lieu où l'on enterre.

sépulture n. f. V. SÉPULCRE.

séquelle n. f. Troubles qui demeurent après une maladie.

séquence n. f. Au cinéma, suite d'images qui forment une scène.

séquestrer v. Déposer une chose disputée entre les mains d'un tiers, en attendant la décision des juges. Tenir une personne enfermée illégalement.

sérail n. m. Palais d'un prince turc.

séraphin n. m. Ange d'un ordre très élevé. Ce qui est angélique, très bon, très doux, est aussi appelé parfois **séraphique** : *un chant séraphique.*

séraphique adj. V. SÉRAPHIN.

serein, e adj. Clair, pur, calme : *un temps serein.* Tranquille : *vie sereine; visage serein.* N. m. Vapeur humide qui tombe le soir. Une **sérénade**, c'est un concert donné la nuit sous les fenêtres de quelqu'un. La **sérénité** est le calme, la tranquillité. **Sérénissime**, très serein (c'était jadis un titre honorifique).

sérénade n. f., **sérénissime** adj., **sérénité** n. f. V. SEREIN.

serf, serve n. Autrefois, sous la féodalité, paysan attaché à la terre de son seigneur. (V. SERVITUDE.) Le **servage** était l'état du serf.

serfouette n. f. Un outil de jardinage (1).

serge n. f. Etoffe de laine légère.

sergent n. m. Sous-officier de certaines armes. *Sergent de ville*, agent de police.

série n. f. Suite : *une série de nombres.* Ensemble, groupement d'objets de même sorte.

sérieux, euse adj. Grave : *caractère sérieux.* Réel, important : *une offre sérieuse.* N. m. Gravité : *garder son sérieux. Prendre au sérieux*, considérer comme vrai, important.

serin n. m. Petit oiseau à plumage jaune. Familièrement, niais. **Seriner**, c'est jouer un air de musique à un oiseau pour le lui faire apprendre; c'est aussi répéter une chose plusieurs fois à quelqu'un.

seriner v. V. SERIN.

seringa n. m. Plante à fleurs blanches très parfumées.

seringue n. f. Petite pompe pour prélever ou injecter des liquides dans le corps.

serment n. m. Affirmation ou promesse solennelle : *serment de fidélité.*

sermon n. m. Discours en chaire sur un sujet religieux. Familièrement, remontrance ennuyeuse. **Sermonner**, c'est faire des remontrances. Celui qui aime à sermonner est un **sermonneur**.

sermonner v., **sermonneur, euse** adj. et n. V. SERMON.

sérosité n. f. Liquide que laissent suinter certaines membranes du corps, et qui rappelle le sérum du sang.

serpe n. f. Outil à lame recourbée pour tailler les grosses branches des arbres (2).

serpent n. m. Animal de forme allongée, sans pieds et rampant. (V. pl. p. suiv.) Au figuré, personne méchante. Dans le langage religieux, le démon, le diable. **Serpenter**, c'est suivre un trajet tortueux : *ruisseau qui serpente.* Un **serpentin**, c'est un tuyau d'alambic enroulé plusieurs fois sur lui-même (3) ; c'est aussi une longue bande très mince de papier coloré, enroulée sur elle-même.

serpenter v., **serpentin** n. m. V. SERPENT.

serpillière n. f. Grosse toile à laver.

serpolet n. m. Une plante odorante qui pousse dans les prés.

1 et 2. V. pl. JARDINAGE; 3. V. pl. CHIMIE.

serpents

serrage n. m., **serre** n. f., **serrement** n. m. V. SERRER.

serrer v. Presser, étreindre : *serrer la main à quelqu'un.* Rendre plus étroit : *serrer un nœud.* Rapprocher : *serrer les rangs.* Mettre en lieu sûr : *serrer des papiers.* Serrer le cœur, c'est l'attrister. **Se serrer,** c'est se presser, s'entasser. Le **serrage,** c'est l'action de serrer. Un **serrement** de cœur, c'est une oppression pénible. Ce qui est très rapproché est **serré.** Ce qui est très précis est également **serré** : *un raisonnement serré.* La **serre,** c'est la griffe d'un oiseau de proie, comme l'aigle; c'est aussi un endroit vitré pour abriter des plantes (1).

serrure n. f. Appareil qui ferme au moyen d'une clef. Le **serrurier** fait ou répare des serrures. La **serrurerie** est l'art du serrurier. (V. pl. p. suiv.)

serrurerie n. f., **serrurier** n. m. V. SERRURE.

sertir v. Enchâsser une pierre précieuse. Assembler deux pièces de tôle en rabattant le bord de l'une sur l'autre. Le **sertissage** est l'action de sertir.

sertissage n. m. V. SERTIR.

sérum [*sé-rom'*] n. m. Liquide contenu dans le sang, dans le lait, et qui s'en sépare après la coagulation.

servage n. m. V. SERF.

servant, e adj. et n., **serveur, euse** n., **serviable** adj. Voir SERVIR.

service n. m. Ensemble des obligations, des devoirs d'une personne envers quelqu'un ou vis-

1. V. pl. JARDINAGE.

serrurerie

à-vis d'une collectivité : *être au service de l'Etat.* Emploi, activité professionnelle : *avoir vingt ans de service. Service militaire,* temps qu'un citoyen doit passer à l'armée. Division d'une administration, d'une entreprise : *service de publicité.* Aide qu'on apporte à quelqu'un : *rendre service.* Utilité : *objet qui rend de bons services.* Assortiment de vaisselle, de linge : *service à thé.* Chacun des plats d'un repas : *repas de trois services.* Cérémonie religieuse pour un mort. (V. SERVIR.)

serviette n. f. Linge pour la table ou la toilette. Grand portefeuille : *serviette d'avocat.*

servile adj., **servilité** n. f. Voir SERVIR.

servir v. Etre au service de quelqu'un. Se consacrer au service de : *servir sa patrie.* Rendre

service : *servir ses amis.* Apporter les plats sur la table à un repas. Etre utile : *cela ne sert plus.* Le **servant** est l'artilleur qui sert une pièce. Une **servante** est une domestique. Le **serviteur** est le domestique. Le **serveur,** la **serveuse** est la personne qui sert, particulièrement à table. La **servitude** est la dépendance du serviteur vis-à-vis de son maître ; c'est aussi une charge, une obligation : *une servitude pénible.* Celui qui aime à rendre service est **serviable.** Ce qui se rapporte à l'état d'esclave est **servile.** Un caractère **servile** est un caractère bas. La **servilité** est le comportement de celui qui est servile. Une copie **servile,** c'est une imitation étroite. (V. SERF, SERVICE.)

serviteur n. m., **servitude** n. f. V. SERVIR.

sésame n. m. Une plante à petite graine qui donne de l'huile. *Sésame, ouvre-toi,* formule magique qui fait ouvrir une porte dans le conte d'Ali Baba (*Mille et Une Nuits*).

session n. f. Temps pendant lequel siège une assemblée.

setier n. m. Ancienne mesure valant environ un demi-litre.

seuil n. m. Pierre, traverse au bas d'une porte (1). Au figuré, début : *au seuil de la vie.*

seul, e adj. Sans compagnon. Sans aide : *travailler seul.* Simple, unique : *avoir une seule idée.* **Seulement,** c'est uniquement. (Il a aussi le sens de cependant.) [V. SOLITAIRE.]

sève n. f. Liquide qui circule dans un végétal.

sévère adj. Sans indulgence : *juge sévère.* Grave : *un visage sévère.* Sans ornements : *un décor sévère.* Important : *un échec sévère.* La **sévérité** est le comportement de celui qui est sévère.

sévérité n. f. V. SÉVÈRE.

sévices n. m. pl. Mauvais traitements.

sévir v. Punir sévèrement.

sevrer v. Oter à un enfant, à un animal, le lait de sa nourrice pour lui donner d'autres aliments. Au figuré, priver : *sevrer d'affection.*

sexagénaire adj. et n. Personne qui a soixante ans.

sexe n. m. Ensemble de caractères qui distinguent l'homme et la femme, le mâle et la femelle. Organe de la génération.

sextant n. m. Appareil qui sert aux marins à déterminer l'endroit où ils sont en mer.

sextuple adj. Six fois plus grand.

sexuel, elle adj. Relatif au sexe.

seyant, e adj. Qui sied, qui va bien.

shako n. m. Sorte de képi (2).

shampooing [*chan-pouin*] n. m. Savonnage de tête. Produit servant à ce savonnage.

shilling [*chi-lign'*] n. m. Ancienne monnaie anglaise, vingtième de la livre.

short [*chort*] n. m. Culotte de sport très courte.

shrapnel n. m. Obus qui éclate en l'air en projetant les balles dont il est chargé.

si conjonction ou mot de liaison signifiant : *en cas que, pourvu que.* Il exprime aussi le doute, l'opposition. Comme adverbe, il signifie tellement : *ne parle pas si fort.* Correspond à oui, en réponse à une négation, un doute : *Tu n'es pas venu ? Si.*

si n. m. Septième note de la gamme.

siamois, e adj. Du Siam, pays d'Indochine. *Frères siamois, sœurs siamoises,* jumeaux soudés l'un à l'autre par une membrane. Se dit d'une race de chats (3).

sibylle n. f. Femme qui prétendait deviner l'avenir. Ce qui se rapporte à la sibylle, ce qui est difficile à comprendre est **sibyllin** : *oracle sibyllin.*

sibyllin, e adj. V. SIBYLLE.

side-car [*saïd-kar*] n. m. Voiturette fixée à côté d'une motocyclette.

sidéral adj. Relatif aux astres : *espaces sidéraux.*

sidérer v. Frapper de stupeur.

sidérurgie n. f. Métallurgie du fer, de l'acier.

siècle n. m. Durée de cent ans : *le XIXe siècle s'entend de l'an 1801 à l'an 1900.* Epoque où l'on vit : *être de son siècle.* Vie mondaine. Ce qui se rapporte

1. V. pl. CHARPENTE ; 2. V. pl. COIFFURES MILITAIRES ;
3. V. pl. CHATS ET CHIENS.

au siècle est **séculaire**. (Voir aussi SÉCULIER.)

siège n. m. Meuble servant pour s'asseoir. Partie d'une voiture où l'on s'assied. Charge d'un administrateur, d'un représentant élu : *avoir un siège au Parlement*. Endroit où est installé un établissement, une administration, etc. Opérations militaires pour s'emparer d'une ville : *faire le siège d'une place*. Au figuré : *le cerveau est le siège de la pensée*. **Siéger**, c'est avoir son siège dans un endroit : *la Cour des comptes siège à Paris*; c'est aussi tenir séance, en parlant d'un tribunal.

siéger v. V. SIÈGE.

sien, enne adj. poss. Qui est à lui, à elle. Pron. poss. *Le sien, la sienne*, ce qui est à lui, à elle. N. *Les siens*, ses parents, ses partisans. *Faire des siennes*, faire des folies, des fredaines.

sierra n. f. [mot espagnol]. Chaîne de montagnes.

sieste n. f. Somme que l'on fait au milieu de la journée.

sieur n. m. Aujourd'hui, titre dont on fait précéder, en justice, dans des formules commerciales, un nom de personne masculin : *le sieur Un tel*.

sifflement n. m. V. SIFFLER.

siffler v. Produire un son aigu en soufflant de l'air par la bouche ou avec certains instruments. Se dit du bruit que fait le vent ou un projectile qui passe près de l'oreille. Un **sifflement** est le bruit que l'on fait en sifflant. Un **sifflet** est un instrument pour siffler.

sifflet n. m. V. SIFFLER.

sigle n. m. Abréviation de certains groupes de mots : *O.N.U. est le sigle de l'Organisation des Nations unies*.

signal n. m. Signe convenu pour avertir, pour transmettre au loin une indication. Ce qui annonce, qui fait agir : *donner le signal du départ*. Le **signalement**, c'est la description détaillée d'une personne. **Signaler**, c'est annoncer par un signal; c'est aussi appeler l'attention sur. Un service **signalé**, c'est un grand service. La

sièges

canapé — fauteuils — chaise — divan — pliant — tabourets — banc — banc — pouf — bergère

signalisation est l'ensemble des signaux d'une voie ferrée, d'une route, etc.

signalé, e adj., **signalement** n. m., **signaler** v., **signalisation** n. f. V. SIGNAL.

signataire n. m., **signature** n. f. V. SIGNE.

signe n. m. Marque, ce qui attire l'attention, qui éveille l'idée d'une personne. Manifestation d'un sentiment : *donner des signes d'impatience.* Geste : *faire à quelqu'un signe de se taire; faire un signe de croix.* La **signature**, c'est le nom qu'on met au bas d'un écrit pour indiquer qu'on en est l'auteur; c'est aussi l'action de signer : *la signature d'un contrat.* **Signer**, c'est mettre sa signature. **Se signer**, c'est faire un signe de croix. Le **signataire** est celui qui signe. Un **signet**, c'est une marque placée dans un livre et qui permet de retrouver une page.

signer v., **signet** n. m. V. SIGNE.

significatif, ive adj., **signification** n. f. V. SIGNIFIER.

signifier v. Vouloir dire, avoir tel ou tel sens. Déclarer : *signifier sa volonté.* La **signification** est le sens d'une chose. Ce qui marque clairement une chose est **significatif.**

silence n. m. Le fait de se taire : *garder le silence.* Absence de bruit : *le silence de la nuit. Passer sous silence,* c'est ne pas parler d'une chose. Ce qui ne fait pas de bruit, celui qui se tait est **silencieux.**

silencieux, euse adj. V. SILENCE.

silex n. m. Roche très dure formée surtout de silice : *frotté contre l'acier, le silex produit des étincelles.*

silhouette n. f. Dessin qui représente le profil, l'ombre d'une personne ou d'une chose (1).

silice n. f. Matière qui entre dans la composition de roches très dures, comme le sable, le grès, le silex.

sillage n. m. Trace que laisse derrière lui un bateau en marche. Au figuré, *suivre le sillage de quelqu'un,* c'est suivre son exemple.

sillon n. m. Entaille du soc de la charrue dans le sol. Au figuré, trace allongée. **Sillonner,** c'est laisser une trace allongée; c'est aussi parcourir en tous sens.

sillonner v. V. SILLON.

silo n. m. Fosse où l'on garde des grains, des légumes, etc. Dépôt, magasin : *silo à blé.*

simagrée n. f. Faux-semblant. Au pl., manières, minauderies.

simiesque adj. De singe.

similaire adj. Semblable.

simili n. m. Toute chose qui en imite une autre de valeur plus élevée : *cette montre n'est pas en or, mais en simili.*

similitude n. f. Ressemblance.

simoun n. m. Vent chaud du désert.

simple adj. Qui n'est pas formé de choses différentes. Pas compliqué, facile : *travail très simple.* Sans recherche, sans ornements inutiles. N. Personne naïve, sans détours. Au pl., plantes médicinales. La **simplicité** est le caractère de ce qui est simple. La **simplification** est l'action de simplifier. **Simplifier,** c'est rendre simple.

simplicité n. f., **simplification** n. f., **simplifier** v. V. SIMPLE.

simulacre n. m., **simulateur, trice** n., **simulation** n. f. V. SIMULER.

simuler v. Feindre, faire semblant. Un **simulacre**, c'est une chose qui imite la réalité : *un simulacre de combat.* Celui qui simule est un **simulateur.** Un **simulateur** *de vol* est un appareil conçu pour étudier au sol les conditions de pilotage d'un avion ou d'un engin spatial. La **simulation** est l'action de simuler.

simultané, e adj. Qui se fait en même temps.

sincère adj. Qui dit nettement ce qu'il pense : *homme sincère.* Réel, qui n'est pas feint : *douleur sincère.* La **sincérité** est le caractère de ce qui est sincère.

sincérité n. f. V. SINCÈRE.

sinécure n. f. Emploi où l'on n'a pas grand-chose à faire.

singe n. m. Animal quadrumane (qui a des mains aux quatre extrémités), et qui présente quelque ressemblance avec l'homme. **Singer**, c'est imiter, contrefaire, comme le font les singes. Une **singerie**, c'est une grimace de singe.

singer v., **singerie** n. f. Voir SINGE.

singulariser v., **singularité** n. f. V. SINGULIER.

singulier, ère adj. Qui se rapporte à un seul mot : *mot employé au singulier.* Bizarre, étrange : *conduite singulière.* **Singulièrement** signifie : particulièrement, beaucoup ; c'est aussi d'une manière bizarre. **Se singulariser**, c'est se distinguer par quelque chose de singulier, d'étrange. Une **singularité**, c'est un caractère singulier, une action étrange.

sinistre adj. Qui annonce un malheur : *un avenir sinistre.* Effrayant : *regard sinistre.* N. m.

chimpanzé

orang-outan

macaque

gibbon

ouistiti

sajou

gorille

singes

Accident, incendie, etc., qui provoque de graves pertes matérielles. Celui qui est victime d'un sinistre est **sinistré**.

sinon conj. Mot de liaison signifiant « autrement », « sans quoi ».

sinueux, euse adj. Qui fait des détours : *chemin sinueux*. Une **sinuosité**, c'est un détour.

sinuosité n. f. V. SINUEUX.

sinus n. m. Nom de diverses cavités de l'organisme, notamment celles qui sont creusées dans les os de la face. Une **sinusite** est l'inflammation des sinus de la face.

sinusite n. f. V. SINUS.

siphon n. m. Tube recourbé à deux branches, servant à faire passer les liquides d'un vase dans un autre. Bouteille à robinet contenant de l'eau gazeuse sous pression.

sire n. m. Autrefois, seigneur. Titre des rois, des empereurs. Se dit aussi ironiquement : *un pauvre sire, un triste sire*.

sirène n. f. Etre fabuleux moitié femme, moitié poisson. Appareil sonore mis en action par l'air, la vapeur, etc.

sirocco n. m. Vent brûlant du sud.

sirop n. m. Liqueur très sucrée : *sirop de groseilles*. Ce qui est de la nature du sirop est **sirupeux**. **Siroter**, c'est boire à petits coups une liqueur agréable.

siroter v., **sirupeux, euse** adj. V. SIROP.

sis, sise adj. Situé.

sismique adj. Relatif aux tremblements de terre.

site n. m. Paysage : *site agreste*.

sitôt adverbe. Aussitôt.

situation n. f. Position : *la situation d'une maison*. Attitude, posture : *situation incom-* *mode*. Emploi, poste occupé : *belle situation*. **Situer**, c'est placer.

situer v. V. SITUATION.

six adj. Cinq et un.

sixième adj. Qui vient par ordre après le cinquième.

sketch n. m. Courte scène, au théâtre ou au cinéma.

ski n. m. Long patin pour glisser sur la neige (1). **Skier**, c'est patiner sur des skis. Le **skieur**, c'est celui qui skie.

skier v., **skieur, euse** n. Voir SKI.

slave adj. et n. Se dit des populations russes, tchèques, serbes, etc.

smala n. f. Maison, gens d'un chef arabe.

smoking n. m. Veston de cérémonie (2).

snack-bar n. m. Restaurant bon marché servant rapidement des repas à toute heure.

snob n. m. (mot anglais). Admirateur de la mode. Le **snobisme** est le caractère du snob.

snobisme n. m. V. SNOB.

sobre adj. Modéré dans le boire et le manger. Modéré : *sobre de paroles*. La **sobriété** est le caractère sobre.

sobriété n. f. V. SOBRE.

sobriquet n. m. Surnom.

soc n. m. Fer de la charrue (3).

sociabilité n. f. V. SOCIABLE.

sociable adj. Capable de vivre en société. La **sociabilité** est le caractère sociable.

social, e adj. Relatif à la société. Le **socialisme** est une doctrine politique et économique tendant à transformer le régime social en vue d'améliorer la condition des travailleurs. Le **socialiste** est le partisan du socialisme. (V. SOCIÉTÉ.)

1. V. p. 520 ; 2. V. pl. VÊTEMENTS MASCULINS ; 3. V. pl. CULTURE.

socialisme n. m., **socialiste** adj. et n. V. social.

sociétaire n. V. société.

société n. f. Réunion d'hommes, d'animaux, vivant en groupes organisés. Union de personnes associées en vue d'un intérêt commun : *société commerciale, artistique*. Réunion de personnes assemblées pour la conversation, le jeu, etc. : *aimer la société. La haute société*, le grand monde. Un **sociétaire** est un membre d'une société d'acteurs, en particulier dans le cas de la Comédie-Française.

sociologie n. f. Science qui étudie les sociétés humaines, les groupes humains.

socle n. m. Partie sur laquelle repose une colonne. Piédestal.

socque n. m. Chaussure à semelle de bois.

soda n. m. Boisson gazeuse.

sœur n. f. Fille née du même père, de la même mère qu'une autre personne. Religieuse : *école des sœurs*.

sofa n. m. Lit de repos à dossiers, utilisé comme siège.

soi pronom signifiant : lui, elle, eux, elles, et se rapportant à un sujet indéterminé : *on aime à parler de soi; porter quelque chose sur soi; vivre chez soi*. Celui qui se prétend être ce qu'il n'est pas est **soi-disant** : *un soi-disant médecin*.

soie n. f. Fil fin, très brillant, produit par une chenille appelée **ver à soie** (1). Etoffe faite de ce fil. Poil du porc, dont on fait des brosses. Une **soierie** est une étoffe de soie. Ce qui a l'aspect de la soie est **soyeux**.

soierie n. f. V. soie.

soif n. f. Besoin, désir de boire. Vif désir : *soif de richesses*.

soigner v., **soigneur** n. m., **soigneux, euse** adj. V. soin.

soin n. m. Attention, application : *travailler avec soin*. Au pl., services que l'on rend à quelqu'un. Moyens par lesquels on traite un malade : *donner ses soins à un blessé*. **Soigner**, c'est s'appliquer à quelque chose : *soigner son style;* c'est aussi donner des soins à : *soigner un malade*. Celui qui apporte du soin à ce qu'il fait est **soigneux**. Le **soigneur** est celui qui soigne un sportif.

soir n. m. Fin de la journée, entre le coucher du soleil et minuit. La **soirée**, c'est le temps compris entre la chute du jour et le moment où l'on se couche; c'est aussi une réunion tenue le soir : *une soirée musicale*.

soirée n. f. V. soir.

soit mot de liaison signifiant *ou; soit l'un, soit l'autre. Ainsi soit-il*, mots terminant diverses prières. *Un tant soit peu*, un peu.

soixantaine n. f. Environ soixante. Age de soixante ans.

soixante adj. Six fois dix.

soixantième adj. Qui occupe un rang marqué par le numéro soixante.

soja n. m. Sorte de haricot originaire de l'Asie orientale.

sol I. n. m. Terrain : *un sol fertile*.

sol II. n. m. Note de musique entre *fa* et *la*.

solaire adj. V. soleil.

solanacées n. f. pl. Famille de plantes comprenant la pomme de terre, la tomate, le tabac, etc.

soldat n. m. Militaire, particulièrement celui qui n'a pas de grade. La **soldatesque** est une troupe de soldats indisciplinés.

1. V. pl. Insectes.

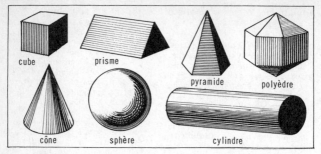

cube   prisme   pyramide   polyèdre   cône   sphère   cylindre

solides

soldatesque n. f. V. SOLDAT.

solde n. f. Paiement, salaire : *toucher une solde élevée.* N. m. Dans un compte, différence entre ce qu'on doit et ce qu'on a reçu. Marchandises vendues au rabais. **Solder,** c'est régler un compte ; c'est aussi vendre en solde.

solder v. V. SOLDE.

sole I n. f. Poisson de mer plat.

sole II n. f. Dans une exploitation agricole, chacune des parties du sol soumise alternativement à une culture.

solécisme n. m. Faute faite contre la construction d'une phrase.

soleil n. m. Astre qui nous envoie la lumière et la chaleur durant le jour (1). Lumière, chaleur du soleil : *se coucher au soleil.* Pièce d'artifice tournante. Tournesol, fleur (2). *Coup de soleil,* brûlure causée par un soleil trop vif. Ce qui se rapporte au soleil est **solaire.**

solennel, elle adj. Grave, pompeux : *démarche solennelle.* Une **solennité,** c'est une cérémonie solennelle.

solennité n. f. V. SOLENNEL.

solfège n. m. Chant émis en prononçant le nom des notes.

solidaire adj. Qui est lié à une ou plusieurs autres personnes par des intérêts communs. La **solidarité,** c'est la dépendance, l'aide mutuelle entre les hommes.

solidarité n. f. V. SOLIDAIRE.

solide adj. Dur, résistant. Robuste, vigoureux : *un homme solide.* N. m. Corps solide. **Solidifier,** c'est rendre solide. La **solidité,** c'est la qualité de ce qui est solide.

solidifier v., **solidité** n. f. Voir SOLIDE.

soliloque n. m. Monologue.

soliste n. m. V. SOLO.

solitaire adj. Qui est seul, qui vit seul. N. m. Jeu qui se joue à un seul joueur. Diamant monté seul. La **solitude** est l'état de celui qui vit solitaire ; c'est aussi un lieu éloigné des endroits habités.

solitude n. f. V. SOLITAIRE.

solive n. f. Poutre qui soutient un plancher. Un **soliveau** est une petite solive.

soliveau n. m. V. SOLIVE.

solliciter v. Demander. Le **solliciteur** est celui qui sollicite.

1. V. pl. ASTRONOMIE ; 2. V. pl. FLEURS.

La **sollicitude** est le soin attentif.

solliciteur, euse n., **sollicitude** n. f. V. SOLLICITER.

solo n. m. Morceau de musique, de chant, joué ou chanté par un seul artiste. Le **soliste** est celui qui joue, qui chante un solo.

solstice n. m. Début de l'été ou de l'hiver où le soleil semble s'arrêter et les jours cessent d'augmenter ou de diminuer.

solubilité n. f. V. SOLUBLE.

soluble adj. Qui peut se dissoudre dans un liquide. Qui peut être résolu : *problème soluble*. La **solubilité** est la qualité de ce qui est soluble. Une **solution**, c'est un liquide contenant un corps dissous ; c'est aussi la réponse d'un problème, le dénouement d'une difficulté : *une solution facile*.

solution n. f. V. SOLUBLE.

solvable adj. Qui peut payer.

sombre adj. Peu éclairé, mal éclairé. Foncé : *couleur sombre*. Au figuré, inquiétant : *avenir sombre*.

sombrer v. Couler, en parlant d'un navire. Au figuré, être englouti.

sommaire adj. Court, abrégé. N. m. Résumé : *sommaire d'un chapitre*.

sommation n. f. V. SOMMER.

somme n. f. Addition : *la somme de deux nombres*. Quantité d'argent : *grosse somme*. Charge, fardeau : *bête de somme*. N. m. Sommeil : *faire un somme*.

sommeil n. m. Repos de celui qui dort. Envie de dormir : *avoir sommeil*. *Le sommeil éternel*, la mort. Au figuré, ce qui est en **sommeil** est en état d'inactivité. **Sommeiller**, c'est

dormir légèrement ; c'est aussi être en état d'inactivité.

sommeiller v. V. SOMMEIL.

sommelier n. m. Celui qui est chargé du vin, des liqueurs, dans un restaurant.

sommer v. Donner un ordre impératif. La **sommation** est l'ordre ainsi donné.

sommet n. m. Point le plus haut.

sommier n. m. Cadre muni de ressorts et destiné à supporter un matelas.

sommité n. f. Personne célèbre.

somnambule adj. Qui marche, qui parle en dormant.

somnifère adj. Qui cause, qui provoque le sommeil.

somnolence n. f. Etat de celui qui est à moitié endormi. **Somnoler**, c'est dormir à demi.

somnoler v. V. SOMNOLENCE.

somptuaire adj. Relatif au luxe dans la dépense.

somptueux, euse adj. Grand et magnifique : *repas somptueux*.

son, sa, ses adj. Qui est à lui, à elle, qui sont à lui, à elle.

son n. m. Bruit : *le son d'une cloche*. Petite peau qui entoure le grain des céréales.

sonate n. f. Sorte de composition musicale comprenant des parties de caractères différents.

sondage n. m. V. SONDE.

sonde n. f. Instrument pour mesurer la profondeur de l'eau : *jeter la sonde*. Instrument pour explorer le fond d'une chose. **Sonder**, c'est reconnaître, examiner avec la sonde ; c'est aussi chercher à connaître ce que pense un groupe ou une personne. Le **sondage** est l'action de sonder.

sonder v. V. SONDE.

songe n. m. Ensemble d'images qui se forment dans notre cerveau pendant le sommeil. Au figuré, illusion, imagination. **Songer**, c'est se laisser aller à la rêverie ; c'est aussi penser : *songer à sortir*. Celui qui est préoccupé, pensif est **songeur**. Une **songerie** est une rêverie sans objet.

songer v., **songerie** n. f., **songeur, euse** adj. V. SONGE.

sonner v. Rendre un son : *la cloche sonne*. Tirer des sons de certains instruments : *sonner du cor*. Produire une impression : *mot qui sonne mal*. Appeler en faisant sonner une clochette, un timbre : *sonner un domestique*. La **sonnerie**, c'est le son de plusieurs cloches ensemble ; c'est aussi le mécanisme qui fait sonner une pendule, l'air que joue la trompette, le clairon. Le **sonneur** est celui qui sonne les cloches.

sonnerie n. f. V. SONNER.

sonnet n. m. Pièce de poésie de quatorze vers.

sonnette n. f. Clochette.

sonneur n. m. V. SONNER.

sonore adj. Qui rend un son. La **sonorité** est la qualité de ce qui est sonore.

sonorité n. f. V. SONORE.

soporifique adj. Qui endort.

soprano n. m. Voix la plus élevée de femme, de garçonnet.

sorbet n. m. Glace à base de sucre et de jus de fruits.

sorbier n. m. Cormier, arbre.

sorcellerie n. f. V. SORCIER.

sorcier, ère n. Personne que l'on croyait liée avec le diable et capable de jeter des sorts. La **sorcellerie** est le pouvoir que l'on attribuait aux sorciers.

sordide adj. Sale, dégoûtant. Se dit aussi de l'avarice excessive.

sorgho n. m. Plante d'Afrique à graine comestible.

sornette n. f. Sottise.

sort n. m. Destinée : *se plaindre de son sort*. Hasard. Etat, condition : *être content de son sort*. Acte, mots par lesquels on attire un malheur sur quelqu'un. Un **sortilège** est un mauvais sort qu'on jette.

sorte n. f. Espèce, genre. Manière : *de sorte que*.

sortie n. f. V. SORTIR.

sortilège n. m. V. SORT.

sortir v. Aller dehors, quitter un endroit : *sortir de France*. S'éloigner : *sortir du sujet*. Pousser : *le blé qui sort de terre*. Etre né : *sortir d'une bonne famille*. [Conjuguez : *je sors, nous sortons ; je sortais ; je sortirai ; sors, sortons ; il faut que je sorte*.] La **sortie**, c'est l'action de sortir ; c'est aussi l'endroit par où l'on sort ; c'est enfin une scène, une algarade : *une sortie violente*.

S. O. S. Signal de détresse lancé par radio d'un navire.

sosie n. m. Personne qui ressemble beaucoup à une autre.

sot, sotte adj. Sans jugement : *ce garçon est sot*. Fâcheux : *une sotte affaire*. N. Personne sotte. La **sottise** est le défaut de celui qui est sot ; c'est aussi une parole, une action sotte.

sottise n. f. V. SOT.

sou n. m. Ancienne monnaie valant le vingtième du franc.

soubassement n. m. Partie inférieure d'une construction.

soubresaut n. m. Tressaillement. Saut brusque, subit : *le cheval fit un soubresaut*.

soubrette n. f. Servante de comédie.

souche n. f. Partie du tronc de l'arbre qui reste en terre après qu'on l'a coupé. Familièrement, personne peu intelligente; origine, source : *de souche anglaise*. Partie d'une feuille de registre qui sert à garantir que le document qui en a été détaché est vrai.

souci I n. m. Une plante à fleurs jaunes.

souci II n. m. Inquiétude : *être rongé par les soucis*. Ce dont on se soucie. **Se soucier**, c'est s'inquiéter de. Celui qui est inquiet, qui a du souci est **soucieux**. (V. INSOUCIANT.)

soucier (se) v., **soucieux, euse** adj. V. SOUCI II.

soucoupe n. f. Petite assiette sous une tasse.

soudain, e adj. Qui se produit tout à coup : *bruit soudain*. Adv. Dans le même instant : *il arriva soudain*.

soudard n. m. Autrefois, soldat de métier; aujourd'hui, individu brutal et grossier.

soude n. f. Sel que l'on retirait de plantes marines et que l'on obtient aujourd'hui par réaction chimique.

souder v. Réunir par une soudure. Au figuré, c'est unir, lier étroitement : *les épreuves ont soudé leur amitié*. La **soudure** est la réunion de deux pièces de métal au moyen de métal fondu; c'est aussi la réunion de deux parties d'un corps vivant : *la soudure de deux fragments d'os brisés*.

soudoyer v. Acheter les services de quelqu'un : *soudoyer un assassin*.

soudure n. f. V. SOUDER.

souffle n. m. V. SOUFFLER.

souffler v. Faire sortir avec force de l'air de la bouche ou d'un appareil quelconque. Respirer avec effort. Reprendre

haleine : *laissez-moi souffler*. Produire du vent : *la tempête souffle*. Activer le feu au moyen de l'air. Eteindre en soufflant : *souffler une bougie*. *Souffler le verre*, c'est lui donner une certaine forme en soufflant dans sa masse au moyen d'un tube, lorsqu'il est pâteux. Aider celui qui récite : *souffler une leçon*. Le **souffle**, c'est la respiration, l'haleine; c'est aussi le vent. C'est encore le brutal déplacement de l'air à la suite d'une explosion. Un **soufflé**, c'est un mets qui se gonfle en cuisant. Le **soufflet** est un instrument qui sert à souffler le feu (1); c'est aussi une gifle; c'est également un objet plié comme un cuir de soufflet : *le soufflet d'un appareil photographique* (2). **Souffleter**, c'est donner un soufflet. Le **souffleur** est celui qui souffle, spécialement au théâtre (3); c'est aussi celui qui souffle le verre.

soufflet n. m., **souffleter** v., **souffleur, euse** n. V. SOUFFLER.

souffrance n. f. Douleur, peine. Une chose en **souffrance**, c'est une chose dont on a arrêté la marche : *affaire en souffrance*. **Souffrir**, c'est éprouver une souffrance; c'est aussi supporter, admettre : *ne pouvoir souffrir le bruit; souffrez que je vous réponde*. Un **souffre-douleur** est celui qui est en butte aux mauvais traitements de tous. Celui qui est maladif, qui a l'air toujours souffrant est **souffreteux**.

souffreteux, euse adj., **souffrir** v. V. SOUFFRANCE.

soufre n. m. Corps de couleur jaune citron, qui brûle avec une

1. V. pl. SERRURERIE; 2. V. pl. PHOTOGRAPHIE; 3. V. pl. THÉÂTRE.

flamme suffocante. **Soufrer**, c'est enduire de soufre ; c'est aussi exposer à la vapeur du soufre qui brûle. L'*acide* **sulfurique** est un acide tiré du soufre. Les **sulfates** sont des sels obtenus en traitant des métaux par l'acide sulfurique. **Sulfater**, c'est traiter la vigne avec du sulfate de cuivre.

soufrer v. V. SOUFRE.

souhait n. m. Expression d'un désir, vœu. **Souhaiter**, c'est faire un souhait : *souhaiter bonne chance*. Ce qui est désirable est **souhaitable**.

souhaitable adj., **souhaiter** v. V. SOUHAIT.

souiller v. Salir. Au figuré, déshonorer : *souiller sa réputation*. Un **souillon**, c'est une personne malpropre. La **souillure** est une tache.

souillon n., **souillure** n. f. V. SOUILLER.

souk n. m. Marché arabe.

soûl, e ou **saoul, e** adj. Autrefois, rassasié. Aujourd'hui, ivre. N. m. *Tout son soûl*, autant qu'on peut désirer. **Soûler** ou **saouler**, c'est, populairement, enivrer ; au figuré, c'est étourdir : *soûler par son bavardage*.

soulagement n. m. V. SOULAGER.

soulager v. Débarrasser d'un fardeau, diminuer une peine, délivrer d'un souci ; c'est aussi aider, secourir. **Se soulager**, c'est satisfaire un besoin naturel. Le **soulagement**, c'est la diminution d'une charge, d'un mal.

soûler v. V. SOÛL.

soulèvement n. m. V. SOULEVER.

soulever v. Elever un peu : *soulever un fardeau*. Causer de la colère, de l'indignation. *Soulever le cœur*, c'est causer du dégoût. Le **soulèvement**, c'est l'action de soulever.

soulier n. m. Chaussure qui couvre le pied en tout ou en partie (1).

souligner v. Tirer un trait dessous. Attirer l'attention sur.

soumettre v. Obliger à obéir. La **soumission**, c'est l'action d'obéir, d'accepter l'autorité de ; c'est aussi la déclaration par laquelle on accepte de faire un travail sous certaines conditions. Celui qui se soumet est **soumis**.

soumis, e adj., **soumission** n. f. V. SOUMETTRE.

soupape n. f. Clapet qui règle le mouvement d'un liquide, d'un gaz dans un tuyau, un récipient, un ballon (2).

soupçon n. m. V. SOUPÇONNER.

soupçonner v. Penser, avec plus ou moins de preuves, que quelqu'un est coupable. Se figurer. Le **soupçon**, la **suspicion**, c'est l'idée qu'on se fait de la culpabilité de quelqu'un. Le **soupçon** est aussi une idée vague, sans fondement.

soupe n. f. Bouillon, lait chaud, versé sur des tranches de pain : *tremper la soupe*. Potage de légumes. La **soupière** est le récipient dans lequel on sert la soupe (3).

soupente n. f. Réduit installé dans le haut d'une chambre.

souper n. m. Autrefois, repas du soir, appelé aujourd'hui dîner. Repas pris tard dans la nuit. **Souper**, c'est prendre le souper.

soupeser v. Soulever un objet pour juger de son poids.

soupière n. f. V. SOUPE.

---

1. V. pl. CHAUSSURES ; 2. V. pl. AÉROSTATS ; 3. V. pl. VAISSELLE.

soupir n. m. Respiration forte et prolongée causée par la douleur, le plaisir. En musique, silence de la durée d'une noire (1). **Soupirer**, c'est pousser des soupirs, c'est aussi désirer vivement quelque chose. Un **soupirant**, c'est un amoureux.

soupirail n. m. Ouverture pour éclairer ou aérer un souterrain (2).

soupirer v. V. SOUPIR.

souple adj. Facile à plier. Au figuré, docile, soumis : *caractère souple*. La **souplesse**, c'est la qualité de celui, de ce qui est souple. **Assouplir**, c'est rendre souple.

souplesse n. f. V. SOUPLE.

source n. f. Eau qui sort de terre. Liquide quelconque qui sort du sol : *source de pétrole*. Au figuré, origine. Document original auquel on se réfère. Un **sourcier** est celui qui sait découvrir les sources à l'aide d'une baguette ou d'un pendule.

sourcier n. m. V. SOURCE.

sourcil n. m. Saillie osseuse, garnie de poils, au-dessus des yeux. **Sourciller**, c'est remuer les sourcils en signe d'inquiétude, de mécontentement, de surprise.

sourciller v. V. SOURCIL.

sourd, e adj. Qui n'entend pas. Qui ne se laisse pas fléchir : *sourd aux prières*. Se dit d'une douleur continue mais faible. Secret, dissimulé : *guerre sourde*. N. Celui qui n'entend pas. **En sourdine** signifie sans bruit, en secret. Le **sourd-muet** est celui qui ne peut ni entendre ni parler. La **surdité** est le défaut de celui qui est sourd.

sourdine n. f. V. SOURD.

sourdre v. Sortir de terre, en parlant d'un liquide.

souriant, e adj. Qui sourit.

souricière n. f. V. SOURIS.

sourire v. Rire légèrement, sans bruit. Plaire : *cette idée me sourit*. Favoriser : *la chance lui sourit*. Un **sourire**, c'est un rire léger : *un sourire approbateur*.

souris n. f. Petit animal rongeur, qui vit dans les maisons (3). Une **souricière** est un piège à souris.

sournois, e adj. Dissimulé, hypocrite.

sous préposition qui marque une situation inférieure : *sous le lit*; intérieure : *mettre sous enveloppe*; le temps : *sous Louis XIV*; l'apparence : *sous cette forme*.

sous-alimenter v. Donner une alimentation insuffisante.

sous-bois n. m. Arbustes, buissons, sous les arbres d'un bois.

sous-chef n. m. Celui qui commande tout de suite au-dessous du chef.

souscripteur n. m., **souscription** n. f. V. SOUSCRIRE.

souscrire v. Signer au bas d'un écrit pour l'approuver. Prendre l'engagement de payer, prendre une part à, etc. Le **souscripteur** est celui qui souscrit. La **souscription** est l'action de souscrire.

sous-cutané, e adj. Sous la peau.

sous-directeur, trice n. Celui, celle qui dirige en second.

sous-entendre v. Ne pas exprimer nettement sa pensée. Ce qu'on sous-entend est **sous-entendu** : *parler par sous-entendus*.

sous-estimer v. Ne pas estimer à sa valeur.

1. V. pl. MUSIQUE (*Signes de*) ; 2. V. pl. MAISON ; 3. V. pl. RONGEURS ;

sous-lieutenant n. m. Officier inférieur au lieutenant.

sous-locataire v. V. sous-louer.

sous-louer v. Louer en second. Le **sous-locataire** est celui qui sous-loue.

sous-main n. m. Cahier, buvard qu'on place sur son bureau pour écrire.

sous-marin, c adj. Qui est sous la mer. N. m. Navire qui est conçu pour naviguer sous les eaux (1).

sous-officier n. m. Militaire non officier, supérieur en grade au caporal, au brigadier.

sous-ordre n. m. Qui travaille sous les ordres d'un autre.

sous-peuplé, e adj. Insuffisamment peuplé : *un pays sous-peuplé.*

sous-préfecture n. f. V. sous-préfet.

sous-préfet n. m. Fonctionnaire qui dirige un arrondissement. La **sous-préfecture** est la circonscription dirigée par un sous-préfet; c'est aussi la ville où il réside.

sous-produit n. m. Corps obtenu au cours de la fabrication d'une autre substance : *le goudron est un sous-produit de la houille.*

sous-seing n. m. Acte rédigé et signé par des particuliers sans l'intervention d'un officier ministériel : *contrat sous-seing privé.*

soussigné, e adj. Qui a signé un écrit : *je soussigné...*

sous-sol n. m. Couche du sol au-dessous de la terre végétale. Partie d'une maison sous le rez-de-chaussée.

sous-titre n. m. Titre secondaire. Traduction des paroles d'un film en langue étrangère, qui apparaît au bas de l'image.

soustraction n. f. V. soustraire.

soustraire v. Enlever, ôter par adresse ou par fraude. Retrancher d'un nombre. Délivrer d'un mal, d'un danger. La **soustraction** est l'action de soustraire; c'est aussi l'opération par laquelle on retranche un nombre d'un autre.

soutane n. f. Vêtement très long des ecclésiastiques (2).

soute n. f. Dans un navire, endroit où sont gardés les vivres, les munitions, le charbon.

soutenir v. Supporter, maintenir. Défendre : *soutenir ses droits.* Affirmer, assurer : *je soutiens que c'est vrai.* Aider, secourir : *soutenir une ville assiégée.* Supporter : *soutenir une épreuve.* Se **soutenir**, c'est se maintenir, se tenir, ne pas tomber. Celui qui soutient est un **soutien**. Le **soutènement** est ce qui soutient : *mur de soutènement.*

souterrain, e adj. Qui est sous terre. N. m. Endroit sous terre.

soutien n. m. V. soutenir.

soutirer v. Faire passer un liquide d'un tonneau dans un autre. Au figuré, c'est tirer : *soutirer de l'argent.*

souvenir n. m. Mémoire qu'on garde d'une chose. Ce qui nous rappelle une chose : *souvenir de voyage.* Se **souvenir**, c'est se rappeler.

souvent adv. Plusieurs fois en peu de temps.

souverain, e adj. Qui est au-dessus de tous, de tout : *une habileté souveraine.* Qui exerce une autorité supérieure à tout : *un prince souverain; le peuple souverain.* N. Chef d'un État

1. V. pl. MARINE DE GUERRE; 2. V. pl. VÊTEMENTS RELIGIEUX.

monarchique. Personne qui exerce un pouvoir souverain. La **souveraineté** est l'autorité souveraine.

souveraineté n. f. V. souve-rain.

soviet [*so-vièt'*] n. m. En U. R. S. S., assemblée, conseil des délégués, des ouvriers, des paysans, des soldats. Ce qui se rapporte à l'U. R. S. S. est **so-viétique** : *le gouvernement soviétique.*

soviétique adj. V. soviet.

soyeux, euse adj. V. soie.

spacieux, euse adj. Vaste, étendu.

spadassin n. m. Celui qui était toujours prêt à tirer l'épée pour se battre.

sparadrap n. m. Toile gommée qui se colle à la peau pour maintenir un pansement.

sparterie n. f. Ouvrage d'alfa (corde, natte, panier, etc.).

spartiate adj. Austère, sévère, sans mollesse, comme les coutumes des habitants de Sparte, dans l'ancienne Grèce.

spasme n. m. Contraction brusque et involontaire des muscles.

spatule n. f. Truelle. Cuiller plate.

speaker, ine [*spi-keur, in'*] n. Celui ou celle qui annonce les programmes, les nouvelles à la radio, à la télévision.

spécial, e adj. Particulier : *un travail spécial.* La **spécialité**, c'est le caractère de ce qui est spécial ; c'est aussi l'étude à laquelle on s'adonne spécialement. Le **spécialiste** est celui qui se consacre à un travail spécial, le médecin qui s'occupe surtout d'une sorte de maladies. **Se spécialiser**, c'est s'attacher à une spécialité.

spécialiser (se) v., **spécialiste** n., **spécialité** n. f. V. spécial.

spécieux, euse adj. Qui a l'air vrai tout en étant faux.

spécifier v. Indiquer spécialement.

spécimen [*spé-si-mèn*] n. m. Echantillon, modèle.

spectacle n. m. Ce qu'on voit d'un seul coup d'œil. Représentation théâtrale : *aller au spectacle.* Le **spectateur** est celui qui assiste à une scène, à une représentation. Ce qui a pour but d'attirer les regards, l'attention, est spectaculaire.

spectaculaire adj., **spectateur, trice** n. V. spectacle.

spectre n. m. Fantôme. Image formée des couleurs de l'arc-en-ciel, que produit la lumière en passant par un cristal.

spéculateur, trice n., **spéculation** n. f. V. spéculer.

spéculer v. Faire des opérations de bourse, de commerce, en essayant de prévoir les événements. La **spéculation** est l'action de spéculer. Le **spéculateur** est celui qui spécule.

spéléologie n. f. Science et sport qui ont pour objet l'exploration et l'étude des cavernes. Ceux qui font de la spéléologie sont des **spéléologues**.

spéléologue n. V. spéléologie.

sperme n. m. Liquide émis par les glandes reproductrices mâles.

sphère n. f. Corps en forme de boule (1). Au figuré, milieu dans lequel nous vivons, nous agissons : *sphère d'action.* Ce qui a la forme d'une boule est **sphérique**.

sphérique adj. V. sphère.

sphinx n. m. Monstre fabuleux à corps de lion et à tête humaine.

1. V. pl. solides.

spirale n. f. Courbe qui tourne autour d'un point en s'en éloignant de plus en plus, comme une coquille d'escargot (1). Une **spire** est un tour d'hélice, de spirale.

spire n. f. V. SPIRALE.

spirite n. m. Celui qui prétend entrer en communication avec les esprits. Le **spiritisme** est la doctrine des spirites.

spiritisme n. m. V. SPIRITE.

spirituel, elle adj. Relatif à l'esprit, par opposition à matérialiste. Qui a de l'esprit, qui montre de l'esprit : *homme spirituel; réponse spirituelle.*

spiritueux n. m. Liqueur alcoolisée.

splendeur n. f. V. SPLENDIDE.

splendide adj. Magnifique. La **splendeur** est la magnificence, la grande beauté.

spolier v. Déposséder.

spongieux, euse adj. Poreux comme une éponge.

spontané, e adj. Que l'on fait de soi-même, sans y être forcé. La **spontanéité**, c'est la qualité de ce qui est spontané. **Spontanément**, c'est d'une façon spontanée.

spontanément adv., **spontanéité** n. f. V. SPONTANÉ.

sport n. m. Pratique habituelle des exercices du corps. Ce qui concerne les sports est **sportif**. Un **sportif** est celui qui pratique les sports.

sportif, ive adj. et n. V. SPORT.

squale [*skoual'*] n. m. Requin, poisson très vorace.

square n. m. Petit jardin au milieu d'une place publique.

squelette n. m. Ensemble des os du corps. Ce qui est décharné comme un squelette est **squelettique**.

stabilisateur n. m., **stabilisa-**

tion n. f., **stabiliser** v., **stabilité** n. f. V. STABLE.

stable adj. Ce qui est fermement établi, qui ne risque pas de tomber. **Stabiliser**, c'est rendre stable. La **stabilisation** est l'action de rendre stable, solide. Le **stabilisateur** est un appareil qui rend stable : *bicyclette à stabilisateur.* La **stabilité** est la qualité de ce qui est stable.

stade n. m. Lieu destiné à des exercices de sport. Degré : *les différents stades d'un travail.*

staff n. m. Plâtre mêlé de colle, pour la décoration.

stage n. m. Temps pendant lequel des candidats, des débutants se préparent à la profession qu'ils veulent exercer. Le **stagiaire** est celui qui fait un stage.

stagiaire n. V. STAGE.

stagnant, e adj. Se dit de l'eau qui ne coule pas, qui dort. La **stagnation** est l'état d'une eau stagnante; c'est aussi l'immobilité, l'arrêt : *la stagnation des affaires.*

stagnation n. f. V. STAGNANT.

stalactite n. f. Pendeloque de pierre qui pend à la voûte d'une grotte. La **stalagmite** est la colonne qui se forme sur le sol au-dessous de la stalactite.

stalagmite n. f. V. STALACTITE.

stalle n. f. Siège d'un chœur d'église, d'un théâtre. Compartiment d'écurie.

stance n. f. Groupe de vers ayant un sens complet.

stand n. m. Endroit aménagé pour le tir sur des cibles avec des armes à feu. Espace réservé à un exposant dans une exposition.

1. V. pl. LIGNES.

standard n. m. (mot anglais). Type, modèle. Appareil où aboutissent les lignes téléphoniques et qui permet de les relier entre elles. La personne affectée à un standard téléphonique est un ou une **standardiste**. **Standardiser**, c'est unifier, simplifier une production.

standardiser v., **standardiste** n. V. STANDARD.

star n. f. (mot anglais). Artiste célèbre, notamment au cinéma.

starter [*star-teur*] n. m. (mot anglais). Celui qui donne le signal du départ dans une course. Dispositif qui facilite la mise en marche d'un moteur froid.

station n. f. Façon de se tenir : *la station assise*. Lieu où s'arrêtent les trains, les voitures publiques. Une **station-service** est un poste aménagé pour ravitailler les automobiles en essence et en huile et faire des réparations simples. Ce qui ne change pas de position, ce qui ne fait pas de progrès est **stationnaire**. **Stationner**, c'est s'arrêter dans un endroit.

stationnaire adj., **stationner** v. V. STATION.

statistique n. f. Etude de divers faits classés et comptés par période de temps : *statistique annuelle des naissances*.

statuaire n. f. V. STATUE.

statue n. f. Figure en relief représentant une personne, un animal (1). La **statuaire** est l'art de la sculpture. Une **statuette** est une petite statue.

statuer v. Régler, établir avec autorité. Les **statuts** sont les règles établies.

statuette n. f. V. STATUE.

stature n. f. Taille, grandeur.

statut n. m. V. STATUER.

stéarine n. f. Matière tirée du suif et dont on fait les bougies.

stèle n. f. Pierre plate, posée debout et portant une inscription : *stèle funéraire*.

sténodactylo n. Personne qui est à la fois sténographe et dactylographe. Le ou la **sténographe** est la personne qui sait la sténographie. La **sténographie** est un système d'écriture par signes qui est aussi rapide que la parole. **Sténographier**, c'est écrire en sténographie.

sténographe n., **sténographie** n. f., **sténographier** v. Voir STÉNODACTYLO.

stentor n. m. *Voix de stentor*, voix très forte.

steppe n. f. Vaste plaine herbeuse des régions tropicales ou semi-arides.

stère n. m. Unité de mesure pour le bois de chauffage (mètre cube).

stérile adj. Qui ne porte pas de fruits : *terre stérile*. Qui n'a pas de résultat : *vœu stérile*. La **stérilité** est l'état de ce qui est stérile. **Stériliser**, c'est rendre stérile ; c'est aussi débarrasser une substance des *ferments* (v. ce mot) qu'elle contient, pour l'empêcher de se corrompre : *stériliser le lait*.

stériliser v., **stérilité** n. f. Voir STÉRILE.

sterling [*ster-lign'* ou *lin'g*] adj. (mot anglais). *Livre sterling*, unité monétaire anglaise.

sternum [*stèr-nom'*] n. m. Os plat au milieu de la poitrine (2).

stigmate n. m. Marque, trace. **Stigmatiser**, c'est marquer. C'est surtout blâmer : *stigmatiser le vice*.

stigmatiser v. V. STIGMATE.

stimuler v. Exciter, encourager.

---

1. V. pl. SCULPTURE ; 2. V. pl. HOMME.

stipuler v. Enoncer, indiquer une condition dans un contrat.

stock n. m. Quantité de marchandises, etc., dont on dispose. **Stocker**, c'est emmagasiner en stock : *stocker du sucre.*

stocker v. V. STOCK.

stoïcien, enne adj. et n., **stoïcisme** n. m. V. STOÏQUE.

stoïque adj. Qui montre de la fermeté, du courage dans le malheur. Le **stoïcisme** était une doctrine philosophique, chez les Grecs; c'est aussi la fermeté, le courage devant le mal. Les **stoïciens** étaient les partisans du stoïcisme.

stomacal, e adj. V. ESTOMAC.

stomatologie n. f. Etude des maladies de la bouche et des dents, que pratiquent les **stomatologistes.**

stomatologiste n. V. STOMATOLOGIE.

stopper v. Arrêter (un navire, une machine, etc.). Réparer une déchirure en refaisant la trame et la chaîne du tissu.

store n. m. Rideau qui se lève et se baisse (1).

strabisme n. m. Défaut de celui qui louche.

strangulation n. f. Etranglement.

strapontin n. m. Siège qui peut se relever à volonté.

strass n. m. Verre coloré imitant diverses pierres précieuses.

stratagème n. m. Ruse, feinte.

stratégie n. f. Art de diriger les armées pendant la bataille. Ce qui se rapporte à la stratégie est **stratégique.**

stratégique adj. V. STRATÉGIE.

stratifier v. Disposer par couches superposées : *roches stratifiées.* La **stratosphère** est la région des couches les plus hautes de l'atmosphère.

stratosphère n. f. V. STRATIFIER.

strict, e adj. Etroit, rigoureux : *un devoir strict.* Exact, sévère.

strident, e adj. Se dit d'un son aigu : *un cri strident.*

strie n. f. Cannelure, rayure. Ce qui présente des stries à sa surface est **strié.**

strié, e adj. V. STRIE.

strophe n. f. Division régulière d'un poème.

structure n. f. Façon dont sont disposées les parties d'un tout : *la structure d'un ouvrage.*

strychnine n. f. Poison violent.

stuc n. m. Enduit qui imite le marbre : *lambris en stuc.*

studieux, euse adj. Qui étudie.

studio n. m. Petit appartement; c'est aussi un atelier d'artiste; c'est également un local où l'on tourne des films.

stupéfaction n. f., **stupéfait, e** adj., **stupéfiant** n. m., **stupéfier** v. V. STUPEUR.

stupeur n. f. Engourdissement du corps et de l'esprit : *la stupeur de l'ivresse.* Etonnement profond. La **stupéfaction**, c'est l'étonnement proche de la stupeur. **Stupéfier**, c'est causer un profond étonnement. Un **stupéfiant** est un médicament qui endort. Celui qui est frappé de stupéfaction est **stupéfait.** (V. STUPIDE.)

stupide adj. Frappé de stupeur, hébété. Sot, inintelligent : *un air stupide.* La **stupidité** est la sottise; c'est aussi une action stupide.

stupidité n. f. V. STUPIDE.

style n. m. Poinçon dont les Anciens se servaient pour écrire sur des tablettes enduites de cire. Manière d'écrire : *un style simple.* Caractère commun des œuvres d'art d'une époque : *le*

1. V. pl. FENÊTRES.

style Louis XV. **Styler,** c'est éduquer, former : *domestique bien stylé.* **Styliser,** c'est simplifier une figure pour lui donner un aspect décoratif : *styliser une fleur.* Un **stylographe,** ou **stylo,** c'est un porte-plume à réservoir. Un **stylet,** c'est un poignard effilé comme un poinçon.

styler v., **stylet** n. m., **styliser** v., **stylographe** n. m. Voir STYLE.

suaire n. m. Drap dans lequel on ensevelit un mort.

suave adj. Doux, agréable : *musique suave.* La **suavité,** c'est la douceur.

suavité n. f. V. SUAVE.

subalterne adj. Inférieur par le rang, la condition.

subdiviser v. Diviser ce qui a été déjà divisé. Une **subdivision,** c'est une seconde division, une partie de ce qui a été divisé : *le canton est une subdivision du département.*

subdivision n. f. V. SUBDIVISER.

subir v. Supporter : *subir un châtiment.* Se soumettre : *subir sa destinée.* Passer (examen, etc.).

subit, e adj. Brusque, soudain.

subjectif, ive adj. Qui varie avec le jugement, les sentiments, les habitudes de chacun : *les goûts artistiques sont très subjectifs.*

subjonctif n. m. Forme du verbe qui indique que son action dépend de celle d'un autre verbe, comme dans : *je désire que tu viennes* (subjonctif).

subjuguer v. Soumettre, dominer.

sublime adj. Grand, très élevé.

submerger v. Inonder, recouvrir d'eau. Au figuré, entraîner : *pays submergé par l'anar-*

chie. Un **submersible** est un bateau qui peut plonger ou naviguer en surface.

submersible n. m. V. SUBMERGER.

subordination n. f. V. SUBORDONNER.

subordonner v. Etablir une dépendance entre des personnes ou des choses. La **subordination** est la dépendance.

suborner v. Tenter, séduire par des dons, des promesses.

subreptice adj. Obtenu par surprise, sans y avoir droit.

subroger v. Mettre à la place de. Le *subrogé tuteur* est celui qui remplace le tuteur.

subséquent, e adj. Qui suit.

subside n. m. Secours d'argent.

subsidiaire adj. Accessoire.

subsistance n. f. V. SUBSISTER.

subsister v. Continuer d'exister : *il faut manger pour subsister.* La **subsistance,** c'est la nourriture et l'entretien.

substance n. f. Matière dont une chose est formée. La partie essentielle, principale d'une chose : *la substance d'un livre.* Une chose **substantielle,** c'est une chose qui a de la substance, de l'importance; on le dit aussi d'un aliment nourrissant. Le **substantif** est un nom qui désigne un être, un objet, une idée, comme CHEVAL, MAISON, BONTÉ.

substantiel, elle adj., **substantif** n. m. V. SUBSTANCE.

substituer v. Mettre à la place de. Le **substitut** est celui qui remplit des fonctions à la place d'un autre. La **substitution** est l'action de substituer.

substitut n. m., **substitution** n. f. V. SUBSTITUER.

subterfuge n. m. Moyen détourné.

subtil, e adj. Fin, menu, délié. Habile, ingénieux : *esprit subtil.* **Subtiliser**, c'est rendre subtil. Familièrement, c'est voler habilement. La **subtilité**, c'est le caractère de ce qui est subtil.

subtiliser v., **subtilité** n. f. V. SUBTIL.

suburbain, e adj. Qui est tout près de la ville.

subvenir v. Venir en aide, pourvoir : *subvenir à ses besoins.* Une **subvention** est une somme d'argent fournie par l'Etat, une collectivité, etc. **Subventionner**, c'est accorder une subvention.

subvention n. f., **subventionner** v. V. SUBVENIR.

subversif, ive adj. Qui peut bouleverser : *doctrine subversive.*

suc n. m. Liquide qui sort des viandes, des plantes, des fruits pressés. Liquide produit par certains organes du corps : *le suc gastrique* (de l'estomac) *sert à digérer.*

succédané n. m. Produit qui peut en remplacer un autre.

succéder v. Venir après, remplacer : *succéder à son père dans une affaire.* Le **successeur** est celui qui succède. Une **succession** est une série de choses qui se suivent; c'est aussi le fait d'hériter. Ce qui se suit est **successif.**

succès n. m. Bon résultat, réussite.

successeur n. m., **successif, ive** adj., **succession** n. f. V. SUCCÉDER.

succin n. m. Un nom de l'ambre.

succinct, e adj. Bref, concis, exprimé en peu de mots.

succion n. f. V. SUCER.

succomber v. Etre accablé, écrasé sous un fardeau, par une fatigue. Mourir.

succulent, e adj. Savoureux.

succursale n. f. Etablissement qui dépend d'un autre.

sucer v. Absorber en aspirant avec la bouche : *sucer la moelle d'un os.* Au figuré, tirer à soi. Une **sucette** est un bonbon fixé à l'extrémité d'un bâtonnet; c'est aussi une petite tétine qu'on donne à sucer à un nouveau-né. La **succion** est l'action de sucer.

sucette n. f. V. SUCER.

sucre n. m. Substance de saveur agréable, tirée de diverses plantes : *sucre de canne.* Ce qui a le goût du sucre est **sucré.** **Sucrer**, c'est ajouter du sucre à. La **sucrerie** est la fabrique de sucre. Les **sucreries** sont des friandises préparées avec du sucre. Un **sucrier** est un récipient où l'on garde le sucre.

sucrer v., **sucrerie** n. f., **sucrier** n. m. V. SUCRE.

sud n. m. Point de l'horizon (v. ce mot), opposé au nord.

sudation n. f. **suée** n. f., **suer** v. V. SUEUR.

sueur n. f. Liquide qui sort de la peau quand on a chaud. **Suer**, c'est laisser sortir de la sueur par la peau. Une **suée**, c'est une transpiration abondante à la suite d'un effort, d'une émotion. La **sudation**, c'est l'action de suer.

suffire v. Etre en assez grande quantité : *suffire aux besoins de quelqu'un. Il suffit de,* c'est assez de. La **suffisance** est ce qui suffit; c'est aussi la trop grande satisfaction de soi. Ce qui suffit est **suffisant.** Un homme **suffisant** est celui qui est trop content de lui, qui est présomptueux.

suffisance n. f., **suffisant, e** adj. V. SUFFIRE.

suffocant, e adj., **suffocation** n. f. V. SUFFOQUER.

suffoquer v. Etouffer. Au figuré, causer une surprise violente. La **suffocation** est l'oppression, l'étouffement. Ce qui suffoque est **suffocant**.

suffrage n. m. Vote dans une élection. Au figuré, approbation.

suggérer v. Inspirer une idée. La **suggestion** est l'action de suggérer ; c'est aussi la chose suggérée. Ce qui suggère est **suggestif**.

suggestif, ive adj. V. SUGGÉRER.

suicide n. m. Meurtre de soi-même. **Se suicider**, c'est se donner la mort à soi-même.

suie n. f. Matière noire et épaisse que laisse déposer la fumée.

suif n. m. Graisse des animaux ruminants.

suint n. m., **suintement** n. m. V. SUINTER.

suinter v. Laisser couler un liquide lentement à travers ses parois : *vase qui suinte*. Le **suintement** est l'action de suinter. Le **suint** est la graisse qui suinte du corps des bêtes à laine.

suisse adj. et n. De Suisse. Un **Suisse** est un habitant de la Suisse. N. m. Employé chargé de la police d'une église. Petit fromage blanc.

suite n. f. Personnes qui suivent quelqu'un, qui l'accompagnent : *la suite d'un prince*. Série : *une suite de faits*. Ce qui vient après : *attendre la suite*. Résultat : *suites d'un acte*. *De suite*, sans arrêt. *Tout de suite*, sans attendre : *viens tout de suite*.

suivant, e adj. et n. V. SUIVRE.

suivre v. Aller, venir après. Accompagner : *suivre quelqu'un en voyage*. Aller le long de : *suivre le cours du fleuve*. Ecouter avec attention : *suivre un discours*. **Se suivre**, c'est aller, venir l'un après l'autre : *les jours se suivent*. Un chemin suivi est un chemin fréquenté. Un raisonnement **suivi** est celui où il y a de la liaison entre les idées. Ce qui suit, celui qui suit, est le **suivant**. Une **suivante** est une servante. **Suivant** est aussi un mot de liaison qui signifie *selon* : *suivant qu'il fera beau ou mauvais* (Conjuguez : *je suis, nous suivons ; je suivais ; je suivis, nous suivîmes ; je suivrai ; il faut que je suive ; suivant, suivi*.)

sujet, ette adj. Soumis : *être sujet à l'impôt*. Enclin, porté à : *être sujet à la colère*. N. Celui qui est soumis à l'autorité de : *le roi et ses sujets*. N. m. Cause, motif : *avoir des sujets de ressentiment*. Matière que traite un ouvrage, etc. **Assujettir**, c'est rendre sujet de, sujet à. Une **sujétion** est une obligation.

sulfate n. m., **sulfater** v., **sulfurique** adj. V. SOUFRE.

sultan n. m. Autrefois, empereur des Turcs. Aujourd'hui, nom de certains princes musulmans. La **sultane** était la femme du sultan.

superbe adj. Elevé, imposant. Très beau : *un temps superbe*. N. f. Orgueil : *abattre la superbe*.

supercherie n. f. Tromperie.

superficie n. f. Surface. Ce qui se rapporte à la surface, ce qui n'est pas approfondi est **superficiel**.

superficiel, elle adj. V. SUPER-FICIE.

superflu, e adj. Qui est de trop, inutile.

supérieur, e adj. Qui est au-dessus : *étage supérieur*. D'un degré plus élevé : *température supérieure*. N. m. Celui qui est au-dessus des autres, qui a autorité sur eux : *obéir aux supérieurs*. La **supériorité** est la qualité de ce qui est supérieur.

supériorité n. f. V. SUPÉRIEUR.

superlatif, ive adj. Qui exprime une qualité au plus haut degré : INFIME, SUPRÊME *sont des superlatifs*.

supermarché n. m. Magasin de grande surface vendant en libre-service des produits variés.

superposer v. Poser des objets les uns sur les autres.

supersonique adj. Dont la vitesse est supérieure à celle du son : *un avion supersonique*.

superstitieux, euse adj. Voir SUPERSTITION.

superstition n. f. Religion mal entendue, qui attribue un caractère sacré à des croyances, des actes, sans aucune valeur réelle. Celui qui agit par superstition est **superstitieux**.

supplanter v. Prendre la place de.

suppléant, e adj. et n. V. SUP-PLÉER.

suppléer v. Fournir ce qui manque : *suppléer une différence*. Remplacer : *suppléer un juge*. Celui qui supplée est **suppléant**. Le **supplément**, c'est ce qu'on ajoute pour compléter; c'est aussi ce qu'on donne en plus. Ce qui sert de supplément est **supplémentaire**.

supplément n. m., **supplémentaire** adj. V. SUPPLÉER.

suppliant, e adj., **supplication** n. f. V. SUPPLIER.

supplice n. m. Punition corporelle ordonnée par la justice : *le dernier supplice, c'est la peine de mort*. Souffrance corporelle infligée à une victime. Au figuré, vive peine. **Supplicier**, c'est exécuter un condamné à mort; c'est aussi torturer.

supplicier v. V. SUPPLICE.

supplier v. Prier avec humilité et insistance. Celui qui supplie est **suppliant**. Une **supplique**, c'est la demande écrite d'une faveur. Une **supplication**, c'est une requête ardente.

supplique n. f. V. SUPPLIER.

support n. m., **supportable** adj. V. SUPPORTER.

supporter v. Soutenir, porter. Permettre, tolérer : *supporter une insolence*. Un **support**, c'est un appui. Ce qu'on peut supporter est **supportable**.

supposer v. Admettre comme vrai ce qu'on se figure. Inventer, imaginer : *supposer un complot*. Avoir pour conséquence nécessaire : *les droits supposent des devoirs*. Une **supposition** est une chose qu'on suppose.

supposition n. f. V. SUPPOSER.

suppositoire n. m. Médicament solide qu'on introduit dans l'anus.

suppôt n. m. Celui qui aide quelqu'un à mal agir.

suppression n. f. V. SUPPRIMER.

supprimer v. Faire disparaître. Retrancher : *supprimer un mot dans une lettre*. La **suppression**, c'est l'action de supprimer; c'est aussi ce qu'on supprime.

suppurer v. Rendre du pus : *une plaie qui suppure*.

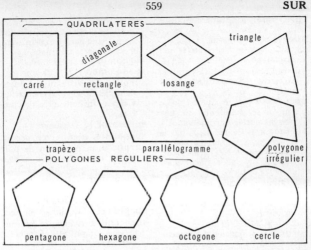

QUADRILATERES

triangle

diagonale

carré　　　　rectangle　　　　losange

trapèze　　　　parallélogramme　　　　polygone irrégulier

POLYGONES REGULIERS

pentagone　　　　hexagone　　　　octogone　　　　cercle

surfaces

supputer v. Evaluer : *supputer les chances de succès.*

suprématie n. f. V. SUPRÊME.

suprême adj. Qui est au-dessus de tout : *dignité suprême.* Ce qui est le plus important : *le moment suprême.* La **suprématie**, c'est la supériorité.

sur préposition. Indique la position au-dessus : *s'asseoir sur une chaise.* Signifie aussi contre : *frapper sur le mur ;* en arrière : *revenir sur ses pas.* Indique le sujet de : *parler sur quelque chose.*

sur, e adj. Aigre : *fruits surs.*

sûr, e adj. Assuré : *une chose sûre.* Sans danger : *route sûre.* Qui ne se trompe pas : *goût sûr.* (V. SÛRETÉ.)

surabondant, e adj. Très abondant.

suraigu, ë adj. Très aigu.

surajouter v. Ajouter par surcroît.

suralimenter v. Donner une alimentation plus forte que la normale.

suranné, e adj. Trop vieux.

surcharge n. f. Augmentation de charge. **Surcharger**, c'est charger à l'excès.

surcharger v. V. SURCHARGE.

surchauffer v. Chauffer à l'excès.

surchoix n. m. Premier choix.

surcroît n. m. Augmentation. *Par surcroît,* en plus, en outre.

surdité n. f. V. SOURD.

sureau n. m. Arbuste dont le bois est rempli d'une moelle abondante.

surélever v. Augmenter l'élévation de, hausser.

sûrement adv. Avec sûreté.

surenchère n. f. Enchère faite après une autre enchère.

surestimer v. Estimer au-dessus de sa valeur.

sûreté n. f. Etat de ce qui est sûr. Garantie : *demander des sûretés.*

surexcitation n. f. Excitation excessive. **Surexciter,** c'est exciter à l'excès.

surf [*seurf'*] n. m. Sport consistant à se maintenir sur une planche portée par une vague.

surface n. f. Le dessus, la partie qui recouvre un corps : *la surface d'une table, d'un mur.* Etendue : *la surface d'un champ.* (V. pl. p. précéd.)

surfaire v. Demander un prix trop élevé pour une chose. Vanter à l'excès : *une réputation surfaite.*

surfin, e adj. Très fin.

surgeler v. Congeler rapidement et à très basse température.

surgir v. Apparaître brusquement.

surhumain, e adj. Qui est au-dessus des forces de l'homme.

surir v. Devenir sur, aigre.

surjet n. m. Couture qui réunit deux morceaux d'étoffe superposés bord à bord (1).

surlendemain n. m. Jour qui suit le lendemain.

surmenage n. m. V. SURMENER.

surmener v. Imposer un travail trop pénible. Le **surmenage,** c'est l'excès de fatigue.

surmonter v. Etre placé au-dessus : *les flots de l'inondation surmontent les maisons.* Au figuré, dominer : *surmonter sa peur.*

surnager v. Flotter à la surface d'un liquide.

surnaturel, elle adj. Qui excède les forces de la nature : *pouvoir surnaturel.* Extraordinaire.

surnom n. m. Nom ajouté à un nom propre et qui rappelle quelque trait caractéristique d'une personne. **Surnommer,** c'est donner un surnom.

surnombre n. m. Excédent.

surnommer v. V. SURNOM.

suroît n. m. Vent du sud-ouest, dans le langage des marins. Chapeau de toile cirée des marins.

surpasser v. Dépasser.

surpeuplé, e adj. Trop peuplé.

surplis n. m. Vêtement de toile plissée que portent les prêtres par-dessus la soutane (2).

surplomber v. Dépasser la ligne d'aplomb : *des rochers qui surplombent un précipice.*

surplus n. m. Ce qui est en plus.

surprendre v. Prendre par surprise, à l'improviste. Etonner : *cette nouvelle me surprend.* Ce qui surprend est **surprenant.** La **surprise,** c'est l'action de surprendre ; c'est aussi ce qui surprend ; c'est également un plaisir inattendu.

surproduction n. f. Production excessive.

surréalisme n. m. Mouvement littéraire et artistique qui a fait appel aux rêves et à la richesse du monde intérieur de chacun, plus ou moins inconsciente.

sursaut n. m. Mouvement brusque provoqué par la surprise. **Sursauter,** c'est éprouver un sursaut.

surseoir v. Remettre à plus tard : *surseoir à l'exécution d'un jugement.* Un **sursis,** c'est un délai.

surtout n. m. Pièce d'orfèvrerie qu'on pose comme ornement sur une table. Adverbe signifiant « par-dessus tout » : *surtout pensez-y.*

1. V. pl. COUTURE ; 2. V. pl. VÊTEMENTS RELIGIEUX.

surveillance n. f., **surveillant, e** n. V. SURVEILLER.

surveiller v. Veiller attentivement sur : *surveiller des élèves.* Le **surveillant** c'est celui qui surveille. La **surveillance** est l'action de surveiller.

survenir v. Arriver, avoir lieu sans qu'on s'y attende : *il est survenu un incident.*

survivant, e adj. et n. V. SURVIVRE.

survivre v. Demeurer en vie après une autre personne : *survivre à ses amis.* Celui qui survit est un **survivant.**

survoler v. Voler au dessus de Au figuré, c'est examiner rapidement : *survoler rapidement une question d'histoire.*

sus préposition qui signifie sur, dessus : *courir sus à quelqu'un. En sus,* en plus.

susceptibilité n. f. V. SUSCEPTIBLE.

susceptible adj. Capable de : *être susceptible de perfectionnement.* Trop sensible : *caractère susceptible.* La **susceptibilité** est le caractère susceptible.

susciter v. Faire naître, faire arriver : *susciter une querelle.*

suscription n. f. Adresse qu'on écrit sur une lettre, un paquet.

susdit, e adj. Dit, indiqué ci-dessus : *la personne susdite.*

suspect, e adj. Qui donne lieu au soupçon, qui est douteux, louche : *une affaire suspecte.* **Suspecter,** c'est considérer comme douteux. (V. SOUPÇON.)

suspendre v. Accrocher et laisser pendant : *suspendre un veston.* Interrompre momentanément : *suspendre une promenade.* Priver pendant quelque temps quelqu'un de ses fonctions : *suspendre un fonctionnaire.* Un pont **suspendu** est celui qui n'a pas d'arches et qui est soutenu par des câbles métalliques (1). Ce qui est en **suspens** est incertain. Ce qui suspend est **suspensif.** La **suspension** est l'action de suspendre, d'interrompre; c'est aussi une lampe suspendue au plafond; c'est encore l'ensemble des ressorts d'une voiture.

suspicion n. f. V. SOUPÇONNER.

sustenter v. Soutenir, nourrir.

susurrer v. Murmurer.

suzerain, e n. Autrefois, seigneur. La **suzeraineté** était la qualité de suzerain.

suzeraineté n. f. V. SUZERAIN.

svelte adj. Elancé. La **sveltesse** est la forme svelte.

s.v.p. abréviation de l'expression « s'il vous plaît ».

sycomore n. m. Variété d'érable.

syllabaire n. m. Livre pour apprendre à lire, où les mots sont divisés en syllabes. Une **syllabe** est un ensemble de lettres qui peuvent se prononcer en une seule émission de voix : BA, COL, TRAIN, CHRIST.

syllabe n. f. V. SYLLABAIRE.

sylvestre adj. Qui croît dans les bois : *un pin sylvestre.*

symbole n. m. Signe qui représente une chose : *le drapeau est le symbole de la patrie.* Ce qui a le caractère d'un symbole est **symbolique** : *figure symbolique.*

symétrie n. f. Caractère des objets dont les différentes parties se ressemblent en forme et en grandeur : *la symétrie des deux moitiés du visage.* Ce qui a de la symétrie est **symétrique.**

sympathie n. f. Penchant qui attire deux personnes l'une vers l'autre. Ce qui inspire de la sympathie est **sympathique**. **Sympathiser,** c'est avoir de la sympathie.

symphonie n. f. Morceau de musique exécuté par divers instruments ensemble. Ce qui se rapporte à la symphonie est **symphonique**.

symptôme [*sinp-tôm'*] n. m. Signe qui caractérise, qui permet de reconnaître : *symptôme de maladie.*

synagogue n. f. Temple juif.

syncope n. f. Perte de connaissance.

syndic n. m. Personne élue pour s'occuper des intérêts d'un groupe de personnes, d'une corporation. Un **syndicat,** c'est un groupement pour la défense d'intérêts communs. **Se syndi-**quer, c'est se grouper en syndicat. Ce qui appartient au syndicat est **syndical.**

syndical adj., **syndicat** n. m., **se syndiquer** v. V. SYNDIC.

synonyme adj. et n. m. Se dit des mots qui ont à peu près le même sens, comme GLAIVE et ÉPÉE.

syntaxe n. f. Partie de la grammaire qui étudie l'ordre des mots dans la phrase.

synthèse n. f. Formation artificielle d'un corps composé à partir de ses éléments. Exposé qui réunit les divers éléments d'une question : *une synthèse économique.*

système n. m. Ensemble de règles, de principes : *système philosophique.* Assemblage de pièces, d'organes : *système nerveux* (1). Classification : *système métrique.*

1. V. pl. HOMME.

Télévision : une prise de vue. Phot. S E P

tabac n. m. Plante originaire d'Amérique dont les feuilles se fument, se prisent ou se mâchent. Une **tabagie** est un endroit rempli de fumée de tabac. Une **tabatière** est une petite boîte pour le tabac en poudre; c'est aussi une petite fenêtre dans un toit (1).

tabagie n. f., **tabatière** n. f. V. TABAC.

tabellion n. m. *Fam.* Notaire.

tabernacle n. m. Petite armoire dans laquelle on enferme, à l'autel, les hosties consacrées.

table n. f. Meuble fait d'une surface plane supportée par un ou plusieurs pieds (2). Mets que l'on sert sur une table aux repas : *table abondante*. Tableau qui présente divers renseignements : *table de multiplication, table des matières*. Un **tableau** est une peinture faite sur une planche, sur un châssis de toile, etc.; c'est aussi un panneau de bois, etc., sur lequel on écrit à la craie; c'est enfin une liste disposée par ordre, des membres d'une société, de renseignements divers : *tableau d'avancement, tableau chronologique;* c'est également une subdivision d'un acte, au théâtre, avec changement de décor. Un **tableautin** est un petit tableau. Une **tablée**, c'est un ensemble de personnes réunies à la même table. **Tabler**, c'est compter sur quelque chose. Une **tablette**, c'est une planche disposée à plat pour soutenir certains objets; c'est aussi un aliment présenté sous forme aplatie : *tablette de chocolat*. Un **tablier**, c'est une plate-forme horizontale : *le tablier d'un pont* (3); c'est aussi un rideau mobile, en tôle, devant une cheminée (4); c'est enfin une pièce d'étoffe, de cuir qu'on met par-dessus ses vêtements pour les protéger.

tableau n. m., **tableautin** n. m., **tablée** n. f., **tabler** v., **tablette** n. f., **tablier** n. m. Voir TABLE.

tabou adj. Ce dont on ne doit pas parler, ce que l'on ne peut toucher ou approcher : *un personnage tabou; un sujet tabou*.

1. V. pl. FENÊTRES ; 2. V. pl. MOBILIER ; 3. V. pl. PONTS ; 4. V. pl. CHAUFFAGE.

TAB 564

tabouret n. m. Petit siège bas sans dossier (1).

tac n. m. Bruit sec. *Répondre du tac au tac*, c'est répondre vivement.

tache n. f. Marque qui salit : *tache de graisse*. Défaut : *une conduite sans tache*. **Tacher,** c'est faire une tache, salir. **Tacheter,** c'est marquer de petites taches.

tâche n. f. Ouvrage qu'on doit faire dans un certain temps. *Tâcher, prendre à tâche*, c'est s'efforcer de. Un **tâcheron** est un ouvrier à la tâche.

tacher v., **tacheter** v. Voir TACHE.

tâcher v., **tâcheron** n. m. Voir TÂCHE.

tacite adj. Sous-entendu : *un accord tacite.*

taciturne adj. Qui parle peu.

tacot n. m. Vieille voiture.

tact n. m. Sens du toucher. Au figuré, délicatesse de sentiments.

tactique n. f. Moyens qu'on emploie pour réussir.

taffetas n. m. Une étoffe de soie.

tafia n. m. Eau-de-vie tirée de la canne à sucre.

taie n. f. Enveloppe d'oreiller. Tache blanche sur l'œil.

taillandier n. m. V. TAILLER.

taille n. f. Action de tailler. Tranchant d'une épée : *frapper d'estoc et de taille* (de la pointe et du tranchant). Impôt que payaient autrefois les roturiers. Hauteur du corps. Partie du corps qui correspond à la ceinture : *taille fine. Pierre de taille*, grosse pierre qu'on taille et qui s'emploie en construction. **Tailler,** c'est couper pour donner une certaine forme : *tailler un habit. Tailler en pièces une armée*, c'est la battre. Le **tail-**

leur est celui qui taille : *tailleur de pierres* (2); c'est surtout celui qui fait des habits. Un *costume tailleur* est un costume de dame dont la façon rappelle les vêtements d'homme (3). Le **taillandier** est celui qui fait des outils propres à tailler le bois, etc. Un **taillis**, c'est un bois que l'on coupe souvent. Un **taille-crayon,** c'est un petit outil pour tailler les crayons.

tailler v., **tailleur** n. m., **taillis** n. m. V. TAILLE.

tain n. m. Enduit brillant qu'on applique derrière une glace.

taire v. Ne pas dire : *taire un secret.* **Se taire,** c'est ne pas parler, garder le silence.

talc n. m. Poudre fine formée d'un sel de magnésie et que l'on emploie pour les soins de la peau. **Talquer,** c'est enduire de talc.

talent n. m. Capacité, habileté naturelle : *avoir du talent pour écrire.*

talion n. m. Peine égale à l'offense : *la loi du talion.*

talisman n. m. Objet auquel on attribue un pouvoir magique.

talon n. m. Le derrière du pied, de la chaussure. **Talonner,** c'est frapper du talon, de l'éperon ; c'est aussi presser, hâter : *talonner un débiteur.* Une **talonnette** est une petite lame de liège qu'on met sous le talon, à l'intérieur de la chaussure.

talonner v., **talonnette** n. f. V. TALON.

talquer v. V. TALC.

talus n. m. Partie du terrain en forte pente, le long d'un chemin.

tamanoir n. m. Mammifère insectivore d'Amérique, à museau très long.

---

1. V. pl. SIÈGES ; 2. V. pl. MAÇON ; 3. V. pl. VÊTEMENTS FÉMININS ; 4. V. pl. INSECTIVORES.

tamaris n. m. Arbuste ornemental à feuilles très fines.

tambour n. m. Instrument sonore, caisse ronde tendue de peau à ses deux bouts. Celui qui bat du tambour. Ce qui a la forme d'un tambour. Un **tambourin** est un tambour long et étroit ; c'est aussi un jouet en forme de petit cerceau tendu de peau, pour frapper des balles. **Tambouriner,** c'est jouer du tambourin ; c'est aussi tapoter en cadence : *tambouriner avec les doigts sur la vitre.* Le **tambour-major** est le chef des tambours et des clairons d'un régiment.

tambourin n. m., **tambouriner** v. V. TAMBOUR.

tamis n. m. Cercle tendu d'un tissu à mailles peu serrées, qui sert pour passer des matières en poudre. **Tamiser,** c'est passer par un tamis.

tamiser v. V. TAMIS.

tampon n. m. Gros bouchon de bois, de linge, de papier. Paquet de charpie, d'ouate pour pansement. Butoir métallique disposé au bout d'un wagon, d'une locomotive, etc. Coussinet imbibé d'encre pour enduire une marque en relief, un timbre. Cette marque elle-même. **Tamponner,** c'est frotter avec un tampon ; c'est aussi heurter, en parlant de voitures.

tamponner v. V. TAMPON.

tam-tam n. m. Instrument, sorte de tambour qu'on fait résonner en frappant dessus.

tan n. m. Ecorce de chêne, de châtaignier, en poudre. **Tanner,** c'est préparer les cuirs avec du tan. Une **tannerie,** c'est un endroit où l'on tanne le cuir. Le **tanneur** est celui qui tanne les peaux. Le **tanin** est une sub-stance contenue dans le tan et qui sert à tanner. Le **tannage** est l'action de tanner.

tancer v. Réprimander, gronder.

tanche n. f. Un poisson d'eau douce (1).

tandem n. m. Bicyclette à deux places.

tandis que locution conjonctive. Pendant que, au lieu que.

tangage n. m. Mouvement du bateau qui plonge et se soulève de l'avant. (V. ROULIS.) **Tanguer,** c'est avoir un mouvement de tangage.

tangent, e adj. Qui touche. Au figuré, ce qui est sur le point de se réaliser ou d'échouer ; *une réussite tangente.* Une **tangente** est une ligne droite qui touche une ligne courbe sans la couper (2).

tangente n. f. V. TANGENT.

tangible adj. Qui peut être touché.

tango n. m. Danse à deux temps venue de l'Amérique latine. Adj. De couleur jaune-orangé.

tanguer v. V. TANGAGE.

tanière n. f. Retraite d'une bête sauvage : *tanière de renard.*

tanin n. m. V. TAN.

tank n. m. Char de combat.

tannage n. m., **tanner** v., **tannerie** n. f., **tanneur** n. m. V. TAN.

tant adv. En si grande quantité : *il y a tant d'hommes qui souffrent.* Telle quantité : *il y aura tant pour vous.* A tel point : *il a tant parlé.* Aussi longtemps, aussi loin que : *tant que je vivrai. Tant mieux,* locution de satisfaction.

tante n. f. Sœur du père ou de la mère. Femme de l'oncle.

tantinet n. m. Un peu : *un tantinet bavard.*

---

1. V. pl. POISSONS D'EAU DOUCE ; 2. V. pl. LIGNES.

tantôt adv. Peu après, par rapport au matin. Peu avant, par rapport au soir. *A tantôt*, à bientôt. *Tantôt... tantôt*, une fois... une autre fois.

taon [*tan*] n. m. Sorte de mouche qui pique le bétail.

tapage n. m. Bruit, vacarme.

tape n. f. Coup donné avec la main. **Taper**, c'est donner des tapes, frapper. Familièrement, c'est emprunter de l'argent ; c'est encore écrire à la machine. Une poire **tapée**, c'est une poire desséchée au four. Un **tapeur** est celui qui a l'habitude de taper. Une **tapée**, c'est, familièrement, une grande quantité. **Tapoter**, c'est taper à petits coups.

tapée n. f., **taper** v., **tapeur, euse** n. V. TAPE.

tapinois (en) loc. En cachette.

tapioca n. m. Fécule tirée de la racine du manioc, dont on fait des potages. Ce potage.

tapir n. m. Mammifère d'Amérique et de l'Asie tropicale, dont le museau se prolonge en une courte trompe (1).

tapir (se) v. Se blottir, se cacher en s'aplatissant.

tapis n. m. Etoffe dont on couvre le parquet, un meuble, etc. Ce qui forme comme un tapis : *tapis de verdure*. Une **tapisserie**, c'est un tissu fait sur canevas à l'aiguille, avec de la laine, de la soie, etc., et représentant des dessins divers. **Tapisser**, c'est recouvrir de tapis, de tapisserie ; c'est aussi recouvrir un mur de papier peint. Le **tapissier**, la **tapissière** sont ceux qui fabriquent, vendent ou posent des tapis, des tentures.

tapisser v., **tapisserie** n. f., **tapissier, ère** n. V. TAPIS.

tapon n. m. Tampon, bouchon.

tapoter v. V. TAPE.

taquet n. m. Petit morceau de bois taillé qui sert de cale, etc.

taquin, e adj. V. TAQUINER.

taquiner v. Agacer, impatienter. Celui qui taquine est **taquin**. La **taquinerie** est l'action, la parole qui taquine.

taquinerie n. f. V. TAQUINER.

tarabiscoter v. Orner à l'excès.

tarabuster v. Tracasser sans cesse, importuner.

tarare n. m. Machine pour vanner les céréales (2).

tarasque n. f. Figure d'animal monstrueux, qu'on promenait à certaines fêtes dans quelques villes du Midi, particulièrement à Tarascon.

taraud n. m. Outil d'acier pour tarauder. **Tarauder**, c'est creuser un pas de vis.

tard adv. A un moment trop éloigné : *se lever tard*. **Tarder**, c'est venir tard ; s'y prendre tard pour faire une chose : *tarder à venir*. Ce qui vient tard, ce qui est lent, est **tardif**.

tarder v., **tardif, ive** adj. Voir TARD.

tare n. f. Poids de l'emballage d'une marchandise. Défaut : *tare physique*. Celui qui a des tares est **taré**.

taré, e adj. V. TARE.

tarentule n. f. Sorte d'araignée.

taret n. m. Mollusque marin qui perce le bois des bateaux, des pilotis.

targette n. f. Verrou plat (3).

targuer (se) v. Se vanter.

tarière n. f. Grande vrille.

tarif n. m. Tableau des prix. **Tarifer**, c'est établir un tarif.

tarifer v. V. TARIF.

tarir v. Mettre à sec, épuiser. Au figuré, s'arrêter : *ne pas tarir d'éloges*.

---

1. V. pl. PACHYDERMES ; 2. V. pl. FERME ; 3. V. pl. SERRURERIE.

tarlatane n. f. Une étoffe de coton très légère.

tarots n. m. pl. Sorte de cartes à jouer à nombreuses figures.

tartan n. m. Etoffe de laine à carreaux de couleur, originaire d'Ecosse.

tartane n. f. Sorte de bateau de la Méditerranée.

tartare adj. *Steak tartare*, viande hachée que l'on mange crue avec un jaune d'œuf et des assaisonnements variés.

tarte n. f. Pâtisserie plate et ronde, garnie de crème, de fruits, etc. Une **tartelette** est une petite tarte. Une **tartine** est une tranche de pain recouverte de beurre, de confiture, etc.

tartelette n. f., **tartine** n. f. V. TARTE.

tartre n. m. Matière qui se dépose au fond des tonneaux de vin. Dépôt pierreux qui se forme sur les dents. Croûte dure et insoluble qui se dépose sur les parois des canalisations, des récipients.

tartufe n. m. Hypocrite qui cache ses vices sous des airs dévots.

tas n. m. Monceau d'objets mis les uns sur les autres. Grand nombre de personnes, de choses. **Tasser**, c'est réduire de volume par pression : *tasser du foin*; c'est aussi resserrer. **Se tasser**, c'est s'affaisser sur soi-même.

tasse n. f. Petit vase à boire muni d'une anse (1). Son contenu : *une tasse de café*.

tasseau n. m. Baguette de bois qui soutient une tablette.

tasser v. V. TAS.

tâter v. Toucher pour reconnaître. Essayer de connaître : *tâter les intentions de quel-*

qu'un. Essayer : *tâter d'un métier*. **Tâtonner**, c'est chercher en tâtant; c'est aussi hésiter : *tâtonner dans ses recherches*. A **tâtons**, en tâtonnant. Celui qui s'occupe de petits détails est **tatillon**.

tatillon, onne adj., **tâtonner** v., **à tatons** locution. Voir TÂTER.

tatou n. m. Petit quadrupède d'Amérique, à corps recouvert d'écailles formant carapace flexible (2).

tatouage n. m. V. TATOUER.

tatouer v. Tracer sur la peau des inscriptions, des dessins ineffaçables au moyen d'une aiguille. Un **tatouage** est un dessin ainsi tracé.

taudis n. m. Logement pauvre, mal tenu.

taupe n. f. Petit animal qui vit dans des galeries souterraines et se nourrit d'insectes (3). Une **taupinière**, c'est la petite butte de terre qu'une taupe élève en fouillant le sol.

taupinière n. f. V. TAUPE.

taureau n. m. Mâle de la vache. La **tauromachie** est le combat contre des taureaux, qui est un spectacle public en Espagne.

tauromachie n. f. V. TAUREAU.

taux n. m. Prix fixé. Intérêt annuel pour cent d'une somme. Proportion pour cent : *taux d'accroissement*.

tavelure n. f. Tache sur un fruit.

taverne n. f. Cabaret.

taxation n. f. V. TAXE.

taxe n. f. Prix officiel. Impôt : *taxe sur les transactions*. **Taxer**, c'est fixer une taxe. Au figuré, c'est traiter de : *taxer d'incapacité*. La **taxation** est l'action de taxer. Un **taxi**, c'est une voiture de place munie d'un

---

1. V. pl. VAISSELLE ; 2. V. pl. ANIMAUX EXOTIQUES, INSECTIVORES ;
3. V. pl. FOURRURE (*Animaux à*), INSECTIVORES.

compteur, qui marque le prix à payer suivant la taxe fixée. Un **taxiphone** est un appareil téléphonique que l'on peut utiliser en y introduisant un jeton.

taxer v., **taxi** n. m., **taxiphone** n. m. V. TAXE.

te pron. Toi; à toi : *il te voit; on te parle*

technicien, enne adj. et n. V. TECHNIQUE.

technique adj. Relatif à un art, à une science : *termes techniques*. N. f. La **technique** est l'ensemble des procédés d'un art, d'un métier : *la technique de la peinture*. Un **technicien** est spécialisé dans la pratique d'un art, d'une science. La **technologie** est l'étude des techniques, des outils, des matières employées dans l'industrie.

technologie n. f. V. TECHNIQUE.

Te Deum [*té-dé-om'*] n. m. Cantique d'action de grâces.

teigne n. f. Mite, petit papillon dont la larve ronge les étoffes.

teindre v. Tremper dans une matière colorante. Colorer : *teindre en bleu*. La **teinture** est l'action de teindre; c'est aussi la couleur qui sert à teindre; au figuré, c'est une connaissance peu profonde : *avoir une teinture de science*; c'est également un médicament alcoolisé dans lequel on a dissous certaines substances : *teinture d'iode*. Ce qui a reçu une teinture est **teint**. Une **teinte** est une nuance, une couleur faible. Le **teint**, c'est le coloris d'un tissu : *étoffe bon teint*; c'est aussi la coloration du visage : *un teint coloré*. Le **teinturier** est celui qui teint les étoffes; c'est aussi celui qui nettoie les vêtements. La **teinturerie** est l'art du teinturier.

tel, telle adj. Pareil, semblable : *on ne voit pas souvent de tels hommes*. Comme : *tel qu'il est*. *Tel que*, comme. *Tel quel*, sans changement : *il est resté tel quel*.

télécommunications n. f. pl. Ensemble des moyens permettant les communications à distance.

télégramme n. m. Dépêche envoyée par télégraphe

télégraphe n. m. Appareil qui permet de **télégraphier**, c'est-à-dire de communiquer instantanément à de grandes distances des nouvelles, des dépêches, La **télégraphie** est l'art de télégraphier. Le **télégraphiste** est le porteur de télégrammes. Ce qui se rapporte au télégraphe est **télégraphique**.

téléguider v. Conduire à distance : *téléguider une fusée*.

télémètre n. m. Lunette qui indique la distance où se trouve un objet très éloigné.

téléphérique n. m. Câble aérien pour transporter de petits chariots, des wagonnets (1).

téléphone n. m. Instrument qui transmet au loin les sons, la parole. **Téléphoner**, c'est communiquer par téléphone. Le ou la **téléphoniste** met en communication ceux qui se téléphonent. La *téléphonie sans fil*, comme la *télégraphie sans fil*, envoie ses indications au moyen d'ondes transmises à travers l'espace.

téléphoner v. V. TÉLÉPHONE.

télescope n. m. Grande lunette pour observer les astres. **Se télescoper** se dit des objets qu'un choc violent fait rentrer les uns dans les autres comme les tubes d'une longue-vue.

1. V. pl. VÉHICULES.

téléspectateur, trice n., **téléviseur** n. m. V. TÉLÉVISION.

télévision n. f. Transmission au loin, par ondes électriques, d'images, de scènes animées, de films de cinéma (1). Un **téléviseur** est un appareil récepteur de télévision. Les **téléspectateurs** sont les personnes qui assistent à un spectacle de télévision.

tellement adv. De telle sorte.

téméraire adj. Imprudent. trop hardi. La **témérité**, c'est la hardiesse imprudente.

témoignage n. m. Déclaration de ce que l'on sait sur une chose. Preuve : *témoignage d'amitié*. **Témoigner**, c'est déclarer, apporter un témoignage, notamment en justice; c'est aussi montrer : *témoigner de l'indignation*. Un **témoin** est celui qui témoigne, qui a vu ou entendu une chose; c'est aussi celui qui assiste une autre personne dans certains actes : *être témoin à un mariage*.

témoigner v., **témoin** n. m. V. TÉMOIGNAGE.

tempe n. f. Partie située de chaque côté du front.

tempérament n. m. Constitution d'un corps : *tempérament nerveux*. Caractère : *tempérament violent*. *Vente à tempérament*, payable par petites sommes. La **tempérance**, c'est la modération, notamment dans le manger et le boire.

température n. f. Degré de chaleur. Fièvre : *avoir de la température*. Ce qui a une température moyenne, ce qui est modéré est **tempéré** : *climat tempéré*. **Tempérer**, c'est modérer, calmer.

tempéré, e adj.

tempérer v. V. TEMPÉRATURE.

tempête n. f. Violent orage, surtout en mer. **Tempêter**, c'est gronder avec grand bruit.

tempêter v. V. TEMPÊTE.

temple n. m. Eglise, édifice destiné au culte. Ordre de chevalerie au moyen âge. Les membres de l'ordre du Temple étaient des **templiers**.

templier n. m. V. TEMPLE.

temporaire adj., **temporel, elle** adj., **temporiser** v. Voir TEMPS.

temps n. m. Durée, ce qui sépare le commencement d'une chose de sa fin, ce qui sépare un moment donné d'un autre. Epoque : *au temps des croisades*. Délai, loisir : *donner du temps, avoir du temps à perdre*. Etat de l'atmosphère : *temps chaud*. Saison : *le temps des cerises*. *Tout le temps*, sans arrêter. *De tout temps*, toujours. *En même temps*, ensemble. *Entretemps*, dans le temps qui sépare deux choses. Ce qui ne dure qu'un temps est **temporaire**. Ce qui est passager est **temporel**. Ce qui n'est pas spirituel est également **temporel** : *le pouvoir temporel du pape*. **Temporiser**, c'est retarder pour gagner du temps.

tenable adj. V. TENIR.

tenace adj. Fortement collé. Difficile à détruire. La **ténacité** est le caractère de ce qui est tenace.

ténacité n. f. V. TENACE.

tenailler v. V. TENAILLES.

tenailles n. f. pl. Outil pour tenir ou arracher quelque chose (2). **Tenailler**, c'est pincer avec des tenailles.

tenancier, ère n. V. TENIR.

tendance n. f., **tendancieux, euse** adj. V. TENDRE II.

---

1. V. p. 563 ; 2. V. pl. SERRURERIE.

tendon n. m. Extrémité d'un muscle qui le rattache à l'os.

tendre I. adj. Qui n'est pas dur. Doux, caressant, affectueux. La **tendreté**, c'est la qualité de ce qui est tendre (viande, etc.). La **tendresse**, c'est la douceur.

tendre II. v. Raidir : *tendre une corde.* Avancer, allonger : *tendre la main.* Disposer : *tendre un piège.* Tapisser : *murs tendus de tapisseries.* Se diriger vers. Une situation **tendue** est une situation au cours de laquelle un conflit risque d'éclater. La **tendance**, c'est la force qui tend vers, qui pousse vers. Ce qui marque une tendance cachée est **tendancieux** : *des bruits tendancieux.* La **tension**, c'est l'état de ce qui est tendu. Une **tenture** est un rideau tendu.

tendresse n. f., **tendreté** n. f. V. TENDRE I.

tendu, e adj. V. TENDRE II.

ténèbres n. f. pl. Grande obscurité : *vivre dans les ténèbres.* Ignorance. Ce qui est très sombre est **ténébreux**.

ténébreux, euse adj. V. TÉ-NÈBRES.

teneur n. f. V. TENIR.

ténia n. m. Long ver à anneaux plats (ver solitaire) qui vit dans l'intestin de l'homme et de divers animaux (1).

tenir v. [Conjuguez : *je tiens, tu tiens, nous tenons ; je tins, nous tînmes ; je tiendrai ; je tiendrais ; il faut que je tienne, que nous tenions ; tenant, tenu.*] Avoir dans la main : *tenir une épée.* Contenir : *bouteille qui tient un litre.* Croire, juger : *je tiens cela pour certain.* Soigner, entretenir : *maison bien tenue.* Remplir, exé-cuter : *tenir sa promesse.* Prononcer : *tenir un propos. Tenir tête,* résister. Etre attaché : *la branche tient à l'arbre.* Toucher, être voisin : *maison qui tient à une autre.* Pouvoir entrer : *tenir à quatre dans une voiture. Tenir à,* c'est désirer : *il tient à venir ;* c'est aussi résulter : *cela tient à plusieurs raisons. Tenir de,* c'est ressembler : *tenir de son père. Tenir, tenir bon,* c'est résister. La **tenue**, c'est la manière de tenir, de soigner ; c'est aussi le costume, l'uniforme. La **tenue** des livres, c'est la comptabilité. *Se tenir,* c'est demeurer, rester. Une situation que l'on peut supporter est **tenable**. Le **tenancier** est celui qui tient, qui gère un établissement. La **teneur**, c'est le contenu : *la teneur d'un texte.*

tennis [*té-niss*] n. m. Jeu de balle qu'on joue avec des raquettes par-dessus un filet.

tenon n. m. Bout d'une pièce qui entre dans un creux de même forme (*mortaise*) [2].

ténor n. m. La voix d'homme la plus élevée ; chanteur qui a cette voix.

tension n. f. V. TENDRE II.

tentacule n. m. Prolongement du corps de certains animaux, mobile et flexible, qui leur sert pour toucher et saisir.

tentateur, trice n. et adj., **tentation** n. f., **tentative** n. f. V. TENTER.

tente n. f. Pavillon de toile tendue sous lequel on s'abrite (3).

tenter v. Entreprendre, essayer : *tenter de sortir.* Séduire, plaire : *cette promenade me tente.* Ce qui tente est **tentant**. Le **tentateur** est celui qui tente. La **tentation** est l'attraction

1. V. pl. ANIMAUX INFÉRIEURS ; 2. V. pl. CHARPENTE.

vers une chose défendue ou déraisonnable. Une **tentative,** c'est l'action de tenter.

tenture n. f. V. TENDRE II.

ténu, e adj. Mince.

tenue n. f. V. TENIR.

térébenthine n. f. Résine tirée de divers arbres (sapins, etc,), qui fournit une essence.

tergiverser v. User de détours, hésiter.

terme n. m. Fin, limite. Epoque à laquelle on doit faire le paiement d'un loyer, d'une pension. Somme due à cette époque. Mot : *choisir ses termes.* Au pl., relations, rapports : *être en bons termes.*

terminaison n. f., **terminal, e** adj. V. TERMINER.

terminer v. Finir, achever : *terminer un travail.* Ce qui est **terminal** marque la fin : *classes terminales.* La **terminaison** est la manière dont une chose se termine ; c'est aussi la finale d'un mot. Le **terminus,** c'est l'endroit où finit une ligne de transports.

terminus n. m. V. TERMINER.

termite n. m. Insecte très vorace (1). Une **termitière** est un nid de termites (2).

terne adj. Qui n'a pas d'éclat : *œil terne.* Au figuré, sans couleur, sans vivacité : *style terne.* **Ternir,** c'est rendre terne.

terrain n. m. Espace de terre considéré par rapport à sa nature : *terrain sablonneux ;* à sa destination : *terrain à bâtir. Etre sur son terrain,* c'est parler, traiter de ce que l'on connaît très bien.

terrasse n. f. Plate-forme de terre soutenue par une maçonnerie. Plate-forme en maçonnerie sur le toit d'une maison.

Devanture d'un café, d'un restaurant, etc., où sont installées des tables sur la voie publique.

terrassement n. m. Action de remuer, de transporter de la terre. Terre ainsi transportée. **Terrasser,** c'est faire des terrassements ; c'est aussi abattre un adversaire, le jeter à terre. Le **terrassier** est l'ouvrier qui travaille à des terrassements.

terrasser v., **terrassier** n. m. V. TERRASSEMENT.

terre n. f. Planète que nous habitons : *la Terre tourne autour du Soleil* (v. pl. p. suiv.). Partie de cette planète : *les terres australes. La Terre sainte, la Terre promise,* nom donné à la Palestine, dans la Bible. Le sol sur lequel nous reposons, par opposition à la mer : *un tremblement de terre.* Matière dont ce sol est fait. Terrain cultivé, domaine rural : *acheter des terres. Terre ferme,* le continent. *Terre à terre,* médiocre, sans élévation. Le **terreau** est une terre formée par la décomposition de végétaux. Un **terre-plein** est une plate-forme faite de terre rapportée. **Se terrer,** c'est se cacher dans un trou sous terre. Ce qui se rapporte à la terre est **terrestre.** Ce qui est de la nature de la terre, qui est sali de terre est **terreux.** Celui qui habite la terre, la campagne, est un **terrien.** Un **terrier,** c'est le trou en terre où se retirent certains animaux. Un **territoire** est une étendue de terre dépendant d'une autorité. Ce qui se rapporte à un territoire est **territorial.** Un **terroir** est une terre considérée du point de vue de ses productions : *le terroir bourguignon.*

1 et 2. V. pl. INSECTES.

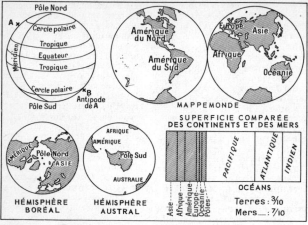

Terre

terreau n. m., **terre-plein** n. m., **terrer** v., **terrestre** adj. V. TERRE.

terreur n. f. Grande peur. Ce qui cause la terreur est **terrible**. Terrifier, terroriser, c'est frapper de terreur. Le **terrorisme**, c'est l'ensemble des attentats et des sabotages commis pour renverser un pouvoir établi ou impressionner une opinion publique. Le **terroriste** est celui qui pratique des actes de terrorisme.

terreux, euse adj. V. TERRE.

terrible adj. V. TERREUR.

terrien, enne adj. et n., **terrier** n. m. V. TERRE.

terrifier v. V. TERREUR.

terril [*tè-ri*] n. m. Colline formée par les déchets d'une mine.

terrine n. f. Vase de terre, de forme ronde, plus large en haut qu'en bas. Viande, mets conservé dans ce vase : *terrine de foie gras* (1).

territoire n. m., **territorial, e** adj., **terroir** n. m. V. TERRE.

terroriser v., **terrorisme** n. m., **terroriste** n. m. V. TERREUR.

tertre n. m. Petite hauteur, butte de terrain.

tesson n. m. Débris de vase, de bouteille : *tesson de verre*.

test [*tèst'*] n. m. Epreuve servant à déterminer le degré l'intelligence, d'habileté, etc. d'une personne.

testament n. m. Ecrit par lequel on déclare ses dernières volontés avant la mort. Ce qui se rapporte au testament est **testamentaire**. Tester, c'est faire un testament. Le **testateur** est celui qui teste.

testamentaire adj., **testateur** n. m., **tester** v. V. TESTAMENT.

tétanos [*té-ta-noss*] n. m. Maladie très grave, où l'on éprouve des crampes douloureuses et

1. V. pl. CUISINE (*Ustensiles de*), POTERIE.

due à un microbe qui se développe dans une plaie souillée.

têtard n. m. Grenouille ou crapaud à l'état de larve (1).

tête n. f. Partie du corps de l'homme, de la plupart des animaux, où se trouvent les yeux, les oreilles, le nez et la bouche (2). Personne : *payer tant par tête*. Esprit : *perdre la tête. De tête*, de mémoire, en imaginant. Sommet : *la tête d'un arbre*. Premier rang : *être à la tête de sa classe. Avoir toute sa tête*, c'est jouir de son bon sens. *Coup de tête*, étourderie, action hardie. *Mauvaise tête*, personne indisciplinée. *Tenir tête à*, résister. *Se mettre en tête*, décider. *En tête à tête*, seul à seul avec quelqu'un. *Tête de ligne*, origine d'une ligne de transport. **Tête-de-loup**, balai à long manche pour nettoyer les plafonds. Deux objets sont **tête-bêche** quand ils sont placés l'un à côté de l'autre en sens contraire. La couleur **tête-de-nègre** est une couleur marron foncé.

tétée n. f. V. TÉTER.

téter v. Sucer le lait à la mamelle : *enfant qui tette encore*. La **tétée**, c'est la quantité de lait qu'un bébé tette en une fois. La **tétine**, c'est la mamelle de la vache, de la chèvre, etc.; c'est aussi un petit bouchon de caoutchouc percé de trous, qu'on met sur un biberon.

tétine n. f. V. TÉTER.

tétraèdre n. m. Solide limité par quatre faces triangulaires.

têtu, e adj. Obstiné.

teuton, onne adj. et n. Habitant de la Germanie, ancien nom de l'Allemagne.

texte n. m. Paroles d'un auteur qu'on lit dans un livre, etc., par opposition aux explications, aux notes, aux traductions. Ce qui est conforme au texte est **textuel**.

textile adj. Qui peut être tissé : *plante textile*. Relatif au tissage : *industrie textile*. N. m. Ce qui peut être tissé : *la rayonne est un textile artificiel*. La **texture** est la manière dont une chose est tissée, la disposition des parties d'un corps, d'un ouvrage.

textuel, elle adj. V. TEXTE.

texture n. f. V. TEXTILE.

thaler [*ta-lèr*] n. m. Ancienne monnaie d'argent allemande.

thallophytes [*ta-lo-fit'*] n. f. pl. Division du règne végétal comprenant les bactéries, les lichens, les champignons et les algues.

thaumaturge [*tau-ma-turj'*] n. m. Celui qui prétend faire des miracles.

thé n. m. Feuille de **théier** (arbrisseau de la Chine, de l'Inde, de l'Indochine), dont on fait une boisson aromatique (3). Cette boisson. Réunion dans laquelle on sert le thé. La **théière** est le vase dans lequel on fait le thé.

théâtral, e adj. V. THÉÂTRE.

théâtre n. m. Lieu où l'on donne des représentations dramatiques. (V. pl. p. suiv.) Profession de comédien : *se destiner au théâtre*. Lieu où se passe une chose : *le théâtre des opérations militaires. Coup de théâtre*, événement inattendu. Ce qui se rapporte au théâtre est **théâtral**.

thébaïde n. f. Lieu où l'on se retire loin du monde.

théier n. m., **théière** n. f. V. THÉ.

1. V. pl. BATRACIENS ; 2. V. pl. HOMME ; 3. V. pl. PLANTES EXOTIQUES.

théâtre

Labels: poulailler, coulisse, coulisse, galerie, rideau, balcon, loges, régisseur, décor, parterre, fauteuils, orchestre, souffleur, rampe, scène, acteurs, machiniste

thème n. m. Sujet, matière d'un discours : *le thème d'une discussion*. Ce que l'on traduit de sa propre langue dans la langue que l'on apprend : *le contraire du thème est la version*.

théocratie n. f. Société où l'autorité civile est exercée par les membres du clergé.

théologie n. f. Science de la religion. Ce qui se rapporte à la théologie est **théologique**. Le **théologien** est celui qui est savant en théologie. Les vertus **théologales** sont la foi, l'espérance et la charité.

théologien n. m., **théologique** adj. V. THÉOLOGIE.

théorème n. m. Affirmation mathématique qui peut être démontrée : *théorème de géométrie*.

théoricien, enne n. V. THÉORIE.

théorie n. f. Connaissance appuyée sur l'étude des livres, non sur la pratique. Opinion, idée : *théorie politique*. Une **théorie**, c'est aussi une longue suite de personnes qui marchent les unes derrière les autres. Ce qui se rapporte à la théorie est **théorique**. Le **théoricien** est celui qui connaît bien les principes de base d'une science, d'un art.

théorique adj. V. THÉORIE.

thérapeutique n. f. Art de traiter les maladies.

thermal, e adj. V. THERMES.

thermes n. m. pl. Établissement d'eaux minérales chaudes. Ce qui se rapporte aux thermes est **thermal**. Ce qui se rapporte à la chaleur est **thermique**. Le **thermomètre** est un appareil pour mesurer la température, la chaleur. **Thermidor** était le mois de la chaleur (19 juillet-17 août) dans le calendrier républicain de la Révolution.

thermidor n. m., **thermique** adj., **thermomètre** n. m. Voir THERMES.

thésauriser v. Amasser des trésors, de l'argent.

thèse n. f. Opinion que l'on expose et qu'on défend. Sujet que l'on présente devant une faculté et que l'on défend publiquement.

thibaude n. f. Tissu grossier servant à doubler les moquettes.

thon n. m. Grand poisson comestible (1).

thoracique adj. V. THORAX.

thorax n. m. Cavité de la poitrine qui renferme les poumons (2). Ce qui se rapporte au thorax est **thoracique** : *cage thoracique*.

thuriféraire n. m. Celui qui porte l'encensoir dans une cérémonie religieuse. Au fig., flatteur.

thuya n. m. Un arbre toujours vert.

thym [*tin*] n. m. Une petite plante très odorante employée comme condiment.

thyroïde n. f. Glande placée devant la gorge.

tiare n. f. Mitre à trois couronnes que porte le pape (3).

tibia n. m. Gros os de la jambe (4).

tic n. m. Contraction involontaire et répétée d'un muscle. Familièrement, mouvement, geste habituel et ridicule. **Tiquer**, c'est faire un geste involontaire de mécontentement.

ticket n. m. Billet d'entrée, de chemin de fer, d'autobus, etc.

tic-tac n. m. Bruit d'une montre.

tiède adj. Ni chaud ni froid. Au figuré, qui manque d'ardeur, de zèle. La **tiédeur** est l'état de ce qui est tiède. **Tiédir**, c'est devenir tiède, rendre tiède.

tiédeur n. f., **tiédir** v. V. TIÈDE.

tien, enne adj. et pron. Qui est à toi. *Le tien*, ce qui t'appartient. *Les tiens*, tes parents.

tierce n. f. Intervalle de trois degrés, en musique. Au jeu de cartes, suite de trois cartes de la même couleur.

tiers, tierce adj. Qui vient en troisième lieu : *une tierce personne*. Le Tiers ou le Tiers-État, autrefois, la bourgeoisie et le peuple. N. m. Chacune des trois parties d'un tout divisé en trois.

tiers-point n. m. Lime de forme triangulaire.

tige n. f. Partie de la plante qui sert de support aux branches, aux feuilles (5). Partie de la botte qui enveloppe la jambe.

tignasse n. f. Chevelure mal peignée, ébouriffée.

tigre, esse n. Grand animal carnassier du même genre que le chat (6). Personne cruelle. Ce qui est rayé comme la peau du tigre est **tigré**.

tigré, e adj. V. TIGRE.

tilbury n. m. Cabriolet léger.

tillac n. m. Pont le plus élevé d'un navire.

tilleul n. m. Arbre dont la fleur fournit une tisane estimée (7).

timbale n. f. Tambour en forme de demi-boule (8). Moule de cuisine. Pâté cuit dans une timbale. Gobelet en métal. *Décrochez la timbale*, obtenir ce qu'on désirait. Le **timbalier** est le joueur de timbale.

timbalier n. m. V. TIMBALE.

timbre n. m. Sorte de clochette qui résonne quand elle est frappée par un petit marteau : *timbre électrique*. Qualité du son, de la voix, qui permet de les reconnaître. Cachet imprimé ou estampé sur les papiers officiels. Marque d'une administration, d'une maison de commerce, etc., qu'on imprime, qu'on appose sur un document. Vignette qu'on colle sur une lettre, un document : *le timbre-poste sert à affranchir les lettres*. Ce qui a un timbre agréable

---

1. V. pl. POISSONS DE MER ; 2. V. pl. HOMME ; 3. V. pl. COIFFURES RELIGIEUSES ;
4. V. pl. HOMME ; 5. V. pl. PLANTES ; 6. V. pl. FAUVES, CARNASSIERS ;
7. V. pl. ARBRES ; 8. V. pl. MUSIQUE (*Instruments de*).

est bien **timbré**. Familièrement, une personne **timbrée** est un peu folle. **Timbrer**, c'est marquer avec un timbre.

timbrer v. V. TIMBRE.

timide adj. Craintif, manquant de hardiesse. La **timidité** est le manque de hardiesse, la crainte habituelle.

timidité n. f. V. TIMIDE.

timon n. m. Perche de bois aux côtés de laquelle on attelle des chevaux. Gouvernail de bateau. Le **timonier** est le matelot qui tient la barre du timon, ou gouvernail.

timonier n. m. V. TIMON.

timoré, e adj. Timide, réservé.

tintamarre n. m., **tintement** n. m. V. TINTER.

tinter v. Faire sonner une cloche en frappant des coups espacés. Produire un bruit analogue : *les oreilles lui tintent*. Le **tintement** est le bruit d'une cloche qui tinte ; c'est aussi un bourdonnement : *tintement d'oreilles*. Le **tintamarre**, c'est le vacarme. **Tintinnabuler**, c'est produire un bruit de grelot.

tintinnabuler v. V. TINTER.

tintouin n. m. Souci, tracas : *se donner du tintouin*.

tique n. f. Petit animal qui s'attache aux bœufs, aux moutons, aux chiens, et leur suce le sang.

tiquer v. V. TIC.

tiqueter v. Tacheter.

tir n. m., **tirade** n. f., **tirage** n. m., **tiraillement** n. m., **tirailler** v., **tirailleur** n. m., **tirant** n. m., **tire** n. f. Voir TIRER.

tirer v. Amener à soi avec effort : *tirer un fardeau*. Faire sortir : *tirer la langue*. Oter : *tirer ses bas*. Tracer : *tirer un trait*.

Imprimer : *tirer un livre*. Reproduire un cliché photographique : *tirer une épreuve*. Faire partir une arme : *tirer le canon*. Extraire : *tirer de l'eau du puits*. Recueillir, obtenir : *tirer profit*. Conclure : *tirer une conséquence*. *Tirer les cartes*, c'est prétendre connaître l'avenir de quelqu'un au moyen d'un jeu de cartes. Le **tir**, c'est l'action de lancer un projectile au moyen d'une arme. Une **tirade**, c'est ce que l'on dit, l'on récite d'un seul trait : *tirade ennuyeuse*. Le **tirage**, c'est l'action de tirer ; c'est aussi la difficulté, l'effort pour obtenir une chose. **Tirailler**, c'est tirer à diverses reprises, dans plusieurs sens, sans régularité. Le **tiraillement** est l'action de tirailler. Le **tirailleur** est le soldat qui tiraille à volonté, en avant d'une colonne en marche. Un **tirant**, c'est un cordon, un lacet ; le *tirant d'eau* d'un navire, c'est la quantité dont il s'enfonce dans l'eau. La **tire**, c'est l'action de tirer (s'emploie dans la locution : *vol à la tire*, celui où le voleur tire adroitement ce qu'il dérobe). *Etre* **tiré**, c'est être fatigué, amaigri : *une figure tirée*. *Tiré à quatre épingles*, vêtu avec soin, avec recherche. Le **tire-bouchon** est un instrument pour tirer les bouchons des bouteilles. *Voler* **à tire-d'aile**, c'est voler à grands coups d'ailes rapides. Le **tire-fond** est une sorte de très grosse vis pour fixer un rail de chemin de fer sur une traverse. Le **tire-ligne** est un instrument de dessin pour tracer des lignes. La **tirelire** est un petit vase muni d'une fente pour y glisser des économies. Un **tiret**, c'est un petit trait. Une **tirette**, c'est une tablette mobile qui permet d'allonger un meuble. Le **tireur** est celui qui tire avec une arme à feu. Un **tiroir** est une petite caisse emboîtée dans un meuble et que l'on peut tirer à volonté; dans une machine à vapeur, c'est une petite pièce mobile qui sert à diriger la vapeur dans un sens ou dans un autre.

tiret n. m. V. TIRER.

tirette n. f., **tireur, euse** n., **tiroir** n. m. V. TIRER.

tisane n. f. Boisson médicinale. *Tisane de champagne*, champagne plus léger que l'ordinaire.

tison n. m. Morceau de bois à moitié brûlé et encore rouge. **Tisonner**, c'est remuer les tisons pour attiser le feu. Le **tisonnier** est une tringle de fer pour tisonner.

tisonner v., **tisonnier** n. m. V. TISON.

tissage n. m. V. TISSER.

tisser v. Entrelacer des fils pour faire une étoffe. Le **tissage** est l'action de tisser, l'usine où l'on tisse. (V. pl. p. suiv.) Le **tisserand** est celui qui tisse. Un **tissu**, c'est une étoffe tissée; c'est aussi la matière qui forme les organes des animaux, des plantes : *tissu musculaire, osseux;* au figuré, c'est une suite de choses, d'idées, d'affirmations liées les unes aux autres : *un tissu de mensonges*. Un **tissu-éponge** est un tissu dont la surface forme de très nombreuses petites boucles qui le rendent spongieux.

tisserand, e n., **tissu** n. m. V. TISSER.

titan n. m. Géant de la *mythologie* (v. ce mot). Ce qui est propre au titan, au géant, est **titanesque**.

titanesque adj. V. TITAN.

titiller v. Chatouiller.

titre n. m. Inscription en tête d'un livre, d'un chapitre. Qualification honorifique : *titre de noblesse*. Qualification indiquant une dignité, une fonction : *titre universitaire*. Pièce établissant un droit : *titre de propriété*. Proportion d'or, d'argent, etc., qu'il y a dans un objet de métal : *pièce d'or au titre de 900 millièmes*. Celui qui possède un titre est **titré**. Celui qui exerce une fonction en vertu d'un titre est **titulaire**. **Titulariser**, c'est rendre titulaire.

tituber v. Chanceler, vaciller sur ses jambes : *tituber de fatigue*.

titulaire adj. et n., **titulariser** v. V. TITRE.

toast n. m. Action de boire à la santé de quelqu'un. Tranche de pain grillé.

toboggan n. m. Sorte de traîneau. Glissière pour faire descendre des marchandises, etc., d'un étage à un autre.

toc n. m. Mot qui exprime le bruit d'un coup. Ce qui imite une chose de valeur : *montre en toc*.

tocsin n. m. Son de cloche redoublé pour donner l'alarme.

toge n. f. Manteau des anciens Romains (1). Robe de magistrat, d'avocat.

toi pron. qui désigne la personne à qui l'on parle.

toile n. f. Tissu de lin, de chanvre ou de coton. Tissu de fils métalliques. Décor de fond dans un théâtre. Tableau peint sur toile. Réseau que tisse l'araignée pour capturer des

---

1. V. pl. VÊTEMENTS MASCULINS.

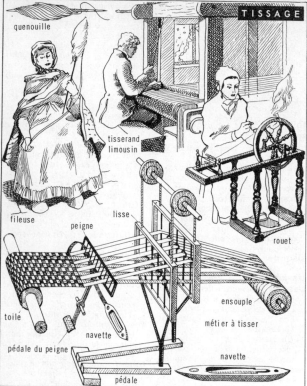

TISSAGE

quenouille

tisserand
limousin

fileuse

peigne

lisse

rouet

toilé

navette

pédale du peigne

ensouple

métier à tisser

navette

pédale

insectes. Une **toilette**, c'est un meuble servant pour la coiffure, les soins de propreté, etc.; c'est également l'action de se laver, de se coiffer; c'est enfin le costume, la parure.

toilette n. f. V. TOILE.

toise n. f. Ancienne mesure de longueur (environ 2 mètres). **Toiser**, c'est mesurer; c'est

aussi regarder de haut en bas (comme pour juger de la taille) avec mépris.

toiser v. V. TOISE.

toison n. f. Poil, lainage d'un animal : *toison de mouton.*

toit n. m. Couverture d'une maison : *un toit de tuile* (1). Au figuré, maison : *un toit hospitalier.* La **toiture**, c'est le toit.

1. V. pl. MAISON.

toiture n. f. V. TOIT.

tôle n. f. Fer en feuilles minces.

tolérable adj., **tolérance** n. f., **tolérant, e** adj. V. TOLÉRER.

tolérer v. Supporter. Ce qu'on peut tolérer est **tolérable**. La **tolérance** est l'action de tolérer; c'est aussi la liberté laissée à autrui de penser comme il veut. Celui qui montre de la tolérance est **tolérant**.

tollé n. m. Cri d'indignation.

tomahawk [*to-ma-hôk*] n. m. Hache de guerre des Peaux-Rouges, Indiens d'Amérique.

tomate n. f. Plante à fruits rouges comestibles (1), Ces fruits eux-mêmes.

tombal, e adj. V. TOMBE.

tombe n. f. Sépulture. Au figuré, la mort. Ce qui se rapporte à la tombe est **tombal** : *pierre tombale*. Un **tombeau** est un monument élevé sur une tombe. Au figuré, endroit sombre, triste.

tombeau n. m. V. TOMBE.

tombée n. f. V. TOMBER.

tomber v. Etre entraîné de haut en bas par son poids. Se jeter à terre : *tomber aux pieds de quelqu'un*. Arriver brusquement : *tomber sur l'ennemi*. Pendre : *cheveux qui tombent sur le nez*. Devenir brusquement : *tomber malade*. Perdre de sa force, de son animation : *conversation qui tombe*. Etre pris : *tomber dans le piège*. Arriver par hasard, rencontrer : *tomber au milieu d'une fête*. Se laisser aller : *tomber dans l'erreur*. La **tombée** *du jour, de la nuit*, c'est la fin du jour. Un **tombereau**, c'est une forte charrette à deux roues qui peut basculer sur son essieu (2).

tombereau n. m. V. TOMBER.

tombola n. f. Loterie avec des lots en nature et non en argent.

tome n. m. Division d'un livre, qui forme en général un volume.

tomme n. f. Fromage de la Savoie et des Pyrénées.

ton I, **ta, tes** adj. poss. A toi.

ton II. n. m. Hauteur de la voix, du son d'un instrument. Caractère du style, manière de parler : *ton badin*. Degré de force d'une teinte : *un ton soutenu*. *Donner le ton*, c'est régler la mode. *Le bon ton*, ce sont les manières des personnes bien élevées. La **tonalité**, c'est le ton d'un morceau de musique, c'est aussi une teinte, une nuance; c'est encore le son que produit un téléphone qu'on décroche, indiquant qu'on peut composer un numéro. **Tonifier**, c'est donner du ton, de la vigueur. Ce qui donne du ton, ce qui fortifie est **tonique** : *un vin tonique*.

tonalité n. f. V. TON II.

tondeur, euse n. V. TONDRE.

tondre v. Couper de près les cheveux, le poil, le gazon, etc. Celui qui tond est un **tondeur** : *tondeur de chiens*. Une **tondeuse**, c'est un instrument pour tondre. La **tonte**, c'est l'action de tondre. La **tonsure** est le rond rasé sur la tête des ecclésiastiques.

tonifier v., **tonique** adj. Voir TON II.

tonitruant, e adj. V. TONNERRE.

tonnage n. m., **tonne** n. f. V. TONNEAU.

tonneau n. m. Récipient de bois formé de planches arrondies, assemblées par des cercles. Son contenu : *tonneau de vin*. Mesure usitée pour calculer la capacité d'un bateau (1 mètre cube et demi, environ). Une

---

1. V. pl. LÉGUMES ; 2. V. pl. FERME, VÉHICULES.

tonne, c'est un grand tonneau; c'est aussi un poids de mille kilogrammes. Le **tonnage,** c'est la capacité d'un bateau. Le **tonnelier** est celui qui fait des tonneaux. Une **tonnelle,** c'est un berceau de treillage recouvert de verdure.

tonnelier n. m., **tonnelle** n. f. V. TONNEAU.

tonner v. V. TONNERRE.

tonnerre n. m. Bruit de la foudre. Au figuré, grand bruit comparable à celui du tonnerre : *un tonnerre d'applaudissements.* **Tonner,** se dit du bruit que fait le tonnerre; c'est aussi parler avec violence : *tonner contre les abus. Une voix tonnante,* c'est une voix éclatante. Ce qui imite le bruit du tonnerre est **tonitruant.**

tonsure n. f., **tonte** n. f. Voir TONDRE.

topaze n. f. Pierre précieuse de couleur jaune.

tope là ! Exclamation d'acceptation. **Toper,** c'est se frapper l'un l'autre dans la main en signe d'accord.

toper v. V. TOPE.

topinambour n. m. Plante à *tubercules* (v. ce mot) comestibles.

topo n. m. Familièrement, projet présenté par écrit.

topographie n. f. Art d'établir certaines cartes, de représenter sur un plan les formes du terrain, tous les détails qu'il porte, naturels ou artificiels.

toponymie n. f. Etude des noms de lieux.

toquade n. f. V. TOQUER.

toque n. f. Coiffure sans bords ou à très petits bords (1).

toquer (se) v. S'éprendre : *se toquer d'une personne.* Une **toquade,** c'est un caprice.

torche n. f. Flambeau grossier de cordes tordues, trempées dans de la résine, de bois résineux, etc. Une **torchère** était autrefois un support pour les torches ; c'est maintenant un grand candélabre. Le **torchis,** c'est un mélange de paille et de terre employé pour faire des murs, des cabanes, etc. Un **torchon,** c'est une serviette de grosse toile. **Torcher,** c'est essuyer avec un torchon; c'est aussi faire à la hâte un travail.

torcher v., **torchère** n. f., **torchis** n. m., **torchon** n. m. V. TORCHE.

tordre v. Tourner un linge, un faisceau de fils, de cordes, une poignée de paille par leurs extrémités, en sens contraire. Tourner brutalement : *tordre le bras. Tordre le cou,* c'est étrangler. La **torsion** est l'action de tordre. Ce qui est tordu est **tors** : *des jambes torses.* Une **torsade** est une frange tordue.

tornade n. f. Cyclone, ouragan violent en forme de tourbillon.

torpédo n. f. Automobile découverte de forme élancée.

torpeur n. f. Engourdissement.

torpillage n. m. V. TORPILLE.

torpille n. f. Engin de guerre provoquant une explosion : *torpille sous-marine, aérienne.* Poisson de mer qui lance une décharge électrique quand on le touche (2). **Torpiller,** c'est faire sauter avec une torpille. Le **torpillage,** c'est l'action de torpiller. Un **torpilleur** est un bateau lanceur de torpilles.

torpiller v., **torpilleur** n. m. V. TORPILLE.

torréfaction n. f. Action de faire griller.

1. V. pl. COIFFURES CIVILES ; 2. V. pl. POISSONS DE MER.

torréfier v. Griller, rôtir : *torréfier du café.*

torrent n. m. Courant d'eau très rapide. Grande quantité d'un liquide qui tombe, qui coule : *pleuvoir à torrents.* Une pluie **torrentielle** est une pluie violente.

torrentiel, elle adj. V. TORRENT.

torride adj. Très chaud, brûlant : *climat torride.*

tors, e adj., **torsade** n. f. Voir TORDRE.

torse n. m. Sculpture représentant un corps humain, sans tête ni membres. Buste d'une personne.

torsion n. f. V. TORDRE.

tort n. m. Chose contraire au droit, à la justice, à la raison : *avoir des torts envers quelqu'un. Avoir tort,* soutenir une chose fausse, agir contrairement au droit. Dommage : *faire tort à quelqu'un. A tort,* injustement.

torticolis n. m. Douleur qui fait tenir le cou tordu.

tortillard n. m. V. TORTILLER.

tortiller v. Tordre plusieurs fois à plusieurs tours : *tortiller un papier.* Un **tortillon** est un rouleau de papier, de paille, etc., tortillé. Un **tortillard** est un petit chemin de fer qui fait beaucoup de détours.

tortillon n. m. V. TORTILLER.

tortionnaire n. m. Celui qui ordonne, qui applique la torture. Personne qui inflige des tourments.

tortu, e adj. Qui n'est pas droit : *jambes tortues.*

tortue n. f. Animal marin ou terrestre dont les quatre pattes peuvent, ainsi que la tête, rentrer dans une carapace très résistante (1).

tortueux, euse adj. Qui fait beaucoup de détours. Au figuré, manque de loyauté, de franchise.

torture n. f. Supplice, particulièrement celui qu'on fait subir à un accusé pour le faire avouer. Au figuré, vive inquiétude. **Torturer,** c'est tourmenter, mettre au supplice.

torve adj. Se dit d'un regard oblique et menaçant.

tôt adv. Au bout de peu de temps. De bonne heure.

total, e adj. Entier, complet. N. m. Somme : *le total des dépenses.* **Totaliser,** c'est faire le total, la somme de. La **totalité,** c'est le tout, le total.

totaliser v., **totalité** n. f. V. TOTAL.

totem n. m. Animal considéré comme l'ancêtre et le protecteur d'une tribu.

touchant, e adj., **touche** n. f. V. TOUCHER.

toucher v. Etre en contact avec : *toucher avec la main.* Recevoir : *toucher de l'argent.* Atteindre, arriver : *toucher au but.* Causer de l'émotion : *touché par ses pleurs.* Le **toucher,** c'est le sens par lequel on reconnaît, en le touchant, la forme d'une chose. Ce qui touche, ce qui émeut est **touchant.** Une **touche,** c'est l'action de toucher ; dans les instruments de musique à clavier, c'est chaque pièce qu'on touche pour produire un son ; en peinture, c'est un coup de pinceau.

touffe n. f. Bouquet, faisceau de brins de végétaux, de fils, etc. : *touffe de cheveux.* Ce qui est épais, serré, est **touffu.**

touffu, e adj. V. TOUFFE.

toujours adv. Sans cesse, sans fin : *je l'aime toujours.*

toupet n. m. Petite touffe de cheveux sur le front. Familièrement, audace, effronterie.

toupie n. f. Jouet en forme de poire, qu'on fait tourner sur sa pointe.

tour I n. f. Bâtiment étroit et élevé (1). Pièce du jeu d'échecs. Une **tourelle** est une petite tour (2).

tour II n. m. Mouvement en rond : *tour de roue*. Action de parcourir tout autour : *faire le tour de la ville*. Exercice de force, d'adresse : *tour de force, de prestidigitation*. Manière adroite de se jouer de quelqu'un. Manière de présenter une idée : *un tour gracieux*. Ordre, rang : *parler à son tour*. *A tour de bras*, de toutes ses forces. *Tour à tour*, l'un après l'autre. (V. TOURNER.)

tour III n. m. Machine-outil pour travailler en rond le bois, le métal; planche tournante sur laquelle travaillent les potiers (3). Armoire tournante encastrée dans un mur pour faire passer dans l'intérieur ce qu'on dépose à l'extérieur : *le tour d'un couvent*. La religieuse qui surveille le tour d'un couvent est la **tourière**. Le **tourneur** est celui qui travaille au tour.

tourangeau, elle adj. et n. De la Touraine, province de France.

tourbe I n. f. Sorte de charbon. Une **tourbière**, c'est l'endroit d'où l'on tire la tourbe.

tourbe II n. f. Foule de gens méprisables.

tourbière n. f. V. TOURBE I.

tourbillon n. m. Vent violent qui souffle en tournoyant. Masse d'eau qui tournoie. Au figuré : *le tourbillon des plaisirs*. **Tourbillonner**, c'est tournoyer comme un tourbillon.

tourbillonner v. V. TOURBILLON.

tourelle n. f. V. TOUR I.

tourie n. f. Très grosse bouteille ronde, de verre ou de terre, parfois clissée d'osier (4).

tourière n. f. V. TOUR III.

tourillon n. m. Pivot d'une chose qui tourne.

tourisme n. m. Action de voyager pour le plaisir ou pour se cultiver. Le **touriste** est celui qui voyage pour son agrément. Ce qui se rapporte au tourisme est **touristique** : *un itinéraire touristique*.

touriste n., **touristique** adj. V. TOURISME.

tourment n. m. Grande peine. Une **tourmente**, c'est une violente tempête. **Tourmenter**, c'est soumettre à un tourment, une torture. Au figuré, c'est inquiéter vivement.

tourmente n. f., **tourmenter** v. V. TOURMENT.

tournant, e adj., **tournée** n. f. V. TOURNER.

tournebroche n. m., **tournedos** n. m., **tournemain (en un)** loc. V. TOURNER.

tourner v. Mouvoir en rond : *tourner une roue*. Changer de direction : *tourner les yeux vers*. Travailler avec le tour : *tourner une pièce de bois*. *Tourner un film*, c'est le réaliser, c'est aussi y jouer un rôle. Prendre dans un certain sens : *tourner une phrase en mal*. Disposer, arranger : *bien tourner une lettre*. Faire le tour de : *tourner une montagne*. Passer à côté, éviter : *tourner la difficulté*. *Tourner le dos à un endroit*, c'est s'en éloigner.

1. V. pl. CHÂTEAU FORT; 2. V. pl. ARTILLERIE, CHÂTEAU FORT; 3 et 4. V. pl. POTERIE.

Tourner le dos à quelqu'un, c'est s'en détourner avec mépris. *Tourner les talons,* c'est s'en aller. *Tourner casaque,* c'est changer de parti. *Tourner en ridicule,* c'est se moquer de. **Tourner,** en parlant du lait, du vin, etc., c'est se décomposer, s'altérer. Ce qui tourne est **tournant.** Un **tournant,** c'est un coude du chemin, d'un cours d'eau, etc. ; c'est aussi le moment où les événements changent de tournure. Un **tourne-broche,** c'est une broche à rôtir qui tourne au moyen d'un mécanisme. Un **tournedos,** c'est un filet de bœuf préparé en tranches. Une **tournée,** c'est un voyage d'affaires, d'inspection, où l'on parcourt plusieurs endroits voisins ; c'est aussi une promenade ; c'est enfin l'ensemble des consommations offertes par une personne à d'autres dans un café. **En un tournemain,** c'est en un moment. Le **tournesol** ou soleil est une plante dont les larges fleurs se tournent toujours vers le soleil. Le **tournevis** est un outil pour serrer ou desserrer les vis (1). Un **tourniquet,** c'est une croix mobile sur un pivot pour ne laisser passer qu'une personne à la fois ; c'est aussi un appareil tournant : *un tourniquet d'arrosage* (2). Le **tournis** est une maladie des moutons qui les fait tourner sur eux-mêmes. **Tournoyer,** c'est tourner sur soi-même plusieurs fois. Le **tournoiement,** c'est l'action de tournoyer. La **tournure,** c'est la manière dont une chose tourne : *affaire qui prend mauvaise tournure;* c'est aussi l'aspect ; c'est encore l'arrangement des mots dans une phrase : *une tournure élégante.*

tournesol n. m. V. TOURNER.
tourneur n. m. V. TOUR III.
tournevis n. m., **tourniquet** n. m., **tournis** n. m. V. TOURNER.
tournoi n. m. Fête où l'on combattait à cheval avec la lance. Au figuré, lutte, concours : *un tournoi poétique.*
tournoiement n. m., **tournoyer** v., **tournure** n. f. V. TOURNER.
tourte n. f. Pâtisserie de forme ronde, garnie de crème, de fruits, de viande, etc. Un **tourteau,** c'est un pain de pâte de graines, de fruits écrasés, dont on a tiré l'huile. La **tourtière** est un récipient pour cuire les tourtes.
tourteau n. m. V. TOURTE.
tourterelle n. f. Oiseau semblable au pigeon.
tourtière n. f. V. TOURTE.
Toussaint n. f. Fête de tous les saints (1er novembre).
tousser v., **toussoter** v. V. TOUX.
tout (au pluriel **tous, toutes**) adj. Qui indique l'ensemble, la totalité de diverses personnes, choses, etc. : *tous les hommes; tout le monde.* N'importe lequel : *tout homme instruit sait cela. Tous les jours,* chaque jour. **Tout** pron. Toutes les choses : *savoir tout faire. En tout,* au total : *huit en tout.* N. m. *Un tout,* un ensemble de choses: *achetez le tout. Le tout,* c'est aussi le principal : *le tout est de réussir. Du tout,* renforce une négation : *je ne le vois pas du tout.* Adv. Très : *tout petit. Tout à fait,* c'est entièrement. *Tout à l'heure,* dans peu de temps; il y a peu de temps. *Tout de suite,* sans attendre.
toutefois adv. Cependant.

1. V. pl. QUINCAILLERIE; 2. V. pl. JARDINAGE.

tout-puissant, e adj. Qui a un pouvoir sans limites. Le *Tout-Puissant*, Dieu.

tout-venant n. m. Ce qui n'a pas été soigneusement choisi.

toux n. f. Sortie violente, avec bruit, de l'air qui est dans les poumons. **Tousser**, c'est avoir un accès de toux. **Toussoter**, c'est tousser souvent et légèrement.

toxicomanie n. f. Maladie de ceux qui se droguent.

toxine n. f. Poison véhiculé dans le sang par les microbes.

toxique n. m. et adj. Poison. Ce qui contient du poison est **toxique**. **Intoxiquer**, c'est empoisonner.

trac n. m. Peur (fam.).

tracas n. m. Agitation, désordre. Souci : *se faire du tracas*. **Tracasser**, c'est inquiéter, agiter. Une **tracasserie**, c'est un ennui, une inquiétude. Celui qui aime à tracasser est **tracassier**. Le **tracassin** est une humeur inquiète.

tracasser v., **tracasserie** n. f., **tracassier, ère** adj., **tracassin** n. m. V. TRACAS.

trace n. f. Empreinte du passage d'un homme, d'un animal. Marque qui reste d'une chose : *blessure qui laisse des traces*. Au fig., souvenir, impression. Un **tracé**, c'est un plan, un dessin; c'est aussi la ligne suivie par une route, une voie ferrée. **Tracer**, c'est dessiner; c'est aussi indiquer : *tracer la voie à suivre*.

tracer v. V. TRACE.

trachée-artère [*ché*] n. f. Canal qui conduit l'air aux poumons (1).

tract n. m. Petit imprimé de propagande : *distribuer des tracts politiques*.

tractation n. f. Négociation louche d'une affaire.

tracteur n. m., **tracté, e** adj. V. TRACTION.

traction n. f. Action de tirer : *voiture à traction animale ; on fait des tractions de la langue aux noyés pour les ranimer*. Un véhicule **tracté** est une voiture remorquée. Un **tracteur**, c'est un *véhicule* (v. ce mot) qui sert à en remorquer d'autres (2).

tradition n. f. Histoire, légende, coutume, que l'on se transmet d'âge en âge : *respecter les traditions*. Ce qui se communique par la tradition est **traditionnel**.

traditionnel, elle adj. V. TRADITION.

traducteur n. m., **traduction** n. f. V. TRADUIRE.

traduire v. Exprimer dans une langue ce qui est dit ou écrit dans une langue étrangère : *traduire du latin en français*. Faire passer devant un tribunal : *traduire en justice*. Le **traducteur** est celui qui traduit. La **traduction** est l'action de traduire, le discours ou le texte traduit.

trafic n. m. Commerce, échange de marchandises, de services (se prend souvent en mauvaise part). Circulation des automobiles, des trains, des chemins de fer. **Trafiquer**, c'est faire un trafic. Le **trafiquant** est celui qui trafique.

trafiquant, e n., **trafiquer** v. V. TRAFIC.

tragédie n. f. Œuvre théâtrale représentant un événement qui éveille la crainte, la pitié. Au figuré, événement terrible. Ce qui se rapporte à la tragédie, ce qui est terrible, funeste, est **tragique** : *se trouver dans une*

---

1. V. pl. HOMME ; 2. V. pl. AUTOMOBILES, CULTURE.

situation tragique. Le **tragédien,** la **tragédienne** sont les acteurs qui jouent des tragédies, des drames. Ce qui est à la fois très grave et parfois comique, est **tragi-comique.**

tragédien, enne n., **tragicomique** adj., **tragique** adj. V. TRAGÉDIE.

trahir v. Abandonner la personne, la chose à laquelle on doit la fidélité : *trahir son ami, sa patrie.* Manquer à : *trahir son serment.* Dévoiler ce qu'on confié. **Se trahir,** c'est se laisser découvrir : *se trahir par une imprudence.* Le **trahison** est l'action de trahir. Le **traître** est celui qui trahit. La **traîtrise** est le caractère du traître.

trahison n. f. V. TRAHIR.

train n. m. Allure : *marcher bon train.* Manière de vivre : *avoir un train de maison important.* Suite de wagons traînés par une locomotive. Partie de devant ou de derrière d'un cheval. *Etre en train de,* s'occuper à : *être en train de lire. Etre en train,* être dispos, animé ; *être en cours d'exécution : le travail est en train.* Le **train-train,** c'est la marche régulière, monotone d'une chose. (Voir TRAÎNER.)

traînard n. m., **traîne** n. f., **traîneau** n. m., **traînée** n. f. V. TRAÎNER.

traîner v. Tirer derrière soi : *traîner une voiture, un fardeau.* Déplacer avec effort, sans soulever de terre : *traîner un sac, les pieds.* Mener sans courage, sans vivacité : *traîner un travail en longueur.* Pendre jusqu'à terre : *vêtement qui traîne.* Etre en désordre : *ne rien laisser traîner.* **Se traî-**

ner, marcher avec peine. Ce qui se traîne est **traînant.** Celui qui reste en arrière par fatigue, par paresse, est un **traînard.** Une **traîne,** c'est la partie d'une robe qui traîne sur le sol. Un **traîneau,** c'est un petit chariot sans roues qui peut glisser sur la glace, sur la neige (1). Une **traînée,** c'est une chose répandue sur une grande longueur. (V. TRAIN.)

train-train n. m. V. TRAIN.

traire v. (Conjuguez : *je trais, nous trayons ; je trayais ; je trairai ; trais, trayons ; que je traie ; trayant, trait.*) Tirer le lait d'une vache, d'une chèvre, etc. La **traite** est l'action de traire.

trait n. m. Flèche, dard, javelot. Courroie pour atteler un cheval (2). Ce que l'on boit sans s'arrêter : *avaler d'un trait.* Ligne d'un dessin. Ligne du visage : *des traits délicats.* Acte : *un trait d'héroïsme.* Pensée vive, spirituelle : *trait d'esprit.* Coupure : *un trait de scie. Trait d'union,* petite ligne (-) entre les parties d'un mot composé.

traite n. f., **traité** n. m., **traitement** n. m. V. TRAITER.

traiter v. Agir bien ou mal envers quelqu'un : *bien traiter un enfant.* Nourrir des invités, des hôtes, des clients. Exposer une question : *traiter un sujet historique.* Conclure : *traiter la paix.* Soigner : *traiter un malade.* Faire subir un traitement : *traiter un métal.* Exposer : *traiter une question de droit.* Le médecin **traitant** est celui qui traite un malade. Un **traiteur** est un restaurateur qui prépare à manger, généralement sur commande. La **traite,** c'est le chemin qu'on

1. V. pl. VÉHICULES ; 2. V. pl. HARNAIS.

fait sans s'arrêter; c'est aussi une lettre de change : *faire traite sur quelqu'un;* c'était autrefois le commerce des esclaves : *la traite des Noirs.* (V. aussi TRAIRE.) Un **traité,** c'est une convention, un contrat; c'est aussi un ouvrage qui traite d'un art, d'une science. Le **traitement,** c'est la manière de traiter une personne ou une chose : *subir de mauvais traitements;* la façon de soigner une maladie; c'est aussi une rémunération.

traiteur n. m. V. TRAITER.

traître adj. et n., **traîtrise** n. f. V. TRAHIR.

trajectoire n. f. V. TRAJET.

trajet n. m. Espace à parcourir; chemin parcouru. La **trajectoire** est la ligne que suit en l'air un *projectile* (v. ce mot).

tralala n. m. Bruit, tapage. Etalage vaniteux : *faire du tralala.*

tram n. m. Tramway (fam.).

trame n. f. Ensemble de fils que le tisserand fait passer entre ceux de la chaîne : *les fils de trame sont ceux qui sont dans le sens de la largeur d'une étoffe.* **Tramer,** c'est entrelacer les fils de trame avec ceux de la chaîne (fils placés dans le sens de la longueur); c'est aussi machiner, comploter.

tramer v. V. TRAME.

tramway n. m. [*tram-oué*] (mot anglais). Chemin de fer électrique urbain (1).

tranchant n. m. V. TRANCHE.

tranche n. f. Morceau coupé assez mince : *tranche de pain, de viande.* Bord d'une chose mince : *la tranche d'une monnaie, d'une carte.* Surface de l'épaisseur d'un livre relié : *volume doré sur tranche.* **Trancher,** c'est couper : *tran-*

cher la tête; c'est aussi décider, résoudre brusquement : *trancher une difficulté;* c'est aussi ressortir : *couleurs qui tranchent.* Ce qui coupe est **tranchant.** Celui qui décide brusquement, brutalement, est **tranchant.** Le **tranchant** d'un couteau, etc., est la partie affûtée de la lame. Une **tranchée,** c'est un petit fossé que l'on creuse pour fouiller le sol, pour se protéger contre une attaque ennemie. Un **tranchoir,** c'est un plateau pour découper.

tranchée n. f., **trancher** v., **tranchoir** n. m. V. TRANCHE.

tranquille adj. Qui n'est pas agité : *un lac tranquille.* Sans inquiétude : *esprit tranquille.* La **tranquillité,** c'est le calme, l'état de celui, de ce qui est tranquille. **Tranquilliser,** c'est rendre tranquille, calme : *tranquilliser les esprits.* Un **tranquillisant,** c'est un médicament pour combattre l'anxiété.

tranquillisant n. m., **tranquilliser** v., **tranquillité** n. f. V. TRANQUILLE.

transaction n. f. Moyen terme qu'on accepte pour trancher une différence d'opinion. Affaire traitée entre commerçants. **Transiger,** c'est faire une transaction, une concession. *Transiger avec son devoir,* c'est ne pas l'accomplir complètement. Celui qui ne transige pas est **intransigeant.**

transatlantique n. m. Grand bateau à voyageurs qui fait régulièrement la traversée de l'Atlantique. Sorte de fauteuil pliant.

transborder v. Porter des marchandises, etc., d'un bateau, d'un train dans un autre.

1. V. pl. VÉHICULES.

transcendant, e adj. Supérieur, très élevé : *esprit transcendant.*

transcription n. f. V. TRANSCRIRE.

transcrire v. Copier. Une **transcription** est une copie.

transe n. f. Vive inquiétude.

transept [*tran-sèpt'*] n. m. Galerie qui coupe en croix la nef d'une église.

transférer v. Transporter d'un lieu dans un autre. Faire passer à un autre la propriété d'une chose. Le **transfert**, c'est l'action de transférer.

transfigurer v. Changer la figure, l'aspect : *visage transfiguré par la joie.*

transformateur n. m., **transformation** n. f. V. TRANSFORMER.

transformer v. Changer la forme de : *transformer ses habitudes.* La **transformation** est l'action de transformer. Un **transformateur** est un appareil électrique qui fait passer un courant d'une intensité à une autre.

transfuge n. m. Celui qui abandonne un parti pour un autre.

transfuser v. Faire passer le sang des veines d'une personne dans celles d'une autre.

transgresser v. Désobéir à une loi, un ordre. La **transgression**, c'est la désobéissance à un ordre ; c'est aussi l'invasion d'une région par la mer au cours des temps géologiques.

transgression n. f. V. TRANSGRESSER.

transhumant, e adj. Se dit des troupeaux que l'on mène paître d'une région dans une autre suivant la saison.

transiger v. V. TRANSACTION.

transir v. Pénétrer, engourdir de froid ; c'est aussi frissonner : *être transi de peur.*

transistor n. m. Dispositif qui a permis de fabriquer des récepteurs de radio très légers.

transit [*tran-zit'*] n. m. Passage de marchandises à travers un pays qui en sépare deux autres. La **transition** est le passage d'une idée, d'un état à un autre. Ce qui est passager, qui ne dure pas, est **transitoire** : *une disposition transitoire.* Un verbe **transitif** marque le passage d'une action, d'un sujet sur un objet (complément) [ex. : *j'aime mes parents*].

transitif adj., **transition** n. f., **transitoire** adj. V. TRANSIT.

translucide adj. Se dit des corps qui laissent passer la lumière, mais sans qu'on distingue nettement les objets à travers leur épaisseur.

transmettre v. Faire parvenir. Faire tenir à un autre : *transmettre une propriété.* La **transmission** est l'action de transmettre ; c'est aussi la communication d'un mouvement mécanique d'un organe de machine à un autre (1). Ce qui peut se transmettre est **transmissible**.

transmissible adj., **transmission** n. f. V. TRANSMETTRE.

transmutation n. f. Changement d'une matière en une autre.

transparence n. f. V. TRANSPARENT.

transparent, e adj. Se dit des corps qui se laissent traverser librement par la lumière et qui permettent de voir à travers leur épaisseur : *le verre est transparent.* La **transparence** est la qualité de ce qui est transparent.

1. V. pl. MÉCANIQUE.

transpercer v. Traverser de
part en part.

transpiration n. f. Sortie de la
sueur par la peau. **Transpirer,**
c'est suer.

transplanter v. Planter dans
un autre endroit.

transport n. m. V. TRANSPORTER.

transporter v. Porter d'un lieu
dans un autre. Au figuré, mettre
hors de soi : *transporté de
colère*. Le **transport,** c'est
l'action de transporter ; c'est
aussi un bateau destiné à transporter des troupes ; c'est enfin
un sentiment violent, emporté :
des transports d'allégresse. Celui qui transporte est un **transporteur.**

transporteur n. m. V. TRANS-
PORTER.

transposer v. Changer de place :
*transposer une lettre dans un
mot.* En musique, changer le
ton dans lequel est écrit un
morceau musical.

transvaser v. Verser d'un vase
dans un autre.

transversal, e adj. Disposé en
travers : *chemin transversal.*

trapèze n. m. Quadrilatère dont
deux côtés sont inégaux et *parallèles* (v. ce mot) [1]. Appareil de gymnastique, barre suspendue à deux cordes (2).

trappe n. f. Porte ouverte sur le
sol pour communiquer avec un
étage inférieur. Piège à bascule.
Le **trappeur** est un chasseur
qui chasse avec des trappes. Les
trappistes sont des religieux
d'un ordre appelé la Trappe.

trappeur n. m., **trappiste** n. m.
V. TRAPPE.

trapu, e adj. Gros et court.

traquenard n. m. Piège.

traquer v. Poursuivre, serrer de
près : *traquer le gibier, traquer
un voleur.*

traumatisme n. m. Ensemble
de troubles occasionnés par une
blessure, par un coup.

travail (au pluriel *travaux*) n. m.
Ouvrage : *aimer le travail
bien fait.* Peine, fatigue pour
faire une chose : *se donner
bien du travail.* Etude écrite
sur un sujet : *un travail d'histoire.* **Travailler,** c'est faire
un effort pour exécuter une
chose ; c'est aussi agir, fonctionner : *son esprit travaille
sans cesse ;* c'est également se
modifier, se transformer, en parlant de certaines choses : *le vin
nouveau travaille.* **Travailler,**
c'est aussi façonner : *travailler
le fer.* Celui qui travaille est
un **travailleur.** Le **travailliste** est le membre du « Labour party » (« parti du Travail »), le parti socialiste anglais.

travailler v., **travailleur, euse**
n., **travailliste** n. m. V. TRA-
VAIL.

travée n. f. Dans un édifice,
espace entre deux points d'appui.

travelling (mot anglais) n. m.
Prise de vues cinématographique effectuée sur un chariot
mobile.

travers n. m. Etendue d'un objet
dans le sens qui le couperait
en longueur, en largeur ou en
profondeur : *un travers de
doigt.* Le flanc d'un navire :
aborder par le travers. Manie,
défaut : *avoir bien des travers.*
A travers, au travers, en traversant. *En
travers,* d'un côté à l'autre, suivant la largeur. *De travers,* pas
droit, mal placé. *Entendre de
travers,* mal. Une **traverse,**
c'est une pièce d'un bâti assemblée aux bouts des montants ;
c'est aussi chacune des poutres

qui supportent les rails; au pl., obstacles, revers. Une **traversée**, c'est un voyage fait par mer, ou en franchissant un désert, etc. **Traverser**, c'est passer au travers, percer de part en part. Un **traversin** est un oreiller long.

traverse n. f., **traversée** n. f., **traverser** v., **traversin** n. m. V. TRAVERS.

travestir v. Déguiser. Un **travestissement** est un déguisement.

travestissement n. m. V. TRAVESTIR.

trébucher v. Faire un faux pas. Un **trébuchet** est un petit piège à oiseaux; c'est aussi une petite balance pour peser les monnaies.

trébuchet n. m. V. TRÉBUCHER.

tréfiler v. Passer un métal par la filière pour le réduire en fils. Une **tréfilerie** est une usine où l'on fabrique des fils métalliques.

tréfilerie n. f. V. TRÉFILER.

trèfle n. m. Une plante fourragère à feuilles divisées en trois parties, appelées aussi feuilles: *on dit que le trèfle à quatre feuilles porte bonheur*. Une des couleurs du jeu de cartes (3).

tréfonds n. m. Ce qui est sous le sol superficiel; ce qui est très secret.

treillage n. m. Assemblage de lattes, de fils de fer croisés. Une **treille**, c'est une vigne adossée à un treillage : *on appelle parfois le vin « jus de la treille »*. Un **treillis** est un treillage; c'est aussi une grosse étoffe de toile dont on fait certains vêtements de travail, d'exercice.

treille n. f., **treillis** n. m. V. TREILLAGE.

treize adj. Dix et trois. Le **treizième** est celui qui vient en ordre après le douzième.

treizième adj. V. TREIZE.

tréma n. m. Deux points placés sur une voyelle pour indiquer qu'on doit prononcer la voyelle qui la précède, comme dans CIGUË, NAÏF.

tremble n. m., **tremblement** n. m. V. TREMBLER.

trembler v. Etre agité de petits mouvements brusques : *trembler de froid*. Avoir peur : *trembler pour son argent*. Le **tremble** est une espèce de peuplier aux feuilles constamment agitées par la moindre brise. Le **tremblement** est le mouvement de ce qui tremble. Un **tremblement de terre** est une secousse violente au sol. Celui qui tremble facilement est un **trembleur**. **Trembloter**, c'est trembler un peu.

trembleur, euse n. et adj., **trembloter** v. V. TREMBLER.

trémie n. f. Pièce du moulin par laquelle le blé tombe entre les meules qui doivent le broyer (1).

trémière adj. *Rose trémière*, une plante dont la fleur ressemble à la rose.

trémolo n. m. En musique, tremblement sur une note.

trémousser v. Remuer, agiter.

trempage n. m., **trempe** n. f. V. TREMPER.

tremper v. Plonger dans un liquide. Donner la trempe à un métal. Au figuré, prendre part à : *tremper dans un complot*. Le **trempage** est l'action de tremper. La **trempe**, c'est la dureté et l'élasticité que l'on donne à l'acier en le trempant dans l'eau après chauffage.

1. V. pl. MENUISERIE ET BOULANGERIE.

tremplin n. m. Planche inclinée et élastique sur laquelle on prend de l'élan pour sauter.

trentaine n. f. V. TRENTE.

trente adj. Trois fois dix. Le **trentième** est celui qui vient en ordre après le vingt-neuvième. Une **trentaine** est un nombre de trente environ : *une trentaine d'hommes.*

trentième n. V. TRENTE.

trépan n. m. Outil pour percer. **Trépaner**, c'est ouvrir le crâne avec un trépan. La **trépanation** est l'action de trépaner.

trépanation n. f., **trépaner** v. V. TRÉPAN.

trépas n. m. Mort. **Trépasser,** c'est mourir.

trépasser v. V. TRÉPAS.

trépidation n. f. V. TRÉPIDER.

trépider v. Trembler. La **trépidation** est un tremblement; on le dit surtout d'un mouvement rapide et continuel.

trépied n. m. Instrument, meuble, etc., à trois pieds.

trépignement n. m. V. TRÉPIGNER.

trépigner v. Frapper violemment et rapidement des pieds contre le sol : *trépigner de colère.* Le **trépignement** est l'action de trépigner.

très adverbe qui indique la supériorité, la grandeur : *très fort.*

trésor n. m. Ensemble de valeurs, d'objets précieux, mis en réserve. Administration chargée de gérer la fortune d'un pays : *un bon du Trésor.* Au figuré, chose précieuse : *la santé est un trésor.* La **trésorerie** est l'administration du trésor public; on le dit aussi des finances d'une entreprise commerciale : *avoir des difficultés de trésorerie.* Le **tréso-**

rier est celui qui gère les fonds de l'Etat, d'une communauté.

trésorerie n. f., **trésorier, ère** n. V. TRÉSOR.

tressage n. m. V. TRESSE.

tressaillement n. m. Brusque secousse du corps. **Tressaillir,** c'est éprouver un tressaillement.

tressaillir v. V. TRESSAILLEMENT.

tressauter v. Sursauter.

tresse n. f. Tissu plat et étroit de fils entrelacés. Cheveux entrelacés en forme de tresse. **Tresser,** c'est disposer en tresse. Le **tressage,** c'est l'action de tresser.

tresser v. V. TRESSE.

tréteau n. m. Pièce de bois montée sur quatre pieds. Au pl., théâtre de saltimbanques.

treuil n. m. Appareil qui sert à soulever les fardeaux.

trêve n. f. Arrêt dans les hostilités. Arrêt dans le travail, etc. : *écrire sans trêve.*

tri n. m., **triage** n. m. V. TRIER.

triangle n. m. Figure géométrique formée par trois lignes droites qui se coupent deux à deux, et qui présente trois angles ou pointes (1). Ce qui a la forme d'un triangle est **triangulaire.**

triangulaire adj. V. TRIANGLE.

tribord n. m. Côté droit du navire, en regardant la proue, c'est-à-dire vers l'avant. (Le côté opposé est le BÂBORD.)

tribu n. f. Réunion de familles, de groupes de familles sous l'autorité d'un chef, chez certains peuples.

tribulation n. f. Affliction, peine : *subir des tribulations.*

tribun n. m. Nom de certains magistrats de l'ancienne Rome. Orateur populaire. Le **tribunat** était la charge de tribun à

---

1. V. pl. SURFACES.

Rome; ce fut aussi, en France, une des assemblées du Consulat.

tribunal n. m. Endroit où les magistrats, les juges, rendent la justice. Au figuré, on dit aussi : *le tribunal de la conscience; le tribunal de la pénitence.*

tribunat n. m. V. TRIBUN.

tribune n. f. Endroit surélevé où se placent les orateurs pour parler à leur auditoire, les spectateurs d'une course de chevaux, etc.

tribut n. m. Impôt, contribution. Ce qu'on est obligé d'accorder. Celui qui paie un tribut est **tributaire.**

tributaire adj. et n. m. V. TRIBUT.

tricher v. Tromper au jeu. Tromper dans de petites choses. La **tricherie** est l'action de tricher. Le **tricheur** est celui qui a l'habitude de tricher.

tricherie n. f., **tricheur, euse** n. V. TRICHER.

trichine n. f. Un ver qui vit dans la chair du porc.

tricolore adj. De trois couleurs : *drapeau tricolore.*

tricorne n. m. Ancien chapeau dont les bords repliés formaient trois cornes (1).

tricot n. m. Tissu à mailles tricotées. **Tricoter,** c'est exécuter un tissu en mailles entrelacées. Celui, celle qui tricote est un **tricoteur** ou une **tricoteuse.**

tricoter v., **tricoteur, euse** adj. et n. V. TRICOT.

tricycle n. m. Véhicule à trois roues : *tricycle automobile.*

trident n. m. Fourche à trois dents : *le trident est l'attribut de Neptune, le dieu de la mer.*

triennal, e adj. Qui dure trois ans.

trier v. Séparer, choisir une

chose entre plusieurs autres. Le **tri** ou le **triage** est l'action de trier.

trière n. f. Galère de l'Antiquité, à trois rangs de rameurs superposés.

trille [*triy'*] n. m. Agrément musical obtenu par la répétition rapide de deux notes.

trillion n. m. Un milliard de milliards.

trilogie n. f. Série de trois pièces théâtrales dont les sujets se suivent.

trimbaler v. Familièrement, traîner partout avec soi.

trimer v. Peiner au travail (fam.).

trimestre n. m. Espace de trois mois. Ce qui dure trois mois, qui a lieu tous les trois mois est **trimestriel.**

trimestriel, elle adj. V. TRIMESTRE.

tringle n. f. Tige de métal qui soutient un rideau, etc.

trinité n. f. Union de trois personnes qui ne forment qu'un seul dieu : *la trinité chrétienne comprend le Père, le Fils et le Saint-Esprit.*

trinquer v. Boire à la santé les uns des autres après avoir choqué les verres. Familièrement, c'est subir un dommage.

trio n. m. Morceau de musique pour trois voix ou trois instruments. Réunion de trois personnes qui agissent ensemble : *un trio de voleurs.*

triomphal, e adj., **triomphateur, trice** adj. et n. V. TRIOMPHE.

triomphe n. m. Réception solennelle d'un général romain après une victoire. Grand succès : *le triomphe d'une opinion.* Celui qui triomphe est **triomphant, triomphateur.** Ce qui marque la joie de la victoire est **triom-**

phal. **Triompher,** c'est vaincre, remporter la victoire ; c'est aussi remporter un avantage quelconque : *triompher dans un examen ;* c'est encore se réjouir : *triompher du malheur d'autrui.*

triompher v. V. TRIOMPHE.

tripartite adj. Divisé en trois parties.

tripe n. f. Boyau, intestin, organe en forme de long tuyau, qui suit l'estomac et où se termine la digestion des aliments. Pl. Boyaux de bœuf, etc., utilisés comme aliment. Le **tripier** est celui qui vend des tripes. La **triperie** est le commerce du tripier.

triperie n. f., **tripier, ère** n. V. TRIPE.

triple adj. Trois fois plus grand, trois fois plus nombreux : *une somme triple d'une autre.* **Tripler,** c'est rendre triple : *tripler une somme.*

tripler v. V. TRIPLE.

tripoli n. m. Poudre rougeâtre qui sert à polir.

triporteur n. m. Tricycle muni d'une caisse, pour le transport de marchandises (1).

tripot n. m. Maison de jeu.

tripotage n. m., **tripotée** n. f. V. TRIPOTER.

tripoter v. Manier sans soin. Faire des affaires peu honnêtes : *tripoter avec l'argent d'autrui.* Une **tripotée** (fam.), c'est une volée de coups ; une grande quantité : *une tripotée d'enfants.* Un **tripotage,** c'est un arrangement de mauvais goût ; c'est aussi une opération peu honnête. Celui qui tripote est un **tripoteur.**

tripoteur n. m. V. TRIPOTER.

triptyque n. m. Tableau peint sur trois volets se rabattant.

trique n. f. Gros bâton.

trirème n. f. Chez les Anciens, galère à trois rangs de rameurs.

trisaïeul, e n. Père, mère du bisaïeul, de la bisaïeule.

trisannuel, elle adj. Qui a lieu tous les trois ans. Qui dure trois ans.

triste adj. Qui a du chagrin. Qui exprime la tristesse, qui est porté à la tristesse : *musique, air triste, caractère triste.* Pénible : *une triste nouvelle.* Méprisable : *un triste individu.* La **tristesse,** c'est le chagrin, l'absence de gaieté.

tristesse n. f. V. TRISTE.

triton n. m. Chez les Anciens, divinité marine à corps humain terminé en queue de poisson. Sorte de batracien de couleurs vives (2).

triturer v. Broyer finement, écraser : *triturer du plâtre.*

triumvir n. m. Chez les anciens Romains, magistrat chargé avec deux collègues d'une administration. Le **triumvirat** était la charge de triumvir, le temps qu'elle durait.

triumvirat n. m. V. TRIUMVIR.

trivial, e adj. Bas, grossier : *chanson triviale.* La **trivialité,** c'est le caractère de ce qui est trivial.

trivialité n. f. V. TRIVIAL.

troc n. m. Echange d'un objet contre un autre, sans donner d'argent. **Troquer,** c'est échanger, faire un troc.

troène n. m. Arbrisseau à fleurs blanches odorantes.

troglodyte n. m. Nom donné aux habitants des grottes. Petit oiseau nichant dans les trous des murs et des arbres.

trogne n. f. Familièrement, visage très coloré par la bonne chère.

---

1. V. pl. VÉHICULES ; 2. V. pl. BATRACIENS.

trognon n. m. Cœur d'un fruit, d'un légume : *trognon de chou.*

troïka n. f. Traîneau russe tiré par trois chevaux.

trois adj. Deux et un. Chiffre qui représente le nombre trois [3]. Un **trois-mâts** est un bateau à voiles muni de trois mâts. Le **troisième** est celui qui vient en ordre après le deuxième : *être le troisième de sa classe.*

troisième adj. V. TROIS.

trolley [*tro-lé*] n. m. (mot anglais). Perche, munie d'un frottoir qui transmet à une voiture le courant électrique d'un câble conducteur. Un **trolleybus** est un autobus à trolley (1).

trombe n. f. Colonne d'eau soulevée par le vent et tournoyant à la surface de la mer.

tromblon n. m. Fusil à canon court, élargi en forme de trompette (2). Chapeau haut de forme évasé par le haut.

trombone n. m. Instrument de musique à vent, formé de deux tubes recourbés glissant l'un dans l'autre.

trompe n. f. Sorte de trompette courbée en rond. Appareil avertisseur. Nez allongé et mobile de l'éléphant. Suçoir long et mobile de quelques insectes. Une **trompette** est un instrument de musique à vent, en métal (3). Un *nez en trompette* est un nez relevé du bout.

tromper v. Faire tomber dans une erreur, faire croire ce qui n'est pas vrai. Distraire, faire oublier : *tromper la faim* Echapper à : *tromper une surveillance.* Se **tromper**, c'est tomber dans l'erreur. Un **trompe-l'œil** est une peinture qui, à distance, donne l'illusion de la réalité; c'est aussi tout ce qui donne une fausse apparence de réalité. La **tromperie** est l'action de tromper. Ce qui trompe est **trompeur.**

tromperie n. f. V. TROMPER.

trompette n. f. V. TROMPE.

trompeur adj. V. TROMPER.

tronc n. m. Partie d'un arbre, du sol jusqu'aux principales branches (4). Corps humain sans la tête ni les membres. Boîte pour les aumônes dans une église. Partie d'un *cône*, d'une *pyramide* (v. ces mots) qui reste quand on en a coupé le sommet. **Tronquer**, c'est couper une partie importante d'une chose : *une colonne tronquée.* Au figuré : *phrase tronquée.* Un **tronçon**, c'est un morceau coupé d'un objet de forme allongée; c'est aussi la partie d'un tout : *un tronçon d'autoroute.* **Tronçonner**, c'est couper par tronçons : *tronçonner un arbre.*

tronçon n. m., **tronçonner** v. V. TRONC.

trône n. m. Siège de cérémonie des princes, des évêques, etc. Au fig., puissance souveraine royauté, etc. : *aspirer au trône; hériter d'un trône.* **Trôner,** c'est être assis sur un trône; au figuré, c'est faire l'important dans une assemblée.

trôner v. V. TRÔNE.

tronquer v. V. TRONC.

trop adv. Plus qu'il ne faut : *ceci est de trop.* Le **trop**, c'est l'excès.

trophée n. m. Ce que l'on prend à l'ennemi vaincu et qu'on rapporte en souvenir de la victoire. Armes disposées en panoplie comme ornement. Objets divers disposés en faisceau : *trophée de drapeaux.*

1. V. pl. VÉHICULES ; 2. V. pl. ARMES ; 3. V. pl. MUSIQUE (*Instruments de*) ; 4. V. pl. PLANTES.

tropical, e adj. V. TROPIQUE.

tropique n. m. Chacun des deux cercles qu'on pourrait tracer sur le globe terrestre et entre lesquels semble tourner le Soleil autour de la Terre : *l'équateur est situé à égale distance des tropiques* (1). Ce qui se rapporte à la zone de la Terre placée entre les tropiques est **tropical**. Une chaleur très forte est dite **tropicale**, parce que c'est dans la région comprise entre les tropiques qu'il fait le plus chaud.

troposphère n. f. Couche atmosphérique la plus proche de la Terre.

trop-plein n. m. Ce qui déborde d'un récipient rempli.

troquer v. V. TROC.

trot n. m. Allure du cheval et d'autres animaux, entre le pas et le galop. Une **trotte**, c'est, familièrement, une longue distance à parcourir. **Trotter**, c'est aller au trot. Familièrement, c'est marcher. Un **trotteur** est un cheval de course au trot. La **trotteuse** est la petite aiguille qui marque les secondes dans une montre (2). **Trottiner**, c'est marcher vite et à petits pas. Une **trottinette**, c'est un jouet formé par une planchette à roulettes munie d'une tige servant de guidon de direction. Un **trottoir** est une surface dallée ou bitumée, sur les côtés d'une rue, et réservée aux piétons.

trotte n. f., **trotter** v., **trotteur, euse** adj. et n., **trottiner** v., **trottinette** n. f., **trottoir** n. m. V. TROT.

trou n. m. Ouverture dans le sol, dans un mur, dans une étoffe, etc. : *tomber dans un trou, faire un trou dans une feuille de papier*. Familièrement, c'est un petit logement, une petite localité peu intéressante. *Un trou de mémoire*, c'est un oubli. **Trouer**, c'est percer un trou : *trouer sa chemise*. Une **trouée**, c'est un passage, une ouverture : *faire une trouée dans un bois*.

troubadour n. m. Poète provençal du Moyen Age.

trouble adj. Qui n'est pas clair, transparent : *eau trouble*. Le **trouble**, c'est l'agitation, le désordre ; c'est aussi l'émotion : *le trouble du cœur*. Au pluriel, se dit des soulèvements populaires : *les troubles d'une révolution*. **Troubler**, c'est rendre trouble : *troubler l'eau d'une mare ;* c'est aussi causer du désordre, de l'agitation ; c'est également interrompre, déranger : *troubler une réunion ;* c'est enfin intimider, embarrasser : *troubler quelqu'un par sa présence*. **Se troubler**, c'est être embarrassé : *se troubler en récitant une leçon*. Un **trouble-fête** est celui qui vient troubler la joie d'autrui.

troubler v. V. TROUBLE.

trouée n. f., **trouer** v. V. TROU.

troupe n. f. Réunion de gens se livrant à une même occupation : *une troupe de voleurs*. Bande d'animaux. Ensemble de soldats : *troupes victorieuses*. Ensemble de comédiens : *une troupe ambulante*. Un **troupeau** est une troupe d'animaux domestiques gardés par un berger. Un **troupier**, c'était autrefois un soldat.

troupeau n. m., **troupier** n. m. V. TROUPE.

trousse n. f. Étui, portefeuille, etc., renfermant divers objets : *trousse de chirurgien*.

---

1. V. pl. TERRE ; 2. V. pl. HORLOGERIE.

Au pluriel, autrefois, culotte bouffante. *Se mettre aux trousses de quelqu'un,* être à sa poursuite. Un **trousseau,** c'est l'ensemble des vêtements destinés à un nouveau-né, à une jeune mariée, etc ; c'est aussi une série de clefs attachées ensemble. **Trousser,** c'est replier, relever : *trousser ses manches ;* c'est aussi préparer une volaille pour la broche ; c'est encore disposer, arranger : *trousser rapidement une affaire.*

trousseau n. m., **trousser** v. V. TROUSSE.

trouvaille n. f. V. TROUVER.

trouver v. Rencontrer : *trouver un ami en route.* Découvrir, inventer : *trouver un procédé nouveau.* Eprouver : *trouver du plaisir à une chose.* Estimer, juger : *trouver bon.* Etre dans un endroit : *se trouver à un rendez-vous.* Une **trouvaille,** c'est une chose qu'on trouve.

trouvère n. m. Poète du Moyen Age qui composait ses œuvres en « langue d'oïl », celle du nord de la France.

truand, e n. Vagabond, mendiant, au Moyen Age. Aujourd'hui, voyou, bandit.

truc n. m. Moyen adroit de faire une chose : *un truc de métier.* Objet quelconque. **Truquer,** c'est modifier par fraude, tromper en falsifiant : *truquer de vieux meubles.* Le **truquage** ou **trucage** est l'action de truquer.

trucage n. m. V. TRUC.

truchement n. m. Intermédiaire : *agir par le truchement d'autrui.*

truculent, e adj. Violent, farouche. On l'emploie parfois, par erreur, au sens de coloré, haut en couleur.

truelle n. f. Sorte de cuiller plate du maçon (1).

truffe n. f. Champignon très estimé qui croît sous terre au pied de certains chênes. **Truffer,** c'est garnir de truffes : *dinde truffée.*

truffer v. V. TRUFFE.

truie n. f. Femelle du porc.

truite n. f. Poisson de rivière à chair très estimée (2).

trumeau n. m. Espace de mur entre deux fenêtres, deux portes, etc. Panneau de glace surmonté d'une peinture.

truquage n. m., **truquer** v. V. TRUC.

trust [*treust*] n. m. (mot anglais). Association d'industriels, de commerçants. **Truster,** c'est accaparer au moyen d'un trust.

tsar n. m. Titre des anciens souverains de Russie.

tsé-tsé n. f. Mouche d'Afrique qui propage une maladie grave, la maladie du sommeil.

T.S.F. abréviation de *télégraphie* ou de *téléphonie sans fil.*

tu pronom qui désigne la personne à qui l'on parle familièrement. *Etre à tu et à toi avec quelqu'un,* être très familier avec lui.

tub [*teub'*] n. m. Très large cuvette pour se laver tout le corps.

tube n. m. Tuyau généralement rigide : *tube de verre, d'acier.* Conduit, canal naturel du corps : *tube digestif.* Ce qui a la forme d'un tube est **tubulaire.**

tubercule n. m. Renflement à la partie souterraine de la tige de certaines plantes : *tubercule de la pomme de terre* (3). En médecine, petite tumeur arrondie à l'intérieur d'un organe du

1. V. pl. MAÇON ; 2. V. pl. POISSONS D'EAU DOUCE ; 3. V. pl. PLANTES.

corps. Le malade qui présente des tubercules, généralement aux poumons, est **tuberculeux**. La **tuberculose** est une maladie qui se signale par la formation de tubercules.

tuberculeux, euse adj. et n., **tuberculose** n. f. V. TUBERCULE.

tubéreuse n. f. Plante à belles fleurs blanches parfumées.

tubulaire adj. V. TUBE.

tuer v. Faire mourir d'une manière violente, brusque. Au figuré, altérer la santé : *se tuer au travail*. Ruiner : *tuer une entreprise*. Une **tuerie**, c'est un massacre, le fait de tuer beaucoup de personnes, d'animaux à la fois. Le **tueur** est celui qui tue.

tuerie n. f., **tueur, euse** n. V. TUER.

tuf n. m. Une roche légère, volcanique ou calcaire.

tuile n. f. Carreau de terre cuite pour couvrir les toits. Une **tuilerie** est une fabrique de tuiles.

tulipe n. f. Plante à oignon, à très belles fleurs (1).

tulle n. m. Tissu léger à mailles très fines.

tuméfier v. V. TUMEUR.

tumeur n. f. Enflure, grosseur qui se développe sur le corps, dans un organe. **Tuméfier**, c'est enfler, gonfler.

tumulte n. m. Grand bruit, confusion, agitation. Ce qui est plein de tumulte est **tumultueux** : *une réunion tumultueuse*.

tumulus [*tu-mu-luss*] n. m. Petit tertre que les Anciens élevaient au-dessus des tombes.

tunique n. f. Vêtement des Anciens (2). Longue vareuse de certains uniformes. Sorte de robe de femme.

tunnel n. m. Galerie souterraine : *les chemins de fer traversent les montagnes par des tunnels*.

turban n. m. Coiffure orientale, bande d'étoffe enroulée autour de la tête.

turbine n. f. Roue munie de palettes ou de godets que l'on fait tourner au moyen de l'eau ou d'un jet de vapeur. Nom de divers appareils qui tournent à grande vitesse.

turbot n. m. Grand poisson plat.

turbulence n. f. V. TURBULENT.

turbulent, e adj. Qui s'agite en faisant du bruit : *enfant turbulent*. La **turbulence** est le défaut de celui qui est turbulent; c'est aussi l'agitation d'un liquide, d'un gaz.

turc, turque adj. et n. De Turquie. Une *tête de Turc* est une personne dont tous se moquent.

turf n. m. (mot anglais). Sport des courses de chevaux. Terrain de courses.

turlupiner v. Tracasser, harceler, ne pas laisser en paix.

turpitude n. f. Action honteuse, ignoble.

turquoise n. f. Pierre fine bleue.

tutélaire adj. V. TUTELLE.

tutelle n. f. Protection, surveillance. Charge de tuteur. Le **tuteur** est celui qui est chargé de veiller aux intérêts d'un orphelin, d'une personne incapable de gérer ses biens ; c'est aussi une perche \de bois qui soutient une jeune plante. Ce qui protège est **tutélaire**.

tuteur, trice n. V. TUTELLE.

tutoiement n. m. V. TUTOYER.

tutoyer v. Parler à quelqu'un en employant les mots *tu, toi*. Le **tutoiement** est l'action de tutoyer.

---

1. V. pl. FLEURS ; 2. V. pl. VÊTEMENTS MASCULINS ET FÉMININS.

tutu n. m. Jupe de gaze des danseuses de théâtre.

tuyau n. m. Tube, conduit servant au passage d'un liquide, d'un gaz, etc. : *tuyau de cheminée, d'arrosage.* Pli arrondi du linge repassé. Familièrement, renseignement secret. **Tuyauter,** c'est donner un renseignement confidentiel. Une **tuyauterie** est un ensemble de tuyaux.

tuyauter v., **tuyauterie** n. f. V. TUYAU.

tweed [*touid'*] n. m. Tissu de laine fabriqué en Ecosse.

tympan n. m. Petite peau tendue au fond de l'oreille et qui transmet à notre cerveau les vibrations sonores. Espace triangulaire entre les trois corniches d'un fronton : *fronton d'une église.*

type n. m. Modèle, idéal : *le type de la beauté chez les Grecs.* Ensemble de traits qui permettent de distinguer : *avoir le type anglais.* Familièrement, personne originale : *type amusant.* Ce qui distingue une personne, une chose est **typique.**

typhique adj., **typhoïde** adj. V. TYPHUS.

typhon n. m. Violent ouragan dans l'Asie orientale.

typhus n. m. Nom de diverses maladies épidémiques. La fièvre **typhoïde** est une maladie contagieuse qui siège dans les intestins. Un **typhique** est un malade atteint du typhus.

typique adj V. TYPE.

typographe n. V. TYPOGRAPHIE.

typographie n. f. Art d'imprimer à l'aide de types (lettres mobiles) assemblés. Le **typographe** est celui qui pratique la typographie.

tyran n. m. Souverain qui possède un pouvoir illimité. Personne qui abuse de son pouvoir. La **tyrannie** est le gouvernement d'un tyran; c'est aussi un abus de pouvoir; c'est enfin un pouvoir auquel on ne peut résister : *la tyrannie des passions.* Ce qui tient de la tyrannie est **tyrannique. Tyranniser,** c'est agir avec tyrannie.

tzigane adj. et n. Bohémien, bohémienne. Musicien portant le costume bohémien.

tympan de l'église de Moissac
Phot. Arch. phot.

Université de Montréal (Canada). *Phot. Editeurs associés.*

ubiquité [*u-bi-kui-té*] n. f. Présence partout à la fois.

ukase n. m. Dans l'ancienne Russie, édit, ordonnance du tsar.

ulcère n. m. Plaie qui n'a pas tendance à se fermer. **Ulcérer,** c'est former un ulcère. Au figuré, c'est blesser moralement : *un cœur ulcéré.*

ulcérer v. V. ULCÈRE.

ultérieur, e adj. Qui est au-delà, qui vient après. **Ultérieurement,** c'est plus tard.

ultimatum n. m. V. ULTIME.

ultime adj. Dernier. Un **ultimatum** est la dernière proposition qu'un pays fait à un autre avant de lui déclarer la guerre.

ultra, mot latin signifiant au-delà, et qui entre dans la formation de mots composés : **ultrarapide,** en parlant des plaques photographiques très rapides; **ultraviolet,** en parlant de certaines radiations.

ululer v. Crier, en parlant de certains oiseaux nocturnes.

un, une art. indéf. *C'est un livre; dans une armoire.* Adj. Le premier et le plus petit des nombres entiers : *un et un font deux.* Seul : *répondre d'un mot.* Chiffre qui signifie ce nombre [**1**]. *Un à un, un par un,* l'un après l'autre. *Pas un,* aucun. (V. UNITÉ.)

unanime adj. Qui marque l'accord sur une seule idée : *avis unanime.* L'**unanimité,** c'est l'accord des esprits, des avis : *élire à l'unanimité.*

unanimité n. f. V. UNANIME.

uni, e adj. Qui ne présente pas d'inégalités : *sol uni.* Sans ornements, sans dessins : *une étoffe unie.*

unifier v. Réunir, amener à l'unité : *unifier les modèles dans une fabrication.*

uniforme adj. Qui a partout la même forme, le même aspect : *des maisons uniformes.* N. m. Vêtement semblable dont s'habille un certain nombre de personnes : *uniforme militaire.* **Uniformiser,** c'est rendre uniforme. L'**uniformité,** c'est le caractère uniforme.

uniformiser v., **uniformité** n. f. V. UNIFORME.

unilatéral, e adj. Qui est situé d'un seul côté. Qui n'engage qu'une seule des parties, en parlant d'un contrat.

uninominal, e adj. Qui ne porte que sur un seul nom : *scrutin uninominal.*

union n. f. Association de personnes ou de choses ayant un but commun : *l'union fait la force.* Mariage : *union bien assortie.*

unique adj. Seul : *un fils unique.* Qui ne se présente qu'une fois : *occasion unique.*

unir v. Joindre deux ou plusieurs choses en une seule : *unir deux communes.* Faire communiquer : *canal qui unit deux mers.* Lier par l'intérêt, l'affection. Marier.

unisson n. m. Accord de plusieurs voix ou instruments qui font entendre le même son.

unitaire adj. V. UNITÉ.

unité n. f. Le nombre un. Quantité prise comme mesure : *le mètre est l'unité de longueur.* Qualité d'une œuvre qui présente une harmonie d'ensemble : *une fresque pleine d'unité.* Ce qui recherche l'unité est **unitaire.**

univers n. m. Le monde, l'ensemble de ce qui existe. Ce qui est général, qui s'applique à tout, est **universel.**

universel, elle adj. V. UNIVERS.

universitaire n. m. V. UNIVERSITÉ.

université n. f. Ensemble des établissements d'enseignement supérieur (1). Un **universitaire** est un professeur de l'Université.

uranium n. m. Un métal rare très lourd : *la décomposition de l'uranium est le principe de la bombe atomique.*

urbain, e adj. De la ville, des villes : *la population urbaine.* L'**urbanité** est la politesse, l'usage du monde. L'**urbanisme** est l'art de fonder, d'aménager les villes.

urbanisme n. m., **urbanité** n. f. V. URBAIN.

urée n. f. Substance que l'on rencontre dans l'urine.

urémie n. f. Maladie causée par la présence de l'urée dans le sang.

urgence n. f. V. URGENT.

urgent, e adj. Pressé : *un travail urgent.* L'**urgence** est le caractère de ce qui est urgent. *Appeler d'urgence,* c'est appeler en hâte.

urinal n. m. V. URINE.

urine n. f. Liquide produit par les reins et qui se réunit dans la vessie d'où il est rejeté. Un **urinal** est un vase pour faire uriner les malades au lit. **Uriner,** c'est rejeter l'urine hors du corps. Un **urinoir** est un endroit pour uriner.

uriner v., **urinoir** n. m. V. URINE.

urne n. f. Vase antique en forme de cruche. Boîte où l'on recueille les bulletins de vote.

urticaire n. f. Démangeaison violente rappelant celle que produisent les orties.

us [*uss*] n. m. pl. Usages. (Ne s'emploie que dans la locution : *les us et coutumes.*)

usage n. m. Emploi, action de se servir : *l'usage du vin.* Coutume : *les usages reçus.* Expérience de ce qu'il faut dire et faire : *avoir l'usage du monde.* Ce qui a déjà servi, qui a fait de l'usage, est **usagé.** Ce qui est destiné à un usage habituel est **usager.** L'**usager** est aussi celui qui utilise une chose : *les usagers de la route.*

usagé, e adj., **usager, ère** adj. et n. V. USAGE.

user v. Faire usage, se servir de : *user d'un droit*. Consommer, détruire par l'emploi : *user de l'huile*. Détruire peu à peu : *user sa santé*. Polir par frottement : *user à la meule*. Ce qui est en usage est **usité**. Ce dont on se sert habituellement est **usuel**. L'**usure** est la détérioration produite par l'usage, la fatigue.

usine n. f. Grande fabrique. **Usiner**, c'est fabriquer dans une usine; c'est aussi travailler une matière brute à l'aide d'une machine-outil.

usiner v. V. USINE.

usité, e adj. V. USER.

ustensile n. m. Petit objet servant aux usages de la vie courante : *ustensile de cuisine*.

usuel, elle adj. V. USER.

usufruit n. m. Droit de consommer les fruits, le revenu d'un bien dont la propriété appartient à une autre personne. L'**usufruitier** est celui qui jouit de l'usufruit.

usufruitier, ère n. V. USUFRUIT.

usuraire adj. V. USURE I.

usure I. n. f. Intérêt exagéré demandé pour un prêt. *Rendre avec usure*, rendre au-delà de ce qu'on avait reçu. Un prêt à intérêt abusif est **usuraire**. L'**usurier** est celui qui prête avec usure.

usure II. n. f. V. USER.

usurier, ère n. V. USURE I.

usurpateur, trice n., **usurpation** n. f. V. USURPER.

usurper v. S'emparer d'une chose sans y avoir droit. Celui qui usurpe est un **usurpateur**. L'**usurpation** est l'action d'usurper.

ut n. m. Do, première note de la gamme musicale ordinaire.

utérus n. m. Organe de la femme dans lequel se développe l'enfant.

utile adj. Qui sert, qui rend service. N. m. Ce qui est utile : *joindre l'utile à l'agréable*. L'**utilisation**, c'est l'action d'utiliser. **Utiliser**, c'est se servir de : *utiliser ses connaissances*. Ce qui se propose surtout l'utilité est **utilitaire**.

utilisation n. f., **utiliser** v., **utilitaire** adj. V. UTILE.

utopie n. f. Projet chimérique, irréalisable. Ce qui tient de l'utopie est **utopique** : *plan utopique*. Celui qui forme des projets utopiques est un **utopiste**.

usine à Gardanne (B.-du-R.) *Phot. Ray-Delvest.*

V

Volcan (cratère de l'Etna, Sicile). *Phot. Office du Tourisme italien.*

vacance n. f. Etat de ce qui n'est pas occupé : *la vacance d'un emploi.* Pl. Période de repos accordée à des élèves, des employés, des fonctionnaires. Ce qui n'est pas occupé est **vacant** : *place vacante.* (V. VAQUER.) Celui qui est en vacances dans un lieu de villégiature est un **vacancier.**

vacant, e adj. V. VACANCE.

vacarme n. m. Grand bruit continu.

vacataire n., **vacation** n. f. V. VAQUER.

vaccin n. m. Préparation qui, introduite dans le corps d'un homme, d'un animal, lui permet de résister à une maladie. La **vaccine** est une maladie peu grave de la vache qui, communiquée volontairement à l'homme, le préserve d'une maladie grave, la variole ou petite vérole. **Vacciner,** c'est introduire un vaccin dans le corps, généralement au moyen d'une piqûre à la peau ou par injection. La **vaccination** est l'action de vacciner.

vaccination n. f., **vaccine** n. f., **vacciner** v. V. VACCIN.

vache n. f. Mammifère ruminant qui nous fournit son lait (1), sa chair. Sa peau.

vacillation n. f., **vacillement** n. m. V. VACILLER.

vaciller [*va-ci-yé*] v. Chanceler, n'avoir pas d'équilibre : *table qui vacille.* Trembler, trembloter : *lumière qui vacille.* Hésiter, être incertain : *mémoire qui vacille.* Le **vacillement,** la **vacillation,** est l'action de vaciller.

vacuité n. f. Etat de ce qui est vide.

vade-mecum n. m. Livre, objet que l'on porte avec soi.

va-et-vient n. m. Mouvement alternatif d'un point à un autre.

vagabond, e adj. Qui erre çà et là, qui n'a pas de domicile. **Vagabonder,** c'est errer. Le **vagabondage** est l'action de vagabonder.

vagir v. V. VAGISSEMENT.

vagissement n. m. Cri que pousse le nouveau-né. **Vagir,** c'est pousser des vagissements.

1. V. pl. BÉTAIL.

vague I n. f. Masse d'eau que le vent soulève à la surface de la mer, d'un lac, etc. Au figuré, ce qui se compare à une vague par la forme, le mouvement : *vague de sable, de chaleur.*

vague II adj. Vide, non occupé, non bâti : *terrain vague.*

vague III adj. Qui n'est pas précis : *désir vague.* **Vaguer,** c'est se perdre dans des rêveries : *laisser vaguer son imagination.*

vaguemestre n. m. Sous-officier chargé du service de la poste dans un régiment.

vaguer v. V. VAGUE III.

vaillamment adv., **vaillance** n. f. V. VAILLANT.

vaillant, e adj. Courageux : *un vaillant soldat.* Qui a de la valeur. (Ne se dit plus que dans la locution : *sans un sou vaillant.*) **Vaillamment,** c'est avec vaillance. La **vaillance** est le courage.

vain, e adj. Sans valeur, sans importance, sans résultat : *paroles vaines, vains efforts.* Orgueilleux, vaniteux. (V. VANITÉ.) *En vain,* inutilement.

vaincre v. L'emporter sur, triompher de : *vaincre l'ennemi, un adversaire.* Surmonter : *vaincre une difficulté.* (Conjuguez : *je vaincs, nous vainquons ; je vainquais ; je vainquis, nous vainquîmes ; je vaincrai ; vaincs, vainquons, vainquez ; il faut que je vainque ; vainquant, vaincu.*) Le **vainqueur** est celui qui vainc, qui triomphe. Le **vaincu** est celui qui est battu dans une lutte.

vaincu, e adj. et n., **vainqueur** n. m. V. VAINCRE.

vair n. m. Une fourrure blanche et grise.

vairon adj. Se dit des yeux de couleur différente N. m. Poisson très commun dans les rivières.

vaisseau n. m. Bateau, navire : *vaisseau de guerre* (1). Veine, canal servant à la circulation du sang, de la lymphe, de la sève, etc., chez les animaux ou les plantes.

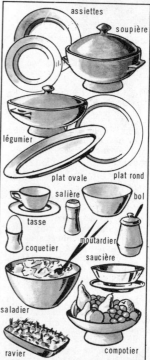

vaisselle

assiettes
soupière
légumier
plat ovale
plat rond
salière
bol
tasse
coquetier
moutardier
saucière
saladier
ravier
compotier

vaisselier n. m. V. VAISSELLE.

vaisselle n. f. Ensemble des assiettes, plats, etc., pour le service de table. Un **vaisselier** est un meuble pour ranger et exposer la vaisselle.

val n. m. V. VALLÉE.

valable adj. V. VALOIR.

valériane n. f. Une plante médicinale, appelée aussi herbe-aux-chats.

valet n. m. Domestique : *valet de chambre*. Une figure du jeu de cartes. Fer coudé qui maintient une pièce de bois sur l'établi (1). Une **valetaille** est une troupe de valets.

valetaille n. f. V. VALET.

valétudinaire adj. Maladif.

valeur n. f. Ce que vaut une personne, une chose. Grand prix : *objet de valeur*. Titre de bourse, de banque : *valeur d'Etat*. En musique, durée d'une note. Importance : *la valeur d'un raisonnement*. Bravoure, courage, vaillance. Celui qui a du courage est **valeureux**. (V. VAILLANT, VALOIR.)

valeureux, euse adj. V. VA-LEUR.

valide adj. Qui est en bonne santé, qui peut se servir de ses membres. Au figuré, qui a les conditions nécessaires : *contrat valide*. **Valider**, c'est déclarer valide : *valider une élection*. La **validité** est la qualité de ce qui est valide.

valider v., **validité** n. f. V. VALIDE.

valise n. f. Petite malle très légère qu'on porte à la main.

vallée n. f. Dépression allongée entre deux versants, façonnée par une rivière, un glacier (2). Un **val**, un **vallon**, c'est une petite vallée. Ce qui est **vallonné** présente l'aspect de vallons juxtaposés. **Par monts et par vaux**, de tous côtés.

vallon n. m., **vallonné, e** adj. V. VALLÉE.

valoir v. Avoir un certain prix, une certaine valeur. Mériter : *cela vaut qu'on s'en occupe. A valoir*, à compte. *Faire valoir*, tirer profit. *Se faire valoir*, faire ressortir ses qualités. (Conjuguez : *je vaux, il vaut, nous valons ; je valais ; je valus, nous valûmes ; je vaudrai ; vaux, valons, valez ; il faut que je vaille ; valant, valu*.) Ce qui est acceptable, dont on admet la valeur, est **valable**. **Valoriser**, c'est relever le prix d'une chose. La **valorisation** est l'action de valoriser. **Plus-value, moins-value**, augmentation ou diminution de valeur. (V. VALEUR.)

valorisation n. f., **valoriser** v. V. VALEUR.

valse n. f. Danse dans laquelle deux danseurs tournent sur eux-mêmes en se tenant. **Valser**, c'est danser la valse. Le **valseur** est le danseur qui valse.

valser v., **valseur, euse** n. V. VALSE.

valve n. f. Moitié de certains coquillages, de certains fruits secs. Soupape : *valve de pneumatique*. Une **valvule** est une sorte de petite valve qu'on trouve dans les veines.

valvule n. f. V. VALVE.

vampire n. m. Mort que l'on supposait jadis sortir du tombeau pour sucer le sang des vivants. Celui qui s'enrichit aux dépens d'autrui. Sorte de grande chauve-souris.

van n. m. Plateau d'osier pour cribler et nettoyer le grain (3). **Vanner**, c'est secouer le grain

1. V. pl. MENUISERIE ; 2. V. pl. GÉOGRAPHIE ; 3. V. pl. VANNERIE.

dans le van pour le nettoyer; au figuré, c'est fatiguer. Le **vannage** est l'action de vanner. Le **vannier** est celui qui fait des vans, des corbeilles. La **vannerie** est la fabrication des paniers, etc.

vandale n. Celui qui détruit les monuments, comme le faisaient les Vandales, peuple barbare qui envahit l'Europe au Vᵉ siècle. Le **vandalisme** est le caractère, l'acte du vandale.

vandalisme n. m. V. VANDALE.

vanille n. f. Gousse très parfumée d'une plante grimpante des pays chauds. **Vaniller**, c'est parfumer à la vanille : *chocolat vanillé.*

vaniller v. V. VANILLE.

vanité n. f. Chose vaine, sans valeur : *la vanité de la gloire.* Orgueil mesquin, désir de briller, de paraître. Celui qui a de la vanité est **vaniteux.**

vaniteux, euse adj. V. VANITÉ.

vannage n. m. V. VAN.

vanne n. f. Sorte de porte qui barre un canal, une écluse.

vanneau n. m. Genre d'oiseaux échassiers d'Europe (1).

vanner v., **vannerie** n. f., **vannier** n. m. V. VAN.

vantail n. m. Battant de porte : *porte à deux vantaux.*

vantard, e adj. et n. **vantardise** n. f. V. VANTER.

vanter v. Louer, célébrer beaucoup : *vanter le temps passé.* **Se vanter,** se faire gloire de : *se vanter de son travail.* Le **vantard** est celui qui a l'habitude de se vanter. La **vantardise** est le défaut du vantard.

va-nu-pieds n. m. Gueux, pauvre qui n'a même pas de chaussures.

vapeur n. f. Liquide transformé en gaz par la chaleur : *la vapeur d'eau sert à faire fonctionner de nombreuses machines.* Alcool de certaines boissons qui monte à la tête comme une

vannerie

corbeille — hotte — van — vannier — cabas — manne — osier — bourriche

1. V. pl. PALMIPÈDES ET ÉCHASSIERS.

vapeur : *les vapeurs de l'ivresse.* Au figuré : *les vapeurs de l'orgueil.* Un **vapeur** est un bateau mû par la vapeur. Ce qui contient de la vapeur, ce qui est flou, léger, est **vaporeux** : *tissu vaporeux.* **Vaporiser,** c'est changer en vapeur : *la chaleur vaporise l'eau.* La **vaporisation** est l'action de vaporiser. Un **vaporisateur** est un appareil pour vaporiser; c'est, par extension de sens, un pulvérisateur pour réduire un liquide en fine pluie.

vaporeux, euse adj., **vaporisateur** n. m., **vaporisation** n. f., **vaporiser** v. V. VAPEUR.

vaquer v. S'occuper de : *vaquer à ses travaux.* Une **vacation** est le temps employé pour examiner une affaire, pour exécuter un travail. Le **vacataire** est une personne qui effectue une vacation.

varan n. m. Reptile d'Afrique et d'Asie.

varech [*va-rèk*] n. m. Algue brune très commune.

vareuse n. f. Sorte de blouse, de veste.

variable adj., **variation** n. f. V. VARIER.

varice n. f. Gonflement durable des veines, surtout aux jambes.

varicelle n. f. Maladie sans gravité qui se manifeste par une éruption de petits boutons.

varier v. Changer, rendre divers : *varier son travail.* Ce qui est divers est **varié** : *fleurs de couleurs variées.* **Varier,** c'est encore être d'avis différent : *nos opinions varient sur cela.* Ce qui varie facilement est **variable.** Une **variation,** c'est un changement. La **variété** est le caractère de ce qui est varié;

c'est aussi un animal, une plante qui diffère très peu de l'espèce généralement connue : *une variété de pommes.* Un spectacle de **variétés** est constitué de numéros sans liens entre eux.

variété n. f. V. VARIER.

variole n. f. Petite vérole, maladie contagieuse grave.

varlope n. f. Grand rabot de menuisier, muni d'une poignée (1).

vase I. n. f. Boue qui se dépose au fond des eaux. Ce qui contient de la vase est **vaseux.**

vase II. n. m. Récipient, généralement de grandeur petite ou moyenne : *vase à fleurs.*

vaseline n. f. Sorte de graisse tirée du pétrole.

vaseux, euse adj. V. VASE I.

vasistas [*va-zis-tass*] n. m. Partie mobile au haut d'une fenêtre (2).

vasque n. f. Bassin de fontaine.

vassal n. m. Celui qui, en échange de certains avantages, était lié à son seigneur par un serment de fidélité. La **vassalité,** le **vasselage** était la qualité de vassal.

vassalité n. f., **vasselage** n. m. V. VASSAL.

vaste adj. De grande étendue. De grande importance : *vaste projet.*

vaticiner v. Prédire l'avenir.

va-tout n. m. Au jeu, coup où l'on joue tout l'argent qu'on a.

vaudeville n. m. Petite pièce de théâtre comique mêlée de couplets.

vau-l'eau (à) loc. adv. En se laissant emporter par le courant de l'eau. Au figuré : *espoirs qui s'en vont à vau-l'eau.*

---

1. V. pl. MENUISERIE; 2. V. pl. FENÊTRES.

VÉHICULES

litière — carrosse — charrette à bras — chaise à porteurs — traîneau — voiture d'enfant — bicyclette — tombereau — fiacre — diligence — motocyclette — triporteur — tramway — camion — trolleybus — téléphérique — autobus — autocar — avion — paquebot — automobile — locomotive Diesel — locomotive électrique — locomotive à vapeur

vaurien, enne adj. et n. Personne vicieuse, qui ne vaut rien.

vautour n. m. Grand oiseau de proie (1).

vautrer (se) v. Se rouler dans la poussière, dans la boue.

veau n. m. Petit de la vache (2). Sa peau. Sa chair : *rôti de veau.*

vedette n. f. Petit bateau de guerre destiné à la surveillance. Au figuré, artiste très populaire.

végétal, e adj. Relatif aux plantes. N. m. Plante. La **végétation** est le développement régulier des végétaux : *arbre à végétation rapide.* En médecine, bourgeonnement qui se produit à la surface de certains organes : *avoir des végétations dans la gorge.* **Végéter,** c'est croître,

1. V. pl. RAPACES ; 2. V. pl. BÉTAIL.

en parlant des plantes. Au figuré, c'est vivre d'une manière médiocre. Ce qui se rapporte à la végétation est **végétatif**. Le **végétarien** est celui qui ne se nourrit que de végétaux.

végétarien, enne n. et adj., **végétatif, ive** adj., **végétation** n. f., **végéter** v. V. VÉGÉTAL.

véhémence n. f. Force, violence : *agir avec véhémence*. Celui qui montre de la véhémence est **véhément**.

véhément, e adj. V. VÉHÉMENCE.

véhicule n. m. Moyen de transport, tel que voiture, bateau, etc. (V. pl. p. précéd.) **Véhiculer**, c'est transporter dans un véhicule.

véhiculer v. V. VÉHICULE.

veille n. f. Privation de sommeil. Etat de celui qui est éveillé. Le jour qui précède : *la veille de son départ. Etre à la veille de*, sur le point de. La **veillée** est le temps entre le repas du soir et le coucher. **Veiller**, c'est ne pas dormir ; c'est aussi prendre garde à, ne pas perdre de vue : *veiller au maintien de l'ordre ;* c'est également passer la nuit auprès de : *veiller un malade.* Le **veilleur**, la **veilleuse** est la personne qui veille. Une **veilleuse** est une petite lampe pour la nuit (1).

veillée n. f., **veiller** v., **veilleur, euse** n. V. VEILLE.

veinard, e adj. V. VEINE.

veine n. f. Conduit, canal en forme de tuyau souple, par où coule le sang dans le corps. Bande de couleur différente, dans le bois, le marbre, etc. Masse d'un minerai qui s'étend sous le sol en longueur (2). Familièrement, c'est la chance. Ce qui a des veines est **veiné** : *bois bien veiné*. Ce qui se rapporte aux veines est **veineux** : *le sang veineux est plus foncé que le sang artériel*. Celui qui a de la veine est **veinard** (fam.).

veiné, e adj., **veineux, euse** adj. V. VEINE.

vélin n. m. Parchemin de peau de veau préparée. Papier blanc uni.

vélite n. m. Soldat d'infanterie légère chez les Romains.

velléité n. f. Volonté hésitante : *velléités de résistance*.

vélocipède n. m. Véhicule qui est à l'origine de la bicyclette et qui comprenait deux roues de diamètres très inégaux. Un **vélodrome** est une piste pour courses cyclistes.

vélocité n. f. Grande vitesse.

vélodrome n. m. V. VÉLOCIPÈDE.

vélomoteur n. m. Véhicule à deux roues dont le moteur ne dépasse pas 125 cm³.

velours n. m. Etoffe à poils courts et serrés. Ce qui a l'aspect du velours est **velouté**.

velouté, e adj. V. VELOURS.

velu, e adj. Couvert de poils.

vélum n. m. Grand voile qui couvre un cirque, une salle à ciel ouvert, etc.

venaison n. f. Chair de bête fauve ; gibier.

vénal, e adj. Qui s'achète pour de l'argent. Qui n'agit que par intérêt, qui fait tout pour de l'argent. La **vénalité** est le caractère vénal.

vénalité n. f. V. VÉNAL.

venant adj. V. VENIR.

vendange n. f. Récolte du raisin. **Vendanger**, c'est faire la vendange. Le **vendangeur** est celui qui fait la vendange.

vendanger v., **vendangeur, euse** n. V. VENDANGE.

1. V. pl. ECLAIRAGE ; 2. V. pl. MINES.

vendémiaire n. m. Premier mois du calendrier républicain, consacré aux vendanges (du 22 septembre au 21 octobre).

vendetta n. f. En Corse, série de vengeances entre deux familles nées d'une offense ou d'un meurtre.

vendeur, euse n. V. VENDRE.

vendre v. Céder, donner pour un prix convenu : *vendre une maison, un cheval.* Se faire payer un service : *vendre son influence.* Le **vendeur**, la **vendeuse** est la personne qui vend. La **vente** est l'action de vendre. Celui qui est un **vendu** a trahi pour de l'argent.

vendredi n. m. Sixième jour de la semaine.

vendu, e n. V. VENDRE.

venelle n. f. Ruelle, petite rue.

vénéneux, euse adj. Qui contient du poison : *champignon vénéneux.* (Ne pas confondre avec *venimeux.*)

vénérable adj. V. VÉNÉRATION.

vénération n. f. Respect profond et religieux. Celui, ce qui est digne de vénération est **vénérable**. **Vénérer**, c'est avoir de la vénération pour quelqu'un, pour quelque chose.

vénérer v. V. VÉNÉRATION.

vénerie n. f. Chasse au cerf, au sanglier, etc., avec des chiens courants. Le **veneur** est celui qui dirige la chasse aux chiens courants.

veneur n. m. V. VÉNERIE.

vengeance n. f. V. VENGER.

venger v. Tirer réparation d'une offense : *se venger d'une insulte.* La **vengeance** est l'action de venger, de se venger. Celui qui venge est **vengeur**. Celui qui cherche à se venger est **vindicatif**. La **vindicte** est la poursuite des crimes par la justice.

vengeur, eresse adj. V. VENGER.

véniel, elle adj. Léger, en parlant d'une faute, d'un péché.

venimeux, euse adj. Qui a du venin : *insecte venimeux.* Un **venin** est un liquide empoisonné produit par un animal : *le venin de la vipère;* au figuré, c'est la méchanceté.

venin n. m. V. VENIMEUX.

venir v. Se rendre dans un endroit : *venez me voir chez moi.* Arriver, survenir : *le malheur vint le surprendre.* Etre originaire : *le thé vient de Chine.* Se présenter à l'esprit : *il me vient une idée. En venir à,* en arriver à. *Venir à bout,* réussir. *A tout* **venant,** à tout propos. Ce qui est réussi est bien **venu.** *Etre bien* ou *mal venu,* être bien ou mal reçu. *Le premier venu,* n'importe qui. *Un nouveau venu* est une personne nouvellement arrivée. La **venue** est le fait de venir, d'arriver. *Les allées et* **venues,** c'est l'action d'aller et venir plusieurs fois. (Conjuguez : *je viens, nous venons; je venais; je vins, nous vînmes; je viendrai; viens, venons, venez; il faut que je vienne, que nous venions; venant, venu.*)

vent n. m. Air déplacé avec une certaine force : *le vent du nord.* Un instrument de musique *à vent* est celui qui résonne quand on souffle dedans. **Venter,** c'est faire du vent. Un **ventilateur** est un appareil qui agite l'air artificiellement. **Ventiler,** c'est aérer : *ventiler une salle.* La **ventilation** est l'action de ventiler. **Ventôse** était le mois des vents du calendrier républicain (du 20 février au 21 mars).

vente n. f. V. VENDRE.

venter v., **ventilateur** n. m., **ventilation** n. f., **ventiler** v., **ventôse** n. m. V. VENT.

ventouse n. f. Organe de fixation de la sangsue et de la pieuvre. Godet de verre appliqué sur la peau pour provoquer une révulsion. Calotte de caoutchouc qui s'applique sur une surface plane et où l'on accroche quelque chose.

ventral, e adj. V. VENTRE.

ventre n. m. Partie du corps où sont les intestins. Partie renflée d'un vase. *Ventre à terre,* en parlant d'un cheval qui galope. Le **ventriloque** est celui qui parle de telle sorte que sa voix semble sortir d'une poupée tenue sur ses genoux. Celui qui a un gros ventre est **ventru, ventripotent.** Ce qui se rapporte au ventre est **ventral.**

ventricule n. m. Petite cavité du cœur.

ventriloque adj. et n., **ventripotent, e** adj., **ventru, e** adj. V. VENTRE.

venu, e adj. et n. V. VENIR.

vêpres n. f. pl. Office religieux célébré l'après-midi.

ver n. m. Nom de divers petits animaux de forme allongée, sans pattes, qui se déplacent en rampant. Par extension, nom de certaines larves d'insectes : *le ver blanc est la larve du hanneton; le ver à soie celle d'un papillon qui file la soie* (1). Un fruit qui renferme des vers est **véreux.**

véracité n. f. V. VÉRITÉ.

véranda n. f. Galerie légère qui tient toute la longueur d'une habitation. Balcon vitré.

verbal, e adj., **verbaliser** v. V. VERBE.

verbe n. m. Parole : *avoir le verbe haut.* Mot qui, dans la phrase, indique l'action ou l'état du sujet : *je mange du pain; tu dors.* Ce qui se fait de vive voix est **verbal** : *promesse verbale.* **Verbaliser,** c'est dresser un procès-verbal. Le **verbiage,** la **verbosité** est le bavardage inutile. (V. VERVE.)

verbiage n. m., **verbosité** n. f. V. VERBE.

verdâtre adj., **verdeur** n. f. V. VERT.

verdict n. m. Réponse faite par le jury d'un tribunal aux questions posées par les juges.

verdier n. m., **verdir** v., **verdoyant, e** adj., **verdure** n. f. V. VERT.

véreux, euse adj. V. VER.

verge n. f. Petite baguette longue et souple. Ancienne mesure agraire. Un papier **vergé** est celui qui laisse voir par transparence des rayures.

vergé, e adj. V. VERGE.

verger n. m. Lieu planté d'arbres fruitiers.

verglas n. m. Mince couche de glace sur le sol.

vergogne n. f. Honte. (S'emploie surtout dans la locution : *sans vergogne,* éhonté, impudent.)

vergue n. f. Perche de bois, en travers d'un mât de navire, qui soutient une voile.

véridique adj., **vérification** n. f., **vérifier** v. V. VÉRITÉ.

vérin n. m. Sorte de cric pour soulever des fardeaux.

véritable adj. V. VÉRITÉ.

vérité n. f. Qualité de ce qui est vrai, de ce qui est exact. *Dire à quelqu'un ses vérités,* lui reprocher ses fautes, ses défauts. *En vérité,* vraiment. La **véracité** est l'attachement à la vérité, la qualité de ce qui est

---

1. V. pl. INSECTES.

vrai. Celui qui dit la vérité, ce qui est exact est **véridique**. **Vérifier**, c'est examiner si une chose est vraie, si elle est juste. La **vérification** est l'action de vérifier. Ce qui est conforme à la vérité, ce qui est réel est **véritable**.

vermeil, eille adj. Rouge foncé : *du sang vermeil*. N. m. Argent doré.

vermicelle n. m. Pâte à potages en forme de fils (de petits vers).

vermifuge n. m. Remède contre les vers intestinaux.

vermillon n. m. Une couleur rouge.

vermine n. f. Ensemble des vers, des insectes qui vivent à l'intérieur du corps des animaux ou sur leur peau, dans leurs poils. Au figuré, populace méprisable, canaille.

vermisseau n. m. Petit ver.

vermoulu, e adj. Se dit d'un bois rongé par les vers.

vermouth n. m. Vin blanc aromatisé employé comme apéritif.

vernir v. V. VERNIS.

vernis n. m. Enduit dur et brillant dont on recouvre un objet pour le protéger. Au figuré, éclat, apparence brillante. **Vernir**, c'est recouvrir de vernis. Le **vernissage**, c'est l'action de vernir, notamment les tableaux ; c'est aussi la réception qui précède l'ouverture d'une exposition de peinture.

vernissage n. m. V. VERNIS.

vérole (PETITE) n. f. V. VARIOLE.

verrat n. m. Porc mâle.

verre n. m. Corps solide, transparent, cassant, qu'on obtient en fondant du sable et de la potasse ou de la soude. Objet de verre. Vase pour boire, fait de verre : *un verre à pied*. Son

contenu. La **verrerie** est l'art de faire le verre, l'usine où on le fait. Le **verrier** est celui qui travaille le verre. Une **verrière** est un grand vitrail. La **verroterie** est un ensemble de menus objets de verre.

verrerie n. f., **verrier** n. m., **verrière** n. f., **verroterie** n. f. V. VERRE.

verrou n. m. Petit barreau de fer mobile pour fermer une porte (1). *Etre sous les verrous*, c'est être en prison. **Verrouiller**, c'est fermer avec un verrou.

verrouiller v. V. VERROU.

verrue n. f. Petite élevure de chair qui se forme sur la peau.

vers I n. m. Assemblage de mots groupés d'après leur nombre de syllabes, l'emplacement des pauses et dont les dernières syllabes ont généralement des terminaisons semblables (rimes). **Versifier**, c'est faire des vers. La **versification** est l'art de faire des vers. Un **versificateur** est un rimeur. Un **verset**, c'est un paragraphe de la Bible.

vers II Préposition signifiant « dans la direction » : *se diriger vers le nord*, ou exprimant le temps approximatif : *venir vers midi*.

versant n. m. Pente d'une montagne, d'une vallée.

versatile adj. Changeant : *caractère versatile*.

verse (à) locution. Abondamment, en parlant de la pluie.

versement n. m. V. VERSER.

verser v. Répandre un liquide : *verser de l'eau sur le sol*. Au figuré : *verser des larmes*. Faire passer un liquide dans un vase : *verser à boire*. Remettre, déposer de l'argent. Tomber sur le côté (en parlant d'une voiture). Le **versement** est l'action de verser de l'argent. Une personne **versée** dans une science est celle qui est instruite dans cette science.

verset n. m. V. VERS I.

versificateur n. m., **versification** n. f., **versifier** v. V. VERS I.

version n. f. Traduction d'une langue étrangère dans la langue maternelle. Manière de raconter un événement.

verso n. m. Revers d'un feuillet écrit (opposé à RECTO).

vert, e adj. De la couleur des feuilles des arbres. Qui n'est pas encore sec ou mûr : *bois vert; raisins verts.* Au figuré, encore vigoureux malgré l'âge. N. m. Couleur verte. Ce qui tire sur le vert est **verdâtre**. Le **vert-de-gris** est un sel vert qui se forme sur le cuivre exposé à l'humidité. La **verdure** est la couleur verte des plantes, un feuillage vert. Le **verdier** est un oiseau de couleur verte. Ce qui a une couleur verte est **verdoyant. Verdir,** c'est rendre vert, devenir vert. La **verdeur** est la qualité de quelqu'un plein d'ardeur, de jeunesse; des propos sont aussi pleins de **verdeur.**

vertébral, e adj. V. VERTÈBRE.

vertèbre n. f. Chacun des petits os qui forment l'épine dorsale. Ce qui est relatif aux vertèbres est **vertébral** : *colonne vertébrale.* Les **vertébrés** sont les animaux pourvus d'un squelette (v. ce mot) avec une colonne de vertèbres le long du **dos.**

vertébré, e adj. et n. m. V. VERTÈBRE.

vertical, e adj. Qui a la direction du fil à plomb : *les corps*

pesants tombent en suivant une ligne verticale. N. f. Ligne verticale (1).

vertige n. m. Etourdissement momentané. Ce qui donne le vertige est **vertigineux** : *une hauteur vertigineuse.*

vertigineux, euse adj. V. VERTIGE.

vertu n. f. Disposition de l'âme qui porte à faire le bien. Qualité de certaines choses : *les vertus des plantes médicinales.* Celui qui a de la vertu est **vertueux.**

vertueux, euse adj. V. VERTU.

verve n. f. Imagination vive, facilité de s'exprimer : *être en verve.*

verveine n. f. Plante à fleurs bleues odorantes.

verveux n. m. Sorte de filet.

vesce n. f. Une plante fourragère.

vésicatoire n. m. Médicament qui produit des ampoules sur la peau.

vésicule n. f. Petite vessie : *la vésicule biliaire ou de la bile est placée contre le foie.*

vespasienne n. f. Urinoir en forme de guérite, sur la voie publique.

vespéral, e adj. Du soir.

vessie n. f. Petit sac membraneux à l'intérieur du corps : *la vessie urinaire* (2); *la vessie natatoire des poissons leur permet de monter et de descendre dans l'eau.*

vestale n. f. Chez les Romains, prêtresse de Vesta, qui ne pouvait se marier et qui devait veiller à la conservation du feu sacré.

veste n. f. Vêtement qui couvre le haut du corps. Le **vestiaire** est l'endroit où l'on dépose les pardessus, parapluies, cannes,

1. V. pl. LIGNES ; 2. V. pl. HOMME.

etc., dans un lieu public. Un **veston** est une sorte de veste qui se porte en ville.

vestiaire n. m. V. VESTE.

vestibule n. m. Pièce d'entrée dans un édifice, un appartement.

vestige n. m. Empreinte, trace : *les vestiges d'une civilisation.*

vestimentaire adj. V. VÊTIR.

veston n. m. V. VESTE.

vêtement n. m. V. VÊTIR.

vétéran n. m. Vieux soldat mis en congé. Au figuré, homme qui a vieilli dans une profession. Ecolier qui redouble une classe.

vétérinaire n. m. Celui qui soigne les animaux domestiques.

vétille [vé-tiy'] n. f. Bagatelle, chose sans importance. Celui qui s'attache à des vétilles est **vétilleux.**

vétilleux, euse adj. V. VÉ-TILLE.

vêtir v. Habiller, couvrir de vêtements. (Conjuguez : *je vêts, nous vêtons; je vêtais; je vêtis, nous vêtîmes; je vêtirai; vêts, vêtons, vêtez; il faut que je vête; vêtant, vêtu.*) Le **vêtement,** c'est ce qui sert à vêtir, à habiller. Ce qui se rapporte au vêtement est **vestimentaire.**

veto n. m. Opposition, refus.

vétuste adj. Vieux, usé : *mobilier vétuste.* La **vétusté** est la vieillesse, le délabrement.

vétusté n. f. V. VÉTUSTE.

veuf, veuve adj. et n. Qui a perdu sa femme ou son mari et ne s'est pas remarié. Le **veuvage** est l'état du veuf, de la veuve.

veule adj. Faible, sans énergie : *homme, esprit veule.* La **veulerie** est le caractère veule.

veulerie n. f. V. VEULE.

veuvage n. m. V. VEUF.

vexant, e adj., **vexation** n. f., **vexatoire** adj. V. VEXER.

vexer v. Contrarier, désappointer. Ce qui vexe est **vexant.** La **vexation** est l'action de vexer. Ce qui a le caractère de la vexation est **vexatoire.**

viabilité n. f. Bon état d'une route.

viable adj. Qui peut vivre : *enfant né viable.*

viaduc n. m. Pont de grande longueur qui franchit une route, une vallée.

viager, ère adj. Se dit d'un revenu dont on ne jouit que pendant sa vie : *placer ses biens en viager.*

viande n. f. Chair des animaux.

viatique n. m. Provisions de voyage. Sacrement de l'Eucharistie reçu par un malade en danger de mort.

vibrant, e adj., **vibration** n. f., **vibratoire** adj. V. VIBRER.

vibrer v. Etre agité d'un tremblement rapide (se dit d'une corde tendue, d'une lame métallique fixée par un de ses bouts). Au figuré, être ému : *voix qui vibre de colère; vibrer aux accords d'une belle musique.* Ce qui vibre est **vibrant.** La **vibration** est le tremblement rapide d'une chose qui vibre : *la vibration des cordes d'un violon.* Un mouvement **vibratoire** est celui qui est formé de vibrations.

vicaire n. m. Prêtre adjoint au curé d'une paroisse. Par extension : *le pape est le vicaire du Christ.*

vice I. n. m. Défaut grave et habituel : *la paresse est la mère de tous les vices.* Disposition habituelle au mal. (Le

grecques

TUNIQUES

romaine

toge romaine

justaucorps

pourpoint

cotte (XIII° s.)

casaque

houppelande

robe à paniers (XVIII° s.)

cape

crinoline (1860)

chemisier

jupe

tailleur

caban

pardessus

manteau

gabardine

veston

habit

robe de soirée

smoking

redingote

jaquette

domino

blouse

robe de chambre

peignoir

pyjama

cotte

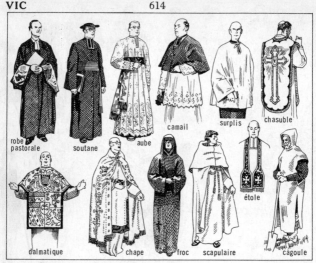

robe pastorale — soutane — aube — camail — surplis — chasuble — dalmatique — chape — froc — scapulaire — étole — cagoule

vêtements religieux

contraire du vice est la *vertu*.) Celui qui est adonné à un vice est **vicieux**. Une chose qui a des défauts est **vicieuse** : *prononciation vicieuse*. **Vicier**, c'est gâter, corrompre.

vice II. Mot invariable qui entre dans la composition de nombreux mots en y ajoutant un sens de dépendance, de remplacement, comme dans *vice-roi*, gouverneur d'un Etat qui dépend d'un autre; *vice-président*, celui qui remplace le président en cas d'absence; *vice-amiral*, officier de marine au-dessous de l'amiral.

vice versa [*vi-cé ver-sa*] loc. adv. Réciproquement, en revanche.

vichy n. m. Une toile de coton.

vicier v., **vicieux, euse** adj. V. VICE I.

vicinal, e adj. Se dit d'un chemin qui fait communiquer deux villages, deux hameaux, etc.

vicissitude n. f. Changement successif : *les vicissitudes de l'existence*.

vicomte n. m. Titre de noblesse au-dessous de celui de comte. La **vicomté** est le domaine du vicomte. La **vicomtesse** est la femme du vicomte.

vicomté n. f., **vicomtesse** n. f. V. VICOMTE.

victime n. f. Animal ou personne que les Anciens sacrifiaient à une divinité. Celui qui souffre ou qui meurt par la faute d'une autre personne, ou des suites de ses fautes, d'une maladie, etc. : *les victimes d'un tyran*; *être victime de* *son imprudence; les victimes d'une épidémie.*

victoire n. f. Triomphe remporté sur un adversaire, un ennemi : *une victoire militaire.* Avantage que l'on remporte sur soi-même, sur ses passions. Celui qui remporte une victoire est **victorieux.** Ce qui est décisif, sans réplique, est aussi **victorieux** : *un argument victorieux.* (V. VAINCRE.)

victorieux, euse adj. V. VICTOIRE.

victuailles n. f. pl. Provisions de bouche, vivres.

vidage n. m. V. VIDE.

vidange n f., **vidanger** v., **vidangeur** n. m. V. VIDE.

vide adj. Qui ne contient rien : *espace vide, chambre vide.* N. m. Etat de ce qui est vide : *faire le vide dans un récipient. A vide,* sans rien contenir, sans charge : *voiture qui roule à vide.* Un **vide-poche** est un endroit où l'on dépose les petits objets que l'on porte sur soi dans ses poches. **Vider,** c'est rendre vide : *vider une bouteille. Vider les lieux,* c'est sortir d'un logement. Le **vidage** est l'action de vider. La **vidange** est l'état d'un récipient qui n'est plus plein : *tonneau en vidange;* au pluriel, ce sont les matières tirées des fosses d'aisances. **Vidanger,** c'est vider un récipient. Le **vidangeur** est celui qui vide les fosses d'aisances.

vider v. V. VIDE.

vie n. f. Activité qui distingue les êtres organisés (animaux et végétaux) et qui se manifeste par le fait qu'ils peuvent se nourrir, se reproduire et, chez les plus perfectionnés, se déplacer, agir d'une façon intelligente. Période pendant laquelle dure cette activité : *une vie courte.* Manière de vivre : *la vie religieuse; mener joyeuse vie.* Histoire de la vie d'une personne : *la vie des saints.* Activité : *personne pleine de vie.* Ce qui se rapporte à la vie, ce qui est très important, est **vital.** La **vitalité** est l'énergie vitale. (V. VIF, VIVRE.)

vieil adj. m., **vieillard** n. m., **vieillerie** n. f., **vieillesse** n. f., **vieillir** v., **vieillissement** n. m. **vieillot, otte** adj. V. VIEUX.

vielle n. f. Ancien instrument de musique à cordes, mû par une manivelle.

vierge n. f. Jeune fille vertueuse. *La Sainte Vierge,* la mère du Christ. Au figuré, qui n'a pas servi : *une feuille de papier vierge de toute écriture. Forêt vierge,* qui n'a jamais été modifiée par l'homme. *Huile vierge, cire vierge,* huile, cire très pures. La **virginité,** c'est la pureté, la candeur. Ce qui est très pur est **virginal.**

vieux (vieil devant un mot masculin commençant par une voyelle ou un *h* muet), **vieille** adj. D'un âge avancé : *un vieil homme, une vieille femme.* Ancien : *un vieux château.* Usé : *vieille robe.* N. m. Ce qui est vieux. Un **vieillard** est un homme âgé. Une **vieillerie** est une vieille chose. La **vieillesse** est l'âge avancé. **Vieillir,** c'est devenir vieux. Le **vieillissement** est l'état de ce qui vieillit. Ce qui a l'air démodé est **vieillot.**

vif, vive adj. Qui est en vie. Très agile : *mouvement vif.*

Qui s'emporte facilement : *caractère vif.* Qui comprend facilement : *esprit vif.* Eclatant, brillant : *couleur vive.* N. m. Chair vive : *trancher dans le vif.* Ce qui semble destiné à vivre longtemps, qui est doué de résistance, est **vivace.** La **vivacité,** c'est la promptitude à agir, à comprendre ; c'est aussi l'éclat vif. (V. VIE, VIVRE.)

vif-argent n. m. Ancien nom du mercure.

vigie n. f. Marin qui était chargé de guetter l'horizon sur un navire.

vigilance n. f. Attention soutenue, surveillance attentive. Celui qui fait preuve de vigilance est **vigilant.** Le surveillant qui effectue des rondes de nuit est un **vigile.**

vigilant, e adj., **vigile** n. m. V. VIGILANCE.

vigne n. f. Plante qui produit le raisin. La vigne plantée de vigne. Le **vigneron** est celui qui cultive la vigne. Un **vignoble** est une vaste étendue de terre plantée de vigne. La **viticulture** est la culture de la vigne. Ce qui est relatif à la vigne est **viticole.**

vigneron n. m. V. VIGNE.

vignette n. f. Petite gravure d'ornement à la fin d'un chapitre, etc. Petit papier revêtu d'un timbre portant l'estampille de l'Etat certifiant le paiement de certains droits.

vignoble adj. V. VIGNE.

vigogne n. f. Lama des Andes à laine très fine.

vigoureux, euse adj. V. VIGUEUR.

vigueur n. f. Force, robustesse. Au figuré, énergie : *agir avec vigueur.* Celui qui a de la vigueur, ce qui montre de la vigueur est **vigoureux.**

viguier n. m. Ancien magistrat, dans le midi de la France.

vil, e adj. Sans valeur. Au figuré, bas, méprisable. Une **vilenie** est une action vile. **Vilipender,** c'est dire du mal, mépriser. **Avilir,** c'est rendre vil.

vilain, e adj. Laid, déplaisant : *un vilain visage.* Désagréable : *vilain temps.* Méchant, vil : *une vilaine action.* N. m. Autrefois, paysan, roturier.

vilebrequin n. m. Outil pour percer (1). Axe coudé d'un moteur d'automobile.

vilenie n. f., **vilipender** v. V. VIL.

villa [*vil-la*] n. f. Maison de campagne (2).

village n. m. Petit groupe de maisons de paysans. Le **villageois** est un habitant de village.

villageois, e n. V. VILLAGE.

villanelle n. f. Sorte de poésie rustique, pastorale.

ville n. f. Assemblage d'un grand nombre de maisons disposées par rues. Les habitants d'une ville : *une ville en fête.*

villégiature [*vil-lé-jia-tur'*] n. f. Séjour à la campagne. **Villégiaturer,** c'est être en villégiature.

villégiaturer v. V. VILLÉGIATURE.

vin n. m. Boisson obtenue en écrasant le raisin et en laissant *fermenter* (v. ce mot) le jus obtenu. *Etre pris de vin,* être ivre. *Entre deux vins,* un peu ivre. *Cuver son vin,* dormir dans l'ivresse. Le **vinaigre** est du vin aigri à l'air. **Vinaigrer,** c'est assaisonner avec du vinaigre. La **vinaigrette** est

1. V. pl. MENUISERIE ; 2. V. pl. HABITATIONS.

une sauce au vinaigre et à l'huile. Le **vinaigrier** est la burette pour servir le vinaigre à table. La **vinasse** est un vin faible et fade. Ce qui a le goût, l'odeur, la teinte du vin est **vineux**. Ce qui est relatif à la fabrication du vin est **vinicole**. La **vinification** est la fabrication du vin.

vinaigre n. m., **vinaigrer** v., **vinaigrette** n. f., **vinaigrier** n. m., **vinasse** n. f. V. VIN.

vindicatif, ive adj., **vindicte** n. f. V. VENGER.

vineux, euse adj. V. VIN.

vingt adj. Deux fois dix. Le **vingtième** est ce qui vient par ordre après le dix-neuvième ; c'est aussi une partie d'un tout divisé en vingt parties égales.

vingtième adj. et n. V. VINGT.

vinicole adj., **vinification** n. f V. VIN.

viol n. m. V. VIOLER.

violacé, e adj. V. VIOLET.

violation n. f. V. VIOLER.

viole n. f. V. VIOLON.

violence n. f. V. VIOLENT.

violent, e adj. Très fort, impétueux : *vent violent*. Emporté, qui ne se domine pas : *caractère violent*. Une *mort violente* est celle qui est causée par un meurtre, un accident. La **violence** est le caractère violent : *la violence d'une tempête, d'un caractère*. *Faire violence*, **violenter**, c'est forcer, obliger.

violenter v. V. VIOLENT.

violer v. Envahir par violence : *violer un lieu sacré*. Désobéir à une loi, à un engagement : *violer un serment*. Le **viol**, la **violation**, c'est l'action de violer.

violet, ette adj. D'une couleur bleue tirant sur le rouge. La **violette** est une petite fleur odorante de couleur violette (1). Ce qui tire sur le violet est **violacé**.

violon n. m. Instrument de musique à cordes et à archet (2). Un *violon d'Ingres*, c'est une occupation secondaire. La **viole** est un instrument de musique ancien dont la forme rappelle le violon. Le **violoncelle** est un instrument de musique qui ressemble à un grand violon (3). Le **violoniste** est le joueur de violon. Le **violoncelliste** est le joueur de violoncelle.

violoncelle n. m., **violoncelliste** n., **violoniste** n. V. VIOLON.

viorne n. f. Arbrisseau de la famille du chèvrefeuille.

vipère n. f. Genre de serpents venimeux (4). Au figuré, personne très méchante. Ce qui rappelle la vipère, qui est très méchant, est **vipérin** : *langue vipérine*.

vipérin, e adj. V. VIPÈRE.

virage n. m., **virement** n. m. V. VIRER.

virer v. Tourner sur soi-même. Au figuré, tourner, changer. Changer de nuance : *virer une photographie*. *Virer de bord*, changer de direction, en parlant d'un navire et, au figuré, changer de parti. Transporter une somme d'un compte à un autre, dans une comptabilité de banque, etc. Le **virage** est l'action de virer, de tourner ; c'est aussi un tournant de route ; en photographie, c'est l'opération qui consiste à remplacer le sel d'argent d'une épreuve photographique par un métal d'une autre teinte plus solide ou plus agréable. Le **virement** est l'action de virer une somme dans un

1. V. pl. FLEURS ; 2 et 3. V. pl. MUSIQUE (*Instruments de*) ; 4. V. pl. SERPENTS.

compte. Les **virevoltes** sont les tours que fait un cheval dans un sens puis dans un autre au manège.

virginal, e adj. V. VIERGE.

virginité n. f. V. VIERGE.

virgule n. f. Signe de ponctuation.

viril, e adj. Qui se rapporte à l'homme. Au figuré, mâle, énergique : *un air viril*. La **virilité** est l'âge d'homme ; au figuré, c'est une mâle énergie.

virole n. f. Petit anneau de métal : *la virole d'un couteau*.

virtuel, elle adj. Qui garde la possibilité d'agir, mais reste pour le moment inactif.

virtuose n. Personne d'un grand talent dans un art. La **virtuosité** est la qualité du virtuose : *la virtuosité d'un musicien.*

virulence n. f., **virulent, e** adj. V. VIRUS.

virus [*vi-russ*] n. m. Microbe responsable des maladies contagieuses. Poison, ce qui produit une infection. Ce qui produit une infection, un empoisonnement du sang est **virulent**. Au figuré, on le dit de ce qui est violent : *des injures virulentes.* La **virulence** est le caractère de ce qui est virulent.

vis [*viss*] n. f. Clou, cheville, etc., à tige cannelée en colimaçon : *le pas d'une vis est la distance entre deux tours de sa cannelure* (1). Un *escalier à vis* est un escalier en spirale. **Visser,** c'est fixer avec une vis.

visa n. m. Cachet apposé sur un passeport et permettant l'entrée dans un pays.

visage n. m. Face, partie de la tête où sont les yeux, le nez, la bouche. Expression, air du visage : *un visage triste.* **Envisager,** c'est examiner.

vis-à-vis loc. adv. En face, en présence de. Par rapport à : *vis-à-vis de sa conscience.* N. Personne en face de laquelle on est à table, au bal, etc. : *parler avec son vis-à-vis.*

viscère n. m. Organe de l'intérieur du corps (cerveau, estomac, etc.).

visée n. f. V. VISER 1.

viser I. v. Diriger son regard, une arme, vers : *viser un but.* Au figuré, chercher à atteindre : *viser la gloire.* La **visée,** c'est l'action de viser ; c'est aussi ce que l'on cherche à atteindre : *avoir des visées ambitieuses.* Un **viseur** est un appareil qui facilite la visée.

visibilité n. f., **visible** adj., **visière** n. f., **vision** n. f., **visionnaire** n. V. VOIR.

visiter v. Aller voir une personne, un endroit, par politesse, par affection, par curiosité : *visiter un ami, un malade, un musée.* Une **visite,** c'est l'action de visiter ; c'est aussi un examen, une inspection. Le **visiteur** est celui qui visite.

vison n. m. Sorte de putois à fourrure appréciée (2).

visqueux, euse adj. Gluant, collant : *la peau visqueuse de l'anguille.*

visser v. V. VIS.

visuel, elle adj. V. VUE.

vital, e adj., **vitalité** n. f. V. VIE.

vitamine n. f. Substance contenue dans divers aliments et qui est nécessaire pour l'équilibre de la santé.

vite adj. Très rapide : *un cheval très vite.* Adverbe signifiant « avec rapidité » : *courir vite.* La **vitesse** est la rapidité dans la marche, dans les mouvements, etc.

vitesse n. f. V. VITE.

---

1. V. pl. QUINCAILLERIE ; 2. V. pl. FOURRURE (*Animaux à*).

viticole adj., **viticulture** n. f.
V. VIGNE.

vitrage n. m., **vitrail** n. m.
V. VITRE.

vitre n. f. Panneau de verre fixé
à une fenêtre. Un **vitrage** est
un châssis vitré. Un **vitrail** est
une fenêtre garnie de morceaux
de verre de couleur, découpés
et assemblés pour former une
décoration. Ce qui ressemble
plus ou moins au verre est
vitreux. Vitrer, c'est garnir
de vitres : *porte vitrée.* Le
vitrier est celui qui pose des
vitres aux fenêtres. **Vitrifier,**
c'est changer en une matière
ressemblant au verre : *certaines
pierres se vitrifient en fondant.*
Une **vitrine,** c'est une devanture vitrée.

vitriol n. m. Acide sulfurique.

vitupérer v. Blâmer, gronder.

vivace adj., **vivacité** n. f.
V. VIF.

vivandier, ère n., **vivant, e**
adj., **vivat** n. m. V. VIVRE.

vive n. f. Poisson de mer à nageoires très épineuses.

viveur n. m., **vivier** n. m., **vivifier** v., **vivisection** n. f.,
vivoter v. V. VIVRE.

vivre v. Etre en vie. Habiter :
vivre à la campagne. Mener un
genre de vie : *vivre seul.* Se
nourrir : *vivre de légumes.*
Vive! souhait d'acclamation :
vive la république! N. m.
Nourriture : *avoir le vivre et
le couvert.* Pl. Aliments : *fournir de vivres l'armée.* Celui,
ce qui vit est **vivant.** Ce
qui donne une impression de
vie, d'animation, est **vivant.**
Les *langues* **vivantes** sont
celles que l'on parle actuelle-
ment. N. m. Personne qui vit
encore : *les vivants et les
morts.* Un *bon* **vivant,** c'est un

homme gai. Un **viveur,** c'est
un débauché, qui ne cherche
que les plaisirs de la vie. Le
vivandier, la **vivandière** ven-
daient autrefois aux soldats des
aliments, des boissons. Un **vivier,** c'est une petite pièce
d'eau où l'on garde des poiss-
sons vivants. La **vivisection**
est une opération de caractère
scientifique pratiquée sur un
animal vivant. **Vivifier,** c'est
redonner de la vigueur. **Vivoter,** c'est vivre difficilement.

vizir n. m. Ministre d'un prince
musulman.

vlan! Interjection qui imite le
bruit d'un coup.

vocable n. m., **vocabulaire**
n. m., **vocal, e** adj., **vocalise**
n. f. V. VOIX.

vocation n. f. Destination naturelle : *une vocation artistique.*

vociférer v. V. VOIX.

vodka n. f. Eau-de-vie de grain
consommée en U. R. S. S.

vœu n. m. Promesse faite à
Dieu : *accomplir un vœu.*
Souhaits : *vœux de nouvel an.*
Désir : *se soumettre aux vœux
de ses concitoyens.* **Vouer,**
c'est promettre, consacrer par
un vœu. Destiner : *il voue
cette entreprise à l'échec par
son incompétence.*

vogue n. f. V. VOGUER.

voguer v. Naviguer. Errer :
voguer par le monde. La **vogue,** c'est la faveur, la popularité : *être en vogue.*

voici préposition qui indique ce
qu'on présente, ce qu'on va
dire.

voie n. f. Route, chemin. Moyen
employé : *par une voie détour-
née.* La *voie publique,* c'est la
rue. Une *voie ferrée,* c'est un
chemin de fer. Des *voies de
fait* sont des actes de violence.

Une *voie d'eau*, c'est un trou dans la coque d'un bateau. La **voirie**, c'est l'administration qui s'occupe de l'entretien des voies publiques.

voilà Préposition qui indique une chose moins proche de celui qui parle que *voici*.

voilage n. m. V. VOILE I.

voile I. n. m. Etoffe qui couvre, qui cache. Etoffe légère dont les femmes se couvrent parfois le visage : *voile de mariée*. Au figuré, ce qui cache, ce qui donne l'illusion d'autre chose : *le voile de l'amitié. Prendre le voile*, c'est se faire religieuse. Le **voile** du palais est la petite cloison de chair au fond de la gorge, entre la bouche et les fosses nasales. Un **voilage** est un grand rideau de voile. **Voiler**, c'est couvrir d'un voile; c'est aussi cacher; c'est également courber, fausser : *une roue voilée*. Une **voilette** est un petit voile recouvrant le visage.

voile II. n. f. Pièce de toile, attachée au mât d'un navire, qui reçoit la poussée du vent. Bateau à voiles : *apercevoir une voile à l'horizon. Mettre à la voile, faire voile*, partir, naviguer, en parlant d'un bateau à voiles. Un **voilier** est un bateau à voiles. La **voilure** est l'ensemble des voiles d'un navire.

voiler v., **voilette** n. f. V. VOILE I.

voilier n. m., **voilure** n. f. V. VOILE II.

voir v. Percevoir par le moyen des yeux. Visiter : *aller voir un ami*. Examiner : *voir si un calcul est juste*. Ce qui peut être vu est **visible**. La **visibilité** est la qualité de ce qui est visible. La **vision** est le fait

de voir : *l'œil est l'organe de la vision;* c'est aussi l'illusion qui fait que l'on croit voir une chose qui n'existe pas. Celui qui perçoit des visions imaginaires est un **visionnaire**. La **visière** est le bord d'une casquette, d'un képi, qui abrite les yeux. Ce qui attire l'œil est **voyant** : *couleur très voyante*. Un **voyant** est aussi celui qui prétend voir le passé et l'avenir. (V. VISER I, VISA, VUE.)

voire adv. Vraiment, même. (Mot vieilli.)

voirie n. f. V. VOIE.

voisin, e adj. Proche : *une rue voisine*. N. Personne qui demeure près d'une autre. Le **voisinage**, c'est la proximité, les environs : *les gens du voisinage;* les rapports entre voisins : *rapports de bon voisinage*. **Voisiner**, c'est fréquenter ses voisins.

voiture n. f. Véhicule monté sur roues (1). Son contenu : *une voiture de foin*. **Voiturer**, c'est transporter en voiture. Une **voiturette**, c'est une petite voiture.

voiturer v., **voiturette** n. f. V. VOITURE.

voix n. f. Son produit par la bouche. Cri de certains animaux. Paroles, conseils : *écouter la voix d'un ami*. Mouvement intérieur : *écouter la voix de l'honneur, de la conscience. De vive voix*, en paroles. Ce qui se rapporte à la voix est **vocal** : *musique vocale*. Une **vocalise**, c'est un chant que l'on émet sans prononcer de paroles et sans nommer les notes. Un **vocable**, c'est un mot. Le **vocabulaire** est l'ensemble des mots d'une langue, d'une science, d'un métier;

1. V. pl. VÉHICULES.

c'est aussi un dictionnaire ne définissant que les mots principaux d'une langue, d'une science, etc. **Vociférer,** c'est parler avec colère, en criant.

vol I n. m. Mouvement des ailes des oiseaux, des insectes, qui leur permet de s'élever et de se déplacer dans les airs. Déplacement d'un avion dans l'air. *Saisir au vol,* c'est saisir au passage. **Voler,** c'est se maintenir et se déplacer dans l'air en volant; c'est aussi aller très vite. La **volée,** c'est l'action de voler, le vol : *prendre sa volée;* c'est aussi une bande d'oiseaux : *une volée de moineaux;* c'est également la partie d'un escalier comprise entre deux paliers. La **volaille,** c'est l'ensemble des oiseaux de la basse-cour. Un **volant,** c'est un morceau de liège garni de plumes qu'on lance avec une raquette; c'est aussi une roue pesante qui tourne avec un mécanisme et en régularise la marche; c'est également la pièce avec laquelle le conducteur d'une automobile dirige sa voiture. Une *feuille* **volante** est une feuille qui n'est pas attachée à un livre, un cahier. Un **volatile** est un oiseau. Un liquide **volatil** est celui qui se change en vapeur à la température ordinaire. **Volatiliser,** c'est changer en vapeur; au figuré, c'est faire disparaître. Celui qui est léger, changeant, qui semble voleter d'une chose à une autre, est **volage.** Un **vol-au-vent** est un gâteau de pâte feuilletée, garni de viandes chaudes, etc. **Voleter,** c'est voler çà et là. Une **volière,** c'est une grande cage à oiseaux.

vol II n. m. Action de voler, de dérober. La chose volée : *un vol important.* **Voler,** c'est prendre de force ou par surprise le bien d'autrui. Un **voleur** est celui qui commet un vol.

volage adj., **volaille** n. f., **volant, e** adj. et n. m., **volatil, e** adj., **volatile** n. m., **volatiliser** v., **vol-au-vent** n. m. V. VOL I.

volcan n. m. Montagne qui rejette par son sommet des laves et des gaz enflammés (1). Ce qui se rapporte au volcan est **volcanique** : *éruption volcanique.*

volcanique adj. V. VOLCAN.

volée n. f. V. VOL I.

voler v. V. VOL I et II.

volet n. m. Panneau plein qui ferme une fenêtre (2). Partie d'un document qui se replie. *Trier sur le volet,* c'est choisir avec beaucoup de soin.

voleter v. V. VOL I.

voleur, euse n. V. VOL II.

volière n. f. V. VOL I.

volley-ball n. m. Sport qui se dispute entre deux équipes se renvoyant un ballon par-dessus un filet.

volontaire adj. V. VOLONTÉ.

volonté n. f. Décision, désir de faire ou de ne pas faire une chose : *avoir la volonté de travailler.* Fermeté, énergie : *homme sans volonté, volonté de fer.* Disposition où l'on est à l'égard de quelqu'un, de quelque chose : *montrer de la mauvaise volonté.* Pl. Caprices : *se plier aux volontés d'un enfant.* Ce qui est fait par un acte de volonté est **volontaire.** Un enfant capricieux est **volontaire.** Un **volontaire**

---

1. V. pl. Géographie et p. 601 ; 2. V. pl. Fenêtres.

est un soldat qui sert sans y
être obligé. Faire une chose
volontiers, c'est la faire de
bon gré. (V. VOULOIR.)

volontiers adv. V. VOLONTÉ.

volte n. f. Mouvement du cheval qui tourne en rond. La
volte-face est l'action de se
retourner complètement.

voltige n. f. Exercice que font
des acrobates sur une corde.
Exercice d'adresse fait à cheval. **Voltiger**, c'est voler çà
et là; c'est aussi flotter au
vent : *drapeau qui voltige;*
c'est aussi se déplacer rapidement : *cavaliers qui voltigent;*
c'est, au figuré, changer rapidement d'idée. Le **voltigeur**
est celui qui exécute des vol-
tiges. Un **voltigeur** était un
soldat d'un ancien corps d'élite.

voltiger v., **voltigeur** n. m.
V. VOLTIGE.

volubile adj. V. VOLUBILITÉ.

volubilis n. m. Nom donné aux
espèces ornementales du liseron.

volubilité n. f. Grande facilité
de parole. Celui qui parle beaucoup est **volubile**.

volume n. m. Espace occupé par
un corps : *le volume d'un bloc
de pierre*. Grosseur : *objet d'un
gros volume*. Livre : *volume
relié*. Ce qui est d'un grand
volume est **volumineux**.

volupté n. f. Vif plaisir.

volute n. f. Enroulement en
forme de spirale, de vrille, de
coquille d'escargot : *volute de
fumée* (1).

volve n. f. Membrane qui entoure
la partie supérieure du pied
de certains champignons.

vomir v. Rejeter ce qui est dans
l'estomac. Au figuré : *le canon
vomit la mitraille; vomir des
injures*. Le **vomissement** est

l'action de vomir; c'est aussi
ce qu'on vomit : *vomissement
de sang*. Un **vomitif** est un
médicament qui fait vomir.

vomissement n. m., **vomitif,
ive** adj. et n. m. V. VOMIR.

vorace adj. Avide, glouton. La
voracité est la gloutonnerie.

voracité n. f. V. VORACE.

votant n. m., **vote** n. m. V. VO-
TER.

voter v. Se déclarer en faveur
d'un candidat dans une élection. Décider par un vote :
voter une loi. Le **vote**, c'est
le vœu qu'on exprime dans une
élection. Le **votant** est celui
qui vote.

votre, pl. **vos** adj. A vous, de
vous : *votre livre*. Le **vôtre**,
les **vôtres** (prend dans ce cas
un *ô*), ce qui est à vous; vos
parents, vos amis.

vouer v. V. vœu.

vouloir v. Avoir le désir, la
volonté de : *je fais ce que je
veux*. Avoir besoin de : *ce travail veut de l'application*. Consentir : *je veux bien le croire*.
En vouloir à quelqu'un, avoir
du ressentiment contre lui.
(V. VOLONTÉ.) Le **vouloir** est
l'intention, la disposition :
*montrer du bon vouloir à quel-
qu'un*. (Conj. : *je veux, nous
voulons; je voulais; je voulus,
nous voulûmes; je voudrai;
veuille, veuillons, veuillez; que
je veuille, que nous voulions;
voulant, voulu*.)

vous pron. Toi et lui, ou eux.

voussoir n. m., **voussure** n. f.
V. VOÛTE.

voûte n. f. Ouvrage de maçonnerie formé de pierres taillées
réunies en forme d'arc, de
cintre. **Voûter**, c'est couvrir
d'une voûte : *voûter une salle;*

1. V. pl. DÉCORATION ORNEMENTALE.

au figuré, c'est courber : *dos voûté.* Un **voussoir**, c'est chacune des pierres qui forment un cintre. La **voussure** est la courbure d'une voûte.

voyage n. m. Le fait d'aller d'un pays dans un autre : *faire un voyage autour du monde.* Allée et venue d'un endroit dans un autre : *transport qui demande plusieurs voyages.* **Voyager**, c'est faire un voyage; c'est aussi se déplacer. Le **voyageur** est celui qui voyage.

voyant, e adj. V. VOIR.

voyelle n. f. Lettre qui peut se prononcer toute seule, comme *a, e, i, o, u, y.*

voyou n. m. Petit malfaiteur. Enfant très mal élevé.

vrac (en) loc. adv. Pêle-mêle, sans emballage : *marchandises expédiées en vrac.*

vrai, e adj. Conforme à la vérité. Sincère : *un ami vrai.* Qui n'est pas faux : *diamant vrai.* N. m. La vérité : *la recherche du vrai. A vrai dire,* en vérité. **Vraiment,** c'est véritablement. Ce qui a l'apparence de la vérité est **vraisemblable.** La **vraisemblance** est l'apparence de la vérité. (V VÉRITÉ.)

vrille n. f. Filament enroulé qui termine une tige : *les vrilles de la vigne.* Outil à pointe en forme de vis, pour percer le bois (1).

vrombissement n. m. Ronflement vibrant : *le vrombissement d'une hélice d'avion.*

vu, e adj. Considéré, accueilli : *être mal vu de ses voisins.* Eu

égard à : *vu la difficulté. Vu que,* attendu que. N. m. Action de voir : *au vu de tous.*

vue n. f. Faculté de voir : *perdre la vue.* Celui des cinq sens qui nous permet de voir. Action de voir, de regarder : *la vue d'une injustice afflige.* Manière dont un objet se présente aux regards : *vue de face, de profil.* Panorama, paysage : *une belle vue sur la campagne.* Représentation d'un paysage, d'un édifice : *acheter des vues de Paris.* Idée, intention : *avoir des vues sur une chose. A vue d'œil,* très rapidement. *A perte de vue,* très loin. *Point de vue,* endroit où l'on se place pour voir; manière d'envisager une chose. *Au point de vue de,* sous le rapport de. Ce qui se rapporte à la vue est **visuel** : *rayon visuel.* (V. VOIR.)

vulcanisation n. f. Action de chauffer le caoutchouc avec du soufre, pour le durcir.

vulgaire adj. Commun, populaire, qui manque d'élégance. **Vulgariser,** c'est mettre à la portée de tous. La **vulgarisation** est l'action de vulgariser. La **vulgarité** est le caractère de ce qui est vulgaire : *montrer de la vulgarité dans les paroles.* **Divulguer,** c'est faire connaître à un grand nombre de personnes.

vulnérable adj. Qui peut être blessé. Au figuré, qui peut être attaqué, qui est faible : *argument vulnérable.* Un **vulnéraire** est un médicament que l'on fait boire aux personnes blessées pour les ranimer.

1. V. pl. MENUISERIE.

wagon [*va-gon*] n. m. Voiture de chemin de fer. Un **wagonnet** est un petit chariot sur rails poussé à la main (1).

walkyrie [*val-ki-ri*] n. f. Déesse de la mythologie scandinave.

wallon, onne [*oua-lon, on'*] adj. et n. De la Belgique de langue française.

warrant [*va-rant'*] n. m. Reçu de marchandises en entrepôt.

water-closet [*oua-tèr-klo-zèt'*] n. m. (mot anglais). Cabinets d'aisances.

water-polo [*oua-tèr*] n. m. (mot anglais). Jeu de ballon qui se joue dans l'eau.

w.-c. Abrév. de WATER-CLOSET.

week-end [*ouik-ènd'*] n. m. (mot anglais). Congé de fin de semaine.

western n. m. Film d'aventures dont l'action se situe dans l'ouest des Etats-Unis.

whisky [*ouis-ki*] n. m. (mot anglais). Eau-de-vie de grains anglaise.

whist [*ouist*] n. m. (mot anglais). Un jeu de cartes.

xénophobe adj. Qui a la haine des étrangers.

xérès [*ké-rès*] n. m. Un vin espagnol estimé.

xylographie n. f. Gravure sur bois.

xylophone n. m. Instrument de musique formé de lamelles de bois, qu'on frappe avec un maillet.

yacht [*iak*] n. m. (mot hollandais). Bateau de plaisance. Le **yachting** est la navigation de plaisance. Un **yachtman** est celui qui pratique le yachting.

yachting n. m., **yachtman** n. m. V. YACHT.

yack n. m. Sorte de buffle du Tibet.

yankee [*ian-ki*] n. m. (mot américain). Américain du Nord.

yaourt n. m. V. YOGOURT.

yard n. m. (mot anglais). Mesure anglaise valant 91 centimètres.

yatagan n. m. Sabre turc à lame recourbée (2).

yen [*ièn*] n. m. (mot japonais). Monnaie japonaise.

yeuse n. f. Chêne vert.

yeux n. m. pl. Pluriel de ŒIL.

yoga n. m. Philosophie et pratiques physiques originaires de l'Inde.

yogourt n. m. Lait caillé à la manière bulgare.

1. V. pl. MINES ; 2. V. pl. ARMES.

yole n. f. Canot étroit, léger et très rapide.

youyou n. m. Sorte de petit canot.

ypérite n. f. Un gaz de combat très irritant.

yucca n. m. Plante américaine à très belles fleurs.

zèbre n. m. Animal africain du genre cheval, à robe rayée de noir et de blanc (1). **Zébrer,** c'est marquer de raies, de rayures. Une **zébrure,** c'est une rayure.

zébrer v., **zébrure** n. f. V. zèbre.

zébu n. m. Espèce de bœuf à bosse commun en Asie (2).

zèle n. m. Vive ardeur, empressement : *montrer du zèle à son ouvrage.* Celui qui a du zèle est **zélé.**

zénith n. m. Point du ciel qui est au-dessus de notre tête. Ce qui se rapporte au zénith est **zénithal.**

zénithal, e adj. V. zénith.

zéphyr n. m. Vent léger et agréable.

zéro n. m. Chiffre qui, dans l'écriture d'un nombre, marque l'absence d'unités d'un certain ordre. Degré de température correspondant à la glace fondante. Au figuré, homme nul.

zeste n. m. Ecorce de l'orange, du citron.

zézaiement n. m. V. zézayer.

zézayer v. Prononcer comme *z* les lettres *j, g, ch,* par exemple *pizon* pour *pigeon.* Le **zézaiement** est le défaut de celui qui zézaie.

zibeline n. f. Espèce de martre à fourrure estimée (3).

zigzag n. m. Ligne brisée à angles rentrants, puis sortants. **Zigzaguer,** c'est tracer des zigzags.

zinc n. m. Métal usuel d'un gris bleuâtre. Le **zingueur** est l'ouvrier qui travaille le zinc.

zingueur n. m. V. zinc.

zinnia n. m. Plante ornementale.

zizanie n. f. Discorde, désunion.

zodiaque n. m. Bande du ciel que le soleil semble parcourir pendant l'année et qui contient douze groupes d'étoiles ou constellations, correspondant chacune à un mois.

zona n. m. Douleur à la surface de la peau, généralement au niveau du tronc et aux jambes.

zone n. f. Bande de la surface de la Terre comprise entre deux cercles *parallèles* (v. ce mot). Bande de territoire longue et étroite : *zone frontière.*

zoologie n. f. Etude des animaux. Ce qui se rapporte à la zoologie est **zoologique** : *jardin zoologique* [par abréviation, **zoo,** n. m.].

zoologique adj. V. zoologie.

zouave n. m. Soldat d'un ancien corps d'infanterie française créé en Algérie.

zut! Interjection de mépris, de dépit, de lassitude.

1 et 2. V. pl. ANIMAUX EXOTIQUES ; 3. V. pl. FOURRURE (*Animaux à*).

VOCABULAIRE DU FRANÇAIS ÉLÉMENTAIRE

Notre **Larousse des débutants** nous a valu de la part de divers membres de l'Enseignement d'intéressantes suggestions. On nous a conseillé notamment d'utiliser les travaux sur le « français élémentaire » réalisés de 1951 à 1954 par le Centre créé à l'Ecole normale supérieure de Saint-Cloud, sous les auspices du ministère de l'Education nationale et sous la direction de M. G. Gougenheim.

Le résultat de cette enquête a été l'établissement d'une liste des mots considérés comme le plus souvent utilisés par les enfants et choisis d'après la fréquence de leur emploi.

Cette liste comprend 1 126 mots lexicaux et 248 mots grammaticaux. Elle est destinée surtout aux maîtres, pour leur faciliter l'enseignement progressif du vocabulaire, mais leur laisse d'ailleurs toute liberté pour modifier cette nomenclature en l'élargissant suivant les cas particuliers.

Nous avons étudié avec un vif intérêt ce vocabulaire. A côté des 18 000 mots que définit notre dictionnaire, il pourra sembler bien pauvre. Mais dans l'idée de ses créateurs il ne s'agissait pas de donner les éléments d'un « français basique », analogue au « basic english » des Américains, sorte de code permettant de tout exprimer par voie de substitutions ou de périphrases approximatives, mais de jeter les fondements de l'acquisition d'un « français complet ».

Quelques légères retouches à notre texte primitif nous ont permis de l'accorder avec les mots et les « emplois » de mots donnés dans la liste du Centre d'étude que nous avons transcrite ci-après.

Nous nous en sommes tenus, d'autre part, à la formule « dictionnaire », et nous avons éliminé, de propos délibéré, quelques mots grammaticaux que les dictionnaires ignorent, tels que les pronoms composés, comme *moi-même, lui-même, celui-ci, celui-là*, et certaines locutions prépositives, adverbiales, conjonctives. Ces mots figurent d'ailleurs à part dans l'opuscule sur *le Français élémentaire* publié par le Centre national de Documentation pédagogique, 28, rue d'Ulm, à Paris (Ve).

Si la liste des mots du « Français élémentaire » avait existé lors de la rédaction de notre dictionnaire, nous aurions tout simplement noté par un astérisque les mots qu'elle renferme. Comme elle lui est postérieure, nous avons dû la donner en supplément à la fin de notre ouvrage.

Elle permettra aussi bien à ceux qui dirigent les enfants dans leur apprentissage du français, en famille ou à l'école, qu'aux adultes qui désirent perfectionner leur langue, d'apprendre tout d'abord les mots les plus fréquents, en suivant la liste colonne par colonne et en se reportant chaque fois au dictionnaire.

Si lors de cette consultation le débutant rencontre dans la définition un mot qu'il ignore, le dictionnaire viendra encore à son secours.

VOCABULAIRE DU FRANÇAIS ÉLÉMENTAIRE

A

à (*prép.*)
abord (d')
accident
accord (d')
acheter
adroit
affaire
âge
agent (*police*)
agréable
aider
aiguille
aile
aimer
ainsi
air | avoir l'-
ajouter
aller | s'en-
allumer
allumette
alors
amener
ami
amour
amuser | amusant
an | année | nouvel an
ancien
âne
animal
août
apercevoir | s'-
appareil

appartement
appeler | s'-
apporter
apprendre
après
après-midi
arbre
argent (*métal, mon-naie*)
arme
armée
armoire
arranger | s'-
arrêter
arrière | en -
arriver | il arrive (*impers.*)
art | artiste
asseoir (s')
assez
assiette
atelier
attacher
attendre
attention
au, aux
aujourd'hui
aussi
autant
auto | autobus | auto-car
automne
autour
autre

autrefois
autrement
avancer
avant (*adv., prép.*) | en-
avec
aveugle
avion
avis (à mon -, ton -)
avoir | il y a
avril

B

bain
baisser
balai, balayer
balle
banc
barbe
bas (*vêtement*)
bas (*adjectif*)
bateau
bâton
battre
beau | il fait -
beaucoup
bébé
bec
besoin (avoir)
bête (*nom et adj.*)
beurre
bicyclette
bien (*adv.*)
bientôt

billet
blanc
blé
blesser | blessure
bleu
blouse
bœuf
boire
bois
boîte
boiteux
bon (*adj.*)
bonjour
bord
bouche
boucher (*v.*)
boucher | boucherie
bouillir
boulanger | boulangerie
bout | au - de
bouteille
bouton
branche
bras
brique
brosse
brouillard
bruit
brûler | se -
bureau

C

ça (*pron.*)
cabinet
cacher
café
camarade
camion

campagne
caoutchouc
carré (*adj. et n.*)
carte
casser
casserole
cause | à - de | causer
cave
ce
ceci | cela
ceinture
celui
cent | centaine
certain
chacun
chaise
chambre
champ
chance
changer
chanter | chant | chanson
chapeau
chaque
charbon
charger | décharger
charrue
chasse | chasser | chasseur
chat
chaud | avoir -, il fait -
chauffage | chauffer
chauffeur
chaussette
chaussure
chef
chemin | - de fer
chemise
cher

chercher
cheval
cheveu
chèvre
chez
chien
chiffon
chiffre
chocolat
choisir
chose
ciel
cigarette
cimetière
cinéma
cinq
cinquante
ciseaux
clair
classe
clef
client
clou
cochon
cœur
coin
colère
combien
commander
comme (*adv.*)
commencer | commencement
comment
comprendre
compte | se rendre -
compter
conduire
connaître

conseil
construire
content
continuer
contraire
contre
coq
corde
cordonnier
corne
corps
côte (*montée, rivage*)
côté
côton
cou
coucher | se -
coudre | couture | couturière
couler
couleur
coup
couper
cour
courage
courir | course
court (*adj.*)
couteau
coûter
couvercle
couverture
couvrir
cracher
crayon
creuser
creux
crier
croire
cru

cuiller
cuir
cuire
cuisine
culotte
cultivateur
cultiver | culture
curieux
cuvette

D

dame
danger | dangereux
dans
danse | danser
de
debout
débrouiller | se -
début
décembre
décharger
déchirer
décider
décorer
dedans
défendre
dehors
déjà
déjeuner (*v. et n.*) | petit -
demain
demander
demi
démolir
dent
départ
dépenser
depuis | depuis que

déranger
dernier
derrière (*adv., prép. et n.*)
des
descendre
déshabiller
dessin | dessiner
dessous (*adv.*) | au-dessous
dessus (*adv.*) | au-dessus
deux | deuxième
devant (*prép. et n.*)
devenir
devoir (*v. et n.*)
Dieu
différence | différent
difficile
dimanche
dîner (*v. et n.*)
dire
directeur
direction
discuter
disque
divorcer
dix | dizaine
docteur
doigt
donc
donner
dormir
dos
double
doux
douze
drap (*de lit, étoffe*)
drapeau

droit (*n. et adj.*)
droite (*n.*)
drôle
du
dur

E

eau
échelle
éclair
éclairer
école
écouter
écraser
écrire
effacer
effort
électricité | électrique
élève
élever
elle
embrasser
emmener
empêcher
employé
employer
emporter
en (*prép., pron., adv.*)
encore
endormir (s')
endroit
enfant
enfin
enlever
ennemi
ensemble (*adv.*)
ensuite
entendre

enterrer
entourer
entre
entrer
enveloppe
envelopper
envie (avoir)
envoyer
épais
épaule
épicier | épicerie
épingle
escalier
espérer
esprit
essayer
essence
essuyer
est (*n.*)
et
étage
été (*n.*)
éteindre
étoile
étonner
être (*v.*)
étroit
étude | étudier
exemple | par -
expliquer

F

face (en)
facile | facilement
façon (de cette)
facteur (*postier*)
faible
faim (avoir)

faire
falloir
famille
farine
fatigue | fatigué
faute
femme
fenêtre
fer
ferme (*n.*)
fermer
fête
feu
feuille
février
ficelle
fièvre
figure
fil (*de fer*)
filet (*de pêche*)
fille
film
fils
fin | finir
fleur
foin
fois
foncé
fond
fondre
force | forcer
forêt
forge | forger | forgeron
forme
fort (*adj. et adv.*)
fossé
fou (*n. et adj.*)

fourchette
fourneau
frais *(adj.)*
franc *(n.)*
France | français
frapper
frère
froid | avoir -
fromage
front
frontière
frotter
fruit
fumer | fumée

G

gagner
gai
garçon
garder
gare
gâteau
gauche
gaz
gêner
genou
gens
gentil
glace *(miroir, eau gelée)*
goutte
gouvernement
grain
graisse
grand | grandir
grand-mère
grand-père
gras

grenier
gris
gros | grossir
groupe
guérir
guerre

H

habiller
habit
habiter
habitude
haut
herbe
heure
heureux | heureusement
hier
histoire
hiver
homme
hôpital
hôtel
huile
huit
humide

I

ici
idée
il, ils
île
image
important
impossible
infirmier | infirmière
ingénieur
insecte

installer
intelligent
intéressant | intéresser
intérieur

J

jamais
jambe
janvier
jardin
jaune
je
jeter
jeu
jeudi
jeune
joli
joue
jouer
jouet
jour
journal
journée
juge | juger
juillet
juin
jupe
jusque
juste | justice
justement

K

kilo
kilomètre

L

la *(art.* et *pron.)*

là | là-bas, là-dedans, là-dessus
labourer
lac
laid
laine
laisser
lait
lame
lampe
lancer
langue
large
laver
le (*art. et pron.*)
leçon
léger
légume
lent
les (*art. et pron.*)
lettre
leur
lever | se lever
lèvres
liberté | libre
lieu
ligne
linge
lire
lit
litre
livre (*m. et f.*)
loi
loin
long
longtemps
louer
lourd

lui
lumière
lundi
lune
lunettes

M

ma
machine
maçon
madame | mesdames
mademoiselle | mesde-
   moiselles
magasin
mai
maigre | maigrir
main
maintenant
mairie
mais
maison
maître | maîtresse
mal (*n.*) | avoir -
mal (*adv.*)
malade (*n. et adj.*) |
   maladie
malheur | malheureux
maman
manche (*m.*)
manger
manquer
manteau
marchand
marché
marcher
mardi
mari
marier | se -

marmite
mars
marteau
matelas
matin
mauvais
me
mécanicien
méchant
médecin
médicament
meilleur
mêler
même
ménage | ménager
   (*adj.*) | ménagère (*n.*)
mensonge | mentir
menuisier
mer
merci
mercredi
mère
mesure | mesurer
métal
métier
mètre
mettre
meuble
midi
mieux
milieu
mille | millier
milliard
million
mince
minuit
minute
moderne

moi
moins
mois
moisson
moitié
moment
mon
monde
monnaie
monsieur | messieurs
montagne
monter
montre
montrer
moquer (se)
morceau
mordre
mort (*adj. et n.*)
mot
moteur
moto
mou
mouche
mouchoir
mouiller
mourir
moustique
mouton
mouvement
moyen (*n.*)
muet
mur
mûr (*adj.*)
musique

N

nager
naturel

ne | ne... pas
né (*p. p.*)
nécessaire (*adj.*)
neige
nettoyer
neuf (*nombre*)
neuf (*adj.*)
nez
ni... ni...
noir
nom
nombre
nommer
non
nord
nos
notre (*adj.*)
nous
nouveau
nouvelle (*n.*)
novembre
nuit | il fait -
nulle part

O

obliger (*au sens de « contraindre* »)
occuper | s'-
octobre
œil | yeux
œuf
offrir
oiseau
ombre
on
ongle
onze
opération

or (*n.*)
orage
ordre
oreille
os
oser
ou (*conj.*)
où (*pron.*)
oublier
ouest
oui
outil
ouvrier
ouvrir

P

paille
pain
paix
panier
pansement
pantalon
papa
papier
paquet
par
paraître | il paraît
parce que
pardon | pardonner
pareil
parent | parente | parents
parler
part (autre)
part | partager
partie
partir
partout

pas (*n. et adv.*)
passer
pâte
patron
patte
pauvre
payer | la paye
pays
paysan
peau
pêcher | pêcheur
peigne | peigner
peindre | peinture
peine
pelle
pencher
pendant (*prép.*) | pendant que
pendre
penser
perdre
père
permettre
personne (*n. et pron.*)
peser
petit (*adj. et n.*)
petit-fils | petite-fille
pétrole
peu | un peu
peu près (à)
peur | avoir -
peut-être
pharmacien
phono
photo | photographier
pièce
pied

pierre
pile (*électrique*)
pioche | piocher
pipe
piquer
place
plafond
plaindre (se)
plaine
plaire
plaisir
planche
plancher
plante
planter
plat (*n. et adj.*)
plein
pleurer
pleuvoir
plier
pluie
plume
plus
plusieurs
plutôt
poche
poêle (*m.*)
poésie
poids
poil
poing
point (*n.*)
pointu
poisson
poitrine
poli (*sens pr. et fig.*)
police
pomme de terre

pont
port
porte
portefeuille | porte-monnaie
porter
possible
poste (*m. et f.*)
pot
poule | poulet
pour | pour que
pourquoi
pousser
poussière
pouvoir (*v.*)
prairie
préférer
premier
prendre
préparer
près | près de
présenter
presque
presser | se -
prêter
prévenir
printemps
prix
prochain (*adj.*)
produire
profond
progrès
promener | se -
promettre
propre (*contraire de* sale)
provision
public

puis
puits
punir

Q

quai
quand
quarante
quart
quartier
quatorze
quatre
que *(relatif)*
que *(conj. et adv.)*
quel
quelques
quelque chose
quelquefois
quelqu'un | quelques-
uns
question
queue
qui *(rel. et interr.)*
quinze
quitter
quoi *(interr.)*

R

raconter
radio
raison | avoir -
ramasser
ranger
rapide
rappeler (se)
rare
raser (se) | rasoir
recevoir

récolte | récolter
recommencer
reconnaître
reculer
regard | regarder
région
religion
remarquer
remettre (mettre de
  nouveau)
remonter
remplacer
remplir
remuer
rencontrer
rendre
rentrer
réparer | réparation
repartir
repas
répéter
répondre | réponse
reposer (se)
reprendre
représenter
respirer
ressembler
restaurant
reste *(n.)*
rester
résultat
retourner
retrouver
réussir
rêve | rêver
réveiller
revenir
revoir | au-

riche
rien
rire *(v. et n.)*
rivière
riz
robe
rond *(adj. et n.)*
rose
roue
rouge
rouler
route
rue

S

sac
saison
sale | salir
salle
saluer
samedi
sang
sans
santé
sauter
sauver | se -
savoir
savon
scie
sculpter | sculpture
se
seau
sec | sécher
sein
seize
sel
semaine
sembler

semer
sens
sentir
sept
septembre
sérieux
serpent
serrer
service | rendre -
serviette
servir | se -
seul
seulement
si (*adv. et conj.*)
silence
simple
six
sœur
soie
soif | avoir -
soigner | soin
soir
soixante
sol
soldat
soleil
solide
sombre
somme (*n. f.*)
sommeil
son (*poss.*)
sonner
sorte
sortir
soupe
source
sourd
sourire (*v. et n.*)

sous (*prép.*)
souvent
sport
sucre
sud
suivre
sur (*prép.*)
sûr (*adj. et adv.*)
surtout

T

ta
tabac
table
tableau
tailler
tailleur
taire (se)
tant
tard
tas
tasse
te
télégramme | télégra-
phier
téléphone | téléphoner
télévision
tellement
tel quel
temps | tout le -
tendre (*v.*)
tenir
tente
terrain
terre
terrible
tête
thé

théâtre
tiers
timbre
tirer
tissu
toi
toile
toit
tomber
ton (*poss.*)
tonnerre
tort (avoir)
tôt
toucher (*v.*)
toujours
tour (*m.*)
tourner
tousser
tout (*pron., adj., adv.*)
tout (du) | pas du
tout
tout à fait
tout à l'heure
tout de suite
tout le monde
train
train de (en)
tranquille
travail | travailler |
travailleur
traverser
treize
trente
très
tribunal
tricot | tricoter
triste
trois | troisième
tromper | se -

trop
trou
trouver
tu
tuer

U

un | une (*art., pron., numéral*)
usé
usine
utile

V

vacances
vache
valise
vallée
valoir

vapeur
veau
vendre
vendredi
venir
vent
ventre
vérité
verre
vers (*prép.*)
vert
veste
viande
vide | vider
vie
vieux | vieil | vieille
village
ville
vin | vigne
vingt

vite | vitesse
vivre
voilà
voir
voisin (*n. et adj.*)
voiture
voler (*oiseau, avion*)
voler | voleur
votre
vouloir
vous
voyage | voyager | voyageur
vrai | vraiment
vue

W

wagon

Y

y

— **édition 1985** —

IMPRIMERIE HÉRISSEY.— 27000 - Évreux.

Dépôt légal : MAI 1963.

N° 36629. — N° de série Éditeur 12628.

IMPRIMÉ EN FRANCE *(Printed in France)*.

20151 J — Mars 1985.